Victoria Forner

HISTOIRE PROSCRITE
Le rôle des agents juifs dans l'histoire contemporaine

II

L'HISTOIRE SECRÈTE DE
L'ENTRE-DEUX-GUERRES

OmniaVeritas.

VICTORIA FORNER

HISTOIRE PROSCRITE
*Le rôle des agents juifs
dans l'histoire contemporaine*
II
L'HISTOIRE SECRÈTE DE L'ENTRE-DEUX-GUERRES

Illustration de couverture :
"Unser täglich Brot (*Notre pain quotidien*) 1946
Peint par Ulrich Leman (1885-1988)
Düsseldorf, Stadtmuseum

HISTORIA PROSCRITA II
La actuación de agentes judíos en la Hª Contemporánea
La historia silenciada de entreguerras
Première publication par Omnia Veritas en 2017

Traduit de l'espagnol et publié par
OMNIA VERITAS LTD

OMNIA VERITAS.
www.omnia-veritas.com

© Omnia Veritas Limited - Victoria Forner - 2025

CHAPITRE VIII

L'HISTOIRE PASSÉE SOUS SILENCE DE L'ENTRE-DEUX-GUERRES

PARTIE 1 - LA CONFÉRENCE DE PAIX

Du 28 au 30 juin 1917, près de trois mois après la déclaration de guerre des Etats-Unis à l'Allemagne, une très importante conférence maçonnique internationale s'est tenue au siège du Grand Orient à Paris, 2 rue Cadet. Le vicomte Léon de Poncins, l'un des spécialistes de la franc-maçonnerie les plus connus, affirme qu'il s'agissait d'une "réunion ultrasecrète d'une importance historique absolument vitale". Presque toutes les loges des pays alliés et neutres étaient présentes. L'objectif de la réunion était de jeter les bases d'un traité de paix et de préparer la création d'une future Société des Nations. Une commission présenta le résultat de ses travaux par l'intermédiaire du frère Lebey, qui lut à haute voix une résolution composée de treize articles. Six mois plus tard, le frère Woodrow Wilson, soutenu par le frère Mandell House et ses conseillers juifs Baruch et Brandeis, présentait au Congrès des Etats-Unis ses fameux quatorze points, dont treize reprenaient mot pour mot le texte lu au Congrès maçonnique de Paris. Ce fait, méconnu ou ignoré par les historiens, est démontré par Léon de Poncins comme une vérité indéniable dans son livre *Société des Nations, super-état maçonnique*, publié en 1936. Ce livre cite la motion présentée par le Frère Peigné, qui devint la résolution que le Congrès adressa au Président Wilson, qui allait recevoir en 1919 le Prix Nobel de la Paix pour avoir promu la Société des Nations :

> "Ce Congrès adresse à M. Wilson, Président des Etats-Unis, l'hommage de son admiration et l'hommage de sa reconnaissance pour les grands services qu'il a rendus à l'humanité ; déclare qu'il est heureux de collaborer avec le Président Wilson à cette œuvre de justice internationale et de fraternité démocratique qui est l'idéal même de la franc-maçonnerie ; et affirme que les principes éternels de la franc-maçonnerie sont entièrement en harmonie avec ceux proclamés par le Président Wilson pour la défense de la civilisation et de la liberté des peuples".

En l'absence des représentants des pays vaincus, à qui les accords ont été présentés pour signature, la Conférence de la paix s'est ouverte à Paris le 18 janvier 1919, en présence de trente-deux pays. Elle dura jusqu'au 20 janvier 1920. La création de la Société des Nations figure en bonne place dans l'agenda des vainqueurs. Les sessions sont dirigées par Wilson, Lloyd George et Clemenceau. Vittorio Emanuele Orlando, qui dirige la délégation italienne, joue un rôle très mineur et finit par démissionner en juin 1919.

En réalité, comme on l'a expliqué, ces hommes n'étaient que les instruments du Pouvoir Occulte qui dominait complètement la Conférence. Ces hommes politiques étaient entourés de conseillers juifs dont l'influence était prépondérante dans les débats. Le conseiller privé de George Lloyd était le juif Sir Philip Sassoon. Les Sassoon, enrichis par le commerce illicite de l'opium, sont apparentés aux Rothschild et contrôlent les banques en Inde et en Chine. Naturellement, Lord Milner, le super-agent britannique des Rothschild, faisait partie de la délégation britannique et a signé le traité de Versailles aux côtés de Bonar Law et de George Lloyd. Le juif britannique Edwin Samuel Montague assiste à la conférence en tant que secrétaire d'État pour l'Inde. Du côté français, Georges Clemenceau est lui-même un franc-maçon proche des Rothschild. Son conseiller inséparable est George Mandel, un juif qui est son secrétaire particulier et dont le vrai nom est Louis Georges Rothschild, fils naturel d'un Rothschild. Même l'interprète de Clemenceau, Paul Mantoux, est juif. Un autre signataire juif français des traités est Louis-Lucien Klotz. Le ministre italien des Affaires étrangères, le baron Sidney Sonnino, qui a signé le traité de Versailles, était également le fils d'un Juif. Sonnino était également un homme du trust Olivetti, fondé en 1908 par Camillo Olivetti, un socialiste juif qui avait prévu que les machines à écrire constitueraient un marché d'avant-garde.

Le contingent de Juifs dans la délégation américaine est scandaleux. Paul Warburg, l'architecte du Federal Reserve System, le dirige. Quatre hommes entourent Woodrow Wilson : Edward Mandell House, agent illuminati du cartel Rothschild-Warburg-Rockefeller, que le président considère comme son "alter ego", Bernard Mannes Baruch, "proconsul de Juda en Amérique", le juge de la Cour suprême Louis Dembitz Brandeis, chantre du sionisme en Amérique, et Henry Morgenthau. La délégation comprenait également neuf membres de l'American Jewish Committee, dont le président, Louis Marshall, était également vice-président de l'American Jewish Congress. Dans le sillage de Marshall, on trouve le rabbin Stephen Wise, le rabbin B. L. Levinthal, le juge Julian Mack, Harry Cutler, Jacob de Haas, Jacob Syrkin, Joseph Barondess et Leopold Benedict.

La délégation allemande comprenait le frère de Paul Warburg, Max Warburg, qui, en tant que chef des services secrets allemands, avait financé Trotski et Lénine. Presque tous les membres de la représentation allemande qui ont examiné le traité de Versailles et accepté les conditions de la paix étaient également juifs. Les plus éminents étaient Walter Rathenau, ministre des affaires étrangères de la République de Weimar ; Edgar Jaffé, un communiste bavarois qui avait été ministre des finances de la République soviétique de Bavière et était un ami de Kurt Eisner ; le professeur Albrecht Mendelssohn-Bartholdy, petit-fils du compositeur Felix Mendelssohn ; le professeur Jacob Wassermann, auteur de plusieurs romans à thèmes juifs ; Oscar Oppenheimer et d'autres encore.

Comme si cela ne suffisait pas, les Juifs des différentes représentations diplomatiques forment le "Comité des délégations juives". Leurs revendications portent sur les droits des minorités, qu'ils parviennent à concrétiser dans un traité sur les minorités nationales, signé le 28 juin 1919, qui s'applique essentiellement dans les pays où existent des minorités juives. L'architecte en est Lucien Wolf, qui participe à la Conférence de la Paix au sein de la délégation britannique. Wolf, dont on dit qu'il détient tous les secrets du Foreign Office et dont le secrétaire est également juif, David Mowshowitch, fait jouer ses contacts diplomatiques pour faire aboutir le traité, qui permet aux Juifs de faire appel à la Société des Nations lorsqu'ils estiment que leurs privilèges ont été violés par un État souverain.[1] L'Organisation sioniste, en plus d'avoir ses agents placés sur le dos des dirigeants alliés, avait également sa propre représentation à la Conférence. Son chef, l'omniprésent Chaim Weizmann, venait de signer avec l'émir Feisal Ibn Hussein, le 3 janvier 1919, un accord sur la Palestine qui ne fut jamais appliqué. Un autre sioniste incontournable présent à Paris était Felix Frankfurter, un juge confident de son collègue Louis Brandeis, qui dirigeait la délégation sioniste américaine. Frankfurter deviendra plus tard conseiller de Franklin D. Roosevelt.

Le 13 mai 1919, alors que l'élément juif prédominait dans toutes les délégations à la Conférence de la Paix, le sénateur Adrien Gaudin de Villaine dénonça avec des mots sans équivoque au Sénat français la subversion à laquelle se livraient les Juifs. Entre autres accusations prémonitoires, il déclara : "la Révolution russe et la Grande Guerre ne sont que des phases de la mobilisation suprême des puissances cosmopolites de l'argent, et cette croisade culminante de l'Argent contre la Croix n'est rien d'autre que l'aspiration furieuse du Juif à la domination de notre monde. C'est la Haute Banque juive qui a provoqué en Russie la révolution préparée par les Kerensky et finalement perpétrée par les Lénine, les Trotsky et les Zinoviev,

---

[1] L'article VI du traité permet aux Juifs d'être représentés dans les parlements nationaux et les conseils municipaux, ainsi que dans les institutions d'auto-administration. Toute mesure qu'ils considèrent comme une violation de leurs privilèges leur donne le droit de se plaindre auprès de la Société des Nations, qui doit s'ingérer dans l'État supposé souverain. En Pologne notamment, la minorité juive réussit à faire interdire la tenue d'élections le jour du sabbat, leur jour férié. Ils ne peuvent pas non plus être convoqués au tribunal le jour du sabbat, ni être tenus de payer leurs dettes ou les salaires de leurs employés.

comme hier le coup d'État communiste en Hongrie, car le bolchevisme est un soulèvement talmudique".

RIIA, CFR, IPR

On peut dire qu'ils étaient tous à Paris. Il s'agissait de profiter des résultats de la guerre pour faire avancer les prétentions internationalistes des banquiers illuminati, vainqueurs ultimes du conflit mondial qu'ils avaient parrainé et financé. Outre la négociation et la rédaction des traités, la Conférence de la paix a été l'occasion pour les participants de tenir en parallèle de multiples réunions et contacts au plus haut niveau. Le 19 mai 1919, Edward Mandell House convoque un certain nombre de délégués britanniques et américains pour une réunion de travail à l'hôtel Majestic à Paris. Le 30 mai 1919, une seconde réunion se tient dans le même hôtel pour discuter de la création du Royal Institute of International Affairs (RIIA), également connu sous le nom de Chattan House Study Group, car son siège était initialement situé dans ce siège appartenant aux Astors, l'une des grandes familles des Illuminati. Lionel Curtis avait auparavant été chargé par le Round Table Group, la société secrète fondée par Lord Milner, de réunir un groupe d'experts pour préparer la création du RIIA.

À Paris, les hommes d'Alfred Milner établissent d'excellentes relations avec les techniciens envoyés par Morgan et Rockefeller, dont Georges Louis Beer et Thomas Lamont, l'un des deux représentants du Trésor à la Conférence, déjà connu pour ses activités en faveur du communisme. Tous deux font partie des organisateurs du "Council on Foreign Relations" (CFR), l'équivalent du RIIA aux Etats-Unis, qui est également prévu à Paris. C'est lors d'une réunion tenue le 5 juin 1919 que fut décidée la formule d'organisations distinctes devant collaborer entre elles. Malgré l'accord initial conclu à Paris, le CFR, dont le siège est à New York, n'est officiellement constitué que le 29 juillet 1921. Un autre organe subsidiaire du RIIA, conçu par l'élite financière lors des réunions de Paris, est l'Institute of Pacific Relations (IPR), fondé pour s'occuper exclusivement des affaires d'Extrême-Orient.

Depuis leur création, ces organisations mondialistes ont agi comme des "groupes de réflexion" dont le but, en théorie, est de conseiller leurs gouvernements respectifs sur les questions internationales. En pratique, ce sont des instruments de contrôle de la puissance cachée qui agit en permanence dans l'ombre et qui, par l'intermédiaire de ces organisations, dicte ou impose aux nations les politiques à adopter sur la scène internationale. En bref, les internationalistes, mondialistes ou globalistes, et aujourd'hui cela devient clair comme de l'eau de roche, entendaient retirer la souveraineté aux États nationaux pour la confier à une clique de techniciens au service des banquiers internationaux. Le soutien financier de la RIIA a d'abord été assuré par les Astors. En guise de reconnaissance,

Waldorf Astor, fils de John Jacob Astor, a été nommé membre honoraire du Royal Institute of International Affairs. Le baron français Edmond de Rothschild, qui a joué un rôle majeur dans la Conférence de paix de Paris, est un autre financier de premier plan qui a participé à la création du RIIA. Edmond de Rothschild a donné son accord personnel à chacun des membres fondateurs. De la RIIA sont nés par la suite de nouveaux organismes de contrôle tels que l'Institut Tavistock et le Club de Rome.

L'argent nécessaire à la création du Council on Foreign Relations a été fourni par J. P. Morgan, Paul Warburg, Bernard Baruch, Jacob Schiff, Otto Kahn et John D. Rockefeller, entre autres. En d'autres termes, les mêmes banquiers juifs qui ont été à l'origine de la création de la Réserve fédérale. Le premier conseil d'administration du CFR comprenait Paul Warburg, Otto Kahn, Isaiah Bowman, William Shepard, Whitney Shepardson, Stephen Duggan, John W. Davis, Norman H. Davis et Archibald Coolidge. Cette institution allait devenir le gouvernement fantôme de l'Amérique. Voici les noms de quelques hommes politiques de renom qui ont été directeurs du CFR : Zbigniew Brzezinski, Paul Volker, George H. W. Bush, David Rockefeller, Henry Kissinger, Alan Greenspan, George Shultz, Jeane Kirkpatrick, Richard B. Cheney, etc... Pendant longtemps, l'homme le plus puissant du CFR a été David Rockefeller, petit-fils de John D. Rockefeller, qui a été président du conseil d'administration du Conseil de 1970 à 1985. David Rockefeller a été pendant trente-six ans l'un des directeurs du Conseil, fonction qu'il a complétée par la présidence de la Chase Manhattan Bank.

Les banquiers internationaux et leurs agents dominent aujourd'hui ces organismes, qui œuvrent pour un monopole bancaire mondial, quel que soit le type de pouvoir qui finira par prendre le contrôle d'un gouvernement mondial. Depuis Adam Weishaupt et la franc-maçonnerie éclairée, l'expression "Nouvel ordre mondial" signifie l'avènement d'un gouvernement unique pour le monde entier, dont l'un des symboles, la pyramide avec l'œil d'Osiris (The All-Seeing Eye) et l'inscription "Novus Ordo Seclorum", a été placé sur le billet d'un dollar américain par Franklin Delano Roosevelt. L'existence de ces corps est généralement inconnue, même des personnes ayant fait des études universitaires. Le secret, comme à l'époque de Weishaupt, est considéré comme essentiel. C'est pourquoi on ne sait jamais quand et où se tiennent les réunions au cours desquelles sont prises les décisions les plus importantes pour l'ensemble de l'humanité.

L'Institut des relations avec le Pacifique, lui aussi issu du groupe Milner, c'est-à-dire de la Table ronde, bien que conçu à Paris, vit finalement le jour en 1925. Plus tard, dans les pages du chapitre 11, nous aurons l'occasion de nous plonger dans la lutte que le sénateur McCarthy, si décrié, a menée presque seul pour démanteler la conspiration communiste aux États-Unis, dont l'IPR était l'un des principaux bastions. Le professeur Carroll Quigley admet que l'IPR se consacrait à la diffusion de l'idéologie communiste, ce qui a été rendu public grâce aux enquêtes du Sénat américain. Ce que l'on ignore souvent, en revanche, c'est le parrainage de Wall Street. L'IPR, association privée exonérée d'impôts, était dirigée par un organe composé de dix conseils nationaux. Les nations constitutives étaient les États-Unis, la Grande-Bretagne, l'URSS, la Chine, l'Australie, la Nouvelle-Zélande, le Canada, les Pays-Bas, les Philippines et la France. Le Conseil américain de l'IPR avait son siège à New York. Ses principaux bailleurs de fonds étaient la Fondation Carnegie et la Fondation Rockefeller. Ces deux fondations étaient liées à Wall Street par l'alliance de Morgan et de Rockefeller. Le reste des contributions provenait de sociétés associées à ces banquiers juifs, telles que Standard Oil, International Telephone and Telegraph (ITT), International General Electric, National City Bank et Chase National Bank. On peut dire que l'Institute of Pacific Relations en est venu à contrôler les politiques américaines en Extrême-Orient. Parmi les actions peu connues de l'IPR, on peut citer le rôle qu'il a joué dans la chute de la Chine face au communisme. Mais nous allons maintenant passer chronologiquement à d'autres aspects de la conférence de paix, car tout cela sera abordé en temps voulu.

Le traité de Versailles

Au début de cette section, il convient de rappeler les paroles d'Adolphe Isaac Crémieux en 1861 : "À la place des Papes et des Césars, un nouveau royaume s'élèvera, une nouvelle Jérusalem, et nos bons Maçons, les yeux bandés, assistent les Juifs dans le "Grand Œuvre" de la construction de ce nouveau Temple de Salomon, ce nouveau Royaume césaro-papiste des kabbalistes". Cinq ans plus tard, en 1866, le rabbin Isaac M. Wise avait également confirmé le contrôle absolu qu'ils exerçaient sur la franc-maçonnerie : "La franc-maçonnerie est une institution juive, dont l'histoire, les degrés, les coûts et les lumières sont juifs du début à la fin". Versailles était donc l'incarnation d'un triomphe longtemps recherché : les monarchies les plus puissantes d'Europe avaient été renversées, la Russie était sous l'emprise du communisme et les sionistes pouvaient enfin jeter les bases de l'État juif en Palestine. Léon Motzkine, dans un article publié en septembre 1933 dans la revue *Les Juifs. Témoignages de notre temps*, le reconnaît en ces termes : "À Versailles, tout avait été minutieusement préparé et rien n'avait été laissé au hasard. Ce fut un moment de triomphe savouré en silence". Les propos de ces idéologues juifs confirment ainsi que le traité de Versailles est l'incarnation d'une victoire obtenue avec la collaboration des "bons francs-maçons" qui, depuis leur illumination par la secte d'Adam Weishaupt, ont été le meilleur instrument de la conspiration.

Si Lord Curzon a reconnu que le traité de Versailles "n'était pas un traité de paix mais une rupture des hostilités", Ezra Pound l'a évoqué sur Radio Rome en déclarant sans ambages : "Le vrai crime est de mettre fin à une guerre pour rendre la suivante inévitable". Les prétentions spectrales à une paix sans vainqueurs ni vaincus, c'est-à-dire sur la base du programme du président Wilson, ne se sont pas seulement évanouies de manière dramatique à Paris, mais se sont transformées en conditions humiliantes qui ont cruellement puni le peuple allemand. Ce qui est étonnant, c'est que l'on ait pu espérer une paix négociée après avoir assisté à la campagne anti-allemande fabriquée par la presse internationale et après avoir vu qui et comment les États-Unis avaient été poussés à entrer en guerre contre l'Allemagne. Même Staline a déclaré que le traité de Versailles était "un diktat de la haine et du vol". À Paris, un système de fonctionnement à trois niveaux est adopté. Le premier est la conférence publique, tenue au vu et au su de tous, qui est montrée à la nuée de journalistes venus du monde entier pour couvrir largement les débats, et dont tout l'attirail est ouvertement mis en scène. Le deuxième niveau était celui des conférences secrètes des présidents alliés, des politiciens cooptés, qui se réunissaient en privé et comparaient les notes et les instructions que leur transmettaient leurs maîtres cachés. Le troisième niveau était celui des conférences nocturnes des dirigeants juifs et de leurs bons maçons, connues seulement d'un groupe restreint d'élus, où le véritable ordre du jour était discuté et décidé.

Après la signature de l'armistice de Compiègne le 11 novembre 1918, les Alliés donnent trente-six jours à l'Allemagne pour signer le traité de paix. Plongée dans le chaos par la démobilisation de l'armée et la révolution communiste, l'Allemagne ne peut acheter la prolongation de l'armistice que par des livraisons de matières premières, de brevets, de machines et même de denrées alimentaires. Dans ces conditions, la Grande-Bretagne et la France imposent un blocus de famine pour soutenir leurs exigences. Le 3 mars 1919, Winston Churchill déclare devant la Chambre des communes : "Nous continuerons à pratiquer le blocus de famine avec toute la rigueur nécessaire. L'Allemagne est au bord de la famine. Dans quelques jours, elle s'effondrera complètement. Il sera alors temps de s'occuper d'elle". Le comte Brockdorff-Rantzau, l'ambassadeur à Copenhague qui, en 1917, était tombé dans le piège d'Alexander Parvus et l'avait recommandé aux services secrets de son pays, arrive à Paris le 29 avril à la tête de la délégation allemande qui aspire à négocier la paix. Le 7 mai, la première séance commence et Clemenceau, nommé président de la Conférence, sans se souvenir des discours bellicistes et incendiaires de Poincaré en faveur de la guerre à Saint-Pétersbourg, accuse l'Allemagne d'être la seule responsable. Brockdorff-Rantzau affirme, bien sûr, que ce n'est pas vrai. Un texte de 440 articles est alors soumis à la délégation allemande qui est priée de répondre dans un délai d'une semaine. Personne ne veut rien savoir des quatorze points de Wilson que le représentant allemand a proposés pour les négociations de paix, ni de l'exigence d'une union de l'Autriche et de l'Allemagne.

Le 9 mai, Walter Rathenau, qui, en tant que Juif, aimait l'Allemagne et se sentait allemand, écrivait dans *Die Zukunft* que si aucune amélioration des conditions du traité ne pouvait être obtenue, le comte Brockdorf-Rantzau devrait présenter aux gouvernements ennemis le décret de dissolution du Parlement, la démission collective du président du Reich et de ses ministres, et l'invitation aux Alliés à prendre le pouvoir en Allemagne. Ainsi, dit Rathenau, l'ennemi portera la responsabilité de la paix et de toutes les actions de l'Allemagne, et il aura, devant le monde, devant l'histoire et devant son propre peuple, le devoir de prendre en charge le destin de soixante millions d'individus. Ce serait un événement sans précédent, la chute sans précédent d'un État, mais en même temps une décision compatible avec l'honneur et la conscience". Le 12 mai, le chancelier Scheidemann obtient une majorité écrasante à l'Assemblée contre la signature du traité. Des contre-propositions sont alors déposées. Le texte de la lettre diplomatique envoyée rappelle à l'Assemblée ce qui suit :

"Par l'échange de notes entre le président Wilson et le gouvernement allemand dans le courant du mois d'octobre 1918, un compromis valable du point de vue du droit international a été trouvé. En vertu de ce compromis, l'Allemagne a déposé les armes le 11 novembre sur la base des quatorze points définis par le président Wilson dans son message au Congrès américain du 8 janvier 1918 et dans ses déclarations ultérieures, notamment dans son discours du 27 septembre 1918.... Selon les principes énoncés dans ces différents discours, la paix doit être établie sur la base du libre droit des peuples à disposer d'eux-mêmes et les traités doivent être discutés par tous, sans discrimination entre vainqueurs et vaincus. Imposer à l'Allemagne un traité différent des principes acceptés par les deux parties reviendrait donc à violer le pacte conclu avant l'armistice. Or, il n'y a, pour ainsi dire, pas une seule clause qui soit conforme aux principes antérieurement convenus".

Bien plus important que cette lettre diplomatique, pratiquement sous-estimée, fut le fameux télégramme que Jacob Schiff envoya de New York à Woodrow Wilson le 28 mai, un texte qui est entré dans l'histoire comme "le télégramme de deux mille mots". Cyrus Adler, biographe du banquier, et le comte de Saint-Aulaire, dans *Genève contre la paix,* commentent tous deux son contenu. Ce dernier fait référence aux instructions de Schiff au président américain sur le mandat palestinien, sur les réparations allemandes relatives à la Haute-Silésie, à la Sarre et au corridor de Dantzig, ainsi que sur Fiume. Wilson changea immédiatement l'orientation des négociations et céda en tout point aux exigences du banquier qui finançait Trotsky. Il est amèrement sarcastique de constater que celui qui était le plus intéressé par la victoire de la dictature communiste en Russie et par la reconnaissance immédiate du gouvernement des Soviets a envoyé le câble au nom de l'"Association de la

Ligue des Nations Libres", dirigée par le même Jacob Schiff et financée par cinq banquiers américains.

Il a déjà été noté dans le chapitre précédent que l'article 231 du traité de Versailles obligeait l'Allemagne à assumer l'entière responsabilité de la guerre, et il a également été vu que le 16 juin 1919, il y avait même une note d'extension à cet article, dans laquelle l'Allemagne était directement accusée d'avoir planifié et initié la guerre. En outre, on ajoutait que le peuple allemand était responsable des actes de son gouvernement. Il s'agit d'une condamnation morale de tout un peuple, sans précédent dans l'histoire. C'est le 16 juin même que la réponse alliée à la lettre diplomatique est remise à la délégation allemande. Voyant que les arguments avancés par le gouvernement allemand avaient été ignorés, le chancelier Scheidemann refusa de signer la lettre et démissionna. Le 21 juillet, un nouveau gouvernement est formé sous la direction de Gustav Bauer, qui parvient à faire approuver la signature du traité par le Reichstag. Les conditions stipulaient : "Le gouvernement du Reich allemand est prêt à signer le traité de paix, sans toutefois reconnaître que le peuple allemand est responsable de la guerre".

Le comte Brockdorff-Rantzau, affirmant que sa conception de l'honneur l'empêche de signer le document, démissionne et quitte Paris. La France et la Grande-Bretagne menacent de reprendre le blocus si le traité n'est pas signé. Dans ces conditions, un inconnu nommé von Haniel, dont le nom n'apparaît dans aucun autre événement historique, remplace Brockdorff-Rantzau et annonce, le 23 juin, que le gouvernement allemand se pliera à toutes les exigences de ses ennemis. Certaines clauses du traité", dit le texte d'acceptation, "n'ont été incluses que pour humilier le peuple allemand. Nous nous inclinons devant la violence à laquelle nous sommes soumis parce que, après tout ce que nous avons souffert, nous n'avons plus aucun moyen de répliquer. Mais cet abus de force ne peut ternir l'honneur du peuple allemand". Deux jours plus tôt, à la base de Scapa Flow, où se trouve la flotte de guerre allemande, l'amiral allemand von Reuter, profitant du fait que l'escadre de surveillance britannique a pris la mer pour des exercices de tir, ordonne d'ouvrir les écoutilles, les trappes et les tubes lance-torpilles de tous les navires, puis d'abaisser le drapeau allemand des mâts. Au fur et à mesure que les bateaux sont descendus, les sirènes retentissent et les cloches d'alarme sonnent. Soixante-dix navires coulent lentement au fond de la mer.

Le 28 juin 1919, l'Allemagne signe le traité dans la galerie des glaces du château de Versailles, le "Diktat", qui contient trois types de clauses : territoriales, militaires et financières. Avec la première, l'Allemagne perd 88 000 km2 et huit millions d'habitants : La France annexe l'Alsace-Lorraine et le territoire de la Sarre est placé sous son administration, ce qui lui permet d'exploiter le bassin minier pendant quatorze ans. La Belgique reprend les comtés d'Eupen et de Malmedy. Le territoire de Memel, partie septentrionale de la Prusse orientale sur la Baltique, passe sous administration française et est attribué en 1924 à la Lituanie par la Société des Nations, sans plébiscite. Le Danemark annexe le Schleswig du Nord. La Pologne, qui n'existe plus en tant qu'État depuis 1795, reçoit Posen et une partie de la Prusse occidentale afin de lui donner un débouché sur la mer. C'est ainsi qu'est créé le corridor de Dantzig, qui sépare la Prusse orientale du reste de l'Allemagne. Dantzig, ville habitée presque exclusivement par des Allemands, devient une "ville libre" sous la protection théorique de la Société des Nations. La partie méridionale de la Haute-Silésie, une région minière très importante, fait également partie du nouvel État polonais. À ces pertes s'ajoutent les Sudètes qui, par le traité de Saint-Germain, sont cédés à la Tchécoslovaquie, un pays nouvellement créé dont la cohésion morale, sociale et politique est inexistante. Quant aux colonies allemandes, elles sont transformées en mandats et attribuées, sous la tutelle de la Société des Nations, à la France, à la Grande-Bretagne et aux pays du Commonwealth tels que l'Australie, la Nouvelle-Zélande et l'Union sud-africaine.

Les clauses militaires imposent : la saisie des flottes marchandes et de guerre, la réduction de l'armée allemande à 100 000 soldats, la suppression des écoles militaires, de l'état-major, de l'artillerie lourde, des chars et de l'aviation. La fabrication de matériel de guerre est interdite. En ce qui concerne les clauses financières, l'Allemagne doit payer la reconstruction des régions qu'elle a occupées militairement en France, en Belgique et en Roumanie. Elle doit également réparer les dommages causés par les troupes françaises en Alsace-Lorraine et payer les dommages de guerre subis par la population civile dans les régions non occupées. Elle doit également supporter les coûts des troupes d'occupation sur son propre territoire. L'Allemagne est contrainte d'accepter le contrôle de la navigation intérieure sur ses grands fleuves, ce qui implique l'internationalisation de ses voies navigables. Elle doit payer 20 milliards de marks-or avant le 1er mai 1921, et une commission des réparations est créée pour calculer le montant final à réclamer à l'Allemagne. Finalement, le 27 avril 1921, cette commission, présidée par l'ineffable Raymond Poincaré, établit que l'Allemagne doit payer 132 milliards de marks-or. L'Allemagne refuse d'accepter cette somme impossible, qui équivaut à l'ensemble des avoirs du pays en 1914. Le 5 mai 1921, un ultimatum est lancé : si cette dette n'est pas reconnue, la flotte anglo-française reprendra le blocus de l'Allemagne et occupera la Ruhr, le cœur minier et industriel de l'Allemagne, ce que les troupes franco-belges feront le 11 janvier 1923.

La création de la Société des Nations et son échec

Le président Wilson, grand promoteur de la Société des Nations, réussit à faire adopter le Pacte de la Société des Nations par la Conférence de la Paix le 25 avril 1919 et à le faire annexer aux différents traités de paix.

Il entre effectivement en vigueur le 28 juin, date de la signature du traité de Versailles, bien qu'il ait été fondé à Genève le 10 mars 1920. Ce projet de "justice universelle et de fraternité démocratique" est l'exemple même de l'hypocrisie de ses promoteurs, qui ne poursuivent que leurs propres fins et celles de ceux qui aspirent à un gouvernement mondial. Après avoir démembré quatre empires, les internationalistes ont voulu faire de la Société des Nations un organisme supranational qui neutraliserait tous les problèmes liés aux multiples déplacements de frontières et à la localisation des populations au sein des nouveaux États.

D'autre part, alors que, selon le traité sur les minorités nationales, la minorité juive doit être pleinement respectée dans tous les pays, la France et l'Angleterre, qui ont étendu leurs dominations coloniales, ignorent les aspirations des peuples colonisés d'Afrique et d'Asie. Tandis que les sionistes imposent leurs revendications sur la Palestine, les droits du peuple palestinien, qui habite cette terre depuis des milliers d'années avant Jésus-Christ, sont ignorés. Alors qu'en Pologne, les Juifs pouvaient contraindre l'ensemble de la population à respecter leur shabbat, aux États-Unis, les droits de la minorité noire étaient continuellement bafoués. Malgré toutes ces contradictions, les rabbins de France affirment : "Cette Société des Nations est la première application dans l'ordre politique des principes de paix et de fraternité que le judaïsme a proclamés depuis les prophètes dans le monde civilisé". Pour sa part, le rabbin Simon Tor Yacal réclame la libération de Jérusalem et affirme que "la Société des Nations, chaste créature née de l'esprit d'Israël, doit vivre et respirer l'air de son père. La Société doit avoir son siège à Jérusalem". Dans ces conditions, il n'est pas surprenant que certains détracteurs du nouvel organisme l'aient appelé "Ligue des nations aluci". Le premier président du Conseil de la Société des Nations fut un célèbre franc-maçon, Léon Bourgeois, qui, en 1895, avait présidé en France un gouvernement dont huit des dix ministres étaient également francs-maçons. Si en 1919 le frère Wilson avait reçu le prix Nobel de la paix, en 1920 ce fut le tour du frère Bourgeois. Le deuxième président de la Société des Nations fut Paul Hymans, un juif qui avait représenté la Belgique à la Conférence de la Paix et qui était membre de la loge *Les Amis Philantropes* du Grand Orient de Belgique.

Lorsque Woodrow Wilson rentre aux États-Unis, il a avec lui des pierres précieuses et des cadeaux d'une valeur d'un million de dollars en or, offerts par ses frères maçons et d'autres "amis" afin de garantir ses efforts en faveur de la Société des Nations, l'organisme qui doit garantir la paix dans le monde et établir un nouvel ordre. Clemenceau avait demandé à Wilson de créer une force internationale qui serait sous le contrôle exécutif de la Société des Nations, mais le président américain avait refusé au motif que la constitution de son pays ne permettait pas un tel abandon de souveraineté. Quoi qu'il en soit, tout semble sur la bonne voie jusqu'à la surprise : le Sénat rappelle à Wilson que la signature des traités nécessite l'approbation de la

Chambre à la majorité des deux tiers. Alors que son administration démocrate cohabite avec une majorité républicaine au Sénat, un accord doit être trouvé. Il aurait peut-être été plus sage de se rendre à la Conférence de paix avec une forte représentation républicaine afin d'éviter un tel revers. Quoi qu'il en soit, l'Europe était convaincue que le président Wilson surmonterait l'obstacle.

Cependant, la demande d'adhésion des États-Unis à la Société des Nations présentée par le président n'a pas été approuvée. Le rejet par le Sénat du traité de Versailles et du pacte de la Société des Nations mettait en péril l'ensemble du projet défini à Paris. Les républicains n'acceptaient pas, entre autres, que les États-Unis cèdent leur souveraineté nationale à un organisme international. Ils n'étaient pas non plus disposés à engager des forces militaires ou navales pour intervenir dans des conflits entre nations sans l'autorisation du Congrès. Ils n'admettaient pas que les États-Unis puissent faire l'objet d'un arbitrage ou d'une enquête de la part de l'Assemblée de la Société des Nations, ni qu'ils soient obligés de contribuer aux dépenses de cet organisme. Malgré l'impasse, Wilson est déterminé à jouer un dernier tour et entreprend une tournée à travers le pays pour tenter de vendre l'idée de la Société des Nations directement au peuple américain. En 22 jours, il parcourt 8000 miles et sa santé commence à décliner. Fin septembre, après avoir souffert de maux de tête constants, il s'effondre d'épuisement à Pueblo, dans le Colorado, et doit rentrer à Washington où, le 2 octobre, il est victime d'une attaque cérébrale qui manque de le tuer et le laisse paralysé. Une fois rétabli, il tente de reprendre sa campagne, qui se solde par une défaite électorale en 1920. Warren Harding prête serment en mars 1921 et entame un mandat républicain qui durera jusqu'en 1933, date à laquelle les démocrates installent Franklin D. Roosevelt à la Maison Blanche. Thomas Woodrow Wilson meurt le 3 février 1924. Son alter ego, Edward Mandell House, finit seul et oublié dans son appartement new-yorkais. Tous deux n'ont été que des marionnettes au service des puissants banquiers qui les ont utilisés jusqu'à ce qu'ils leur soient utiles.

En 1922, deux ans après sa bruyante fondation à Genève, la première Assemblée générale de la Société des Nations se réunit. Malgré la déception causée par le retrait des États-Unis, on proclame qu'il s'agit d'une internationale des peuples qui doit aboutir à la constitution d'un super-État doté de tous les pouvoirs, c'est-à-dire exécutif, législatif et judiciaire. Il a également été ouvertement déclaré que plus il s'appuierait sur les groupements maçonniques du monde entier, plus il aurait de force morale et réelle. Il est clair que l'idée d'un gouvernement mondial, opposée au principe de l'existence d'États-nations, a été poursuivie de deux manières formellement différentes. Alors que la Société des Nations, "une idée juive", selon le dirigeant sioniste Nahum Sokolov, aspire à une internationale des peuples, à un Super-État, les communistes, pour qui la bourgeoisie ne fait pas partie du peuple, proclament la dictature internationale du prolétariat. La conspiration a mis en mouvement deux systèmes pour atteindre le même but, et les banquiers juifs internationaux sont prêts à utiliser l'un ou l'autre pour remodeler le monde en fonction de leurs intérêts. L'expérience communiste allait coûter la vie à plus de cent millions de personnes dans le monde. Après la non-participation des États-Unis, la Société des Nations était vouée à l'échec : elle n'a exercé aucune autorité et a lutté pour survivre jusqu'à ce qu'elle soit remplacée en 1946 par l'ONU.

Conférence de San Remo, *déclaration Balfour* et mandat britannique

Outre le traité de Versailles, la Conférence de la paix a donné lieu à d'autres traités. Les frontières de l'Autriche, qui devient un pays de 84 000 kilomètres carrés et de six millions et demi d'habitants, sont définies par le traité de Saint-Germain, signé le 10 septembre 1919, qui réorganise l'Europe centrale et orientale. Le traité de Trianon, signé le 4 juin 1920, fixe les frontières hongroises. Le nouvel État est réduit à 92 000 km2 pour une population de huit millions d'habitants. Le traité de Sèvres, signé le 10 août 1920, n'est jamais ratifié par la Turquie, qui perd la Thrace orientale et Smyrne au profit de la Grèce, ainsi que l'Arménie et le Kurdistan, qui accèdent à l'indépendance. Le détroit du Bosphore et les Dardanelles sont transférés à une commission internationale. L'acceptation par le sultan de ces conditions de paix suscite la réaction des Jeunes Turcs, qui déclarent la guerre à la Grèce. Mustafa Kemal Atatürk et nombre de ses partisans sont des apostats juifs, des "doenmes", qui profitent de la situation pour renverser Mehmet VI et instaurer la République le 29 octobre 1923. Auparavant, le 23 juillet 1923, le traité de Lausanne avait annulé les clauses du traité de Sèvres concernant les territoires susmentionnés, qui ont été restitués à la Turquie. En 1936, par l'accord international de Montreaux, la Turquie a repris le contrôle des détroits.

La nécessité impérieuse de limiter raisonnablement la longueur de ce travail nous empêche de nous étendre sur les événements pertinents qui se sont déroulés dans l'Empire ottoman, ainsi que de nous attarder sur le génocide passé sous silence d'un million et demi de chrétiens arméniens, qui a eu lieu entre 1915 et 1923 sous le règne des Jeunes Turcs qui, par l'intermédiaire du Comité pour l'union et le progrès, avaient organisé un coup d'État contre le sultan Abdul Hamid II en 1908 et s'étaient emparés du pouvoir. Voici quelques faits. Le fondateur du mouvement des Jeunes Turcs est un franc-maçon juif nommé Emmanuel Carasso, chef à Salonique de la loge italienne *Macedonia Risorta*, à laquelle appartenaient tous les membres du mouvement. Carasso partageait avec son coreligionnaire Alexander Parvus l'activité lucrative de ravitaillement des Ottomans pendant la guerre mondiale. Outre diverses publications et de nombreux pamphlets, Carasso finance le journal *Le Jeune Turc*, édité par le sioniste Vladimir Jabotinsky.

L'un de ses partenaires dans l'entreprise journalistique est encore Alexandre Parvus, qui est le directeur financier d'un autre journal Jeune Turc, *La Patrie turque*. Emmanuel Carasso était un protégé du banquier vénitien Volpi de Misurata, dont il était également l'associé. Ce banquier était étroitement lié à la City de Londres. C'est ainsi qu'en 1909, Sir Ernest Cassel, un juif ashkénaze qui était le banquier de la famille royale britannique, a créé et dirigé la Banque nationale de Turquie et que le commandement de la flotte ottomane a été confié à un amiral britannique. Les Jeunes Turcs s'empressent d'interrompre la construction de l'Orient Express, qui devait relier Berlin à Bagdad. Le contrôle de l'Empire ottoman a été planifié dans les loges maçonniques de Thessalonique, Paris et Vienne. Le Comité de Salonique comprend, outre Carasso, les juifs Salem, Sassun, Fardji, Meslah, Doenmes ou des crypto-juifs comme David Bey et la famille Baldji. On peut dire que la révolution dite des Jeunes Turcs était l'équivalent dans l'Empire ottoman de la révolution judéo-bolchevique dans l'Empire russe. David Bey, qui était ministre des finances entouré de nombreux conseillers britanniques, et d'autres doyens de Thessalonique qui ont mené la révolution étaient les descendants des adeptes d'une secte juive du XVIIIe siècle, dont le chef était le faux messie Baruchyah Russo, en qui l'âme de Shabbetay Zeví était censée s'être réincarnée par le biais du processus de métempsycose. Il semble évident que la responsabilité du génocide arménien doit être attribuée, avec toutes les connotations qui s'y rattachent, aux détenteurs du pouvoir, c'est-à-dire aux Jeunes Turcs.

En ce qui concerne le démembrement de l'empire ottoman, conçu en 1916 dans les accords secrets Sykes-Picot, et le partage de ses territoires au Moyen-Orient entre la France et la Grande-Bretagne, nous nous intéressons à la résolution de San Remo pour la Palestine, signée le 25 avril 1920 et basée sur la *déclaration Balfour* de 1917. Cette résolution est le document fondamental qui a permis d'établir le mandat britannique pour la Palestine. Le 24 juillet 1922, le Conseil de la Société des Nations a confirmé la résolution, qui a été signée par cinquante et un États. La résolution de San Remo a eu pour conséquence d'abolir tous les accords antérieurs concernant la région, y compris l'accord Sykes-Picot. Le sionisme a toujours considéré que les implications juridiques de cette résolution étaient décisives, car, selon les sionistes, elle accordait au peuple juif une souveraineté de jure sur la Palestine et obligeait la Grande-Bretagne à honorer les promesses faites à la nation mandataire dans *la déclaration Balfour*. Cependant, Lord Curzon, le secrétaire d'État au Foreign Office qui, avec Lloyd George, dirigeait la délégation britannique à San Remo, a interprété la *déclaration Balfour* avec plus de prudence et moins d'euphorie. Initialement, la conférence avait établi un foyer national pour le peuple juif en Palestine, dont le territoire comprenait les deux rives du Jourdain, c'est-à-dire la Transjordanie (l'actuelle Jordanie) et la bande de Gaza incluse. Cependant, en 1922, les Britanniques divisent la Transjordanie et créent un émirat qui est remis à

Abdallah Ier, membre de la famille hachémite qui avait été expulsée d'Arabie saoudite par Ibn Saoud.

Le procès-verbal de la réunion sur la Palestine du Conseil suprême des forces alliées du 24 avril 1920 montre que la *déclaration Balfour* n'était pas un document aussi catégorique et définitif que le prétendaient les sionistes et qu'à San Remo, ils ont cherché à l'élargir et à l'améliorer. Lord Curzon résiste à la pression et refuse catégoriquement de s'écarter d'un iota du texte original. "La chose la plus juste à faire est de s'en tenir strictement aux termes originaux", a-t-il déclaré, "au-delà desquels le gouvernement britannique n'était pas prêt à aller". Il convient de préciser que Lord Curzon était l'un des membres du cabinet britannique qui s'était opposé au projet sioniste lors de la discussion des termes de la Déclaration. Il soutenait que les ressources de la Palestine étaient trop limitées pour faire vivre un État juif et que toute initiative dans ce sens provoquerait une réaction antagoniste de la part des Arabes de la région. Selon le procès-verbal, Lord Curzon était convaincu que la délégation française ne refuserait pas d'adhérer au texte tel qu'il avait été rédigé à l'origine.

Cependant, Philippe Berthelot, le plus haut représentant du ministère français des Affaires étrangères, n'est pas d'accord et suggère que la proposition pourrait être soumise à la Société des Nations. Berthelot demande si la *déclaration Balfour* en faveur des sionistes a été généralement acceptée par les Alliés. Après avoir souligné qu'il ne souhaitait pas offenser le gouvernement britannique, il signale que, pour autant qu'il s'en souvienne, "il n'y a jamais eu d'acceptation officielle de la Déclaration par les Alliés du gouvernement britannique". Face à ces propos, Lord Curzon fait valoir que Berthelot n'est pas tout à fait au courant de l'histoire de la question et lui rappelle qu'en février 1918, Nahum Sokolov avait communiqué les termes de la Déclaration au ministre français des Affaires étrangères de l'époque, Stéphen Pichon. Lord Curzon rappelle que la Déclaration prévoit, d'une part, la création d'un foyer national pour les Juifs, dont les privilèges et les droits seront sauvegardés par une puissance militaire ; d'autre part, il est de la plus haute importance de garantir les droits des minorités, d'abord les Arabes, puis les communautés chrétiennes, comme l'indique la deuxième partie du texte. Il estime donc que, dans l'intérêt de ces communautés, auxquelles Berthelot a fait référence, il n'est pas judicieux de supprimer la deuxième partie de la déclaration. Berthelot demande alors la lecture du texte et ajoute qu'à sa connaissance, Pichon a accepté d'établir le foyer traditionnel pour les Juifs, mais qu'il n'est pas certain qu'il ait accepté la Déclaration dans son intégralité. Lord Curzon rejette les arguments de Berthelot et lui dit qu'il peut difficilement soutenir que Pichon ignorait le texte intégral du document et sa signification. Curzon lui rappelle que Pichon a non seulement approuvé la *Déclaration Balfour* au nom de son gouvernement, mais qu'il a écrit dans sa lettre de réponse à Sokolov que "l'accord entre les gouvernements français et britannique sur la question était complet".

Alors qu'il n'y avait pratiquement pas de Juifs en Palestine et que ceux qui s'y trouvaient ne partageaient pas les vues sionistes, il est surprenant que les Britanniques et les Français parlent de "minorités" pour désigner les habitants indigènes, le peuple palestinien, qui possédait cent pour cent de la terre et l'avait habitée depuis des temps immémoriaux. En sondant ou en explorant les possibilités de supprimer la deuxième partie de la *déclaration Balfour,* celle qui fait référence à la population arabe, il semble évident que Berthelot représentait les intérêts des sionistes, pour qui les Palestiniens n'existaient pas. Les pressions exercées à San Remo pour modifier le texte de la déclaration en faveur du sionisme n'ont donc pas abouti. Cette petite querelle diplomatique entre Lord Curzon et Philippe Berthelot sert de préambule pour revenir en arrière et expliquer en détail comment ce fameux document a vu le jour et comment le mandat britannique pour la Palestine a été préparé.

Dès le début, les sionistes ont compris que pour prendre la terre au peuple qui l'habitait, ils avaient besoin de la protection d'une grande puissance et de son armée. Dès 1915, le Dr Weizmann l'avait prévu en ces termes : "La prise de possession du pays par les Juifs, sur lesquels repose tout le poids de l'organisation, devra se faire au cours des dix ou quinze prochaines années sous un protectorat britannique temporaire". Lorsque le gouvernement britannique a pris conscience des intentions du sionisme, il s'est alarmé à l'idée d'être le seul protecteur des Juifs sionistes en Palestine et s'est tourné vers les États-Unis pour qu'ils participent à l'occupation du pays. Pour soulever la question, Lord Balfour traverse l'Atlantique. Avant de partir, Balfour s'entretient longuement avec Weizmann, qui apprend de première main que les Britanniques sont impatients d'accepter un protectorat anglo-américain. Craignant la réaction de l'opinion publique américaine, les sionistes décident de rejeter cette approche. Le 8 avril 1917, Weizmann écrit au juge Brandeis pour lui demander de s'opposer à ce plan et d'œuvrer pour que le gouvernement américain soutienne la proposition d'un protectorat britannique unique. Dix-huit jours après l'entrée en guerre de la Grande-Bretagne, Lord Balfour arrive à Washington. Le président Wilson décida de laisser la question entre les mains des sionistes qui l'entouraient, à savoir Brandeis, Mandell House et le rabbin Wise. À ce dernier, il dit expressément : "Lorsque vous et le juge Brandeis estimerez que le moment est venu pour moi d'intervenir et d'agir, je serai prêt". Il semble que le secrétaire au Foreign Office n'ait même pas rencontré Woodrow Wilson, puisqu'il a accepté sans se plaindre les souhaits des sionistes concernant l'administration britannique de la Palestine. Son biographe écrit qu'il "s'engagea personnellement à soutenir le sionisme".

Le rôle des Rothschild dans l'affaire du Mandat et dans la rédaction et la réception de la *Déclaration Balfour* est de tout premier ordre. L'affaire de Damas marque le début de l'implication progressive des Rothschild français et britanniques dans la tâche de faire de la Palestine le futur État juif.

C'est la maison française qui, par l'intermédiaire du baron Edmond de Rothschild, fils cadet de James de Rothschild, s'implique directement dans les projets de colonisation en Palestine. En 1882, Edmond parraine l'établissement de la première colonie à Rishon LeZion et achète des terres à des propriétaires ottomans. Aujourd'hui, le visage d'Edmond de Rothschild figure sur le billet de 500 shekels, plusieurs villes d'Israël portent son nom et un boulevard Rothschild se trouve à Tel-Aviv. Son fils James Armand, Jimmy pour les intimes, a financé le bâtiment de la Knesset (Parlement). L'épouse de Jimmy, Dorothy de Rothschild, Dolly, a fait don du bâtiment le plus important de l'État sioniste, la Cour suprême de justice de Jérusalem, où l'on peut admirer un étalage architectural de tous les symboles de l'illuminisme maçonnique, dominé par une immense pyramide verte avec l'Œil qui voit, symbole du Nouvel Ordre mondial.

Le 9 novembre 2004, un juif nommé Jerry Golden a publié sur Internet (goldenisraelreport.com/EvilRoots.htm) un rapport intitulé *The Roots of Evil in Jerusalem (Les racines du mal à Jérusalem) dans* lequel, après avoir accepté d'être taxé d'antisémitisme, il expose l'existence d'une force diabolique basée à Jérusalem, qui s'est répandue à partir de là dans tout Israël. Dans ce rapport, illustré de photographies saisissantes, il dénonce la conception architecturale de la Cour suprême de justice, un bâtiment conçu et financé par les Rothschild, comme une preuve visible du complot diabolique de la franc-maçonnerie illuminati et de ceux qui cherchent à établir le nouvel ordre mondial. Le rapport explique en détail la signification de tous les éléments maçonniques architecturalement exposés à l'intérieur de la Cour suprême Deux photographies montrent, dans des positions différentes, une énorme pyramide verte, la même que celle qui figure sur le billet d'un dollar américain, avec l'Œil qui voit tout au sommet. Sur la première photo, la pyramide est vue de l'intérieur du bâtiment. L'une des faces avec l'œil d'Osiris est découpée et parfaitement centrée derrière la vitre d'une grande fenêtre rectangulaire qui s'ouvre à la lumière dans une pièce sombre. La seconde est une photographie aérienne de l'ensemble du palais. Elle montre clairement le sommet de la pyramide à quatre faces avec le fameux Œil, qui dépasse l'édifice à travers un grand cercle. L'ensemble du parcours à l'intérieur du palais de justice est conçu comme un voyage de l'obscurité à l'illumination. Il y a une zone faiblement éclairée avec un escalier qui mène à une luminosité globale. Les marches sont au nombre de 30 et forment trois groupes de dix séparés par deux paliers. En haut de l'escalier, une baie vitrée donne sur Jérusalem. De là, on pénètre dans la grande bibliothèque, qui comporte trois étages ou niveaux, le nombre requis pour atteindre 33, le haut degré réservé aux illuminés dans la franc-maçonnerie de rite écossais. Le premier niveau de la bibliothèque est réservé aux avocats, le deuxième aux juges en exercice et le troisième aux juges à la retraite. L'exposition des symboles est constante dans ce temple maçonnique. Parfaitement assemblés, faisant partie de l'ingénieuse conception architecturale de l'édifice, se trouvent tous les éléments habituels de la franc-maçonnerie : des croix inversées sur lesquelles on marche, un obélisque égyptien, des combinaisons de chiffres dont le total est de six, l'équerre et le compas faisant partie du sol d'une grande cour intérieure, la lettre "G", et ainsi de suite.

Outre les Rothschild mentionnés ci-dessus, Niall Ferguson note qu'après la mort de Nathaniel (Natty) en 1915, ses deux fils, Walter et Charles, ont partagé la ferveur sioniste avec leurs parents français. L'épouse de ce dernier, Rozsika von Wertheimstein, est présentée par Jimmy au leader sioniste Chaim Weizmann en juillet 1915. Par son intermédiaire, Weizmann entre en contact avec des personnes influentes telles que Lord Robert Cecil, sous-secrétaire du Foreign Office, et le général Allenby, futur "libérateur" de Jérusalem. Cependant, Weizmann lui-même déclara que le meilleur moyen "d'associer le nom de la plus importante maison juive à l'octroi de la Magna Charta de la libération juive" était de s'assurer le soutien de Walter, l'héritier de Nathaniel et le nouveau chef de la Nouvelle Cour, qui était considéré comme un roi par la communauté juive mondiale. Peu avant sa mort, Nathaniel avait approuvé en janvier 1915 le mémorandum du sioniste Herbert Samuel, qui allait être nommé haut-commissaire pour la Palestine en 1920. Intitulé *L'avenir de la Palestine"*, ce document préconisait un protectorat britannique "dans lequel les Juifs dispersés se concentreraient progressivement en masse depuis les quatre coins du monde et parviendraient en temps voulu à l'autonomie". L'idée que la Grande-Bretagne partage le pouvoir en Palestine avec la France est rejetée par Walter lui-même, qui écrit une lettre à Weizmann pour s'y opposer : "L'Angleterre doit avoir le contrôle exclusif", dit-il. Les Rothschild anglais ne veulent pas que l'expérience du contrôle partagé du canal de Suez en Égypte soit répétée en Palestine.

En 1917, l'heure de la décision a sonné. Le résultat final dépend logiquement des rapports de force au sein du gouvernement. Walter Rothschild a dans son camp les membres les plus influents : le Premier ministre David Lloyd George, Alfred Milner et Arthur Balfour, secrétaire du Foreign Office, qui demande à Lord Rothschild de lui envoyer un texte qui pourrait servir de proposition de déclaration. Le 18 juillet 1917, Lord Rothschild écrit une lettre à Lord Balfour, citée par B. Jensen dans son ouvrage *The Palestine Plot*, qui se lit comme suit :

"Cher Monsieur Balfour,
Je peux enfin vous envoyer la formule que vous avez demandée. Si le gouvernement de Sa Majesté m'envoyait un message dans le sens de cette formule et si lui et vous l'approuviez, je le présenterais à la Fédération sioniste lors d'une conférence convoquée à cet effet.
Le projet de déclaration d'impôt est le suivant :

(1) Le gouvernement de Sa Majesté accepte le principe selon lequel la Palestine doit être reconstituée en tant que foyer national pour le peuple juif.
(2) Le gouvernement de Sa Majesté fera tout ce qui est en son pouvoir pour assurer la réalisation dudit objectif et discutera des méthodes et moyens nécessaires avec l'Organisation sioniste".

La réunion cruciale du gouvernement britannique a eu lieu le 17 octobre 1917. Selon Niall Ferguson, c'est Lord Rothschild lui-même qui a fait pression sur Lloyd George, par l'intermédiaire de Lord Milner, son agent au sein du cabinet de guerre, pour qu'il mette la question de la Palestine à l'ordre du jour, car si la décision était retardée, les Allemands pourraient la devancer et publier leur propre déclaration pro-sioniste afin d'obtenir le soutien des Juifs aux États-Unis et en Russie. Enfin, le 2 novembre 1917, le gouvernement britannique a envoyé à Sir Walter Lionel Rothschild, président des communautés juives de Grande-Bretagne, la fameuse *déclaration Balfour*, rédigée par le juif Leopold Amery, secrétaire adjoint du cabinet de guerre, qui s'est rendu en Palestine en 1925 en tant que secrétaire aux colonies du gouvernement britannique. Le lecteur peut comparer les similitudes et les différences avec le texte ci-dessus :

"Le gouvernement de Sa Majesté considère avec sympathie l'établissement en Palestine d'un foyer national pour le peuple juif et fera tout son possible pour faciliter la réalisation de cet objectif, étant clairement entendu que rien ne sera fait qui puisse porter atteinte aux droits civils et religieux des communautés non juives existant en Palestine, ou aux droits et au statut politique dont jouissent les juifs dans un autre pays'.

Ce texte est considéré comme l'un des documents les plus importants du XXe siècle. Pour souligner la contribution des Rothschild à cette réalisation historique, une grande fête a été organisée le 2 décembre au Covent Garden Opera House, au cours de laquelle Walter et Jimmy se sont adressés au public. Lord Rothschild déclara au public enthousiaste qu'il s'agissait de "l'événement le plus important de l'histoire juive des dix-huit cents dernières années". Pour sa part, Jimmy a déclaré que le gouvernement britannique avait "ratifié le plan sioniste".

La *Déclaration Balfour* a reçu un soutien presque total de la part de la communauté internationale ; cependant, la comparaison des textes cités ci-dessus permet aujourd'hui de mieux comprendre le dialogue qui s'est tenu à San Remo le 24 avril 1920 entre Lord Curzon et le diplomate français Philippe Berthelot. Dans le texte initialement proposé par Lord Rothschild, les Arabes ou "communautés non-juives" ne méritaient aucune considération ; mais la Déclaration *Balfour* parlait des "droits civils et religieux des communautés non-juives en Palestine". Il semble évident que les thèses de Lord Curzon et des membres non sionistes du Cabinet ont réussi à s'exprimer dans le texte de la *Déclaration Balfour*. La référence aux "droits et au statut politique dont jouissent les Juifs dans un autre pays" est également frappante, ce qui laisse supposer que l'intention était de préserver les Juifs non sionistes de toute pression migratoire. Il est donc compréhensible que, lors de la conférence de San Remo, les sionistes aient cherché à améliorer ou à modifier le document en leur faveur.

Les faits sur le terrain vont démontrer les objectifs du sionisme international. Avant le début de la Conférence de paix, sous le prétexte d'assurer la liaison entre l'administration militaire britannique et les Juifs, une commission sioniste est envoyée en Palestine, où elle arrive au début du mois de mars 1918. Ses véritables intentions étaient de "conseiller" le général Clayton pour que son administration collabore avec eux dans tous les domaines. Comme on pouvait s'y attendre, Chaim Weizmann a voyagé avec la Commission. James de Rothschild, Jimmy, le fils d'Edmond de Rothschild, était un autre membre éminent. Il était rejoint par Israel Sieff et le Major Ormsby-Gore, le futur Lord Harlich, qui était directeur de la Midland Bank et qui, en tant que directeur de la Standard Bank of South Africa, avait contribué à la guerre des Boers pour le contrôle de l'or et des diamants d'Afrique du Sud. Israel Sieff était directeur de Marks & Spencers et partenaire de plusieurs banquiers internationaux. Sieff a été nommé président du Comité de planification économique et politique et a été un membre permanent du groupe de réflexion qui a conseillé les gouvernements britanniques successifs. En récompense des services qu'il a rendus à la banque juive internationale, il a été nommé chef de l'Ordre des Maccabées. Leon Simon, plus tard anobli, était responsable du General Post Office britannique et contrôlait toutes les communications télégraphiques et téléphoniques. La propagande est confiée à Edwin Samuel qui, pendant la Seconde Guerre mondiale, exerce la fonction de censeur en chef du gouvernement britannique. Lorsque l'État d'Israël a été proclamé en 1948, Samuel a été nommé directeur en chef de la radiodiffusion.

Dans *Palestine, The Reality* (1939), J. M. N. Jeffries raconte un épisode qui donne une idée de l'ampleur de l'arrogance sioniste en Palestine avant l'établissement du mandat. En 1919, le défilé des dirigeants était continu. Louis Dembitz Brandeis, le juge imposé au président Wilson à la Cour suprême, est l'un de ceux qui ont fait le voyage depuis les États-Unis. Une fois à Jérusalem, Brandeis se rendit à la caserne militaire britannique du Mont des Oliviers et déclara au général Money que les ordonnances des autorités militaires devaient être subordonnées à la Commission sioniste. Le général est stupéfait par une demande aussi arrogante, mais son assistant argumente vivement : "Pour un gouvernement, faire cela reviendrait à abdiquer sa position. En tant qu'avocat, vous en êtes conscient". Brandeis rétorque : "Il faut comprendre que le gouvernement britannique s'est engagé à soutenir la cause sioniste. Si cela n'est pas accepté comme un principe directeur, je devrai en informer le Foreign Office". Quelques heures plus tard, le Foreign Office, par l'intermédiaire du War Office, annule la décision des militaires. En l'état, plusieurs officiers demandent leur mutation et le colonel Meinertzhagen, éminent sioniste, est envoyé en Palestine.

Au cours de la décennie suivante, malgré les tentatives d'encourager par tous les moyens l'immigration illégale vers la Palestine et d'acheter des terres aux Arabes par l'intermédiaire du Fonds national juif, il est devenu évident que la vision de Weizmann d'occuper le pays en dix ou quinze ans n'était pas réalisable. On commença alors à penser qu'une nouvelle guerre serait nécessaire pour prendre le pays aux Palestiniens et pour convaincre ou forcer des centaines de milliers de Juifs du monde entier à émigrer vers la Terre promise. Fin août 1929, de graves émeutes entre Juifs et Palestiniens conduisent à la nomination d'une commission d'enquête, la commission Hope-Simpson, dont les conclusions dénoncent les activités de l'Agence juive et de la Histadrout (Fédération générale du travail) comme préjudiciables au développement économique de la population arabe.

En 1930, Lord Passfield, secrétaire britannique aux colonies, publie le "Livre blanc Passfield", un rapport officiel sur la politique britannique en Palestine, dans lequel il propose de suspendre l'immigration juive et de réduire l'autorité de l'Agence juive. Chaim Weizmann demande immédiatement une audience au Premier ministre britannique, alors Ramsay Macdonald, qui, intimidé par les reproches du leader sioniste, se comporte comme s'il était menacé d'un pistolet : non seulement il annule le Livre blanc de Passfield, mais il demande humblement à Weizmann qui il veut nommer comme nouveau haut-commissaire pour la Palestine. Malgré le fiasco de plus en plus évident du projet de Foyer national juif et malgré la prise de conscience que, comme beaucoup l'avaient prédit, les Juifs ne se rendraient pas en masse en Palestine, ni les politiciens américains ni les politiciens britanniques n'ont osé désobéir au Dr Weizmann, l'émissaire du sionisme international.

PARTIE 2 - SPOLIATION, GUERRE CIVILE ET TERREUR EN RUSSIE : LA MORT DE LÉNINE ET LA DÉFAITE DE TROTSKI

Goethe s'est demandé "quelle est la chose la plus difficile qui soit". Il a lui-même donné la réponse : "ce qui semble le plus simple : voir avec nos yeux ce qui se trouve devant eux". C'est peut-être la raison pour laquelle tant d'historiens à courte vue n'expliquent pas ou ignorent que les banquiers juifs internationaux ont conspiré avec les marxistes pour renverser le capitalisme traditionnel et le remplacer par le communisme. Malgré toutes les preuves, il faut admettre qu'il n'est pas facile d'accepter que les Rothschild, les Morgan, les Warburg, les Rockefeller, les Schiff, les Guggenheim..., les hommes les plus puissants du monde, aient soutenu des révolutionnaires professionnels qui étaient censés les combattre. Cela peut paraître contradictoire, mais c'est exactement ce qui s'est passé avec l'établissement du communisme à l'autre bout du monde.

Quigley, l'"initié" qui, dans son étonnant ouvrage *Tragedy in Hope,* a donné les clés de la conspiration, et W. Cleon Skousen, dans *The Naked Capitalist,* indiquent clairement que la contradiction n'est qu'apparente. Quigley avoue ouvertement : "les banquiers internationaux qui ont entrepris de refaire le monde étaient absolument certains qu'ils pourraient utiliser leur argent pour obtenir la coopération et le contrôle des groupes conspirateurs communistes et socialistes". L'objectif de ces internationalistes, les mêmes qui sont aujourd'hui des mondialistes, était de s'approprier toutes les richesses et les ressources de la planète. Pour ce faire, ils utilisaient le marxisme comme idéologie et des milliers d'agents comme conspirateurs politiques pour renverser les gouvernements existants et les remplacer par une dictature socialiste mondiale. John Ruskin, Cecil Rhodes et Alfred Milner étaient persuadés que le monde entier pouvait être fédéré grâce à des modèles socialistes. Ces agents privilégiés des grands financiers ont fondé la Table ronde, la société secrète qui s'est alliée à la conspiration communiste. Les deux groupes travaillaient pour un monde dirigé par des dirigeants politiques choisis qui, conseillés et soutenus financièrement, devaient prendre le contrôle de tous les biens, de l'industrie, de l'agriculture, de l'éducation et de la politique en général. L'apôtre de la révolution mondiale par excellence, Adam Weishaupt, l'avait déjà annoncé depuis longtemps : "Il est nécessaire d'établir un régime universel de domination, une forme de gouvernement qui englobera le monde entier".

Comme on l'a vu, les groupes de financiers qui dirigeaient la conspiration depuis Wall Street et la City de Londres ont consacré d'importantes sommes d'argent au financement des révolutionnaires marxistes. On verra plus loin qu'il leur importait peu qu'une fois au pouvoir, les communistes imposent une dictature féroce et commettent des crimes contre l'humanité d'une ampleur sans précédent dans l'histoire. Des études ont montré que les judéo-bolcheviks, criminels malsains s'il en est, n'auraient jamais pu prendre et conserver le pouvoir en Russie sans le soutien financier des banquiers. Rappelons une fois de plus qu'en 1917, l'aide financière la plus importante a été organisée par Sir George Buchanan et Lord Alfred Milner, le fondateur de la Table ronde qui travaillait en tant qu'agent de la confédération Morgan-Rothschild-Rhodes. Trotski aurait épousé la fille du riche banquier Givotovsky et aurait été financé par Jacob Schiff de Kuhn Loeb & Company. Les Warburg sont d'autres banquiers juifs importants dans la conspiration. Felix Warburg était marié à Frieda Schiff, la fille de Jacob Schiff ; Paul Warburg avait épousé Nina Loeb, la fille de Salomon Loeb. Max Warburg a financé la révolution russe depuis l'Allemagne, ce qui ne l'a pas empêché de collaborer ensuite avec les nazis au sein de la Reichsbank jusqu'en 1938.

Selon nous, l'impunité dont les judéo-bolcheviks ont toujours bénéficié aux yeux de l'histoire est la preuve qu'ils étaient des agents du pouvoir occulte, des Illuminati, c'est-à-dire des banquiers internationaux. Alors que les crimes du nazisme sont sans cesse magnifiés par Hollywood et les médias, le monde attend toujours le premier film de l'industrie cinématographique, aux mains des magnats juifs, pour dénoncer la terreur rouge et les innombrables crimes du communisme en Russie, en Chine et dans tant d'autres pays. Si Himmler ou Eichmann sont identifiés comme de grands criminels, Dzerzhinsky, Yagoda, Yezhov ou Beria sont inconnus du grand public. Alors qu'Hitler, Goebbels ou Goering symbolisent le pire de l'humanité, Lénine et Trotsky sont encore vénérés par une grande partie de l'opinion publique comme des leaders prestigieux de la classe ouvrière. Alors que les camps de concentration nazis sont visités par des millions de personnes et que les étudiants allemands et anglais doivent se rendre chaque année en pèlerinage à Auschwitz, le Goulag soviétique reste perdu dans l'oubli comme s'il n'avait jamais existé. Alors que des nonagénaires sont encore poursuivis pour des crimes présumés commis contre des Juifs pendant la guerre, les criminels communistes ont vécu à l'abri de toute poursuite par les cours de justice.

Soixante-dix ans après la fin de la Seconde Guerre mondiale, l'Allemagne continue d'emprisonner des personnes pour leur passé national-socialiste.[2] En revanche, personne ou presque ne sait, car cela n'a jamais été

---

[2] En 2009, les États-Unis ont extradé vers l'Allemagne John Demjanjuk, un homme de 89 ans qui avait été jugé en Israël et acquitté en 1993. Un tribunal de Munich s'était déclaré compétent pour le juger car il avait vécu près de la capitale bavaroise en 1952. Le 2 mai 2011, Demjanjuk, aujourd'hui âgé de 91 ans, a été reconnu coupable de complicité dans le meurtre de Juifs à Sobibor et condamné à cinq ans de prison. Finalement placé dans une maison de retraite en raison de sa santé défaillante, il est décédé le 17 mars 2012. Le 22 décembre 2013, un procureur allemand de la ville de Dortmund a porté plainte

rendu public, que les camps de concentration soviétiques, appelés colonies ou camps de travail, étaient dirigés par des Juifs qui n'ont jamais été accusés de quoi que ce soit, bien que, selon les chiffres de Robert Conquest dans *La Grande Terreur*, douze millions de personnes dont personne ne se souvient aient péri au Goulag. Parmi ces Juifs, Naftaly Frenkel propose à Staline la construction d'un canal reliant la mer Baltique à la mer Blanche. L'ingénieur en chef était le Juif Gregory Davidsohn Afanasjew et les superviseurs du projet étaient les Juifs Aron Solts et Jacob Rappoport. Ce projet pharaonique a coûté la vie à 250 000 prisonniers. Dans le volume II de *L'Archipel du Goulag*, Alexandre Soljenitsyne fournit de précieuses informations, illustrées de photos et de dessins, sur la construction du canal, sur Naftaly Frenkel et sur ses "tueurs à gages". Parmi les criminels juifs les plus importants de l'administration générale des camps de concentration dénoncés par Soljenitsyne, citons Matvei Davidovich Berman, directeur des camps de concentration ; Semion Firin et Abraham Appeter, directeurs des prisons ; Lazarus Josephsohn Kagan, chef des camps de la mer Baltique ; Abraham Isaaksohn Rottenberg, chef des prisonniers en isolement et en même temps chef de la Ligue d'action athée ; Samuel Kwazenskij, instructeur politique. Il y en a plusieurs autres que l'auteur de L'*Archipel du Goulag* n'a pas mentionnés et dont nous avons épargné les noms.

Le pillage économique de la Russie est également passé sous silence. Il en va tout autrement lorsqu'il s'agit de dénoncer le mal intrinsèque du national-socialisme à cet égard. Au milieu des années 90, une série de reportages sensationnels ont été publiés sur le blanchiment de l'argent volé par les nazis en Suisse. Une campagne mondiale a été déclenchée par un procès intenté par le Congrès juif mondial. De prétendus survivants de l'Holocauste, représentés par le sénateur américain Alphonse D'Amato, ont intenté une action en justice contre les banques suisses. L'or nazi fait la une des journaux du monde entier. La BBC a proclamé qu'il s'agissait du "plus grand vol de l'histoire". La campagne a été soutenue par la publication de livres tels que celui d'Adam Lebor, qui a été immédiatement traduit en

---

contre un homme de 90 ans, Samuel Kunz, ancien gardien du camp de concentration de Belzec, l'accusant d'avoir aidé à tuer des centaines de milliers de Juifs. Le 1er août 2012, la presse hongroise a rapporté que Laszlo Csatary, un homme de quatre-vingt-dix-sept ans accusé par le Centre Simon Wiesenthal d'avoir supervisé la déportation de milliers de Juifs, avait été arrêté à la demande du ministre français des affaires étrangères. Le 7 août 2012, Reuters a rapporté que Nadja Drygalla, une athlète allemande qui prévoyait de participer aux Jeux olympiques de Londres, avait un petit ami néonazi, ce qui a incité l'Allemagne à envisager d'obliger tous les athlètes à s'engager en faveur de la démocratie. Le 27 janvier 2013, la chancelière Angela Merkel a déclaré : "L'Allemagne porte une responsabilité éternelle pour les crimes du national-socialisme, pour les victimes de la Seconde Guerre mondiale et surtout pour l'Holocauste". Six mois plus tard, le 13 juin 2013, le parlement allemand a adopté une résolution visant à lutter contre l'antisémitisme, à protéger la vie juive en Allemagne et à approfondir les relations avec l'État raciste d'Israël, dont les crimes sont restés impunis depuis sa création.

plusieurs langues. Il a été publié en Espagne en 1998 sous le titre *Hitler's Secret Bankers : How Swiss Bankers Profited from Nazi Geonocide (Les banquiers secrets d'Hitler : comment les banquiers suisses ont profité du géonocide nazi)*. Selon Adam Lebor, les nazis ont pillé 289 millions de dollars dans les banques centrales des pays occupés.

Le pillage de la Russie par les bolcheviks est le sujet du livre publié en 2008 par le professeur Sean McMeekin, *History's Greatest Heist. The Looting of Russia by the Bolsheviks*. Selon McMeekin, qui propose de multiplier les chiffres de 1918 par cent pour calculer l'équivalence entre les chiffres de 1918 et ceux d'aujourd'hui, les ventes d'or volé par les bolcheviks en seulement dix-huit mois dépassent de loin le chiffre donné par Lebor. S'il n'y a pas de campagne de dénonciation du pillage et du massacre des Gentils en Russie, c'est bien sûr parce que les criminels et les voleurs étaient des Juifs au service du pouvoir secret qui les avait financés. "Le jour n'est pas loin où toutes les richesses et tous les trésors du monde seront la propriété des enfants d'Israël", avait annoncé Adolphe Crémieux dans le manifeste fondateur de l'Alliance israélite universelle.

Le plus grand casse de l'histoire

Contrairement aux banquiers suisses qui ont dissimulé leur collaboration avec les nazis, les principaux financiers du génocide en Russie n'ont pas pris la peine de cacher leur contribution à la cause de la révolution, mais l'ont même, comme Jacob Schiff et J.P. Morgan, fièrement proclamée au monde entier. Ces mêmes banquiers ont plus que récupéré leur investissement car, une fois au pouvoir, leurs agents se sont chargés de blanchir l'or, l'argent, le platine et les pierres précieuses volés compulsivement par les judéo-bolcheviks. À eux les futurs contrats et l'exploitation des énormes richesses et ressources de la Russie, qu'ils ont toujours convoitées. Sans cette collaboration intéressée, il aurait été impossible aux communistes de rester au pouvoir, car la ruine économique d'un pays improductif était aggravée par la guerre civile. La Banque d'État de Russie détenait les plus grandes réserves d'or du monde, mais il y avait aussi les banques privées, concurrentes des banques juives internationales, ainsi que les richesses des particuliers et de l'Église. Ainsi, aux réserves d'or impériales, il faut ajouter l'argent liquide, les obligations, les montres, le platine, les bijoux, les diamants et autres pierres précieuses, la coutellerie, les peintures, les icônes, les gravures, les livres. En d'autres termes, toute la richesse d'un continent accumulée au fil des siècles.

Sean McMeekin relate dans l'ouvrage précité les problèmes que Lénine, Trotsky et leurs sbires ont eu à gérer les banques sans la collaboration d'employés rompus aux techniques financières et aux méthodes comptables. Anthony C. Sutton écrit dans *Wall Street and the Bolshevik Revolution* que dans ce contexte, Trotsky s'est souvenu de son bon ami Bernard Baruch et a dit : "Ce dont nous avons besoin ici, c'est d'un organisateur comme Bernard Baruch". Une semaine après le coup d'État, les banques privées, qui connaissaient les intentions nationalisatrices de Lénine, ont fermé leurs portes. La Banque d'État et le Trésor restent ouverts, mais refusent tout au long du mois de novembre d'accéder à la demande de fonds formulée au nom du Conseil des commissaires du peuple (Sovnarkom). Le Conseil a alors publié un décret menaçant d'arrestation les directeurs de banque qui refuseraient de faciliter le retrait des fonds. I. P. Shipov, directeur de la Banque d'État, persuade ses collègues de ne pas céder et informe le Sovnarkom que la Banque d'État a affecté 600 millions de roubles à la solde de l'armée et à la charité publique, qui maintient des cuisines pour les pauvres.

Le 23 novembre, les employés de la Banque d'État se mettent en grève. Le 24 novembre, après des tentatives infructueuses pour obtenir de l'argent, Lénine envoie un ultimatum au nouveau commissaire aux finances, Vyacheslav Menzhinsky : si Shipov ne cède pas, tous les employés de la banque seront licenciés, perdront leur pension et les plus jeunes seront incorporés. Face à ce nouveau refus, Shipov est licencié et remplacé par une équipe financière de bolcheviks qui, s'ils connaissent les livres et les manuels du système bancaire, ne connaissent pas les procédures techniques de la Banque d'État de Russie, dont les couloirs interminables et les machines compliquées leur sont inaccessibles. Ils avaient besoin de savoir combien il y avait de caisses, de coffres-forts et où étaient cachées les clés. Ils ont opté pour une prise d'otages : le directeur de la succursale de Petrograd, le caissier en chef, le comptable en chef et le gardien de la chambre forte ont été contraints de coopérer sous la menace d'une arme.

En décembre 1917, presque tous les fonctionnaires de l'État refusent de collaborer avec le gouvernement bolchevique, considéré comme illégal : les enseignants, les employés du télégraphe et du téléphone, les travailleurs du transport fluvial, les fonctionnaires municipaux de Petrograd et de Moscou se mettent en grève contre le soi-disant gouvernement ouvrier. Lénine choisit alors Félix Dzerjinski pour diriger la Tchéka (Commission extraordinaire de lutte contre la contre-révolution et le sabotage), créée le 20 décembre avec pour mission de liquider pratiquement sans aucune limite légale tout acte contre-révolutionnaire. Il ne faut pas oublier qu'en novembre, dix-huit jours après le coup d'État, des élections pour une Assemblée constituante ont eu lieu et que les bolcheviks ont été mis en minorité. La constitution du Parlement est prévue pour le 18 janvier 1918. C'est donc tout naturellement que les directeurs de banque et le pays tout entier s'attendent à ce que ces élections débouchent sur la formation d'un gouvernement légal. Comme si cela ne suffisait pas, le 27 décembre 1917, le juif Grigori Sokolnikov (Girsh Yankelovich Brilliant), nommé nouveau directeur de la Banque d'État, abolit par décret les banques privées, et les bolcheviks exigent tous les dépôts bancaires de plus de 5000 roubles. Le décret stipule que, dès réception de la notification, les propriétaires de coffres-forts ont trois jours pour se présenter à la banque avec les clés de leurs coffres. Il n'est pas surprenant que tout le monde ait ignoré le décret d'un gouvernement qui voulait ouvertement voler les biens des gens, car il y avait la conviction que les jours des bolcheviks étaient comptés. Personne ne s'attendait à ce que, le 18 janvier, il y ait un second coup d'État et que les parlementaires soient dissous par les gardes rouges et les régiments lettons agissant en tant que troupes de choc du gouvernement soviétique. Le même jour, des milliers de personnes qui manifestaient devant le palais de Tauride, où se réunissait l'Assemblée constituante, ont été dispersées par des coups de feu et une vingtaine d'entre elles ont été tuées.

Le système mis en place par Sokolnikov pour procéder au pillage consistait à appeler par ordre alphabétique tous les propriétaires de coffres. Les noms de ceux qui ne se présentent pas ou refusent de coopérer sont marqués comme "ennemis du peuple". Dès février 1918, la lettre "L" est atteinte à Petrograd. Max Laserson, directeur commercial de la compagnie minière Shuvalov, se présente avec les clés de son coffre-fort et devient un collaborateur des communistes. Laserson décrira plus tard comment l'opération a été menée pour voler des objets de valeur : lingots et pièces d'or, platine, argent, pierres précieuses et devises étrangères. Selon Laserson, "l'argent, l'or, les pierres précieuses et les perles confisqués... ont été accumulés en quantités si énormes qu'il est difficile de les imaginer.... J'ai traversé de grandes salles remplies jusqu'au plafond de toutes sortes de bottes, valises, boîtes, paniers, sacs, etc. En fait, c'était la partie la plus facile du pillage général qui était prévu. Les banques, en plus des réserves d'or, des bijoux et de l'argent liquide, possédaient des obligations de dépôt, des actions et des obligations d'État. Mais il n'y avait pas que des actifs : s'emparer des banques signifiait aussi s'emparer des passifs. Le 10 novembre 1918, le trotskiste Nikolaï Krestinski, un autre juif récemment nommé commissaire aux finances, promulgue un décret accordant certains avantages à ceux qui se présentent et collaborent avec le gouvernement.

En novembre 1918, une agence a été créée pour enregistrer toutes sortes d'objets d'art. Leonid Krasin et Maxim Gorky sont les deux hommes chargés de cette tâche. L'écrivain et Maria Andreeva, sa belle-famille, croient naïvement qu'il s'agit de sauver le patrimoine culturel russe et que les objets confisqués sont destinés à être exposés dans des "musées prolétariens". Ils ont bientôt l'occasion de comprendre le but réel de l'opération. En février 1919, l'agence de Gorki est subordonnée au Commissariat au commerce, plus précisément à sa Commission du commerce extérieur (Narkomvneshtorg), afin de préparer les antiquités et les œuvres d'art les plus précieuses en vue d'une éventuelle exportation. Krasin (Goldgelb), l'ancien camarade Nikitich, le judéo-bolchevik lié à Olof Aschberg (Obadiah Asch) qui, en tant que directeur de Siemens-Schuckert à Saint-Pétersbourg, avait établi d'importants contacts à Stockholm et à Berlin, fut chargé par Lénine de superviser le projet et d'explorer la possibilité de faire des affaires avec des entreprises suédoises et allemandes. La recherche des antiquités et objets de valeur confisqués a permis à des chercheurs tels que Sean McMeekin de fournir une étude complète de l'opération, qui fait l'objet du troisième chapitre de son livre. Les données suivantes sont donc extraites de *History's Greatest Heist. The Looting of Russia by the Bolsheviks.*

La plupart des trésors volés par les bolcheviks ont quitté la Russie par le port estonien de Tallinn. Leonid Krasin a personnellement rédigé les termes du traité de paix de Tartu, que l'Estonie a ratifié le 2 février 1920. Ce traité accorde aux communistes un usage presque illimité des lignes de chemin de fer et des ports estoniens. Le lendemain, 3 février, un décret du Conseil des commissaires signé par Lénine nomme le trotskiste juif Nikolaï Krestinsky directeur du "Gokhran" (Trésor d'État pour le stockage des objets de valeur), chargé de centraliser et d'enregistrer dans des registres tous les objets de valeur se trouvant sur le territoire soviétique. Le professeur McMeekin écrit : "De la Sibérie à la frontière polonaise, de la mer Noire à la mer Baltique, les immenses richesses de la Russie devaient être accumulées et préparées pour l'exportation". Deux semaines après la signature du traité de Tartu, Krasin ordonne à la commission Gorki-Andréva de commencer à collecter dans les environs de Petrograd les objets les plus précieux en vue d'une éventuelle exportation. Dans son mandat, il insiste sur les "articles en or, en argent et en platine, ainsi que sur les pierres précieuses et les perles".

Le 16 mars 1920, Krestinsky ordonne aux ouvriers de Gokhran de commencer à préparer les métaux précieux en piles de platine, d'iridium, d'or et d'argent. Les bijoux doivent être empilés en perles et en pierres précieuses, qui doivent en même temps être séparées par taille. Les diamants doivent être séparés des objets qui les contiennent et triés par carat. À la mi-juillet, la "récolte" accumulée à Gokhran s'élevait à 21 563 carats de diamants, 20 305 carats de perles, trois mille montres en or, argent et platine, deux cents kilos de bijoux artistiques, une centaine de kilos de lingots et de pépites d'or, trente tonnes d'argent, environ huit mille objets artistiques plaqués or, une demi-tonne de fragments d'or et 41 845 pièces d'argent, dont le poids n'est pas précisé. Sur les marchés mondiaux, la valeur de tout cela s'élève à 225 millions de roubles, soit environ 112,5 millions de dollars. À la fin du mois de novembre 1920, la valeur des objets d'art accumulés à Gokhram dépassait 490 millions de roubles ou 245 millions de dollars, soit environ 25 milliards de dollars d'aujourd'hui. On a dit que pour calculer la valeur actuelle approximative des chiffres, il fallait multiplier par cent.

Krestinsky avait pour mandat de rassembler le butin de tout le continent eurasien, mais pendant les six premiers mois, le Gokhran s'est concentré sur les coffres des banques de Moscou et de Petrograd qui n'avaient pas été ouverts. Trente-cinq mille ont été ouverts au cours de l'été 1918, mais le rythme du pillage a stagné. Il reste environ cinquante et un mille coffres confisqués par les communistes, dont les propriétaires ne se sont pas manifestés. Deux ans plus tard, en septembre 1920, seules douze mille sept cents caisses avaient été vidées, quatorze mille neuf cents autres avaient été ouvertes par la force, mais il restait environ vingt-trois mille trois cents caisses qui avaient résisté à tous les efforts. Devant la lenteur du processus, Krestinsky décide de créer un autre organisme, la Seifovaia Komissiia, subordonnée au Commissariat aux finances, qui entre en fonction en août 1920, sous la supervision de la Tchéka. Afin de structurer la logistique du pillage, un autre appareil bureaucratique est créé, l'Inspection financière (Finninspektsiia).

Le déversement massif de diamants russes sur les marchés de Tallinn, Stockholm et Copenhague est devenu un problème, car il menaçait de détruire le plafond de prix artificiel fixé par la famille Oppenheimer, qui dominait le marché mondial après avoir pris le contrôle des diamants sud-africains. En 1920, Krasin lui-même a vendu pour 40 000 livres sterling de diamants à Londres. Tout cela conduit les communistes à courtiser le consortium De Beers, avec l'intention de lui vendre en vrac les diamants stockés par les Gokhran. D'une manière générale, l'inondation des marchés par les métaux précieux et les pierres que les communistes tentaient de vendre a faussé les prix, qui se sont effondrés.

La confiscation massive des richesses de l'Église, dont les avoirs et les biens mobiliers avaient été nationalisés en janvier 1918, n'a commencé qu'au début de l'année 1922. C'est dans le contexte de la guerre civile contre la paysannerie et de la grande famine de 1921, qui a fait cinq millions de morts, que les communistes ont organisé une campagne pour justifier le vol aux yeux de la population, majoritairement acquise à l'Église orthodoxe. Au cours de l'été 1921, la famine dans la région de la Volga commence à alarmer le gouvernement soviétique, qui admet publiquement que 25 millions de Russes sont au bord de la famine. Avec l'arrivée de l'hiver, Trotski occupe le devant de la scène, alors que Lénine est contraint de se retirer en raison de problèmes de santé qui, deux ans plus tard, conduiront à sa disparition. En janvier 1922, Trotski écrit un article qui est largement diffusé dans la presse soviétique. Il y accuse l'Église orthodoxe de ne pas venir en aide aux nécessiteux. Il lui demande de vendre ses objets de valeur en or et en argent pour venir en aide aux affamés. Cette campagne a été complétée par des milliers de lettres de lecteurs supposés *des Izvestia et de la Pravda*, soutenant la confiscation des biens de l'Église. Nombre de ces lettres étaient rédigées par des ecclésiastiques collaborant avec le régime, les "rénovateurs", qui laissaient même entendre que le patriarche Tikhon menaçait d'excommunication les généreux donateurs chrétiens qui cherchaient à apporter leur aide. "Transformez l'or en pain" est le slogan inventé par Trotsky pour sa campagne d'agit-prop, invitant les masses à voler dans les églises au motif que les clercs réactionnaires sabotent les efforts d'aide des autorités.

Sean McMeekin qualifie ces arguments de "mensonges du début à la fin" et affirme qu'en 1921, les communistes avaient vendu de l'or et d'autres métaux précieux d'une valeur de 200 millions de dollars à l'époque, argent qui n'avait pas été utilisé pour soulager la faim de la population, mais pour des importations stratégiques, notamment dans le domaine de l'armement. McMeekin ajoute que dans le contexte de la famine, au lieu d'acheter des céréales et des semences pour les régions touchées, on a importé des articles considérés comme des produits de luxe pour les membres du parti, par exemple du chocolat acheté à Londres pour une valeur de 30 millions de roubles tsaristes ; des fruits, du tabac et de l'opium de Perse pour une valeur de 63 millions de roubles ; et des milliers de tonnes de harengs suédois, de poissons assaisonnés finlandais, de lard allemand et de graisse de porc française. Georg Solomon écrit dans *Unter den Roten Machthabern* (*Parmi les dirigeants rouges*) que "pendant que le peuple mourait de faim", les élites soviétiques consommaient des délices tels que "truffes, ananas, mandarines, oranges, bananes, noix, sardines et Dieu sait quoi d'autre".

En janvier 1922, Leonid Krasin a payé 16 400 roubles-or à Londres pour des pièces de rechange destinées à la flotte de Rolls-Royce dans laquelle se déplaçaient les grands pontes du parti communiste. L'impudence et l'arrogance des dirigeants judéo-bolcheviques sont telles qu'ils ne se soucient même pas de sauver les apparences. Trotski, Lénine, Dzerjinski et compagnie roulaient dans les rues de Petrograd et de Moscou dans de luxueuses Rolls-Royce. Lénine s'attribue la jouissance de trois voitures de luxe provenant du garage du palais d'Alexandre à Tsarkoye Seló : deux Rolls-Royce et la vieille limousine Delauney-Belville de Nicolas II. Au début, Lénine se rendait d'un endroit à l'autre dans ce véhicule. Le professeur McMeekin explique de manière amusante qu'en mars 1918, la limousine lui a été volée sous la menace d'une arme, une tournure ironique de l'expression "piller les pilleurs", inventée par Lénine pour justifier les vols à grande échelle. À partir de ce moment, Lénine utilise une Rolls-Royce de 1915 ayant appartenu à Mikhaïl Romanov. Auparavant, Kerensky avait déjà donné l'exemple du comportement à adopter au pouvoir. En juillet 1917, installé au Palais d'hiver, il décide d'utiliser la chambre à coucher du tsar Alexandre III. Kerensky réquisitionne également une Rolls-Royce auprès d'un riche étranger et l'utilise pour ses déplacements.

En juin 1921, le patriarche Tikhon avait mis sur pied un comité d'aide aux affamés. Le 7 juillet, Tikhon a lancé un appel angoissé à ses paroissiens par le biais d'une lettre pastorale lue dans toutes les églises, leur demandant de prendre rapidement les souffrants dans leurs bras "le cœur plein d'amour et de désir de sauver vos frères affamés". Voici un extrait significatif : "La charogne est devenue un plat de choix pour la population affamée, et même ce plat est difficile à trouver. Les cris et les gémissements se font entendre partout. On en est déjà au cannibalisme ? Donnez un coup de main à vos frères et sœurs ! Avec l'accord des fidèles, vous pouvez utiliser les trésors des églises qui n'ont pas de valeur sacramentelle pour aider les affamés, comme les bagues, les chaînes et les bracelets, ainsi que les ornements qui décorent les saintes icônes...". Plus de deux cent mille exemplaires de cet appel ont été distribués dans tout le pays. Le 22 août 1921, le patriarche écrit aux autorités soviétiques. Il demande l'autorisation pour l'Église orthodoxe d'acheter directement des fournitures et d'organiser des cuisines de secours dans les régions touchées par la famine. Non seulement la demande est rejetée, mais en septembre 1921, les communistes dissolvent le comité de secours et arrêtent ses dirigeants. Le 23 février 1922, l'expropriation des biens de valeur de l'Église orthodoxe est ordonnée par décret. L'archevêque de Petrograd, Veniamin, et le patriarche Tikhon sont arrêtés et déclarés "ennemis du peuple".

Les Américains ont été autorisés à apporter leur aide. Le 13 juillet 1921, le gouvernement soviétique a lancé un appel à l'aide internationale par l'intermédiaire de Maxime Gorki. L'American Relief Administration (ARA) du futur président Hoover a envoyé une aide substantielle à la Russie à partir du 20 août. Un total de 45 millions de dollars a été alloué et la distribution de nourriture a commencé. L'ARA et ses organisations partenaires ont nourri quelque 12,5 millions de bouches. L'American Commission on Russian Relief, dont Staline supervisait les efforts de secours, estimait qu'en 1922, il y avait quelque trois millions d'enfants sans abri et que deux autres millions étaient au bord de la famine dans leur pays. Dans *The Harvest of Sorrow*, Robert Conquest accuse le gouvernement moscovite d'avoir délibérément omis d'informer les organisations d'aide américaines sur les zones de famine en Ukraine et d'avoir empêché tout contact avec les régions dans le besoin. Plus honteux encore, car cela démontre une fois de plus la nature criminelle des dirigeants communistes et leur mépris de la vie humaine, entre le 1er août 1921 et le 1er août 1922, quelque 500 000 tonnes de céréales ont été exportées d'Ukraine pour être distribuées à l'étranger.

Pour bien comprendre l'assaut systématique contre les biens de l'Église, il faut savoir qu'après quatre années de paiements continus en or, les communistes ont épuisé les réserves de la Russie impériale. Le dernier envoi d'or, quarante tonnes, a quitté le port de Tallinn le 6 février 1922 à bord du navire à vapeur *Gladiator*. Le besoin urgent d'or supplémentaire est décisif dans la campagne de pillage des églises, dirigée par Trotski et confiée à la Tchéka, rebaptisée au début de l'année GPU (Administration politique de l'État). Sous le commandement de Trotski, l'offensive est planifiée lors d'une série de sessions du Sovnarkom, du Politburo et du Comité central du Parti communiste, tenues en décembre et janvier 1921-22. Une résolution du Comité exécutif central du 2 janvier 1922, qui ne contient pas un seul mot pour les victimes de la famine, stipule explicitement que les objets de valeur des églises qui peuvent être vendus iront au Gokhran. Deux autres décrets successifs, publiés les 14 et 23 janvier, ordonnent que les envois de toutes les régions soient livrés sans délai au Gokhran. Tous les trains transportant le butin de l'Église sont escortés par des officiers de l'Armée rouge.

Dans la stratégie de Trotsky, la propagande justifiant la confiscation était essentielle, car elle devait être présentée comme une vague de colère populaire contre l'Église. La défense attendue de nombreuses églises et monastères par les paroissiens devait en même temps servir de justification à l'Armée rouge pour écraser la résistance. Dans une lettre du 19 mars 1922 aux membres du Politburo, dont est tiré l'extrait suivant du livre de Sean McMeekin, Lénine s'exprime en ces termes :

> "...Avec tant de gens affamés se nourrissant de chair humaine, avec les routes encombrées de centaines et de milliers de cadavres, c'est maintenant et seulement maintenant que nous pouvons (et par conséquent que nous devons) confisquer les biens de l'Église avec une énergie féroce et impitoyable. C'est précisément maintenant et seulement maintenant que l'écrasante majorité des masses paysannes peut nous soutenir ou, plus précisément, qu'elle ne peut pas être en mesure de soutenir cette poignée de Cent-Noirs cléricaux et de petits-bourgeois réactionnaires.... Nous pouvons ainsi nous doter d'un trésor de plusieurs centaines de millions de roubles-or. Sans ce trésor, aucune activité étatique en général, aucune réalisation économique en particulier, aucune défense de nos positions n'est concevable. Nous devons à tout prix nous emparer de ce trésor de plusieurs centaines de millions de roubles (voire de plusieurs milliards de roubles !). Tout cela ne peut être mené à bien qu'aujourd'hui."

À la mi-avril 1922, *les Izvestia* font état de plus de 1 400 "excès sanglants" résultant d'affrontements entre les partisans de l'Église et le GPU. En réalité, chaque nouvel affrontement est parfaitement conforme aux plans de Trotsky et à ses accusations selon lesquelles l'Église empêche l'aide aux affamés. Le 28 mars 1922, *les Izvestia* publient des instructions sur ce que les ouvriers et les paysans doivent faire s'ils veulent éviter la mort de millions d'agonisants : Méprisez cette bande de prêtres enragés "solennels". Brûlez au fer rouge la contre-révolution la plus sacrée. Prenez l'or des églises. Échangez l'or contre du pain". Les estimations du nombre de victimes de cette campagne de terreur varient. Les chiffres officiels reconnaissent que vingt-huit évêques et 1 215 prêtres ont été tués. Des sources ecclésiastiques avancent le chiffre de 2 691 prêtres, 1 962 moines et 3 447 religieuses. "Vingt mille autres paroissiens, écrit McMeekin, ont également perdu la vie, la plupart d'entre eux étant de vieux croyants qui ont défendu leurs églises bien-aimées avec des fourches et ont été abattus avec des mitrailleuses.

Rien qu'à Moscou, il y avait sept cent soixante-quatre églises orthodoxes et soixante-quatorze chapelles. Elles abritaient des œuvres d'art et des trésors datant de mille ans d'histoire russe. Chacun des sept quartiers de la ville est confié à une commission de pillage. Plus de vingt hommes lourdement armés, dont la moitié sont des gardes rouges ou des membres du

GPU, composent ces commissions. Le 5 avril 1922, ils avaient perquisitionné quarante-trois églises et monastères orthodoxes, auxquels ils avaient dérobé environ six tonnes et demie de trésors. Dans ses recherches, le professeur McMeekin affirme qu'en trois jours seulement, les raids se sont multipliés et note qu'entre le 5 et le 8 avril, "pas moins de cent six églises moscovites ont été pillées et un butin de treize tonnes d'objets de valeur a été obtenu". Entre le 24 et le 26 avril, "cent trente églises et trois chapelles ont été attaquées et treize tonnes d'argent et environ vingt-cinq kilos d'or ont été emportés, ainsi que des quantités indéterminées de vases et de récipients". À Petrograd, les comités de pillage avaient accumulé, à la fin du mois d'avril, trente tonnes d'argent, environ soixante-dix kilos d'or, trois mille six cent quatre-vingt-dix diamants et trois cent soixante-sept autres pierres précieuses. Des icônes orthodoxes de grande valeur, dont les plus anciennes dataient des XVe et XVIe siècles, ont également été confisquées en grande quantité. Nombre d'entre elles se sont retrouvées dans des bazars et des magasins d'antiquités où elles ont été vendues à des prix défiant toute concurrence. Le banquier Olof Aschberg en a personnellement acheté quelque 280. Le Gokhran de Moscou reçut la quasi-totalité de l'or et de l'argent. Au début de l'année 1923, le Gokhran avait accumulé une telle quantité d'argent, quelque 550 tonnes, qu'il fallut vider un bâtiment voisin pour l'entreposer.

Outre le pillage systématique, des dizaines de milliers d'églises chrétiennes ont été détruites dans toute la Russie. Nombre d'entre elles ont été transformées en urinoirs publics, en entrepôts et en magasins. Un musée anti-Dieu a été installé dans la cathédrale Saint-Basile. En revanche, aucune synagogue n'a subi le moindre dommage. Alors que les prêtres orthodoxes sont emprisonnés, torturés et même crucifiés, les rabbins n'ont rien à craindre. Contrairement aux nombreuses mesures antichrétiennes, les communistes ont adopté une loi contre l'antisémitisme qui pouvait entraîner la mort de l'accusé. La possession d'une copie des *Protocoles des Sages de Sion* peut également conduire à l'emprisonnement et même à la mort. Robert Wilton dénonce le caractère de vengeance talmudique qui sous-tend de nombreuses actions perpétrées par les judéo-bolcheviks. L'acte le plus significatif est peut-être l'érection d'un monument à la gloire de Judas Iscariote, un acte symboliquement chargé réalisé en 1918 à l'initiative de Trotsky. Dans *The Orthodox Encyclopaedia*, le père Alexey Uminskiy rapporte que Trotsky voulait être présent lors de l'inauguration de la statue. Avant son arrivée, l'évêque Ambroise a été assassiné à la hâte. La raison invoquée pour la commémoration de la figure de Judas était qu'il était considéré comme le "premier révolutionnaire". L'image, décrite par des témoins oculaires, représentait un homme au visage déformé par la colère, regardant vers le ciel avec un poing fermé.

Les judéo-bolcheviks ont plus que compensé leurs patrons, les banquiers juifs internationaux. Il a déjà été noté qu'en 1918, après la signature du traité de Brest Litovsk, l'Allemagne et les puissances de l'Entente ont rivalisé pour obtenir des concessions commerciales en Russie : les mines, les chemins de fer et l'électrification étaient les contrats les plus convoités. En mai 1918, un rapport interne du ministère allemand des affaires étrangères décrit les dirigeants bolcheviques comme des "hommes d'affaires juifs". Des agents de la Deutsche Bank et de la banque juive Mendelssohn courtisent Krasin et Joffe, à qui le ministère allemand des Affaires étrangères a accordé des valises diplomatiques. Le gouvernement suédois, d'où opérait Olof Aschberg, l'homme à l'origine du Guaranty Trust de J.P. Morgan, avait facilité l'utilisation d'un code diplomatique pour les agents soviétiques dans leurs communications avec Moscou. La Suède, tout en ne reconnaissant pas officiellement les bolcheviks, agissait comme un allié de facto. Une fois de plus, Olof Aschberg est devenu le génie financier qui a canalisé le trafic illégal d'or russe vers l'étranger. Au cours de l'été 1919, les communistes eux-mêmes ont divulgué un rapport dans lequel ils reconnaissaient que l'expertise bancaire d'Aschberg leur permettait d'envoyer l'or russe, si longtemps convoité par les Morgan, les Schiff, les Warburg, les Rothschild et consorts, où ils le souhaitaient. Un autre expert financier juif qui a travaillé comme conseiller du gouvernement soviétique est Aaron Sheinman, qui a travaillé en étroite collaboration avec Aschberg, Krasin, Litvinov et Sokolnikov, qui étaient tous des coreligionnaires juifs. Sheinman est un expert des marchés de l'or et du platine. En 1918, il est envoyé à Stockholm avec 17 millions de roubles en or et, en 1920, il se rend à Tiflis avec plusieurs millions de francs français pour acheter cinquante avions équipés de moteurs Fiat.

Le trafic des lingots d'or impériaux russes passait par le port estonien de Tallinn, où les agents des banquiers venaient les acheter à des prix avantageux avant qu'ils ne soient refondus par les hôtels des monnaies suédois. Les juifs Isidor Emmanuilovich Gukovsky et Georg Solomon, qui dirigeaient la mission commerciale soviétique à Tallinn, supervisaient la vente de cet or. Le premier avait été commissaire aux finances après la révolution. Le second était un ancien collègue de Krasin chez Siemens-Schukert. Le professeur McMeekin révèle que Leonid Krasin, le commissaire au commerce, a donné à Solomon le titre drolatique de "ministre de la contrebande d'État". Dans *Unter den Roten Machthabern*, Georg Salomon décrit cyniquement son propre travail en une phrase : "J'ai donc travaillé comme pilleur et voleur" ("Ich arbeitete also für Plünderer und Diebe"). Gukovsky avait installé son quartier général à l'hôtel Petersburg, dont les chambres avaient toutes été louées à bas prix par courtoisie du gouvernement estonien. Solomon est installé à l'hôtel Goldener Löewe (Lion d'or), où il reçoit ses fournisseurs. Georg Solomon lui-même fait état de ses affaires louches. Il reconnaît avoir reçu de somptueux "pourboires" et admet également les habitudes corrompues de son collègue Gukovsky, qui vendait parfois l'or russe 30% en dessous du prix du marché à G. Scheel and

Company, la plus grande banque privée de Tallinn, dirigée à l'époque par Paul Heinrich Scheel.

L'homme désigné comme "représentant financier" de la mission soviétique était Olof Aschberg, un vieil ami de Georg Solomon et de Leonid Krasin depuis l'époque de Siemens-Schukert à Stockholm. Aschberg explique lui-même comment la contrebande d'or s'est déroulée en collaboration avec les Suédois : "Ils thésaurisaient l'or russe, apposaient un autre cachet sur les lingots et faisaient fondre les pièces. La Monnaie royale travaillait sous pression. L'or estampillé suédois pouvait alors être vendu avec un bénéfice fantastique". Il est à noter que le gouvernement suédois a été présidé à trois reprises (1920, 1921-1923 et 1924-1925) par le franc-maçon social-démocrate Hjalmar Branting, qui avait déjà été ministre des Finances en 1917-1918. Les transactions se font par l'intermédiaire de la banque d'Aschberg, qui a changé de nom en 1918, passant de Nya Banken à Svensk Economiebolaget. C'est là que les commandes des acheteurs étaient reçues. Gukovsky livrait l'or soviétique ou d'autres métaux précieux à Aschberg ou à d'autres intermédiaires qui, contre rémunération, transportaient les marchandises à travers la Baltique.

Aschberg naviguait généralement sur le *Kalewipoeg* et, lors d'un voyage, il a transporté une cargaison d'or d'une valeur de plusieurs millions de couronnes. À Stockholm, l'or a été fondu et l'ancien insigne tsariste a été échangé contre un insigne suédois. L'or a ensuite été vendu principalement aux États-Unis, notamment à la Guaranty Trust de J.P. Morgan. La même année, en 1918, Aschberg ouvre une succursale de la Svensk Economiebolaget en face de l'ambassade soviétique à Berlin, au 69 Unter den Linden, le boulevard le plus célèbre de la ville. Isaak Steinberg, dit "l'ingénieur", un autre juif bolchevique, un de plus, qui avait été commissaire à la justice jusqu'en mars 1918, est l'un des directeurs de la banque. À Londres, comme nous l'avons déjà dit dans le chapitre précédent, l'agent de la nouvelle banque d'Aschberg était Earl Grey, un ancien associé de Cecil Rhodes qui présidait la British Bank of North Commerce. Le professeur McMeekin rapporte qu'à l'automne 1920, l'audace d'Olof Ascheberg a atteint un tel point qu'il a même promis à Maksim Litvinov d'envoyer l'or directement à la Monnaie américaine et d'éviter ainsi les primes élevées payées à Stockholm. Cette offre a été faite avant que le gouvernement américain ne sévisse, en novembre, contre le mouvement de l'or russe, qui était vendu à la Réserve fédérale sans certificat de propriété.

Dans *Wall Street and the Boshevik Revolution*, le professeur Sutton relate le départ de Tallinn pour les États-Unis de trois navires transportant de l'or soviétique : le *S.S. Gauthod*, avec une cargaison de deux cent seize caisses d'or, supervisé par le franc-maçon Youri Lomonosov ; le *S.S. Carl Line*, également chargé de deux cent seize caisses 'or ; et le *S.S. Ruheleva*, avec cent huit caisses.[3] Le contenu de chaque caisse était évalué à soixante mille roubles-or. Sutton cite encore le nom d'un quatrième navire, le *S. S. Wheeling Mold*, mais ne donne aucun chiffre. Déposé par le Guaranty Trust de New York, l'or arrive au Valuation Office. Le Guaranty Trust s'est alors renseigné auprès de la Réserve fédérale sur l'acceptation de l'or. La Réserve fédérale s'adresse à son tour au Trésor. Le superintendant du New York Valuation Office a informé le Trésor qu'environ sept millions de dollars d'or n'avaient pas de marques d'identification et que les lingots déposés avaient déjà été fondus aux États-Unis.

Le 17 novembre 1920, le surintendant du Trésor expliqua à James Hecksher, de la Irving National Bank de New York, que des rapports faisaient état de livraisons d'or en provenance de certains pays baltes et que toutes les livraisons étaient suspectées d'être de l'or russe ; il devait donc transmettre au Trésor toutes les demandes concernant l'or d'origine russe ou bolchevique afin de recevoir des instructions avant qu'il ne soit introduit sur le marché par ceux qui l'offraient ou qui souhaitaient effectuer des paiements avec. Kunh, Loeb & Company, apparemment au nom du Guaranty Trust, s'est renseigné auprès du département d'État sur la position officielle concernant la réception de l'or soviétique. Le 26 novembre, S. P. Gilbert, secrétaire adjoint au Trésor, a averti en termes très clairs les banquiers qui cherchaient à refondre l'or russe dans le style suédois : "Tout l'or d'origine soviétique sera rejeté par la Monnaie des États-Unis, quel que soit l'offreur".

Au début de 1919, le gouvernement soviétique avait ouvert le "Bureau soviétique" à New York, dirigé par Ludwig Martens, un bolchevik d'origine allemande qui agissait de facto en tant qu'ambassadeur et dont le secrétaire était Santeri Nuorteva (Alexander Nyberg). Dès 1919, un rapport de Scotland Yard cité par Anthony Sutton associe Martens à la Guaranty Trust Company : "Martens est sous les feux de la rampe. Ses liens avec la Guaranty Trust Company ne font aucun doute, même s'il est surprenant qu'une société aussi influente entretienne des relations d'affaires avec les bolcheviks". À la mi-juin 1919, une commission présidée par le sénateur Clayton R. Lusk, la "commission Lusk", enquêtant sur les activités séditieuses, obtient un mandat de perquisition pour les bureaux du Soviet Bureau à Manhattan et saisit d'importants documents. Martens est convoqué pour témoigner devant

---

[3] Youri Lomonosov, ingénieur des chemins de fer, avait été le bras droit du ministre des communications du gouvernement provisoire maçonnique. Entre 1918 et 1919, Lomonosov a vécu aux États-Unis, mais après le triomphe de la révolution, il est retourné en Russie et a collaboré avec les bolcheviks. Avec l'aide de Kuhn, Loeb & Company, il travaille en Suède avec Olof Aschberg sur l'exportation de l'or russe vers les États-Unis. En novembre 1920, le Conseil des commissaires du peuple le nomme responsable de l'achat de matériel ferroviaire. À Berlin, il organise l'achat de locomotives allemandes et suédoises pour les bolcheviks, qui ont ruiné la formidable infrastructure ferroviaire russe, vitale en pleine guerre civile. Avant la révolution, la Russie n'importait ni locomotives ni wagons, car son industrie répondait à ses propres besoins. La Russie produisait 56% du manganèse mondial, minerai nécessaire à la fabrication de l'acier.

le Comité, mais refuse de se présenter, invoquant l'immunité diplomatique. Il finit par admettre qu'il a reçu 90 000 dollars pour financer des activités communistes aux États-Unis, et il apparaît également que le Guaranty Trust soutient financièrement les communistes.

Avec l'échec de Woodrow Wilson concernant la Société des Nations et après sa paralysie due à une attaque cérébrale, les plans des comploteurs subissent un léger recul, accentué par l'arrivée au pouvoir du républicain Warren Harding. Mandell House disparaît peu à peu de la scène et les communistes perdent d'importants soutiens au sein du gouvernement. Cependant, s'il faut attendre l'arrivée du démocrate Franklin D. Roosevelt en 1933 pour que les Etats-Unis reconnaissent officiellement l'URSS, rien n'empêche les banquiers juifs de Wall Street de continuer à travailler en étroite collaboration avec les communistes, comme en témoigne le fait qu'en novembre 1922, Olof Aschberg ouvre une banque à Moscou pour effectuer des virements.

Dans le cadre de la NEP (Nouvelle politique économique), les communistes autorisent l'ouverture de certaines banques privées et Aschberg fonde la Ruskombank (Banque du commerce extérieur), dans laquelle la Banque d'Angleterre détient une participation importante. Son directeur général est Max May, vice-président de la Guaranty Trust Company, un homme de J. P. Morgan qui avait déjà travaillé avec Aschberg dans l'importation d'or russe pour la Guaranty Trust. Grâce aux contacts d'Aschberg à Berlin et à Stockholm et à ceux de May à Wall Street, la Ruskombank a attiré plusieurs milliards de dollars de capitaux étrangers à Moscou. Les communistes obtenaient des crédits de la Ruskombak en déposant de l'or, du platine, des diamants, des perles et d'autres pierres précieuses du Gokhran, qui étaient ensuite vendus à l'étranger ou directement à des acheteurs à Moscou. En bref, conclut Anthony Sutton, "un syndicat de banquiers de Wall Street a élargi ses horizons à l'échelle mondiale. Le gigantesque marché russe allait devenir un marché captif, techniquement une colonie à exploiter par un groupe de puissants financiers et les sociétés qu'ils contrôlaient".

Une fois le système de blanchiment d'or à son apogée, les communistes ont pu payer toutes les importations dont ils avaient besoin. Les billets de banque avaient été fortement dévalués, à tel point qu'ils avaient perdu 96% de leur valeur par rapport au rouble-or. Logiquement, s'ils pouvaient être payés en or ou en platine, dont la Russie produisait 95% de la monnaie mondiale, personne n'était disposé à accepter du papier. Payer les fournisseurs en or ouvrait presque toutes les portes aux communistes qui, en quatre ans, ont dilapidé les énormes réserves de la Russie tsariste. L'or disparaît à un tel rythme qu'en février 1921, le Politburo charge Krasin d'étudier la possibilité de vendre des diamants et des bijoux pour financer l'achat d'armes à l'étranger. Cependant, le fait que les bolcheviks ne reconnaissent pas les dettes et les engagements pris par les gouvernements précédents entraîne une vague de protestations et constitue, dans un premier temps, une pierre d'achoppement dans les relations commerciales avec les pays européens. Les banquiers néerlandais, par exemple, demandent en avril 1918 pourquoi les capitaux que la "Hollande neutre" avait investis en Russie ont été confisqués. Krestinsky, le nouveau commissaire aux finances, répond que les avoirs bancaires "sont nationalisés et non liquidés".

L'homme chargé de gérer la collaboration du gouvernement Lloyd George avec les communistes de Londres est à nouveau l'omniprésent Leonid Krasin. La part britannique de la dette contractée par la Russie tsariste, principalement entre 1914 et 1917, est plus importante que la part française et s'élève à plus de 600 millions de livres. Alexandre Millerand, Premier ministre français, déclare à Lloyd George en juin 1920 que les négociations du gouvernement britannique avec Krasin confèrent aux bolcheviks un prestige et une autorité qu'ils ne méritent pas. Lloyd George répondit hypocritement qu'il négociait avec les représentants du régime soviétique "non pas en tant que gouvernement, mais en tant que contrôleurs de facto". Lloyd George se soucie peu des objections morales, également soulevées le 7 juin par plusieurs députés aux Communes, qui mettent en garde contre la nature aberrante du régime soviétique, dont les prétentions commerciales sont fondées sur de l'or volé.

Au même moment, Louis Delavaud, ambassadeur de France à Stockholm, proteste avec indignation auprès du ministre suédois des Affaires étrangères, le baron Erik de Palmstierna, à qui il fait savoir que la France considère les réserves d'or russes comme une garantie pour les créanciers de son pays et que cet or "serait légalement confisqué" dans les pays occidentaux s'il était réexporté à partir de la Suède. Les Suédois font la sourde oreille et le premier ministre, le socialiste Hjalmar Branting, reproche même aux Français de refuser de participer aux négociations de Londres. En réalité, en Europe, tout le monde attend l'issue des négociations cruciales anglo-soviétiques, qui doivent décider du statut juridique de l'or russe dans les capitales du continent. À Londres, les principaux opposants aux négociations sont Lord Curzon et Winston Churchill, qui n'ont pas encore été convaincus par les conspirateurs internationaux. Churchill, alors ministre de la Guerre, va jusqu'à menacer de démissionner si un accord est signé avec Krasin. L'accord commercial anglo-soviétique est finalement signé le 16 mars 1921 et est aussi favorable aux intérêts des communistes que l'avait été le traité de Tartu avec l'Estonie. Sur la question cruciale de la dette, Krasin accepte que le gouvernement soviétique fasse une déclaration selon laquelle "il est responsable du paiement des compensations aux personnes privées qui ont fourni à la Russie des biens ou des services qui n'ont pas été réglés". Toutefois, cette probabilité se référait à un traité de paix général qui devrait être négocié plus tard, après la fin de la guerre civile dans laquelle la Grande-Bretagne, la France et les Etats-Unis avaient une position plus qu'ambiguë, comme nous le verrons dans la section suivante.

Une fois que les communistes ont pu vendre de l'or en Angleterre, ils ont pu le vendre partout. Il ne faut pas oublier qu'un Rothschild fixait quotidiennement le prix de l'or dans la City de Londres, hier comme aujourd'hui. Sean McMeekin écrit : "En cédant le droit de saisir l'or, les fonds, les titres ou les marchandises de la Russie soviétique, le gouvernement britannique a affaibli son propre argumentaire sur la responsabilité des bolcheviks d'indemniser les personnes privées qu'ils avaient expropriées, puisqu'il a reconnu comme propriété soviétique légale le butin obtenu par l'expropriation. Il est surprenant de constater que l'or soviétique importé bénéficie de meilleures conditions de réexportation que l'or en provenance d'Afrique du Sud, membre du Commonwealth, qui entre en Grande-Bretagne. L'or soviétique importé bénéficiait d'une licence d'exportation valable six mois, contre quarante-deux jours pour l'or soviétique importé.

Lloyd George insiste devant la Chambre des communes sur le fait que l'accord anglo-soviétique n'accorde pas de reconnaissance diplomatique à Moscou, mais qu'il s'agit d'un "simple accord commercial". En réalité, l'accord prévoyait l'utilisation de codes et de chiffrements, ainsi que de valises diplomatiques et la reconnaissance de passeports valides. En mai 1921, la Cour d'appel britannique, poussée par Lloyd George lui-même, annule une décision antérieure de la Haute Cour qui avait permis aux créanciers de la Russie tsariste de saisir les biens des bolcheviks. La Haute Cour elle-même a statué en juillet que l'or soviétique importé au Royaume-Uni était légalement inviolable. À partir de ce moment, les seuls grands pays qui hésitèrent à céder comme l'avait fait la Grande-Bretagne furent la France, les États-Unis et le Japon. Selon le professeur McMeekin, "l'accord anglo-soviétique a signifié la transformation du régime bolchevique d'une conspiration assaillie par des activistes politiques en une oligarchie criminelle milliardaire qui pouvait puiser dans les marchés financiers occidentaux pour financer la guerre contre son propre peuple".

Après l'accord, le gouvernement soviétique s'est gavé d'importations et les réserves d'or ont disparu à un rythme accéléré. En six mois, cent cinquante tonnes d'or ont été expédiées à l'étranger. Au cours de l'été 1921, de nombreux envois d'or soviétique ne se font plus sous forme de lingots, mais sous forme de pièces de monnaie. Bien sûr, il y a toujours le Gokhran. Olof Aschberg estime qu'entre 1921 et 1924, il a traité à lui seul du platine, de l'or, des diamants et des perles provenant du Gokhran pour une valeur de 200 millions de couronnes suédoises, soit environ 50 millions de dollars. Dans leur quête d'accumulation de richesses, les judéo-bolcheviks ont même osé, en 1922, profaner la tombe de la Grande Catherine pour y dérober un célèbre collier. Toujours en mars 1922, après une recherche effrénée, ils découvrent les couronnes impériales des Romanov cachées dans l'armurerie du Kremlin et sont prêts à les vendre au plus offrant. L'intention des communistes de faire passer en contrebande le collier de Catherine et les couronnes impériales a été si largement diffusée qu'un navire de passagers russe, le *White Star*, a été fouillé de fond en comble par les agents du Trésor à son arrivée dans le port de New York. Un tuyau qui s'est avéré faux a permis de placer les joyaux impériaux à bord du navire.

Les réserves d'or s'épuisant, les dirigeants soviétiques décident de partager à crédit et envisagent d'offrir des droits d'exploitation minière et de prospection pétrolière. Guggenheim Exploration, General Electric, Standard Oil remportent des contrats lucratifs. La General Electric Company, une multinationale contrôlée par Morgan, a électrifié l'URSS pendant deux décennies, réalisant ainsi le dicton de Lénine selon lequel le socialisme équivaut à l'électrification. La Standard Oil, une société du clan Rockefeller, s'est emparée de 50% des champs pétrolifères du Caucase, qui étaient censés être nationalisés. La Chase Manhattan Bank des Rockefeller, après avoir conclu un accord en 1927 pour distribuer le pétrole soviétique sur les marchés européens, a accordé aux communistes un prêt de 75 millions de dollars. Il n'est donc pas étonnant que Frank Vanderlip, président de la National City Bank de New York et représentant de Rockefeller à la réunion de Jekill Island qui a conduit à la création de la Réserve fédérale, ait comparé Lénine à George Washington. On comprend également que le publiciste Ivy Lee, bras droit de John D. Rockefeller en matière de communication, ait lancé une campagne publicitaire expliquant que les communistes étaient en fait des "idéalistes incompris" qu'il fallait aider "pour le bien de l'humanité".

Après l'accord anglo-soviétique, des tentatives sont faites pour retarder le plus possible le paiement des dettes. En vue de la conférence de Gênes, qui devait se tenir en avril 1922, Georgi Chicherin, un commissaire aux affaires étrangères considéré comme russe, mais considéré comme juif par Jüri Lina parce que sa mère, nommée Meierdorf, était juive, envoya une proposition à Londres et à Paris le 28 octobre 1921, suggérant le paiement des dettes antérieures à 1914, mais pas des gros emprunts contractés pendant la guerre. Les conditions finales présentées par le Politburo à la Conférence prévoyaient le remboursement de la dette au bout de quinze ans en échange d'un prêt important de mille milliards de dollars. Sean McMeekin écrit que "le problème diplomatique auquel Chicherin et Krasin étaient confrontés était de savoir comment frustrer poliment les attentes de l'Entente sans infliger une gifle stridente à Lloyd George". Pour amortir le choc avec le premier ministre britannique, Trotski fait à ses collègues du Politburo une proposition effrontée : "Nous devrions annoncer que si les puissances de l'Entente confisquaient tout l'argent des capitalistes russes à l'étranger, nous considérerions cela comme un acte de réciprocité et nous nous engagerions à ne pas protester". Comme le dit le proverbe, le voleur croit que tous sont de son espèce. En d'autres termes, Trotsky invitait les détenteurs d'obligations et les détenteurs d'obligations, qui avaient été volés par les bolcheviks, à se voler eux-mêmes en retour. Le mépris avec lequel le gouvernement soviétique a traité la conférence de Gênes était si évident que même Lloyd George n'a pas pu empêcher son échec. La première réunion internationale de l'après-guerre, à laquelle participaient trente-quatre pays, se termina sans aucun accord.

La guerre civile contre les Blancs

Peu d'ouvrages traduits en anglais traitent de manière monographique de la guerre civile russe, un désastre historique peu connu. Si la Première Guerre mondiale a coûté la vie à quelque deux millions de Russes, la guerre civile a fait près de treize millions de morts. Bien que les chiffres varient selon les sources, B. T. Urlanis, cité par Robert Conquest dans *The Harvest of Sorrow* comme une autorité en la matière, donne le chiffre de 300 000 combattants tués de part et d'autre. Si cela est vrai, le reste serait des victimes de la répression dans la guerre civile contre la bourgeoisie, les paysans, les ouvriers et les cosaques qui s'opposaient à la dictature communiste. Il faut tenir compte du fait que ce chiffre inclut les cinq millions de personnes décédées à la suite de la famine de 1921-22. La guerre civile, plutôt qu'une guerre d'opérations militaires majeures, était une guerre d'arrière-garde dans laquelle les Blancs et les Rouges poursuivaient leurs adversaires dans les zones qu'ils contrôlaient.

Cela dit, les crimes des uns et des autres ne sont pas comparables, puisque la politique de terreur communiste prônait ouvertement l'extermination des ennemis de classe. Nicolas Werth, dans *Le Livre noir du communisme*, affirme que "la politique communiste de terreur a été systématique, organisée et mise en œuvre bien avant la guerre contre des groupes entiers de la société". Lorsqu'ils prennent le pouvoir, les bolcheviks comptent entre 100 000 et 200 000 membres dans un pays de 175 millions d'habitants. Ce parti, dont les dirigeants n'étaient même pas des Russes, mais des révolutionnaires professionnels d'origine juive financés par l'étranger, a persécuté tous ses opposants politiques, des anarchistes aux monarchistes. On a tendance à croire que la bourgeoisie était le seul ennemi de classe qu'ils voulaient éradiquer, mais, comme on le verra, les victimes furent les ouvriers et les soldats qui réclamaient du pain et du travail, les paysans qui s'opposaient aux réquisitions et à la collectivisation, les Cosaques, un groupe ethnique et social considéré comme hostile, bref, tous ceux qui s'opposaient à leur politique. Ceux qui n'acceptent pas sa dictature sont qualifiés d'"ennemis du peuple", que les dirigeants communistes juifs prétendent représenter.

La guerre civile était une aspiration de Trotsky et de Lénine. En 1914, dans une lettre à Schliapnikov déjà mentionnée plus haut, Lénine écrivait que la guerre devait se transformer en guerre civile. Complétons maintenant la citation du texte : "Le moment où cela se produira est une autre question, et ce n'est pas encore clair. Il faut laisser mûrir le moment et le forcer à mûrir systématiquement..... Nous ne pouvons ni promettre ni décréter la guerre civile, mais nous avons le devoir d'agir - aussi longtemps qu'il le faudra -

dans cette direction". En septembre 1916, en pleine guerre mondiale, Lénine écrivait encore dans le même sens : "Quiconque accepte la lutte des classes doit accepter la guerre civile qui, dans toute société de classes, représente la continuation, le développement et l'accentuation de la guerre des classes". En 1918, Trotsky a insisté devant le Comité exécutif central sur le fait que le parti était en faveur de la guerre civile. En d'autres termes, la recette de ces deux "amis" du prolétariat était plus de guerre et plus de souffrances pour le peuple russe. Avec un mépris total pour la vie des travailleurs et du peuple, après la terrible conflagration mondiale qui avait fait des millions de morts, ils voulaient ouvertement que les Russes s'entre-déchirent pour pouvoir éliminer plus facilement ceux qui s'opposaient à eux.

En raison des doutes et des luttes internes entre partisans et adversaires de la reconnaissance des communistes, l'intervention des Alliés en Russie, en particulier des Britanniques et des Américains, se caractérise par son ambiguïté. Les agents de la conspiration s'efforcent d'amener leurs gouvernements à reconnaître le gouvernement de Lénine. Si Lord Milner, comme il le souhaitait, avait réussi à entrer au Foreign Office, il est certain qu'il aurait poussé à la reconnaissance. Les désaccords entre le Foreign Office et le cabinet de guerre sont confirmés par Bruce Lockhart, qui écrit dans *Memoirs of a Britsh Agent* que Lord Milner, déçu par le manque d'initiative de Lord Balfour, "un vieux monsieur inoffensif", souhaitait être à la tête du Foreign Office pour six mois. Mandell House, l'agent des banquiers qui ont créé la Réserve fédérale et financé la révolution en Russie, a poussé Wilson jusqu'au bout pour que le Président reconnaisse les communistes. Rappelons que le rabbin Judas Magnes, convaincu du triomphe imminent des thèses des amis de Trotski, avait déclaré en avril 1918 que le président Wilson avait l'intention de convoquer une conférence de paix pour instaurer une paix générale fondée sur les vues des bolcheviks.

Parvenir à une paix générale plutôt qu'à une paix séparée, tel était le plan de ceux qui voulaient voir les bolcheviks à Versailles. Comme nous le savons, l'un des objectifs de la mission de Lockhart à Moscou était, selon ses propres termes, de "mettre des bâtons dans les roues d'une éventuelle négociation de paix séparée". Trotski, le commissaire à la guerre, souhaitait que les États-Unis et la Grande-Bretagne interviennent en Russie en tant qu'alliés contre l'Allemagne et proposait aux Britanniques de l'aider à réorganiser les flottes. Toutefois, l'incertitude quant à l'issue des luttes intestines entre bolcheviks, qui auraient culminé en 1918 avec la tentative d'assassinat de Lénine, a créé une ambiguïté et entravé la prise de décision. Lockhart, victime sur le terrain de l'absence d'une ligne d'action claire, déplorait qu'il n'y ait pas de politique britannique, "à moins que sept politiques différentes à la fois puissent être considérées comme une seule politique". En effet, à la Chambre des communes, des parlementaires en colère ont exigé, au nom de la décence, des explications du gouvernement sur la présence continue à Moscou d'un agent britannique "devant un gouvernement de criminels qui se vantaient de leur intention de détruire la civilisation chrétienne".

Fin avril 1918, les contradictions et l'indécision des Alliés sont manifestes. Alors que la France prône clairement le soutien aux forces antibolcheviques, les États-Unis et la Grande-Bretagne semblent pencher en faveur des Soviétiques : le président Wilson s'oppose à une intervention sans le consentement des communistes, et les Britanniques font pression sur leurs agents pour que les Soviétiques acceptent une aide militaire en s'engageant soi-disant à ne pas s'immiscer dans leurs affaires intérieures. Dans un premier temps, à la demande de Trotski, des soldats britanniques, français et américains débarquent de petits contingents à Mourmansk, Archangel et Vladivostock pour empêcher les Allemands de s'emparer des fournitures stockées dans ces ports. Fin mai, les Japonais sont décidés à intervenir, mais le président Wilson s'y oppose catégoriquement. En juin, les Britanniques sont encore indécis, mais les généraux blancs tentent de s'organiser et espèrent le soutien, financier et/ou militaire, de leurs anciens alliés, qu'ils jugent décisif. Ils attendent le débarquement de deux divisions britanniques à Archangel et de plusieurs divisions japonaises en Sibérie.

Bruce Lockhart, l'homme de Lord Milner, écrit que le 4 août, la rumeur s'est répandue que les Alliés avaient débarqué une puissante force à Archangel, que certains évaluent à 100 000 hommes et d'autres à deux divisions. Les Japonais devaient envoyer sept divisions pour aider les Tchèques.[4] Malgré la grande confusion, le débarquement à Archangel est considéré comme anti-bolchévique. Le 10 août 1918, la presse soviétique publia des titres choquants en première page, annonçant une grande victoire navale sur les Alliés à Archangel. Lockhart raconte qu'il est allé voir Lev Karachan (Karakhanyan), un autre juif qui était vice-ministre des affaires étrangères. Karakhanyan, qui, avec ses coreligionnaires Joffe et Trotsky, avait été secrétaire de la délégation qui avait négocié à Brest-Litovsk, a immédiatement dit toute la vérité à Lockhart. La situation n'est pas grave, lui dit-il, les Alliés n'ont débarqué que quelques centaines d'hommes. La grande victoire navale n'est donc que pure propagande des communistes

---

[4] Les actions des Tchèques nécessitent une brève explication, même si elle pourrait être longue, car les faits sont complexes. Nous nous contenterons de dire qu'au début de la guerre, le tsar a accepté la demande d'un groupe d'immigrants tchèques qui souhaitaient combattre avec l'armée impériale. C'est ainsi qu'est née la Compagnie tchécoslovaque, qui s'est rapidement agrandie grâce à l'incorporation, pendant la guerre, de déserteurs et de prisonniers de l'armée austro-hongroise. À la fin de l'année 1917, elle compte un corps d'environ 60 000 soldats. Les bolcheviks acceptent d'évacuer la Légion tchèque vers la France, mais cela doit se faire via Vladivostock. Les Tchèques doivent donc emprunter le Transsibérien. Dès le début du transfert, les Soviétiques reviennent sur leur parole et tentent d'arrêter les déserteurs de l'armée autrichienne afin de les rapatrier en Autriche. Enfin, Trotski ordonne le désarmement de la Légion tchèque, ce qui conduit les Tchèques à prendre les armes contre les Bolcheviks en mai 1918, après s'être emparés de la ville de Tcheliabinsk.

pour encourager leurs partisans. En réalité, le général F. C. Poole, qui commande les troupes débarquées, a de nouveau reçu l'ordre de résister à l'influence et à la pénétration allemandes. Lockhart admet que la parodie du débarquement dans le nord a entraîné la perte de la ligne de la Volga et l'effondrement temporaire du mouvement antibolchevique en Russie européenne. En outre, le sentiment que les Alliés n'étaient pas disposés à s'engager sérieusement a provoqué des dissensions et d'âpres querelles au sein des groupes d'opposition.

Boris Brasol s'interroge dans *Le monde à la croisée des chemins* sur les intentions réelles des petits contingents alliés, dont personne en Russie ne pouvait comprendre le sens. L'une des expéditions britanniques pour lesquelles on dispose d'informations détaillées est celle du colonel John Ward, dont le 25e bataillon du Middlesex Regiment a été envoyé en juillet 1918 de Hong Kong à Vladivostok (Sibérie), à l'origine pour y tenir une garnison. Ward a publié *"With the Die-Hards" in Siberia"* en 1920, un livre dans lequel il raconte ses expériences pendant la guerre civile russe en 24 chapitres. Le 22e chapitre, intitulé *"La politique américaine et ses résultats"*, est particulièrement significatif. John Ward y donne quelques pistes pour comprendre certaines actions. Ward écrit que l'amiral Koltchak, nommé chef du gouvernement provisoire à Omsk, lui a fait part de sa conviction que les troupes américaines étaient utilisées à d'autres fins que celles prévues et que le corps expéditionnaire américain commandé par le général William Graves collaborait avec les communistes. Voici quelques extraits du chapitre :

> "Ses agents (Koltchak) l'avaient informé que sur soixante officiers de liaison et traducteurs, cinquante étaient des Juifs russes ou des parents de Juifs russes, dont certains avaient été exilés de Russie pour des crimes politiques ou autres et étaient revenus en tant que citoyens américains, capables d'influencer la politique dans une direction contraire à celle souhaitée par le peuple américain. Je lui ai assuré que ce n'était pas possible..., mais il m'a répondu que les rapports étaient si volumineux et si catégoriques qu'il estimait qu'en tant que représentant du peuple anglais et officier de l'armée de Sa Majesté, je devais être au courant de la situation".

Le colonel Ward écrit que, quelque temps après avoir reçu la plainte de Koltchak, un point névralgique de la gare de Kraevesk a été saisi par un détachement de gardes rouges, qui sont entrés discrètement dans la gare et ont arrêté les soldats américains qui la gardaient. Soupçonnant une collaboration, Ward décide d'enquêter lui-même sur les accusations de Kolchak et organise plusieurs entretiens avec des officiers et des soldats américains. Il découvre que beaucoup estiment qu'ils ne font qu'aider les bolcheviks, qui ont même reçu des territoires sur lesquels ils peuvent faire de la propagande pour gagner la population :

"J'ai appris de ces troupes américaines que leurs officiers et leurs sous-officiers, depuis le général Graves, étaient en contact permanent avec des officiers de la Garde rouge, avec lesquels ils avaient conclu plus d'une entente ; que même les simples soldats pensaient que l'entente entre les deux forces était d'un caractère si général et amical que de futures hostilités entre elles n'étaient pas envisagées..... L'affaire Kraevesk semblait n'être que le symptôme d'une politique plus large et non l'acte insensé d'un officier négligent".

Grâce à ses investigations, le colonel Ward parvient à se procurer une lettre d'un capitaine américain adressée à un officier de l'Armée rouge opérant dans le district de Svagena, qui fait clairement état d'une fraternisation entre les deux troupes. Le colonel Ward considère cette lettre comme une preuve évidente de l'entente qui existait depuis des mois entre les autorités américaines et les communistes des provinces maritimes. Le colonel Ward dénonce dans son livre que "la présence des forces américaines en Sibérie était utilisée par quelqu'un à des fins autres que purement américaines". Il estime qu'il est évident que "cette sinistre influence souterraine a détourné la politique américaine de son cours droit et honnête". Ward affirme sans ambages que la politique américaine a engendré "un état d'indécision parmi les Alliés, ainsi que des troubles et de l'anarchie parmi la population des provinces du Transbaïkal et de l'Oussourie". Voici un autre extrait :

"Contrairement à l'opinion générale, le commandement américain déclare neutre une zone dans le district de Suchan. Les opérations armées des Russes de l'amiral Koltchak ou de l'Armée rouge sont interdites dans cette zone. Les officiers de Lénine et de Trotsky ne respectèrent pas cet ordre et commencèrent immédiatement à rassembler leurs forces dispersées. En l'espace de trois semaines, ils hissent le drapeau rouge dans leurs propres casernes, sous la protection du drapeau américain. À partir de cette zone neutre américaine, les bolcheviks organisèrent leurs forces pour attaquer les Japonais dans la province d'Amour, détruire les trains de ravitaillement britanniques sur la ligne d'Ussurie, et enfin échanger des coups de feu avec les sentinelles russes près de Vladivostock, s'échappant toujours vers la zone américaine lorsqu'ils étaient attaqués par les forces du gouverneur".

La réaction du commandement américain aux plaintes des Alliés a été à l'opposé de ce qui était souhaité. Au lieu d'éradiquer le mal et d'extirper les communistes de la région, il a été conclu que, pour éviter que des actes regrettables ne se reproduisent à l'avenir, un accord plus large et plus contraignant entre les forces américaines et les communistes était nécessaire. On apprend alors que le général Graves a organisé une conférence avec les commandants de l'Armée rouge. Face à la réaction indignée du gouverneur de Vladivostock, qui lui fait savoir que le gouvernement russe considérerait une telle réunion comme un acte hostile, le général américain renonce à ses efforts. L'échec des négociations provoque la colère du gouvernement soviétique à Moscou, qui ordonne à ses commissaires en Ussurie d'utiliser les forces organisées sous protection américaine pour attaquer leurs protecteurs.

En résumé, on peut dire qu'à aucun moment en 1918, les gouvernements de l'Entente n'ont eu l'intention de renverser les bolcheviks. En dehors de ce contingent américain infiltré par des agents juifs amis des bolcheviks, l'intervention alliée est décevante. Quatorze pays envoient des troupes en Russie ; mais, à l'exception des soixante mille Tchèques qui, comme nous l'avons expliqué dans la note précédente, sont déjà sur le terrain, ils ne déploient à eux tous que cent trente mille soldats sur le territoire soviétique, dont la moitié sont des Japonais. L'intervention japonaise répondait d'ailleurs à leurs propres intérêts, puisque, après le traité de Brest-Litovsk, ils étaient convaincus de la victoire de l'Allemagne dans le conflit mondial. Quoi qu'il en soit, 130 000 soldats est un chiffre ridicule au regard de la taille gigantesque d'un pays qui s'étend sur deux continents.

En revanche, Trotsky a recruté une armée de cinq millions d'hommes en deux ans. Sur la nature du commandement dans l'Armée rouge, plusieurs auteurs se réfèrent à une citation du journal *The Communist*, édité à Kharkov, qui a publié dans son édition du 12 avril 1919 un article de M. Cohen se vantant que la révolution était l'œuvre des Juifs. À propos de l'armée, Cohen écrit : "Il est vrai que dans les rangs de l'Armée rouge, il y a des soldats qui ne sont pas juifs, en ce qui concerne les soldats de base, mais dans les comités et dans les organisations sociales, comme avec les commissaires, les Juifs conduisent courageusement les masses de prolétaires russes à la victoire .... Le symbole du judaïsme est également devenu le symbole du prolétariat russe, comme le montre l'adoption de l'étoile rouge à cinq branches, qui était autrefois le symbole du sionisme et du judaïsme". *Selon la Bibliothèque virtuelle juive*, à Kharkov, qui fut entre 1919 et 1934 la capitale de l'Ukraine et devint un important centre juif, de nombreuses publications paraissaient à l'époque en yiddish et en hébreu, de sorte que l'on peut supposer que si *Le communiste* n'a pas été écrit en russe, il l'a été dans l'une de ces deux langues.

La composition de l'Armée rouge est étudiée par Jüri Lina, qui cite le mensuel *Molodaya Gvardiya*, fondé en 1922 à Moscou. Dans le numéro 11 de 1990, cette publication historique indique que la quasi-totalité des commandants de l'armée étaient juifs, ainsi que 80% des commissaires du Commissariat aux affaires militaires. Pas moins d'une centaine de noms sont cités. En voici quelques-uns, dont certains réapparaîtront plus tard lorsque nous examinerons les purges de Staline contre les trotskystes. Le commissaire adjoint du peuple aux affaires militaires est Yefraim Shchlyansky, qui a voyagé avec Lénine depuis la Suisse dans le fameux train.

Parmi ses collaborateurs figurent Semyon Nakhimson et Yemelyan Yarovslaski (Minei Izrailevich Gubelman), rédacteur en chef du journal satirique *Bezbozhnik* (*L'athée*) et président du Comité anti-religieux du Comité central. Plus tard, Yaroslavsky devient également l'historien officiel du parti. Parmi les membres du Conseil militaire, *Molodaya Gvardiya* mentionne douze autres Juifs. Trois noms ressortent : Arkady Rosengoltz, proche collaborateur de Trotsky, qui, après la guerre civile, a travaillé dans les commissariats des transports, des finances et à la direction de l'armée de l'air de l'Armée rouge. Entre 1925 et 1927, il est ambassadeur au Royaume-Uni, poste à partir duquel il supervise l'espionnage soviétique. Rosengoltz, comme tant d'autres trotskistes, a été exécuté en 1938. Mikhail Lashevich, selon l'*Encyclopédie juive de Russie*, également connu sous le nom de Gaskovich, un autre trotskiste persécuté par Staline qui disparut (suicide ou accident de voiture) en 1928. Joseph Unschlicht, avec Rosa Luxemburg et Leo Jogiches, membre du Parti social-démocrate polonais et lituanien. Juif d'origine polonaise, Unschlicht était l'un des criminels de masse les plus actifs dans l'élimination des opposants politiques. Il fut lui aussi liquidé par Staline en 1938. Parmi les commandants militaires les plus importants figurent Naum Zorkin, Iona Yakir, Boris Feldman qui, en juillet 1934, devient chef de l'administration du personnel de l'armée et qui, avec Yakir, est également fusillé en juin 1937, Vladimir Lazarevich, commandant en chef de la Quatrième armée entre décembre 1918 et mars 1919, puis commandant de la Troisième armée entre juin et octobre 1920. Lazarevitch a dirigé l'Académie de l'armée de l'air de 1925 à 1927. Sur la base des informations contenues dans le magazine susmentionné, Jüri Lina donne un aperçu de plus de cinquante Juifs qui ont été des chefs importants de l'Armée rouge, la moitié d'entre eux ayant commandé une division. Dans l'entre-deux-guerres, le pouvoir des Juifs au sein de l'Armée rouge n'a pas diminué. Selon Andrei Sverdlov, fils de l'homme responsable de l'assassinat de la famille impériale, il y avait trois cent cinq généraux juifs dans l'Armée rouge pendant la Seconde Guerre mondiale.

Bien que toutes les forces politiques aient pris position contre la dictature bolchevique, au début de l'année 1920, les dés sont déjà jetés et la défaite des Blancs est inévitable, même si la guerre dure jusqu'en 1922. Une fois de plus, la lutte partisane est l'une des clés pour comprendre les événements qui ont conduit à la victoire des communistes. D'un côté, il y a les socialistes révolutionnaires de gauche, dont la dirigeante, Maria Spiridonova, emprisonnée après la tentative de coup d'État de juillet 1918, est restée en détention jusqu'à son amnistie en novembre. En décembre 1918, elle préside un congrès du parti toléré par les bolcheviks, où elle condamne la terreur systématique de la Tchéka. De nouveau arrêtée le 10 février 1919 avec 210 autres membres du parti, elle est jugée hystérique par un tribunal révolutionnaire, qui ordonne son internement dans un sanatorium pour malades mentaux. Au cours de l'année 1919, quelque deux mille SR sont arrêtés et une soixantaine d'organisations des socialistes de gauche sont supprimées. D'autre part, les socialistes révolutionnaires de droite se réunissent en septembre 1918 avec toutes les forces antisoviétiques et conviennent de former un nouveau gouvernement provisoire à Omsk, dirigé par un directoire de cinq membres : Avksentiev, Boldyrev et Zenzinov du parti social-révolutionnaire, Vinogradov et Volgogodski du parti constitutionnel démocratique (Kadets).

Le livre du colonel John Ward est à nouveau une source précieuse de récits de première main sur les événements d'Omsk. Le colonel Ward raconte que lorsqu'il est arrivé avec son bataillon de 800 hommes le 18 octobre 1918, la ville était décorée de drapeaux de toutes les nations. En ce mois d'octobre, l'objectif est d'unir les forces du Directoire des Cinq et celles du gouvernement sibérien de l'amiral Koltchak. Le Directoire, composé de socialistes révolutionnaires modérés et d'"intellectuels" du parti Kadet, avait reçu son autorité de l'Assemblée constituante réunie à Oufa et était reconnu comme le gouvernement de toutes les Russies. Le gouvernement de Koltchak, issu des circonscriptions sibériennes de la Douma, est considéré comme réactionnaire, car royaliste et soutenu et gardé par les cosaques tsaristes. Les militaires et les cosaques reprochent aux premiers la destruction de l'armée et les accusent également d'avoir livré le pays aux forces de l'anarchie et du bolchevisme par l'intermédiaire de Kerensky. Le colonel Ward confirme que les Russes de toutes classes s'accordaient généralement à considérer Kerensky comme la cause de tous les maux et reconnaît que "la réunion de ces éléments hostiles et divergents en une force unie pour la résurrection de la Russie lui paraissait impossible". Il réussit cependant, malgré le scepticisme, à former un gouvernement unitaire dont Koltchak est nommé ministre de la Guerre. Les événements allaient bientôt prouver qu'il s'agissait d'un mirage.

Au cours des négociations pour la formation du gouvernement, une complication sérieuse est apparue. Le général Boldyrev, par l'intermédiaire duquel les socialistes révolutionnaires devaient contrôler la nouvelle armée, et son collègue Avksentiev ont demandé qu'un membre de leur parti dirige une milice nouvellement créée qui devait agir comme une sorte de police sous le nouveau régime : ils aspiraient à un contrôle révolutionnaire et social de toutes les forces du nouveau gouvernement. Seule la pression exercée par les représentants des Alliés a permis de faire accepter la demande et de surmonter la pierre d'achoppement. Le 6 novembre, un banquet est organisé en l'honneur du nouveau gouvernement panrusse. Les représentants des forces alliées présentes à Omsk sont tous invités, y compris le colonel Ward, qui ne manque pas de mentionner dans sa chronique que la température extérieure est de soixante degrés au-dessous de zéro. La cérémonie est présidée par Avksentiev, le nouveau président du Conseil des ministres. Au moment des discours, le général Knox, chef de la mission militaire britannique, prend la parole et appelle les Russes à travailler ensemble pour former une armée et un gouvernement capables d'établir la loi et l'ordre. Interviennent ensuite le général Boldyrev, membre du Directoire d'Oufa, nommé commandant en chef de la nouvelle armée russe, et l'amiral Koltchak, qui ne prononce que quelques phrases courtes, accueillies avec peu d'enthousiasme.

Selon Ward, alors que la pénurie d'armes et d'équipements est une triste réalité sur le front, la milice contrôlée par les socialistes révolutionnaires est parfaitement équipée. Les protestations des généraux auprès de Boldyrev obligent le ministre de la Guerre Koltchak à appuyer leurs demandes et à présenter leurs griefs au commandant en chef. Boldyrev répond que les plaintes du front sont fictives et qu'elles ne le concernent pas. Au cours de la discussion, Boldyrev lui dit franchement qu'il avait été accepté dans le gouvernement sous la pression des Alliés et que s'il continuait à interférer, il en serait exclu. Koltchak démissionne immédiatement, mais les Alliés occidentaux le persuadent de rester au gouvernement. Apparemment pour l'éloigner d'Omsk, il est autorisé à effectuer une visite d'inspection sur la ligne de front. L'amiral Koltchak apprend que le colonel Ward a également reçu l'ordre de se rendre au front et lui demande s'il peut atteler sa voiture au train. C'est ainsi qu'au début du mois de novembre 1918, les deux soldats voyagent ensemble dans le même train. À propos de la présence de Koltchak au front, le colonel Ward écrit : "La présence de l'amiral Koltchak semblait galvaniser toute l'armée en lui insufflant vie et énergie. Les soldats russes, dont les bottes avaient disparu depuis longtemps et dont les pieds étaient bandés avec des sacs pour les protéger de la neige, avaient l'assurance qu'après la visite du ministre, ils recevraient des bottes et des vêtements appropriés".

Pendant qu'il était au front, des nouvelles lui parvinrent qui l'incitèrent à rentrer d'urgence à Omsk. Dans l'une des gares, on apprend que le général Boldyrev, qui a quitté la ville et se dirige vers le front d'Oufa, a demandé à l'amiral Koltchak de l'attendre pour le rejoindre. Ward écrit que Koltchak l'a invité à monter dans sa voiture et lui a expliqué que la situation à Omsk était critique, car les deux groupes gouvernementaux étaient à couteaux tirés et prêts à se détruire l'un l'autre. Le 6 novembre, le train du commandant en chef Boldyrev entre en gare d'Ekaterinbourg. À midi, Koltchak monte dans le train de Boldyrev et entame un entretien qui durera jusqu'à cinq heures de l'après-midi. Seuls les deux soldats savent ce qui s'est passé entre eux. On peut dire beaucoup de choses en cinq heures de conversation. Le 17 novembre, le train transportant l'amiral Koltchak et le colonel Ward arrive à Omsk. Le colonel Ward décrit l'état de la ville comme "indescriptible" : "Chaque nuit, dès la tombée de la nuit, on entendait partout des cris et des coups de fusil et de revolver. Le matin, les chariots sanitaires ramassaient entre cinq et vingt corps de soldats morts".

Un coup d'État est imminent et a lieu le 18 novembre. Le Directoire est arrêté et l'autorité absolue est offerte à l'amiral Koltchak qui, bien que refusant initialement le poste, est nommé gouverneur suprême de toutes les Russies, avec un conseil des ministres de quatorze membres chargé de lui rendre compte de ses responsabilités. Koltchak convoque le représentant français à Omsk, Eugène Renault, et le colonel John Ward, qui est alors le plus haut représentant britannique dans la ville. C'est l'amiral lui-même qui se rendit au quartier général britannique où, outre le colonel Ward, il fut reçu par le lieutenant-colonel J. F. Neilson, le capitaine Stephani, le colonel R. Frank, officier de l'armée russe qui assurait la liaison avec Ward, et M. Frazer, correspondant du *Times*. Devant eux, l'amiral, qui parle un anglais parfait, explique les raisons et les circonstances qui l'ont conduit à assumer l'autorité suprême sur toute la Russie. Interrogé sur le sort des révolutionnaires socialistes et des autres membres du Directoire qui avaient été arrêtés, l'amiral répondit qu'il n'avait aucune information sur le lieu où ils se trouvaient.

Le lendemain, 19 novembre, le colonel Ward écrit le texte suivant à l'amiral Koltchak : "Après notre entretien d'hier soir, je vous ai envoyé une note demandant des informations et des garanties pour les membres du Conseil qui ont été arrêtés. Jusqu'à présent, je n'ai reçu aucune nouvelle à ce sujet. Je vous ai déjà dit que j'avais l'assurance que mon pays verrait avec une grande inquiétude tout mal fait à ces prisonniers d'État sans un procès en bonne et due forme. Je vous serais reconnaissant de bien vouloir me fournir des informations à ce sujet". Le même jour, le cosaque Ataman Krasilnikov, le colonel Volkov et le lieutenant-colonel Katanaev se présentèrent au quartier général britannique et déclarèrent que la responsabilité de l'arrestation des membres du gouvernement leur incombait entièrement, qu'ils n'avaient pas subi le moindre préjudice et qu'ils étaient prêts à remettre les prisonniers aux autorités, ainsi que les documents interceptés et plusieurs millions de roubles qui étaient censés avoir été volés. Les trois officiers assurèrent que l'amiral Koltchak était responsable de leur sécurité et ajoutèrent qu'il avait l'intention de les faire sortir du pays à la première occasion.

Pour bien comprendre ce qui s'est passé pendant la guerre civile, il faut tenir compte du fait qu'en plus des disputes, des affrontements et des trahisons entre Russes, les intérêts divergents des Alliés et la méfiance entre eux ont empêché la coordination avec les généraux blancs. La nomination du général Maurice Janin à la tête des forces alliées et russes en Sibérie est à l'origine de graves différends avec l'amiral Koltchak, qui n'accepte pas que les troupes russes soient placées sous le commandement d'un militaire étranger. Le 16 décembre 1918, Janin arrive à Omsk. Ce général français estime que les Britanniques ont installé Koltchak au pouvoir pour servir leurs intérêts. Dès le 19, il rédige un rapport sur le gouvernement d'Omsk dans lequel il affirme qu'un amiral de grand prestige a remplacé le gouvernement de coalition "grâce à la complaisance d'un Anglais qui voulait garder le pied à l'étrier". Outre les Américains du général Graves, infiltrés par les judéo-bolcheviks, les Japonais, dont l'attitude erratique est due à leurs erreurs de calcul initiales, mènent également leur propre guerre. Le gouvernement japonais, qui dispose de près de 60 000 hommes sur le terrain, pense qu'une victoire allemande dans la guerre lui permettra de gagner des territoires en Russie asiatique.

Lorsque Bóldyrev revient d'Oufa à Omsk, l'amiral Koltchak, qui a déclaré vouloir convoquer une assemblée nationale élue au suffrage universel dès que l'ordre sera rétabli dans le pays, lui propose un poste dans son gouvernement, mais il refuse. Boldyrev plaide alors son désir de quitter le pays, ne croyant pas qu'un gouvernement dictatorial puisse sortir la Russie de ses difficultés. Sa demande est acceptée. Peu après, le représentant japonais à Omsk demande à savoir si le général Bóldyrev a été contraint de quitter le pays ou s'il l'a fait de son plein gré. Il souhaite également savoir si les Britanniques ont fourni le train et le garde qui ont conduit à l'exil les membres de la Direction qui ont quitté le pays via Chang-Chun, un poste frontière chinois. Curieusement, le seul général qui refusa d'obéir aux ordres du gouvernement Koltchak fut l'ataman G. M. Semyonov, dont le quartier général était voisin de celui des Japonais à Tchita, d'où il refusait insolemment de reconnaître l'autorité de Koltchak. Lorsque ce dernier s'apprête à agir contre l'aventurisme du général mutin, les Japonais l'en empêchent et l'informent que Semyonov est sous leur protection et qu'ils ne toléreront pas d'ingérence de la part du gouvernement d'Omsk. Le général Semyonov devient célèbre pour sa cruauté : il exécute sans discernement des ouvriers, emprisonne et fouette de nombreuses personnes dans son district. Le scandale et l'inquiétude de la population atteignent une telle ampleur que les Alliés sont contraints de demander au Japon de s'expliquer sur son comportement inacceptable.

Rapidement, cependant, les Japonais parviennent à réorienter leurs relations avec le gouvernement d'Omsk. L'attitude ambiguë et hypocrite des Alliés culmine dans une déclaration publiée à Paris par le Conseil des Alliés à la mi-janvier 1919. Cette déclaration stipule qu'ils ne peuvent ni aider ni reconnaître l'une ou l'autre des parties, et que les différents gouvernements en place doivent conclure un armistice et envoyer des représentants sur l'"île des chiens", près de Constantinople, afin de parvenir à un compromis mutuel. La nouvelle fait l'effet d'une bombe en Russie. Elle revient à oublier plus d'un an de crimes et de pillages communistes et à accepter leur légitimité. Profitant du désarroi et de la colère, les Japonais s'empressent de déclarer que le seul pays capable d'aider la Russie est le Japon, puisque les autres pays sont fatigués de la guerre, incapables de lutter contre les bolcheviks et réclament la démobilisation. Dans leur propagande, ils proposent de liquider l'armée bolchevique en deux mois et d'instaurer une monarchie en Russie en échange d'un accord raisonnable avec le gouvernement d'Omsk. Telles étaient les circonstances auxquelles il fallait faire face au début de l'année décisive 1919.

Nous avons laissé de côté une question d'une grande importance pour la bonne compréhension de la figure de l'amiral Aleksander Koltchak. Il s'agit du fameux "or de l'amiral Koltchak", dont nous allons maintenant résumer brièvement l'histoire. En 1915, face à l'éventualité d'une prise de Petrograd par les Allemands, la moitié des réserves d'or de l'Empire russe, soit quelque 500 tonnes d'or, furent placées dans les caves blindées de la banque de Kazan. D'autres réserves d'or stockées dans les succursales de la Banque d'État à Moscou, Samara et Tambov sont également transférées à Kazan. Au cours de l'été 1918, les bolcheviks, qui avaient chargé la Tchéka de garder le trésor, ont tenté de déplacer les réserves de la ville, mais n'ont réussi à enlever qu'une centaine de boîtes d'or. Au début du mois d'août 1918, Kazan tombe entre les mains de la Légion tchèque et de l'Armée de KOMUCH (Armée populaire du Comité des membres de l'Assemblée constituante), commandée par le général Vladimir Kappel. Le 2 août, la ville de Kazan est assiégée et des navires remontent la Volga. Les gardes rouges sont attaqués même par les socialistes révolutionnaires qui, comme les Tchèques, veulent poursuivre la guerre contre l'Allemagne. Le 6 août, l'Armée blanche s'empare de 8400 caisses de lingots d'or et de platine, ainsi que de quelque 2500 sacs d'argent et de pièces d'or. Le 13 octobre, suivant les instructions de Koltchak, la plus grande partie du trésor est transportée par train jusqu'à Omsk. Il n'est donc pas surprenant que des tensions soient apparues au sujet du contrôle de ces impressionnantes ressources. Une cargaison d'or envoyée par train d'Omnsk à Vladivostock est capturée par le général Semyonov. L'Ataman utilise les lingots pour soutenir ses troupes, dépose 13 millions de roubles-or dans des banques japonaises et tente même de persuader les Mongols de se battre contre la Troisième Internationale. À cette fin, il envoya le baron R. F. Ungern en Mongolie avec plusieurs millions de roubles-or.

La nouvelle qu'une partie du trésor impérial était tombée aux mains des Blancs a aiguisé l'appétit insatiable des banquiers qui, comme d'habitude, n'ont eu aucun problème à financer les deux camps, surtout lorsque les prêts étaient garantis par de l'or. Anthony Sutton révèle que les mêmes banquiers qui avaient financé la révolution ont contacté le secrétaire d'État Robert Lansing en août 1919, qui a reçu une lettre de la National City Bank of New York (Rockefeller) demandant un avis sur un prêt de 5 millions de dollars à l'amiral Koltchak. J. P. Morgan & Co a également informé le secrétaire d'État de sa volonté d'offrir à Kolchak un crédit supplémentaire de dix millions de livres sterling par l'intermédiaire d'un consortium de banquiers britanniques et américains. Le prêt est garanti par l'or de Koltchak qui, selon Sutton, est envoyé par bateau à San Francisco. Le manque d'équipement des soldats blancs, dont seulement deux sur dix possèdent un fusil, oblige l'amiral à dépenser tout ce qui est nécessaire pour équiper son armée de manière adéquate. Deux firmes américaines, Remington Arms et

Union Metallic Cartridge, vendent des armements pour une valeur de 125 millions de roubles-or.

Outre Aleksander Koltchak, dont l'armée opère en Sibérie, les principaux généraux blancs sont Anton Denikin, qui avance depuis le sud avec une armée de volontaires, soutenue par les Cosaques du Don et renforcée par l'armée caucasienne de Pyotr Wrangel, baron de Wrangel. En août 1919, cette armée du sud déclenche une offensive qui commence par des victoires importantes et parvient même à franchir le périmètre de sécurité bolchevique. Entre septembre et octobre 1919, les villes de Kiev, Koursk et Orel, cette dernière située à 250 miles de Moscou, sont conquises. L'usine de munitions de Toula a failli tomber entre leurs mains. Le capitaine George Pitt-Rivers, anthropologue anglais rentré en Angleterre après avoir été gravement blessé pendant la Première Guerre mondiale, a écrit plusieurs textes sur la guerre civile.[5] Nous en reproduisons un particulièrement significatif sur l'avancée de Dénikine, cité par Boris Brasol dans *Le monde à la croisée des chemins* :

"Les armées blanches ont été vaincues parce qu'elles étaient inefficaces, elles étaient inefficaces parce que les traîtres politiques ont été autorisés à conspirer pour assurer leur inefficacité..... Les Blancs n'ont pas pu s'unir dans une même politique parce qu'ils n'avaient pas de politique commune, parce que tous leurs efforts ont été réduits à néant par les intrigues, les conspirations et les sabotages, et enfin parce qu'aucun mouvement composé d'un fatras d'éléments incompatibles et contradictoires ne peut vaincre un autre mouvement qui sait à tout moment ce qu'il veut et n'accepte aucun compromis. Même les paysans

[5] Le capitaine George Pitt-Rivers était un cousin de Clementine Churchill, épouse de Winston Churchill, qui a ordonné son arrestation et son emprisonnement le 27 juin 1940 en raison de ses sympathies déclarées pour le national-socialisme. Les "Pitt-Rivers Papers", conservés dans les archives du Churchill College de l'université de Cambridge, sont disponibles depuis peu. Il s'agit d'une collection de lettres et d'écrits qui offrent un nouvel éclairage sur cet anthropologue qui, dans les années 1920-1930, était considéré comme un scientifique éminent et respecté, loué pour ses travaux et ses publications. Après sa mort en 1966, Pitt-Rivers a été complètement oublié par les historiens. Considéré comme un antisémite, le fait qu'il ait été du "mauvais côté" de la guerre a entraîné sa disparition. Dès ses écrits sur la Première Guerre mondiale, Pitt-Rivers dénonce publiquement la duplicité et l'hypocrisie de son pays vis-à-vis de la Russie tsariste. "C'est en Angleterre, écrit-il, la patrie des Juifs, que le gouvernement du tsar a été systématiquement dénigré et qu'il est devenu, pendant des années, le centre de la tyrannie la plus noire et la plus oppressive du monde. Bradley W. Hart, un jeune chercheur qui, dans le cadre de ses recherches doctorales, a contacté la famille en 2009, a eu accès à des milliers de documents personnels trouvés dans le grenier de la maison familiale dans le Dorset. Avec l'autorisation de la famille, M. Hart a fait part de l'importance de ces documents au personnel du Churchill Archives Centre. Aujourd'hui, les documents Pitt-Rivers, qui jettent un nouvel éclairage sur les relations anglo-allemandes, peuvent être consultés dans ces archives, qu'il trouve fascinantes.

russes le comprennent mieux que les hommes d'Etat et les politiciens alliés. Lorsque Dénikine avança rapidement vers Moscou, l'enthousiasme des paysans des territoires libérés fut débridé. Ils sortent en masse pour accueillir leurs libérateurs, portant sur la tête les icônes sacrées et l'image du tsar. Imaginez leur perplexité et leur tristesse lorsque les officiers de l'entourage de Dénikine leur dirent d'enterrer leurs bibelots et que leur lutte contre les bolcheviks n'avait rien à voir avec le tsar."

Dénikine ne représentait certes pas les tsaristes mais les constitutionnalistes démocratiques, mais l'absence d'unité dans les rangs des Blancs, comme le souligne à juste titre Pitt-Rivers, ne permettait pas de présumer de leurs intentions ultimes. On ne peut pas non plus parler d'uniformité chez les Ukrainiens qui, des années plus tard, verront leurs malheurs culminer avec la famine de 1932-1933 (Holodomor) et deviendront les plus grandes victimes de la catastrophe déclenchée après la Révolution. Sur le sol ukrainien, la tragédie de la guerre civile a atteint les pires niveaux de répression, car en l'espace de deux ans, cette république a été saisie à plusieurs reprises par les deux camps.[6] Le 11 octobre 1919, presque en même temps que l'offensive de Dénikine, l'armée du Nord-Ouest, commandée par

---

[6] Lors des élections à l'Assemblée constituante de novembre 1917, les bolcheviks n'obtiennent que 10% des voix en Ukraine. Lors du Congrès des Soviets convoqué à Kiev du 16 au 18 décembre 1917, leurs délégués obtiennent 11% des voix et se précipitent à Kharkov, une ville de l'est du pays qui a été occupée par l'Armée rouge. Le 25 décembre 1917, ils y proclament un gouvernement soviétique (République populaire d'Ukraine), mais le 22 janvier 1918, la Rada (Conseil suprême ou Parlement) déclare l'indépendance de l'Ukraine et envoie une délégation à Brest-Litovsk pour demander à l'Allemagne de la soutenir contre les bolcheviks. Le 12 février, le gouvernement fantoche de Kharkov entre dans Kiev, escorté par l'Armée rouge. Suivant les instructions de Lénine, les bolcheviks s'emparent des céréales dans les villages et les expédient en Russie. Selon Robert Conquest, entre le 18 février et le 9 mars 1918, quelque 1 100 wagons chargés de céréales ont été envoyés en Russie à partir de la seule province de Kherson. Ce premier gouvernement soviétique, qui supprime toutes les écoles et institutions culturelles ukrainiennes, ne dure que quelques semaines. Le juif Latsis, chef de la Tchéka, fusille les gens qui parlent ukrainien dans la rue. Avec l'avancée des Allemands et des Autrichiens, le gouvernement soviétique est dissous. Le 29 avril 1918, les Allemands confient le pouvoir au général Pavel Skoropadsky, qui reste au pouvoir en tant que "Hetman" jusqu'en décembre. Après l'armistice de Compiègne, Skoropadsky perd le soutien des Allemands et les Blancs ne peuvent empêcher sa chute. Le 5 février 1919, les Soviétiques lancent une attaque et le gouvernement ukrainien est contraint d'abandonner Kiev. Le second régime communiste s'installe et dure environ huit mois, avant d'être dissous le 2 octobre 1919 sur ordre de Lénine face à l'arrivée imminente des Blancs de Dénikine. Enfin, en mars 1920, les Soviétiques occupent l'Ukraine pour la troisième fois. L'occupation est temporairement interrompue en mai par la conquête de la partie occidentale du pays, dont Kiev, par les Polonais. Il n'est pas difficile d'imaginer ce que tous ces va-et-vient ont signifié en termes de répression pour la population ukrainienne, qui a longtemps souffert.

Nikolaï Ioudénitch, tente de conquérir Petrograd. Ioudénitch atteint le palais d'été Tsarkoye Seló et certains faubourgs de la ville. Sa retraite forcée aux portes de l'ancienne capitale tsariste porte un nouveau coup aux espoirs des Blancs, qui pensaient qu'en prenant le contrôle des grandes villes, ils sèmeraient la panique parmi les partisans des bolcheviks. Dans leur empressement à atteindre cet objectif, Dénikine et Ioudénitch étirent trop leurs lignes et négligent les flancs. L'attaque des Rouges les contraint à reculer précipitamment en novembre, une retraite en ordre dispersé qui laisse présager un désastre.

Les Estoniens du général Johan Laidoner, qui menaient leur propre guerre de libération et avaient refusé d'approvisionner Yudenich pour son offensive d'automne, luttaient également contre les communistes près de Petrograd à la fin de l'année 1919. Le 31 décembre 1919, deux journaux estoniens publient un texte trouvé en possession d'un commandant juif nommé Shunderev, tombé au combat alors qu'il commandait un bataillon bolchevique. L'écrivain estonien Jüri Lina reproduit dans *Sous le signe du scorpion* des extraits du document paru in extenso dans le journal *Postimees de* Tartu. Il s'agit d'une lettre circulaire contenant un appel à tous les dirigeants juifs pour la formation d'une société secrète sioniste. La lettre, rédigée en russe par le comité central du département de l'Union mondiale israélienne à Petrograd, est datée du 18 mars 1918. Le texte reprend les mêmes idées que d'habitude :

"Enfants d'Israël ! Le temps de notre victoire finale est proche. Nous sommes au début de notre domination mondiale et de notre prestige. Ce dont nous avions rêvé est devenu presque une réalité.... Bien que la Russie ait été soumise et se trouve sous le châtiment de notre pied, nous devons rester prudents. Nous avons transformé la Russie en esclave économique, nous avons pris pratiquement toutes ses richesses et son or et nous l'avons forcée à s'agenouiller devant nous. Mais nous devons veiller à garder notre secret. Nous devons être sans pitié pour nos ennemis. Nous devons éliminer leurs meilleurs éléments et les plus talentueux, de sorte que la Russie subjuguée se retrouve sans ses dirigeants. C'est ainsi que nous détruirons toute rébellion possible contre nous. Nous devons provoquer la lutte des classes et la discorde parmi les paysans et les ouvriers aveugles. La guerre civile et la lutte des classes anéantiront les valeurs culturelles que les peuples chrétiens ont acquises.... Trotsky-Bronstein, Zinoviev-Radomyslsky, Uritsky, Kamenev-Rosenfeld, Steinberg, ceux-ci et beaucoup d'autres fils loyaux d'Israël occupent les plus hautes fonctions de la nation et règnent sur les Slaves asservis. Nous vaincrons complètement la Russie. Les nôtres occupent des positions de premier plan dans les comités de citoyens, dans les commissariats, dans les comités d'approvisionnement et dans d'autres institutions, mais ne laissez pas la victoire vous monter à la tête !".

La possibilité que la lettre soit un faux doit être exclue. Juri Lina ajoute qu'en février 1994, des informations ont été publiées en Russie concernant le résultat d'une enquête sur les documents du trotskiste Uritsky. Parmi ses papiers, on a trouvé un document secret copié le 17 mai 1918 qui reproduit le texte même de la circulaire que Shunderev portait.

Les batailles décisives de Dénikine et de Youdenitch ont coïncidé avec une déclaration du Premier ministre britannique, Lloyd George, la marionnette utilisée à maintes reprises par le sionisme et les commanditaires de la conspiration communiste. Le 8 novembre 1919, Lloyd George prononce un discours au Guildhall de Londres dans lequel il annonce un changement de politique à l'égard de la Russie. La Grande-Bretagne quitte le jeu car, selon lui, la Russie est "un marécage" qui a déjà englouti des armées étrangères par le passé. Le moment était venu d'admettre que "la Grande-Bretagne ne pouvait pas se permettre le luxe d'une intervention aussi coûteuse dans une guerre civile sans fin". Le Premier ministre a déclaré qu'il espérait que les mois d'hiver donneraient à toutes les parties l'occasion de réfléchir et de reconsidérer la situation. Dans *History's Greatest Heist*, le professeur McMeekin cite un journaliste anglais qui accompagnait l'armée de Dénikine et qui a déclaré que l'effet de ce discours sur le moral des Blancs "était électrique". Les volontaires blancs avaient cru qu'ils menaient les dernières batailles de la guerre mondiale avec la Grande-Bretagne comme puissant allié. "Soudain, écrit Meekin, ils réalisèrent avec horreur que la Grande-Bretagne considérait la guerre comme terminée et que les combats en Russie n'étaient qu'un simple conflit civil..... L'atmosphère dans le sud de la Russie a changé du tout au tout. L'opinion de George Lloyd, selon laquelle la cause des volontaires était vouée à l'échec, contribua à certifier la débâcle. En décembre 1919, le port de Novorossiysk, sur la mer Noire, est le théâtre de scènes désespérées : des foules de civils et de soldats blancs, craignant d'être capturés par les Rouges, tentent de monter à bord des derniers navires français et britanniques qui quittent le port.

Néanmoins, le 4 avril 1920, le général Wrangel, qui avait été accusé plus tôt dans l'année de comploter contre Dénikine, accepte le poste de commandant en chef d'une nouvelle armée en Crimée, proposé par un nouvel état-major. Wrangel semble avoir naïvement tenté de s'attirer les faveurs de certains Juifs influents aux États-Unis, en Angleterre et en France. Il ne tarde pas à en installer dans son arrière-garde. En Crimée, par exemple, le représentant français, le comte Damien de Martel, est marié à une juive d'Odessa. L'un des agents de liaison du comte de Martel auprès de Wrangel est un certain Peshkov, de son vrai nom Sverdlov, fils adoptif de Gorki et frère du Juif qui a commandité l'assassinat de la famille impériale. Complètement équipés de vêtements de laine, de bottes, de casques, de manteaux et de tout l'armement qu'ils avaient reçu au cours de l'année, les Rouges, en novembre 1920, intensifièrent leur campagne pour chasser Wrangel de Crimée. Lors de l'évacuation des dernières unités blanches et des civils en fuite, un massacre à grande échelle eut lieu, culminant avec l'exécution sommaire de pas moins de cinquante mille civils, selon les chiffres officiels, qui furent fusillés ou pendus entre la mi-novembre et la fin du mois de décembre. Il a déjà été mentionné dans le chapitre précédent que certaines sources évaluent le nombre de victimes à 120 000, et que le commissaire politique de l'Armée rouge qui a dirigé le massacre était Bela Kun, soutenu par deux autres Juifs, Roza Zemlyachka et Boris Feldman.

En Sibérie, après les combats de l'hiver, l'amiral Koltchak lance une triple offensive en mars 1919. Aidé par les désertions et les soulèvements antibolcheviques dans plusieurs villes, il progresse de plus de 300 kilomètres en trois mois. Mais au début de l'été, la contre-offensive soviétique commence et, en juillet, les troupes de l'amiral ont reculé jusqu'à leur point de départ. Le 29 octobre, le général Mikhaïl Dieterichs, qui, de janvier à juillet 1919, avait personnellement supervisé l'enquête du juge Sokolov sur l'assassinat de la famille royale, ordonne l'évacuation d'Omsk, mais Koltchak annule l'ordre et opte pour une défense impossible de la ville. Les missions diplomatiques alliées quittent Omsk le 7 novembre, et Koltchak lui-même part dans la nuit du 13 novembre. Cinq trains quittant la ville avec lui en direction d'Irkoutsk, où il comptait rencontrer ses ministres, transportaient les réserves d'or des tsars. Au cours du voyage, il apprend que les commandants de la Légion tchèque ont décidé d'abandonner leurs activités en faveur du gouvernement d'Omsk et de quitter la Russie. Peu après, il apprend également que le soulèvement social-révolutionnaire de Vladivostock a été écrasé.

Le comportement du général français Maurice Janin et de la Légion tchèque, qui était sous son commandement et soutenait les soulèvements du Parti socialiste révolutionnaire en Sibérie, a été déterminant dans la fin tragique de Koltchak. Les Tchèques exigent que Janin donne la priorité à leur évacuation et le général Janin accepte leurs conditions. En quelques jours, les Tchèques prennent le contrôle du Transsibérien et imposent leur ordre d'évacuation aux chefs de gare russes, ce qui signifie la priorité sur les troupes de l'amiral, qui se dirigent lentement vers Irkoutsk avec l'intention d'atteindre le port de Vladivostock. Plus de 120 trains de réfugiés restent bloqués sur les voies en plein hiver sibérien et sont capturés par les Soviétiques. Le convoi de Koltchak, confronté au refus de Janin de donner la priorité à ses trains, est bloqué à Krasnoïarsk du 17 au 21 décembre. Après de longues négociations et avec l'engagement de Janin de garantir sa liberté et sa sécurité, l'amiral Koltchak peut quitter la ville et se rendre à Nijneudinsk, où il arrive avec sa cargaison d'or le 27 décembre. Il semble qu'il y ait été à la fois détenu et protégé par les Tchèques, qui sont accusés par les enquêteurs des deux camps d'avoir volé une partie du trésor russe.

Lorsque Koltchak arrive à Irkoutsk le 15 janvier 1920, la ville est aux mains des socialistes révolutionnaires. Le 16, deux officiers tchèques montent à bord du train, stationné à la périphérie de la ville, et arrêtent

Koltchak. Bien que le sauf-conduit de l'amiral soit garanti par les Alliés, c'est-à-dire la Grande-Bretagne, la France, l'Italie et le Japon, les militaires tchèques, qui sont sous le commandement du général français, remettent l'amiral aux autorités locales des mencheviks et des socialistes révolutionnaires, qui le livrent aux bolcheviks le 21 janvier. Au petit matin du 7 février 1920, Aleksander Kolchak est exécuté sur les rives de l'Angara par décision du comité bolchevique provincial. Les bourreaux ont jeté son corps dans les eaux gelées de la rivière par un trou pratiqué dans la glace. Aujourd'hui, un monument a été érigé il y a quelques années sur le site de l'exécution.

Lorsque le gouvernement français obtient des informations sur ce qui s'est passé, il relève le général Janin de son commandement et ordonne son retour immédiat en France. Janin quitte la Russie par le port de Kharbin, près de Vladivostock, en avril 1920. À son arrivée à Paris, il est reçu au ministère des Affaires étrangères, où il doit entendre de sérieux reproches sur sa performance qui ternissent sa carrière, puisqu'il est finalement affecté à une mission mineure. Comme indiqué à la note 55 du chapitre précédent, avant de quitter la Russie, le général Janin rencontre le juge Sokolov et Pierre Gilliard, l'instituteur français des filles du tsar, dans son train stationné sur les quais du port de Kharbin, près de Vladivostock, Ils parviennent à lui remettre les dossiers d'enquête et trois coffres précieux contenant quelque 300 reliques impériales, documents et photographies de la famille de Nicolas II que Gilliard et le général Dieterichs avaient sauvés de la maison d'Ipatiev.

La légende de l'"or de l'amiral Kochak" a pris de l'ampleur au fil des ans. Des livres, des films, des documentaires et des articles de recherche proposent différentes versions du sort final du trésor. Les informations suivantes sont les plus fiables. Le professeur Meekin, dont l'étude sur le devenir des immenses richesses russes mérite la plus grande crédibilité, estime que la majeure partie du trésor est tombée entre les mains des Soviétiques et écrit que les réserves d'or des Bolcheviks ont augmenté de 210 millions de dollars (21 milliards de dollars d'aujourd'hui) après la capture de Koltchak à Irkoutsk en février 1920. Selon d'autres sources, entre Nijneundinsk et Irkoutsk, les Soviétiques ont saisi 333 tonnes d'or et de platine, bien que les Tchèques, comme on l'a dit, aient également emporté une partie du butin. Tout porte à croire, comme l'ont suggéré plusieurs chercheurs, que les Tchèques ont expédié à Vladivostock un grand nombre de caisses d'or qui ont servi à fonder une banque qui a jeté les bases du développement économique de la Tchécoslovaquie, pays né après le traité de Versailles. Aucun document ne le prouve, bien sûr, mais c'est la seule façon d'expliquer pourquoi la valeur de la couronne tchèque s'est envolée immédiatement après la création de la banque et pourquoi la monnaie tchécoslovaque est devenue l'une des plus fortes d'Europe jusqu'en 1939.

Pavel Nokilov, spécialiste de l'histoire du Mouvement blanc, fait référence à un curieux document du chef du service de contre-espionnage de

Koltchak, conservé dans les archives d'État de la Fédération de Russie. Il s'agit d'un rapport daté du 14 août 1919 sur l'envoi d'or en France pour payer l'achat d'avions. Selon ce document, le gouvernement français a conservé l'or en paiement de la dette contractée par le gouvernement provisoire russe. Oleg Budnitskii, chercheur à l'Académie des sciences de Russie à Moscou, en plus de minimiser le montant du trésor, tente de prouver que tout l'or s'est retrouvé dans des banques à l'étranger, car il a été utilisé pour payer des prêts et l'achat de chars, d'avions, de locomotives et de tout le nécessaire des armées blanches. Enfin, on pense qu'une partie de l'or se trouve au fond du lac Baïkal, le lac le plus profond du monde avec plus de 1600 mètres de profondeur. Il y aurait atterri à la suite d'un déraillement provoqué par le creusement d'un tunnel dans les montagnes entourant le lac, près d'Irkoutsk. En 2010, l'agence de presse russe Interfax a rapporté qu'une partie du trésor impérial de Koltchak avait été retrouvée dans les profondeurs du lac. Les bathyscaphes Mir-1 et Mir-2, dans le cadre d'une expédition scientifique de la Fondation pour la protection du Baïkal, auraient découvert des lingots d'or à 400 mètres de profondeur, .

Guerre civile contre les paysans

Théoriquement, la guerre civile tant souhaitée par Lénine et Trotsky avait pour ennemi fondamental la bourgeoisie, la classe sociale qui, en 1789, avait été utilisée par la conspiration mondiale avec deux objectifs : mettre fin à tous les trônes et à toutes les religions et introduire le libéralisme pour remplacer le mercantilisme. Comme on le sait, l'intervention de l'État dans l'économie, le protectionnisme de sa propre production et le renforcement des nations étaient les caractéristiques du mercantilisme, qui devait être remplacé par un nouveau système économique et politique prônant le "laissez faire, laissez passer" qui prévaut aujourd'hui sous la forme d'un néolibéralisme sauvage. En 1917, le prolétariat était la nouvelle classe sociale qui devait servir à supprimer la bourgeoisie et la propriété privée, dans le but ultime de s'emparer de toutes les ressources de la planète et d'instaurer la dictature du prolétariat. C'est une deuxième façon de prendre le contrôle de toutes les richesses. Un système plus rapide que le libéralisme, puisqu'il prône le vol à grande échelle. Les fondements du communisme, comme on l'a expliqué, étaient déjà établis à la mort d'Adam Weishaupt en 1830. Le *Manifeste communiste* reprend en substance la doctrine des Lumières. En Russie, pour remplacer la bourgeoisie par le prolétariat, Lénine en appelle allègrement à l'extermination. Le 31 août 1918, un appel en ce sens est lancé dans la *Pravda* : "Travailleurs, le moment est venu d'anéantir la bourgeoisie, sinon vous serez anéantis par elle. Les villes doivent être impitoyablement nettoyées de toute la pourriture bourgeoise. Tous ces seigneurs seront traduits en justice et ceux qui représentent un danger pour la cause révolutionnaire seront exterminés". Rapidement, les dictateurs communistes se rendent compte qu'ils sont combattus non seulement par la bourgeoisie, mais aussi par 80% de la population, c'est-à-dire par toutes les couches de la société russe.

Plus terrible encore que la guerre contre les armées blanches, la guerre contre la population civile, et plus particulièrement la guerre contre la paysannerie russe, dont les révoltes et les soulèvements à l'arrière des armées rouges étaient une constante depuis le printemps 1918. Déjà à l'époque, Lénine qualifiait les koulaks de "sangsues et de parasites" parce qu'ils refusaient de lui remettre leurs denrées alimentaires et proclamait une "guerre sans merci contre les koulaks". Pour des raisons tactiques, le 8 novembre 1917, les bolcheviks, sous la pression des socialistes révolutionnaires, avaient publié un décret destiné à gagner le soutien de la paysannerie. Ce décret stipule que toutes les terres, y compris celles appartenant à l'État, doivent être "destinées au cultivateur" et que les "formes d'occupation de la terre doivent être libres". Toutefois, il précisait que toute décision finale serait prise par l'Assemblée constituante, qui fut fameusement réduite en miettes. Lénine admet que les bolcheviks de l'époque ont signé une loi qu'ils ne voulaient pas "parce qu'ils ne voulaient pas s'opposer à la volonté de la majorité des paysans". Le 19 février 1918, un nouveau décret sur la distribution des terres est publié, dans la lignée du précédent, mais il parle déjà de la "socialisation" des terres et des vertus de la "collectivisation". La situation d'avant les réformes de Stolypine est alors inversée et les communes réapparaissent. Dans *The Harvest of Sorrow*, Robert Conquest affirme qu'en mai 1918, "les bolcheviks décidèrent que la phase initiale d'alliance avec l'ensemble de la paysannerie était terminée et que la révolution socialiste pouvait maintenant commencer pour de bon".

La nouvelle constitution soviétique de 1918 signifiait la rétrogradation de la paysannerie au profit des travailleurs. L'affrontement du prolétariat villageois contre les koulaks était la formule de la nouvelle phase du socialisme. En d'autres termes, une alliance avec les paysans les plus pauvres devait permettre de neutraliser les paysans de la classe moyenne. Cependant, le parti était extrêmement faible dans les villages. Conquest écrit qu'"avant la révolution, seuls quatre cent quatre-vingt-quatorze paysans appartenaient au parti bolchevique et il n'y avait que quatre cellules rurales". Il ajoute que les dirigeants bolcheviks ont franchement admis la nécessité d'engager la lutte des classes dans les villages et reproduit le discours prononcé par Sverdlov devant le comité exécutif central en mai 1918 : "Nous devons nous poser sérieusement le problème de la division des villages en classes, de la création dans ces villages de deux camps hostiles opposés, en opposant les éléments les plus pauvres de la population aux éléments koulaks. Ce n'est que si nous parvenons à diviser les villages en deux camps, à y susciter la même lutte des classes que dans les villes, que nous obtiendrons dans les villages ce que nous avons obtenu dans les villes".

Bien que la majeure partie de la paysannerie pauvre soit restée à l'écart, le régime a réussi à créer une sorte de base dans les zones rurales. Au fur et à mesure que l'antagonisme grandissait dans les villages, de petites bandes qui acceptaient le patronage communiste, avec l'aide d'intrus armés venus des villes, ont commencé à voler et à assassiner plus ou moins impunément. Il en résulte une révolte généralisée. Au cours de l'année 1918, deux cent quarante-cinq rébellions antisoviétiques ont eu lieu dans vingt régions de Russie centrale. Selon les chiffres officiels, entre juillet et novembre 1918, il y eut cent huit "rébellions koulaks", comme les appelait le régime, auxquelles participèrent des villages entiers sans distinction de classe sociale. Le 10 août 1918, dans ses directives au Soviet de Penza, Lénine ordonne : "Camarades ! Le soulèvement des koulaks dans vos cinq districts doit être écrasé sans pitié". Les instructions spécifiques d'action prévoyaient la pendaison publique d'au moins cent koulaks, la publication de leurs noms, la saisie de toutes les céréales et la sélection d'otages. Les archives de la Tchéka, ouvertes aux chercheurs depuis 1991, confirment qu'entre le 15 octobre et le 30 novembre 1918, 44 explosions se sont transformées en révoltes paysannes. Près d'un millier de personnes ont été fusillées et 620 autres ont perdu la vie à cause de la répression.

Nicolas Werth, dans le premier chapitre du *Livre noir du communisme*, intitulé *Un État contre son peuple*, affirme qu'au début de l'année 1919, le système de réquisition était déjà centralisé et bien planifié. Chaque province, district, canton ou communauté villageoise devait remettre à l'État un quota fixé à l'avance sur la base des récoltes estimées. Ces quotas comprenaient une vingtaine de produits : pommes de terre, miel, œufs, beurre, viande, lait, etc. Une autre raison des révoltes paysannes est la conscription forcée ordonnée par Trotsky. Au moins trois millions de paysans ont déserté entre 1919 et 1920. La répression gouvernementale ne se limite pas à fusiller des milliers d'entre eux, mais aussi à prendre leurs familles en otage. Un décret signé par Lénine le 15 février 1919 ordonne aux tchékas locales de prendre des otages pour obliger les paysans à déneiger les voies ferrées. En cas de refus, les otages devaient être "pris par la force des armes".

En 1919, il y avait en Ukraine de véritables armées paysannes de dizaines de milliers d'hommes, dont les revendications étaient les suivantes : "des terres pour les paysans, la liberté du commerce et des soviets librement élus sans moscovites ni juifs". Werth commente les grandes révoltes d'avril en Ukraine contre les détachements bolcheviques de réquisition et fournit des données de la Tchéka sur les vingt premiers jours de juillet, qui font référence à plus de deux cents révolutions, "impliquant environ cent mille combattants armés et plusieurs centaines de milliers de paysans". Les armées paysannes de Grigoriev, composées d'unités mutinées de l'Armée rouge disposant de cinquante canons et de sept cents mitrailleuses, s'emparent en avril-mai 1919 de villes du sud de l'Ukraine en criant les slogans suivants :

"Tout le pouvoir aux soviets du peuple ukrainien", "L'Ukraine aux Ukrainiens sans les bolcheviks et les juifs", "Distribution des terres", "Liberté d'entreprise et de commerce", etc. Parmi les villes occupées figurent Cherkassy, Kherson, Nikolayev et Odessa. Certains historiens affirment que ce soulèvement a rendu impossible l'invasion prévue de la Roumanie par l'Armée rouge, qui voulait venir en aide à la République soviétique hongroise de Bela Kun. Une autre armée commandée par un certain Zeleny, sous le slogan "Vive le pouvoir soviétique, à bas les bolcheviks et les juifs", contrôle la province de Kiev à l'exception des grandes villes. On peut dire que la rébellion en Ukraine et dans certaines parties de la Volga s'est généralisée.

Au cours des mois de février et mars 1920, à Kazan, Simbirsk et Ufa, provinces soumises à des réquisitions insupportables, a lieu l'insurrection dite "de la potence", menée par quelque 30 000 paysans. La rébellion prend de l'ampleur et une armée paysanne de 50 000 hommes est formée, qui se bat avec des outils agricoles contre des unités régulières de l'Armée rouge armées de canons et de mitrailleuses... En quelques jours, des milliers de paysans se battent contre l'Armée rouge. En quelques jours, des milliers de paysans ont été tués et des centaines de villages ont été incendiés. À l'automne et à l'hiver 1920, après que les derniers contingents de troupes étrangères eurent quitté la Russie, les rébellions paysannes les plus féroces contre la dictature de Lénine et de Trotski éclatèrent. Dans l'est de l'Ukraine, l'armée de Nestor Makhnov rassemble quinze mille hommes et deux mille cinq cents cavaliers, armés d'une centaine de mitrailleuses, d'une vingtaine de canons et de deux chars d'assaut. En Sibérie occidentale, une armée de plus de 60 000 hommes est constituée. Dans le Caucase du Nord, trente mille paysans se soulèvent encore contre le gouvernement communiste.

Le président du Comité révolutionnaire du Caucase du Nord, Serge Ordjonikidze, un trotskiste d'origine géorgienne qui, lors des purges staliniennes, finit par se "suicider" en 1937, ordonne le 23 octobre 1920 que tous les habitants d'Ermolovskaia, Romanovskaia, Samachinskaia et Mikhailovskaia soient expulsés de chez eux et que les maisons et les terres soient redistribuées à des paysans pauvres. Tous les hommes âgés de dix-huit à cinquante ans sont déportés vers le Nord et condamnés aux travaux forcés. Les hommes de main de la Tchéka s'emparent des biens des villes susmentionnées et de tout le bétail. À la mi-novembre, deux de ces villes sont entièrement vidées de leurs habitants et l'une d'entre elles est rasée. En outre, le Caucase est nettoyé de dix mille "ennemis de classe" et plus de cinq mille attendent d'être déportés. Lénine justifie ces mesures en arguant que les paysans sont "bien plus dangereux que tous les Dénikine, Youdenitch et Koltchak réunis, puisqu'il s'agit d'un pays où le prolétariat (il entend par là le prolétariat industriel) représente une minorité". Cette affirmation n'est pas sans aberration, car elle revient à admettre que la dictature d'une minorité était destinée à être imposée...

La révolte la plus longue a été celle de la province de Tambov, qui a éclaté dès 1918 et a duré jusqu'à la fin de l'année 1920. Tambov, province densément peuplée située à quelque 500 kilomètres au sud-est de Moscou et contrôlée par les socialistes révolutionnaires, est le grenier de la nouvelle capitale du régime. Depuis l'automne 1918, les réquisitions ont donné lieu à de nombreuses émeutes, qui ont été réprimées sans ménagement. Si les quotas sont abandonnés, la population est condamnée à mourir de faim. En août 1920, dans le village de Jitovo, où les détachements de réquisitionnaires commettent toutes sortes d'exactions, dont le passage à tabac de vieillards dont les enfants ont déserté et se cachent dans les bois, de graves incidents se produisent et s'étendent à toute la province. Début septembre, tous les représentants du gouvernement de trois districts de Tambov qui n'ont pu fuir sont tués par une armée de plus de 14 000 hommes, pour la plupart déserteurs, armés de fusils, de fourches et de faucilles.

Cette révolte se transforme en un mouvement insurrectionnel organisé par un chef militaire social-révolutionnaire nommé Alexandre Stepanovitch Antonov. Des milices paysannes sont constituées et un service d'information est mis en place qui parvient à infiltrer la Tchéka de Tambov. Antonov lance une campagne de propagande dénonçant le "commissariat bolchevique". Outre les cheminots et autres travailleurs, des milliers et des milliers de déserteurs rejoignent son armée. Selon Richard Pipes dans *A Concise History of the Russian Revolution*, Antonov utilise pas moins de cent dix mille déserteurs, dont il parvient à armer cinquante mille, qu'il répartit en dix-huit ou vingt régiments. Le 19 octobre 1920, Lénine ordonne à Dzerjinski "d'écraser rapidement et exemplairement ce mouvement". En octobre, le gouvernement ne contrôle que la capitale provinciale et quelques centres urbains, mais à la fin de l'année, avec des troupes spéciales de Crimée et d'autres détachements de l'Armée rouge, il est en mesure de rassembler une force de 100 000 soldats. Le général Mikhaïl Toukhatchevski est chargé des "opérations de liquidation des bandes d'Antonov dans la province de Tambov". Toukhatchevski utilise des détachements spéciaux de la Tchéka équipés d'artillerie lourde et d'avions. Il exécute les ordres de Lénine par une répression impitoyable, allant jusqu'à utiliser des gaz asphyxiants pour exterminer les rebelles qui continuaient à se rassembler dans les forêts.

Ces guerres paysannes atteignent leur apogée dans les premiers mois de 1921. La Tchéka signale en février que cent dix-huit soulèvements sont en cours. Les communistes ne contrôlent que les villes et les campagnes sont laissées à la merci de bandes ou d'armées de paysans affamés. Vladimir Antonov Ovseenko, commandant de l'Armée rouge, reconnaît en janvier 1921 que la moitié des paysans meurent de faim. Le 12 février, le commandant militaire de la Volga rapporte que, dans la province de Samara, l'armée a tiré sur plusieurs milliers de paysans affamés qui assiégeaient les hangars où étaient stockées les céréales. À Saratov, des paysans lourdement armés s'emparent des stocks des entrepôts d'Etat. Entre janvier et mars 1921, le contrôle des provinces de Tioumen, Omsk, Tcheliabinsk et Ekaterinbourg est perdu. La ville de Tobolsk est prise par une armée populaire de paysans et ne peut être reprise par des unités de l'armée que le 30 mars. Dans les deux grandes villes, Petrograd et Moscou, un décret gouvernemental avait imposé le rationnement du pain en janvier.

La situation est si explosive que le dixième congrès du parti, dans le cadre de la NEP (Nouvelle politique économique) qui commence à être mise en œuvre à partir de mars 1921, propose de mettre fin aux réquisitions et de les remplacer par un impôt en nature. Cette mesure ne met pas fin aux émeutes, qui ne s'apaisent qu'avec la famine de 1921-1922. Quant à la NEP, c'est la reconnaissance que les plans de socialisation et de collectivisation des campagnes conduisent le pays à la ruine et mettent en péril le régime lui-même. Lénine qualifie cette nouvelle politique, qui vise à éviter l'effondrement de la production industrielle et fait certaines concessions au capitalisme, de "répit". Selon ses propres termes, il s'agit d'un "recul stratégique qui nous permettra d'avancer sur un front plus large dans un avenir proche". Robert Conquest retranscrit ces lignes d'une lettre de Lénine à Kamenev datée du 3 mars 1922, mais qui n'a été connue qu'en 1959 : "C'est une grande erreur de penser que la NEP met fin à la terreur ; nous aurons de nouveau recours à la terreur et à la terreur économique".

Guerre civile contre les travailleurs de Kronstadt et les marins

Le régime soviétique a adopté l'étiquette de "bandits" pour tous ceux qui s'opposaient à sa dictature. Ce terme a été adopté après l'opération menée contre les anarchistes dans la nuit du 11 au 12 avril 1918. Bruce Lockhart, témoin oculaire des événements, raconte que Trotski a décidé de nettoyer Moscou des anarchistes qui, à l'instar des bolcheviks, avaient occupé les maisons des riches et appliqué le conseil de Lénine de "piller les pilleurs". Le raid a commencé à 3 heures du matin et a consisté en une attaque simultanée de vingt-six maisons saisies par les anarchistes. Lockhart décrit le raid comme un succès total, malgré le fait que, pour dégager les bâtiments, les tchékistes de Dzerzhinsky et de Peters ont tué une centaine d'anarchistes et que cinq cents autres ont été arrêtés, dont vingt-huit ont été exécutés sous l'accusation d'être des "bandits". Plus tard dans la matinée, Bruce Lockhart et Raymond Robins, le collègue américain qui considérait Trotski comme le Juif le plus important après le Christ, sont invités à une visite macabre, guidée par Yacov Peters. Lockhart décrit l'un des scénarios :

"Dans la luxueuse salle principale de la maison Gracheva, les anarchistes avaient été surpris en pleine orgie, la longue table qui avait servi au festin gisait à plat, et les assiettes cassées, les verres et les bouteilles de champagne constituaient des îlots désagréables dans une mare de sang et de vin renversé. Une jeune femme est allongée, le visage contre le sol. Peters la retourne. Ses cheveux sont ébouriffés. Elle avait reçu une balle dans le cou et le sang avait coagulé en une sinistre masse violette. Elle ne devait pas avoir plus de vingt ans. Peters haussa les épaules. Prostituée", a-t-il dit, "c'était peut-être mieux ainsi". C'était une scène inoubliable".

Désormais, les travailleurs peuvent devenir des bandits s'ils s'opposent au gouvernement. Les soviets contrôlés par les opposants mencheviks et les socialistes révolutionnaires sont dissous le 14 juillet 1918. Des manifestations et des grèves ont lieu dans de nombreuses villes. À Kolpino, près de Petrograd, un détachement de la Tchéka ouvre le feu sur une manifestation d'ouvriers protestant contre la famine, et dix ouvriers sont tués. Le même jour, à Ekaterinbourg, dans l'usine Berezovsky, quinze personnes sont tuées par les gardes rouges lors d'un rassemblement de protestation contre les commissaires bolcheviques. Le lendemain, la loi martiale est décrétée et la Tchéka locale abat quatorze personnes. Nicholas Werth note que Moscou n'a même pas été informée de ces exécutions et ajoute qu'au cours de l'été 1918, de nombreuses manifestations dans diverses villes industrielles ont été réprimées au prix du sang des ouvriers. Selon cet auteur, "l'un des épisodes de répression les plus soigneusement dissimulés par le nouveau régime fut la violence exercée sur le monde ouvrier, au nom duquel les bolcheviks avaient pris le pouvoir".

Au cours de l'année 1919, la vague de protestations ouvrières dans les usines s'amplifie. Selon le Centre russe pour la préservation et l'étude de la documentation historique contemporaine (CRCEDHC), source maintes fois citée par la demi-douzaine d'auteurs du *Livre noir du communisme*, le 10 mars 1919, dix mille ouvriers de l'usine Putilov réunis en assemblée générale publient une proclamation dénonçant le gouvernement comme n'étant rien d'autre que "la dictature du Comité central du Parti communiste, qui gouverne avec la Tchéka et les tribunaux révolutionnaires". Elle exige la libération des prisonniers politiques des "véritables partis révolutionnaires". Lénine se rend à Petrograd et, les 12 et 13 mars, tente de prendre la parole dans les usines, mais Zinoviev et lui-même sont conspués par les ouvriers qui crient "À bas les Juifs et les commissaires". Le 16 mars, des détachements de la Tchéka font une descente dans l'usine Putilov et arrêtent un millier d'ouvriers. Dans les jours qui suivent, deux cents grévistes sont exécutés sans jugement dans la forteresse de Schüsselbourg. Au printemps 1919, les grèves se succèdent dans plusieurs villes de Russie et sont toutes sévèrement réprimées. Les ouvriers réclament les mêmes rations de pain que les soldats, l'abolition des privilèges accordés aux communistes, la fin de la conscription forcée, des élections libres au comité d'usine, la liberté d'association, d'expression et de presse.

Début mars 1919, les ouvriers de la ville d'Astrakhan, près de l'embouchure de la Volga, se mettent en grève. Le 10 mars, le 45e régiment refuse de tirer sur les ouvriers qui défilent dans la ville et les soldats rejoignent les grévistes. Après le saccage du siège du parti communiste et l'assassinat de ses dirigeants, Astrakhan tombe aux mains des ouvriers et des déserteurs. La ville, considérée comme une clé pour empêcher la liaison entre les armées de Koltchak et de Dénikine, est rapidement reprise. Sergueï Kirov, président du Comité militaire révolutionnaire de la région, "ordonne l'extermination impitoyable des sales gardes blancs par tous les moyens". Les troupes restées fidèles et les détachements de la Tchéka bloquent Astrakhan et la reprennent. Les prisons sont remplies de soldats mutinés et de grévistes.

La méthode de Carrier, le célèbre inventeur des noyades de la Loire, fut alors mise en pratique. Les crimes de ce criminel fanatique ont déjà été décrits dans le deuxième chapitre de cet ouvrage, et il a été remarqué que les judéo-bolcheviks tchékistes ont imité sa méthode à Astrakhan. On se souvient alors que des grévistes et des soldats ont été jetés du haut de barges dans la Volga avec une pierre autour du cou. Entre le 12 et le 14 mars, entre deux et quatre mille prisonniers sont noyés ou fusillés. À partir du 15, la persécution de la bourgeoisie de la ville commence, accusée d'avoir fomenté une conspiration qui s'est servie des ouvriers et des déserteurs. Les maisons des marchands d'Astrakhan sont saccagées et leurs propriétaires fusillés. Le nombre de victimes considérées comme bourgeoises avoisine le millier. Le 18 mars, jour anniversaire de la Commune de Paris, comme le soulignent les autorités, les quarante-sept morts des communistes sont enterrés en grande pompe.

En mars 1920, Trotsky lance une campagne pour la militarisation du travail. Voici une citation de l'historien E. H. Carr dans *La révolution bolchevique 1917-1923*, un des volumes de son *Histoire de la Russie soviétique* : "La militarisation est impensable sans la militarisation des syndicats en tant que tels, sans l'établissement d'un régime dans lequel chaque travailleur sent qu'il est un soldat du travail, qu'il ne peut pas disposer librement de lui-même ; si on lui donne l'ordre de bouger, il doit l'exécuter ; s'il ne l'exécute pas, c'est un déserteur qui est puni. Qui s'occupe de cela ? Le syndicat ; il crée le nouveau régime. C'est la militarisation de la classe ouvrière". Ces idées sont destinées à convaincre les travailleurs que le communisme est l'idéologie qui les libérera de leur supposé esclavage.

Au début de l'année 1921 a eu lieu la rébellion de Cronstadt, l'un des épisodes les plus connus de la guerre civile contre les ouvriers et les soldats. Le 21 janvier, un décret gouvernemental ordonne une réduction d'un tiers des rations de pain dans plusieurs villes, dont la base navale de Cronstadt. Fin février, les marches de la faim, les grèves et les occupations d'usines se succèdent et atteignent leur paroxysme dans les grands centres urbains, notamment à Petrograd et à Moscou. Dans l'ancienne capitale, les travailleurs tentent de pénétrer dans les casernes pour fraterniser avec les soldats, et des affrontements violents ont lieu avec les unités de la Tchéka, au cours desquels plusieurs travailleurs perdent la vie et des centaines d'autres sont blessés. À Petrograd, les ouvriers des grandes usines, réunis en assemblées, réclament l'abolition de la dictature communiste. Plusieurs régiments de Petrograd se réunissent et adoptent des déclarations de soutien aux ouvriers. Du 23 au 25 février, des milliers d'ouvriers défilent dans les rues de Petrograd pour protester contre la dictature. Le 24, des détachements de la Tchéka ouvrent le feu sur une manifestation, tuant douze personnes. Le même jour, un millier de militants socialistes sont arrêtés, ce qui n'empêche pas des milliers de soldats de déserter pour rejoindre les ouvriers.

Le 28 février, le *Sevastopol* et le *Petropavlosk, les* deux cuirassés de la base de Kronstadt sur l'île de Kotlin, se mutinent enfin. Les marins lancent un ultimatum auquel ils doivent répondre dans les 24 heures. Les revendications sont formulées dans un programme en quinze points. Ils demandent notamment : des élections secrètes aux soviets, car les soviets actuels "ne représentent pas la volonté des ouvriers et des paysans" ; la liberté d'expression, de presse et d'organisation ; la fin de la suprématie du parti communiste ; un rationnement égal pour tous ; la libération des prisonniers politiques, y compris des membres des SR, des ouvriers, des paysans, des soldats et des marins. Il demande également l'abolition des réquisitions, l'abolition des détachements de la Tchéka et l'expulsion des Juifs de tous les postes élevés qu'ils occupent. Selon Alexandre Berkman, écrivain anarchiste d'origine juive, cette dernière revendication était considérée comme l'une des plus importantes.[7]

Le 1er mars, une réunion de masse est organisée à Cronstadt, à laquelle participent quinze mille personnes. La moitié des deux mille bolcheviks de Cronstadt rejoint les insurgés. Mikhaïl Kalinine, président du Comité exécutif central des Soviets, se rend à la base navale pour tenter de calmer les esprits, mais il est conspué. Au cours de la première semaine de mars, la Tchéka publie des rapports quotidiens sur la situation, craignant un soulèvement général à Petrograd, car les mutins ont contacté les assemblées d'ouvriers dans un grand nombre d'usines. L'un des chefs visibles de la rébellion est le premier officier du *Petropavlosk*, nommé Perichenko, qui emprisonne le comité local du parti communiste. Le 6 janvier, Trotsky avait déclaré que tous ceux qui réclamaient la liberté d'expression et de la presse devaient être abattus "comme des canards dans une mare" ou "comme des chiens". Le 7 mars, la Tchéka reçoit l'ordre d'agir contre les ouvriers et plus de deux mille sympathisants socialistes ou anarchistes sont arrêtés afin d'écraser l'arrière-garde de la rébellion.

---

[7] Alexander Berkman, Lituanien d'origine juive, a été le fer de lance du mouvement anarchiste aux États-Unis avec Emma Goldman, qui était comme lui lituanienne et juive. Après la répression de Cronstadt, Berkman quitte la Russie dans l'horreur et publie plusieurs ouvrages dénonçant le mythe du bolchevisme. Selon lui, "la terreur et le despotisme ont écrasé l'espoir né en octobre 1917". Il se suicide finalement le 28 juin 1936.

Les opérations contre les mutins, organisées par Trotski lui-même et dirigées par le général Toukhatchevski, commencent le 8 mars 1921. Trotski ordonne que les femmes et les enfants des rebelles soient pris en otage et promet aux mutins qu'ils seront "abattus comme des perdrix". L'île est bombardée par des avions et de l'artillerie côtière avant que le 561e régiment d'infanterie ne lance l'attaque. Certaines unités refusent d'attaquer et presque tous les membres du 2e bataillon passent aux Marines mutinés. Les combats sont féroces et font des milliers de morts dans les deux camps. Les eaux gelées du golfe de Finlande étaient jonchées de cadavres et le gouvernement finlandais demanda que les corps soient enlevés, craignant qu'ils ne s'échouent sur les côtes finlandaises et ne constituent un danger pour la santé. Dix mille soldats rouges ont perdu la vie lors de l'assaut. Mikhaïl Toukhatchevski déclara plus tard qu'il n'avait jamais vu de combats comme ceux de Cronstadt : "Les marins se sont battus comme des bêtes. Je ne comprends pas où ils ont puisé la force de leur fureur. Chaque maison devait être dynamitée".

Dans les jours qui ont suivi la chute de Kronstadt, une répression impitoyable a été déclenchée et des exécutions à grande échelle ont eu lieu. En l'espace de deux mois, des procès sommaires sont organisés qui, selon les chiffres officiels, condamnent à mort plus de 2100 personnes. Selon les documents de Kronstadt cités par Nicolas Werth, quelque 6500 personnes ont été internées dans des prisons et des camps de concentration. Avant la chute de la base navale, environ 8000 personnes ont réussi à fuir à travers le golfe de Finlande et se sont retrouvées dans des camps de concentration. Cinq mille de ces prisonniers se sont retrouvés à Jolmogory, un camp situé près d'Archangel, et en l'espace d'un an, trois mille cinq cents d'entre eux sont morts. À Jolmogory, comme à Astrakhan, on utilise la méthode Carrier : les prisonniers sont chargés sur des barges, attachés par les bras et une pierre autour du cou, et jetés dans les eaux de la Dvina. C'est un chekiste juif, un psychopathe nommé Mikhaïl Kedrov (Zederbaum), qui avait inauguré ce cruel système de massacre en juin 1920. La barbarie et la cruauté de Kedrov sont décrites par Donald Rayfield dans le livre *Stalin and the Executioners*, publié en anglais en 2003. Il explique que dans le nord de la Russie, Kedrov "a massacré des écoliers et des officiers de l'armée avec une telle brutalité qu'il a dû être interné dans un hôpital psychiatrique". Le malade mental a été rapidement libéré et s'est vu confier à nouveau le commandement d'une unité de la Tchéka dans la mer Caspienne. Plusieurs témoignages confirment que de nombreux mutins de Cronstadt, ainsi qu'un grand nombre de cosaques et de paysans de la province de Tambov déportés à Khomolgory ont été noyés dans le fleuve en 1922. Environ 2 500 civils de Cronstadt ont été déportés en Sibérie pour le seul fait d'être restés sur la base au moment des événements.

Guerre civile contre les Cosaques

L'élimination des Cosaques du Don et du Kouban était l'objectif de la guerre civile contre cette ethnie, peuple de guerriers épris de liberté. Les dirigeants bolcheviques eux-mêmes ont appelé leurs actions visant à l'extermination et à la déportation de l'ensemble de la population de ces territoires la "Vendée soviétique". Le précédent historique de la Vendée française, l'un des massacres les plus brutaux de l'histoire contemporaine, a donc servi de modèle aux communistes. Dans le chapitre 2, il a été étudié que les révolutionnaires jacobins ont obtenu une proclamation de la Convention qui, en termes non équivoques, déclarait qu'il s'agissait "d'exterminer les bandits de la Vendée afin de purger complètement le sol de la liberté de cette race maudite". La même volonté génocidaire anime les dirigeants soviétiques qui, dès le printemps 1918, envisagent la guerre contre les Cosaques, considérés comme des ennemis de classe.

Le 24 janvier 1919, une résolution secrète du Comité central du Parti communiste prévoit une série de mesures contre les Cosaques, dont la confiscation de leurs terres, qui sont redistribuées, l'obligation pour eux de rendre leurs armes sous peine de mort et la dissolution de leurs districts administratifs. Isak Reingold, un trotskiste juif qui préside le Comité révolutionnaire du Don et qui sera éliminé quelques années plus tard par Staline, prend en charge la répression dans ces terres cosaques. En quelques semaines, entre février et mars 1919, des détachements de bolcheviks exécutent plus de 8000 personnes. Dans les villages cosaques, les tribunaux révolutionnaires n'ont besoin que de quelques minutes pour condamner à mort pour "comportement contre-révolutionnaire". En juin 1919, Reingold reconnaît : "Nous avons eu tendance à mener une politique d'extermination massive des Cosaques sans la moindre distinction". Face à l'évidence des fusillades de masse, les Cosaques décrètent la mobilisation générale de tous les hommes âgés de seize à cinquante-cinq ans et appellent à un soulèvement régional contre les communistes. Le texte de l'appel à la rébellion explique qu'ils sont "pour des élections libres et contre les communistes, les communes et les juifs. Nous sommes contre les réquisitions, les vols et les exécutions perpétrés par les tchékas". Début juin, les cosaques du Don et du Kouban rejoignent le gros des armées blanches de Dénikine.

La défaite des Blancs entraîne une seconde occupation militaire des terres cosaques, qui sont à nouveau soumises à la terreur rouge. Un autre Juif, Karl Lander, l'un des principaux dirigeants de la Tchéka, est nommé plénipotentiaire dans le Caucase du Nord et le Don. Lander met en place des tribunaux spéciaux composés de trois membres (troïkas) pour procéder à la décosatisation. Pour le seul mois d'octobre 1920, ces troïkas condamnent à mort plus de 6000 personnes. Les membres des familles cosaques qui n'ont pas été capturés sont pris en otage et beaucoup finissent leur vie dans des camps de concentration, de véritables camps de la mort, comme l'a reconnu

Martin Latsis, un autre juif né en Lettonie, comme son collègue Karl Lander. Latsis, de son vrai nom Sudrabs, a été président de la Tchéka ukrainienne en 1919 et membre du présidium de la Tchéka de 1918 à 1921. Dans un rapport du CRCEDHC (Centre russe pour la conservation et l'étude des documents de l'histoire contemporaine) cité par Nicolas Werth, Martin Latsis écrit que les femmes, les enfants et les vieillards, dans des conditions terribles, dans la boue et le froid, "mouraient comme des mouches", ajoutant : "les femmes sont prêtes à tout pour échapper à la mort". Les soldats qui gardent le camp en profitent pour avoir des relations avec elles". Latsis, désigné comme trotskiste par Staline, est également exécuté en 1938. Dans *Un État contre son peuple,* Werth estime qu'entre 300 000 et un demi-million de personnes originaires des régions cosaques du Don et du Kouban ont été tuées ou déportées au cours des années 1919 et 1920. Il explique que l'un des moyens les plus efficaces de décossackisation était la destruction des villages et la déportation de tous leurs habitants.

Cependant, l'épisode le plus éprouvant pour les Cosaques survient 25 ans plus tard lorsque, s'étant rendus aux Britanniques dans le sud de l'Autriche, ces derniers, sachant qu'ils sont condamnés à mort ou à l'internement dans le goulag soviétique, rapatrient 50 000 Cosaques en URSS. Les officiers sont exécutés et les autres sont condamnés à des camps de concentration ou de travail. On estime que la moitié d'entre eux sont morts pendant leur internement. Le livre qui relate ces événements en détail est *The Last Secret de* Nicholas Bethell, publié en 1974. À partir des archives officielles ouvertes aux chercheurs en 1972, Lord Bethell révèle que les 50 000 Cosaques faisaient partie des deux millions de personnes, hommes, femmes et enfants, qui se trouvaient aux mains des Alliés et qui ont été rapatriés en Union soviétique contre leur gré. Beaucoup avaient quitté la Russie en 1917 et étaient des exilés, des dissidents qui n'avaient donc pas de passeport soviétique.

Nos champions de la liberté et de la démocratie, bien que connaissant parfaitement la nature sanguinaire de la dictature communiste, qui avait alors tué plus de 20 millions de personnes, n'ont eu aucun problème moral à collaborer une fois de plus avec le communisme. Alexandre Soljenitsyne, qui considère Churchill et Roosevelt comme des criminels ayant renvoyé des réfugiés politiques en Russie pour y être persécutés et exécutés, qualifie ce fait peu connu de "dernier secret de la Seconde Guerre mondiale". Certes, les Cosaques ont combattu avec les Allemands, mais pas leurs femmes et leurs enfants. En outre, il convient de noter qu'après la victoire des communistes dans la guerre civile et la vague de terreur qui s'en est suivie, des dizaines de milliers de Cosaques ont fui vers l'Europe occidentale et n'étaient pas des citoyens soviétiques, car ils faisaient déjà partie d'une génération d'émigrés qui n'avaient jamais reconnu la légitimité de l'État soviétique. Selon les termes du traité de Yalta, la plupart d'entre eux ne devaient pas être rapatriés. Hugh Trevor-Roper, auteur de l'introduction au livre de Bethell, est plus modéré que Soljenitsyne dans sa critique et accuse "un excès de zèle pro-soviétique de la part des autorités britanniques responsables du rapatriement'.

Terreur rouge et terreur juive

La Tchéka (Commission extraordinaire de lutte contre la contre-révolution et le sabotage), connue plus tard sous divers acronymes (GPU, OGPU, NKVD, MVD et KGB), a été créée le 20 décembre 1917 par un décret de Lénine. Lénine place à la tête de cette police politique Félix Dzerjinski, un juif polonais de son vrai nom Rufin. "Nous n'avons pas besoin de justice", déclare un jour Dzerjinski, toxicomane sadique que Zinoviev considère comme "le saint de la révolution". En octobre 1918, les troubles mentaux de Dzerjinski atteignent un tel degré qu'il doit être envoyé incognito dans un sanatorium en Suisse, où il reste un mois pour un traitement psychiatrique. C'est précisément en octobre 1918, après la tentative d'assassinat de Lénine, que la Tchéka ordonne entre 10 000 et 15 000 exécutions sommaires sans procès. Ainsi, en quelques semaines, la Tchéka a doublé le nombre de condamnations à mort exécutées dans l'empire tsariste en quatre-vingt-douze ans.

Un autre Juif, Gleb Boky, principal organisateur du Goulag, semblait destiné à succéder à Dzerjinski après sa mort à la fin de l'année 1926. Boky était son protégé et son confident le plus fidèle. Mais c'est un stalinien du nom de Vyacheslav Menzhinsky qui prend la relève. À l'exception de Menzhinsky, les chefs communistes qui présidaient la Tchéka étaient juifs ou avaient une épouse juive. Parmi eux, comme nous le verrons plus loin, figuraient Yagoda, Yezhov (marié à une juive) et Beria, trois des plus grands criminels de l'histoire contemporaine. L'historien juif Leonard Shapiro écrit que "toute personne assez malchanceuse pour tomber entre les mains de la Tchéka avait de bonnes chances d'être confrontée à un enquêteur juif, et éventuellement d'être abattue par lui". W. Bruce Lincoln, professeur américain d'histoire russe, confirme qu'en Ukraine "les Juifs constituaient 80% des agents réguliers de la Tchéka". La moitié des membres de la police secrète opérant sous les ordres des directeurs juifs de la Tchéka étaient également juifs, bien que nombre d'entre eux, comme il était d'usage, aient dissimulé ce fait en adoptant des noms russes. Les autres étaient recrutés dans la lie de la société. Ce dernier fait est même dénoncé par deux vétérans bolcheviks, Olminsky et Petrovsky, qui, constatant que la Tchéka agit "avec les pleins pouvoirs sur les Soviets et le parti lui-même", réclament des mesures pour "limiter les excès de zèle d'une organisation pleine de criminels et de sadiques, d'éléments dégénérés du lumpen-prolétariat".

Werth s'appuie sur les dossiers du Comité central pour confirmer que les tchékas locales étaient aux mains d'éléments dégénérés, de tyrans sanguinaires, incontrôlés et incontrôlables. Il cite un rapport du secrétaire régional à l'organisation du parti à Yaroslavl, daté du 26 septembre 1919, qui déclare : "Les tchékistes pillent et arrêtent n'importe qui. Sachant qu'ils resteront impunis, ils ont transformé le siège de la Tchéka en un immense bordel où ils emmènent les "bourgeoises". L'ivresse est générale. La cocaïne est largement consommée par les patrons". Un autre rapport, arrivé le 16 octobre 1919 d'Astrakhan, confirme ce qui précède : "L'ivresse et les orgies sont quotidiennes. Presque tous les tchékistes consomment beaucoup de cocaïne. Cela leur permet, disent-ils, de mieux supporter la vue quotidienne du sang. Ivres de violence et de sang, les tchékistes font leur devoir, mais ce sont des éléments incontrôlés qu'il faut surveiller de près".

L'intention d'utiliser la terreur comme instrument fondamental pour se débarrasser des opposants et se maintenir au pouvoir est annoncée pour la première fois par Trotsky le 13 décembre 1917 devant les délégués du Comité exécutif central des soviets : "Dans moins d'un mois, la terreur prendra des formes très violentes, à l'instar de ce qui s'est passé lors de la grande Révolution française. Ce ne sera plus seulement la prison, mais la guillotine, cette remarquable invention qui a l'avantage reconnu de couper la tête d'un homme, qui sera à la disposition de nos ennemis." Quelques jours plus tard, Lénine, lors d'un rassemblement devant une assemblée d'ouvriers, fait allusion à l'utilisation de la terreur comme "justice de classe révolutionnaire". Les premières victimes de la terreur sont les intellectuels, les penseurs indépendants qui dénoncent activement la dictature communiste. L'"intelligentsia", l'élite intellectuelle gardienne de la culture russe, a été désignée comme cible dans la lettre circulaire de la société secrète sioniste mentionnée plus haut : "Nous devons éliminer ses individus les meilleurs et les plus talentueux, de sorte que la Russie subjuguée se retrouve sans ses dirigeants. De cette façon, nous détruirons toute rébellion possible contre nous".

Après la chute du communisme, de nombreux ouvrages ont commencé à paraître en Russie qui, n'étant pas initialement traduits en anglais ou dans une autre langue occidentale, ne pouvaient être lus qu'en russe. Le chercheur estonien Jüri Lina a puisé dans nombre de ces sources et les cite dans *Sous le signe du scorpion*. L'un de ces ouvrages, publié à Moscou en 1992, s'intitule *Dans la lumière du jour*. Son auteur, Vladimir Soloukhin, décédé en 1997, était un poète de premier plan et un écrivain du groupe "Prose villageoise", un mouvement littéraire qui s'intéressait à la vie traditionnelle des communautés rurales. Dans son dernier ouvrage, Soloukhin dénonce le fait que, outre la persécution des intellectuels, les tchékistes ont également arrêté des jeunes portant une casquette d'étudiant et que certains d'entre eux ont été liquidés parce que Lénine pensait que les futurs intellectuels pouvaient également constituer une menace pour le régime soviétique. L'auteur révèle que les tchékistes s'intéressaient aux belles filles et aux beaux garçons : guidés par l'étrange croyance que parmi les personnes séduisantes, il y aurait plus d'intellectuels, ils les considéraient comme un danger potentiel pour la société.

En 1924, l'un des premiers ouvrages parus en Occident sur la terreur communiste, *Red Terror in Russia (1918 to 1923),* du socialiste révolutionnaire S. P. Melgunov, a été publié à Berlin, . Cet ouvrage est devenu un classique consulté par presque tous les chercheurs et peut désormais être lu en anglais sur internet dans une traduction de 2014 de Terri Fabre (Kuznetsoff). Ce livre pionnier rend compte des principaux massacres et exécutions perpétrés par les communistes. Les citations de Melgounov tirées du rapport de la Commission Rohrberg, entrée à Kiev fin août 1919 après la prise de la ville par les Blancs, sont bien connues. Dans la salle d'exécution de la Tchéquie provinciale de Kiev, un grand garage, "tout le sol était inondé de sang, qui ne coulait pas, mais formait une couche de quelques centimètres. C'était un horrible mélange de sang, de cervelle, de morceaux de crâne, de mèches de cheveux et d'autres restes humains. Tous les murs percés de milliers de balles étaient éclaboussés de sang, et des morceaux de cerveaux et de scalps y étaient collés". Un autre extrait du rapport décrit une fosse commune trouvée dans un coin du jardin et contenant quelque quatre-vingts corps montrant la cruauté des assassins : "Là gisaient des cadavres éventrés ; d'autres étaient amputés de plusieurs membres ; certains étaient écartelés ; d'autres avaient les yeux arrachés et la tête, le visage, le cou et le tronc couverts de blessures profondes... d'autres n'avaient pas de langue."

La Tcheka de Kiev avait publié le premier numéro de son journal *Krasnyi Mech (L'épée rouge)* en août 1919. Nicholas Werth donne un extrait de son article éditorial, dans lequel les excès criminels décrits dans le paragraphe précédent sont idéologiquement justifiés :

> Nous rejetons les vieux systèmes de morale et d'"humanité" inventés par la bourgeoisie pour opprimer et exploiter les "classes inférieures". Notre morale est sans précédent, notre humanité est absolue car elle repose sur un nouvel idéal : détruire toutes les formes d'oppression et de violence. Pour nous, tout est permis car nous sommes les premiers au monde à lever l'épée non pas pour opprimer et réduire en esclavage, mais pour libérer l'humanité de ses chaînes.... Que le sang coule dans les rivières ! Car seul le sang peut à jamais colorer le drapeau noir de la bourgeoisie pirate en une bannière rouge, la bannière de la Révolution, car seule la mort définitive du vieux monde peut nous libérer pour toujours et à jamais du retour des chacals !"

Rappelons que le président de la Tchéka pour l'ensemble de l'Ukraine entre le 2 avril et le 16 août 1919 était le susnommé Martin Latsis, proche collaborateur de Dzerjinski qui avait remplacé un autre Juif nommé Isaak Izrailevitch Schvarts. Latsis publia en 1920 un livre dans lequel il prônait une violence sans limite contre les ennemis de classe. Selon sa thèse, les condamnations ne doivent pas être prononcées sur la base de la culpabilité ou de l'innocence, mais sur la base de la classe sociale. Voici comment Latsis explique la Terreur rouge : "Nous nous sommes engagés à exterminer la bourgeoisie en tant que classe. Il n'est pas nécessaire de prouver qu'un homme a agi contre le pouvoir soviétique. La première chose à demander lorsqu'une personne est arrêtée, c'est à quelle classe elle appartient, quelle est son origine, son éducation, sa profession". Melgunov reprend un texte du Comité Central du Parti Communiste dans lequel il est ouvertement reconnu que les Commissions Extraordinaires "ne sont pas des organes de justice, mais d'extermination impitoyable". Le Comité central définit la Tchéka comme "un organe de combat travaillant sur le front intérieur de la guerre civile. Elle ne juge pas l'ennemi, elle l'extermine, elle n'épargne pas celui qui se trouve de l'autre côté de la barricade, elle l'écrase".

Avec ces directives en toile de fond, les atrocités étaient à l'ordre du jour. Le viol et toutes sortes d'autres abus, comme on peut facilement l'imaginer, étaient monnaie courante, même si, viol mis à part, l'une des tortures les plus cruelles pour les femmes consistait à leur enfoncer des charbons ardents dans le vagin. Quant aux religieux, prêtres, moines et moniales, les méthodes étaient variées. L'une d'entre elles consistait à leur verser du plomb fondu dans la gorge avant de les brûler vifs. Les crucifixions étaient courantes. Dans un documentaire récent intitulé *The Russia We Lost*, *le* réalisateur Stanislav Govorukhin raconte comment les prêtres de Kherson ont été crucifiés. À Pern, l'archevêque Andronnikov a été horriblement torturé : on lui a arraché les yeux, coupé les oreilles, le nez et la langue. L'évêque de Voronej a été bouilli vivant dans un grand chaudron, puis les moines ont été contraints, sous la menace d'une arme, de boire le bouillon.

L'une des méthodes les plus cruelles faisait appel aux rats : les victimes étaient placées dans des cercueils remplis de rats affamés, ou des rats voraces étaient enfermés dans une cage sans fond sur l'estomac en sang du détenu pour voir les rongeurs dévorer ses intestins. Diverses sources décrivent une torture appelée "arrachage de peau", pratiquée par les tchékistes de Kharkov. Les détenus étaient alignés et leurs mains étaient clouées à une planche, puis leurs poignets étaient coupés avec un couteau, de l'eau bouillante était versée sur leurs mains et la peau était arrachée. Une autre cruauté des tchékistes consistait à écraser le crâne des victimes avec des vis ou à le percer avec des outils de dentiste. Une fois le sommet coupé ou scié, le suivant était contraint de manger la cervelle. Des familles entières étaient souvent arrêtées et les enfants étaient torturés devant leurs parents et les femmes devant leurs maris. Jüri Lina fait référence au livre *Nomenklatura*, publié à Stockholm en 1982 par Mikhail Voslensky, un ancien fonctionnaire soviétique. Des victimes plongées dans l'huile bouillante ou le goudron, des victimes empalées, rôties vivantes dans des fours, trempées dans l'eau en plein hiver et laissées dans la neige pour devenir des glaçons humains, et d'autres méthodes que nous vous épargnerons sont décrites dans le livre.

Lina, qui consulte assidûment les archives des journaux dans ses recherches, cite un journal juif russe, *Yevreyskaya Tribuna*, qui rapporte dans son édition du 24 août 1922 que Lénine a demandé aux rabbins s'ils étaient satisfaits des exécutions cruelles. L'auteur estonien dénonce un arrière-plan idéologique qui dépasse la lutte des classes et cite un passage biblique, modifié dans certaines bibles européennes après la Seconde Guerre mondiale. Il se trouve dans le deuxième livre de Salomon et fait référence à la "victoire sur les Ammonites". La version originale raconte le massacre par le roi David de toutes les villes habitées par les fils d'Ammon. Le texte original dit : "il les coupa avec des scies et des pics de fer et les jeta dans la fournaise". Dans le passage modifié, on lit : "il fit sortir les habitants de la ville et les fit travailler avec des scies, des traces et des pics de fer". Certes, il est très facile de trouver dans les livres du Pentateuque et dans les livres historiques des textes dans lesquels Yahvé, le Dieu d'Israël, outre la destruction des autres religions, ordonne l'extermination et le nettoyage ethnique, parfois à la seule exception des jeunes filles vierges. D'autre part, on a déjà vu que dans le *Talmud*, outre la haine pathologique du christianisme, seuls les juifs sont considérés comme des êtres humains.

Malgré l'étalage aux yeux du monde entier de cette haine viscérale de la civilisation chrétienne et d'une terreur sans précédent fondée sur le mépris absolu de la vie humaine, certains dirigeants des nations qui auraient dû nécessairement défendre ces valeurs, soumis aux intérêts de ceux qui avaient financé le communisme, ont collaboré sans vergogne avec les criminels judéo-bolcheviques. Bien que la guerre contre les Blancs ait été gagnée au début de 1920 et qu'un cessez-le-feu avec la Pologne ait été signé en octobre de la même année, la nouvelle prédisposition britannique après la déclaration de Lloyd George a définitivement permis aux communistes d'effectuer toutes sortes d'achats sur leurs réserves d'or encore abondantes. 1920 fut l'année des achats massifs de matériel de guerre, utilisé par les Soviétiques pour massacrer leur propre peuple face à l'indifférence et à l'hypocrisie habituelle des fameuses démocraties.

Mort de Lénine. Trotski et Staline se disputent le pouvoir.

Le 6 février 1922, la Tchéka est supprimée par décret et remplacée par la GPU (Direction politique d'État). Le nom change, mais les auteurs et les méthodes restent les mêmes. Le 20 mai, Lénine propose par lettre à Dzerjinski un plan d'expulsion des écrivains et des enseignants considérés comme contre-révolutionnaires. Le 22 mai, une commission est créée pour identifier un certain nombre d'intellectuels à arrêter. Le 1er juin, un nouveau code pénal entre en vigueur, légalisant la violence contre les ennemis politiques. Il s'agit sans doute des dernières mesures prises sous la direction de Lénine, qui est victime d'une première attaque cérébrale le 25 mai 1922.

Bien qu'il ne soit démis de toutes ses responsabilités que le 10 mars 1923, la lutte pour le pouvoir commence dès ce moment.

La santé de Lénine s'améliore en juin et, bien qu'il ne retourne pas au Kremlin, il tente d'écrire des lettres et de participer à quelques événements publics, jusqu'à ce que, le 13 décembre 1922, il subisse deux nouvelles attaques cérébrales, ce qui l'incite à réduire ses activités. Staline a été nommé secrétaire général du comité central du parti communiste panrusse le 3 avril, ce qui explique peut-être pourquoi le comité central l'a désigné le 18 décembre comme responsable du suivi médical de Lénine. Le poste de secrétaire général est alors considéré comme un poste subalterne. Certains parlent même de Staline comme du "camarade archiviste". Mais il se trouve que Staline contrôle également l'"Orgburo" (Bureau d'organisation du Comité central du Parti). Ces deux postes combinés lui permettent de placer ses alliés aux postes clés du parti. Tout cela coïncide avec les graves problèmes de santé de Lénine et prend de court Trotsky et ses collaborateurs, qui tentent de réagir avant la mort du leader.

Le 22 décembre, jour où Lénine subit une nouvelle attaque, Staline, qui doit déjà réfléchir à sa stratégie pour s'affirmer comme chef, apprend que Lénine a écrit à Trotski pour le féliciter de sa victoire sur le monopole du commerce. Le lendemain, Staline appelle Nadejda Kroupskaïa, l'épouse juive de Lénine qui travaille dans l'ombre pour faire de Trotski le successeur de son mari, et l'agresse verbalement pour avoir laissé Lénine écrire dans son état de santé délicat. Au lieu de se plaindre à son mari, Kroupskaïa écrit à Kamenev et lui explique qu'elle a été soumise à une tempête d'injures pour avoir écrit une lettre à Trotski, dictée par Lénine avec l'autorisation de son médecin. Elle demande à être protégée contre toute ingérence dans sa vie privée. Staline avait menacé de la traduire devant la commission de contrôle du parti. Bien que confiante dans le soutien unanime de la Commission, elle dit à Kamenev qu'elle n'a pas le temps pour une telle "farce" et que ses nerfs sont "sur le point de lâcher". Robert Conquest confirme que Staline, entre autres grossièretés, a traité Kroupskaïa de "putain syphilitique". Une autre source sur l'incident est Maria, la sœur de Lénine qui l'a accompagné jusqu'à la fin. Selon elle, "Krúpskaya était complètement brisée après la conversation avec Staline ; elle n'était plus elle-même, elle pleurait et se roulait par terre".

Le 29 décembre 1922, la création de l'URSS est approuvée et le 30 décembre, le traité faisant de la Russie l'Union des républiques socialistes soviétiques est signé. Le 4 janvier 1923, Lénine ajoute un post-scriptum à son testament, proposant la démission de Staline :

> "Staline est trop grossier, et ce défaut, s'il est tout à fait acceptable dans notre milieu et dans les rapports entre nous, communistes, est intolérable chez un secrétaire général. Je propose donc aux camarades de réfléchir au moyen d'écarter Staline de ce poste et de nommer un autre homme

qui, à tous égards, se distingue du camarade Staline par sa supériorité, c'est-à-dire plus loyal, plus poli et plus attentif aux camarades, moins capricieux, etc. Cette circonstance peut sembler une bagatelle ; mais je crois que, du point de vue de la prévention de la scission et du point de vue de ce que j'ai écrit précédemment sur les relations entre Trotsky et Staline, ce n'est pas une bagatelle, ou c'est une bagatelle qui peut acquérir une importance décisive."

Le testament et son post-scriptum, remis à Krúpskaya dans une enveloppe scellée qui devait être ouverte et remise au parti à sa mort, ne furent connus qu'après la disparition de Lénine. Dans ces circonstances, Lénine dicte plusieurs articles pour la *Pravda* dans les semaines qui suivent, dont l'un, écrit le 10 février et finalement publié le 4 mars, attaque Staline. Une majorité du Politburo s'oppose à sa publication et il est même envisagé d'imprimer l'article en un seul exemplaire du journal afin de tromper Lénine. Finalement, Trotski persuade Zinoviev et Kamenev de faire publier le texte par *la Pravda*. En février 1923, Staline avait déclaré au Politburo que Lénine avait demandé du poison. Trotski répondit que le médecin de Lénine, qui était aussi le sien, pensait qu'il pourrait se rétablir avec de légères infirmités. Staline insiste sur le fait que le poison ne doit être gardé à portée de main qu'au cas où les douleurs deviendraient intolérables, mais sa demande n'est pas appuyée.

Début mars 1923, Lénine écrit une lettre à Staline, dont il envoie des copies à Zinoviev et Kamenev. L'ensemble de la lettre fait référence à la conversation téléphonique au cours de laquelle il a gravement insulté sa femme. Robert Conquest, soviétologue et auteur de nombreux ouvrages sur l'URSS, reproduit le texte dans sa biographie *Staline, Breaker of Nations*, publiée en 1991 :

"Très respectable camarade Staline,
Vous vous êtes permis d'être grossier au point d'appeler ma femme au téléphone et de l'insulter. Elle a accepté d'oublier ce que vous avez dit. Cependant, elle a informé Zinoviev et Kamenev de l'incident. Je n'ai pas l'intention d'oublier ce qui a été fait contre moi, et je considère bien sûr que ce qui a été fait contre ma femme l'a été contre moi. Je vous demande donc de réfléchir à la question de savoir si vous êtes prêt à revenir sur vos propos et à vous excuser, ou si vous préférez rompre les relations avec nous.
Je vous prie d'agréer, Monsieur le Président, l'expression de mes sentiments respectueux,
Lénine".

L'une des secrétaires de Lénine, Maria Volodicheva, remet personnellement la lettre à Staline, qui l'ouvre devant elle. Elle réagit calmement et dit lentement que "ce n'était pas Lénine qui parlait, mais sa maladie", tout en acceptant de s'excuser auprès de Krúpskaya si Lénine insistait. Volodicheva revient avec les excuses orales.

Conquest raconte qu'un des secrétaires de Lénine a dit à Trotsky que Lénine préparait "une bombe" contre Staline. Par ailleurs, Kamenev apprend d'un second secrétaire que Lénine a décidé "d'écraser politiquement Staline". Il semble évident que la Kroupskaïa et Trotsky jouaient leurs cartes pour se débarrasser de Staline. Il est presque certain qu'ils auraient réussi si, le 7 mars 1923, Lénine n'avait pas été victime d'une dernière attaque cérébrale qui l'a privé définitivement de la parole. Le 17 avril 1923, quelques semaines après l'incapacité définitive de Lénine, se tient le douzième congrès du parti. Trotski semble bien placé et beaucoup pensent qu'il sera le nouveau dirigeant. Le 23 avril, les médecins décident d'opérer Lénine afin de retirer la balle logée à trois millimètres de sa carotide depuis la tentative d'assassinat de Dora Kaplan en 1918. L'agonie dure jusqu'au 21 janvier 1924. Bien que des rumeurs aient circulé sur l'empoisonnement de Lénine, il y a peu de chances que ce soit le cas.

Les preuves et les faits relatés tout au long de cet ouvrage ne laissent aucune place au doute : Trotsky, en plus d'apporter à la Russie de l'argent et une aide internationale puissante, avait rallié toute l'aile gauche révolutionnaire autour de l'insignifiant parti bolchevique par son autorité sur le Bund. Il était l'homme que les financiers juifs derrière la révolution voulaient depuis le début à la tête de la Russie. Avec la disparition de Lénine, le moment était enfin venu. Son prestige aux États-Unis et en Europe est bien établi et en URSS, il est la figure de proue du Politburo. Commissaire à la guerre et généralissime des forces armées, il a sous ses ordres l'Armée rouge qui a gagné la guerre civile et qu'il a lui-même créée. Nadezhda Krupskaya, une femme juive qui connaissait très bien les valeurs de Trotski, a soutenu Lénine jusqu'au bout et a réussi à faire inscrire dans son testament un post-scriptum rejetant Staline comme son successeur. L'échec de Trotski à prendre le pouvoir est surprenant et d'une importance historique décisive, car des années plus tard, ses soutiens internationaux, confrontés à la preuve que Staline liquidait impitoyablement tous les Juifs trotskistes, ont conçu un moyen de reprendre le contrôle de l'État soviétique.

Dans *Ma vie*, Trotsky explique lui-même pourquoi, au moment de la lutte décisive, il était handicapé par la fièvre, incapable de participer aux débats qui allaient décider de l'avenir. À la fin de l'automne 1923, quelques mois seulement avant la mort de Lénine, Trotski chasse le canard dans les marais avec des chaussures inadaptées :

"Dès que j'ai posé le pied sur le sol, chaussée de pantoufles en feutre, j'ai eu les pieds trempés. Avant de pouvoir sauter dans la voiture, mes pieds étaient complètement gelés. Je me suis assise à côté du chauffeur, j'ai enlevé mes chaussures et j'ai réchauffé mes jambes dans le moteur. Mais le froid a eu raison de moi et j'ai dû me mettre au lit. La grippe a été suivie d'une fièvre cryptogénique. Les médecins m'ont interdit de quitter mon lit, que j'ai dû garder tout le reste de l'automne et tout l'hiver. C'est-à-dire que pendant la discussion sur le trotskysme, j'ai dû être attaché à mon lit. On peut prévoir les révolutions et les guerres. En revanche, il n'est pas si facile de prévoir les conséquences d'une partie de chasse au canard en automne.

La fin de la citation est significative : on peut prévoir les guerres ou les révolutions, surtout si on les provoque ou si on sait les provoquer ; mais le hasard ou la chance peuvent conditionner les événements. Un événement imprévu, un accident ou, si l'on veut, le destin, a contraint Trotsky à disparaître de la scène politique au moment même où se déroulait la lutte pour le pouvoir. La somme des moyens dont il disposait était suffisante pour y parvenir. Une fois installé comme dictateur, la lettre de Lénine rédigée par la Kroupskaïa lui aurait permis d'éliminer Staline d'un seul coup et sans difficulté. La discussion sur le trotskisme dont il est question dans le texte a été provoquée par Staline, qui reproche à Trotski une série d'"erreurs". De leur côté, les trotskistes se défendent en accusant Staline de vouloir intimider le parti, ce à quoi il répond qu'il ne cherche qu'à intimider les factions.

Après la mort de Lénine, Petrograd est rebaptisée Leningrad sur proposition de Staline, qui télégraphie à Trotski, en convalescence dans le Caucase après des mois de maladie, que les funérailles auront lieu avant qu'il ne puisse rejoindre Moscou, et lui conseille de poursuivre sa convalescence. Cependant, les funérailles ont lieu six jours plus tard, le 27 janvier 1924 ; en d'autres termes, Trotski aurait pu arriver à temps pour assister à un moment aussi important, au cours duquel Staline a occupé le devant de la scène. En plus d'être l'organisateur des cérémonies grandiloquentes, il prononce un discours dans lequel il promet une loyauté éternelle à Lénine. Trotski déclarera plus tard que Staline l'avait délibérément trompé.

En mai 1924 se tient le treizième congrès du parti communiste. Quelques jours auparavant, Kroupskaïa avait envoyé à Kamenev, qui était marié à Olga, une sœur de Trotski qui avait été fusillée sur ordre de Staline le 11 septembre 1941 avec Maria Spiridonova, le testament secret de Lénine, une lettre indiquant que son mari avait exprimé le souhait qu'après sa mort, il soit présenté au congrès du parti pour information. Robert Conquest révèle à nouveau les paroles prononcées par Staline lorsqu'il a lu le document. Il qualifie à nouveau Kroupskaïa de "vieille pute" et maudit même Lénine, dont il dit : "Il me chie dessus et se chie dessus". Avant le début du Congrès, le Comité central se réunit pour examiner les documents. Kamenev lit le texte. La situation est embarrassante, mais Staline, assis sur l'un des bancs de la tribune du Présidium, sait se maîtriser et garder son calme. Trotski, le visage narquois, garde le silence. Lorsque Staline prend la parole, il déclare que Lénine n'était pas lui-même lorsqu'il a écrit le texte, mais "un malade entouré de femmes".

Oleg Agranyants, agent soviétique ayant fait défection en 1986, partage l'idée de Staline et attribue à Nadezhda Krupskaya la paternité des documents à soumettre au treizième congrès. Selon Agranyants, à l'époque de leur rédaction, la santé de Lénine était si mauvaise qu'il lui arrivait de ne pas se souvenir de son propre nom, pourtant connu des membres du Politburo. De plus, Agranyants affirme qu'une comparaison du texte avec les autres écrits de Lénine montre que le langage est nettement différent. Enfin, le Comité central a décidé que le testament ne devait pas être lu devant le Congrès ni publié. Il fut autorisé, avec des commentaires du Comité indiquant que Staline avait prouvé sa capacité et que Lénine avait été malade, à être lu uniquement lors de réunions restreintes dans les délégations provinciales. Staline présente sa démission en tant que secrétaire général, qui est rejetée à l'unanimité.

Réalisant qu'ils ne pouvaient pas l'emporter pour le moment, les trotskystes ont décidé de former des groupes. Ainsi, Zinoviev et Kamenev ont d'abord fait semblant de soutenir Staline afin de maintenir une lutte clandestine permanente jusqu'à ce qu'ils trouvent une possibilité de saper son leadership de l'intérieur. Le triumvirat ainsi formé est généralement considéré comme le noyau du Politburo. L'ordre dans lequel ils sont nommés place Zinoviev, qui contrôle la machine du parti à Leningrad, en premier, Kamenev, qui est censé dominer à Moscou, en second ; Staline est supposé être le troisième, bien que rien ne puisse être plus éloigné de la vérité. Très vite, Zinoviev et Kamenev se rendent compte que la tactique de la scission ne fait que favoriser Staline, qui profite de la situation pour monter l'un contre l'autre et prouver ainsi sa loyauté.

Une fois de plus, les circonstances ont joué en défaveur de Trotsky. Alors que la lutte idéologique et les arguments sont féroces et que Staline a lancé une campagne pour l'affaiblir, la fièvre revient et il est à nouveau hors d'état de nuire à l'automne 1924. En octobre, Staline commence à le dénigrer publiquement. Il fait notamment allusion à ses désaccords avec Lénine, critique son opportunisme politique et rappelle qu'il n'a rejoint les bolcheviks qu'à la fin. Le 17 décembre 1924 survient l'un des moments décisifs. Staline rejette l'idée de "révolution permanente" de Trotski et préconise en principe la construction du "socialisme dans un seul pays". Cette décision laisse les trotskistes perplexes, car elle va à l'encontre de leurs projets internationalistes. Ils pensaient que la révolution dans une Russie arriérée et non prolétarienne ne pouvait être consolidée qu'avec le soutien des révolutions en Europe occidentale, où les conditions d'une poussée prolétarienne étaient réunies et permettraient un gouvernement mondial et la dictature du prolétariat. La réalité a cependant montré que les tentatives répétées des partis communistes en Autriche, en Hongrie et surtout en Allemagne avaient échoué et que le seul objectif atteint par les bolcheviks avait été de se maintenir au pouvoir au prix de la ruine complète de la Russie.

Staline entendait en fait mettre l'Internationale au service de l'URSS et la soumettre à ses ordres. Lorsque le choix entre le communisme national de Staline et le communisme international s'est posé fin 1924, Zinoviev et Kamenev ont décidé de lutter contre le socialisme dans un seul pays. Il devient alors évident qu'ils sont trotskistes. En janvier 1925, Trotski perd son poste clé au sein du Commissariat du peuple à la guerre au profit de Mikhaïl Frounze, un homme de confiance de Zinoviev. Frounze n'occupe pas longtemps le poste de commissaire. En octobre, Staline lui demande, au nom du Politburo, de se faire opérer d'un ulcère à l'estomac. Il meurt au cours de l'opération, prétendument d'une overdose de chloroforme. L'opération ne semblant pas nécessaire, des rumeurs d'assassinat se répandent, mais rien n'est jamais prouvé. Staline lui substitue un homme de confiance, Kliment Vorochilov. La parution en Occident de l'ouvrage de l'écrivain américain Max Eastman, *Since Lenin Died*, qui publie le testament de Lénine, provoque une nouvelle démonstration de force de la part de Staline. Le Politburo demande à Trotski de rendre un service au parti. Il doit désavouer Eastman et nier l'existence du testament. Le texte est imposé à Trotski qui, humilié n'a plus qu'à le signer.

Le 14e congrès se tient en décembre 1925. Avant qu'il ne commence, l'homme de confiance de Kamenev, Nikolai Uglanov, qui était le secrétaire d'organisation du parti à Moscou, a fait défection avec toute son équipe et s'est rangé du côté de Staline. Cette manœuvre exaspère Kamenev qui, au cours des sessions du congrès, prononce un discours très critique qui se termine par ces mots : "Je suis convaincu que le camarade Staline ne peut pas remplir la fonction d'unifier tout le parti". Pendant le discours, le tumulte n'a cessé de croître. À la fin, on entendit des cris de désapprobation tels que : "Mensonges !" "Foutaises !" "Foutaises !" De la place occupée par la délégation zinovieviste de Leningrad s'élève une faible clameur de soutien. Mais aussitôt, les délégués se lèvent et acclament le camarade Staline par un tonnerre d'applaudissements et des cris de "Vive le camarade Staline". La stratégie de Zinoviev et Kamenev a échoué et leur défaite est mise en scène publiquement.

Au printemps 1926, Trotski se rend à Berlin avec sa femme, Natalia Sedova. Les médecins de Moscou ne pouvant expliquer les fortes fièvres dont il souffre, il décide de consulter des médecins allemands. Dès son retour en URSS, il reprend ouvertement ses relations avec Zinoviev et Kamenev. Lors de leurs réunions, ils critiquent fréquemment Staline, qu'ils parodient : ils se moquent de lui en imitant son comportement et sa façon de parler, ... Mais en même temps, convaincus de la dureté et du tempérament implacable du Géorgien, ils craignent qu'il ne soit tenté de les mettre hors d'état de nuire, comme il le fera finalement lors des purges. Les trois Juifs dénoncent à Moscou les campagnes antisémites menées par les staliniens à leur encontre. Au cours de l'été 1926, le trio forme un groupe d'opposition uni.

Un quatrième Juif, Nikolaï Boukharine, qui joue devant Staline le même rôle que Zinoviev et Kamenev, tente de faire comprendre à Trotski que ses collègues oppositionnels ne sont plus une option pour le parti. Trotski répond que Staline l'est moins. Tous trois interviennent formellement devant le plénum du Comité central en juillet 1926 et Zinoviev est immédiatement écarté du Politburo. En octobre, sous la menace d'une expulsion du parti, ils sont contraints de cesser leurs activités dissidentes. Quelques semaines plus tard, cependant, lors de séances houleuses du Politburo auxquelles assistaient de nombreux membres du Comité central, Trotski ne put se retenir et lança une terrible attaque contre Staline. Il déclare notamment : "Le Premier secrétaire propose sa candidature au poste de fossoyeur de la révolution." Staline, pâle, se lève. Il semble d'abord qu'il va perdre son sang-froid et répliquer de façon intempestive, mais il n'en est rien. Après avoir gardé le silence pendant quelques secondes, il quitte la salle en claquant la porte. Le lendemain, le Comité central exclut Trotsky du Politburo. C'est le début de la fin mexicaine écrite au piolet par Ramon Mercader en 1940.

À partir de ce moment, la situation de Trotsky devient intenable. L'épisode qui précipite son expulsion du parti et son enfermement à Alma Ata est l'échec des communistes chinois à déclencher la guerre dans ce pays. Le 12 avril 1927, Chian Kai-Shek, après les avoir accusés d'agir socialement et économiquement contre les intérêts de la Chine, fait exécuter des milliers de membres du tout jeune PCC (Parti communiste chinois), fondé en 1921. Pour les internationalistes, l'exportation et l'implantation du communisme en Chine est une question de premier ordre. L'opposition trotskiste ne peut rester silencieuse et profite de la situation pour rendre les dirigeants staliniens responsables de la débâcle en Chine, qui a conduit à la dispersion du Parti communiste. Staline oblige Trotski et Zinoviev à se présenter devant la Commission de contrôle du Comité central dans le but de préparer leur expulsion. Les opposants préparent alors une plate-forme pour le prochain congrès du parti, qui doit se tenir en décembre 1927. Staline l'interdit. Ils recourent aux vieilles tactiques de propagande, à savoir l'impression illégale de pamphlets et d'imprimés divers, ce qui, aux yeux de Staline, constitue une véritable conspiration clandestine.

Le 7 novembre, dixième anniversaire de la révolution, trotskistes et zinoviévistes se joignent à la manifestation officielle, mais déploient leurs propres banderoles et crient leurs propres slogans. Staline, informé à l'avance des intentions de ses ennemis, a préparé la riposte. La police, aidée par des groupes de staliniens et d'autres sympathisants mobilisés pour l'occasion, réprime durement les dissidents. Finalement, Trotski et Zinoviev sont exclus du parti, Kamenev et d'autres opposants sont exclus du comité central. Zinoviev et ses partisans se rendent et, sans être réadmis, sont autorisés à chanter la Palinodie lors du 15e Congrès, qui se tient du 2 au 19 décembre 1927, où ils reconnaissent publiquement qu'ils sont anti-léninistes et dans l'erreur. Trotski, quant à lui, refuse tout compromis et est enfermé en

1928 dans la capitale du Kazakhstan, Alma Ata. Ses plus fervents partisans sont déportés en Sibérie et en Asie centrale.

Trotski et Zinoviev étant hors d'état de nuire et Kamenev gravement blessé, Staline jette son dévolu sur Boukharine et ses alliés, Mikhaïl Tomski (Honigberg), qui se suicide en 1935 avant d'être arrêté par le NKVD, et Aleksei Rykov, exécuté en 1938 sous l'accusation d'avoir conspiré avec Trotski contre Staline. Tous trois sont à la tête d'une section modérée, appelée par certains l'aile droite du parti. En août 1928, Boukharine commence à montrer des signes de nervosité et de malaise et rencontre Kamenev et Sokolnikov (Brilliant), qui, comme lui, feront plus tard partie des trotskystes juifs purgés par Staline. Boukharine regrette que ni Zinoviev ni Kamenev ne fassent plus partie du Comité central et admet que seuls lui, Tomsky et Rykov résistent dans un Politburo totalement dominé par Staline, qu'il compare à Gengis Khan. Boukharine est d'accord avec ses interlocuteurs pour dire que la ligne de Staline est mauvaise pour la révolution. Robert Conquest affirme que Boukharine craignait pour sa vie, car il disait textuellement à ses interlocuteurs que Staline, dont la tactique était de s'engager verbalement, allait les tuer ("he will slay us"). Ce rapprochement avec Kamenev et Sokolnikov, qui jusqu'à son rappel à Londres comme ambassadeur en 1929 négocie des contrats avec des compagnies pétrolières occidentales, n'a d'autre but que de marquer Boukharine, qui a cherché à établir des alliances avec ses coreligionnaires en vue d'une éventuelle lutte future. Malgré l'insistance de Boukharine pour que la réunion reste secrète, elle fut connue presque immédiatement par la police secrète de Staline, qui allait s'imposer comme l'un des plus grands génies policiers de l'histoire, comparable peut-être seulement à Joseph Fouché.

PARTIE 3 - L'ÉCHEC DU COMMUNISME INTERNATIONAL EN ALLEMAGNE ET LE TRIOMPHE DU NATIONALISME

Lorsque Lord Curzon a averti que le traité de Versailles était une déclaration de guerre, il n'a pas précisé que la guerre pouvait être civile. Nous avons déjà vu que Trotski et Lénine concevaient tous deux la guerre civile en Russie comme le meilleur moyen de régler la lutte des classes. Leurs intentions en Allemagne étaient les mêmes, comme nous le verrons plus loin. Les limitations économiques absurdes imposées à l'Allemagne et les réparations de guerre impossibles exigées de la nouvelle République de Weimar, qui obligeaient à abandonner la production de tout le travail de la nation, ne pouvaient que plonger le pays dans la misère et l'agitation sociale permanente, c'est-à-dire créer les conditions de l'extension de la révolution à l'Allemagne. La famine, la misère, le chômage et les coups d'État continuels étaient les conséquences prévisibles du funeste traité de Versailles.

Le 18 novembre 1919, Hindenburg comparaît devant une commission d'enquête parlementaire sur les causes de la guerre et de l'effondrement. Le vieux maréchal lit une déclaration qu'il a préparée avec Karl Helfferich et Ludendorff, dans laquelle il réaffirme sa croyance en la trahison. Paul von Hindemburg affirme que l'armée aurait pu terminer la guerre favorablement si elle n'avait pas été désintégrée à l'arrière, et cite un général britannique qui reconnaît que l'armée allemande a été "poignardée dans le dos". Ce général, dont il ne donne pas le nom, est Sir Frederick Maurier, dont les articles du London *Daily News* ont été traduits dans la *Neue Zürcher Zeitung*. Dans ses textes apparaît le mot "Dolchstoss", qui signifie "poignardé dans le dos".

Cette déclaration, qui a provoqué des remous et des cris au sein de la commission parlementaire, a peut-être contribué à déclencher le "Kapp Putsch", qui s'est déroulé entre le 13 et le 17 mars 1920. Il s'agit d'une tentative désespérée de rejeter le traité de Versailles au moyen d'un coup d'État dont la planification était quasi inexistante et donc vouée à l'échec. Wolfgang Kapp, un nationaliste conservateur, et le général Walther von Lüttwitz, qui n'avait que peu de soutien dans l'armée, étaient les têtes visibles de cette tentative. Kapp est né à New York et sa mère est juive, selon les mémoires de Heinrich Brüning, chancelier de 1930 à 1932. Dans un premier temps, les putschistes s'emparent facilement du pouvoir à Berlin, mais le président social-démocrate Friedrich Ebert appelle les syndicats à la grève générale et ceux-ci sont contraints de céder au bout de deux jours.

Les communistes, qui attendaient encore leur heure, saisissent immédiatement l'occasion et appellent à la lutte armée. Par l'intermédiaire de comités révolutionnaires, ils s'emparent du pouvoir politique à Essen, Duisbourg, Düsseldorf et Mülheim. C'est le début d'une insurrection qui dure deux semaines, notamment dans les régions métallurgiques et charbonnières de la Ruhr, où des combats sanglants opposent les milices révolutionnaires à l'armée, qui doit finalement intervenir pour rétablir l'ordre constitutionnel. Les médias pro-communistes affirment fièrement qu'une "Armée rouge" de cinquante mille hommes a été formée dans la Ruhr. Selon ces médias, les ouvriers étaient armés parce qu'ils avaient enterré leurs armes après les soulèvements de 1919. Des centaines de personnes perdent la vie dans les combats. Tout cela provoque un sentiment d'antagonisme qui, tout au long de l'année 1920, se traduit par des grèves incessantes et des combats de rue acharnés dans les villes industrielles.

L'Allemagne, un acteur clé de la révolution internationale

Par deux fois, les communistes ont tenté de prendre le pouvoir en Allemagne : la première fois en mars 1921, la seconde en octobre 1923. Trotski et d'autres théoriciens du communisme s'accordent à dire que l'échec de la révolution allemande de 1923 a été décisif pour les aspirations des internationalistes, qui aspiraient à une révolution permanente afin de réaliser la dictature mondiale du prolétariat. En août 1920, Trotski cherche à conduire l'Armée rouge jusqu'aux frontières de l'Allemagne qui, avec son important prolétariat industriel, est le pays idéal pour étendre la révolution. Après avoir vaincu l'armée de Jósef Pilsudski, commandant en chef des forces polonaises, les Soviétiques poursuivent les Polonais en retraite afin d'obtenir la frontière commune tant désirée avec la nouvelle République de Weimar. Cependant, une défaite cruciale près de Varsovie anéantit les espoirs de Trotski. En 1921, le communisme est toujours bloqué dans un seul pays et la chute de l'Allemagne est considérée comme vitale.

Après l'échec de la révolution de novembre 1918 et le soulèvement spartakiste de janvier 1919, un fils de banquiers juifs, Paul Levi, succède à Rosa Luxemburg. Son premier objectif est de faire du KPD un parti de masse. À cette fin, comme nous l'avons dit dans le chapitre précédent, il commence à recevoir d'abondants fonds de Russie par l'intermédiaire de Jacob Reich, le camarade Thomas. Grâce à cet argent, des "centuries prolétariennes" sont organisées, embryon d'une future Armée rouge après la prise du pouvoir par la guérilla. L'administrateur des dollars qui affluent de Moscou vers l'ambassade de Russie à Berlin est le juif Leo Flieg, un employé de banque qui passe pour l'éminence grise du parti. Flieg, qui avait été le bras droit de Leo Jogiches (Tischa), a été secrétaire du bureau d'organisation du comité central du KPD jusqu'en 1932. En outre, il assure la liaison clandestine avec l'OMS (les services secrets du Comintern). Son travail de conspirateur a dû jouer un rôle important dans la préparation de la tentative de coup d'État de 1921.

Vingt-quatre experts russes se sont rendus en Allemagne en janvier 1921 pour organiser un soulèvement militaire. Ils étaient censés être des experts en guerre civile. À leur tête se trouve une vieille connaissance, Bela Kun. Comme d'habitude, ses principaux compagnons étaient des Juifs. Parmi eux, citons Joseph Pogány et Samuel Guralsky. Le premier, connu sous le nom de "Napoléon rouge", avait fait partie du groupe qui avait assassiné le comte Tisza. Sous le régime de Bela Kun en Hongrie, Pogány avait été successivement, en l'espace de trois mois, commissaire aux affaires étrangères, commandant en chef de l'Armée rouge et commissaire à l'éducation de la République soviétique de Hongrie. Le second était un juif polonais nommé Abraham Heifetz, qui avait appartenu aux sionistes de Poale Zion. Dans *Anti-Semitism, Bolshevism and Judaism*, Rogalla von Bieberstein note que Guralski, qui était très petit et donc surnommé "le petit" par les agents du Comintern, devait diriger l'état-major général du Comité révolutionnaire. Le 18 mars 1921, Bela Kun souligne la nécessité d'une guerre civile dans *Rote Fahne* (*Drapeau rouge*), le journal du parti contrôlé en permanence par des intellectuels et des propagandistes juifs. "La révolution prolétarienne, dit-il, implique l'armement du prolétariat et le désarmement de la bourgeoisie. Kun déclare ouvertement que la loi ne doit pas être un obstacle au prolétariat.

Quelques jours avant le début du soulèvement, Zinoviev autorise l'assassinat du chef de l'armée, le général Seeckt, qu'il qualifie de "Koltchak allemand et de plus grand danger pour les travailleurs". Des tueurs à gages du Comintern tentent de l'assassiner alors qu'il se promène à cheval dans le zoo de Berlin, sans succès. L'homme qui a pris la responsabilité de préparer l'assassinat du général Seeckt est Skoblewsky, un trotskiste qui avait été envoyé en Allemagne pour préparer l'insurrection et qui était connu à Berlin sous les noms de général Wolf et Helmuth ; à Hambourg, il s'appelait Hermann ; à Dresde, Goresoski. Lorsqu'il a été arrêté, il a déclaré s'appeler Alexander Skoblewsky. Pendant la guerre civile espagnole, comme nous le verrons, il était le célèbre général Gorev, qui, avec Miaja, a mené la défense de Madrid en novembre 1936. Dans *The Night Was Left Behind*, Jan Valtin, pseudonyme de Richard Krebs, raconte cette époque où il travaillait pour lui et affirme que Skoblewsky avait également planifié l'assassinat de Hugo Stinnes, l'un des plus grands industriels allemands.

Bela Kun est convaincu que le triomphe de la révolution en Allemagne aura des conséquences en Hongrie et dans les pays d'Europe de l'Est. Soutenu par Zinoviev et Ernst Meyer, qui avait remplacé en février Paul Levi, dissident, à la tête du KPD, Kun présente sa "Théorie de l'offensive", selon laquelle un parti communiste doit toujours être à l'offensive contre la bourgeoisie. Lorsqu'il apparaît clairement que le mouvement insurrectionnel a l'intention de renverser le système parlementaire, le président Ebert déclare l'état de siège le 24 mars. L'insurrection, insuffisamment préparée, est isolée dans quelques régions industrielles du pays. Néanmoins, le 27 mars, le parti communiste décide de lancer l'offensive révolutionnaire en soutien aux mineurs d'Allemagne centrale. Dans les grandes usines de Leuna, en Saxe-Anhalt, au sud de Leipzig, quelque 4000 ouvriers armés de mitrailleuses organisent le soulèvement. Non loin de Weimar, d'autres villes de cette région industrielle du centre de l'Allemagne se joignent à la rébellion. Merseburg, Halle et Mansfeld, où les mineurs de charbon sont en conflit avec les autorités depuis la mi-mars, sont les principaux foyers de l'insurrection. Le 29 mars, la police anti-émeute prussienne et une batterie de l'armée écrasent les 4000 ouvriers de Leuna. Trente-cinq policiers et environ 150 ouvriers perdent la vie au cours des combats. L'impatience, le manque de coordination et l'improvisation conduisent l'"Action de mars" (Märzaktion) au désastre.

Paul Levi, partisan de la politique du front unique, est en désaccord avec la stratégie de Bela Kun, ce qui lui vaut d'être exclu pour indiscipline. Levi, qui qualifie la théorie de l'offensive permanente de "non-sens", qualifie l'"Action de mars" de tentative de coup d'État, rejoignant ainsi le journal social-démocrate *Hamburger Echo*, qui dénonce ce qui s'est passé comme une "tentative de coup d'État communiste". En juin 1921, le troisième congrès de l'Internationale se tient à Moscou. Victor Serge écrit dans ses mémoires que Lénine était furieux de la prestation de Bela Kun, qu'il a qualifié à plusieurs reprises de "stupide" pendant son discours. Il ne faut cependant pas oublier que tant Zinoviev, qui dirige le Comintern, que Boukharine et Radek, ce dernier représentant de l'Internationale en Allemagne, ont soutenu la "Märzaktion", bien que, comme le conclut l'analyse du Congrès, il n'y ait pas de situation révolutionnaire.

Reinhard Kühnl, auteur de *La République de Weimar*, ouvrage que nous avons vérifié dans nos sources, présente ce qui s'est passé en mars 1921 et octobre 1923 sans écrire un seul mot sur le rôle de Moscou. Il insiste, comme le font généralement les historiens marxistes, sur le fait que les travailleurs "luttaient pour réaliser des transformations sociales sur le modèle de la révolution en Russie". Kühnl oublie que simultanément, en ce même mois de mars, alors que Bela Kun, Zinoviev et consorts utilisent les ouvriers allemands comme chair à canon pour atteindre leurs objectifs, les ouvriers russes des grandes usines de Petrograd défilent dans les rues de la ville pour réclamer la fin de la dictature communiste. La Tchéka, craignant un soulèvement général, a arrêté plus de deux mille ouvriers socialistes qui ont soutenu les marins de Cronstadt. Au même moment, Trotski déclare que tous ceux qui réclament la liberté d'expression doivent être fusillés et menace les mutins d'assassiner leurs femmes et leurs enfants, qu'il a pris en otage. Naturellement, Kühnl préfère ignorer que les transformations sociales proposées comme modèle ont conduit à une famine en Russie en 1921, qui a fait cinq millions de morts.

L'"Octobre allemand" a été décidé le 28 août 1923 lors d'une réunion secrète du Politburo au Kremlin. Le nom indique déjà quels étaient ses objectifs. La révolution d'octobre en Allemagne doit être le déclencheur de la révolution en Europe centrale et occidentale, qui doit rendre possible la poursuite de la révolution mondiale. Il s'agissait donc d'une opération de grande envergure, d'une reconstitution de la révolution d'octobre russe. Dans *Das Scheitern des Kommunismus in deutschen Oktober* (*L'échec du communisme dans l'Octobre allemand*), Karsten Rudolph écrit que des affiches ont été imprimées en Russie à l'intention des jeunes avec le slogan : "Jeunesse russe, apprenez l'allemand, l'Octobre allemand arrive ! Le 10 octobre 1923, une lettre de Staline à August Thalheimer, le dirigeant juif du KPD, qui était l'idéologue en chef du journal depuis la mort de Rosa Luxemburg, a été reproduite dans *Rote Fahne*. Il y écrivait : "La révolution à venir en Allemagne est l'événement mondial le plus important de notre époque. Le triomphe de la révolution aura une plus grande signification pour le prolétariat d'Europe et d'Amérique que le triomphe de la révolution russe il y a six ans. La victoire du prolétariat allemand déplacera sans aucun doute le centre de la révolution mondiale de Moscou à Berlin".

Le contexte politique de l'Octobre allemand en URSS ne peut être ignoré. En avril 1923, Lénine est frappé d'incapacité. Trotski et Staline se préparent à mener la bataille pour lui succéder. Un triomphe de la révolution en Allemagne aurait entériné la théorie trotskiste de la révolution permanente et Staline n'aurait jamais pu, comme il l'a fait en décembre 1924, prôner le communisme national et préconiser l'instauration initiale du socialisme dans un seul pays. D'une manière générale, les décisions prises à l'égard de l'Allemagne au cours de l'été 1923 sont conditionnées par les luttes internes au sein du parti soviétique. Peu avant la mise en place des mécanismes de déclenchement de la révolution, par exemple, il est proposé à Staline que les membres les plus anciens du Politburo, peut-être Zinoviev, Staline et Trotski, exercent conjointement la responsabilité du Secrétariat, dont l'importance commence à être correctement appréciée par les trotskistes. Robert Conquest souligne que Staline a répondu en proposant que Trotski, Zinoviev et Boukharine rejoignent l'Orgburo. Conquest ajoute que lors d'une réunion du Comité central tenue peu avant l'Octobre allemand, "une scène ridicule" s'est déroulée : Trotski, furieux, a proposé de démissionner de tous ses postes et d'aller en Allemagne pour combattre dans la révolution. Zinoviev, quant à lui, déclare qu'il fera de même. Naturellement, ni l'un ni l'autre n'obtiennent l'approbation du Comité central. Nombre des discussions et des positions des dirigeants soviétiques ont été rendues publiques plus tard dans les *Leçons d'octobre*, un texte dans lequel Trotsky fait son "analyse critique" de ce qui s'est passé. Malgré le culte que lui vouent les communistes du monde entier, il s'agit d'un texte peu objectif et de valeur relative, car, comme d'habitude, Trotski donne la version des événements qui l'intéresse.

L'année 1923 avait commencé par l'occupation française de la Ruhr, qui avait entraîné le chaos et une crise économique et politique, terreau idéal pour une révolution. Le 11 janvier 1923, cinq divisions françaises et une division belge équipées d'artillerie lourde et de chars prennent d'assaut la Ruhr, un territoire de 3300 kilomètres carrés et de trois millions d'habitants qui constitue la plus grande région industrielle d'Allemagne et d'Europe. Essen et Gelsenkirchen sont les premiers centres urbains à être occupés. Des mitrailleuses sont placées aux points stratégiques des villes, comme les gares et les toits des maisons donnant sur les places. Les mines, le charbon et les réserves de carburant sont confisqués. Les douanes, les chemins de fer, les navires et les moyens de transport en général sont pris en charge par les occupants et des centaines d'officiers allemands sont emprisonnés. Le gouvernement revanchard de Poincaré justifie l'occupation militaire par le fait que l'Allemagne est en retard dans le paiement des réparations de guerre. Le gouvernement du libéral Wilhelm Cuno, en place depuis le 23 novembre 1922, opte pour une politique de résistance passive et de désobéissance civile à l'égard des autorités d'occupation, ce qui implique la fermeture de toutes les installations de production. Même de grands industriels comme Thyssen, Krupp, Stinnes, Kirdorf et Kloeckner contribuent à l'organisation de la résistance passive dans les usines. Fritz Thyssen et d'autres entrepreneurs charbonniers sont arrêtés par les autorités françaises et emprisonnés à Mayence. Accusé lors de son procès d'avoir incité les travailleurs à désobéir aux autorités d'occupation sous la loi martiale, Thyssen plaide sans crainte : "Je suis allemand et je refuse d'obéir aux ordres français sur le sol allemand". Au lieu de le condamner à cinq ans de prison, la cour martiale préfère lui infliger une amende de 300 000 marks-or.

Walter Krivitsky (Samuel G. Ginsberg), trotskiste juif assassiné à New York en 1941, révèle dans *I, Chef des services secrets militaires soviétiques* qu'en 1923, lui et d'autres agents ont été immédiatement envoyés en Allemagne afin de "mobiliser les agitateurs dans la région de la Ruhr et de rassembler des armes en vue d'un soulèvement au moment opportun". Krivitsky explique qu'ils ont créé trois organisations au sein du parti communiste allemand : "le service secret du parti, sous la direction du quatrième département de l'Armée rouge ; les formations militaires, noyaux de la future Armée rouge allemande ; et le "Zersetzungsdienst" (service de corruption), dont la mission était de démoraliser l'armée et la police". Krivitsky ajoute que les communistes allemands ont formé de petits groupes terroristes, appelés unités "T", dont la mission était d'assassiner des militaires et des policiers. Ces unités criminelles, selon Krivitsky, "étaient composées de fanatiques au courage féroce".

Le 13 mai 1923, une grève débute dans le centre industriel de Dortmund. Elle s'étend à tous les centres miniers et métallurgiques de la Ruhr et concerne environ 300 000 travailleurs. Des combats intenses opposent la police à la "centurie prolétarienne", qui prend le contrôle des marchés et des magasins. Le gouvernement Cuno tombe en août à la suite de la vague de grèves. Le social-démocrate Gustav Stresemann, qui déclare que son gouvernement sera "le dernier gouvernement parlementaire bourgeois", forme alors un exécutif d'union sans le KPD, qui a connu une forte augmentation du nombre de ses membres et prône une politique de front uni, adoptée après l'échec de la "Märzaktion". À l'automne, le taux de chômage avoisine les 30%, la production industrielle ne représente que 20% de ce qu'elle était en 1913 et l'inflation est absolument incontrôlable. Il existe même une médaille commémorant l'inflation de cette année-là, sur laquelle on peut lire : "Le 1er novembre 1923, une livre de pain coûtait trois millions de marks, une livre de viande trente-six millions de marks et un verre de bière quatre millions de marks". Pour acheter un dollar, il fallait une quantité astronomique de marks. En d'autres termes, le papier-monnaie avait perdu toute sa valeur. C'est ainsi que les classes moyennes ont été dépouillées de leurs économies.

Le chef du KPD à l'époque était Heinrich Brandler, le premier grand dirigeant du parti communiste à ne pas être juif. Brandler était rentré de Moscou en Allemagne en août 1922. Lors du huitième congrès du PDK, qui se tient à Leipzig le 28 janvier 1923, la faction représentée par Brandler et August Thalheimer est soutenue par Karl Rádek et l'emporte sur la faction plus radicale dirigée par Ruth Fischer, Arkadi Maslow et Ernst Thälmann. En août 1923, Trotsky décide qu'une situation révolutionnaire existe en Allemagne. Radek et Zinoviev, qui, malgré l'échec de la "Märzaktion", dirige encore le Comintern, hésitent. Staline est favorable à l'attente et à l'endiguement du KPD ; mais il sait qu'il ne peut s'opposer à la révolution allemande et ne le fait pas. C'est donc Trotski qui demande à l'Internationale communiste et au Parti communiste allemand d'organiser la prise du pouvoir. En septembre, devant l'opportunité supposée de la situation pour relancer la révolution, Brandler et deux dirigeants juifs de la faction radicale, Ruth Fischer et Arkadi Maslow, sont convoqués à Moscou pour des consultations. Sur proposition de Trotski, le Politburo avait décidé que le soulèvement allemand aurait lieu le 7 novembre 1923, date du sixième anniversaire de la révolution bolchevique. Brandler, cependant, propose que les communistes allemands fixent la date au moment le plus opportun. Brandler aurait déclaré qu'il n'était pas Lénine et aurait demandé à Trotsky de se rendre en Allemagne pour diriger personnellement la révolution. Il est convenu d'envoyer une aide technique et militaire, et de nombreux agents et spécialistes se rendent clandestinement en Allemagne pour préparer le soulèvement.

Brandler retourne en Allemagne et Zinoviev, avec l'approbation de Trotsky, soutient le KPD dans la formation de gouvernements de coalition avec les sociaux-démocrates de gauche du SPD en Saxe et en Thuringe, ce qui a lieu au début du mois d'octobre. Le 1er octobre, Zinoviev envoie un télégramme au comité national du parti communiste allemand dans lequel il déclare que, selon les estimations de l'Internationale communiste (Comintern), "le moment décisif arrivera dans quatre, cinq ou six semaines". Les communistes sont invités à "procéder immédiatement à l'armement d'environ soixante mille hommes". L'armée prolétarienne de Saxe doit se diriger vers Berlin et celle de Thuringe vers Munich. Trotsky défendit publiquement dans plusieurs discours l'entrée dans les gouvernements de Saxe et de Thuringe, car, selon lui, cela permettrait de créer un "camp d'entraînement" jusqu'à ce que les principaux bataillons du prolétariat soient prêts à rompre de manière décisive avec l'ordre bourgeois et à commencer l'insurrection sous la direction des communistes. Dans deux rapports, le 19 octobre à l'Union des métallurgistes de Russie et le 21 octobre à la Conférence des travailleurs politiques de l'Armée rouge et de la Marine rouge, Trotsky insiste sur cette approche.

De manière inattendue, à la mi-octobre, le gouvernement de la République de Weimar avait décrété l'état de siège dans tout le pays, et le conflit avec le cabinet saxon était déjà en cours, qui, sur les instructions de Zinoviev, armait à la hâte les centuries prolétariennes. En réponse à la demande de dissolution ces centuries, le ministre de l'intérieur du gouvernement saxon déclare, lors d'une réunion des conseils ouvriers de Lepizig, qu'il faut choisir entre la dictature rouge et la dictature blanche, et ajoute que les centuries prolétariennes sont des organisations ouvrières qui se préparent à la lutte. Lors de la séance du Parlement de Saxe du 17 octobre, une lettre du gouverneur militaire de Saxe est lue. Le général von Müller demande si le gouvernement est d'accord avec le ministre de l'Intérieur ou s'il accepte la dissolution des centuries. Le président du conseil des ministres de Saxe déclare que le gouvernement n'est pas responsable devant le gouverneur militaire et demande que le gouvernement de la République l'emporte sur le général. Müller reçoit cependant le soutien du gouvernement Stresemann, si bien que les manifestations de rue sont interdites, la publication des journaux communistes suspendue et la Reichswehr (armée) entre en Saxe.

Dans ces conditions, la stratégie de front unique poursuivie par Heinrich Brandler, esquissée par son prédécesseur Paul Levi et soutenue par les dirigeants du Kremlin, ne fonctionne pas, car l'aile gauche de la social-démocratie ne soutient pas les communistes au moment crucial. Le 21 octobre, une conférence des comités d'usine se tient à Chemnitz, au cours de laquelle il est acquis que le congrès des conseils ouvriers de tout le pays proclamera la grève générale et la dictature du prolétariat. Lorsque Brandler proposa une motion de grève générale, les délégués du SPD s'y opposèrent, ce qui fit hésiter le dirigeant communiste, qui préféra reporter l'appel, car selon lui, il était impossible de tenter l'insurrection sans l'appui inconditionnel de l'aile gauche du SPD. L'ordre d'attente est donc donné ; mais à Hambourg, soi-disant en raison d'un problème de communication, le contre-ordre est ignoré et, aux premières heures du 23 octobre, les centuries prolétariennes entament le soulèvement armé. Leur commandant militaire était un brigadier soviétique d'origine juive, Manfred (Moïse) Stern, qui, des années plus tard, serait envoyé en Espagne, où il s'est fait un nom pendant la guerre civile en tant que commandant de la Brigade XL.

Le trotskiste Victor Serge raconte sur un ton héroïque la prise de Hambourg dans *Mémoires des mondes disparus (1901-1941)*, où il ne tarit pas d'éloges sur les dirigeants juifs du KPD : Ruth Fischer, Arkadi Maslow, Heinz Neumann et Arthur Rosenberg, "les seuls dirigeants possibles - selon lui - d'une révolution allemande". Son récit commence ainsi : "Le contre-ordre n'atteint pas Hambourg, où trois cents communistes commencent la révolution. La ville est glacée par le silence et l'attente concentrée ; ils se précipitent avec un enthousiasme terrible, méthodiquement organisés. Les commissariats tombent les uns après les autres, les tireurs d'élite s'installent dans les mansardes qui dominent les carrefours, Hambourg est prise, ces trois cents-là l'ont prise". Moins romantiques sont les informations fournies par Rogalla von Bieberstein, qui explique que les communistes ont érigé des barricades et des pièges à voitures blindées et que l'assaut des commissariats visait à s'emparer de plus d'armes. Dix-sept policiers et vingt-quatre révolutionnaires perdent la vie au cours des affrontements. Vingt-six policiers ont été blessés et de nombreux insurgés ont également été blessés ou arrêtés avant leur retraite. Cet auteur révèle que les archives secrètes ouvertes en Russie confirment que la plupart des stratèges de l'Octobre allemand étaient des révolutionnaires juifs internationaux. Parmi eux, il cite Radek, qui s'est rendu expressément en Allemagne pour assumer la direction de la révolution ; Joseph Unslichlicht, "qui occupait des postes de haut niveau au sein de l'Armée rouge et de la Tchéka et devait superviser la formation d'une Armée rouge en Allemagne" ; Lazar Stern, "qui devait commander les opérations militaires" ; et encore Samuel Guralski, "le petit", qui, comme en 1921, devait diriger le Comité révolutionnaire (REVCOM). Parmi les experts militaires soviétiques d'origine juive, Victor Serge ajoute Solomon Abramovitch Losovsky.

Le chancelier Stresemann lance un ultimatum au premier ministre de Saxe, le social-démocrate de gauche Erich Zeigner, lui demandant de renvoyer tous les ministres communistes de son cabinet. Zeigner refusant de capituler, le président de la République, Friedrich Ebert, ordonne son remplacement le 27 octobre, conformément à l'article 48 de la Constitution de Weimar. Le 30 octobre 1923, un gouvernement social-démocrate est formé sans les communistes. Le mois d'octobre allemand avait échoué et la lutte avait été presque inexistante. Avec la défaite des communistes allemands, la révolution mondiale est frappée à mort. L'impossibilité de mettre en pratique les propositions des internationalistes va permettre à Staline de formuler son projet d'instaurer le socialisme dans un seul pays et d'établir le communisme national en URSS.

Zinoviev et Trotsky, bien qu'ils aient approuvé la stratégie du front uni et autorisé l'entrée du KPD dans les gouvernements de Saxe et de Thuringe, rendent Brandler et son collègue Thalheimer responsables de la débâcle. En janvier 1924, Brandler est rappelé à Moscou et il est décidé de l'envoyer au Kazakhstan, en Asie centrale. Lors du congrès du parti communiste allemand à Francfort en avril 1924, les mêmes coupables sont désignés et, avec l'aide de Moscou, remplacés. La nouvelle direction du PDK était dirigée par Ruth Fischer, Arkadi Maslow, Werner Scholem, Ivan Katz, Paul Schlecht et Ernst Thälmann. Seuls les deux derniers n'étaient pas juifs. Les véritables dirigeants étaient en fait les deux premiers. Le chef de l'Agitprop (agitation et propagande) était Alexander Emel, un autre juif dont le vrai nom était Moses Lurje. Un partisan de Fischer, Arthur Rosenberg, chrétien juif baptisé, devient l'intellectuel le plus prestigieux du communisme radical allemand. Rosenberg, qui devient en juillet 1924 membre du présidium du Comintern, insiste dans un discours au Parlement allemand sur la nécessité pour les communistes de mettre fin à la république bourgeoise. En 1925, alors que les trotskistes perdent le pouvoir en URSS, ces dirigeants sont progressivement écartés de la direction. La plupart d'entre eux se retrouvent entre les mains de Staline et sont exécutés lors des purges.

Le traité de Rapallo et l'assassinat de Rathenau

Dans l'intervalle entre les épisodes révolutionnaires de 1921 et de 1923, deux événements d'une grande importance et d'une grande complexité se sont produits et méritent que l'on s'y arrête brièvement, car ils sont tous deux significatifs. Il s'agit du déroutant traité de Rapallo et de l'assassinat de Walter Rathenau, l'un de ses architectes. Le 16 avril 1922, deux Juifs, Georgi Chicherin (Ornatsky) et Walter Rathenau, tous deux ministres des affaires étrangères de leurs pays respectifs, sont les protagonistes d'un accord historique signé dans la ville italienne de Rapallo. Sa judéité n'empêche pas Rathenau d'être un nationaliste allemand convaincu. Oswald Hesnard, germaniste français qui l'a connu personnellement, note avec admiration que "sa personne ne révélait que sagesse, modération et modestie". Rathenau déclarait ouvertement que les Juifs devaient s'opposer au sionisme et au communisme et s'intégrer normalement dans la société allemande. Charles Sarolea, professeur à l'université d'Édimbourg, dans *Impressions de la Russie soviétique*, un ouvrage magistral, écrit qu'un soir, alors qu'il discutait avec Rathenau du rôle dominant des Juifs dans la révolution bolchevique, il lui demanda ce qu'il pensait de la fin de la tragédie russe. Sa réponse fut la suivante : "Il ne fait aucun doute que la fin de la tragédie russe sera le plus terrible pogrom que la race juive ait jamais subi". Convaincu de l'aberration du traité de Versailles, Rathenau fait valoir en vain auprès de la France et de la Grande-Bretagne que seul un développement économique de son pays permettrait de payer les réparations exigées. Les matières premières de l'Allemagne sont pillées et la Grande-Bretagne prélève une taxe de 26% sur ses marchandises afin d'empêcher leur récupération. En plus de sa flotte et de ses autres ressources, l'Allemagne est contrainte de céder cinq mille locomotives, cent cinquante mille wagons et ses véhicules de transport. Les machines industrielles ont été démontées et transportées en France et en Angleterre. Bref, c'est un pays asservi.

Par conséquent, bien que profondément anticommuniste, Rathenau se rend compte que la seule alternative est de conclure des accords commerciaux avec l'autre pays qui n'a pas signé le traité de Versailles. Des négociations secrètes préliminaires ont eu lieu avant la signature de Rapallo. Dès 1920 et 1921, la Russie soviétique s'était montrée intéressée par l'acquisition d'équipements militaires fabriqués en Allemagne et avait passé des commandes à long terme d'une valeur de plusieurs centaines de millions de roubles-or. Cependant, l'implication d'agents moscovites dans l'"Action de mars" de 1921 a fait hésiter les Allemands, qui ont alors proposé que toute transaction commerciale se fasse sur une base strictement privée. "Les Soviétiques, écrit McMeekin, acceptent à condition de passer par la S.E.A. (Svenska Ekonomie Aktiebolaget) d'Olof Aschberg. Lorsqu'elle a appris que la banque d'Aschberg était disposée à vendre de l'or soviétique - à hauteur de 38 tonnes - comme crédit à l'importation, la Reichbank a sauté sur l'occasion d'obtenir de l'or, qui devenait de plus en plus rare dans une Allemagne en proie à l'inflation". Le professeur McMeekin souligne que le gouvernement allemand était plus désespéré et avait davantage besoin d'un accord général que les Russes. "C'est pourquoi, poursuit-il, la Wilhelmstrasse (siège du ministère des Affaires étrangères) était prête à ignorer les tentatives répétées des communistes en 1919 et 1921 de renverser le gouvernement de la République de Weimar par un coup d'État, apparemment en vertu du principe paradoxal selon lequel seul un accord à long terme avec les bolcheviks pouvait sauver l'Allemagne du bolchevisme.

Le besoin de l'Allemagne de trouver un moyen de sortir de son isolement était si grand que le traité de Rapallo était extraordinairement avantageux pour la Russie. Le projet, révisé à Moscou par des experts allemands au cours de l'hiver 1922, reçut l'approbation de Rathenau presque sans modification. C'est une cruelle ironie que celui qui avait été le plus grand sceptique du ministère allemand des Affaires étrangères quant aux relations avec les Soviétiques soit contraint de pactiser avec eux et d'établir des relations diplomatiques. Les Allemands sont si généreux qu'en plus d'annuler la totalité de la dette russe, ils accordent aux communistes une ligne de crédit quasi illimitée pour l'achat d'armes en Allemagne. "Les dispositions commerciales de l'article 5 du traité de Rapallo, explique Sean McMeekin, dans lesquelles Berlin promettait de faire de son mieux pour honorer les contrats, révélaient la dure réalité : les Allemands étaient si désespérés de faire des affaires avec les bolcheviks qu'ils ne se donnaient même pas la peine de demander comment ils seraient payés. Une clause secrète du traité satisfait toutefois les exigences des militaires, puisqu'elle prévoit l'entraînement des troupes allemandes et la fabrication d'armes sur le territoire soviétique. L'occasion d'approuver le projet d'hiver et de signer le texte final du traité se présente lors de la conférence de Gênes, qui se tient du 10 avril au 22 mai 1922. Une trentaine de pays y ont participé, comme nous l'avons vu plus haut. Les négociateurs soviétiques et allemands se sont rendus de Gênes à la station balnéaire voisine de Rapallo et ont signé le traité.

Anglais, Français et Américains ont été choqués par la nouvelle de l'accord germano-soviétique et se sont indignés contre Walter Rathenau. John Coleman, auteur de *The Conspirator's Hierarchy : The Committee of 300*, estime qu'il ne fait aucun doute que Rathenau a été assassiné par des agents du SIS (Service de renseignement secret britannique). Selon lui, Rathenau aurait déjoué les plans de l'élite dirigeante et fait passer son nationalisme avant les intérêts du soi-disant Comité des 300. Coleman souligne que Rathenau avait été pendant un certain temps conseiller des Rothschild, ce qui a pu lui faire penser qu'il était à l'abri de représailles contre eux. Il appartenait également à la hiérarchie allemande. Son père, Emil Rathenau, avait fondé le géant AEG (Allgemeine Elektricitäts-Gesellschaft) et il lui avait succédé à la présidence de l'entreprise en 1915. Rathenau, qui avait été conseiller financier de l'empereur Guillaume II, était si bien informé sur la nature du pouvoir qu'il avait publié, le 24 décembre 1921, un article dans la *Wiener Freie Presse* dont divers chercheurs extraient ces mots : "Seuls trois cents hommes, dont chacun connaît tous les autres, gouvernent le destin de l'Europe. Ils choisissent leurs successeurs dans leur propre entourage. Ces hommes ont entre les mains les moyens de mettre fin à la forme d'un Etat qu'ils jugent inacceptable". Selon Coleman, Rathenau a commis l'erreur de mettre des limites à la méchanceté des hommes qui peuvent ébranler le monde.

Deux mois après la signature du traité, le samedi 24 juin 1922 au matin, Walter Rathenau, qui avait rejeté comme ostentatoire la protection que lui offraient trois policiers, fut assassiné alors qu'il se rendait en voiture découverte de son domicile de Grunewald au ministère des Affaires étrangères. Un véhicule occupé par trois hommes le rattrape. Le conducteur était Ernst Werner Techow et les sièges arrière étaient occupés par Erwin Kern et Hermann Fischer. Kern lui a tiré dessus à bout portant avec un pistolet automatique, puis Fischer a lancé une grenade qui a explosé sur la banquette arrière où était assis Rathenau. Un travail de vrais professionnels qui, selon l'histoire officielle, appartenaient à l'Organisation Consul, une organisation clandestine ultra-nationaliste. Techow est arrêté le 29 juin, mais les deux assassins tentent de s'enfuir en Suède. Trois semaines après l'attentat, Kern est liquidé par la police alors qu'il était encerclé dans sa cachette. Fischer se serait suicidé. Ils n'ont donc pu être ni interrogés ni traduits devant un tribunal, ce qui est très significatif.

La mère de Walter, Rathenau, a démontré dans une lettre à la mère de Techow que ses valeurs et celles de son fils étaient plus chrétiennes que juives. Voici ses mots, retranscrits dans *Walter Rathenau* par Hans Lamm : "C'est avec un chagrin indescriptible que je vous tends la main. Dites à votre fils qu'au nom de l'esprit de la victime, je lui pardonne, comme Dieu lui pardonnera sûrement, s'il se confesse pleinement devant un tribunal terrestre et se repent devant Dieu. Si j'avais connu mon fils, la personne la plus noble sur terre, j'aurais dirigé l'arme du crime contre lui-même plutôt que contre lui. Que ces mots apportent la paix à son âme. Mathilde Rathenau.

La désinformation qui entoure souvent les commentaires sur Walter Rathenau, condamné dans certains médias avec une légèreté absolue, sans rien savoir de lui, pour le fait qu'il est juif, nous incite à écrire quelques lignes de contenu biographique qui lui rendent justice. Walter était l'aîné des trois enfants d'Emil Rathenau et de Mathilde Nachmann. Emil Rathenau fonde en 1883, avec un capital relativement modeste de cinq millions de marks, la Allgemeine Electricitäts-Gesellschaft, qui devient en 1914 l'une des entreprises les plus importantes au monde. Bien qu'il partage la passion de sa mère pour la musique et les arts, il étudie les mathématiques, la physique, la chimie et la philosophie avec les plus éminents savants de son temps. Ses compétences englobent la littérature, la peinture, la science, la philosophie, la politique et la métaphysique. Emil Ludwig a écrit que Walter Rathenau pouvait peindre un portrait, dessiner une maison, construire des turbines et des usines, écrire de la poésie, rédiger des traités ou jouer une sonate. Il est peu connu que Robert Musil, auteur de *Der Man ohne Eigenschaften (L'homme sans attributs)*, roman monumental laissé inachevé à la mort de Musil, s'est inspiré de Walter Rathenau pour créer Arnheim, son personnage principal. Thomas Edison est une autre des personnalités qui ont été émerveillées par ses nombreuses capacités.

Eugene Davidson, auteur de *The Making of Adolf Hitler*, le décrit comme un homme aux perceptions et aux contradictions extraordinaires. Rathenau parlait des races nordiques aux yeux bleus, qu'il appelait "Mut-Menschen", des gens de courage, de prouesse, d'âme profonde, par opposition aux "Furcht Menschen", les races du sud, peureuses, plus intelligentes, aux cheveux noirs, qui étaient les artistes et les penseurs classiques. Davidson voit dans ces deux types des projections de ses deux âmes et ajoute que ce sont les Allemands qu'il admire, pour leur courage, leurs vertus, leur intégrité, même si ce sont les peuples du sud qui ont légué au monde sa culture, ses religions, mais aussi sa décadence.

Rathenau se sentait profondément allemand et aimait son pays sans retenue. Hans Lamm, auteur du livre *Walther Rathenau*, souligne ses paroles : "Je n'ai rien d'autre que du sang allemand, pas d'autre tribu ni d'autre peuple". Bien qu'il se définisse comme juif et ne veuille pas se convertir au christianisme, il croit en la révélation du Christ, à tel point que lors des funérailles de son père, il cite un texte contenant des paroles de Jésus. Dans une lettre à un ami, il exprime son désir de se rendre à Séville, "notre maison", écrit-il, faisant allusion à ses racines séfarades. En mai 1921, le chancelier Joseph Wirth lui propose le poste de ministre de la Reconstruction. Sa mère, qu'il affectionne particulièrement, le supplie de décliner l'offre. Accepter signifie renoncer à ses postes dans l'industrie, à ses multiples facettes d'écrivain, à ses intérêts personnels et à ses affaires, ainsi qu'à la possibilité de se retirer dans ses propriétés de campagne. Il a d'abord promis à sa mère de décliner l'offre, mais son engagement personnel envers l'Allemagne l'a amené à penser qu'il devait accepter la nomination. Rathenau démissionne de ses fonctions de président de la compagnie d'électricité et de membre de plusieurs conseils d'administration, mais il n'occupe le poste de ministre de la reconstruction que pendant trois ou quatre mois : bien que les deux tiers de la population de Haute-Silésie aient exprimé leur souhait de rester allemands lors d'un référendum, le Conseil de la Société des Nations décide, le 20 octobre 1921, que la Haute-Silésie doit passer à la Pologne, ce qui entraîne l'effondrement du gouvernement en raison du retrait des ministres du parti du centre, dont Rathenau fait partie.

Plus tard, comme on le sait, il sera nommé ministre des affaires étrangères. Quelques semaines avant son assassinat, alors qu'il n'avait que cinquante-quatre ans, il écrivait : "En réalité, il ne me reste plus grand-chose, la flamme s'éteint". Le fait qu'au lendemain de sa mort, un million de personnes se soient rassemblées au Lustgarten à Berlin et des centaines de milliers à Hambourg, Leipzig et dans d'autres villes allemandes donne une idée de l'émotion et du choc du peuple. Au sujet de la mort, Walther Rathenau a fait la réflexion suivante, que nous reprenons de l'ouvrage *Walter Rathenau, sein Leben und sein Werk* (*Walther Rathenau, sa vie et son œuvre*), écrit quelques années après sa mort par le comte Harry Graf Kessler : "La mort est une apparence, nous la subissons parce que nous ne regardons qu'une partie, et non l'ensemble de la structure de la vie. Les feuilles meurent, mais l'arbre vit, l'arbre meurt, la forêt vit, la forêt meurt, mais la terre qui nourrit et consomme ses créatures est verte. Si la planète meurt, des milliers d'autres comme elle naissent sous les rayons de nouveaux soleils. Dans tout le monde visible, nous ne connaissons pas la mort. Rien d'essentiel sur terre ne meurt. Seules les apparences changent.

Hitler et le "Putsch de Munich".

À peine le complot communiste visant à renverser la République de Weimar a-t-il été vaincu qu'une autre tentative de coup d'État a eu lieu, cette fois de nature diamétralement opposée, dirigée par Adolf Hitler, assisté de Hermann Göring, Rudolf Hess et Alfred Rosenberg, membres du Parti national-socialiste des travailleurs d'Allemagne (NSDAP). Les putschistes étaient également soutenus par le général Erich Ludendorff. Parmi les turbulences et les dangers auxquels est confrontée la jeune République figurent les tendances séparatistes. De ce point de vue, le "Putsch de Munich" peut être mieux compris, car il a eu lieu lorsque le gouvernement conservateur de Bavière, dirigé par Gustav von Kahr, avait l'intention de déclarer l'indépendance de la Bavière. Dans ce contexte, Hitler envisage de devancer les séparatistes et d'organiser son propre coup d'État, non pas pour séparer la Bavière du reste du pays, mais pour l'utiliser comme plate-forme afin de renverser le gouvernement de la République.

Le 8 novembre 1923, à 20 heures, von Kahr prononce un discours devant trois mille personnes dans la grande salle du Bürgerbräu, une grande brasserie de la banlieue de Munich. Hitler entre dans la salle accompagné de membres du parti, commande quelques bières et endure le discours ennuyeux de l'orateur pendant une demi-heure. Pendant ce temps, six cents membres des troupes d'assaut du parti (Sturmabteilung), les SA, encerclent le bâtiment. Lorsque, à 20h30, Göring fait irruption dans la brasserie et place une mitrailleuse à l'entrée, Hitler profite du tumulte, monte sur une chaise et, après avoir tiré au plafond, s'écrie : "La révolution nationale a commencé". Hitler invite immédiatement von Kahr, le général Otto von Lossow, responsable de l'armée en Bavière, et le colonel Seisser, chef de la police, à entrer avec lui dans une pièce adjacente afin de discuter des plans pour renverser le gouvernement de Berlin. Tous trois exigent la présence du général Ludendorff, dont le prestige au sein de l'armée est incontesté. Lorsqu'il fut clair que Ludendorff soutenait le coup d'État, ils retournèrent tous dans la salle des bières et prononcèrent de brefs discours, qui furent accueillis par les acclamations d'un public enthousiaste.

On apprend alors de l'étranger que les SA ont des difficultés avec les troupes de l'armée. Hitler décide de partir et charge Ludendorff de contrôler la brasserie. Le général demande à von Kahr, Lossow et Seisser de lui donner leur parole d'honneur qu'ils sont fidèles à Hitler. Une fois la promesse reçue, il leur dit naïvement qu'ils sont libres et qu'ils peuvent partir. Aucun d'entre eux n'a la moindre intention de soutenir le coup d'État et ils se précipitent pour obtenir des renforts. Pendant la nuit, les troupes commencent à manœuvrer et les putschistes ne parviennent pas à occuper les centres stratégiques de la ville. À l'aube, Hitler comprend qu'ils ont été trahis par von Kahr et compagnie. Ludendorff, convaincu que sa présence suffira à empêcher les soldats et les policiers de leur tirer dessus, propose alors à Hitler une marche publique vers le centre de la ville pour s'en emparer. Environ 2000 hommes, Hitler et Ludendorff en tête, entament à onze heures du matin la marche depuis le Bürgerbräu, le long de l'Isar, jusqu'à la Marienplatz, où se trouve l'hôtel de ville.

Les gens sont sortis en masse pour assister au passage de la colonne et certains se sont joints à la marche en signe de soutien. Ils ont l'intention de se diriger vers le ministère de la Défense, où sont stationnées des camionnettes SA avec 150 hommes sous le commandement de Gregor Strasser. Un cordon de police est bloqué par une rue menant à la place de l'Odéon. Après un temps de contemplation silencieuse des uns et des autres, un coup de feu retentit. La police tire immédiatement une rafale de balles. Seize nazis tombent au sol, parmi lesquels le médecin ingénieur Max Erwin von Scheuber-Richter, ami personnel du général Ludendorff qui avait financé le parti avec d'importantes sommes d'argent. Ludendorff continue à marcher en ligne droite sous la grêle de tirs jusqu'à ce qu'il atteigne les rangs de la police, intact. Göring est grièvement blessé à l'aine et Hitler se fracture la tête de l'humérus de l'épaule gauche. Quatre policiers sont également tués dans la fusillade.

Le général Ludendorff est acquitté, mais Hitler, accusé de haute trahison, est condamné à cinq ans de prison, dont neuf mois seulement. Les bureaux du parti sont fermés et son journal, le *Völkischer Beobachter* (*L'observateur du peuple*), est saisi et interdit. Göring réussit à s'échapper, mais le traitement lourd qu'il reçoit pour sa blessure le rend temporairement morphinomane. Les dirigeants qui n'ont pas été arrêtés se réfugient en Autriche. Tout portait à croire qu'après l'échec du coup d'État, les chances politiques d'Adolf Hitler et du NSDAP s'étaient évanouies. Il n'en est rien, car après avoir écrit *Mein Kampf* en prison, Hitler en ressort convaincu que pour prendre le pouvoir, il faut transformer le NSDAP en un parti de masse et gagner les élections.

Hitler a commencé sa carrière politique en 1919, un an après avoir été admis à l'hôpital Passewalk, près de Berlin, pour avoir inhalé des gaz au front. Là, il fut stupéfait d'apprendre que son pays avait perdu la guerre sans avoir été vaincu sur le champ de bataille. Comme beaucoup d'Allemands, il adhère à la théorie selon laquelle l'Allemagne a été "poignardée dans le dos" par une bande de communistes dirigée par des Juifs. Libéré, il reste attaché à l'armée, pour laquelle il travaille dans le domaine de l'information. Le 12 septembre 1919, il est chargé d'assister à Munich à une réunion politique du DAP "Deutsche Arbeitpartei" (Parti allemand du travail), fondé neuf mois plus tôt par un cheminot nommé Anton Drexler sous le patronage de la Thule-Gesellschaft (Société de Thulé). Le programme de ce petit parti est nationaliste et antisémite. Une cinquantaine de personnes seulement assistent à l'événement, dont Gottfried Feder, qui parle de la bassesse de l'intérêt. Hitler s'apprête à partir lorscu'un autre orateur se lève, un professeur nommé Baumann, qui prononce un discours prônant la séparation de la Bavière de l'Allemagne et son union avec l'Autriche afin de fonder un nouvel État germanique au sud. Excédé et en total désaccord avec ces idées séparatistes, Hitler décide d'intervenir et prononce un discours impromptu et enflammé dans lequel il réfute les arguments du professeur et se déclare en faveur de l'union de tous les Allemands. À la fin de son discours, il sort dans la rue sans dire un mot. Drexler lui courut après et déclara qu'il était d'accord avec ce qu'il avait dit. Quelques jours plus tard, il lui demande d'adhérer au parti et Hitler accepte l'invitation.

Après avoir adhéré au DAP, Hitler travaille d'arrache-pied pendant quatre ans à la recherche d'adhérents et de fonds. Depuis le 24 février 1920, ce petit groupe de cheminots est devenu le NSDAP, un parti dont les bienfaiteurs ou donateurs financiers comprennent les Bechstein, Helene et Carl Bechstein, le célèbre fabricant juif de pianos, et Fritz Thyssen, le magnat de l'acier. Hitler bénéficie également de la sympathie d'Henry Ford qui, selon un article *du New York Times* du 20 décembre 1922, a financé le mouvement nationaliste et antisémite d'Hitler à Munich.

De nombreux Juifs "antisémites" dans l'entourage d'Hitler

On a beaucoup écrit sur Hitler, mais les aspects qui seront abordés dans les pages suivantes sont largement ignorés. Dans cette section, nous verrons que les Juifs, parfois sionistes, prétendument antisémites, apparaissent à plusieurs reprises autour de lui, que ce soit dans son milieu familial, dans sa formation idéologique de jeune homme ou dans sa carrière politique. Dans une deuxième partie, nous verrons qu'avant d'arriver au pouvoir, Hitler a été financé par les mêmes banquiers juifs internationaux qui avaient financé la révolution bolchevique et qui ont placé Franklin Delano Roosevelt à la Maison Blanche. Troisièmement, nous parlerons de l'*accord Haavara*, un accord "nazi" signé le 25 août 1933 entre les nazis et les sionistes, qui encourageait l'émigration des Juifs allemands vers la Palestine. Si l'on considère que le racisme des deux parties a contribué à la poursuite d'objectifs communs, les faits ont une logique indéniable. En réalité, le nationalisme et l'antisémitisme hitlériens ont été les outils utilisés par le sionisme international pour parvenir enfin à la fondation de l'État d'Israël, impossible sans "pousser" la grande masse des Juifs ashkénazes, donc non sémites, vers la Palestine.

Un livre clé pour aborder le premier point est *Bevor Hitler kam* (*Avant l'arrivée d'Hitler*), publié en 1964 par Dietrich Bronder, un professeur allemand d'origine juive qui, en 1952, après avoir étudié le droit, l'économie, la médecine, la théologie et la philosophie entre 1940 et 1950, a présenté sa thèse de doctorat en histoire à l'université de Göttigen sur le thème de la *direction et de l'organisation du mouvement ouvrier socialiste dans l'Empire allemand de 1890 à 1944*. À notre connaissance, il n'existe pas d'édition anglaise de cet ouvrage, mais on peut encore en trouver quelques exemplaires dans des librairies anciennes en Allemagne. L'auteur a passé le mois d'août 2011 à Berlin et a pu apprendre d'une collègue, professeur de latin, que la bibliothèque de son université ne conservait qu'un seul exemplaire de l'ouvrage de Bronder, qui ne pouvait pas être emprunté et devait donc être consulté à la bibliothèque. très érudit *Bevor Hitler kam* examine le bagage intellectuel et idéologique qui a jeté les bases du nationalisme racial prussien, lequel a influencé une élite intellectuelle et militaire avant même la Première Guerre mondiale et a constitué par la suite un facteur clé de la pensée national-socialiste. Le professeur Bronder commence son travail par une citation significative d'Engelbert Pernstorfer, cofondateur du parti social-démocrate autrichien décédé en 1918, qui mérite d'être reproduite car elle est pertinente dans le contexte qui nous intéresse :

"Toute culture est nationale... Non seulement le socialisme et la pensée nationale ne sont pas contradictoires, mais ils vont nécessairement de pair. Toute tentative d'affaiblir la pensée nationale doit, si elle réussit, réduire la richesse de l'humanité..... Le nationalisme doit donc être autre chose qu'un phénomène atavique, qu'un chauvinisme condamnable ; ses racines doivent pénétrer profondément dans le sol de l'humanité. L'histoire n'est rien d'autre que l'histoire des peuples et des États dans lesquels ils vivent. Les peuples sont le moteur et le déclencheur de tous les événements humains. Quiconque tente d'ignorer ce fait ou de le surmonter théoriquement, fera toujours naufrage".

Publié en 1974 en Suisse, un autre ouvrage intéressant qui peut être lu en ligne au format PDF est *Adolf Hitler - Founder of Israel. Israël en guerre contre les Juifs*, dont l'auteur Hennecke Kardel, également d'origine juive, a été acquitté en 1982 d'un procès intenté contre lui en 1979 par l'État allemand, qui lui a également confisqué ses biens. En 1998, Kardel publie, avec Anneliese Kappler, *Marcel Reich-Ranicki : der Eichmann von Kattowitz* (*Marcel Reic-Ranicki : l'Eichmann de Katowice*), pour lequel il est poursuivi en diffamation, vraisemblablement par Reich-Ranicki lui-même, juif polonais surnommé le "pape de la littérature allemande" pour ses critiques littéraires. Le 9 mars 1999, Hennecke Kardel a été informé par le ministère public du tribunal de district de Hambourg que les investigations menées à son encontre pour suspicion d'insulte ou de diffamation n'avaient pas abouti et que l'affaire avait donc été classée. Kardel, qui semble avoir été persécuté toute sa vie, s'inspire largement du livre de Dietrich Bronder, la source mentionnée au paragraphe précédent. La plupart des informations qui suivent sont tirées de ces deux ouvrages.

Sur la base de ses propres recherches, Bronder énumère un certain nombre de hiérarques nationaux-socialistes d'origine juive, parmi lesquels il place le Führer et chancelier du Reich Adolf Hitler en première position. De nombreux faux certificats de pureté raciale ont été fabriqués à l'époque pour dissimuler des filations non désirées. Kardel affirme que dans le cas d'Hitler, bien que les documents ne soient pas disponibles parce qu'ils ont été faits pour disparaître, il y a une très forte probabilité que le grand-père paternel du Führer était un riche juif du nom de Frankenberger. Certains auteurs, notamment Greg Hallett, auteur de *Hitler Was a British Agent*, soulignent que ce Frankenberger n'était qu'un intermédiaire cachant l'identité du véritable grand-père d'Hitler. Le père d'Hitler, Alois, fils unique né en 1837, était donc un bâtard conçu à l'âge de quarante-deux ans par Maria Anna Schicklgruber. Le 10 mai 1842, cinq ans après la naissance de son fils illégitime, Maria Anna Schicklgruber épouse Johan Georg Hiedler. Le petit Alois, qui a porté le nom de sa mère pendant quarante ans, est allé vivre chez son oncle Johan Nepomuk Hüttler. L'auteur de *The Making of Adolf* Hitler, Eugene Davidson, considère qu'il est peu probable que le grand-père d'Adolf Hitler ait été le juif Frankenberger et estime que la thèse la plus plausible est que le père d'Hitler, Alois, était en fait le fils de Johan Nepomuk, un fermier aisé chez qui Alois Hitler a vécu jusqu'à l'âge de seize ans.

En 1847, Schicklgruber meurt, et dix ans plus tard, son mari la suit. En janvier 1877, trois personnes non lettrées, signant leur déclaration de la lettre "X", jurent devant le pasteur Zahnschirm que Johan Georg Hiedler a déclaré avant sa mort qu'il voulait adopter Alois comme fils. Après avoir entendu ce témoignage, le pasteur de la paroisse de Döllersheim modifie l'inscription du 7 juin 1837. À partir de ce jour, Alois Schicklgruber est officiellement appelé Alois Hitler. Alois a ainsi changé son patronyme de Hiedler en Hitler, un nom de famille juif qui apparaît également sous trois autres formes : Hütler, Hüttler et Hittler. La mère d'Adolf Hitler, Klara Pölzl, était la troisième épouse d'Alois Hitler, qu'elle appelait "Onkel Alois" (Oncle Alois), car elle était sa nièce. Konrad Heiden, journaliste et historien juif qui écrivait parfois sous le pseudonyme de Klaus Bredow, est l'auteur d'une biographie en deux volumes d'Adolf Hitler publiée à Zurich en 1936-37. Il y révèle qu'un ancêtre de Klara Hitler était Johann Salomon et confirme que Hitler est un nom de famille courant sur les tombes juives dans certaines régions d'Autriche.

Un autre témoignage de l'origine juive du Führer est fourni par Hans Frank, gouverneur général de la Pologne occupée et avocat d'Hitler pendant la guerre. Frank, qui, selon Bronder et Kardel, était également à moitié juif, a été condamné à la pendaison à Nuremberg. Avant sa mort, il a admis qu'il connaissait les origines d'Hitler. Il le confirme dans ses mémoires, *Face à la potence*, écrites peu de temps avant sa condamnation à la potence. Kardel écrit que Hans Frank a été chargé par Hitler de retrouver des documents susceptibles de le relier à son grand-père juif. Frank aurait découvert des années de correspondance entre les Frankenberg et la grand-mère d'Hitler, Maria Anna Schicklgruber.

Dans *I Paid Hitler*, un livre de Fritz Thyssen publié en 1941 et censé avoir été écrit par lui-même, bien qu'il ait par la suite nié en être l'auteur, la grand-mère Schicklgruber aurait été femme de ménage dans la maison de la famille Rothschild à Vienne, où elle serait tombée enceinte. Eugene Davidson mentionne cependant la famille Frankenberger et non la famille Rothschild. Si Fritz Thyssen a raison de placer la grand-mère Schicklgruber comme servante dans la maison viennoise de Salomon Rothschild, le juif Frankenberger pourrait être l'intermédiaire désigné par les Rothschild eux-mêmes, confirmant ainsi la thèse de Greg Hallett. À ce propos, Niall Ferguson, biographe de référence de la famille Rothschild, confirme les excès sexuels et les perversions de Salomon Rothschild à Vienne : "Il avait une passion lascive pour les "très jeunes filles" et ses "liaisons" avec elles devaient être couvertes par la police". Les guillemets de la citation indiquent évidemment les euphémismes utilisés par Ferguson pour éviter deux mots : filles et scandales.

Selon Kardel, Hitler a appris l'existence de son grand-père juif par sa mère qui, craignant pour sa vie après une opération pour un cancer du sein, a parlé à son fils quelques mois avant sa mort. Klara Hitler lui a donné une adresse à Vienne au cas où il en aurait besoin, et lui a expliqué que sa grand-mère paternelle était tombée enceinte alors qu'elle travaillait pour M. Frankenberger à Graz. Klara raconte à son fils que son père, Alois, a reçu un soutien financier de la famille Frankenberger jusqu'à l'âge de 14 ans. Le 21 décembre 1907, Klara Hitler décède et, au début de l'année 1908, le jeune Adolf, qui a échoué à l'examen d'entrée à l'Académie des beaux-arts de Vienne, décide de rendre visite aux Frankenberg dans l'espoir qu'ils puissent l'aider à entrer dans cette institution. Il rencontre un homme d'une soixantaine d'années, qui lui avoue que sa famille a aidé financièrement son père, bien qu'il ne soit pas prouvé que son père ait été l'un d'entre eux. En plus d'être déçu, Hitler, qui a dix-huit ans à l'époque, sort humilié de l'entretien. Dès lors, son intérêt pour la culture juive et ses contacts avec les Juifs de Vienne, où vivent quelque 200 000 Juifs, prennent une nouvelle dimension.

Dès l'automne 1908, Hitler est un lecteur assidu de la revue *Ostara*, fondée en 1905 par Adolf Josef Lanz, un ancien moine cistercien exclu de l'ordre en 1899 en raison de son interprétation raciste de l'histoire sainte et de son appartenance à un mouvement prônant la séparation d'avec Rome. Lanz, qui depuis 1908 était le rédacteur en chef et l'unique auteur de la revue, justifiait ses théories raciales par des points de vue gnostiques et kabbalistiques modifiés en fonction de ses objectifs raciaux. En 1909, Hitler se rend à l'abbaye cistercienne de la Sainte-Croix à Wienerwald afin de connaître l'adresse du créateur de la revue *Ostara*, un nom qui évoque une ancienne divinité germanique du printemps. Hitler aurait voulu lui racheter des numéros, et Lanz les lui aurait donnés. Dès lors, l'amitié entre les deux hommes est née.

Frère Jörg, comme on l'appelait au monastère, malgré ses prêches sur la pureté de la race aryenne et son antisémitisme, s'était mis en ménage avec une femme juive nommée Liebenfels et se faisait désormais appeler Dr Georg Lanz von Liebenfels. Plus tard, il décida de devenir noble et prétendit être le fils du baron Johann Lancz et de Katharina Skala. Son père, Johann Lanz, n'était en fait pas un noble, mais un professeur à Vienne, mais le nom de famille de sa véritable mère était Hoffenreich, la fille d'un marchand slovaque d'origine juive du nom d'Abraham Hoffenreich. Il est clair que cet idéologue nazi, qui n'était ni médecin ni baron, a cherché à dissimuler ses origines.

En 1907, le prétendu baron de Liebenfels crée l'ONT (Ordre des Nouveaux Templiers). Dietrich Bronder affirme que l'idée lui est venue après avoir assisté à une représentation de l'opéra romantique *Der Templer und die Jüdin (Le Templier et la Juive)* de Heinrich Marschner. L'Ordre des Nouveaux Templiers était basé au château de Werfenstein, où le drapeau à croix gammée a flotté pour la première fois en Allemagne. Il s'agissait d'un drapeau avec une croix gammée rouge sur fond d'or. Bronder ajoute que le plus surprenant est que, "après que von Lanz leur a prêté le château de Werfenstein, la communauté juive de Vienne y a également célébré sa fête des Tabernacles, en souvenir de l'errance des enfants d'Israël dans le désert". L'alliance s'est faite avec le rabbin Moritz Altschüler, l'un des amis juifs des maîtres de l'Ordre, connu comme co-éditeur des *Monumenta Judaica*, auxquels l'antisémite Lanz a également collaboré !". Manifestement, le fait que la citation se termine par une exclamation indique l'étonnement de Bronder devant l'absence de logique dans le comportement du sinistre von Liebenfels, qui était en réalité un sioniste qui accordait aux Juifs tous les droits sur la Palestine.

Hennecke Kardel cite le texte d'une lettre de Lanz von Liebensfels à un frère de l'ONT, le frère Aemilius, écrite le 22 février 1932, un an avant l'arrivée d'Hitler au pouvoir : "Savez-vous que Hitler est notre plus grand élève ? Vous verrez que lui et par lui nous aussi triompherons et susciterons un mouvement qui ébranlera le monde. Heil you !". L'influence de Lanz sur Hitler fait l'objet d'un article d'une douzaine de pages intitulé "L'homme qui a donné les idées à Hitler" ("Der Mann, der Hitler die Ideen gab. Jörg Lanz von Liebenfels"), publié en 1958 par Wilfried Daim. Le texte allemand peut être lu en format PDF sur Internet. Lanz von Liebenfels appartenait également à la Thule-Gesellsachft, dont il était le maître.

L'acquisition du journal *Völkischer Beobachter* (*L'observateur du peuple*), dont les principaux actionnaires étaient des membres de la Société de Thulé (Thule- Gesellschaft), un ordre secret se réclamant initialement de l'antiquité germanique et auquel appartenaient d'éminents dirigeants nazis, a joué un rôle particulièrement important dans le lancement du NSDAP. Le jour de Noël 1920, une petite annonce parut dans le journal, informant que le parti nazi avait acquis le journal au prix de grands sacrifices "afin d'en faire une arme impitoyable du germanisme". Dietrich Bronder et Hennecke Kardel confirment que ce sont deux amis juifs d'Hitler qui ont rendu cet achat possible : Moses Pinkeles, alias Trebitsch-Lincoln, l'un des hommes les plus mystérieux du XXe siècle, et Ernst Hanfstängl.[8]

---

[8] Le mystère d'Ignaz Trebitsch-Lincoln a suscité l'intérêt de nombreux chercheurs. René Guenon, spécialiste de l'ésotérisme, pense que Trebitsch-Lincoln, né en Hongrie en 1879 dans une famille juive orthodoxe, était un agent des forces occultes. Jean Robin, un autre auteur sur les sujets occultes, place Trebtisch-Lincoln au service d'une élite qu'il appelle les Supérieurs Inconnus, liés à la Société du Dragon Vert. L'historien Guido Preparata, en revanche, estime que, comme Parvus (Alexander Helphand), il était un spécialiste de l'art de la subversion au service de la Grande-Bretagne. Bernard Wasserstein, dans *The Secret Lives of Trebitsch-Lincoln*, soutient qu'il était déjà engagé dans l'espionnage avant la Première Guerre mondiale. La thèse selon laquelle il était un double, voire un triple espion est soutenue par d'autres chercheurs. Donald McCormick, dans *Peddler of Death : The Life and times of Sir Basil Zaharoff*, l'associe au "marchand de mort", le juif Basil Zaharoff, dont il était un ami proche, et ajoute qu'il a travaillé comme conseiller secret

Kardel explique que Hitler a rencontré Ignaz Trebitsch-Lincoln par l'intermédiaire de Dietrich Eckart, idéologue du parti et membre de l'Ordre de Thulé, mort prématurément en 1923. Selon son récit, la rencontre avait été organisée pour explorer les possibilités de contribution de Trebitsch à l'achat du journal et s'est déroulée dans une brasserie. Hitler demanda à Trebitsch-Lincoln ce qu'il pensait de la Palestine comme solution à l'ensemble du racket antisémite. Son interlocuteur s'exprime sur les mérites de l'union des nationaux-socialistes et des sionistes. Il ajoute que les Britanniques devraient leur céder la Palestine et qu'ils y emmèneraient les gens. Kardel raconte qu'à un moment de la conversation sur les Juifs, Trebitsch-Lincoln a posé sa main sur l'avant-bras d'Hitler et lui a dit : "Je sais qui tu es, Frankenberger". Hitler a retiré son bras avec force et, le regardant, a répondu avec défi : "Ne dites jamais Frankenberger ou je parlerai fort de vous, Moïse Pinkeles ! Moïse Pinkeles de Hongrie !" À la question de savoir de combien d'argent il avait besoin, Hitler a répondu 100.000 marks. Pinkeles sort alors de sa poche trois liasses de billets d'un montant total de 30 000 marks et les pose sur la table. Dietrich Bronder affirme que les 70 000 marks restants ont été apportés par Ernst Hanfstängl, "Putzi" pour ses amis proches, dont Hitler, pour qui il jouait parfois du piano.

Le fait que Hanfstängl, fils d'un riche éditeur d'art allemand et d'une juive américaine nommée Katharine Heine, ait la nationalité américaine et soit juif ne l'a pas empêché de rester pendant vingt ans dans le cercle de l'élite hitlérienne. Jusqu'en 1937, Hanfstängl dirige le département de la presse étrangère du NSDAP, mais quelque chose a dû se passer en 1941, car il a perdu la confiance du Führer et a été prié de quitter le pays. Après l'intervention américaine dans la guerre mondiale, cet ami d'Hitler devint conseiller du président américain Franklin Delano Roosevelt, juif lui aussi, qu'il avait déjà rencontré lorsqu'ils étudiaient tous deux à Harvard. Putzi était-il un agent placé aux côtés d'Hitler dès le début ?

Le fait que les principaux dirigeants du NSDAP aient été apparentés à des familles d'origine juive est certainement une révélation surprenante, puisqu'ils se disaient tous antisémites. Comme le souligne Dietrich Bronder, la contradiction de cette circonstance avec les théories "völkisch" (raciales)

---

de David Lloyd George. McCormick estime qu'il existait un partenariat triangulaire entre Zaharoff, Lloyd George et Trebitsch-Lincoln, fondé sur le fait que "chacun connaissait un secret sur l'autre". Preparata écrit que lorsqu'il est arrivé à Berlin à l'été 1919, il avait perdu sa nationalité anglaise et avait été expulsé d'Angleterre. Cet historien considère qu'il est possible qu'il ait été un agent communiste au service des bolcheviks. En définitive, ni les faits connus ni les spéculations sur ce personnage ne permettent de percer l'énigme de sa véritable personnalité. Deux autres faits, sur lesquels plusieurs sources s'accordent : en 1930, Moses Pinkeles, alias Ignaz Trebitsch-Lincoln, a été initié, soi-disant au Tibet, et est devenu le vénérable Chao Kung. Il a été officiellement porté disparu à Shanghai en 1943, ce qui n'est pas certain non plus. Il serait mort le 6 octobre, mais certaines sources parlent de suicide et d'assassinat. Le *Times of Ceylon* a rapporté après la guerre qu'il avait été vu en Inde, dans les environs du Tibet, vivant tranquillement.

semble insurmontable. Bronder insiste sur le fait que les données qu'il présente dans son livre sont le résultat de ses propres recherches sur les dirigeants nationaux-socialistes. Sur les 4000 dirigeants qu'il a étudiés, Bronder a découvert que 120 d'entre eux étaient des étrangers de naissance et que, dans de nombreux cas, leurs deux parents étaient étrangers. Un certain nombre d'entre eux, ajoute-t-il, étaient même d'origine juive et donc "intolérables" au sens des lois raciales du national-socialisme.

Parmi les noms figurant sur la liste de *Bevor Hitler kam,* on trouve, outre Hitler lui-même, les personnes suivantes : Karl Haushofer, considéré comme l'un des architectes des théories spirituelles du national-socialisme et l'initiateur de la géopolitique, matière dans laquelle il était professeur à l'université de Munich. Dirigeant éminent de la Société du Vril ou Loge Lumineuse et de l'Ordre de Thulé, Haushofer, bien que catholique pieux et partisan enthousiaste des théories raciales aryennes, était d'origine juive et marié à une juive. Rudolf Hess fut son assistant à l'université et fut également initié à la Société du Vril. Hess, secrétaire du Führer, ministre du Reich et membre éminent de la Thule-Gesellschaft, dont le grand maître était le baron Rudolf von Sebottendorf, avait également, selon Bronder, des ancêtres d'origine juive. Parmi les noms les plus importants cités dans *Bevor Hitler kam* figurent : Hermann Göring, maréchal du Reich ; Gregor Strasser, chef du Reich et du NSDAP ; Dr. Josef Goebbels ; Alfred Rosenberg ; Hans Frank et Heinrich Himler ; le ministre du Reich von Ribbentrop (qui s'est engagé à entretenir une étroite amitié avec le leader sioniste Chaim Weizmann, premier chef de l'État d'Israël, décédé en 1952) ; le haut commandant SS Reinhard Heydrich ; Erich von Bach-Zelkewski ; les banquiers Ritter von Stauss et von Stein, puissants soutiens d'Hitler avant 1933 ; le maréchal et secrétaire d'État Erhard Milch ; le sous-secrétaire d'État Friedrich Gauss ; les physiciens et anciens membres du parti Philipp von Lenard et Abraham Robert Esau...

Un commentaire séparé s'impose à propos de R. Heydrich, l'une des pires figures du régime, puisqu'il était le chef des Einsatzgruppen (groupes d'action ou agents), qui ont abattu des milliers de Juifs en Pologne et en URSS. Kardel et Bronder font tous deux allusion à l'origine essentiellement juive de Reinhard Tristan Eugen Heydrich, mais dans ce cas, nous disposons d'informations supplémentaires fournies par l'écrivain juif Henry Makow (Henrymakow.com, 4 octobre 2009), qui confirme que le père de Heydrich était le juif Bruno Suess, fils du juif Robert Suess et d'Ernestine Linder. Bruno a changé son nom de famille en Reinhard, ce qui signifie en allemand "d'une pureté irréprochable". Graf Kessler, dans *Die Familennamen der Juden in Deutschland (Les noms de famille des Juifs en Allemagne)*, explique que de nombreux Juifs allemands portant le nom de famille Goldman ont changé leur nom en Reinhard, qui était très apprécié. C'est ainsi que Bruno Suess est devenu Bruno Reinhard, un chanteur d'opéra wagnérien et compositeur qui voulait être accepté en tant que non-Juif. Makow affirme que Bruno Reinhard, qui a épousé la fille de son professeur et ouvert une école de musique à Halle, était franc-maçon et franciste. Il ajoute que Reinhard Heydrich a fait son service militaire dans la marine et que ses camarades l'appelaient le Moïse blond. Felix Kersten, médecin de Himmler, écrit dans *The Kersten Memoirs* (1957) que Hitler savait que Heydrich était à moitié juif. Le fait que Heydrich ait été l'un des nazis les plus féroces à l'égard des Juifs pourrait peut-être s'expliquer par son besoin de s'assurer que, malgré ses origines, il ne serait pas mis en doute. En Espagne, le cas du dominicain Tomás de Torquemada est similaire. Ce juif converti, confesseur de la reine Isabelle et premier inquisiteur général de Castille et d'Aragon, s'est distingué par son zèle implacable dans la persécution de ses frères de race. Torquemada fut l'un des principaux partisans de l'expulsion des Juifs d'Espagne.

Julius Streicher, chef de district, chef de la SA, membre éminent de l'Ordre de Thulé et célèbre rédacteur en chef du fameux journal *Der Stürmer*, est également pointé du doigt par Kardel pour ses origines juives. Fondé en 1923, ce journal a dénoncé sans concession pendant vingt ans les pires dérives attribuées aux Juifs, notamment les crimes rituels et certaines perversions sexuelles. Le caricaturiste du journal, dont les dessins étaient extrêmement agressifs et vicieux, était le juif Jonas Wolk, alias Fritz Brandt. Bien qu'il ne puisse être accusé de crimes de sang, Streicher est condamné à mort à Nuremberg. Chaque jour, de plus en plus de juristes dénoncent ce qui s'est passé à Nuremberg comme l'antithèse du droit. Le cas de Streicher est illustratif à cet égard. On sait, grâce à une note que son avocat Hans Marx a réussi à transmettre, que des Noirs et des Juifs l'ont horriblement torturé dans sa cellule : une photo a même été prise de lui nu avec des marques noires et bleues et un écriteau autour du cou portant la mention "Julius Streicher, roi des Juifs". Lorsque l'avocat a rapporté l'incident au tribunal, les juges ont rejeté avec indignation la protestation et ont ordonné qu'elle n'apparaisse pas dans les notes et enregistrements du procès, la jugeant "grossièrement inappropriée".

Le bourreau qui a pendu les hiérarques nazis était le juif John Clarence Woods, un sergent de l'armée américaine qui prenait plaisir à prolonger les souffrances des condamnés sur la potence. L'agonie de Rosenberg fut la plus courte et dura dix minutes. Ribbentrop mit dix-huit minutes à mourir et le général Keitel vingt-quatre. Lorsque vient le tour de Streicher, on lui demande son nom et il répond : "Vous le connaissez déjà". En montant les marches de la potence, il crie "Heil Hitler ! La strangulation de Streicher a duré quatorze minutes. Kardel note que la boîte dans laquelle son corps a été placé portait l'inscription Abraham Goldberg, selon lui son vrai nom. D'autre part, Giles MacDonogh, auteur de *After the Reich* (2010), un ouvrage récemment traduit en espagnol et publié à Barcelone, confirme que le nom d'Abraham Goldberg était également inscrit dans le registre du crématorium où la dépouille de Streicher a été incinérée. Selon MacDonogh, il s'agissait d'un faux nom. Si tel est le cas, pourquoi l'affiche "Roi des Juifs" a-t-elle été apposée ? Pourquoi lui a-t-on demandé son nom lorsqu'il est monté sur l'échafaud ? Quel était l'intérêt de changer de nom ? Les exécutions ont eu lieu "par coïncidence" le 16 octobre, jour de la fête juive de Hoshanah Rabbah, le septième jour de Sukkot, considéré par le Zohar comme un jour de jugement pour les nations du monde. Ils ont donc été présentés à la communauté juive comme un acte de vengeance talmudique.

Les banquiers juifs financent Hitler

Un livre entré dans l'histoire comme le *Sidney Warburg* est la preuve irréfutable qu'Hitler a été instrumentalisé par les banquiers juifs internationaux : les Rockefeller, les Warburg, les Morgan, c'est-à-dire les mêmes conspirateurs qui avaient financé la révolution bolchevique. Antony Sutton, auteur de *Wall Street and the Rise of Hitler,* consacre un chapitre de son ouvrage à l'étude de cette question. Sutton, qui estime que le livre est authentique et que Sidney Warburg est en fait James Paul Warburg, fils de Paul Warburg, cite les *Mémoires de* Franz von Papen, publiés en 1953, dans lesquels l'homme d'État considère que le livre en question est authentique. Von Papen écrit : "L'explication la mieux documentée de l'acquisition soudaine de fonds par les nationaux-socialistes se trouve dans un livre publié en Hollande en 1933 par la prestigieuse maison d'édition Van Holkema & Warendorf, intitulé *De Geldbronnen van Het Nationaal-Socialisme (Drie Gesprekken Met Hitler),* sous le nom de Sidney Warburg".

Le livre n'est resté que quelques jours dans les librairies néerlandaises, car il a été rapidement supprimé. Sutton affirme que trois exemplaires ont survécu à la purge, dont l'un a été traduit en anglais sous le titre *The Financial Sources of National Socialism (Three conversations with Hitler)* et déposé par la suite au Britsh Museum, bien qu'il soit actuellement inaccessible au public et ne puisse donc pas être utilisé par les chercheurs. Un deuxième exemplaire a appartenu au chancelier autrichien Schuschnigg et n'est plus connu. Le troisième exemplaire a été traduit en allemand en Suisse. Sutton précise que le texte en sa possession a été traduit en anglais à partir d'un exemplaire authentifié de la traduction allemande qu'il a acheté en 1971. Il ne fait cependant aucune référence à une édition parue en Espagne en 1955, publiée par la maison d'édition NOS de Mauricio Carlavilla sous le titre *El dinero de Hitler.* C'est cette édition que nous traitons. De manière surprenante, Carlavilla reproduit la couverture de l'édition néerlandaise et affirme que cet exemplaire original était en sa possession depuis huit ans. En comparant les textes de l'édition espagnole avec ceux publiés en anglais par le professeur Sutton, nous pouvons confirmer que, à l'exception de quelques nuances non pertinentes dues à la traduction espagnole, le contenu est essentiellement le même.

Le 24 novembre 1933, *le New York Times* signale la publication du livre en titrant "Hoax on Nazis Feared". Un bref article signale qu'un pamphlet a été publié en Hollande et que l'auteur n'est pas le fils de Paul Warburg. Le traducteur serait J.G. Shoup, un journaliste belge vivant en Hollande, et les éditeurs ainsi que Shoup lui-même se demanderaient "s'ils n'ont pas été victimes d'une escroquerie". À notre avis, la tentative immédiate de discréditer le livre par la publication d'un article dans ce journal n'est qu'une preuve supplémentaire de son authenticité. Il a déjà été noté dans le chapitre précédent qu'un juif nommé Adolph Ochs a acheté *le New York Times* en 1896. Nous ajouterons maintenant qu'Adolph Ochs a épousé la fille d'un membre important du judaïsme réformé. De ce mariage est née une fille qui a épousé Arthur Hays Sulzberger, qui dirige le journal. Le journal est donc la propriété du clan Ochs-Sulzberger et sert les intérêts de ceux qui ont financé Hitler et Rossevelt dans les années 1930.

Puisque nous disposons d'un exemplaire de *Hitler's Money*, nous allons commenter en détail le texte prétendument écrit par James Paul Warburg sous le pseudonyme de Sidney Warburg. Les raisons qui ont poussé le fils de Paul Warburg à remettre un texte en anglais au célèbre publiciste néerlandais ne nous sont pas connues. Ce que l'on sait, c'est que sa famille désapprouvait ses caprices et qu'elle a pu retirer le livre de la circulation. Grâce aux *Mémoires* de von Papen précités, on sait également qu'un associé des Warburg, qui travaillait à la firme Warburg & Co. à Amsterdam, a signalé la publication du livre à Holkema & Warendorf. Les éditeurs, informés de l'absence de Sidney Warburg, décidèrent de retirer l'ouvrage de la circulation. Le livre de von Papen contient le texte d'une déclaration sous serment faite par James Paul Warburg en 1949, dans laquelle il affirme que le livre est un faux. Quoi qu'il en soit, même si l'on admet que Sidney Warburg n'était pas le fils de Paul Warburg, les faits sont relatés à la première personne avec une précision et un détail absolus. L'auteur de ce texte devait nécessairement être très proche des financiers qui ont porté Hitler au pouvoir.

L e livre, qui se compose de trois chapitres intitulés avec trois dates : "1929", "1931" et "1933", commence par un bref compte rendu de la conversation entre "Sidney Warburg" et I. G. Shoup, le traducteur des conversations avec Hitler. Warburg y justifie la raison pour laquelle il lui remet le manuscrit anglais pour qu'il le traduise en néerlandais : "Il y a des moments", dit Warburg, "où je voudrais m'échapper d'un monde si plein d'intrigues, de manœuvres boursières, de tromperies et de mensonges. J'en parle de temps en temps à mon père. Savez-vous ce que je n'ai jamais pu comprendre ? Comment ces gens honnêtes peuvent-ils se livrer à des escroqueries et à des tromperies en sachant qu'elles affecteront des milliers de personnes ? Shoup sait parfaitement qui est son interlocuteur, puisqu'il le désigne comme "le fils d'un des banquiers les plus puissants des Etats-Unis, associé de la banque new-yorkaise Kuhn, Loeb & Co". Le traducteur demande : "Pourquoi voulait-il révéler au monde comment le national-socialisme avait été financé ?".

Dans le premier chapitre, "1929", Warburg dit des choses impossibles à croire, comme, par exemple, que le traité de Versailles, bien qu'inspiré par Wilson, n'avait jamais eu la sympathie de Wall Street parce que la France en avait profité et avait entre les mains la reconstruction économique de l'Allemagne. Il faut rappeler que Wilson était accompagné à Paris par des banquiers de Wall Street, dont Bernard Baruch, Thomas Lamont de J. P. Morgan et Paul Warburg lui-même. Bernard Baruch, conseiller économique de la Conférence de paix, a approuvé et fait adopter les réparations très dures imposées à l'Allemagne. On ne sait pas qui cherche à tromper "Sidney Warburg", qui affirme avec suffisance, comme s'il ne s'agissait pas d'une bonne affaire, que "plus la France réclamait ses réparations de guerre, plus les Etats-Unis et la Grande-Bretagne devaient accorder des prêts pour que l'Allemagne puisse payer et assurer la reconstruction économique du pays". Après quelques réflexions politiques et économiques destinées à "exposer les erreurs d'un système qui dirige le monde", Warburg raconte comment il a été chargé de se rendre en Allemagne et de rencontrer Hitler.

Warburg, qui parlait parfaitement l'allemand, ayant travaillé pendant quatre années consécutives dans une banque de Hambourg, raconte qu'un certain jour de juin 1929, il eut une entrevue à New York, dans les bureaux du Guaranty Trust, avec J. H. Carter, le président-commissaire de la banque. Lors d'une seconde réunion tenue le lendemain à la direction du Guaranty Trust, à laquelle assistaient le jeune Rockefeller, un représentant de la Royal Dutch nommé Glean, les présidents des Federal Reserve Banks et cinq autres banquiers privés, Carter proposa le nom du jeune Warburg pour la mission auprès d'Hitler : "tous convinrent que j'étais l'homme qu'il leur fallait", écrit Warburg, qui raconte qu'il y eut une autre conférence "au cours de laquelle Carter et Rockefeller prirent les décisions et les autres se contentèrent d'écouter et d'acquiescer". Tous s'accordent à dire qu'"il n'y a qu'un seul moyen de sauver l'Allemagne de la tenaille financière française, et ce moyen, c'est une révolution. Celle-ci pouvait être réalisée par deux groupes politiques différents : soit le parti communiste allemand - ce qui signifiait, en cas de succès de sa révolution soviétique, la domination de l'URSS sur l'Europe et l'accroissement du danger communiste dans le monde - soit le déclenchement de la révolution par le groupe des nationalistes". Les arguments justificatifs de "Sidney Warburg" ne semblent ni crédibles ni honnêtes, notamment parce que la révolution communiste avait déjà échoué trois fois. De plus, il n'est pas raisonnable d'envisager une révolution "pour sauver l'Allemagne de la tenaille financière française". Les véritables motivations étaient bien sûr différentes et bien plus profondes, comme nous aurons l'occasion de l'évoquer plus tard, car ce qui nous intéresse ici, ce sont les événements réels qui se sont déroulés. Il a été convenu que Hitler ne devait pas connaître l'objectif de l'assistance économique de Wall Street, et qu'il devait être laissé à sa propre intelligence et à son propre raisonnement pour découvrir les motifs latents qui se cachaient derrière la proposition.

Warburg quitte New York pour Cherbourg à bord de l'*Ile de France.* "Je voyageais avec un passeport diplomatique et des lettres d'introduction de Carter, Tommy Walker, Rockefeller, Glean et Herbert Hoover". Arrivé à Munich, le consul américain échoue dans sa tentative de le mettre en contact avec le groupe nationaliste : "Cela m'a coûté huit jours". Il parvient finalement à joindre Hitler grâce aux efforts des autorités municipales de Munich. Deutzberg, le maire, l'informe qu'Hitler le recevra au Bräukeller. Voici le récit de la première rencontre. Dans une vieille pièce rustique située derrière la grande salle de la brasserie, Hitler est assis entre deux hommes derrière une longue table. "Les trois hommes se sont levés en me voyant arriver et se sont présentés l'un après l'autre. Le serveur m'a apporté une grande chope de bière et j'ai commencé à parler". Warburg a laissé entendre qu'il souhaitait une conversation en tête-à-tête et qu'il préférait qu'aucune tierce personne ne soit présente. "Ce n'est pas mon habitude", dit Hitler, "mais si vous me montrez vos papiers, j'y réfléchirai". Après avoir montré quelques lettres d'introduction, les escortes se sont retirées après une indication par un regard. "Je sortis alors toutes mes lettres de recommandation et les étalai sur la table, invitant Hitler à s'enquérir de leur contenu. Après les avoir lues, il me demanda si j'avais l'intention de publier ma conversation avec lui dans un journal américain. Je répondis par la négative. Plus calmement, il a immédiatement déclaré : "C'est juste que je ne fais pas beaucoup confiance aux journalistes. Surtout les journalistes américains". Je n'ai pas demandé pourquoi, car je ne voulais pas le savoir non plus".

Il ne fait aucun doute qu'à partir de ce moment, Hitler sait à qui il a affaire, car les noms figurant sur les lettres de recommandation sont très significatifs. Commence alors un monologue d'Hitler, qui veut savoir ce qu'ils pensent de son Mouvement, puisque son programme a été traduit en anglais. Suivent des dénonciations des conséquences du traité de Versailles sur la population, des dénonciations des marxistes et des juifs, des partis politiques et de leur servitude, de la trahison et de la corruption. Face à tout cela se dresse son parti, qui veut gagner le coeur des gens, qui promet du travail et du pain avec un programme tout allemand, et qui commence à gagner le soutien de nombreux chômeurs, des classes moyennes et de la population des campagnes. Il évoque ensuite le besoin de force et d'argent pour atteindre les objectifs et dénonce l'attitude des banques juives. Hitler lui remet alors le programme du parti : "Vous trouverez ici ce que nous voulons réaliser et ce que nous considérons comme notre but". Warburg pense que le moment est venu d'exposer la raison de sa mission, mais "il m'a presque empêché de commencer". Il reprend le paquet et commence à évoquer les difficultés et la nécessité de mener une grande propagande, pour laquelle il a besoin d'argent. Warburg déclare qu'il est fatigué d'écouter des discours et écrit : "Il m'était de plus en plus difficile d'accomplir ma tâche et d'énoncer l'objet de mon entretien. Hitler semblait s'écouter avec plaisir, et lorsque j'essayais d'intercaler quelques mots en guise d'introduction pour expliquer ce que je voulais, il passait à un autre sujet". Lorsque le moment est enfin venu, Warburg le reflète dans le texte par ces mots.

- Le président Hindenburg ne regarde pas notre mouvement avec sympathie, mais le moment venu, il n'essaiera pas de monter le peuple contre nous. L'aristocratie qui l'entoure a peur de voir le peuple au pouvoir. Car nous pourrions leur demander des comptes pour leur lâcheté à l'égard de l'étranger et leur indécision à l'égard du capitalisme juif'.
Soudain, il s'est tu. Il m'a regardé longuement et m'a interrogé brutalement.
- Êtes-vous peut-être juif ?
- Non, je suis d'origine allemande".
- Oui, bien sûr, votre nom l'indique clairement".
J'ai alors eu l'occasion de reparler des difficultés qui s'opposaient au programme d'Hitler, et j'ai enfin pu commencer à parler du plan d'aide financière que je voulais lui proposer.
- Si c'était vrai, interrompit Hitler, combien de choses nous pourrions réaliser !

Lorsque l'envoyé de Wall Street lui demanda combien d'argent il avait besoin pour ses projets, Hitler fut momentanément surpris et appuya sur une sonnette. Il s'adresse au serveur et, peu après, un homme grand et mince d'une quarantaine d'années entre, vêtu d'un uniforme marron. Hitler, sans le présenter à son interlocuteur, lui demande sans ambages "quelle somme d'argent serait nécessaire pour une propagande intensive en faveur du Mouvement". Warburg indique qu'il a appris plus tard que l'homme qui était entré était le banquier von Heydt, qui a noté quelques chiffres et les a transmis à son patron, qui l'a remercié d'un ton qui signifiait qu'il pouvait partir. "Vous voyez, dit Hitler, il n'est pas facile de faire un calcul dans nos circonstances. Je dois d'abord connaître le maximum que le monsieur qui vous a envoyé est prêt à donner, et aussi savoir s'il serait prêt à faire un autre don si nous avions à nouveau besoin de son aide." Warburg explique alors qu'il ne peut pas répondre. Sa mission était d'entrer en contact avec lui, et il devait informer les personnes qui l'avaient envoyé du montant maximum qu'elles mettraient à sa disposition. "Il n'a pas semblé apprécier ma réponse. Peut-être trouvait-il tout cela un peu compliqué et, d'un ton plutôt sec, il m'a demandé si je pouvais lui donner ne serait-ce qu'une idée approximative de la somme sur laquelle il pourrait éventuellement compter. Je lui ai répété que ce n'était pas possible". Pour l'intérêt qu'elle présente, la citation complète du dialogue suit :

- Quand pourrai-je avoir l'argent ?

Je répondis que j'espérais que ce serait dès que mon rapport télégraphique serait reçu à New York, à condition qu'il y ait un accord sur la somme exacte. Hitler me prit à nouveau au mot. Il ne voulait pas que l'argent soit envoyé en Allemagne, c'était trop dangereux.

- Je n'ai confiance dans aucune banque allemande. L'argent doit être déposé dans une banque étrangère, qui le mettra à ma disposition.

Il regarda à nouveau le montant qu'ils avaient additionné et, comme s'il donnait un ordre précis, il dit :

- Cent millions de marks".

Je m'efforçai de ne pas laisser paraître mon étonnement devant l'ampleur de la somme. J'ai promis d'envoyer un télégraphe à New York et de lui faire connaître rapidement la réponse que j'obtiendrais. Il m'a interrompu :

- Dès que vous aurez reçu de ses nouvelles, écrivez à von Heydt. Son adresse est Lützow-Ufer, 18, Berlin. Il vous contactera immédiatement si nécessaire".

Hitler s'est levé. Il m'a serré la main - ce que j'ai considéré comme un bon signe - et je suis parti. Sur le chemin de l'hôtel, je faisais mentalement le calcul. 100 millions de marks représentaient environ 24 millions de dollars. J'ai commencé à douter que Carter veuille donner une telle somme à un mouvement politique européen "en perte de vitesse". Finalement, j'ai pensé que New York aimerait connaître le résultat de mes efforts et j'ai envoyé secrètement un extrait de la conversation que j'avais eue avec Hitler.

Le lendemain, dans la soirée, je me suis rendu à une réunion qui se tenait dans le cercle du parti national-socialiste ; le matin, j'avais reçu à mon hôtel une invitation à y assister. Hitler a pris la parole en personne, puis un certain Falkenhayn a pris la parole".

La réponse de New York arrive trois jours plus tard. "Une réponse brève, également en écriture chiffrée. Dans cette réponse, Hitler se voyait offrir dix millions de dollars. Je devais indiquer à quelle banque européenne cette somme devait être envoyée sur un compte à mon nom". Par rapport aux montants donnés, il faut considérer que l'hyperinflation qui a détruit la monnaie allemande entre 1921-23 a pu être freinée par le remplacement temporaire du Reichsmark par le Rentenmark, soutenu par des hypothèques sur les propriétés allemandes et par la production industrielle. Warburg poursuit en disant qu'il a écrit à von Heydt, qui lui a téléphoné le lendemain et qu'ils ont convenu d'une rencontre à son hôtel. Von Heydt arrive accompagné d'un autre homme présenté comme étant Frey, et "je les ai informés que New York était prêt à mettre à leur disposition dix millions de dollars à envoyer à une banque européenne en mon nom. Je les mettrais volontiers à la disposition d'Hitler. Le paiement et le transfert de cet argent devraient être réglementés". Deux jours plus tard, les deux hommes se présentent à nouveau à l'hôtel avec les instructions que le Führer leur a données. La proposition était la suivante :

"Je devrais télégraphier à New York et leur demander de mettre les dix millions de dollars à ma disposition à la banque Mendelssohn & Co. à Amsterdam : je devrais aller chercher l'argent moi-même dans cette ville et demander à ce banquier de me donner dix chèques d'un million de dollars à échanger contre des marks et de les placer dans dix villes différentes en Allemagne. Je remettrais les chèques à dix personnes différentes, qui les mettraient à la disposition de Heydt. Il m'accompagnerait à Amsterdam. Une fois à Amsterdam, je pourrais retourner en Amérique".

Le fait que la banque choisie par Hitler ait été la Banque Mendelssohn d'Amsterdam est significatif, puisqu'il s'agissait d'une banque juive dans l'orbite de Warburg. Les Mendelssohn avaient d'ailleurs été les banquiers les plus favorisés par les Rothschild au XIXe siècle, même si Samuel Bleichröder avait tenté de les supplanter à Berlin. Il n'est donc pas étonnant que "Sidney Warburg" soit reçu avec une extraordinaire gentillesse par le directeur lorsqu'il demande à le rencontrer. Le jeune Warburg s'étonne que von Heydt "soit traité par tous les employés, juniors et seniors, comme s'ils le considéraient comme l'un des meilleurs clients de la banque". Cela indique, bien sûr, que les nazis, malgré leurs discours contre les banques juives, traitaient régulièrement avec ces dernières sans aucun problème.

"Sidney Warburg s'embarqua sur *l'Olympia* à Southhampton et retourna à New York, où il rapporta tout à J. H. Carter, l'homme de Morgan et du Guaranty Trust, qui proposa de convoquer une réunion plénière pour qu'il puisse faire un rapport détaillé. Lors de cette nouvelle réunion, écrit Warburg, les mêmes messieurs étaient présents qu'en juillet, mais cette fois-ci, à côté de Glean, qui représentait la Royal Dutch, siégeait un représentant anglais, Angell, l'un des hommes les plus importants de l'Asiatic Petroleum Company.... Ils ont tous trouvé la somme de 24 millions excessive, mais j'ai eu l'impression que c'était précisément l'importance de la somme qui leur indiquait que l'on pouvait avoir confiance dans la fermeté et la véracité des actions du Führer". Parmi d'autres détails, Warburg note "l'énorme intérêt de Rockefeller pour les déclarations d'Hitler sur les communistes". Il note également que quelques semaines après son retour, certains journaux "ont commencé à s'intéresser au nouveau parti allemand" et ajoute que "des journaux tels que *le New York Times*, le *Chicago Tribune*, le *Sunday Times*, etc. ont commencé à publier des reportages sur les discours d'Hitler".

Au début de l'année 1924, le NSDAP compte 24 députés. Après l'échec du "Putsch de Munich", le parti tombe dans le discrédit et, aux élections de la fin de l'année, il n'obtient que 14 représentants. La situation est encore pire en 1928, où les nazis n'obtiennent que 12 sièges. De manière surprenante, tout commence à changer lors des élections du 14 septembre 1930, lorsque le NSDAP décuple ses résultats et, avec près de six millions et demi de voix, remporte 107 sièges. Du jour au lendemain, le parti d'Hitler devient la deuxième force politique d'Allemagne, derrière le parti social-démocrate, qui obtient le plus de voix et 143 sièges. Les communistes, ennemis jurés des nazis, avec près de deux millions de voix en moins, obtiennent 77 sièges. Il semble évident que l'injection d'argent de Wall Street a eu un effet.

Le deuxième chapitre de L'*argent d'Hitler*, intitulé "1931", commence par une réflexion sur la politique monétaire. Le fait qu'en septembre 1931 la Banque d'Angleterre ait aboli l'étalon-or a incité le gouvernement français à retirer une partie de ses réserves d'or stockées à la Réserve fédérale : "D'énormes quantités d'or ont été expédiées, écrit Warburg, de New York vers l'Europe, dont une bonne partie vers la France, bien que je ne puisse l'affirmer avec certitude....".[9] Fin septembre 1931 et début octobre, nous avons constaté qu'entre 650 et 700 millions de dollars avaient déjà été envoyés en Europe. Les dépôts d'or encore détenus par le gouvernement français auprès de la Federal Reserve Bank à la fin du mois d'octobre étaient évalués à environ 800 millions de dollars". Warburg attribue l'affaiblissement de la livre sterling à la tactique française, qui aurait pour but d'épuiser Londres sur le plan financier afin qu'elle ne puisse pas venir en aide à l'Allemagne. La visite à Washington de Pierre Laval, président du Conseil des ministres français, et de deux experts financiers, Parnier et Lacour-Gayet, est rapportée. "Sidney Warburg commente que les experts de la Réserve fédérale et du Trésor "étaient d'avis que le gouvernement français avait perdu quelques millions pour faire couler la livre et faire tomber l'étalon-or à Londres".

Le sujet revient ensuite sur le financement du NSDAP, puisque "Sidney Warburg" rapporte avoir reçu une lettre d'Hitler à la fin du mois d'octobre 1931, dont il retranscrit le texte suivant dans son livre :

---

[9] L'étalon-or, comme on le sait, permettait d'échanger du papier-monnaie contre de l'or. Ainsi, par exemple, en 1930, n'importe qui pouvait obtenir une once d'or en échange d'un billet de 20 dollars. Suite à la Grande Dépression provoquée par le krach boursier de 1929, la panique s'est emparée de la population au point qu'en 1931, de nombreuses personnes ont échangé leur papier-monnaie contre de l'or et les réserves de la Banque d'Angleterre ont commencé à diminuer. Montagu Norman, gouverneur de la Banque d'Angleterre de 1920 à 1944, a accepté d'abandonner l'étalon-or, dont il avait pourtant toujours été le plus ardent défenseur. Cette décision stimula un échange mondial de papier contre de l'or, car si la City de Londres, centre mondial de la finance, pouvait prendre une telle décision, d'autres pouvaient suivre. En 1933, F. D. Roosevelt a mis fin à la convertibilité de l'or pour les citoyens. Désormais, seuls les gouvernements et les banques mondiales pouvaient échanger des billets de banque contre de l'or. Il est même allé jusqu'à interdire aux Américains de posséder de l'or. En 1934, les États-Unis réintègrent l'étalon-or, mais non pas à 20 dollars l'once, mais à 35. Les critiques de T. McFadden à l'égard de la politique de Roosevelt en ce qui concerne les mesures relatives à l'or seront examinées plus loin.

"Notre mouvement se développe si rapidement dans toute l'Allemagne qu'il a besoin d'un financement important. La somme que vous m'avez déjà donnée pour le développement du Parti est déjà épuisée, et je prévois que je ne pourrai pas aller de l'avant si je ne reçois pas bientôt une nouvelle aide. Je ne dispose pas, comme nos ennemis les communistes et les sociaux-démocrates, des grandes sources financières des gouvernements, mais je dois m'en tenir strictement aux sommes fournies par les membres du Parti. De la somme que vous m'avez envoyée, il ne reste rien. Le mois prochain, je dois entreprendre une grande action qui peut nous amener au pouvoir. Mais pour cela, j'ai besoin de beaucoup d'argent. Je vous serais reconnaissant de bien vouloir m'indiquer la somme sur laquelle je peux compter de votre part".

"Sidney Warburg commente le ton de la lettre et estime qu'il est plutôt celui d'une "personne qui pense avoir plus le droit de demander que de supplier une faveur". Un autre détail qui retient son attention est que, bien que la lettre soit datée de Berlin, l'enveloppe lui est parvenue avec un cachet de la poste américaine, ce qui indique qu'Hitler avait un confident aux États-Unis et probablement à New York même. L'article fait ensuite état d'une nouvelle réunion dans les bureaux de la Guaranty Trust Co, à laquelle un homme de Rothschild, Montagu Norman, le gouverneur de la Banque d'Angleterre, qui se trouvait à New York, a également été invité. "Sidney Warburg" met les mots suivants dans la bouche de J. H. Carter : "S'il veut venir, nous pouvons crier victoire". Montagu Norman est informé de l'administration de 1929 et estime que les dix millions de dollars sont une somme très importante pour le financement d'un mouvement politique ; mais il est finalement décidé que "Sidney Warburg" doit retourner en Europe.

Une fois en Allemagne, le jeune Warburg visite plusieurs villes pour évaluer la situation sur le terrain. À Hambourg, il rencontre un banquier juif partisan d'Hitler et lui demande comment, en tant que juif, il peut soutenir les nazis. À Berlin, il rencontre un industriel, fervent partisan du national-socialisme. Constatant l'enracinement du parti dans la population, il estime qu'il est temps de prendre contact avec Hitler, à qui il écrit à son adresse berlinoise. Installé à l'hôtel Adlon, il reçoit dans ses chambres le banquier von Heydt et un inconnu qui lui est présenté sous le nom de Lütgebrunn. Tous deux lui expliquent le travail du parti avec les chômeurs, qu'ils intègrent dans les milices, ce qui entraîne des dépenses importantes, car dans les maisons du NSDAP dans les différentes villes allemandes "les hommes y mangent, y dorment, et tout cela aux frais du parti". Après avoir justifié les dépenses pour les uniformes, les achats d'armes aux contrebandiers, les moyens de locomotion, etc., von Heydt annonce que Hitler le recevra le lendemain dans sa maison de la Fasanenstrasse 28. "Sidney Warburg" commente qu'à l'aspect du bâtiment, il a eu l'impression qu'il allait rendre visite à un citoyen ordinaire : "J'ai trouvé Hitler plutôt âgé, mais moins nerveux ; il avait plus d'aplomb, et il était aussi mieux habillé. J'ai eu l'impression qu'il savait ce qu'il voulait et qui il était".

Le récit de la seconde entrevue commence par une intervention d'Hitler, qui assure à son interlocuteur : "Si vous nous donnez un an d'activité, le pouvoir tombera entre nos mains". Il affirme fièrement que "la bande rouge tremble de peur" et ajoute qu'ils lui feront voir de quoi ils sont capables. Il explique qu'ils ont "un plan de mobilisation qui ne peut pas échouer", qui est "sous la responsabilité de Göring, l'un de nos meilleurs collaborateurs. En deux heures, nos formations peuvent être prêtes dans tout le pays à descendre dans la rue. En premier lieu, les partis d'assaut, dont la mission est d'occuper les bâtiments, de capturer les dirigeants politiques ainsi que les membres du gouvernement qui ne sont pas de notre côté.... Si le sang doit couler, qu'il coule. Une révolution ne peut se faire autrement ; ce n'est que par la force que l'on peut apprendre aux traîtres ce qu'est l'honneur".

Après l'avoir écouté, Warburg lui demande quelles sont ses intentions en matière de politique internationale. Hitler se lève alors, commence à marcher dans la pièce et entame un long monologue, au milieu duquel "Sidney Warburg" intervient : "Je dois préciser avant d'aller plus loin que dès que je suis rentré à l'hôtel, j'ai écrit cette conversation mot pour mot. J'ai les feuilles de papier sous les yeux, je ne suis donc pas responsable de ce qui est incompréhensible ou incohérent. Vous devez protester auprès d'Hitler si vous trouvez quelque chose d'étrange ou si vous êtes surpris par ses idées en matière de politique étrangère". Le discours d'Hitler contient des éléments remarquables. Par exemple, il affirme qu'il emprisonnera les Juifs, les communistes et les sociaux-démocrates ; que l'armée du Reich est avec eux "jusqu'au dernier homme" ; que les deux seuls dirigeants mondiaux qu'il respecte sont Mussolini et Staline, surtout le premier, et il ajoute : "Dommage que Staline soit juif". Estimant que son long discours a répondu à la question, Hitler s'enquiert immédiatement de la somme d'argent qu'on peut lui offrir. Il expose ensuite l'existence de deux plans de prise de pouvoir. Le premier est le "plan révolutionnaire". Le second est la prise de pouvoir légale, c'est-à-dire le "changement de gouvernement". Il semble clair qu'au début de l'entretien, Hitler avait essayé de lui vendre le premier, qui, disait-il, était une affaire de trois mois, alors que le second prendrait trois ans. "Qu'est-ce qui est préférable, selon vous ?

"Sidney Warburg écrit qu'il s'est contenté de hausser les épaules en signe d'ignorance. Devant cette attitude, Hitler lui dit : "Vous, les Américains, vous ne connaissez pas les circonstances ; il vous est donc très difficile de résoudre ce dilemme ; mais que pensez-vous que diront vos amis ?". Comme Warburg ne pouvait pas non plus lui donner de réponse, Hitler jugea nécessaire de s'expliquer davantage : "Voyez-vous, ni moi ni mes collaborateurs ne savons avec certitude quelle direction prendre. Göring est pour la révolution, les autres sont plutôt pour un changement de gouvernement. Moi, je suis pour les deux .... Il y a une raison pour laquelle nous avons des doutes sur la meilleure méthode, c'est que nous ne savons pas combien d'argent nous pouvons compter sur vous. Si vous aviez été plus généreux en 1929, tout serait en ordre depuis longtemps ; mais avec dix millions de dollars, nous ne pourrions pas réaliser la moitié du plan." Enfin, selon le récit de Warburg, Hitler s'assit à la table, prit un petit carnet et dit : "La révolution coûte 500 millions de marks ; le changement de gouvernement, environ 200 millions de marks. Que pensez-vous que vos amis vont décider ?" Warburg lui promit qu'il allait rapidement contacter New York et que dès qu'il aurait une réponse, il le lui ferait savoir immédiatement. Hitler se lève alors, recommence à faire les cent pas et dit : "Vos amis américains ont incontestablement intérêt à ce que notre parti prenne le pouvoir en Allemagne, sinon vous ne seriez pas avec moi aujourd'hui, et en 1929, ils ne m'auraient pas donné dix millions de dollars. Je ne me soucie pas des raisons qui les poussent à m'aider, mais ils doivent savoir que sans moyens financiers suffisants, je ne peux rien faire".

Comme on l'a dit, les banquiers juifs qui finançaient Hitler voulaient qu'il interprète lui-même les raisons de leur aide financière. Bien sûr, en deux ans, Hitler a eu le temps de savoir exactement qui le voulait au pouvoir. Quant à savoir s'il avait compris leurs véritables intentions, c'est une autre question. À cet égard, il est très significatif qu'il reconnaisse que les raisons lui importent peu. "Sidney Warburg termine le récit de son entretien avec le Führer par ces mots : "D'après le ton des dernières phrases, il semblait qu'Hitler s'adressait à un large public et m'attaquait comme si j'étais son pire ennemi. J'en avais assez. Je lui ai répété que je parlerais à New York et que je lui donnerais la réponse dès que je l'aurais reçue." Il a fallu cinq jours à New York pour répondre. Apparemment, la première réponse n'était pas claire et "Sidney Warburg" a télégraphié à nouveau pour obtenir une nouvelle réponse. Il reçoit alors un long télégramme qu'il transcrit :

"Les sommes proposées sont démesurées. Nous ne voulons pas et nous ne pouvons pas. Expliquez-lui qu'un tel revirement perturberait le marché européen. Il est totalement inconnu sur la scène internationale. J'attends un rapport plus complet avant de me prononcer. Continuez. Continuez à enquêter. Convainquez l'homme de l'impossibilité de ses exigences. N'oubliez pas d'inclure dans le rapport votre propre opinion sur les possibilités d'avenir offertes par cet homme."

Warburg écrit une lettre à Hitler et l'informe des nouvelles qu'il a reçues. Deux jours plus tard, il reçoit à son hôtel la visite de deux personnes qu'il n'avait jamais rencontrées auparavant : Göring et Streicher. "Le premier, à l'allure élégante, au pas ferme et brutal, le second à l'allure plutôt efféminée". La rencontre avec Göring est extrêmement désagréable, car malgré l'insistance de Warburg sur le fait qu'il n'est qu'un simple intermédiaire dont les opinions ou les idées n'ont "rien à voir avec l'évolution des choses", Göring lui parle sur un ton exaspéré, allant jusqu'à lui dire textuellement : "Vous êtes tous des imposteurs". Ces propos indignent Warburg "Je me suis levé et j'ai indiqué la porte à Göring pour qu'il parte ; il l'a fait, en compagnie de Streicher, sans même dire bonjour". Le texte se poursuit :

> "J'ai écrit à Hitler une lettre dans laquelle je lui demandais de me traiter personnellement à partir de maintenant et de ne plus m'envoyer d'émissaires, en particulier à Göring. Je lui ai expliqué en quelques mots ce qui s'était passé et j'ai ajouté que je ne souhaitais pas que le monde rencontre à nouveau Göring. Je ne sais pas ce qui s'est passé entre Hitler et Göring ; le fait est que le lendemain, j'ai reçu une lettre de ce dernier dans laquelle il s'excusait auprès de moi, attribuant son excitation à la grande tension qu'ils vivaient, puisqu'après Hitler, il était le numéro deux du parti".

Trois jours plus tard, un télégramme arrive enfin avec le texte suivant : "Rapport reçu. Nous sommes prêts à donner dix, maximum quinze millions de dollars. Avise l'homme de la nécessité d'une agression contre un danger étranger". L'ambiguïté de la dernière phrase permet toutes sortes de spéculations, car c'est peut-être là que se trouve la clé des véritables objectifs du financement. Après avoir communiqué la nouvelle à Hitler dans une nouvelle lettre, Strasser et von Heydt se rendent à Warburg avec les pleins pouvoirs pour agir au nom du Führer, qui, disent-ils, doit se reposer pendant deux semaines sur ordre de son médecin. Von Heydt accepte la somme de quinze millions et prévient que l'option révolutionnaire est hors de question. Strasser demande quand l'argent pourra arriver en Allemagne : "Je lui ai dit que je pensais que ce serait une question de quelques jours au plus, dès que je saurais si Hitler était satisfait des chiffres, mais que je prendrais des mesures pour que l'argent ne soit pas envoyé avant que j'aie parlé à Hitler. Von Heydt répondit que le Führer avait besoin d'un repos absolu, mais Warbug insista sur le fait que "rien ne serait arrangé tant que je n'aurais pas parlé à Hitler".

Le lendemain, alors qu'il dîne dans ses chambres d'hôtel, "Sidney Warburg" apprend qu'un chauffeur l'attend à l'entrée. Après avoir lu une lettre dans laquelle Hitler le priait de venir le voir dans la voiture mise à sa disposition, il monta dans la voiture et fut conduit à la maison de la Fasanenstrasse, où la rencontre avec Hitler eut finalement lieu. Ce dernier confirme qu'il a accepté les quinze millions de dollars, mais qu'il a choisi la voie la plus longue, celle d'un changement de gouvernement. Von Heydt", annonce Hitler, "prendra contact avec vous pour le transfert de l'argent". Le récit se poursuit : "J'ai essayé de lui faire comprendre qu'il n'était pas possible pour ceux que je représentais d'envoyer les quinze millions de dollars en une seule traite. Ils enverraient d'abord dix, puis cinq millions, et qu'ils devaient recevoir mes instructions. J'ai répété à Hitler l'importance des conditions que Carter avait posées dans le télégramme en ce qui concerne l'étranger. Cette fois, il ne lança pas les phrases habituelles sur le programme, mais répliqua sèchement : "Laissez-moi faire. Ce que j'ai déjà réalisé est une garantie pour ce que je peux encore réaliser". La conversation s'arrête là.

Trois jours plus tard, un contre-ordre arriva, selon lequel les quinze millions devaient être remis "à une certaine banque européenne" dès qu'ils seraient encaissés. Après avoir communiqué cette nouvelle à Hitler, Warburg reçut à nouveau la visite de von Heydt, qui lui demanda de faire tirer le montant comme suit : Cinq millions à Warburg, à verser à Mendelssohn & Co. à Anvers ; cinq millions à la Rotterdam Banking Union à Rotterdam ; et cinq autres millions à la Banca Italiana à Rome. Les détails de l'opération sont présentés ci-dessous :

> "En compagnie de Von Heydt, Gregor Strasser et Göring, je me suis rendu à ces trois points pour collecter les mandats. Nous devions ensuite envoyer un grand nombre de chèques dans des villes et des villages d'Allemagne à une série interminable de noms figurant sur de très longues listes tenues par les chefs nationaux-socialistes. À Rome, Strasser, von Heydt et Göring ont été reçus dans le bâtiment principal de la banque par le président commissaire. Cela ne faisait pas cinq minutes que nous étions dans le bureau que deux hommes en uniforme fasciste, qui apparemment devaient aussi être des chefs, nous furent présentés : Rossi et Balbo. Göring prit la parole et leur parla en italien. Je n'ai rien entendu. Nous avons été invités à déjeuner chez Balbo. J'étais le seul à ne pas être en uniforme. Les dirigeants nationaux-socialistes portaient des uniformes bruns, les fascistes des uniformes noirs".

En ce qui concerne le fait que l'argent ait été divisé en de nombreux chèques, Anthony Sutton estime qu'il s'agissait d'une pratique courante, dont le but était de blanchir l'argent afin de dissimuler son origine de Wall Street. Quelques jours après sa tournée européenne avec les nazis, "Sydney Warburg" embarque dans le port de Gênes et navigue à bord du *Savoy* pour New York. À son arrivée, il fait un compte rendu détaillé des entretiens avec Hitler et de la situation en Allemagne. Une fois de plus, Rockefeller était l'un de ceux qui s'intéressaient le plus aux détails spécifiques. Ils veulent également tout savoir sur les collaborateurs du Führer, et le jeune Warburg leur raconte l'incident avec Göring.

Au début de l'année 1932, la Grande Dépression qui a débuté en 1929 avec le krach de la Bourse de New York fait rage en Allemagne. Quelque six millions de travailleurs sont inscrits dans les agences pour l'emploi, mais si l'on y ajoute les petits emplois à temps partiel et les personnes non inscrites qui sont également à la recherche d'un emploi, le chiffre avoisine les dix millions. Le 3 juillet 1932, le NSDAP obtient des résultats spectaculaires et devient la première force politique. Les quelque six millions et demi de voix obtenues en 1930 se transforment en quatorze millions. De 107 sièges au Bundestag, il passe à 230, ce qui signifie que 37,4% des suffrages exprimés sont allés au parti nazi. Bien que le succès soit incontestable, Hitler ne réussit pas à provoquer le changement politique souhaité, car Hindenburg, président de la République, et le général Kurt von Schleicher, proche du vieux maréchal, ne le soutiennent pas au poste de chancelier. Après un long bras de fer entre les différents acteurs politiques, une impasse est atteinte et de nouvelles élections sont convoquées, qui ont lieu le 6 novembre 1932. Les résultats ne sont pas à la hauteur des espérances d'Hitler et le NSDAP perd deux millions de voix et trente-quatre députés, mais reste de loin le parti ayant obtenu le plus grand nombre de voix.

Les intrigues pour la chancellerie reprennent. Schleicher convainc Hindenburg qu'il peut diviser les nazis en le nommant chancelier. Le vieux maréchal accède à sa demande le 2 décembre 1932. L'homme qui peut défier Hitler à la tête du parti est Gregor Strasser. Schleicher, convaincu qu'une soixantaine de députés nationaux-socialistes le suivront, lui propose la vice-chancellerie. Le journal de Göbbels nous donne un aperçu de l'état d'esprit qui règne au sein du NSDAP. Le 8 décembre, il note : "Des rumeurs circulent selon lesquelles Strasser préparerait une sorte de révolution de palais....". À midi, la bombe explose. Strasser a écrit une lettre au Führer dans laquelle il l'informe qu'il démissionne de tous ses postes". Lors d'une réunion entre Göbbels, Himmler, Röhm et Hitler, le Führer menace de se suicider si le parti éclate. Plus précisément, comme l'écrit Göbbels, il a déclaré : "Si jamais le parti éclate en morceaux, j'y mettrai fin avec un pistolet en trois minutes".

La lutte au sein du parti entre Strasser et Hitler se termine en faveur de ce dernier et le chancelier Schleicher ne peut rester en fonction. Le 4 janvier 1933, sous l'égide du banquier Kurt von Schröder, Hitler rencontre von Papen, qui avait appartenu au parti catholique du Centre et bénéficiait du soutien du parti conservateur DNVP (Parti national du peuple allemand). Les deux hommes se mettent d'accord pour former un gouvernement de coalition dans lequel Hitler serait chancelier et von Papen vice-chancelier. Le 28 janvier 1933, Schleicher démissionne et von Papen propose à Hindenburg un gouvernement avec les nazis. Le 30 janvier, Hitler prête serment devant Hindenburg en milieu de matinée et est nommé chancelier d'Allemagne. Le 1er février 1933, Ludendorff, le général qui avait participé avec Hitler au "Beer Hall Putsch", écrit une lettre à Hindenburg qu'Eugene Davidson cite dans *The Making of Adolf Hitler*. De ce texte, nous extrayons cet extrait : "En nommant Hitler chancelier du Reich, vous avez livré notre patrie à l'un des plus grands démagogues de tous les temps. Je vous prédis solennellement que cet homme maudit plongera notre Reich dans l'abîme et conduira notre nation dans une misère inconcevable. À cause de ce qu'il a fait, les générations à venir le maudiront dans sa tombe". Telle était la situation lorsque "Sidney Warburg" arriva à Berlin pour rencontrer à nouveau Hitler.

Dans le troisième chapitre, intitulé "1933", Warburg raconte que la nuit même de l'incendie du Reichstag, c'est-à-dire le 27 février 1933, il a envoyé une lettre à l'ancien domicile d'Hitler à Berlin pour lui annoncer son arrivée. Warburg avoue qu'à cette occasion, c'est Carter, l'homme de la Guaranty Trust Co. qui avait reçu une lettre d'Hitler lui demandant "d'envoyer immédiatement son vieux confident pour une entrevue", ce qui prouve indubitablement, comme le proclame "Sidney Warburg" lui-même, qu'Hitler savait "qu'il avait affaire au groupe financier le plus puissant du monde".

Le chancelier du Reich le reçoit dans la même maison de la Fasanenstrasse. Hitler, très excité, lui parle pendant une demi-heure de l'incendie du Reichstag, dont il rejette la responsabilité sur les communistes : "Les communistes ont joué le tout pour le tout et ont perdu en mettant le feu au Reichstag". Warburg écrit ce qui suit à propos de l'incendie du Reichstag : "Ce n'est que plus tard que j'ai pu lire en Amérique et ailleurs des théories différentes ; maintenant, s'il est vrai que le parti d'Hitler a pris part à l'incendie, il faut admettre qu'Hitler est le meilleur comédien que j'aie jamais rencontré dans les cinq parties du monde. Göring et Göbbels ne sont pas en reste ; leur désespoir était si spontané, ou ils se sont exprimés de manière si stupéfiante, que lorsque je me souviens de ces conversations, je doute encore que tout cela soit fictif". En d'autres termes, Warburg avait l'impression que les dirigeants nazis étaient honnêtes lorsqu'ils lui parlaient de l'incendie.

Quatre-vingts ans plus tard, les communistes et les nationaux-socialistes s'accusent encore mutuellement d'un événement dont ils ont tous deux essayé de tirer un profit politique. Aujourd'hui, l'histoire officielle a conclu sans l'ombre d'un doute que tout cela était l'œuvre des nazis, et c'est ce qui est enseigné dans les institutions académiques du monde entier. Cependant, puisque l'histoire officielle est fausse, il faut supposer qu'elle ment dans cette affaire comme dans tant d'autres. Deux jours seulement après l'incendie, par exemple, le *Daily Worker,* l'organe officiel du parti communiste britannique, a affirmé sans aucune preuve que les nazis avaient mis le feu à leur propre parlement. Willi Münzenberg, le génie de la propagande communiste en Europe, et l'OGPU ont fabriqué de fausses preuves impliquant les nazis dans l'incendie. La seule chose clairement établie est qu'un jeune socialiste néerlandais, Marinus Van der Lubbe, a été arrêté sur les lieux et a admis avoir mis le feu. Van der Lubbe a déclaré qu'il voulait faire de l'incendie du bâtiment un signal pour la révolution et qu'il l'avait fait seul. Les communistes l'accusent d'être un dégénéré, un imbécile qui a été mis sur la sellette comme bouc émissaire, et commencent à répandre la rumeur que tout cela est l'œuvre des nazis. Van der Lubbe a expliqué qu'il avait acheté du matériel d'allumage et de l'huile pour allumer le feu. La police a pu prouver toutes ces choses. Les interrogateurs apolitiques pensaient qu'il disait la vérité. Les pompiers ont également déclaré que le récit de Van der Lubbe correspondait aux résultats de leurs investigations sur les lieux.

On pourrait écrire longuement sur la campagne de propagande communiste, car elle fut principalement l'œuvre d'Otto Katz, le juif de Jistebnice, agent triple ou quadruple qui, comme nous le verrons en temps voulu, fut pendu en 1952. Un ouvrage sur Katz, que l'on retrouvera en Espagne dirigeant la propagande de la Seconde République en accord avec Álvarez del Vayo, est paru en 2010, *Les neuf vies d'Otto Katz*, qui offre une mine d'informations sur ce juif errant, que Molotov appela un jour "Globetrotter". Jonathan Miles, l'auteur du livre, consacre deux chapitres à la discussion des détails de la campagne internationale sur l'incendie du Reichstag organisée par Katz, qui, comme le note Miles, n'a jamais eu le moindre scrupule à mentir avec un naturel absolu. En avril 1933, Münzenberg se rend à Moscou, où la campagne visant à rendre les nazis responsables de l'incendie est décidée. Katz, le protégé de Münzenberg, se rend en Angleterre, en France, en Hollande, aux États-Unis et partout où cela est nécessaire pour obtenir des informations et des soutiens afin de rédiger et d'éditer le *Braunbuch uber Reichstagsbrand und Hitlerterror* (*Le livre brun sur l'incendie du Reichstag et la terreur hitlérienne*), pièce maîtresse de la propagande, qui, dans une démonstration de moyens et de financement, est traduit dans une vingtaine de langues, dont l'hébreu et le yiddish. Une édition de 135 000 exemplaires est introduite clandestinement en Allemagne en août 1933. La couverture ne passe pas inaperçue : sur fond de Reichstag en flammes apparaît l'image de Göring. Sa tête déformée ressemble à celle d'un chien enragé. Dans sa main droite, il tient une énorme hache ensanglantée. À partir de la taille, il porte un tablier de boucher maculé de taches de sang. Entre autres fables, le livre attribue au jeune Marinus van der Lubbe une liaison avec un mystérieux docteur Bell, proxénète supposé d'Ernst Röhm. Otto Katz a également organisé un procès parallèle à Londres, pour lequel des comités de soutien ont été formés dans de nombreux pays. Katz attribue la plus haute autorité à son tribunal : il déclare que "son mandat émane de la conscience du monde".

Dans ce contexte, nous pouvons revenir sur la rencontre entre Hitler et Warburg, qui a eu lieu quelques jours avant les nouvelles élections, convoquées pour le 5 mars 1933. Lors de la première réunion du gouvernement, le 30 janvier. Hitler avait proposé de dissoudre le Parlement et de convoquer de nouvelles élections, convaincu qu'il pouvait obtenir la majorité absolue. Von Papen, son allié et vice-chancelier, avait accepté à condition de ne pas changer de gouvernement quels que soient les résultats.[10]

---

[10] Lors des élections du 5 mars 1933, le NSDAP obtient 17 200 000 voix, soit 288 sièges. 43,9% des Allemands ont voté pour les nationaux-socialistes. Le deuxième parti est le SPD qui, avec 7 100 000 voix, obtient 120 sièges. Les communistes, soutenus par 4 800 000 électeurs, obtiennent 81 sièges. Le 21 mars 1933, Hitler réussit à faire adopter la loi d'habilitation, qui fait de lui un dictateur constitutionnel.

En plus d'expliquer au jeune Warburg ses projets immédiats, Hitler lui annonce que von Heydt n'est plus avec eux, pas plus que von Pleffer. Il qualifie les frères Gregor et Otto Strasser de ridicules : "Au lieu d'attaquer, les Strasser et leurs sbires ont tout préparé dans le plus grand silence, mais j'étais au courant de leurs moindres faits et gestes". Il lui dit ensuite qu'il l'avait attendu plus tôt à Berlin, qu'il fallait agir vite, et lui demande si ses amis veulent l'aider davantage."

L'évaluation d'Hitler par Warburg à cette occasion est très négative : "Il y a des moments où Hitler donne l'impression d'être malade. Il ne m'a jamais été possible de tenir une conversation ordinaire et ordonnée avec lui. De temps en temps, il faisait des changements si soudains et si absurdes que l'on ne pouvait que douter de son équilibre mental. Je suis convaincu qu'il est de nature hypernerveuse". À un moment de l'entretien, Hitler commence à parler du problème juif. "Bon Dieu ! -s'exclame Warburg, il compare le problème allemand au problème des Noirs en Amérique. Cela suffit à me donner une idée de l'intelligence d'Hitler et de sa façon de penser. Les deux problèmes ne sont pas comparables. Je vous épargnerai les comparaisons inutiles qu'Hitler a faites". Il est déjà trois heures du matin lorsque la question du montant de la nouvelle aide est enfin abordée. Hitler dit qu'il lui faut "au moins cent millions de marks pour tout obtenir et pour avoir une chance de victoire complète et définitive". Warburg lui répond qu'une telle somme est hors de question et rappelle que 25 millions de dollars ont déjà été envoyés. Il lui promet de télégraphier immédiatement à New York, ce qu'il fait à 4h30 du matin, heure à laquelle il arrive à son hôtel.

Carter lui télégraphie qu'il peut lui envoyer sept millions de dollars. "Cinq seraient virés de New York en Europe, aux banques que j'avais indiquées, et les deux autres millions me seraient remis personnellement par la Rhineland Joint Stock Company à Düsseldorf, la filiale allemande de la Royal Dutch". Après avoir transmis la réponse à Hitler, "Sidney Warburg" reçoit la visite de Göbbels qui l'emmène dans la Fasanenstrasse. Il est reçu par Hitler et Göring. "La conversation fut très brève. J'ai eu l'impression que les trois hommes étaient mécontents du montant annoncé et qu'ils s'efforçaient de ne pas être impolis avec moi ; mais tout s'est bien terminé. Hitler me demanda de faire virer les cinq millions de dollars à la banque italienne de Rome ; Göring m'accompagnerait. Les deux autres millions devaient être remis à Göbbels en argent allemand, en quinze chèques de même valeur. C'est ainsi que se termina l'entretien.

Peut-être avons-nous été plus longs que nécessaire dans ce résumé, mais nous avons choisi de le faire parce que ce livre épuré n'est pas disponible aux Pays-Bas. Quoi qu'il en soit, les lecteurs intéressés peuvent encore trouver un exemplaire de l'édition NOS de 1955 en Espagne. Antony Sutton admet que certaines informations sont connues aujourd'hui, mais il ajoute qu'il faut garder à l'esprit que l'édition néerlandaise est parue en 1933 et que l'auteur y révèle des faits et des noms qui n'ont été connus que bien plus tard, comme, par exemple, le fait que la banque von der Heydt était un intermédiaire financier d'Hitler. L'auteur, qu'il s'agisse ou non de James Paul Warburg, démontre qu'il a accès à des données très précises et qu'il sait des choses que peu de gens pourraient savoir sans être dans une position privilégiée.

La preuve du financement des nazis par Wall Street a été démontrée par plusieurs chercheurs. Le premier nom qui apparaît intimement lié aux banquiers internationaux est celui de Hjalmar Horace Greeley Schacht, le "magicien de la finance". Dans ses *Mémoires* (Barcelone, 1954), Schacht raconte qu'en 1903 l'aîné Emil Rathenau lui a offert un emploi à l'A.E.G., mais qu'il lui a préféré un poste à la Dresdner Bank, dirigée par les juifs Eugen Gutmann et Henry Nathan. Schacht révèle qu'en 1905, cette banque a signé un "accord très intéressant et bénéfique pour moi" avec Morgan & Co, dans les négociations duquel il était impliqué à New York. Hjalmar Schacht est nommé président de la Reichsbank le 22 décembre 1923, poste qu'il occupe jusqu'en 1930. Ses premières affaires se déroulent à Londres, où il se rend le 29 décembre 1923 pour rencontrer Montagu Norman, gouverneur de la Banque d'Angleterre. Montagu Norman est le parrain du troisième enfant de la fille de Schacht, Inge, qui s'appelle Norman Schacht en son honneur.

En 1932, Schacht, qui dans ses mémoires reconnaît volontiers ses bonnes relations avec les Juifs sionistes, persuade les industriels de réclamer à Hindenburg la chancellerie pour Hitler, qui le nomme à nouveau président de la Reichsbank le 17 mars 1933, poste qu'il occupera jusqu'en 1939. Trois grands banquiers juifs sionistes, Warburg (Max), Mendelssohn et Wasserman, siégeaient au conseil général de la banque et ont signé la nomination aux côtés de Hindenburg et de Hitler. Alors qu'il était à la tête de la banque, il reçut l'instruction qu'aucun fonctionnaire ayant été franc-maçon ne pourrait être nommé à des postes de confiance. Dans ses mémoires, il écrit qu'il a répondu "que je n'étais pas en mesure d'appliquer cette disposition tant qu'un franc-maçon serait à la tête de la Reichsbank. Il s'agissait de moi-même. Concernant son appartenance à la franc-maçonnerie, il se réfère spécifiquement à une loge berlinoise, "Urania zur Unsterblichkeit" (Uranie vers l'immortalité), et écrit : "En 1908, je suis devenu membre d'une loge maçonnique. La franc-maçonnerie est présente dans ma famille. Mon père appartenait à une loge américaine. Mon arrière-grand-père, Christian Ulrich Detlev von Eggers, était l'un des grands francs-maçons de son temps". Dans un autre passage, il révèle qu'en 1909, il se trouvait à Salonique, où "presque tous les dirigeants du mouvement Jeunes Turcs étaient francs-maçons et leurs réunions secrètes se tenaient sous le couvert de la loge". Il ne révèle cependant pas qu'en plus des francs-maçons, ils étaient aussi des juifs convertis, des "doenmés". Hjalmar Schacht, qui avait étudié l'hébreu parce qu'il considérait que la connaissance de cette langue était nécessaire pour progresser dans le secteur bancaire, fut nommé ministre de l'Économie le 2 août 1934, et Hitler le fit membre honoraire du parti.

Schacht était, écrit Sutton, un membre de l'élite financière internationale qui exerce son pouvoir dans les coulisses du système politique d'un pays. Il était le lien essentiel entre l'élite de Wall Street et le cercle intérieur d'Hitler". C'est grâce à la confiance des créanciers en Hjalmar Schacht que les plans Dawes (1924) et Young (1928), tous deux conçus par les banquiers de la Réserve fédérale, ont été conçus. Schacht a été l'homme qui a mis en œuvre ces deux plans, agissant comme une sorte de contrôleur qui administrait la dette allemande au nom des banquiers de Wall Street. Dans *Tragedy and Hope*, Carroll Quigley affirme que le plan Dawes était une création de J. P. Morgan. Plus précisément, quelque 800 millions de dollars de prêts ont été accordés et le produit de ces prêts a été versé à l'Allemagne sous la forme d'investissements qui ont servi à créer et à consolider des entreprises chimiques (I.G. Farben) et sidérurgiques (Vereignigte Stahlwerke) géantes qui ont d'abord aidé Hitler à prendre le pouvoir et qui ont ensuite produit la plupart des matériaux utilisés au cours de la Seconde Guerre mondiale. Dans *Wall Street and the Rise of Hitler*, le professeur Sutton explique :

"Entre 1924 et 1931, dans le cadre des plans Dawes et Young, l'Allemagne a versé aux Alliés environ 36 millions de marks au titre des réparations. Dans le même temps, l'Allemagne a emprunté à l'étranger, principalement aux États-Unis, 33 milliards de marks, soit un paiement net de trois milliards de marks au titre des réparations. Par conséquent, la charge des réparations monétaires a en fait été supportée par les souscripteurs étrangers d'obligations allemandes émises par des sociétés financières de Wall Street, avec un bénéfice important, bien entendu. Et, soit dit en passant, ces maisons appartenaient aux mêmes financiers qui retiraient régulièrement leurs chapeaux de banquiers pour mettre des chapeaux d'hommes d'État. En tant qu'hommes d'État, ils ont préparé les plans Dawes et Young pour "résoudre" le "problème" des réparations. En tant que banquiers, ils ont accordé les prêts".

Le plan Young porte le nom de son concepteur, Owen D. Young, un agent de Morgan qui était président de la General Electric Company. En réalité, selon Sutton, le plan était le résultat d'un échange d'idées et d'une collaboration entre Schacht en Allemagne et Morgan à New York, c'est-à-dire la forme d'un vaste et ambitieux système de coopération internationale et d'alliance pour le contrôle du monde. L'objectif était d'occuper l'Allemagne avec des capitaux américains et de mettre en gage les actifs allemands par le biais d'une gigantesque hypothèque détenue par les États-Unis. L'initié Carroll Quigley affirme que l'objectif était de "créer un système mondial de contrôle financier entre des mains privées, capable de dominer le système politique de chaque pays et l'économie mondiale dans son ensemble". L'idée de la BRI (Banque des règlements internationaux), clé de voûte de ce dispositif, vient de Hjalmar Schacht lui-même, qui prévoyait une nouvelle guerre mondiale. Il explique lui-même comment il l'a proposée lors d'une réunion avec des banquiers internationaux. La citation, tirée de *Wall Street and the Rise of Hitler*, est un document des plus intéressants :

> "Une telle banque nécessitera une coopération financière entre les vainqueurs et les vaincus qui conduira à une communauté d'intérêts, qui à son tour produira une confiance et une compréhension mutuelles, et favorisera et garantira la paix.
> Je me souviens encore très bien du cadre dans lequel s'est déroulée cette conversation. Owen Young était assis dans un fauteuil, fumant sa pipe, les jambes tendues, son regard perspicace ne me quittant pas. Comme j'ai l'habitude de le faire lorsque je propose des arguments de ce genre, je faisais les cent pas dans la pièce. Lorsque j'eus terminé, il y eut une brève pause. Puis son visage s'illumina et sa résolution s'exprima en ces termes : "Docteur Schacht, vous m'avez donné une idée merveilleuse et je vais la vendre au monde entier.

Grâce aux prêts accordés par les banquiers de la Réserve fédérale, les grands cartels allemands ont commencé à se constituer. Le syndicat National City Corporation, dirigé par Morgan et Rockefeller, a prêté 35 000 000 de dollars à la General Electricity Company (Allgemeine Elektricitäts Gesellschaft). Le même syndicat bancaire a prêté 30 millions de dollars à I. G. Farben, qui allait devenir la plus grande entreprise de fabrication de produits chimiques au monde. Ce cartel, parrainé par Hermann Schmitz avec l'aide financière de Wall Street, est né en 1925 de l'union de six grandes entreprises chimiques allemandes (Badische Anilin, Bayer, Agfa, Hoechst, Weiler-ter-Meer et Griesheim-Elektron). Le syndicat des aciéries (Vereinigte Stahlwerke) a reçu un prêt astronomique de 70.225.000 dollars, émis par Dillon, Read & Co. une association bancaire dont l'actionnaire principal est Clarence Dillon. Ce banquier s'appelait en réalité Lapowski, fils de Samuel Lapowski, juif polonais émigré aux États-Unis.

La General Electric Company, contrôlée par Morgan et Rockefeller, qui faisait de grosses affaires avec l'électrification de la Russie soviétique, était l'équivalent américain de la société allemande A.E.G. (Allgemeine Electricitäts Gesellschaft). En 1929, General Electric a acquis 25% des actions d'A.E.G. dans le cadre d'un accord qui prévoyait la fourniture de technologies et de brevets américains à la société allemande. Cet accord stipulait toutefois qu'A.E.G. ne détiendrait aucune part dans la société américaine. La presse financière allemande a également rapporté qu'A.E.G. ne serait pas représentée au conseil d'administration de General Electric aux États-Unis. Au lieu de cela, Owen D. Young devient le directeur d'A.E.G. et d'Osram en Allemagne. En 1930, Young, qui était déjà président du comité exécutif de la Radio Corporation of America, fut nommé président du conseil d'administration de General Electric à New York. On peut dire que grâce à ces opérations, l'industrie électrique américaine a conquis le marché mondial.

En 1939, l'industrie électrique allemande était contrôlée par des sociétés américaines. Les entreprises non liées aux Etats-Unis, telles que Siemens et Brown Boveri, ont été la cible de bombardements pendant la guerre, mais les entreprises affiliées aux Américains n'ont guère été attaquées. Antony Sutton écrit ce qui suit à propos du financement d'Hitler par ces entreprises : "il n'y a aucune preuve que Siemens, sans directeurs américains, ait financé Hitler. En revanche, nous disposons de preuves documentaires irréfutables qu'A.E.G. et Osram, toutes deux dirigées par des Américains, ont financé Hitler". Sutton joint des photocopies de deux documents qui prouvent ce financement. Le premier est un ordre de transfert daté du 2 mars 1933. L'A.E.G. charge la "Delbrück, Schickler Bank" de verser 60.000 marks au fonds de la "Nationale Treuhand". Le second document est daté du 9 mars 1933. Gunther Quandt, actionnaire principal d'Accumulatoren Fabrik et membre de la direction d'A.E.G., ordonne le versement de 25 000 DM au même fonds par l'intermédiaire de la même banque.

Dans *Wall Street and the Rise of Hitler*, Antony Sutton montre que les Warburg, en plus d'envoyer l'un des leurs offrir de l'argent à Hitler, ont également financé le NSDAP avec un montant très important par l'intermédiaire d'I. G. Farben, une société à laquelle ils étaient étroitement liés. En Allemagne, Max Warburg était administrateur de ce conglomérat chimique, tandis qu'aux Etats-Unis, Paul Warburg, le père de "Sidney Warburg", était administrateur de l'I. G. Farben américaine. Sutton reproduit à nouveau une photocopie du transfert d'I. G. Farben à la banque Delbrück, Schickler à Berlin. Ce document est daté du 27 février 1933 et donne des instructions de paiement pour 400.000 marks à la "Nationale Treuhand", un fonds géré par Hjalmar Schacht et Rudolf Hess qui a servi à élire Hitler en mars 1933. La banque en question avait été créée en 1910 par l'union de deux familles d'origine juive : Gebrüder Schickler & Co. et Delbrück Leo & Co.

Alors que la Judée déclare la guerre, le sionisme collabore : l'accord de Haavara

En 1917, les comploteurs qui aspiraient à l'assujettissement des nations par le biais d'un gouvernement mondial communiste avaient atteint deux objectifs : le triomphe des judéo-bolcheviks en Russie et la promesse de la Palestine au sionisme international, contenue dans la *déclaration Balfour*. Dans l'entre-deux-guerres, cependant, les choses ne s'étaient pas déroulées comme prévu, ni en Russie, où Trotski avait été chassé du pouvoir, ni en Allemagne, où la révolution communiste avait échoué à plusieurs reprises, ni en Palestine, où l'immigration ne répondait pas aux désirs du sionisme. Le soutien financier des banquiers juifs internationaux à Hitler et le triomphe du nationalisme en Allemagne devaient finalement servir à réorienter la situation dans ces trois scénarios par une nouvelle stratégie conduisant à une nouvelle guerre. En 1933, dès que Hitler a été placé au pouvoir, la capacité de conspiration de la juiverie internationale a été mise en œuvre sans délai : d'une part, les organisations juives talmudiques du monde entier ont déclaré la guerre à l'Allemagne ; d'autre part, presque simultanément, les sionistes ont travaillé main dans la main avec les nazis pour le transfert des Juifs allemands vers la Palestine. Le résultat de cette collaboration a pris la forme d'un accord de transfert (Haavara heskem), qui est entré dans l'histoire sous le nom d'accord de Haavara.

Après l'élection d'Hitler au poste de chancelier, une conférence s'est tenue à Amsterdam au cours de laquelle des dirigeants juifs du monde entier ont appelé au boycott des marchandises allemandes et ont décidé de faire pression sur les compagnies maritimes ayant des relations internationales pour qu'elles refusent de transporter des marchandises allemandes. En même temps, ils demandent que l'Allemagne se voie refuser l'accès aux capitaux internationaux. Aux États-Unis, l'Association juive des vétérans de guerre appelle également au boycott. Le 23 mars, 20 000 Juifs américains se sont rassemblés à l'hôtel de ville de New York pour soutenir ces appels. Enfin, le lendemain, 24 mars 1933, le *Daily Express de* Londres affiche en première page le titre suivant sur sept colonnes : "La Judée déclare la guerre à l'Allemagne". Selon le journal londonien, d'éminents dirigeants internationaux, dont certains étaient des sionistes connus, ont appelé à l'unification de tous les Juifs du monde contre l'Allemagne et ont annoncé un boycott de ses marchandises. Le texte de l'article indique que le commerce, l'industrie et la finance allemands feront l'objet d'un boycott international et affirme qu'à Londres, Paris, New York et Varsovie, les hommes d'affaires juifs sont unis pour mener une "croisade économique". Le journal juif *Natscha Retsch* a également rendu compte de la conférence d'Amsterdam et a encouragé toutes les communautés, conférences et congrès, ainsi que les individus, à mener la guerre contre l'Allemagne, "de cette manière", a-t-il affirmé, "la guerre contre l'Allemagne promouvra et renforcera idéologiquement nos intérêts, qui exigent que l'Allemagne soit complètement détruite". L'un des principaux agitateurs était Samuel Untermayer, le puissant avocat new-yorkais qui avait imposé au président Wilson la nomination du sioniste Louis Dembitz Brandeis à la Cour suprême. Dans sa campagne Untermayer appelle à la "guerre sainte" préconisée par le *Daily Express.*

Le gouvernement allemand réagit en exigeant l'arrêt immédiat de la campagne. Hitler a menacé de représailles si le plan contre l'Allemagne n'était pas arrêté immédiatement, et a averti qu'il ordonnerait un boycott d'un jour des magasins juifs dans tout le pays. Naturellement, la campagne s'est poursuivie avec la même intensité et le gouvernement a annoncé qu'un boycott de toutes les entreprises juives aurait lieu le 1er avril. Si le 1er avril est décrit par la plupart des historiens comme un acte d'agression contre la communauté juive allemande, la déclaration de guerre "judéenne" et la campagne de haine contre le peuple allemand dans son ensemble sont généralement ignorées par l'historiographie officielle. Le 7 août 1933, *le New York Times* reproduit un long discours de Samuel Untermayer, radiodiffusé la veille, qui lance un appel à l'humanité au nom de l'idéalisme et de la justice : "Chacun d'entre vous, juif ou païen, qui ne s'est pas encore enrôlé dans cette guerre sacrée doit le faire ici et maintenant. Il ne suffit pas de ne pas acheter de produits fabriqués en Allemagne. Vous devez refuser de traiter avec tout marchand ou boutiquier qui vend des produits fabriqués en Allemagne ou qui sponsorise des transports ou des expéditions allemandes. Les conséquences de cette campagne ont été très négatives pour l'économie allemande, qui a vu ses exportations réduites de 10%. En revanche, elle a des effets positifs, car elle contribue à relancer le commerce par le biais du "troc", un système d'échange de marchandises qui permet de se passer des capitaux juifs.

Le boycott attise les sentiments antijuifs au sein du peuple allemand et favorise en fait l'antisémitisme souhaité par les sionistes, qui ont besoin que les représailles d'Hitler soient suffisamment sévères pour convaincre les Juifs allemands que leur place est en Palestine. C'est dans ce contexte que les nazis ont commencé à collaborer de manière décisive avec le ZVFD, "Zionistische Vereinigung für Deutschland" (Union sioniste pour l'Allemagne) afin d'envoyer des Juifs allemands en Palestine. Dès le départ, les nazis se sont prêtés de manière absurde à ce projet pervers. Il faut rappeler que ce sont les sionistes qui ont trahi l'Allemagne pendant la Première Guerre mondiale et non les juifs allemands ordinaires, dont douze mille sont morts à la guerre aux côtés de leurs compatriotes allemands. C'est le sionisme international qui a proposé la victoire à la Grande-Bretagne en échange de la *déclaration Balfour*. Par l'intermédiaire de Mandell House, du juge Brandeis, de Bernard Baruch et d'autres agents influençant le président fantoche de la Maison Blanche, les sionistes américains et britanniques ont fait pression pour l'entrée en guerre des États-Unis et la défaite de l'Allemagne qui s'en est suivie. Les nazis ne pouvaient et ne devaient pas l'ignorer.

La recherche sur la collaboration nazi-sioniste est encore très incomplète, car la plupart des documents qui y font référence, dont beaucoup sont enfermés en Israël, ne sont pas accessibles aux chercheurs. En 2002, un écrivain américain d'origine juive, Lenni Brenner, a publié *51 Documents : Zionist Collaboration with the Nazis*, qui, selon l'éditeur, "contient des informations explosives que les historiens ignorent". Il contient, par exemple, le texte intégral de l'accord de Haavara. Il existe également un article très intéressant, "The Secret Contacts : Zionism and Nazi Germany, 1933-1941", publié en 1976 par Klaus Polkehn dans le *Journal of Palestine Studies*. Examinons quelques-unes des informations contenues dans ces ouvrages.

Les statistiques montrent qu'entre 1871 et 1933, la population d'origine juive en Allemagne est passée de 1,05% à 0,76%. En 1933, 503 000 Juifs vivaient en Allemagne, dont un tiers à Berlin. La plupart de ces Juifs n'étaient pas sionistes. En 1925, par exemple, moins de neuf mille personnes étaient membres d'organisations sionistes. Le CV, "Centralverein deustscher Staatsbürger jüdische Glaubens" (Union centrale des citoyens allemands de confession juive), fondé en 1893, était l'organisation la plus représentative et déclarait ouvertement son rejet du sionisme. Une déclaration du CV faite le 10 avril 1921 est tout à fait significative à cet égard : "Si le travail de colonisation en Palestine n'était qu'un travail d'aide et d'assistance, alors, du point de vue du CV, rien ne s'opposerait à la promotion de ce travail. Cependant, la colonisation en Palestine est avant tout un objectif de la politique nationale juive et, à partir de là, sa promotion et son assistance doivent être rejetées". Bien que l'histoire montre que les Juifs sont pour la plupart inassimilables, le CV combat l'antisémitisme et, comme l'avait proposé Rathenau, prône l'assimilation et l'intégration des Juifs dans la société allemande. En revanche, le ZVFD rejette ces approches, reprend l'argument talmudique selon lequel les Juifs ne sont pas assimilables et se prononce contre l'intégration et la participation des Juifs allemands à la vie publique, c'est-à-dire qu'il partage entièrement le point de vue des nazis. La VC va même jusqu'à accuser le ZVFD d'avoir donné "un coup de poignard dans le dos" à sa lutte contre le nationalisme antisémite.

En mars 1933, le gouvernement d'Hitler commence à agir contre les organisations juives non sionistes. Les locaux du VC lui-même sont occupés par la SA et fermés. Le 5 mars, le VC de Thuringe est interdit après avoir été accusé d'"intrigues de haute trahison". Parmi les groupes interdits, deux se distinguent par leur caractère nationaliste : la "Ligue des vétérans juifs de l'Empire" et l'"Union nationale des Juifs allemands".[11] Les journaux publiés par les communistes, les organisations syndicales et les sociaux-démocrates sont interdits, et les autres publications sont placées sous la surveillance du

---

[11] L'existence de ces organisations peut surprendre certains lecteurs, mais elles ne sont que des exemples d'une réalité que Dietrich Bronder documente abondamment dans *Bevor Hitler kam*. Bien que la loyauté de certaines des personnalités citées dans son ouvrage soit très discutable, Bronder évoque une liste de noms d'origine juive qui se sont distingués par leur nationalisme aux XIXe et XXe siècles. Nombre d'entre eux étaient des officiers militaires de haut rang, dont de nombreux généraux. Récemment, Bryan Mark Rigg, professeur d'histoire à l'American Military University en Virginie, a publié un livre dans lequel il affirme que plus de 100 000 soldats d'origine juive ont servi dans la Wehrmacht pendant la Seconde Guerre mondiale.

ministère de la Propagande. Seuls les sionistes sont libres de poursuivre leur travail et leur journal, *Jüdische Rundschau*, est autorisé à paraître sans entrave. La liberté d'action des sionistes inclut également la publication de livres : les ouvrages de dirigeants sionistes tels que Chaim Weizmann, David Ben Gurion et Arthur Ruppin sont publiés en toute légalité. Par ailleurs, il convient de noter que si les loges maçonniques ont été interdites, le B'nai B'rith a été autorisé à poursuivre ses activités subversives jusqu'en 1939. Ce n'est que lorsque la guerre a éclaté que ses documents ont été confisqués. Quoi qu'il en soit, l'interdiction n'a pas dû avoir trop d'importance pour la franc-maçonnerie, car traditionnellement, les francs-maçons et les Illuminati ont toujours opéré sans problème dans la clandestinité.

Klaus Polkehn situe les contacts entre les nazis et les sionistes avant même 1933. Il mentionne un officier sioniste, Leo Plaut, qui avait un lien avec la police politique par l'intermédiaire de Rudolf Diels, un ami personnel de Göring qui allait être nommé premier chef de la Gestapo en 1933. Plaut disposait du numéro de téléphone secret de Diels et pouvait l'appeler à tout moment. Bien que les documents relatifs à ces contacts restent secrets dans les archives de Yad Vashem à Jérusalem, Polkehn suppose que, grâce à cette connexion, Hermann Göring a tenu, le 26 mars 1933, une réunion avec des dirigeants sionistes, dont Kurt Blumenfeld, président du ZVFD, qui s'est installé en Palestine peu de temps après. C'est lors de cette rencontre qu'auraient été jetées les bases de la collaboration qui a abouti à l'accord de Haavara, signé le 25 août 1933.

Une étape antérieure à l'accord a été la fondation en Palestine d'une société sioniste de plantation d'agrumes, "Hanotea", qui a été soutenue par le ministère allemand de l'économie dans le cadre d'un transfert de capitaux. Les premiers Juifs allemands à émigrer en Palestine l'ont fait dans le cadre de cet accord, dont l'architecte était Sam Cohen, un financier juif d'origine polonaise, ami de Nahum Goldman, qui possédait un château au Luxembourg. L'organisation sioniste le remplace rapidement par un membre du comité exécutif de l'Agence juive en Palestine, Chaim Arlozoroff, qui fait partie, avec David Ben Gourion et Moshe Sharett, de la troïka dirigeante de l'Agence. Il était également un ami proche de Weizmann, le leader du sionisme mondial et le futur premier président d'Israël. Arlozoroff, juif russe formé en Allemagne, était l'amant de la future Magda Göbbels, amie de la sœur du leader sioniste. Arlozoroff a été assassiné le 16 juin 1933, peu après son retour à Tel-Aviv après une série de négociations en Allemagne. Malgré des confusions intéressées, suggérant même que Göbbels était derrière la tentative d'assassinat, tout indique que les tueurs à gages ont agi sur ordre du mouvement révisionniste de Zeev (Vladimir) Jabotinsky. Celui-ci a d'ailleurs été créé par les travaillistes.

Le livre qui relate les désaccords et les luttes intestines entre sionistes est *The Transfer Agreement : the Untold Story of the Secret Pact Between the Third Reich & Jewish Palestine*, publié en 1984 par l'historien juif Edwin

Black. Son récit suggère qu'il existait un secteur à courte vue qui n'acceptait pas ou ne comprenait pas le plan à moyen et long terme établi par Chaim Weizmann et les grands stratèges du sionisme, un plan qui était soutenu par la loge du B'nai B'rith. Ce secteur radical ou ultra-nationaliste, dirigé par Jabotinsky, prône avec ferveur le boycott économique et veut mettre fin au nationalisme allemand avant qu'il n'ait rempli la fonction pour laquelle il a été élevé au pouvoir. Les révisionnistes s'apprêtent à livrer bataille lors du 18e congrès sioniste, qui se tiendra à Prague en août 1933. C'est dans ce contexte que survient l'assassinat d'Arlozoroff, ennemi déclaré de Jabotinsky et du révisionnisme.

Sa mort, probablement un mauvais calcul, est bien exploitée par les travaillistes du Mapai pour s'imposer sans difficulté. C'est au cours des sessions du Congrès que la presse divulgue, le 25 août, la signature de l'Accord de transfert, dont le texte est publié par les nazis le 31 août. Selon Edwin Black, pour faire taire toute contestation, les travaillistes du Mapai, soutenus par des alliés d'autres partis, imposent une résolution qui "interdit toute forme de protestation antinazie, y compris les campagnes contre le Pacte de transfert". En vertu de cette résolution, toute personne enfreignant la discipline serait suspendue et jugée par un tribunal spécial, qui aurait le pouvoir d'expulser la personne ou le parti de l'Organisation sioniste". L'auteur juif Ralph Schönman confirme dans *The Hidden History of Zionism* que lors du 18e congrès de l'Organisation sioniste mondiale, une résolution contre Hitler a été rejetée par 240 voix contre 43.

L'accord Haavara, pièce maîtresse de la collaboration "nazie", est signé par la Fédération sioniste d'Allemagne (ZVFD), la Banque anglo-palestinienne, qui obéit aux ordres de l'Agence juive, et le ministère allemand de l'Économie. Selon le texte du décret, l'objectif était de "promouvoir l'émigration juive en Palestine en libérant les sommes d'argent nécessaires, mais sans exercer de pression excessive sur les fonds en devises de la Reichsbank, et en même temps d'augmenter les exportations allemandes vers la Palestine". En conséquence de l'accord, deux sociétés ont été créées : la société Haavara à Tel Aviv et une société sœur appelée Paltreu à Berlin. Le mode de fonctionnement est le suivant : l'émigrant juif dépose un minimum de mille livres sterling sur les comptes allemands de la société Haavara ouverts à la banque Wassermann à Berlin ou à la banque Warburg à Hambourg. L'argent est utilisé pour l'achat de produits allemands : outils agricoles, matériaux de construction, engrais, pompes à eau, etc., qui sont ensuite exportés vers la Palestine et vendus par la société juive Haavara à Tel Aviv. Avec l'argent des ventes, l'émigrant reçoit la même somme que celle qu'il a versée à son arrivée. Les marchandises allemandes entrent massivement en Palestine, mais en même temps, les sionistes font venir des colons juifs et des capitaux pour le développement du pays. Les Juifs allemands les plus pauvres sont exclus de l'accord : le fait que seuls les membres de la bourgeoisie juive puissent contribuer au montant requis implique une sélectivité dans l'émigration. Ce n'est donc pas un hasard si les projets les plus importants en Israël ont été fondés ou dirigés par des émigrants allemands. Les futurs premiers ministres d'Israël tels que Ben Gourion, Moshe Sharret (alors Moshe Shertok), Levi Eshkol et Golda Meir ont été impliqués dans l'entreprise Haavara. Eshkol était son représentant à Berlin et Golda Meir la soutenait depuis New York.

En 1934, *Der Angriff* (*L'Attaque*), le journal de Göbbels, publie un rapport élogieux intitulé "Un nazi voyage en Palestine", signé par LIM, le pseudonyme de Leopold Itz von Mindelstein, membre du SD, le service de sécurité de la SS (Sicherheitsdienst). Mindelstein, sioniste enthousiaste, dirigeait un département des services secrets appelé "Judenreferat" (Bureau des affaires juives). Pour commémorer ce voyage, Göbbels fait frapper une pièce de monnaie portant l'étoile de David à l'avers et la croix gammée au revers. À côté de l'étoile, on peut lire l'inscription suivante : "Un nazi se rend en Palestine". Sur le côté de la croix gammée, on pouvait lire : "Et c'est publié dans *Der Angriff*". La coopération est si fructueuse que les sionistes achètent un navire de passagers allemand, le *Hohenstein*, le rebaptisent *Tel Aviv* et créent leur propre compagnie maritime. Le premier voyage de Bremerhaven à Haïfa a lieu au début de l'année 1935. Alors que la poupe du navire indique son nom en caractères hébraïques, le drapeau à croix gammée flotte sur le mât. Dans ces conditions, en août 1935, le 19e congrès sioniste de Lucerne approuve à une écrasante majorité le pacte avec l'Allemagne hitlérienne.

Un autre épisode de la bonne entente entre nazis et sionistes est contenu dans un mémorandum du professeur Franz Six, membre des services secrets SS. Classé "Secret Matter for the Command", le document, cité par Klaus Polkehn, est daté du 7 juin 1937 et se trouve dans les archives de la Commission américaine pour l'étude des documents de guerre. Il détaille la visite à Berlin de Feivel Polkes, un sioniste qui était commandant de la Haganah, l'armée clandestine juive. Polkes était à Berlin du 26 février au 2 mars 1937 et a eu plusieurs réunions avec des agents des services secrets allemands. Lors de deux de ces rencontres, le contact était Adolf Eichmann, qui, en décembre 1961, devait être jugé en Israël et condamné à la pendaison. La première rencontre entre Eichmann et Polkes a eu lieu au restaurant Traube, près du zoo. Polkes propose sa collaboration et dit à Eichmann que son principal intérêt est "d'accélérer l'émigration juive en Palestine, afin que les Juifs deviennent majoritaires par rapport aux Arabes". Polkes explique qu'il travaille à cette fin avec les services secrets britanniques et français et propose des informations sur le Moyen-Orient susceptibles d'intéresser l'Allemagne. Le commandant de la Haganah invite Eichmann en Palestine et celui-ci accepte l'invitation.

Le 26 septembre 1937, déguisés en rédacteurs *du Berliner Tageblatt*, Adolf Eichmann et Herbert Hagen, remplaçant de Mindelstein à l'Office des affaires juives (Judenreferat), quittent Berlin pour Haïfa, où ils arrivent le 2 octobre. Les autorités britanniques empêchant les deux chefs SS de débarquer, ils se rendent en Égypte où ils prennent contact avec Polkes. Le rapport de voyage contient les conversations tenues au Café Groppi du Caire, notées par Eichmann et Hagen. Polkes s'exprime avec une franchise absolue : "L'État sioniste, dit-il, doit être fondé par n'importe quel moyen et le plus tôt possible, de manière à attirer un flot d'émigrants juifs en Palestine. Lorsque l'État aura été établi conformément aux propositions exprimées dans le rapport Peel et aux promesses partielles de l'Angleterre, les frontières devront être élargies selon nos souhaits. Polkes remercie ses interlocuteurs pour la politique antisémite, qui est notée en ces termes : "Les cercles nationalistes se réjouissent de la politique radicale à l'égard des Juifs, car cette politique contribuera à accroître la population juive en Palestine, de sorte que l'on pourra compter sur une majorité juive en Palestine dans l'avenir immédiat."

À la suite de ces rencontres, d'autres projets de collaboration voient le jour : Le "Mossad Le'aliyah Bet", une division de la Haganah créée pour favoriser l'immigration clandestine, est établi à Meineckestrasse, 10, dans le quartier de Berlin-Charlottenburg. Deux émissaires, Pina Ginsburg et Moshe Auerbach, se rendent de Palestine en Allemagne afin d'organiser avec la Gestapo tout ce qui est nécessaire pour favoriser et développer l'entrée illégale d'immigrants juifs sans l'autorisation de l'autorité britannique. Après l'"Anschluss" (union) de l'Autriche et de l'Allemagne, un Office central de l'émigration juive est créé à Vienne et, au début de l'été 1938, Eichmann rencontre dans la capitale autrichienne Bar-Gilead, un émissaire du Mossad, qui lui demande l'autorisation d'établir des camps d'entraînement pour les émigrants. Eichmann consulte la demande et, après avoir reçu une réponse positive, fournit tout ce qui est nécessaire à l'établissement de ces camps. À la fin de l'année 1938, un millier de jeunes Juifs avaient été formés en vue de leur futur travail en Palestine. En Allemagne également, avec l'aide des autorités nazies, Pina Ginsburg met en place des camps d'entraînement similaires à ceux d'Autriche.

Les premières critiques de l'accord de Haavara sont apparues à la suite de la révolte palestinienne qui a débuté en avril 1936. Pour protester contre l'immigration illégale de Juifs, les Palestiniens entament une grève générale qui durera jusqu'en octobre. Le ministère des Affaires étrangères commence à s'interroger sur l'utilité pour l'Allemagne de poursuivre l'accord de transfert. Le 22 mars 1937, le consul général d'Allemagne à Jérusalem, Hans Döhle, présente un long mémorandum dans lequel il exprime ses craintes quant aux répercussions de la politique de soutien à l'immigration juive. Des hommes d'affaires allemands et arabes déplorent le monopole de la société Haavara à Tel-Aviv sur la vente de produits allemands. Le soutien officiel au sionisme pourrait entraîner la perte de marchés dans le monde arabe. Le ministère de l'Intérieur publie également un mémorandum en décembre 1937 dans lequel il reconnaît que l'accord a apporté une contribution décisive au développement de la Palestine, mais il approuve le rapport du consul Döhle selon lequel les inconvénients l'emportent sur les avantages et qu'il convient donc d'y mettre un terme. Finalement, Hitler réexamine la situation et tranche la controverse en décidant de poursuivre l'accord, l'objectif de faire sortir les Juifs d'Allemagne justifiant les inconvénients. Le 12 novembre 1938, un nouveau mémorandum du ministère des Affaires étrangères recommande l'annulation de l'accord de Haavara, mais Hitler ordonne à nouveau personnellement la promotion de l'immigration massive vers la Palestine "par tous les moyens possibles".

Entre 1933 et 1941, quelque 60 000 Juifs allemands ont émigré en Palestine dans le cadre de l'accord de Haavara et ont pu emporter avec eux plus de 100 millions de dollars, une somme énorme à l'époque. Edwin Black confirme que beaucoup ont réussi à transférer leur fortune personnelle d'Allemagne en Palestine. Selon cet historien juif, l'afflux de biens et de capitaux en Palestine grâce à l'accord de Haavara "a conduit à une explosion économique et a été un facteur indispensable à la création de l'État d'Israël". L'ironie de Hennecke Kardel, qui dans le titre de son livre faisait allusion à Hitler comme l'un des fondateurs d'Israël, est peut-être mieux comprise aujourd'hui. La persécution des Juifs a en fait été conçue par le sionisme pour être utilisée plus tard dans la création de l'État d'Israël. Tels qu'ils ont été conçus, les Juifs harcelés et persécutés par Hitler, déplacés en Europe de l'Est et internés dans des camps de travail et de concentration, étaient les moins bien lotis. Après la guerre, ils pouvaient être transférés relativement facilement en Palestine.

Partie 4 - Roosevelt à la Maison Blanche.
Le député McFadden dénonce la conspiration.

Cette quatrième partie du chapitre sera principalement occupée par les textes de Louis Thomas McFadden, un député de ceux qui ne sont pas de gauche, un patriote qui a dénoncé les conspirateurs au bon endroit, à la Chambre des représentants du peuple américain ; mais il faut d'abord exposer les circonstances de l'arrivée au pouvoir de Franklin Delano Roosevelt, un maçon illuminati qui, le 28 février 1929, avait acquis le 32e degré du Rite écossais, circonstance qui faisait de lui le "Sublime Prince du Royal Secret". Cinq ans plus tard, il est nommé premier Grand Maître Honoraire de l'Ordre International de Molay. Roosevelt, seul homme de l'histoire à avoir remporté quatre élections, prête serment en tant que président des États-Unis le 4 mars 1933. Hitler remporte la dernière élection le 5 mars avec 44% des voix. Tous deux sont arrivés au pouvoir simultanément et tous deux sont restés au pouvoir pendant douze ans. En Amérique, le rabbin William F. Rosenblum a qualifié Roosevelt de "messager divin, le favori du destin, le Messie de l'Amérique de demain". Douglas Reed, dans *The Controversy of Zion*, raconte qu'un ami juif lui a dit en 1937 que le rabbin de sa synagogue, un vieil homme pieux qui essayait d'interpréter les événements en termes de prophétie lévitique, prêchait que Hitler était "le Messie juif".

Après une période de trois présidents républicains, l'arrivée d'un autre démocrate à la Maison Blanche devait permettre un retour à la politique de Woodrow Wilson. Avec *Wall Street et FDR*, Antony Sutton achève sa trilogie sur les banquiers de la Réserve fédérale. Sutton retrace la carrière de Roosevelt, spéculateur financier depuis le début des années 1920, et présente Roosevelt et Delanos comme des associés historiques des financiers new-yorkais. Selon cet auteur, Roosevelt était lié à l'une des plus anciennes familles de banquiers des États-Unis et son arrière-grand-père, James Roosevelt, a fondé la Bank of New York en 1784. Certains chercheurs font remonter ses origines juives à Claes Rosenfelt, un ancêtre néerlandais arrivé en Amérique en 1649. Un autre de ses prédécesseurs était le franc-maçon Illuminati Clinton Roosevelt, disciple d'Adam Weishaupt présenté au chapitre V, auteur en 1841 d'un manifeste communiste dont le programme économique était très similaire au New Deal de FDR. Clinton Roosevelt proposait un gouvernement totalitaire dirigé par une élite qui édicterait toutes les lois.

Pour sa part, John Coleman voit dans l'élection de Roosevelt une preuve évidente de la mainmise des "300" sur la politique américaine, bien qu'au vu de la légion de Juifs sionistes qui entouraient le président, il aurait pu faire référence à une nouvelle marionnette de la juiverie internationale et du sionisme. Coleman écrit que la dynastie Delano a tiré une énorme fortune du commerce de l'opium avec la Chine par l'intermédiaire de la Compagnie des Indes orientales, avec laquelle elle a conclu un accord en 1657 sur la colonisation de Curaçao. Le père de F. D. Rossevelt avait épousé Sara Delano, qui était déjà à la septième génération d'une famille juive d'origine sépharade. Comme dans le cas de Woodrow Wilson, Roosevelt avait été sélectionné longtemps à l'avance comme futur président. Son épouse, Eleanor Roosevelt, fille d'un frère du président Theodore Roosevelt, lointaine cousine de Franklin Delano Roosevelt et sioniste jusqu'au bout des ongles, le confirme : "M. Baruch était un conseiller de confiance pour mon mari, tant à Albany qu'à Washington". Bernard Baruch n'est que la partie émergée de l'iceberg, car Roosevelt est entouré de socialistes juifs à Albany, la capitale de l'Etat de New York, dont il est gouverneur pendant quatre ans avant de devenir président. Deux autres proches de Wilson, le juge Brandeis et le rabbin Stephen Wise, s'étaient également ralliés à Roosevelt qui, avec l'appui des socialistes et des communistes, était arrivé à la Maison Blanche en promettant de mettre fin à la domination de Wall Street. Cependant, dès son entrée en fonction, il nomme un homme de Wall Street, James Paul Warburg ("Sidney Warburg"), au poste de directeur du budget.

Le nombre de Juifs sionistes, socialistes et communistes qui se sont installés au pouvoir pendant les années F. D. Roosevelt est scandaleux. Plus de soixante-dix postes importants ont été occupés par des agents juifs, pour la plupart sionistes, qui ont contrôlé le gouvernement américain pendant douze ans. L'un des plus influents fut sans doute Felix Frankfurter, qui joua auprès de Roosevelt le rôle que Mandell House avait joué auprès de Wilson. Frankfurter, endoctriné par le juge Louis Brandeis, avait été un délégué sioniste à la Conférence de paix de Paris en 1919. Plus tard, en 1939, Roosevelt le nommera à la Cour suprême en remplacement de Benjamin Cardozo, un autre juge juif qui évoluait dans l'orbite de Bernard Baruch. Parmi les membres de l'administration d'origine juive alliés à Frankfurter figurent Herbert Feis, conseiller pour les affaires économiques et internationales au département d'État ; Benjamin V. Cohen, avocat au service du mouvement sioniste qui, en 1919, s'était rendu à Paris avec Frankfurter et faisait partie du brain trust de Roosevelt ; Jerome Frank, qui demanda ouvertement à Frankfurter de le faire entrer dans l'administration et finit par être nommé par Roosevelt juge à la cour d'appel ; David E. Lilienthal, juriste recommandé par Frankfurter, sur lequel nous aurons l'occasion d'écrire au chapitre XI, car il a présidé la Commission de l'énergie atomique après la guerre ; Charles E. Wyzanski, un autre juge, élève de Frankfurter à la Harvard Law School, qui fut engagé comme conseiller juridique au ministère du Travail ; Harold Joseph Laski, un Britannique dont le nom juif était Frankenstein, membre du comité exécutif de la Fabian Society, qui devint l'ami et le conseiller du président Roosevelt par l'intermédiaire de Frankfurter.

Bernard Mannes Baruch a passé quarante ans au sommet du pouvoir. Alors que sous Wilson, sa position a toujours été dominante et clé en raison de l'importance des postes qu'il occupait, sous Roosevelt, il était considéré par certains comme le président fantôme officieux. Baruch conseille à Roosevelt de se préparer à une nouvelle guerre et propose de renforcer le War Industries Board (WIB), qu'il avait lui-même présidé pendant la Première Guerre mondiale. La nouvelle agence conçue par Baruch est la National Recovery Administration (NRI). Un associé de Bernard Baruch, Gerard Swope, devient l'un des principaux acteurs de l'administration Roosevelt. Swope, l'un des promoteurs du New Deal, président de la General Electric Company entre 1922 et 1939, a occupé une demi-douzaine de postes importants dans différents départements de l'administration. Deux autres juifs dans l'orbite de Baruch sont Mordechai Ezekiel, conseiller économique du secrétaire à l'Agriculture, devenu capitaine de la FAO (Food and Agriculture Organization) en 1945, et Adolph J. Sabath, fervent partisan de la guerre contre l'Allemagne.

Un autre membre éminent du puissant clan juif qui dominait le président Roosevelt était Henry Morgenthau junior, conseiller du président et secrétaire au Trésor de 1934 à 1945, poste à partir duquel il a pu financer la guerre en émettant ce que l'on appelle des "obligations de guerre". Morgenthau et Baruch ont œuvré pour que les États-Unis entrent en guerre contre l'Allemagne et n'ont cessé de faire pression sur Roosevelt jusqu'à ce qu'ils atteignent leur objectif. Comme on le sait, Morgenthau voulait faire de l'Allemagne un pays d'agriculteurs et a proposé le "plan Morgenthau", sur lequel nous aurons l'occasion de revenir plus tard. Les autres Juifs qui évoluaient dans sa sphère d'influence étaient : R. S. Hecht, conseiller aux Finances. Hecht, conseiller aux Finances ; Jacob Viner, économiste des taux qui travailla étroitement avec Morgenthau en tant qu'assistant du secrétaire au Trésor et fut l'un des mentors de l'école de Chicago ; Emmanuel Goldenweiser, directeur de la division de la recherche et des statistiques du Conseil des gouverneurs de la Réserve fédérale ; David Stern, également membre du Conseil de la Réserve fédérale ; Herman Oliphant, un autre expert des taux très influent sur la politique du Trésor et qui fut également le conseiller de Roosevelt ; Harold Glasser, directeur adjoint de la division de recherche monétaire, où il travaillait comme agent d'espionnage soviétique ; Solomon Adler, également infiltré dans le département du Trésor, a été envoyé en Chine en tant que représentant du Trésor pendant la Seconde Guerre mondiale et s'est avéré être un espion travaillant pour le communisme international ; Irving Kaplan et David Weintraub, tous deux membres du parti communiste, étaient d'autres espions juifs introduits dans le département du Trésor.

Le juge Louis Dembitz Brandeis, qui avait dit que pour être un bon Américain il fallait être un bon sioniste, même s'il avait en Felix Frankfurter un homme de confiance aux côtés du président, était souvent à l'affût pour exercer des pressions lorsque cela s'avérait nécessaire. Samuel I. Rosenman, l'un des juges juifs de la Cour suprême proche de Brandeis, fut le rédacteur des discours de Roosevelt et, plus tard, des discours les plus importants de Harry Solomon Truman. C'est lui qui a proposé et organisé le groupe de réflexion qui a formulé les politiques qui ont constitué plus tard le New Deal. C'est dans l'un des discours de Rosenman qu'est apparue la phrase qui allait marquer l'histoire, celle dans laquelle Truman promettait "un nouveau pacte pour le peuple américain". Rosenman a fait partie du Conseil de la Maison Blanche entre 1943 et 1946, et a donc également été conseiller de Truman, le président juif et franc-maçon écossais du 32e degré qui a ordonné les bombardements atomiques sur le Japon. Bien que Rosenman ait été une figure clé dans l'enquête sur les crimes de guerre, il n'a vu aucun problème avec les génocides d'Hiroshima et de Nagasaki. Un autre juge, en l'occurrence de la Cour suprême de New York, qui avait des liens avec Brandeis était Samuel Dickstein, qui a joué un rôle clé dans la formation du Comité des activités anti-américaines, qui persécutait les dissidents et les personnes soupçonnées de sympathiser avec l'Allemagne. À ces noms de proches de Brandeis qui pullulent dans l'entourage de Roosevelt, il faut ajouter deux autres sionistes connus, Samuel Untermayer et le rabbin Stephen Wise.

Un autre conseiller juif exerçant une grande influence sur le président est Edward A. Filene, associé à Franklin D. Roosevelt depuis 1907. Filene a réussi à faire adopter par l'administration Roosevelt le Federal Credit Union Act en 1934, une loi visant à réglementer le crédit qui a donné naissance à la CUNA (Credit Union National Association). L'un des associés de Filene, Louis Kirstein, était souvent conseiller du président pour les affaires palestiniennes. Kirstein, l'un des plus éminents sionistes américains, était président du comité exécutif de l'American Jewish Committee, président honoraire de l'United Jewish Appeal et directeur national du Jewish Welfare Board. L'Appel juif unifié se consacre à la collecte de fonds pour promouvoir l'immigration en Palestine. Le Comité Kirstein s'efforçait de rechercher la coopération de tous les Juifs avec le sionisme. David Niles, un immigrant d'origine russe, est un autre sioniste qui a servi d'abord comme assistant de Roosevelt, puis de Truman. Ses défenseurs lui attribuent une grande influence sur le président et affirment qu'il a pu amener Roosevelt à céder aux exigences et aux arguments des sionistes, auxquels il donnait un accès permanent à la Maison Blanche.

Les nominations d'ambassadeurs auprès de l'URSS sont également très importantes. Le premier d'entre eux fut William C. Bullitt, ami proche de Roosevelt et membre du brain trust, dont la mère, Louise Gross (Horowitz), fille de Jonathan Horowitz, était d'origine juive. Bullitt a été le premier ambassadeur à Moscou, de 1933 à 1936. Il est ensuite affecté à l'ambassade de Paris, d'où il s'entretient quotidiennement avec le président américain. Bullitt est devenu une sorte d'ambassadeur itinérant travaillant au nom de la guerre mondiale. Le premier secrétaire américain à la défense, James Forrestal, dont le "suicide" sera raconté au chapitre XI, a écrit dans *The Forrestal Diaries* (1951) un paragraphe très célèbre sur Bullitt et les partisans de la guerre :

> "27 décembre 1945
> Aujourd'hui, j'ai joué au golf avec Joe Kennedy (Joseph P. Kennedy, ambassadeur de Roosevelt en Grande-Bretagne dans les années précédant la guerre). Je l'ai interrogé sur ses conversations avec Roosevelt et Neville Chamberlain à partir de 1938. Il m'a dit que la position de Chamberlain en 1938 était que la Grande-Bretagne n'avait aucune raison de se battre et ne pouvait pas risquer une guerre avec Hitler. Le point de vue de Kennedy : Hitler aurait engagé la Russie sans conflit ultérieur avec la Grande-Bretagne sans les exhortations de Bullitt à Roosevelt au cours de l'été 1939 sur la nécessité d'affronter l'Allemagne en faveur de la Pologne ; ni les Français ni les Britanniques n'auraient fait de la Pologne une cause de guerre sans les demandes constantes de Washington. Bullitt, dit-il, insiste auprès de Roosevelt sur le fait que les Allemands ne se battront pas. Kennedy répond qu'ils le feront et qu'ils envahiront l'Europe. Chamberlain, dit-il (Kennedy), lui a déclaré que l'Amérique et la juiverie mondiale avaient forcé l'Angleterre à entrer en guerre".

Le successeur de Bullit à Staline était un sioniste lié à Wall Street et également un ami personnel de Roosevelt, Joseph E. Davies, un admirateur de l'URSS qui resta en fonction jusqu'en juin 1938. Son remplaçant est à nouveau un juif sioniste, Laurence A. Steinhardt. Steinhardt, qui était le neveu de Samuel Untermayer et membre de la Fédération des sionistes américains et de l'American Zion Commonwealth.

La série de noms d'agents juifs dans les différents services de l'administration Roosevelt est particulièrement nombreuse dans le domaine des relations de travail. En premier lieu, Sidney Hillman, qui a organisé le soutien des syndicats au président choisi par Wall Street. Conseiller de Roosevelt, ce juif d'origine lituanienne, petit-fils d'un rabbin talmudiste, est capable à l'âge de treize ans de mémoriser plusieurs volumes du Talmud et se destine à devenir rabbin ; mais les doctrines communistes de Marx le poussent à la révolution et il milite au sein du Bund juif. Aux États-Unis, il fonde le Congrès des organisations industrielles et fait partie des dirigeants communistes qui infiltrent l'administration. Un autre juif d'origine lituanienne est l'économiste Isador Lubin, nommé directeur du Bureau des statistiques du travail par Frances Perkins, la secrétaire au travail, également d'origine juive, bien que cela ne soit pas entièrement confirmé, car elle a été adoptée à la naissance. Isador Lublin était un sioniste éminent qui a travaillé pendant plus de vingt ans comme conseiller auprès de l'United Israel Appeal et de l'Agence juive pour Israël. En plus d'être un proche collaborateur de Perkins, Lublin est devenu un confident de confiance de Roosevelt. Frances

Perkins fait entrer au ministère du Travail de nombreux immigrants juifs originaires des pays d'Europe de l'Est, dont David Joseph Saposs (David Saposnik). Né à Kiev, Saposs était en 1935 l'économiste en chef du NLRB (National Labor Relations Board) nouvellement créé et fut plus tard engagé par Nelson Rockefeller en tant que conseiller sur les questions du travail. D'autres membres ou associés juifs du département du travail de Frances Perkins sont : Max Zaritsky, fils d'un rabbin de Russie, sioniste très actif, membre de l'Alliance nationale des travailleurs juifs et trésorier du Comité national du travail pour la Palestine ; David Dubinsky (David Isaac Dobniesky), membre du Bund né en Biélorussie et émigré aux États-Unis en 1911 ; William M. Leiserson, Benedict Wolf, membre du National Labor Relations Board (NLRB) et membre du National Labor Relations Board (NLRB). Leiserson, Benedict Wolf, A. H. Meyers, Frances Jerkowitz, Rose Schneiderman, Leo Wolman, Edward Berman, Jacob Perlman...

Si, en Russie, les banquiers internationaux voulaient prendre le contrôle des richesses et des ressources du pays par l'intermédiaire des agents qu'ils avaient placés au pouvoir, aux États-Unis, le socialisme d'entreprise ou d'affaires associé à Roosevelt cherchait à éliminer la concurrence et, sous des façades sociales philanthropiques et grâce à la protection de l'État, aspirait à prendre le contrôle des principales entreprises de la nation. En d'autres termes, il s'agissait de favoriser quelques-uns et de garantir leurs profits au maximum grâce à une politique législative permettant la concentration des entreprises entre les mains de "socialistes d'entreprise" qui fourniraient des services publics à partir de leurs sociétés privées. Leurs principaux représentants idéologiques étaient des "philosophes financiers" de Wall Street tels que Bernard Baruch, les Warburg ou Otto Kahn de Kuhn Loeb & Co, ceux-là mêmes qui avaient financé la révolution bolchevique.

Après ce bref aperçu de Roosevelt et des personnes qui l'ont soutenu, il est temps de faire connaissance avec les textes de Louis Thomas McFadden. Une grande partie de ce qui a été dit jusqu'à présent dans ce livre est confirmée par les brillants discours d'un membre du Congrès intègre et honnête, dont les discours sont des documents sensationnels qui devraient être traduits en plusieurs langues et largement diffusés. Les dénonciations de McFadden sont stupéfiantes de courage, car elles lui ont finalement coûté la vie. Ce député républicain de Pennsylvanie a été pendant dix ans président du Congressional Banking and Currency Committee, il était donc un expert en la matière et savait très bien de quoi il parlait lorsqu'il dénonçait les crimes des banquiers de la Réserve fédérale.

Le 14 octobre 1936, le *Pelley's Weekly* a publié un rapport sur la mort de Louis T. McFadden, survenue le 3 octobre 1936. Selon cette publication, les proches du député ont rapporté qu'il avait été victime de deux tentatives d'assassinat. La première tentative a eu lieu alors qu'il descendait d'un taxi devant un hôtel de la capitale. Une personne embusquée a tiré deux coups de revolver, mais a manqué son coup et les balles se sont incrustées dans la carrosserie du véhicule. La deuxième tentative a eu lieu lors d'un banquet politique à Washington. Après le repas, McFadden est pris de violentes convulsions. Heureusement, un ami médecin qui se trouvait là a pu empêcher sa mort par empoisonnement et l'a sauvé grâce à un traitement d'urgence. Peu de temps après, un arrêt cardiaque soudain a provoqué sa mort instantanée. Richard C. Cook, expert en politique et en économie aux États-Unis, est convaincu que "lors de la troisième tentative, les assassins ont réussi à tuer le critique le plus éloquent du système de la Réserve fédérale".

Les discours de M. McFadden au Congrès sont publiés dans un ouvrage intitulé *Federal Reserve Exposed. Collective Speeches of Congressman Louis T. McFadden*. Le 10 juin 1932, McFadden a prononcé un discours historique devant le Congrès des États-Unis, dans lequel il demandait un audit des banques de la Réserve fédérale et exigeait l'abrogation de la loi sur la Réserve fédérale. Voici un résumé du texte du discours, prononcé au plus fort de la Grande Dépression.

Discours de McFadden prononcé le 10 juin 1932

"Monsieur le Président, au cours de ces sessions du Congrès, nous avons examiné des situations d'urgence. Nous avons parlé des effets et non des causes des événements. Dans ce discours, je traiterai des causes qui nous ont conduits à cette situation. Il y a des principes sous-jacents qui sont responsables des conditions que nous connaissons actuellement, et je parlerai de l'un d'entre eux en particulier qui est extrêmement important pour les considérations de cette proposition.

Monsieur le Président, nous avons dans ce pays l'une des institutions les plus corrompues jamais connues dans le monde. Je veux parler du conseil de la Réserve fédérale et des banques de la Réserve fédérale. La Réserve fédérale a escroqué le gouvernement des États-Unis et le peuple américain en leur retirant suffisamment d'argent pour rembourser la dette nationale. Le pillage et les iniquités du Federal Reserve Board et des Federal Reserve Banks agissant de concert ont coûté à ce pays suffisamment d'argent pour rembourser plusieurs fois la dette nationale. Cette institution maléfique a ruiné et appauvri le peuple des États-Unis, a provoqué sa propre faillite et a entraîné la quasi-faillite de notre gouvernement. Elle l'a fait par le biais des défauts du Conseil de la Réserve fédérale et des Banques de Réserve fédérales. Elle l'a fait à cause des défauts de la loi en vertu de laquelle elle opère, à cause de l'administration désastreuse de la loi par le Conseil de la Réserve fédérale, et à cause des pratiques corrompues des vautours de l'argent qui la contrôlent.

Certaines personnes pensent que les banques fédérales de réserve sont des institutions du gouvernement des États-Unis. Ce ne sont pas des institutions gouvernementales. Ce sont des monopoles de crédit privés qui s'attaquent au peuple des États-Unis pour leur propre bénéfice et celui de leurs mandataires étrangers, des spéculateurs nationaux et étrangers, des escrocs et de riches prêteurs prédateurs. Dans l'équipage obscur des pirates financiers, il y a ceux qui couperaient la gorge d'un homme pour obtenir un dollar de sa poche ; il y a ceux qui envoient de l'argent aux États pour obtenir des votes afin de contrôler notre législation ; et il y a ceux qui soutiennent la propagande internationale dans le but de nous tromper et de nous faire accorder de nouvelles concessions qui leur permettront de couvrir leurs crimes et de remettre en marche leur gigantesque train du crime.

Ces douze monopoles de crédit privés (il s'agit des douze banques de réserve fédérales) ont été imposés de manière trompeuse et injuste à ce pays par des banquiers venus d'Europe et qui nous ont remerciés de notre hospitalité en sapant nos institutions américaines. Ces banquiers ont sorti l'argent de ce pays pour financer la guerre du Japon contre la Russie. Ils ont instauré le règne de la terreur en Russie avec notre argent afin de promouvoir la guerre. Ils ont provoqué une paix séparée entre l'Allemagne et la Russie et ont ainsi accentué la division entre les Alliés dans la guerre mondiale. Ils ont financé le voyage de Trotski de New York en Russie afin qu'il puisse contribuer à la destruction de l'empire russe. Ils ont encouragé et provoqué la révolution russe et ont mis à la disposition de Trotsky un important fonds de dollars américains dans l'une de leurs succursales bancaires en Suède, grâce auquel les foyers russes ont pu être complètement détruits et les enfants russes arrachés à leurs protecteurs.

On a dit que le président Wilson avait été trompé par les divertissements de ces banquiers et par les apparences philanthropiques qu'ils avaient adoptées. On a dit que lorsqu'il a découvert comment il avait été trompé par le colonel House, il s'est retourné contre ce fouineur, ce "saint moine" de l'empire financier, et lui a montré la porte. Il a eu l'élégance de le faire et, à mon avis, il mérite d'être félicité pour cela. Le président Wilson a été victime d'une tromperie. Lorsqu'il est devenu président, il possédait certaines qualités d'esprit et d'âme qui le qualifiaient pour occuper une place de premier plan dans cette nation. Mais il y a une chose qu'il n'était pas et qu'il n'a jamais voulu être. Il n'était pas banquier. Il a dit qu'il ne connaissait pas grand-chose à la banque. C'est donc sur les conseils d'autres personnes que la loi perverse sur la Réserve fédérale - qui a sonné le glas de la liberté américaine - a été promulguée pendant son mandat.

En 1912, l'Association monétaire nationale, sous la présidence du sénateur Nelson W. Aldrich, a présenté un rapport et introduit une loi perverse appelée National Reserve Association Act. Elle est généralement connue sous le nom de loi Aldrich. Il était l'outil, voire le complice, des banquiers européens qui, depuis près de vingt ans, complotent pour fonder une banque centrale dans ce pays et qui, en 1912, avaient dépensé et allaient continuer à dépenser d'énormes sommes d'argent pour atteindre leur objectif. Nous nous sommes opposés au projet de banque centrale. Les hommes qui dirigeaient le parti démocrate ont alors promis au peuple que s'ils revenaient au pouvoir, il n'y aurait pas de banque centrale tant qu'ils tiendraient les rênes du pouvoir. Treize mois plus tard, cette promesse n'a pas été tenue et l'administration Wilson, sous la tutelle de ces sinistres personnages de Wall Street qui se cachent derrière le Colonel House, a établi ici, dans notre pays libre, l'institution pourrie qui nous contrôlera de fond en comble et nous enchaînera du berceau à la tombe.

L'une des grandes batailles pour la protection de cette République a été menée ici à l'époque de Jackson, lorsque la deuxième banque des États-Unis a été créée, fondée sur les mêmes faux principes que ceux illustrés par la FED. Ensuite, en 1837, le pays a été mis en garde contre les dangers qui pourraient survenir si ces mêmes intérêts prédateurs, après avoir été bannis, revenaient déguisés et s'alliaient pour prendre le contrôle du gouvernement. C'est ce qu'ils ont fait en revenant sous le couvert de l'hypocrisie et en obtenant sous de faux prétextes le texte de la loi sur la Réserve fédérale. Le danger dont ce pays a été averti est tombé sur nous et est démontré dans la chaîne d'horreurs liées à la FED perfide et malhonnête. Regardez autour de vous en quittant cette Assemblée et vous en verrez les preuves partout. Nous vivons une époque de misère et le Conseil de la Réserve fédérale et les banques de la Réserve fédérale sont entièrement responsables des conditions qui ont provoqué cette misère. Nous vivons une époque de crimes économiques et, dans le financement de ces crimes, la Fed ne joue pas le rôle d'un spectateur désintéressé.

... Le tristement célèbre colonel House, conseiller économique du président Woodrow Wilson, est en grande partie responsable non seulement de la première grande dépression, mais aussi de l'endettement artificiel, de l'éviction et de l'effondrement cyclique qui ont résulté de la loi sur la Réserve fédérale, au nom trompeur. House est le principal responsable de la création de la Réserve fédérale. Il aurait été constamment vu aux côtés du président, l'embrouillant toujours avec un jargon économique inapproprié. Le président lui-même disait en plaisantant que House était devenu son alter ego. En réalité, House dominait le président avec les intentions cachées des auteurs du plan Aldrich, sans pour autant mettre à sa disposition une science certaine....

La veille du 23 décembre 1913, ils adoptèrent le Federal Reserve Act pendant l'absence pour Noël de nombreux législateurs qui s'y opposaient. Ainsi, la loi n'a pas seulement été adoptée sans le consentement du public, mais en violation explicite du mandat du public.

Entre-temps, et à cause de cela, nous sommes nous-mêmes au milieu de la plus grande dépression que nous ayons jamais connue. De l'Atlantique au Pacifique, notre pays a été ravagé par les pratiques désastreuses de la Fed et des intérêts qui la contrôlent. À aucun moment de notre histoire, le bien-être général de la population n'a été aussi bas et les esprits aussi désespérés. Récemment, dans l'un de nos États, soixante mille maisons privées et fermes ont été mises aux enchères en une seule journée. Selon le révérend Charles E. Coughlin, qui a récemment témoigné devant une commission de cette Assemblée, soixante et onze mille maisons et fermes du comté d'Oakland, dans le Michigan, ont été vendues et leurs anciens propriétaires dépossédés. Des cas similaires ont certainement eu lieu dans tous les comtés d'Amérique. Les personnes qui ont été expulsées sont donc les laissés-pour-compte de la loi sur la Réserve fédérale. Ils sont les victimes des banques malhonnêtes et impitoyables de la Fed. Leurs enfants sont les nouveaux esclaves de la salle des ventes dans la résurgence ici de l'esclavage des êtres humains".

Le discours de McFadden s'est poursuivi par des citations de déclarations faites par divers experts en 1913 devant le Sénat et les commissions des banques et de la monnaie du Congrès. Le ton prédominant dans toutes ces déclarations était la dénonciation du système de la Réserve fédérale comme une attaque contre les libertés et la souveraineté de la nation. Le membre du Congrès a ensuite critiqué la fuite à l'étranger des réserves de ses banques et a de nouveau accusé les banquiers de la Fed d'agir en tant qu'agents des banques centrales étrangères et d'utiliser l'argent des déposants au profit des grandes banques européennes, tout cela aux dépens du gouvernement américain et au détriment du peuple américain. McFadden a demandé que l'Amérique soit sauvée pour les Américains et a exigé que la Fed soit détruite, car les réserves nationales ont été saisies au profit d'étrangers. Comme nous avons déjà vu les investissements des banquiers de Wall Street en Allemagne pour prendre le contrôle d'entreprises allemandes, nous reproduisons la partie du discours qui fait référence à ces opérations et qui est suivie de quelques chiffres sur l'ampleur du racket mis en place par les "banksters" internationaux qui aujourd'hui pressurent les nations avec les mêmes méthodes.

"Monsieur le Président, des billions et des billions de notre argent ont été injectés en Allemagne et l'argent continue d'être injecté en Allemagne par le Conseil de la Réserve fédérale et par les banques de la Réserve fédérale. Leur papier sans valeur est toujours échangé et renouvelé ici grâce au crédit public du gouvernement des États-Unis. Le 27 avril 1932, le gang de la Réserve fédérale a envoyé en Allemagne 750 000 dollars en or appartenant aux déposants des banques américaines. Une semaine plus tard, 300 000 dollars d'or supplémentaires ont été envoyés en Allemagne de la même manière. À la mi-mai, 12 millions de dollars d'or ont été envoyés en Allemagne par la FED. Presque chaque semaine, de l'or est envoyé en Allemagne. Ces remises ne sont pas faites pour gagner de l'argent sur le taux de change, car le mark allemand est en dessous de la parité avec le dollar.

Monsieur le Président, je crois que les déposants américains de la Banque nationale ont le droit de savoir ce que le Conseil de la Réserve fédérale et les banques de la Réserve fédérale font de leur argent. Il y a des millions de déposants dans ce pays qui ne savent pas qu'un pourcentage de chaque dollar qu'ils déposent dans une banque membre du Système de Réserve Fédérale va automatiquement aux agents américains de banques étrangères, et que tous leurs dépôts peuvent être payés à des étrangers sans qu'ils le sachent ou y consentent par l'organisation frauduleuse du Federal Reserve Act et par les pratiques douteuses des banques de la Réserve Fédérale.

Monsieur le Président, le peuple américain devrait connaître la vérité de la bouche de ses fonctionnaires. Le Federal Reserve Board et les Federal Reserve Banks sont des banquiers internationaux depuis le début - avec le gouvernement américain comme banquier obligatoire et fournisseur de monnaie. Il n'est cependant pas extraordinaire de voir ces douze monopoles privés du crédit acheter encore et encore des dettes étrangères dans toutes les parties du monde et demander au gouvernement américain de nouvelles émissions de billets de banque en échange de ces dettes. L'ampleur du racket tel qu'il a été développé par les banques de la Réserve fédérale, leurs correspondants étrangers et les banquiers européens prédateurs qui ont mis en place l'institution de la Réserve fédérale ici et ont enseigné à nos propres pirates comment voler le peuple... l'ampleur de ce racket est estimée à près de 9 000 000 000 $ (neuf trillions de dollars) par an. Au cours des dix dernières années, il aurait atteint 90 000 000 000 000 $ (quatre-vingt-dix milliards). À cela s'ajoutent, pour des milliers de milliards de dollars, les paris sur les titres de la dette américaine, qui se déroulent sur le même marché boursier, paris pour lesquels la Réserve fédérale dépense aujourd'hui 100 millions de dollars par semaine. Les billets de la Réserve fédérale sont prélevés sur le gouvernement des États-Unis en quantités illimitées. Faut-il s'étonner que le fardeau que représente la fourniture de ces immenses sommes d'argent à la fraternité du jeu soit devenu trop lourd pour le peuple américain ?".

Le discours historique du député s'est terminé par un appel à un audit des banques de la Réserve fédérale, qui, plus de quatre-vingts ans plus tard, n'a toujours pas été réalisé. M. McFadden a affirmé que la Réserve fédérale avait usurpé la place du gouvernement américain : "Elle contrôle tout ici. Elle contrôle nos relations internationales et met en place ou démantèle des gouvernements quand elle le souhaite".

Discours de McFadden en 1933

Alors que Franklin D. Roosevelt est à la Maison Blanche, Louis T. McFadden dénonce le fait que le nouveau président est aux ordres des banquiers internationaux, ce qui corrobore la thèse d'Antony Sutton mentionnée au début de cette section. Le 23 mai 1933, Louis T. McFadden a formellement accusé le Conseil des gouverneurs de la Réserve fédérale, le

Contrôleur de la monnaie et le Secrétaire du Trésor de nombreux actes criminels, dont la conspiration, la fraude, l'illégalité des taux de change et la trahison. Suit un nouveau résumé des discours les plus significatifs qu'il a prononcés en 1933, en commençant par sa dénonciation du plan des banquiers visant à asservir le monde.

"Monsieur le Président, lorsque la Fed a été adoptée, le peuple des États-Unis n'a pas réalisé qu'un système mondial était en train d'être mis en place ici.... Que ce pays allait fournir une puissance financière à un "super-État international". Un super-État contrôlé par des banquiers et des industriels internationaux agissant de concert pour asservir le monde pour leur propre plaisir. Les Américains subissent d'énormes préjudices. Ils ont perdu leur emploi, ont été dépossédés de leur maison, ont été expulsés de leur logement locatif, ont perdu leurs enfants et ont été laissés à la souffrance et à la mort par manque de logement, de nourriture, de vêtements et de médicaments. La richesse des États-Unis et le capital du travail ont été volés et enfermés dans les coffres de certaines banques et sociétés ou exportés vers des pays étrangers au profit des clients étrangers de ces banques ou sociétés. Pour le peuple américain, le garde-manger est vide. Certes, les entrepôts, les dépôts de charbon et les silos à grains sont pleins, mais ils sont cadenassés et ce sont les grandes banques et les grandes entreprises qui en détiennent les clés. Le pillage de l'Amérique par la Fed est le plus grand crime de l'histoire".

... Monsieur le Président, ce qu'il faut, c'est revenir à la Constitution des États-Unis. Le vieux combat qui a été mené ici à l'époque de Jackson doit être répété. Le Trésor indépendant des États-Unis doit être rétabli et le gouvernement doit enfermer son propre argent dans le bâtiment du peuple conçu à cet effet. La Fed doit être abolie et les frontières des États doivent être respectées. Les réserves des banques devraient être conservées à l'intérieur des frontières des États auxquels elles appartiennent, et ce stock d'argent du peuple devrait être protégé afin que les banquiers internationaux ne puissent pas le voler. La FED doit être abolie et ses banques, qui ont violé sa charte, doivent être liquidées immédiatement. Les fonctionnaires déloyaux qui ont violé leur promesse doivent être licenciés et jugés. Si cela n'est pas fait, je prédis que le peuple américain, indigné, pillé, insulté et trahi dans son propre pays, se soulèvera avec colère et chassera les changeurs de monnaie du temple.

Monsieur le Président, l'Amérique est en faillite : elle a été mise en faillite par la Fed corrompue et malhonnête. Elle a répudié ses dettes envers ses propres citoyens. Son principal créancier étranger est la Grande-Bretagne, et un homme de main britannique s'est rendu à la Maison Blanche, tandis que des agents britanniques se trouvent au Trésor américain pour dresser l'inventaire et organiser le calendrier des règlements. Monsieur le Président, la Fed a proposé de répondre aux exigences britanniques aux dépens du peuple américain par la tromperie et la corruption, en échange de l'aide apportée par la Grande-Bretagne pour dissimuler ses crimes. Les Britanniques protègent leurs agents à la FED parce qu'ils ne veulent pas que le système de vol soit détruit. Ils veulent qu'il se poursuive à leur profit. Grâce à cela, la Grande-Bretagne est devenue le directeur financier du monde. Elle a retrouvé la position qu'elle occupait avant la guerre mondiale. Pendant plusieurs années, elle a été un partenaire silencieux dans les affaires de la Fed. Sous la menace du chantage, par la corruption ou par la trahison de citoyens américains envers le peuple des États-Unis, les agents à la tête de la FED ont imprudemment accordé à la Grande-Bretagne d'immenses prêts d'or se chiffrant en centaines de millions de dollars, et ce, en violation de la loi ! Ces prêts d'or n'étaient pas de simples transactions. Ils ont donné à la Grande-Bretagne le pouvoir d'emprunter des milliards. La Grande-Bretagne retire des milliards du pays par le biais de son contrôle de la Fed."

Le passage suivant fait référence à l'abandon de l'étalon-or par la Grande-Bretagne en 1931 et aux mesures prises par la suite par le président Roosevelt. Ces mesures ont été évoquées en passant dans la note de bas de page 9, et nous pouvons maintenant comprendre la critique de McFadden. Pour bien comprendre le passage suivant, la première proposition de Roosevelt devant le Congrès, le 9 mars 1933, cinq jours après son investiture, fut l'Emergency Banking Act (EBA). Cette loi a été adoptée dans une telle urgence qu'une copie du texte n'a même pas été diffusée à la Chambre des représentants afin que les membres du Congrès puissent au moins l'étudier, sinon le lire. Le texte a été adopté après une lecture à haute voix par le président de la commission bancaire, Henry Steagall. Quatre jours avant l'adoption de l'Emergency Banking Act, le président Roosevelt avait décrété la fermeture de toutes les banques, qui n'ont ouvert que le 13 mars. Cette fermeture n'a évidemment pas affecté les banques de la Réserve fédérale, qui étaient les seules autorisées à opérer dans tout le pays. Il est peut-être intéressant d'ajouter, pour mieux évaluer les interventions de McFadden, qu'en juillet 1932, l'indice Dow Jones avait perdu 90% de sa valeur depuis 1929, que le PIB américain avait chuté de 60% et que plus de quatre mille banques avaient disparu.

"...Monsieur le Président, la fermeture des banques dans les différents États a été causée par la FED, une institution corrompue et malhonnête, qui a manipulé l'argent et le crédit et qui est à l'origine de l'ordre de fermeture des banques. Cette institution a manipulé l'argent et le crédit et a été à l'origine de l'ordre de fermeture des banques... Cette fermeture était un coup monté ! Il n'y avait pas d'urgence nationale lorsque Franklin D. Roosevelt a pris ses fonctions, à l'exception de la faillite de la FED, une faillite qui avait été dissimulée pendant plusieurs années et qui avait été cachée aux gens pour qu'ils continuent à laisser leurs dépôts bancaires et leurs réserves bancaires, leur or et les fonds du Trésor américain être saisis par ces institutions en faillite. Protégés, les banquiers internationaux prédateurs ont furtivement transféré la charge des dettes de la Fed au Trésor et aux citoyens eux-mêmes, qui paient pour leur escroquerie. C'est la seule urgence nationale depuis le début de la dépression. La semaine précédant la déclaration de fermeture des banques dans l'État de New York, les dépôts dans les caisses d'épargne new-yorkaises étaient supérieurs aux retraits. Les banques new-yorkaises ne craignaient rien. Roosevelt a fait ce que les banquiers internationaux lui ont ordonné de faire ! Ne vous laissez pas abuser, Monsieur le Président, et ne vous laissez pas abuser par d'autres en croyant que le despotisme de Roosevelt est en quelque sorte destiné à bénéficier au peuple : Roosevelt se prépare à signer sur la ligne pointillée ! Il se prépare à annuler les dettes de guerre de manière frauduleuse ! Il se prépare à internationaliser ce pays et à détruire la Constitution elle-même afin de maintenir la FED intacte en tant qu'institution monétaire pour les étrangers.

Monsieur le Président, je ne vois pas pourquoi les citoyens devraient être terrorisés pour qu'ils remettent leurs biens aux banquiers internationaux qui possèdent la FED. L'affirmation selon laquelle l'or sera confisqué à ses propriétaires légitimes s'ils ne le remettent pas volontairement, pour des intérêts privés, montre qu'il y a un anarchiste dans notre gouvernement. L'affirmation selon laquelle il est nécessaire que les gens remettent leur or - la seule vraie monnaie - aux banques afin de protéger la monnaie est une affirmation de malhonnêteté calculée ! Par cette usurpation déloyale du pouvoir dans la nuit du 5 mars 1933 et par sa proclamation, qui à mon avis était une violation de la Constitution, Roosevelt a séparé la monnaie des États-Unis de l'or, et la monnaie des États-Unis n'est plus protégée par l'or. C'est donc de la pure malhonnêteté que de dire que l'or du peuple est nécessaire pour protéger la monnaie. Roosevelt a ordonné au peuple de remettre son or à des intérêts privés, c'est-à-dire aux banques, et il a pris le contrôle des banques pour que tout l'or et les titres en or qu'elles détenaient soient remis aux banquiers internationaux qui possèdent et contrôlent la Fed. Roosevelt lie son destin aux usuriers. Il choisit de sauver les corrompus et les malhonnêtes aux dépens du peuple américain. Il profite de la confusion et de l'épuisement du peuple pour tendre des embuscades dans tout le pays afin de s'emparer de tout ce qui a de la valeur. Il a fait un grand raid sur les banquiers internationaux. Le Premier ministre britannique (en référence au voyage de Ramsey McDonald) est venu ici pour de l'argent. Il est venu ici pour encaisser ! Il est venu ici avec de la monnaie de la Fed et d'autres créances sur la Fed que la Grande-Bretagne avait accumulées dans le monde entier et il les a présentées pour de l'argent en or.

(EN) Monsieur le Président, je suis favorable à l'idée de forcer la Fed à payer ses propres dettes. Je ne vois pas pourquoi le grand public devrait être contraint de payer les dettes de jeu des banquiers internationaux. En fermant les banques des États-Unis, Roosevelt a saisi des dépôts bancaires en or d'une valeur de quarante mille milliards ou plus. Ces dépôts étaient des dépôts de titres en or. Par cette action, il s'est forcé à ne payer les déposants qu'en papier, si tant est qu'ils le fassent. Le papier-monnaie qu'il propose de verser aux déposants des banques et au peuple en général à la place de leurs valeurs en or durement gagnées est d'une valeur négligeable, car il n'est basé sur rien que le peuple puisse convertir. C'est l'argent des esclaves, pas celui des hommes libres.

Le 4 mars 1933 à midi, FDR, la main sur la Bible, a promis de préserver et de protéger la Constitution des États-Unis. À minuit, le 5 mars 1933, il a confisqué les biens des citoyens américains. Il a rejeté la dette intérieure du gouvernement envers ses propres citoyens. Il a détruit la valeur du dollar américain. Il a libéré, ou tenté de libérer, la Fed de sa responsabilité contractuelle de régler sa monnaie en or ou en monnaie légale à parité avec l'or. Elle a déprécié la valeur de la monnaie nationale. Les citoyens des États-Unis utilisent désormais comme monnaie des morceaux de papier non remboursables. Le Trésor ne peut pas régler ce papier en or ou en argent. L'or et l'argent du Trésor ont été remis illégalement à la Fed, une institution corrompue et malhonnête. Et l'administration a eu le culot de piller le pays pour obtenir plus d'or pour des intérêts privés en disant aux citoyens patriotes que leur or est nécessaire pour protéger la monnaie. Il n'est pas utilisé pour protéger la monnaie ! Il est utilisé pour protéger la FED corrompue et malhonnête. Les directeurs de ces institutions ont perpétré un affront contre le gouvernement des États-Unis, qui doit inclure le crime de faire de fausses entrées dans leurs livres de comptes et le crime encore plus important de retirer des fonds du Trésor des États-Unis. Le pillage de l'or de Roosevelt est destiné à les aider à sortir du trou qu'ils ont eux-mêmes creusé en jouant avec les économies du peuple américain. Les banquiers internationaux ont établi une dictature ici parce qu'ils veulent un dictateur pour les protéger. Ils veulent un dictateur qui fasse une proclamation accordant à la Fed une liberté inconditionnelle et absolue. Roosevelt a-t-il libéré d'autres débiteurs de ce pays de la nécessité de payer leurs dettes ? A-t-il fait une proclamation disant aux agriculteurs qu'ils ne devaient pas payer leurs hypothèques ? A-t-il annoncé que les mères qui ont des enfants affamés ne devaient pas payer le lait ? A-t-il libéré les propriétaires de maison de la nécessité de payer le loyer ? Certainement pas. Il n'a fait qu'une proclamation pour rassurer les banquiers internationaux et les débiteurs étrangers du gouvernement américain.

Monsieur le Président, l'or qui se trouve dans les banques de ce pays appartient au peuple américain, qui a conclu des contrats de papier-monnaie pour cet or sous la forme de monnaie nationale. Si la FED ne peut pas honorer ses contrats avec les citoyens des États-Unis pour racheter leur papier-monnaie contre de l'or, ou de la monnaie légale, alors la FED doit être relevée par le gouvernement des États-Unis et ses dirigeants doivent être jugés. Il doit y avoir un jour de comptabilité. Si la FED a volé le Trésor, de sorte que le Trésor ne peut pas régler en or la monnaie dont il est responsable, alors la FED doit être expulsée du Trésor. Monsieur le Président, un certificat d'or équivaut à un reçu de dépôt dans le magasin d'or du Trésor, et la personne qui détient un certificat d'or est le propriétaire actuel d'une quantité correspondante d'or entassée dans le Trésor. Aujourd'hui, Roosevelt veut faire fondre la valeur de la monnaie en déclarant illégalement qu'elle ne peut plus être convertie en or par la volonté de son détenteur.

Roosevelt a ensuite volé les banquiers internationaux en réduisant les salaires des employés fédéraux. Viennent ensuite les vétérans de toutes les guerres, dont beaucoup sont âgés et infirmes ou invalides..... Je ne vois pas pourquoi ces vétérans de la guerre civile devraient être contraints de renoncer à leur pension au profit financier des vautours internationaux qui ont pillé le Trésor, mis le pays en faillite et l'ont traîtreusement livré à un ennemi étranger. Il existe de nombreuses façons de générer des recettes publiques qui sont meilleures que cet acte barbare d'injustice. Pourquoi ne pas collecter auprès de la FED le montant qu'elle doit au Trésor américain au titre des intérêts sur tout l'argent qu'elle a pris à l'État ? Cela rapporterait des milliers de milliards de dollars au Trésor. Si FDR était honnête comme il le prétend, il l'aurait fait immédiatement. De plus, pourquoi ne pas obliger la Fed à divulguer ses bénéfices et à payer sa part au gouvernement ? Tant que cela n'est pas fait, il est nauséabond et malhonnête de parler du maintien de la réputation du gouvernement".

Le discours du député dénonce ensuite les banquiers internationaux comme des "ennemis du peuple" et poursuit en accusant FDR d'être à leur service et de couvrir leurs crimes au lieu de "forcer les vautours et les escrocs de la Fed à rembourser ce qu'ils ont volé". Il termine par une série de noms de personnes liées à divers crimes, dont le principal est l'appropriation de fonds du Trésor. Parmi les accusés de McFadden figurent des fonctionnaires, des membres du Conseil de la Réserve fédérale et une poignée d'agents à son service. Il demande à la commission judiciaire de la Chambre des représentants d'enquêter et de faire rapport au Congrès afin que les coupables soient démis de leurs fonctions et traduits en justice.

Les discours de 1934

Suite à ses interventions à la Chambre des représentants au cours de l'année 1934, les accusations habituelles d'antisémitisme à l'encontre de Louis T. McFadden n'ont pas tardé à se manifester. Comme on le sait, ceux qui critiquent les actions criminelles de certains Juifs sont qualifiés d'antisémites, ce qui est souvent une erreur. Aujourd'hui, ceux qui condamnent les crimes du sionisme sont même considérés comme antisémites. Tout comme il existe différentes langues sémitiques, il existe différents peuples sémitiques, y compris, bien sûr, les Palestiniens. Paradoxalement, les sionistes, qui ne sont pas des sémites, puisqu'ils sont pour la plupart des descendants ashkénazes des Khazars, sont les principaux antisémites du monde, puisqu'ils tentent depuis près de soixante-dix ans d'éradiquer un peuple sémite en Palestine. McFadden a reçu cette étiquette parce qu'il a dénoncé l'administration Roosevelt comme étant contrôlée par les juifs et parce qu'il s'est opposé au juif Henry Morgenthau en tant que secrétaire au Trésor. Les traces écrites des discours de 1934 montrent qu'au cours des premiers mois, McFadden a poursuivi ses accusations contre Roosevelt, la Réserve fédérale et la Grande-Bretagne. Le 15 juin 1934, cependant, McFadden prononça un discours sur Jacob Schiff que nous reproduisons presque intégralement ci-dessous, car il s'agit d'un document qui confirme une fois de plus ce que nous avons écrit sur ce banquier juif et son rôle très important dans la destruction de la Russie tsariste.

"...À cette époque, un homme du nom de Jacob Schiff est venu dans ce pays en tant qu'agent de certains prêteurs. Sa mission était de prendre le contrôle des chemins de fer américains. Cet homme était juif. Fils de rabbin, il est né dans l'une des maisons Rothschild à Francfort, en Allemagne. C'était un petit homme au visage agréable et, si je me souviens bien, ses yeux étaient bleus. Très jeune, il a quitté Francfort pour faire fortune et s'est rendu à Hambourg, en Allemagne. À Hambourg, il s'est lancé dans les affaires bancaires des Warburg. Les Warburg de Hambourg étaient des banquiers de longue date, avec des succursales à Amsterdam et à Suède.... Quelque temps avant l'arrivée de Schiff, il y avait à Lafayette, dans l'Indiana, une société de marchands connue sous le nom de Kuhn & Loeb. Je pense qu'ils étaient déjà présents vers 1850. Ils se sont probablement enrichis aux dépens des nouveaux colons qui traversaient l'Indiana lors de leur voyage vers le nord-ouest. Cette société juive s'est ensuite installée à New York, où elle a exercé la profession de banquier privé et s'est enrichie.

Jacob Schiff épouse Teresa Loeb et devient le patron de Kuhn Loeb & Co. Schiff gagne beaucoup d'argent pour lui-même et pour les prêteurs londoniens. Il a commencé à donner des ordres aux présidents presque régulièrement. Il semble avoir été un homme qui ne reculait devant rien pour atteindre ses objectifs. Je ne lui reproche pas d'être juif, je lui reproche d'être un provocateur de conflits. La Russie avait en Jacob Schiff un ennemi puissant. Le peuple américain en vint à penser que leur inimitié était due aux torts causés aux Juifs russes. J'ai cherché ailleurs les motifs de cette hostilité. En 1890, Jacob Schiff était l'agent dans ce pays d'Ernest Cassell et d'autres prêteurs londoniens. Ces prêteurs souhaitaient une guerre entre l'Angleterre et la Russie et faisaient de la propagande pour soutenir l'Angleterre aux États-Unis. Les États-Unis étaient alors un pays débiteur et versaient chaque année une somme importante à Schiff et à ses patrons. Ce dernier a donc pris l'initiative de biaiser les États-Unis contre la Russie. Pour ce faire, il a présenté au peuple américain de prétendues iniquités à l'encontre des Juifs russes. Des histoires désagréables ont commencé à être publiées dans la presse.

Les enfants de ce pays apprennent dans les écoles que les soldats russes ont rendu les enfants juifs infirmes à vie à coups de fouet. L'hostilité entre la Russie et les États-Unis a été attisée par des moyens infâmes.

L'un des projets de Schiff était l'importation à grande échelle de Juifs russes aux États-Unis. Il a prévu divers moyens pour le transfert temporaire de ces émigrants juifs. Il a déclaré qu'il ne les ferait pas entrer dans ce pays par le port de New York parce qu'ils pourraient trop aimer New York et ne plus vouloir aller aux avant-postes pour lesquels ils avaient été sélectionnés. Il préférait les faire entrer par la Nouvelle-Orléans et les y laisser pendant deux semaines, "pour qu'ils puissent apprendre un peu l'anglais et gagner un peu d'argent" avant de partir pour ce qu'il appelait "l'intérieur de l'Amérique". Il ne dit pas comment ils vont se procurer de l'argent. Aidés par Schiff et ses associés, de nombreux Juifs russes sont venus dans ce pays à cette époque et ont été naturalisés. Beaucoup de ces Juifs naturalisés sont ensuite retournés en Russie. Dès leur retour, ils ont immédiatement demandé à être exemptés des règles de domiciliation imposées aux Juifs, c'est-à-dire qu'ils ont revendiqué le droit de vivre n'importe où en Russie parce qu'ils étaient des citoyens américains, ou des Juifs "yankees". Il y a eu des émeutes qui ont été exploitées par la presse américaine. Il y a eu des émeutes, des attentats à la bombe et des meurtres qui ont été payés par quelqu'un. Les auteurs de ces atrocités semblent avoir été protégés par de puissants intérêts financiers. Pendant que cela se passait en Russie, une campagne honteuse de mensonges a été orchestrée ici, et d'énormes sommes d'argent ont été dépensées pour faire croire au public que les Juifs de Russie étaient un peuple simple et innocent écrasé par les Russes et qui avait besoin de la protection du grand bienfaiteur du monde, l'Oncle Sam.

J'en viens maintenant au moment où la guerre a été déclarée entre la Russie et le Japon. Elle a été provoquée par l'utilisation habile du Japon afin que l'Angleterre n'ait pas à se battre avec la Russie en Inde. Il était moins coûteux et plus pratique pour la Grande-Bretagne de laisser le Japon combattre la Russie plutôt que de le faire elle-même. Comme prévu, Schiff et ses associés londoniens ont financé le Japon. Ils ont retiré d'importantes sommes d'argent des États-Unis à cette fin. L'environnement pour l'émission des prêts avait été habilement préparé. Les histoires émouvantes, pour lesquelles Schiff était passé maître, ont touché le cœur des Américains compatissants. Les prêts ont été un grand succès. Des millions de dollars américains sont envoyés au Japon par Schiff et ses associés londoniens. La domination de l'Angleterre en Inde est assurée. La Russie est empêchée d'entrer par le col de Khyber et d'atteindre l'Inde par le nord-ouest. Dans le même temps, le Japon s'est renforcé et est devenu une grande puissance mondiale qui, en tant que telle, nous affronte aujourd'hui dans le Pacifique. Tout cela a été réalisé en contrôlant les médias américains, qui ont fait savoir que les Juifs russes et les Juifs "yankees" étaient persécutés en Russie, et en vendant des obligations de guerre japonaises aux citoyens américains. Alors que la guerre russo-japonaise faisait rage, le président Theodore Roosevelt proposa de jouer le rôle de médiateur et une conférence entre les belligérants fut organisée à Portsmouth, dans le New Hampshire. Jacob Schiff y assiste et use de toute son influence sur Theodore Roosevelt pour favoriser le Japon aux dépens de la Russie. Son principal objectif, à l'époque comme aujourd'hui, était d'humilier les Russes, dont le seul crime était d'être Russes et non Juifs. Il a essayé d'humilier les Russes, mais le comte Witte, le plénipotentiaire russe, ne l'a pas permis. Le pouvoir de Schiff et celui de sa propagande organisée sont bien compris par Witte. Il n'est donc pas surpris lorsque le président Roosevelt, souvent trompé, lui demande à deux reprises d'accorder une attention particulière aux Juifs de nationalité américaine qui sont retournés en Russie. Witte emporte en Russie une lettre de Roosevelt contenant cette demande.

Monsieur le Président, les restrictions imposées aux Juifs en Russie à l'époque étaient peut-être lourdes, mais lourdes ou non, avant que les Russes n'aient eu l'occasion de les modifier, Schiff avait condamné le traité d'amitié et de bonne volonté conclu il y a quatre-vingts ans entre les États-Unis et la Russie. À ce sujet, le comte Witte déclare dans sa biographie : "les Russes ont perdu l'amitié du peuple américain". Monsieur le Président, je ne peux pas croire que ces gens, les vrais Russes, aient jamais perdu l'amitié du peuple américain. Ils ont été éliminés pour satisfaire les ambitions de ceux qui prétendent être les maîtres financiers du monde, et certains d'entre nous ont été dupés en croyant que, d'une manière mystérieuse, ils étaient eux-mêmes à blâmer. Le fossé qui s'est soudainement creusé entre nous et nos vieux amis et admirateurs russes a été créé par Jacob Schiff, le vengeur dans sa cupidité inhumaine, et il l'a créé au nom de la religion juive.

Monsieur le Président, le peuple des États-Unis ne devrait pas permettre à des intérêts financiers ou à tout autre intérêt particulier de dicter la politique étrangère du gouvernement. Mais sur cette question, l'histoire se répète. Vous avez sans doute entendu parler des soi-disant persécutions des Juifs en Allemagne. Monsieur le Président, il n'y a pas de véritable persécution des Juifs en Allemagne. Hitler, les Warburg, les Mendelssohn et les Rothschild semblent être en bons termes. Il n'y a pas de véritable persécution des Juifs en Allemagne, mais il y a eu une prétendue persécution parce qu'il y a deux cent mille Juifs communistes indésirables en Allemagne, principalement des Juifs de Galicie qui sont entrés en Allemagne après la guerre mondiale, et l'Allemagne est très désireuse de se débarrasser de ces Juifs communistes particuliers. Les Allemands souhaitent préserver la pureté de leur propre race. Ils sont prêts à garder des Juifs riches comme Max Warburg et Franz Mendelssohn, dont les familles vivent en Allemagne depuis si longtemps qu'elles ont acquis certaines des caractéristiques nationales. Mais les Allemands ne veulent pas garder les Juifs de Galicie, les arrivistes".

"Sidney Warburg écrit quelque chose de très similaire lorsqu'il évoque une conversation avec un ami juif, directeur de banque à Hambourg, qui est un partisan d'Hitler. Il lui dit : "Par Juifs, Hitler entend les Juifs de Galicie, qui infestent l'Allemagne. Les Juifs d'origine purement allemande sont considérés par Hitler comme des citoyens allemands au même titre que les autres ; vous verrez qu'il ne les dérangera pas du tout. N'oubliez pas que dans les partis social-démocrate et communiste, ce sont les Juifs qui ont le dessus. Hitler les attaquera non pas parce qu'ils sont juifs, mais parce qu'ils sont communistes ou sociaux-démocrates". Il se trouve, comme on l'a dit, que ces Juifs de Galicie n'étaient pas des Sémites. Le discours de McFadden se poursuit par d'autres allusions à la politique de Roosevelt et se termine par des références appuyées au rôle des banquiers juifs internationaux dans la révolution russe.

> "Ce grand spectacle a été organisé, principalement par les Juifs allemands eux-mêmes, dans l'espoir que l'Oncle Sam montre qu'il est toujours aussi fou qu'avant et permette à ces Juifs communistes de Galicie de venir ici. C'est pourquoi Miss Perkins a été placée à la tête du département du travail. Elle est là pour assouplir les interdictions d'immigration. On pense que, parce qu'elle est une femme, elle peut apaiser les critiques. Elle est en phase avec les banquiers internationaux. Sinon, elle ne serait pas dans une administration contrôlée par les juifs. Lorsque la soi-disant "campagne antisémite" destinée à la consommation américaine a été lancée en Allemagne, la France s'est alarmée car elle craignait que les Juifs de Galicie ne se retrouvent sur le sol français. Les journaux français ont publié des articles faisant allusion à cette menace ; mais maintenant que la France a compris que le but de la campagne antisémite est de déverser deux cent mille Juifs communistes aux Etats-Unis, elle n'est plus inquiète. Ah, pensez donc, le vieil Oncle Sam va payer les pots cassés, c'est sûr !
>
> Monsieur le Président, je trouve dommage qu'il y ait des Américains qui aiment être serviles envers les Juifs riches et les louer. Certains de ces misérables sont entre les mains de juifs prêteurs et n'osent pas les contrarier. Vous avez assisté à la saisie indécente par Franklin D. Roosevelt des réserves d'or et d'autres objets de valeur du peuple américain, à la destruction des banques, à la tentative de blanchiment des banques de réserve fédérales, dont Roosevelt avait admis la corruption dans ses harangues de campagne, et vous aurez vu que ce qui a été confisqué n'est pas entre les mains du gouvernement constitutionnel actuel, mais entre les mains des banquiers internationaux qui sont le noyau du nouveau gouvernement que Roosevelt a l'intention de mettre en place ici. Les actions de Roosevelt ne sont pas conformes à la Constitution des Etats-Unis, mais aux plans de la Troisième Internationale. Il fut un temps où Trotsky était le favori de Jacob Schiff. Pendant la guerre, Trotsky publiait *Novy Mir* et prenait la parole lors de réunions de masse à New York. Lorsqu'il a quitté les États-Unis pour

retourner en Russie, il est notoire qu'il l'a fait avec l'argent et la protection de Schiff. Il est capturé par les Britanniques à Halifax et, sur les conseils d'une personne haut placée, il est immédiatement libéré. À peine arrivé en Russie, il est informé qu'il dispose d'un crédit en Suède, dans la succursale suédoise de la banque de Max Warburg à Hambourg. Ce crédit lui permet de financer la révolution russe au profit des banquiers juifs internationaux. Il les a aidés à la désorganiser à leurs propres fins.

Aujourd'hui, l'Union soviétique est endettée. Depuis le retour de Trotski en Russie, le cours de l'histoire russe a certainement été influencé par les opérations des banquiers internationaux. Ceux-ci ont agi par l'intermédiaire d'institutions allemandes et britanniques et ont maintenu la Russie dans leur servitude. Leurs parents en Allemagne ont tiré d'immenses sommes d'argent des États-Unis et ont financé l'un après l'autre leurs agents en Russie avec un beau profit. Les banques de la Réserve fédérale, agissant par l'intermédiaire de la Chase Bank et de la Guaranrty Trust Co. et d'autres banques new-yorkaises, ont apporté des fonds du Trésor au gouvernement soviétique. L'Angleterre, tout comme l'Allemagne, nous a pris de l'argent par l'intermédiaire des banques de la Réserve fédérale et l'a prêté à des taux d'intérêt élevés au gouvernement soviétique ou l'a utilisé pour subventionner ses ventes à la Russie soviétique et ses travaux d'ingénierie sur le territoire russe. Le barrage sur le Dniepr a été construit avec des fonds illégalement prélevés sur le Trésor américain par le Conseil de la Réserve fédérale, corrompu et malhonnête.

Monsieur le Président, d'énormes sommes d'argent américain ont été utilisées à l'étranger pour les préparatifs de guerre et pour l'achat et la fabrication de fournitures de guerre. L'Allemagne serait copropriétaire d'une grande usine de production de gaz à Troitsk, sur le sol russe (il s'agit probablement d'I. G. Farben, dont les directeurs étaient Max Warburg en Allemagne et Paul Warburg aux États-Unis). La Chine est presque entièrement soviétisée et d'énormes stocks de munitions seraient entreposés en Asie, en attendant le jour où les chefs de guerre américains enverront des troupes américaines en Asie.

Monsieur le Président, les États-Unis devraient essayer de rester à l'écart d'une nouvelle guerre, en particulier d'une guerre en Asie. Ils devraient décider s'il vaut la peine de rejoindre la Russie et la Chine dans une guerre contre le Japon. Je dis et j'ai souvent dit que l'Amérique devrait se souvenir du conseil de George Washington. Elle devrait s'occuper de ses propres affaires et rester chez elle. Elle ne devrait pas permettre aux banquiers juifs internationaux de l'impliquer dans une autre guerre, afin qu'eux et leurs hommes de paille et flagorneurs païens puissent en tirer de savoureux bénéfices. Une armée a besoin de tout, des trousses de toilette aux avions, sous-marins, tanks, masques à gaz, gaz toxiques, munitions, baïonnettes, canons et autres accessoires et instruments de destruction".

Louis Thomas McFadden a mené un combat inégal, car il devait savoir que personne n'oserait le soutenir. C'est pourquoi son attitude peut être considérée comme héroïque. Les accusations qu'il a portées publiquement devant le Congrès étaient d'une grande ampleur et d'une grande importance, donc inacceptables pour les accusés. Certains ont eu recours à l'insinuation habituelle selon laquelle il avait perdu la tête. Sa disparition de la scène politique en 1936 a privé les Américains d'un patriote, d'un membre du Congrès irremplaçable et digne d'entrer dans l'histoire de leur pays.

PARTIE 5 - LA TERREUR EN URSS
ET LE GÉNOCIDE EN UKRAINE

Un décret du GPU daté du 18 janvier 1929 ordonne l'expulsion de Trotsky de l'URSS. Ainsi, la possibilité que l'agent principal des banquiers juifs prenne le pouvoir est au moins temporairement écartée. Trotski arrive en Turquie en février et s'y installe jusqu'en juillet 1933, date à laquelle il choisit de s'installer en France, d'où il pense pouvoir relancer une offensive politique de grande envergure. Staline déclarera plus tard que son expulsion avait été une erreur, ce qui semble évident, puisque Trotski a pu conspirer depuis l'étranger, comme cela a été démontré lors des purges, ce qu'il n'aurait jamais pu faire lorsqu'il était en URSS. Un exemple de ses activités contre Staline est le *Bulletin de l'opposition,* qu'il a lui-même fondé et édité dès 1929. Imprimé en caractères cyrilliques à Berlin, Zurich, New York ou Paris (selon la période), soixante-cinq exemplaires ont été publiés au fil des ans. Le fils de Trotsky, Leon Sedov, âgé de vingt-trois ans en 1929, en est le rédacteur en chef et en organise la distribution en URSS. Le premier objectif politique de Trotsky est la cohésion de l'opposition à Staline. Isaac Deutscher, l'un de ses disciples, écrit qu'il avait placé ses espoirs dans la création de la Quatrième Internationale. Quoi qu'il en soit, son leader étant absent du pays, l'opposition trotskiste reste accroupie et dans l'expectative, si bien qu'en 1929, Staline semble avoir consolidé son emprise sur le pouvoir. Sous sa direction, le communisme poursuivit les méthodes génocidaires pratiquées par Lénine et Trotsky contre les soi-disant ennemis de classe.

On a tendance à penser que Staline a mis fin à la prédominance juive dans les cadres dirigeants du parti, ce qui est faux. L'homme fort de Staline était son beau-frère le juif ukrainien Lazar Kaganovitch, dont la sœur Rosa était l'épouse ou la concubine de Staline. La question de savoir si Iosif David Vissarionovich Djugaschvili, connu sous le nom de Joseph Staline, était lui-même d'origine juive est controversée. Hitler le considérait comme juif et l'a dit à "Sidney Warburg" dans l'une de ses interviews. Selon certaines sources, dont le fonctionnaire soviétique Ivan Krylov, le nom de famille géorgien Djugaschvili signifie "fils de juif". Il a également été affirmé que le nom Kochba ou Koba, un alias utilisé par Staline au début de sa carrière, fait allusion à Simon bar Kochba, un dirigeant juif avant Jésus-Christ. Le chercheur russe Gregory Klimov affirme que Staline était à moitié juif. L'auteur juif David Weismann a affirmé en 1950 dans le *B'nai B'rith Messenger,* une publication de Los Angeles, que Staline était entièrement juif. Un autre publiciste juif, Solomon Schulman, a révélé en Suède que Staline parlait yiddish et que c'était l'un de ses secrets les mieux gardés. Tout cela n'a qu'une importance relative, car ce qui compte, c'est que ceux qui ont exercé le pouvoir aux côtés de Staline étaient pour la plupart des Juifs, dont beaucoup cachaient leur loyauté envers Trotski.

Denis Fahey, dans *The Rulers of Russia*, cite les noms des cinquante-neuf membres du comité central du parti communiste de l'URSS en 1935 et seuls trois d'entre eux n'étaient pas juifs, mais mariés à des femmes juives. Fahey cite également les ambassadeurs qui, en 1935-1936, occupaient des postes dans les principaux pays du monde et presque tous étaient juifs ou mariés à des femmes juives. La délégation soviétique à la Société des Nations, dirigée par Litvinov, était composée de huit membres, dont un seul n'était pas juif. Alfred Rosenberg, le hiérarque nazi qui avait lui-même du sang juif, donne également une liste nominative des Juifs qui, en 1935-1936, étaient encore au pouvoir en Russie. Dans l'administration de l'industrie de l'armement, le pourcentage est supérieur à 95% et dans le Commissariat du peuple à l'alimentation, il atteint 96%. Quant aux dirigeants du commerce, 99% d'entre eux étaient également juifs. Il a déjà été mentionné plus haut que le Commissariat du peuple aux affaires intérieures, la GPU ou ancienne Tchéka, et l'Administration générale des camps de travail étaient aux mains de criminels juifs. Dans le même temps, le département de la censure à Moscou était composé de fonctionnaires juifs. Douglas Reed a accompagné Anthony Eden, secrétaire du Foreign Office, lors de sa visite à Moscou en tant que journaliste du *Times*. Dans son livre *Insanity Fair*, il écrit :

> "Le département de la censure, c'est-à-dire l'ensemble de l'appareil destiné à contrôler la presse interne et à museler la presse internationale, était entièrement composé de Juifs... il ne semblait pas y avoir un seul fonctionnaire non juif dans l'ensemble du personnel. C'était le même genre de Juifs que l'on trouve à New York, Berlin, Vienne et Prague, bien soignés, bien nourris et habillés avec une touche de "dandy". On m'avait dit que la proportion de Juifs dans le gouvernement était faible, mais dans ce département que j'ai eu l'occasion de connaître intimement, ils semblaient avoir le monopole, et je me suis demandé où étaient les Russes".

Jüri Lina souligne que l'on ignore généralement que les principaux assistants personnels de Staline étaient juifs. Il s'agit, par exemple, de son secrétaire personnel Leon (Leiba) Mekhlis qui, selon Boris Bazhanov, avait deux assistants juifs, Makhover et Yuzhak. Bazhanov, l'une des sources de l'auteur estonien, a lui-même été secrétaire de Staline entre 1923 et 1925, puis secrétaire du Politburo jusqu'en janvier 1928, date à laquelle il a fait défection de l'URSS. Bazhanov écrit dans ses mémoires que sur les quarante-neuf secrétaires de Staline, quarante étaient juifs. Selon Lina, en 1937, dix-sept des vingt-deux commissaires du peuple étaient juifs. Au sein du Présidium du Soviet suprême, dix-sept des vingt-sept membres étaient également juifs. Lina présente un à un les membres juifs du Commissariat au commerce extérieur, dont le commissaire de 1930 à 1937 était Arkady

Rosengoltz, un trotskiste exécuté en 1938. Nous aurons l'occasion de connaître les personnages tels qu'ils apparaissent en tant que protagonistes. Suit un récit abrégé de la terreur pratiquée par l'État communiste dans sa lutte contre la paysannerie, dont le premier épisode se situe dans les années 1918-1922.

L'élimination des koulaks

En janvier 1928, craignant une pénurie de céréales, le Politburo décide à l'unanimité d'adopter des mesures d'urgence permettant l'expropriation des koulaks, ce qui est en contradiction avec la NEP, la Nouvelle politique économique adoptée en 1921, qui signifiait la fin théorique des réquisitions. La NEP, qui permettait un certain fonctionnement du marché, reconnaissait alors que les mesures de socialisation et de collectivisation étaient inapplicables, bien que Lénine lui-même ait prévenu qu'il s'agissait d'un "recul stratégique". Une lettre de Lénine écrite le 3 mars 1922 a été citée plus haut, dans laquelle il dit à Kamenev qu'il ne faut pas croire que la NEP a mis fin à la terreur : "nous aurons à nouveau recours à la terreur et à la terreur économique". Dix ans plus tard, ces paroles se sont révélées prophétiques. La saisie des céréales produites avec la prétendue garantie qu'elles pourraient être commercialisées et rentabilisées est incontestablement un mauvais signal envoyé aux paysans, même si Staline déclare qu'il s'agit de mesures "tout à fait exceptionnelles". Le Parti communiste procède à la mobilisation de ses cadres et trente mille militants sont envoyés dans les régions agricoles. Dans les villages, des troïkas sont mises en place avec un pouvoir sur les autorités locales, et les paysans ne peuvent moudre que la quantité nécessaire à leur propre consommation.

À la fin de l'année 1928, la Commission d'État pour la planification met en garde contre une tendance à la baisse des récoltes de céréales. Staline dénonce l'idée de faire des "mesures exceptionnelles" un principe permanent ; mais le Politburo rappelle que les koulaks disposent d'importantes réserves de céréales et insiste sur la nécessité d'augmenter les quotas. Les plénipotentiaires du parti envoyés dans les villages ne se contentent pas d'ordonner la réquisition des produits, mais exigent que l'on indique dans les assemblées quels koulaks doivent être soumis à la pression la plus forte. De nombreux paysans voient le koulak comme un exemple et acceptent son autorité. L'élimination des koulaks était inextricablement liée à la fin du marché car en termes économiques, elle signifiait la destruction de l'incitation des paysans à produire. Cela est ressenti ou compris dans les villes et les villages, où les gens votent souvent contre les mesures proposées par le parti. Les dirigeants qui font un usage immodéré du mot sont dénoncés comme koulaks, contre lesquels sont prises des mesures telles qu'arrestations, perquisitions, amendes, confiscations et parfois même fusillades.

Le climat devient de plus en plus tendu et la résistance contre les fonctionnaires, qualifiée par le régime d'"actes terroristes", se généralise. De plus, dans les villes, où les petits commerces et les ateliers d'artisans considérés comme des entreprises capitalistes sont fermés par les autorités, les cartes de rationnement, qui avaient disparu depuis le début de la NEP, sont de nouveau utilisées. Au printemps 1929, la viande commence également à être collectée de force. En Sibérie, par exemple, les livraisons de viande passent de 700 tonnes en 1928 à 19 000 tonnes en 1929.

En mai 1929, le Conseil des commissaires du peuple (Sovnarkom) définit le koulak comme un paysan qui fournit du travail, qui possède un moulin ou d'autres installations, qui loue des machines agricoles ou qui est capable d'exercer une activité commerciale. On disait à l'époque qu'il n'y avait pas d'intention de les éliminer, et on n'envisageait pas non plus de déportation massive ; cependant, au printemps 1929, les cas de poursuites contre les koulaks se sont multipliés, et à l'automne, les arrestations et les réquisitions se sont généralisées, provoquant une résistance de plus en plus farouche, même de la part des paysans les plus pauvres : le grain était enterré ou vendu à bas prix, mais parfois il était même brûlé ou jeté dans les rivières, ce qui était interprété comme une tentative de sape du régime soviétique par les "capitalistes ruraux".

En avril-mai 1929, le premier plan quinquennal est adopté et le gouvernement annonce une nouvelle phase de collectivisation de masse. Le plan prévoyait initialement la collectivisation de cinq millions de ménages, mais en juin de la même année, ce chiffre a été porté à huit millions pour la seule année 1930, et en septembre, le chiffre de treize millions de petites exploitations familiales a été avancé. Dans un article publié dans la *Pravda* du 7 novembre 1929, Staline brosse un tableau idyllique et annonce qu'un changement radical s'est produit dans l'agriculture : "De l'agriculture individuelle petite et arriérée à l'agriculture à grande échelle, à l'agriculture collective avancée, à la culture de la terre en commun". Selon Staline, les paysans adhèrent massivement au système des fermes collectives : "Non pas en petits groupes, comme c'était le cas auparavant, mais par villages entiers, régions entières, districts entiers, voire provinces entières". Et qu'est-ce que cela signifie ? - Cela signifie que l'agriculteur moyen a rejoint le mouvement de l'agriculture collective. Et c'est la base du changement radical dans le développement de l'agriculture qui représente la réalisation la plus importante du pouvoir soviétique au cours de l'année écoulée".

Quelques jours après la publication de cet article, le plénum du comité central du parti se réunit pendant une semaine, du 10 au 17 novembre 1929. Les membres sont informés que la collectivisation volontaire est en cours et Viatcheslav Molotov, premier secrétaire du parti communiste de Moscou, qui sera nommé président du Conseil des commissaires en décembre 1930, prend la parole devant le plénum pour demander que l'on saisisse l'occasion de régler une fois pour toutes la question agraire. Molotov, qui était marié à une juive sioniste nommée Polina Zhemchúzhina, préconisa une collectivisation immédiate dans les provinces et les républiques et demanda qu'un nouvel élan soit donné dans les mois à venir.[12] Il sera plus tard chargé de superviser l'ensemble du processus de collectivisation depuis la tête du gouvernement. Quant aux koulaks, Molotov met en garde contre leur incorporation dans les fermes collectives ("kolkhozes") et appelle à les traiter comme "les ennemis les plus malveillants et non encore vaincus". Le 27 décembre 1929, Lazar Moiseyevich Kaganovich (Kogan), juif ukrainien, beau-frère de Staline après son mariage avec Rosa Kaganovich, annonce l'objectif de "liquider les koulaks en tant que classe". La deskulakisation et la collectivisation agraire sont donc deux processus qui se déroulent simultanément.

Bien qu'en 1929 il y ait déjà eu de nombreuses expulsions et arrestations de koulaks dans les villages ukrainiens, dans les colonies cosaques ("stanitsas") et ailleurs, la résolution officielle du parti qui a marqué le début de la destruction du koulak en tant que classe a été connue le 30 janvier 1930, lorsque le Politburo a approuvé les "Mesures pour l'élimination des maisons de koulaks dans les districts soumis à la collectivisation". Le lecteur peut penser que les koulaks étaient de riches fermiers qui exploitaient de grands domaines et vivaient comme des bourgeois aisés, mais ce n'est pas le cas. En 1929, les koulaks étaient très appauvris et pouvaient difficilement faire face aux taxes de plus en plus lourdes. Seule une minorité possédait une demi-douzaine de vaches et deux ou trois chevaux, et seul un pour cent employait plus d'un ouvrier pour les travaux agricoles.

Une commission du Bureau politique présidée par Molotov définit trois catégories de koulaks : dans la première, ceux "impliqués dans des activités contre-révolutionnaires" sont arrêtés et transférés dans des camps de travail du GPU ou exécutés s'ils résistent. Leurs familles doivent être déportées et leurs biens confisqués. La deuxième catégorie comprend ceux qui doivent être arrêtés et déportés avec leur famille dans des régions reculées parce que, bien que moins activement opposés, ils sont "naturellement enclins à aider la contre-révolution". Les koulaks de la troisième catégorie sont ceux qui sont considérés comme "loyaux envers le

---

[12] Polina Zhemchúzhina (Perl Karpovskaya) est issue d'une famille de Juifs ukrainiens. Commissaire à la propagande pendant la guerre civile, elle épouse en 1921 Viatcheslav Molotov, déjà membre du Comité central. Une de ses sœurs, sioniste comme elle, a émigré en Palestine dans les années 1920. Selon l'historien Zhores Medvedev, Staline s'est toujours méfié de Polina et a conseillé à plusieurs reprises à Molotov de divorcer. Lorsque Golda Meir arrive à Moscou en novembre 1948 en tant qu'ambassadrice du nouvel État sioniste, Polina se lie immédiatement d'amitié avec elle, mais en décembre de la même année, elle est arrêtée pour trahison. Condamnée à cinq ans de camp de travail, elle est libérée en 1953 par Lavrenti Beria, le juif qui devait remplacer Staline après sa mort, car il était l'agent choisi par les financiers de la révolution. Comme nous le verrons dans un autre chapitre, il existe un consensus quasi général sur la responsabilité de Beria dans l'assassinat de Staline.

régime", ceux que l'on peut essayer d'intégrer dans les fermes collectivisées à titre probatoire.

Dans *The Harvest of Sorrow*, Robert Conquest donne des chiffres qui montrent la faiblesse des ressources des koulaks expropriés dans la province de Kryvti Rih (Ukraine centrale). En janvier et février 1930, 4080 fermes y ont été expropriées, qui n'ont apporté au "kolkhoze" (ferme collective) que 2367 bâtiments, 3750 chevaux, 2460 têtes de bétail, 1105 porcs, 446 batteuses, 1747 charrues, 1304 semoirs et 2021 tonnes de céréales et de millet. L'excuse invoquée pour justifier ces résultats misérables est que ces fermes avaient déjà été réquisitionnées lors de l'offensive de 1928-29, ce qui montre bien que l'on agit contre des paysans déjà fortement ruinés. Conquest rapporte le témoignage d'un militant à la mauvaise conscience qui assiste à l'intervention et à la réquisition d'une maison qui sert d'exemple pour comprendre la situation de nombreux koulaks expropriés : "Il a une femme malade, cinq enfants et pas une miette de pain dans la maison. Et c'est ça qu'on appelle un koulak ! Les enfants portent des haillons et des haillons. Ils ont tous l'air fantomatique. J'ai vu la marmite sur le feu avec quelques pommes de terre dans l'eau. C'était leur dîner. Nicolas Werth multiplie les exemples et dénonce le fait que les paysans n'étaient arrêtés que pour avoir vendu du grain au marché pendant l'été, pour avoir employé un ouvrier agricole pendant deux mois, ou pour avoir abattu un cochon en septembre 1929 "dans le but de le consommer et de le soustraire ainsi à l'appropriation socialiste." Les humbles paysans qui vendent des produits fabriqués par eux-mêmes sont arrêtés pour s'être "livrés au commerce". Certains sont déportés parce qu'un membre de leur famille a été officier tsariste, d'autres parce qu'ils fréquentent assidûment l'église. En général, tout paysan qui s'oppose à la collectivisation est qualifié de koulak.

Au cours de l'année 1930, quelque deux millions et demi de paysans participent à environ quatorze mille révoltes, soulèvements et manifestations contre le régime. Des affrontements sanglants ont lieu entre des détachements du GPU et des groupes de paysans armés de fourches, de faucilles et de haches. Des centaines de soviets sont pillés et des comités de paysans prennent temporairement le contrôle de certains villages. En Ukraine, 26 000 personnes sont arrêtées par le GPU entre le 1er février et le 15 mars, dont 650 sont fusillées. Par ailleurs, à la fin du mois de mars 1930, plus de quinze mille "éléments contre-révolutionnaires" sont arrêtés dans certains districts de l'Ukraine occidentale. Selon les données officielles du GPU, vingt mille personnes ont été condamnées à mort en 1930 par les seules juridictions exceptionnelles de la police politique. Conquest écrit qu'en février 1931, la décision est prise de procéder à une deuxième vague de déportations de koulaks, mieux préparée. Selon Conquest, en l'espace de deux ans, "une lutte implacable et sans merci s'est déroulée dans les camps, faisant des millions de victimes". Conquest résume les estimations de divers chercheurs russes non officiels et conclut que quelque quinze millions d'êtres humains, hommes, femmes et enfants, ont été déracinés. Deux millions ont été transférés vers des projets industriels et le reste a été déporté vers l'Arctique. Un million d'hommes ont été directement internés dans des camps de travail.

Mais derrière ces chiffres froids et secs se cachent des millions d'histoires d'êtres humains qui ont souffert de l'injustice et de la terreur. *The Harvest of Sorrow* raconte certaines de ces histoires, des récits de première main qui donnent un aperçu de la barbarie dans ses moindres détails. Prenons, par exemple, le cas d'un ancien paysan qui avait servi dans l'Armée rouge et qui, en 1929, possédait trente-cinq hectares, deux chevaux, une vache, un cochon, cinq moutons, quarante poulets et une famille de six personnes. En 1928, il devait payer une taxe de 2500 roubles et 7500 boisseaux de céréales. N'ayant pas les moyens de le faire, il est contraint de céder sa maison, d'une valeur d'environ 2000 roubles. Un militant l'a achetée pour 250 roubles et les marchandises ont également été vendues. Les outils et les instruments ont été envoyés au nouveau kolkhoze. Le paysan est arrêté et emprisonné. Bien qu'il ait été précédemment qualifié de subkoulak, il est accusé d'être un koulak qui refuse de payer les impôts, d'inciter à la collectivisation, d'appartenir à une organisation contre-révolutionnaire, de posséder cinq cents hectares, cinq paires de bœufs, cinquante têtes de bétail, d'exploiter les travailleurs, etc. Il est condamné à dix ans de travaux forcés.

Une autre histoire est racontée par une jeune fille ukrainienne dont la famille possédait un cheval, une vache, une génisse, cinq moutons et quelques cochons. Son père a refusé d'entrer dans le kolkhoze et s'est vu réclamer une quantité de céréales qu'il n'avait pas. "Pendant une semaine entière - poursuit la jeune femme - ils n'ont pas laissé mon père dormir et l'ont battu avec des bâtons et des revolvers jusqu'à ce qu'il devienne noir et bleu et qu'il finisse par enfler. Enfin, un officier de la GPU, président du Soviet du village, se rend à la maison en compagnie d'autres personnes et confisque tout après en avoir fait l'inventaire. Le père, la mère, le fils aîné, les deux sœurs cadettes et un petit bébé ont été enfermés dans l'église pendant la nuit. Ils sont ensuite emmenés à la gare et placés dans des wagons à bestiaux. Près de Kharkov, le train s'est arrêté et un garde bienveillant a permis aux filles de descendre pour aller chercher du lait pour le bébé. Dans une cabane voisine, elles ont obtenu du lait et un peu de nourriture, mais lorsqu'elles sont revenues, le train était reparti. Les deux filles errent dans la campagne. La narratrice explique qu'après avoir été séparée de sa sœur, elle a été accueillie temporairement par une famille de fermiers.

Une autre description décrit une ligne de déportés dans l'oblast de Sumy (nord de l'Ukraine), s'étendant dans les deux sens à perte de vue, se gonflant continuellement de personnes venant de nouveaux villages, en route vers une gare pour monter dans un train qui les emmènera dans l'Oural. Robert Conquest donne des détails précis sur ces trains de déportés. Il évoque un train de soixante et un wagons parti le 26 mai 1931 de Yantsenovo, petite gare de la province de Zaporizhia (Ukraine), avec à son bord trois mille cinq cents personnes, membres de familles koulaks arrivées en Sibérie le 3 juin. En général, dans chaque wagon, peu aéré et peu éclairé, se trouvent une soixantaine de personnes, mal nourries. Nicolas Werth dans *Un Etat contre son peuple*, première des cinq parties du *Livre noir du communisme*, ouvrage déjà cité, rédigé par plusieurs auteurs, écrit que la correspondance entre le GPU et le Commissariat du peuple aux transports montre que les convois pouvaient être immobilisés sur une route secondaire pendant des semaines par des températures de moins 20 degrés Celsius. Des lettres signées par des collectifs de cheminots et d'employés, par des citoyens de Rostov, d'Omsk, de Vologda et d'autres gares de triage, dénoncent le "massacre d'innocents". Selon divers rapports, jusqu'à 20% des passagers, pour la plupart de jeunes enfants, sont morts pendant le voyage. Alexandre Soljenitsyne fait référence à de nombreuses histoires dans l'*Archipel du Goulag*. Dans l'une d'entre elles, il raconte comment une mère cosaque a donné naissance à un bébé à l'intérieur d'un wagon de déportation. Le bébé, comme d'habitude, est mort et deux soldats ont jeté son corps hors du train en marche.

En réalité, l'arrivée dans la taïga ou la toundra peut être pire que le voyage. Conquest évoque quelques cas : à une destination pour les koulaks près de Krasnoïarsk, il n'y avait pas de centre d'accueil, seulement des barbelés et quelques gardes. Sur les quatre mille personnes déportées, près de la moitié sont mortes dans les deux mois. Dans un autre camp, près du fleuve Ienisseï, dans l'océan Arctique, les koulaks vivaient dans des abris souterrains. Un communiste allemand raconte qu'au Kazakhstan, entre Petropavlovsk et le lac Balkash, les koulaks d'Ukraine et de Russie centrale marchaient à découvert jusqu'à ce qu'ils arrivent à des piquets plantés dans le sol avec des panneaux portant uniquement le numéro de la colonie. On leur dit alors de prendre soin d'eux et ils commencent à creuser des trous dans le sol. Le camp n° 205, situé dans la taïga sibérienne près de Kopeisk, au sud d'Ekaterinbourg, se composait de cabanes construites par les prisonniers. Les hommes sont envoyés scier du bois ou dans les mines, où sont également envoyées les femmes sans enfants. En novembre, les personnes âgées, les malades et les enfants de moins de 14 ans sont contraints de construire des cabanes pour l'hiver. Leur ration consistait en un quart de bouillon sans substance et dix onces de pain par jour. Presque tous les enfants meurent.

Collectivisation forcée

Konstantin Leontiev, l'un des plus importants intellectuels russes du XIXe siècle, décédé en 1891, a mis en garde contre l'arrivée en Russie d'idées révolutionnaires catastrophiques en provenance de l'Ouest. Leontiev, qui prônait une expansion culturelle et territoriale de la Russie vers l'est, a prophétisé une révolution sanglante en Russie, menée par un antéchrist de nature totalitaire et socialiste : "Le socialisme est le féodalisme de l'avenir", a averti Leontev. Dans *The Harvest of Sorrow*, Conquest affirme qu'il était courant pour les paysans de qualifier le communisme de "second servage" et fait allusion à des rapports officiels qui reproduisent mot pour mot des plaintes de paysans se lamentant d'avoir été transformés "en quelque chose de pire que des esclaves". Conquest se réfère à un article de la *Pravda* relatant une réunion silencieuse dans un village ukrainien où la collectivisation a été approuvée. Une foule de femmes bloque la route et des tracteurs arrivent bientôt. On crie notamment : "Le gouvernement soviétique veut nous ramener au servage". D'autres rapports soviétiques contiennent la même dénonciation : "Vous voulez nous mettre dans des fermes collectives pour que nous soyons vos serfs et que nous percevions les dirigeants locaux comme des maîtres".

Les paysans moyens, ou subkulaks, sont ceux qui s'y opposent le plus farouchement ; mais les paysans pauvres, qui ont réussi à améliorer leur statut social et économique à force de travail et d'efforts, sont eux aussi majoritairement opposés à l'entrée forcée dans le kolkhoze. Les paysans individualistes sont stigmatisés par les autorités comme s'ils étaient des criminels. Dès le début des années 1930, les menaces, les calomnies et la coercition s'intensifient. L'éventail des mesures coercitives est varié : des personnes camouflées peuvent être postées devant les maisons des paysans récalcitrants ; le facteur peut recevoir l'ordre de ne pas distribuer le courrier aux "individualistes" ; leurs proches peuvent se voir refuser des soins médicaux dans les centres médicaux ; leurs enfants peuvent être expulsés de l'école ; on peut refuser de moudre leur grain dans les moulins ; on peut même faire pression sur les forgerons pour qu'ils refusent de travailler pour eux.

Staline a un jour raconté à Churchill ce qui s'est passé entre 1930 et 1931 dans des termes très proches de ce qui est rapporté dans *l'Histoire du Parti communiste*. Selon cette version officielle, "les paysans ont chassé les koulaks de leurs terres, les ont deskulakisées, ont confisqué leur bétail et leurs machines, et ont demandé au pouvoir soviétique d'arrêter et d'expulser les koulaks". Évidemment, cette version, selon laquelle la collectivisation était une révolution menée par le haut, mais soutenue par le bas, n'a rien à voir avec ce qui s'est passé. Certes, dans un premier temps, certains paysans ont profité de la situation pour se venger, régler des comptes ou simplement se livrer au pillage, mais en général, la communauté paysanne s'est opposée tant à la deskulakisation qu'à la collectivisation. En effet, depuis l'époque de Stolypine, les moyens et petits paysans réclamaient un peu de terre pour pouvoir la travailler et progresser, c'est-à-dire qu'ils aspiraient à devenir des koulaks.

Les révoltes des compesinos contre les mesures de collectivisation forcée du gouvernement se multiplient au cours des premiers mois de 1930. Selon les chiffres officiels du GPU, quatre cent deux "manifestations de masse" ont eu lieu en janvier, mille quarante-huit en février et plus de six mille cinq cents en mars, dont plus de huit cents ont dû être "écrasées par la force armée". Les mesures de collectivisation forcée devaient mettre un terme définitif au rêve de millions de petits et moyens paysans qui ne voulaient pas rejoindre les kolkhozes et étaient donc soumis à l'expropriation et à la persécution, comme cela avait été le cas pour les koulaks.

Face à cette résistance paysanne massive, un événement inattendu se produit. Le 2 mars 1930, la *Pravda* et tous les journaux soviétiques publient un célèbre article de Staline intitulé "Le vertige du succès". Il y dénonce "les nombreuses violations du principe du volontariat dans l'adhésion des paysans aux kolkhozes". Selon Staline, les dirigeants locaux, "ivres de succès", ont commis des "excès". De manière surprenante, un passage du texte laissait entrevoir la possibilité pour les paysans de quitter à l'avenir la ferme collective s'ils le souhaitaient. Werth affirme que l'article a eu un impact immédiat et, alors que les soulèvements de masse se poursuivaient en Ukraine, dans le Caucase du Nord et au Kazakhstan, quelque cinq millions de paysans ont quitté les kolkhozes au cours du même mois de mars. Pour sa part, Conquest attribue l'article de Staline aux protestations des sections modérées du Politburo et cite Anastas Mikoyan déclarant que les erreurs avaient "commencé à saper la loyauté des paysans envers l'alliance des ouvriers et des paysans". Conquest ajoute que Staline a continué à dénoncer les mesures coercitives à l'encontre des paysans dans divers articles et discours, ce qui a incité de nombreux communistes locaux, surpris par ses reproches, à tenter de les supprimer et à considérer comme erronée son attitude consistant à se décharger de la responsabilité des excès sur les fonctionnaires locaux.

Normalement, les paysans sont convaincus des avantages des fermes collectives par le biais d'assemblées et de rassemblements de propagande. L'étape suivante était l'arrivée d'un envoyé du parti qui demandait qui était contre le kolkhoze et les plans du gouvernement soviétique, mais les paysans étaient également exhortés par des phrases impératives : "Vous devez entrer dans le kolkhoze immédiatement. Celui qui ne le fait pas est un ennemi du régime soviétique". D'autre part, *la Pravda* a rapporté plus d'une fois la désertion de communistes locaux sceptiques qui n'étaient pas d'accord avec la campagne de collectivisation. Le 28 février 1930, deux jours seulement avant la parution de l'article de Staline, la *Pravda* cite les propos d'un jeune expert agricole qui a quitté le parti après sept jours passés dans un village : "Je ne crois pas à la collectivisation. Le rythme est trop rapide. Le parti a pris une mauvaise direction. Que mes paroles servent d'avertissement". Les militants dissidents sont généralement arrêtés et accusés de conspirer avec les koulaks, ce qui leur vaut une condamnation à deux ou trois ans de prison.

En avril, l'article de Staline semble avoir un effet positif. Des lettres demandant un ralentissement de la collectivisation sont envoyées aux autorités locales. Les paysans collectivisés sont autorisés à posséder une vache, des moutons et des cochons, ainsi que des outils de travail pour leurs propres parcelles. En d'autres termes, pour inciter les paysans à rester dans les kolkhozes, on leur permet de conserver leurs terres, de cultiver des fruits et des légumes et de garder leurs animaux, à condition qu'ils respectent l'obligation de travailler certains jours dans la ferme collective. Quitter le kolkhoze signifiait la perte de ce droit. Ils ont dû accepter de travailler pour l'État à des salaires peu élevés comme condition pour conserver leurs parcelles de terre.

La formule équivalait à un nouveau type de féodalisme au sens où l'avait prophétisé Leontiev. Les seigneurs féodaux des châteaux sont remplacés par des plénipotentiaires du parti, dont la volonté dépend de la possibilité pour les paysans de quitter le kolkhoze : une fois les terres saisies, il n'est pas facile de les remettre de côté, et les possibilités d'interprétation et d'application du décret sont entre les mains des gérifaltes locaux. En général, les meilleures terres étaient conservées pour l'exploitation collective et les paysans pauvres se voyaient attribuer des terres avec des buissons, des marais et des friches. Néanmoins, selon les chiffres fournis par divers auteurs, au cours des mois de mars et d'avril 1930, la superficie des terres collectivisées est tombée de 50,3% à 23% et a continué à baisser jusqu'à l'automne. Au total, neuf millions d'exploitations agricoles ont quitté les fermes collectives. C'est en Ukraine que le démantèlement a été le plus important et, par conséquent, les autorités ont accusé les responsables d'avoir laissé partir les paysans sans avoir fait suffisamment d'efforts pour les en dissuader.

Au cours de l'année 1930, selon les chiffres du GPU, quelque deux millions et demi de paysans ont participé à environ quatorze mille révoltes, émeutes et manifestations de masse contre le régime. À partir du printemps, avec l'adoption des mesures susmentionnées, l'agitation diminue et les soulèvements deviennent progressivement moins fréquents. Alors qu'en avril 1930, la GPU enregistrait environ deux mille cas de troubles paysans, il n'y eut plus que neuf cents émeutes en juin, six cents en juillet et seulement deux cent cinquante-six en août. En septembre 1930, cependant, la pression sur les paysans individualistes s'est à nouveau accrue et des demandes de quotas importants de céréales et d'autres produits ont été formulées. Dans la *Pravda*, on affirme carrément que le meilleur moyen de forcer la collectivisation est de rendre les petites exploitations individuelles non rentables. En réalité, malgré les conditions défavorables, les exploitations individuelles avaient obtenu de meilleurs résultats que les kolkhozes lors de la récolte de 1930. C'est pourquoi, dans son édition du 16 octobre 1930, le journal pose la question suivante : "Si le paysan peut développer sa propre économie, pourquoi devrait-il rejoindre le kolkhoze ?" Ainsi, à l'automne, une nouvelle vague de deskulakisation a eu lieu, dirigée principalement contre les paysans qui avaient été les porte-drapeaux de l'abandon des fermes collectives et qui étaient à nouveau considérés comme des koulaks s'opposant à la collectivisation.

Selon les chiffres officiels fournis par Naum Jasny dans *The Socialized Agriculture of the USSR. Plans and Performance* (1949), les demandes de céréales du gouvernement ont fortement augmenté au cours des années considérées : en 1928-1929, il a obtenu 10,8 millions de tonnes ; en 1929-1930, il a augmenté le quota à 16,1 ; pour la récolte de 1930-1931, le chiffre est passé à 22,1 millions de tonnes ; en 1931-1932, l'approvisionnement en céréales a été de 22,8 millions de tonnes, c'est-à-dire que la quantité a doublé en trois ans. Quelles que soient les conditions, ces quantités devaient être livrées à l'État, et cette exigence devait être satisfaite sans tenir compte des besoins alimentaires de la paysannerie elle-même, qui n'étaient même pas pris en considération.

Une loi du 16 octobre 1931 interdit aux kolkhozes de réserver des céréales pour leurs besoins internes tant que les exigences du gouvernement n'ont pas été satisfaites. Dans la seconde moitié de l'année 1931, la viande a également commencé à être collectée selon les mêmes méthodes. Non seulement ces demandes dépassent de loin les possibilités des paysans de reconstituer leurs stocks, mais, grâce au système de contrats avec les fermes collectives, les produits sont payés à des prix arbitrairement bas. Un décret du 6 mai 1932 autorise le commerce privé des céréales une fois que les quotas de l'État ont été atteints. Peu après, deux autres décrets, l'un du 22 août et l'autre du 2 décembre 1932, prévoient des peines allant jusqu'à dix ans de camp de concentration pour ceux qui vendent des céréales avant d'avoir satisfait aux exigences de l'État. Pour se faire une idée de l'ampleur de la pression exercée sur les paysans, il est utile de savoir qu'en 1933, les prix du marché des produits de la livraison forcée étaient 25 fois plus élevés que ceux payés par le gouvernement. Ce fait, bien sûr, a sapé les incitations des fermes collectives à développer leur production socialisée. Le système des livraisons obligatoires de viande, de lait, de beurre, de fromage, de laine et d'autres produits a été réglementé de la même manière que celui des céréales par les décrets du 23 septembre et du 19 décembre 1932.

Depuis l'exil, Léon Trotski, malgré son inimitié irréversible envers Staline, se déclare un partisan enthousiaste de la collectivisation. Dans son ouvrage *Problems of Development in the USSR* (1931), il écrit que la collectivisation est "une nouvelle ère dans l'histoire de l'homme et le début de la fin de l'idiotie dans les campagnes". Cependant, face aux conditions insupportables de la vie paysanne, de nombreux paysans "idiots", voire désespérés, ont commencé à partir en masse vers les villes, entraînant une perte accélérée de la force de travail dans les campagnes. Christian Rakovsky, un juif trotskiste d'origine bulgare déporté en Asie centrale en 1928, propose dans un article une solution au problème de la fuite des paysans : "Notre gouvernement prolétarien peut-il promulguer une loi qui soumettrait les paysans pauvres des fermes collectives à l'esclavage ? Cette suggestion reçoit une réponse immédiate sous la forme d'un "passeport intérieur", instauré en décembre 1932, qui interdit effectivement aux koulaks et aux paysans de se rendre dans les villes sans autorisation. Une loi du 17 mars 1933 stipule qu'un paysan ne peut quitter la ferme collective et entrer en ville sans un contrat de travail de l'employeur, ratifié par les autorités du kolkhoze. L'adoption des passeports intérieurs et la soumission des paysans à la terre impliquent une servitude plus grande qu'avant l'émancipation décrétée en 1861 par Alexandre II, le tsar libérateur.

Nouvelles attaques contre les prêtres et les églises

En 1918, les biens des Églises, comme ceux des propriétaires terriens, sont nationalisés sans compensation. Les ecclésiastiques et les prêtres, considérés comme des "serviteurs de la bourgeoisie", sont privés de leurs droits civiques et de leurs cartes de rationnement. La plupart des terres ecclésiastiques sont rattachées aux paroisses, dont les curés donnent du travail aux paysans ou les leur louent, bien que certains labourent eux-mêmes la terre. Presque tous les monastères ont été fermés et leurs biens confisqués. Avec la NEP, cependant, il y a une accalmie et les attaques contre la religion s'adoucissent, même si Lénine a montré à plusieurs reprises son mépris total pour la religiosité et l'idée de Dieu, qu'il considère comme "une vilenie indescriptible et abominable". Dans une lettre à Maxime Gorki écrite en novembre 1913, Lénine avait déclaré : "Des millions de péchés, d'actes dégoûtants, d'actes de violence... sont bien moins dangereux que l'idée subtile et spirituelle de Dieu".

Après la mort du patriarche Tikhon en avril 1925, ses successeurs temporaires, les métropolites Pierre et Sergey, ont été envoyés en Sibérie. Dix autres substituts temporaires ont également été emprisonnés jusqu'à ce qu'un pacte soit conclu en 1927, qui a conduit à la libération du métropolite Sergey. Un an plus tard, à l'été 1928, une nouvelle campagne antireligieuse débute : les quelques monastères restants sont fermés et les moines sont envoyés en exil. En avril 1929, une loi interdit aux organisations religieuses de créer des fonds d'assistance, d'organiser des réunions avec les paroissiens, d'organiser des excursions, d'ouvrir des bibliothèques ou des salles de lecture, de fournir des soins médicaux ou de santé et d'autres activités. En mai 1929, le Commissariat à l'éducation remplace la politique d'absence d'instruction religieuse dans les écoles par une politique d'enseignement contre la religion. En juin 1929, un congrès de l'Union des athées militants se tient et, peu après, la campagne s'intensifie dans tout le pays. Pendant la guerre civile, la spoliation des églises orchestrée par Trotsky et le meurtre de milliers d'ecclésiastiques avaient été justifiés par le fait que les richesses de l'église seraient utilisées pour atténuer la première famine qui avait causé cinq millions de morts. Pendant les années de deskulakisation et de collectivisation, les attaques ont été justifiées par la solidarité et la protection mutuelle entre les paysans et les prêtres. Du point de vue du parti, l'église organisait les campagnes d'agitation des koulaks. C'est pourquoi les prêtres étaient généralement déportés avec les koulaks.

Les mêmes schémas d'action qu'en 1921 se répètent entre 1929 et 1931 : opposition du prêtre à la fermeture ou à la destruction de l'église, soutien des paysans, arrestation et déportation, voire assassinat sur place, de paysans et de prêtres. La collectivisation entraîne généralement la fermeture de l'église locale. Les icônes étaient régulièrement confisquées et brûlées avec d'autres objets de culte. Robert Conquest cite une lettre confidentielle d'un comité provincial datée du 20 février, qui parle de soldats ivres et de konsomols (jeunes communistes) "fermant arbitrairement les églises dans les villages, brisant les icônes et menaçant les paysans". Fin 1929, sous prétexte qu'elles sont nécessaires à l'industrie, une campagne de réquisition des cloches des églises est lancée. En janvier 1930, dans le seul district de Pervomaysk (nord-ouest de l'Ukraine), cent quarante-huit cloches ont été démontées. Le 11 janvier, une grande ferme collective de l'Oural annonçait fièrement que toutes les cloches de la région avaient été mises au rebut et qu'un grand nombre d'icônes avaient été brûlées à Noël. Il est intéressant de noter que ces actions ont également été critiquées par Staline dans la fameuse lettre du 2 mars 1930, si bien que quelques semaines plus tard, une résolution du Comité central parlait de "distorsion" dans la lutte pour les kolkhozes et incluait une condamnation "de la fermeture administrative des églises sans le consentement de la majorité de la population". Comme pour la collectivisation, la campagne contre les églises se modère, mais la pause est mise à profit pour mieux organiser les actions et, à partir de l'automne, elle se poursuit inexorablement. À la fin de l'année 1930, 80% des églises de village avaient été fermées.

L'Académie des sciences de Moscou a été contrainte de retirer le statut de protection à tous les monuments ayant un lien ou pouvant être associés à des thèmes religieux. Les architectes ont protesté lorsque, même à l'intérieur du Kremlin, sur la Place Rouge de Moscou, les portes Iversky et la petite chapelle Iversky située devant elles, aujourd'hui reconstruite, ont été détruites. Kaganovitch, un sioniste qui avait appartenu au "Poale Zion" et était à la tête du parti à Moscou, rejeta les critiques et poursuivit la destruction de monastères et d'églises d'une valeur artistique et architecturale inestimable. L'un de ses plus grands exploits dans ce domaine est l'explosion de la cathédrale du Christ-Sauveur à Moscou, le 5 décembre 1931. Sur le même site, Staline et Kaganovitch avaient prévu de construire le Palais des Soviets, un projet pharaonique conçu par l'architecte juif Boris Yofan. Le palais devait s'élever à 415 mètres de haut et être surmonté d'une statue de Lénine de soixante-dix mètres et de six mille tonnes. Le nouveau sauveur du peuple russe, le Dieu alternatif du prolétariat international, avait prêché la guerre civile, la terreur et l'extermination d'une classe sociale ; en d'autres termes, au lieu de s'aimer, il fallait s'entretuer. Avant la révolution,

Moscou comptait quatre cent soixante églises orthodoxes, dont il ne restait plus que deux cent vingt-quatre au 1er janvier 1930, et seulement une centaine au 1er janvier 1933.

L'action en Ukraine a été particulièrement destructrice et doit être comprise comme un prologue au génocide planifié par Kaganóvich et ses sbires, qui devait avoir lieu entre 1932 et 1933. À Kiev, une église construite au Xe siècle, l'église des Dîmes (Desyatynna), première église de la ville, est détruite ainsi que d'autres édifices religieux érigés entre le XIIe et le XVIIIe siècle. La cathédrale Sainte-Sophie de Kiev et d'autres églises ont été transformées en musées et en granges. Sur les centaines d'églises de Kiev, seules deux très petites demeuraient actives en 1935. À Kharkov, Poltava et dans d'autres villes, les églises ont été utilisées comme entrepôts de pièces détachées, cinémas, stations de radio, et ont même été converties en urinoirs publics. Au niveau des paroisses, quelque 2 400 prêtres ont été arrêtés. Les archives font état de 28 prêtres ukrainiens emprisonnés dans les prisons de Poltava (Ukraine centrale), dont cinq ont été fusillés, un a perdu la raison et les autres ont fini dans des camps de concentration. En 1931, le séminaire théologique de Mariupol a été transformé en caserne pour les ouvriers, mais une enceinte de barbelés a été érigée autour, dans laquelle environ 4000 prêtres et quelques prisonniers laïcs ont été emprisonnés, contraints à des travaux forcés avec peu de nourriture, et certains d'entre eux sont morts chaque jour. À la fin de 1932, plus d'un millier d'églises avaient été fermées dans toute l'Ukraine, mais à la fin de 1936, 80% des églises restantes avaient été détruites. Les métropolites successifs de l'Église autocéphale ukrainienne sont morts aux mains de la police politique. Entre 1928 et 1938, quatorze archevêques et évêques ukrainiens ont perdu la vie dans les prisons soviétiques. Quelque 1500 prêtres et environ 20 000 membres de paroisses et d'églises de district ont fini leurs jours dans les camps de l'archipel du Goulag.

Ces mesures sont censées s'appliquer à toutes les religions. Les décrets officiels de la partie européenne de l'URSS font expressément référence aux "églises et synagogues". Il s'agit bien entendu d'une phraséologie destinée à sauver la face des judéo-bolcheviks, tous supposés athées. Les crimes et les persécutions ont principalement touché les chrétiens orthodoxes et les catholiques. La persécution des catholiques en URSS depuis la révolution jusqu'à la Seconde Guerre mondiale est bien documentée dans *If the World Hates You* (1998) d'Irina Osipova. Les chrétiens protestants ont été harcelés à un autre niveau, beaucoup moins destructeur. En ce qui concerne le judaïsme, aucune preuve n'a été trouvée de la destruction de synagogues ou de la persécution ou de l'assassinat de rabbins. Même le rabbin Marvin S. Antelam, qui ne cesse de dénoncer avec virulence les shabbétaïstes, les francs-maçons, les frankistes et les communistes comme faisant partie de la conspiration internationale, n'en donne pas un seul exemple dans *To Eliminate the Opiate*, un ouvrage dont le titre fait clairement allusion à la phrase attribuée à Marx selon laquelle la religion est l'opium du peuple.

Holodomor : le génocide ignoré des paysans ukrainiens

Dans le chapitre précédent, en résumant les conditions en Russie avant la révolution catastrophique financée par les banquiers juifs, un compte rendu abrégé a déjà été donné de la famine de six à sept millions de personnes en Ukraine, un chiffre que l'*Encyclopaedia Britannica* augmente, estimant qu'entre sept et huit millions de personnes sont mortes. Un crime contre l'humanité qui a finalement été reconnu le 23 octobre 2008 par le Parlement européen. Le fait qu'en mars de la même année, le Parlement ukrainien et dix-neuf autres pays aient dénoncé au monde entier le génocide planifié par le gouvernement soviétique a contraint l'hémicycle de Strasbourg, le Parlement européen inefficace, à publier une résolution. Dès lors, on n'en a plus jamais entendu parler et un mur de silence et d'oubli s'est installé en Europe et dans le monde.

En juin 2009, les autorités ukrainiennes ont publié une liste de noms de responsables soviétiques liés au génocide. Lorsqu'il est apparu que la plupart d'entre eux étaient juifs, le dirigeant du Comité juif ukrainien, un avocat nommé Aleksander Feldman, s'est empressé d'avertir ceux qui cherchaient à enquêter que c'était une farce de creuser les faits et de rendre l'affaire publique, puisque tous les organisateurs de l'extermination étaient déjà morts. En d'autres termes, alors que l'ONU demande au gouvernement espagnol de fouiller le passé et de rechercher les éventuels responsables des crimes du franquisme, alors que des centaines de livres et de films broient chaque année l'opinion publique internationale sur l'holocauste juif, alors que dans divers pays européens, les chercheurs qui remettent en cause la version imposée et cherchent à réviser les chiffres sont emprisonnés pour délit d'opinion, alors qu'en Allemagne des nonagénaires sont persécutés et emprisonnés pour le terrible crime d'avoir été gardiens dans des camps de concentration ou de travail, M. Feldman trouve ridicule que M. Feldman soit le seul à être tenu pour responsable des crimes du régime franquiste, et qu'il n'est pas le seul à être tenu pour responsable de ces crimes. M. Feldman trouve ridicule que les coupables d'un massacre sans précédent soient montrés du doigt.

Pour sa responsabilité dans le génocide ukrainien et les atrocités du communisme, Staline, l'un des plus grands criminels de l'histoire, doit être pointé du doigt ; mais il faut garder à l'esprit, comme on le verra désormais, qu'il existe un nombre énorme de livres qui, depuis la mort de Lénine, font peser tous les crimes du communisme sur les épaules de Staline, comme s'il en était le seul responsable. La plupart sont écrits par des trotskistes ou des propagandistes rémunérés qui cherchent à établir des différences morales entre Staline et les intouchables Lénine et Trotski, martyrs de l'internationalisme qui ont toujours été vénérés sur les autels de la gauche. Le génocide de la paysannerie ukrainienne est l'un de ces crimes généralement attribués entièrement à Staline, bien qu'en réalité, le principal auteur soit Lazar Kaganóvich, qui, après avoir aidé Staline à bourrer la bouche de la Kroupskaïa et à récupérer par son intermédiaire l'argent que Lénine avait déposé en Suisse, est devenu l'éminence grise et a joué un rôle déterminant dans la lutte contre Trotski.

En plus d'avoir épousé Rosa Kaganóvich, Staline a renforcé, des années plus tard, ses liens avec cette famille juive en mariant sa fille Svetlana à Mikhaïl Kaganóvich, fils de Lazar Kaganóvich. Le 15 juillet 1951, le *London Sunday Express* et d'autres journaux londoniens rapportent la nouvelle et citent l'agence internationale Associated Press comme source. "Les noces de la fille du dictateur auraient coûté 900 000 dollars", titrait l'un d'eux. Deux autres Juifs ont joué un rôle clé aux côtés de Kaganóvich dans l'organisation de la famine. Le premier est Yakov Yakovlev (Epstein) qui, en 1922/23, était à la tête de la section Agitation et Propagande (Agit-Prop) du Comité central russe. À partir de 1929, Yakovlev est commissaire à l'agriculture, poste à partir duquel il promeut la collectivisation forcée. Le second, Grigory Kaminsky, un Ukrainien comme Kaganovich, devient secrétaire du Comité d'État de Moscou en 1930.

Avant d'entamer le récit des événements, il est nécessaire de rappeler le contexte sous-jacent à l'animosité anti-ukrainienne. Les attaques contre l'Ukraine et sa culture nationale ont été brièvement évoquées dans la note de bas de page n° 6 du présent chapitre. Le fait que la Rada (Parlement ukrainien) ait déclaré l'indépendance le 28 janvier 1918 a provoqué une confrontation entre les internationalistes bolcheviks et les nationalistes ukrainiens. Lénine réquisitionne déjà toutes les céréales et les envoie en Russie. Comme l'explique la note, la répression de la langue et de la culture a conduit les bolcheviks à fermer les écoles et les institutions culturelles, et même le chef de la Tchéka, le juif Latsis, est allé jusqu'à fusiller les gens qui parlaient ukrainien. Les changements constants de couleur politique pendant la guerre civile ont déclenché une répression permanente en Ukraine qui a plongé la population ukrainienne souffrante dans une terreur permanente.

La phobie de l'Ukraine de Lénine et Trotski a été pleinement héritée par Staline et Kaganóvich qui, dès avril 1929, ont lancé, par l'intermédiaire de l'OGPU, une campagne contre les universitaires et les intellectuels nationalistes. En juillet, quelque 5000 membres de l'Union clandestine de libération de l'Ukraine sont arrêtés et, entre le 9 mars et le 20 avril 1930, un procès public est organisé à l'opéra de Kharkov contre 40 membres présumés de l'organisation. Un linguiste et lexicographe, Serhiy Yefremov, un socialiste fédéraliste qui, dans les derniers jours du tsarisme, avait revendiqué l'identité ukrainienne, est la figure de proue des accusés. En février 1931, une nouvelle vague d'arrestations d'intellectuels, pour la plupart d'anciens socialistes révolutionnaires, accusés d'avoir créé le Centre national ukrainien, a lieu. Cette fois, il n'y a pas de procès et presque tous sont envoyés dans des camps de prisonniers. Certains auteurs considèrent ces mesures d'écrasement de l'intelligentsia ukrainienne comme le premier assaut précédant l'attaque généralisée contre la paysannerie.

Il est officiellement reconnu que l'un des objectifs de la collectivisation en Ukraine est la "destruction de la base sociale du nationalisme ukrainien". L'Union pour la libération de l'Ukraine est très répandue dans les villages et de nombreux enseignants et professeurs sont fusillés pour leurs liens avec cette organisation. Des médecins et même des paysans sont également exécutés, accusés d'appartenir à l'organisation. Stanislas Kossior, le prétendu trotskiste fusillé en 1939 qui avait remplacé en juillet 1928 Lazar Kaganóvich à la tête du Parti communiste ukrainien, déclara après le génocide que "la déviation nationaliste du parti avait joué un rôle exceptionnel dans l'origine et l'aggravation de la crise de l'agriculture". De même, le chef de la police politique Kossior, Vsevolod Balitsky, un autre trotskiste également exécuté dans le cadre de la Grande Purge du 27 novembre 1937, déclare en 1933 que "le poing de l'OGPU a frappé dans deux directions. D'une part, les éléments koulaks dans les villages et, d'autre part, les principaux centres de nationalisme". Le fait que la résistance à la collectivisation ait été plus forte en Ukraine qu'en Russie a été attribué au fait que les idées nationalistes avaient été inculquées aux koulaks.

Pour comprendre comment la famine de tant de millions de personnes a pu être organisée, il faut garder à l'esprit que la collectivisation forcée a établi de nouvelles relations entre la paysannerie et l'État communiste. Sous la NEP, les paysans ne commercialisaient qu'un maximum de 20% de leur récolte. Ils pouvaient réserver jusqu'à 15% pour les semences et jusqu'à 30% pour le bétail. Le reste était destiné à leur propre consommation. Les fermes collectives étaient destinées à assurer la livraison des produits agricoles à l'État, qui les réquisitionnait chaque automne. Chaque saison devient une lutte entre l'État et les paysans, qui tentent par tous les moyens d'assurer leur survie en gardant pour eux une part raisonnable de la récolte. En 1930, l'État réclame 30% de la production ukrainienne, 38% de la récolte des plaines du Kouban, dans le Caucase du Nord, et 33% de celle du Kazakhstan. En 1931, la saison a été beaucoup plus mauvaise et la production a diminué, mais les pourcentages exigés sont passés à 41,5%, 47% et 39,5% respectivement. Si l'on tient compte de la manière dont les agriculteurs répartissaient la récolte lorsque la NEP était en vigueur, il est facile de comprendre que les exigences exorbitantes de l'État en 1931 allaient perturber l'ensemble du cycle de production. En 1932, face à la perspective de la famine, les paysans des kolkhozes commencent à cacher une partie de la récolte à . Dans *Un Etat contre son peuple*, Nicolas Werth écrit : "Un véritable "front de résistance passive" s'est constitué, renforcé par l'accord tacite et réciproque qui allait souvent du kolkhoze au commandant de brigade, du commandant de brigade au comptable, du comptable au chef du kolkhoze, du chef du kolkhoze au secrétaire local du parti. Les autorités centrales ont dû envoyer des "brigades de choc" recrutées en ville pour s'emparer des céréales".

Le 7 août 1932, alors que des informations parviennent déjà au Kremlin sur l'existence d'une "menace réelle de famine même dans les districts où la récolte a été excellente", une loi de triste mémoire est promulguée pour le peuple, qui la baptise "loi des épis". Elle prévoyait la peine de mort ou des peines allant jusqu'à dix ans de camp de travail "pour tout vol ou dilapidation des biens socialistes". Aussi incroyable que cela puisse paraître, ceux qui avaient promis de libérer le peuple russe de l'esclavage étaient prêts à condamner à mort une personne pour avoir volé quelques épis de blé ou d'orge dans un champ du kolkhoze. Cette loi stipule que tous les biens des fermes collectives, tels que le bétail et les céréales, sont considérés comme des biens "sacrés et inviolables" de l'État. En application de cette loi, d'août 1932 à décembre 1933, plus de 125 000 personnes ont été condamnées, dont 5400 à la peine de mort.

Dans *The Harvest of Sorrow*, ouvrage de référence pour une étude approfondie de l'Holodomor, R. Conquest fait référence à des articles de la presse ukrainienne faisant état d'exécutions de koulaks qui "rationnaient systématiquement les céréales". Dans la province de Kharkov, cinq cours de justice ont été saisies de cinquante affaires de ce type, et dans la province d'Odessa, il en a été de même. Voici quelques cas en bref : Dans le village de Kopani, dans la province de Dniepropetrovsk, une bande de koulaks et de souskoulaks a fait un trou dans le sol d'un grenier et a volé du blé : deux d'entre eux ont été exécutés et les autres emprisonnés. À Verbka, autre village de la même province, le président du Soviet local et un député, ainsi que trois présidents de kolkhozes et huit koulaks ont été jugés : trois koulaks ont été condamnés à mort. Un paysan de Novoseltytsya (province de Zhytomyr) est fusillé pour avoir été en possession de douze kilos de blé, ramassés dans le champ par sa fille de dix ans. Une femme dont le mari était mort de faim deux semaines auparavant a été condamnée à dix ans de prison pour avoir coupé 100 épis de maïs dans son propre champ. Un père de quatre enfants a été condamné à la même peine pour le même délit. Une autre femme a également été condamnée à dix ans pour avoir cueilli dix oignons sur un terrain collectif. Une autre peine de dix ans a été justifiée pour avoir "volé" des pommes de terre.

Malgré la terreur, l'État ne reçoit pas les quantités de céréales demandées, si bien que le 22 octobre 1932, Viatcheslav Molotov est envoyé en Ukraine et Lazar Kaganóvich dans le Caucase. Tous deux dirigent deux commissions extraordinaires dont l'objectif est d'accélérer les récoltes. Kaganóvich arrive à Rostov-sur-le-Don le 2 novembre. Gendrij Yagoda (Hirsh Yehuda), qui exerce de facto le contrôle de la police secrète (OGPU), fait partie de sa commission. Yagoda, commissaire du peuple aux affaires intérieures du 10 juillet 1934 au 26 septembre 1936, s'est imposé à la tête de l'OGPU/NKVD comme l'un des plus grands criminels du XXe siècle.

Kaganóvich convoque tous les secrétaires de district du parti dans la région du Caucase du Nord. Il est décidé de forcer les organisations locales du parti à agir contre les "koulaks contre-révolutionnaires" et d'"anéantir la résistance des communistes locaux et des présidents de kolkhozes qui se sont mis à la tête des sabotages".

Pour les districts placés sur la "liste noire", N. Werth cite ces mesures : "retrait de tous les produits des entrepôts, suppression totale du commerce, remboursement immédiat de tous les crédits en cours, imposition exceptionnelle et arrestation de tous les "saboteurs", "éléments étrangers" et "contre-révolutionnaires" selon une procédure accélérée, sous la direction du GPU. En cas de nouveau 'sabotage', la population serait susceptible d'être déportée en masse". Pour le seul mois de novembre 1932, cinq mille communistes ruraux, accusés de "collaboration au sabotage", et quinze mille kolkhoziens sont déjà arrêtés. En décembre, les déportations massives de koulaks et de populations entières de cosaques, dont les villages, les "stanitsas", avaient déjà subi les mêmes mesures en 1920-21, commencent. En Ukraine également, la commission Molotov établit une "liste noire" des districts qui n'ont pas livré les quotas de céréales requis, et les mêmes mesures sont prises.

Avec l'interdiction du commerce et suite à la réquisition des marchandises dans les entrepôts ordonnée par Kaganóvich, y compris des céréales gardées en réserve pour les semences, les réserves de l'Ukraine s'amenuisent. En novembre 1932, des révoltes paysannes et des cas de dissolution de kolkhozes ont lieu. Toutes les céréales n'ont pas été exportées à l'étranger, ni envoyées dans les villes ou à l'armée. Les greniers locaux disposaient de stocks, réserves de l'État pour les cas d'urgence, comme la guerre. Cependant, il est clair que la famine n'est pas considérée comme une urgence. Les paysans étaient furieux d'apprendre que, alors qu'ils mouraient de faim, il y avait des céréales qui pouvaient être utilisées pour leur subsistance. Dans la province de Poltava, par exemple, on sait que les entrepôts sont pleins à craquer. Le lait était transformé en beurre dans des usines situées à proximité des villages où les gens mouraient de faim. Le beurre est emballé et le papier porte la mention en anglais : "USSR butter for export" (beurre d'URSS pour l'exportation).

Il y a encore des paysans qui se souviennent des famines de l'époque de Nicolas II. Les autorités les avaient alors aidés. Les paysans sont allés dans les villes pour demander de l'aide "au nom de Dieu". Des cuisines où l'on servait de la soupe chaude et où les étudiants contribuaient aux dons reçus par le biais de collectes avaient été mises en place. Il est incompréhensible que le gouvernement autoproclamé des ouvriers et des paysans ait eu la possibilité d'aider les affamés et ne l'ait pas fait. Il y avait bien sûr des paysans qui, vingt-cinq ans plus tôt, avaient eu connaissance du décret sur la réforme agraire de novembre 1906, par lequel Stolypine avait donné aux paysans des titres de propriété sur les parcelles de terre qu'ils avaient travaillées dans les communes. Ce décret historique était devenu loi en juin 1910.

Le fait que la frontière ukraino-russe ait été bloquée afin d'empêcher la nourriture d'entrer en Ukraine est une preuve irréfutable que l'Holodomor était une décision criminelle planifiée. Des troupes ont été déployées le long de la frontière pour empêcher les Ukrainiens de passer en Russie. Dans les gares et les trains, les hommes de l'OGPU contrôlent les passagers et leurs permis de voyage. Mikhaylivka, la dernière gare entre Kiev et la frontière, a été prise d'assaut par des détachements armés de l'OGPU. Les personnes ne disposant pas de laissez-passer spéciaux sont arrêtées et renvoyées à Kiev dans des trains de marchandises. Tout le monde en Ukraine savait que les choses étaient différentes en Russie, et certaines personnes ont donc risqué leur vie pour passer la frontière. Ceux qui parviennent à contourner le blocus et à passer tentent de vendre ou d'échanger des tapis, du linge ou leurs manteaux de fourrure afin d'obtenir de la nourriture pour leurs familles affamées. Le retour après tant de sacrifices a été particulièrement cruel, car les céréales et la nourriture ont été confisquées à ceux qui tentaient de les faire entrer en Ukraine.

Robert Conquest cite l'exemple d'un paysan ukrainien qui avait été embauché pour travailler dans les chemins de fer de Moscou. Apprenant le sort de ses proches, il quitte la capitale russe avec quelque trente-cinq kilos de pain. À Bakhmach, à la frontière, trente-deux kilos ont été confisqués et, grâce au fait qu'il était enregistré comme travailleur russe, il a pu garder le reste. Cependant, deux paysannes ukrainiennes qui tentaient également de faire passer du pain dans leur pays ont été arrêtées et tout a été saisi. Parfois, les personnes chargées de pain se cachent dans des wagons vides qui retournent en Ukraine après avoir déchargé des céréales ukrainiennes en Russie ; mais ces trains sont également contrôlés, soit par des fonctionnaires qui confisquent et arrêtent, soit par du personnel employé qui fait souvent chanter les malheureux qui ont été découverts. Conquest en tire la conclusion suivante : "En fin de compte, il y a eu des ordres clairs pour empêcher les paysans d'entrer en Russie là où il y avait de la nourriture, et pour confisquer la nourriture à ceux qui avaient réussi à contourner les contrôles et à revenir avec. Il ne peut s'agir que d'un ordre venu d'en haut et il ne peut y avoir qu'un seul motif". Des paysans affamés ont tenté de pénétrer dans les zones proches de la frontière avec la Pologne et la Roumanie, mais la police ne les a pas autorisés à le faire non plus. Certains des plus désespérés qui ont tenté de traverser le Dniestr pour entrer en Roumanie ont été abattus par des membres de l'OGPU.

À l'approche de l'hiver, la situation n'a cessé d'empirer. Le 20 novembre 1932, un décret du gouvernement ukrainien interdit, jusqu'à ce que le quota de céréales requis ait été livré, toute livraison de céréales aux paysans des kolkhozes en paiement de leur travail. Le 6 décembre, le comité central du parti communiste ukrainien et le gouvernement soviétique d'Ukraine ont, par décret, désigné six villages dans trois provinces (deux à Odessa, deux à Kharkov et deux à Dnipropetrovsk) pour sabotage des livraisons de céréales. Ils ont été immédiatement sanctionnés par la suspension des livraisons, l'annulation de tout commerce avec l'État et la réquisition de toutes les fournitures des entrepôts de la coopérative et de l'État. En outre, les éléments considérés comme hostiles et contre-révolutionnaires ont été éliminés de toutes les fermes collectives des villages susmentionnés. L'étape suivante consiste à bloquer les villages qui n'ont pas été en mesure de fournir les quotas afin d'empêcher les produits des villes d'y pénétrer. Le 15 décembre 1932, une liste de tous les districts pénalisés par l'interruption de la livraison des produits commerciaux jusqu'à ce qu'ils aient réalisé une amélioration substantielle dans l'exécution des plans de collecte des céréales a même été publiée. Sur les trois cent cinquante-huit districts que compte l'Ukraine, quatre-vingt-huit ont été pénalisés et nombre de leurs habitants ont été déportés en masse vers le nord. Malgré toutes ces mesures, à la fin de l'année 1932, les tonnes de céréales livrées ne représentaient que soixante-dix pour cent de ce qui avait été prévu.

Diverses sources font état d'importants mouvements allant jusqu'à trois millions de personnes qui, dès le début de l'été 1932, tentent de se rendre dans des régions plus prospères. Les gares étaient bondées de personnes venant de la campagne et cherchant à entrer dans les villes. Victor Serge en fait la description :

"Des foules sinistres remplissent les gares, des hommes, des femmes et des enfants se serrent les uns contre les autres, attendant Dieu sait quel train. Ils sont repoussés et réessayent sans argent ni billets. Ils montent dans le premier train qu'ils peuvent et restent à l'intérieur jusqu'à ce qu'on les fasse sortir. Ils sont silencieux et passifs. Où vont-ils ? À la recherche de pain, de pommes de terre ou de travail dans les usines où les ouvriers sont mieux nourris ? Le pain est le grand mobilisateur de ces masses. Que dire des vols ? Les gens volent partout, partout...".

L'entrée des paysans affamés dans les villes est devenue presque impossible après le 27 décembre 1932, lorsque le gouvernement a introduit le passeport intérieur et l'enregistrement obligatoire des citadins afin de "liquider le parasitisme social" et de "combattre l'infiltration d'éléments koulaks dans les villes". L'intention réelle du passeport intérieur était d'empêcher l'exode des paysans affamés qui tentaient de sauver leur vie en entrant dans les grandes villes.

Au début de l'année 1933, de nouvelles exactions sont annoncées et une nouvelle attaque inhumaine est menée contre les réserves ukrainiennes déjà inexistantes. Le 7 janvier 1933, un éditorial du quotidien *Pravda* déclare que l'Ukraine a échoué dans ses livraisons de céréales parce que le parti communiste ukrainien a permis l'organisation de l'ennemi de classe en Ukraine. Lors d'un plénum du Comité exécutif central au cours du même mois de janvier, Staline déclara que les causes des difficultés dans la collecte des céréales devaient être recherchées au sein du parti lui-même. Kaganóvich présente un rapport dans lequel il insiste sur le fait que, dans les villages, il y a encore des représentants de la classe koulak qui n'ont pas été déportés et des koulaks qui se sont échappés de l'exil et qui sont protégés par leurs proches et, parfois par "des membres sympathisants du parti, qui se comportent en fait comme des traîtres aux intérêts des travailleurs". Il dénonce également la présence de "représentants de la bourgeoisie blanche, des Cosaques et de l'intelligentsia rurale". En ce qui concerne cette dernière, il désigne les enseignants, les ingénieurs et les experts agricoles, les médecins, etc. Une fois de plus, Kaganóvich appelle à la lutte contre l'ennemi de classe. Il insiste particulièrement sur les koulaks, qu'il accuse de "saboter les semailles et les livraisons de céréales". Selon son rapport, les koulaks ont profité des "tendances petites-bourgeoises des paysans" et il les accuse de "terroriser les honnêtes travailleurs des kolkhozes".

Le 22 janvier 1933, une circulaire signée par Staline et Molotov est publiée et sonne le glas de millions d'affamés. Elle demande aux autorités locales et à l'OGPU d'interdire "par tous les moyens les marches massives de paysans d'Ukraine et du Caucase du Nord vers les villes". Il a également ordonné que les éléments contre-révolutionnaires soient arrêtés et que les autres fugitifs soient ramenés à leur lieu de résidence. Nicolas Werth, qui a partiellement retranscrit le texte, cite les termes utilisés dans la circulaire : "Le Comité central et le gouvernement ont la preuve que cet exode massif de paysans est organisé par les ennemis du pouvoir soviétique, les contre-révolutionnaires et les agents polonais dans le but de faire de la propagande contre le système kolkhozien en particulier et le pouvoir soviétique en général. En application de la circulaire, la vente des billets de chemin de fer est immédiatement suspendue et des cordons de police contrôlés par l'OGPU sont mis en place pour empêcher les paysans de quitter leurs districts.

La mortalité est très élevée tout au long de l'hiver, mais c'est à partir de mars 1933 qu'elle prend une ampleur considérable dans les camps. Le typhus s'ajoute à la famine, et il y a des villages de plusieurs milliers d'habitants dont seulement quelques dizaines ont survécu. De nombreux témoignages sont disponibles. Un historien italien, Andrea Graziosi, a publié en 1989 dans les *Cahiers du Monde Russe et Soviétique* une série de lettres écrites à Kharkov par des diplomates italiens. Il s'agit de rapports rédigés entre 1932 et 1934. Le rapport suivant du consul italien figure dans *Le livre noir du communisme* :

> "Depuis une semaine, un service d'accueil pour les enfants abandonnés a été mis en place. En effet, il y a de plus en plus de paysans qui affluent en ville parce qu'ils n'ont pas d'espoir de survie à la campagne, il y a des enfants qui ont été amenés ici et qui sont immédiatement abandonnés par leurs parents, qui retournent dans leur village pour y mourir. Ces derniers espèrent qu'en ville quelqu'un s'occupera de leurs enfants. [...] Depuis

une semaine, les "dvorniki" (portiers) en blouse blanche sont mobilisés pour patrouiller dans la ville et emmener les enfants au poste de police le plus proche. [Vers minuit, ils commencent à être transportés par camion jusqu'à la gare de marchandises Severo Donetz. Là, sont également rassemblés les enfants trouvés dans les gares ou les trains, les familles de paysans, les personnes âgées isolées. [...] Il y a du personnel médical qui fait la "sélection". Ceux qui n'ont pas gonflé et offrent une chance de survie sont dirigés vers la caserne de Golodnaïa Gora, où dans des hangars, sur de la paille, une population d'environ 8000 âmes, composée principalement d'enfants, agonise. [...] Les boursouflés sont transportés par train de marchandises vers la campagne et abandonnés à cinquante ou soixante kilomètres de la ville, afin qu'ils meurent sans être vus. [...] Arrivés sur les lieux de déchargement, de grandes fosses sont creusées et les morts sont retirés des wagons".

Si les élites locales du parti et de l'OGPU ont survécu à la famine en étant bien nourries, les rapports de l'OGPU elle-même font état de cas de cannibalisme, dont certains sont relatés dans l'ouvrage de Conquest, tels que des familles se nourrissant de leurs propres morts, ou des personnes affamées piégeant des enfants ou tendant des embuscades à des étrangers. Un militant du parti qui avait travaillé à la campagne de collectivisation en Sibérie est rentré en Ukraine en 1933 pour constater que la population de son village s'était presque éteinte. Son jeune frère lui a raconté qu'ils survivaient grâce à de l'écorce et de l'herbe, mais que leur mère leur avait dit qu'ils devraient les manger si elle mourait. Ces cas de cannibalisme sont également rapportés par des diplomates italiens en poste à Kharkov :

"Chaque nuit, environ 250 cadavres de personnes mortes de faim ou du typhus sont amenés à Kharkov. On remarque que beaucoup d'entre eux n'ont plus de foie : il semble avoir été enlevé par une large incision. La police finit par attraper certains de ces mystérieux "amputés" qui avouent avoir utilisé cette viande pour fabriquer un substitut de "pirozhki" (boulettes), qu'ils vendent immédiatement sur le marché".

La zone géographique de la famine, dans laquelle les correspondants de la presse étrangère n'étaient pas autorisés à se rendre avant l'automne 1933, couvrait l'Ukraine, les riches plaines du Don, le Kouban et le Caucase du Nord, ainsi qu'une partie du Kazakhstan. Comme nous l'avons déjà mentionné dans la revue abrégée du chapitre précédent, au printemps 1933, le nombre de morts atteignait vingt-cinq mille personnes par jour. Le plus aberrant est qu'alors que des millions de paysans meurent de faim cette année-là, le gouvernement soviétique continue d'exporter à l'étranger dix-huit millions de quintaux de blé pour les "besoins de l'industrialisation".

Dans l'est de l'Ukraine, les plaines du Don et du Kouban étaient habitées par des cosaques et des paysans ukrainiens. Les Cosaques du Don étaient russes, mais ceux du Kouban étaient d'origine ukrainienne. On a déjà vu que, pendant la guerre civile, les Cosaques s'étaient surtout battus contre les Bolcheviks. Par la suite, des soulèvements ont eu lieu en 1922 et en 1928. Dès novembre 1929, plusieurs divisions avaient été déployées dans le Don pour renforcer le district militaire du Caucase du Nord. Contrairement aux villages paysans, les "stanitsas" cosaques sont des agglomérations qui peuvent compter plus de 40 000 habitants et qui ne peuvent donc pas être contrôlées par une poignée de policiers. La lutte des Cosaques contre la collectivisation fut âpre et les effets de la famine s'y firent sentir plus tardivement que dans d'autres régions. Après la visite de la commission Kaganovich et Yagoda en novembre 1932, le Don et le Kouban sont déclarés zones militaires spéciales d'urgence.

À Poltavskaya, une stanitsa du delta du Kouban qui avait été mise à l'index pour sabotage, un soulèvement éclate. Les rebelles assassinent des militants du parti et des membres du NKVD (qui fait partie de l'OGPU) et contrôlent temporairement la ville, qui ne peut être reprise qu'après de violents combats. En janvier 1933, une commission spéciale a été mise en place avec le pouvoir d'imposer le travail forcé et d'expulser, de déporter et même d'exécuter les résistants. On annonce que Poltavskaya est tombée aux mains des koulaks et que tous les habitants, à l'exception de quelques fidèles, seront exilés. Une fois l'état de guerre déclaré, une opération exemplaire est menée et rendue publique afin que chacun sache à quoi s'attendre. Des actions similaires sont menées à Umanskaya, Urupskaya, Medveditskaya, Mishativskaya, etc. Quelque 200 000 habitants de seize stanitsas sont déportés vers l'extrême nord, mais le sort de ceux qui ne sont pas déportés est encore pire, car ils doivent faire face à la famine. Divers témoignages rapportent qu'il y avait tellement de morts dans le Kouban qu'on ne pouvait plus les enterrer. Un témoin raconte que des groupes d'enfants étaient blottis au coin des rues, grelottant de faim et de froid, et qu'ils finissaient par mourir dans la rue. La description d'un ingénieur qui travaillait sur les chemins de fer donne une idée de l'ampleur du massacre dans la région :

"Au début de l'année 1933, deux trains mystérieux partaient tous les matins avant l'aube de la gare de Kavkaz, dans le Caucase du Nord, en direction de Mineralny Vodi et de Rostov. Les trains étaient vides et comptaient cinq à dix wagons chacun. Deux à quatre heures plus tard, les trains reviennent. Ils s'arrêtaient un moment dans une gare d'étape, puis continuaient le long d'un embranchement en cul-de-sac jusqu'à un ancien site d'excavation. Lorsque les trains s'arrêtaient à Kavkazka ou sur une voie secondaire, tous les wagons étaient verrouillés, semblaient chargés et étaient étroitement surveillés par des agents du NKVD. Au début, personne n'a prêté attention à ces trains mystérieux et moi non plus. J'étais encore étudiant à l'Institut des transports de Moscou et j'y travaillais temporairement. Mais un jour, le chef de train Kh., qui était communiste, m'a appelé discrètement et m'a conduit vers les trains en disant : "Je veux vous montrer ce qu'il y a dans les wagons". Il a entrouvert la porte d'un des wagons, j'ai regardé à l'intérieur et j'ai failli m'évanouir devant l'horreur que j'ai vue. C'était plein de corps, empilés de toutes sortes de façons. Plus tard, le mécanicien m'a raconté l'histoire : "Le chef de gare avait reçu des ordres secrets de ses supérieurs de se conformer aux exigences du NKVD et de préparer chaque matin deux trains de marchandises vides. Les équipages des trains étaient gardés par des agents du NKVD. Les trains partent chercher les corps des paysans morts de la famine et emmenés dans les gares proches des villages. Les corps étaient enterrés dans des zones éloignées, au-delà des fouilles. Toute la zone était gardée par le NKVD et personne n'était autorisé à s'en approcher".

Les villes du Caucase du Nord ont gravement souffert des conséquences de la famine. Pour Stavropol, une ville de 140 000 habitants, le nombre de morts est de 50 000. À Krasnodar, qui compte 140 000 habitants, le nombre de morts s'élève à 40 000. À Starokorsunska, une stanitsa de 14 000 habitants, il n'en restait qu'un millier après la famine. Deux autres stanitsas, Voronizka et Dinska, affichent des chiffres similaires. Une dépêche de l'ambassade britannique datée du 27 octobre 1933 résume la situation en ces termes : "l'élément cosaque a été largement éliminé, soit par la mort, soit par la déportation".

Dans l'ouvrage de R. Conquest, qui est l'une des principales sources de cette section sur le génocide en Ukraine, un chapitre intitulé *"Enfants"* est consacré à l'étude des effets de la famine sur les enfants. Il relate des cas de mères mourant dans la rue avec leurs enfants sur la poitrine, ou d'enfants de sept, huit et neuf ans assistant à la mort de leurs parents et devant tenter de survivre par leurs propres moyens. Toutefois, c'est le contraire qui était la norme, c'est-à-dire que les enfants mouraient en premier. En 1933, l'ambassadeur de Lituanie à Moscou a dénoncé dans un rapport qu'en Ukraine, les cadavres d'enfants étaient introuvables parce que "les paysans eux-mêmes avouaient qu'ils mangeaient la chair des enfants morts". M. Maskudov, démographe soviétique dissident, estime que pas moins de trois millions d'enfants nés entre 1932 et 1934 sont morts pendant la famine. Les premiers à mourir étaient surtout des nouveau-nés.

En se basant sur le recensement de 1970, Conquest met en évidence des chiffres significatifs. En 1970, il y avait 12,4 millions de personnes nées entre 1929 et 1931, mais seulement 8,4 millions nées entre 1932 et 1934. Les données provenant des régions les plus éprouvées montrent les ravages de la famine sur les enfants : dans certains villages, seul un enfant sur dix a survécu. Les chiffres spécifiques d'un district de la province de Poltava montrent que sur les 7 113 personnes décédées, 3 549 étaient des enfants de moins de dix-huit ans, 2 163 des hommes et 1 401 des femmes. Conquest retient sans aucun doute le chiffre de trois millions d'enfants morts et y ajoute un million d'autres, ceux qui ont perdu la vie du fait des conditions inhumaines de la deskulakisation, de sorte que, selon ses estimations, plus de quatre millions d'enfants sont morts au total. Il note en outre que ce chiffre ne tient pas compte des nombreux enfants dont la vie a été gâchée et qui ont survécu tant bien que mal pendant des années.

Beaucoup de ces enfants abandonnés ("bezprizornii") formaient des bandes de petits délinquants. Certaines sources confirment que, dès 1932, des ordres confidentiels ont été donnés pour abattre ceux qui volaient dans les trains de passage arrêtés dans les gares. Ce problème des troupeaux d'enfants sauvages ne s'est pas atténué après la famine, de sorte que la possibilité de les éliminer physiquement, parfois par la fusillade, s'est maintenue à partir de 1934. Enfin, le 7 avril 1935, un décret signé par Kalinine et Molotov légalisa l'exécution des enfants à partir de douze ans, une autre brutalité des criminels communistes au pouvoir à Moscou. Parfois, des enfants encore plus jeunes étaient autorisés à être exécutés. Dans les orphelinats où étaient internés les petits criminels, certains médecins pouvaient certifier que des enfants de onze ans étaient en réalité plus âgés que ne l'attestaient leurs prétendus faux papiers, ce qui leur valait d'être condamnés à mort. Dans son empressement à dénigrer Staline, le trotskiste Walter Krivitsky l'accuse de purger même les enfants et confirme que l'intitulé du décret faisait allusion à des "mesures de lutte contre la criminalité des mineurs". Krivitsky dénonce qu'alors que des milliers d'enfants et de jeunes sont condamnés aux travaux forcés et souvent à la peine de mort, Staline décide de se faire photographier avec des enfants afin de se présenter "comme le parrain des enfants de Russie".

Les chiffres totaux de Conquest pour le génocide sont les suivants : 11 millions de paysans sont morts entre 1930 et 1937, auxquels il ajoute 3,5 millions de personnes arrêtées pendant ces années et mortes ensuite dans des camps de travail. La répartition qu'il donne des circonstances de la mort de ces 14,5 millions de personnes est la suivante : 6,5 millions de personnes sont mortes des suites de la brutalité avec laquelle la deskulakisation a été menée. 1 million de personnes tuées au cours des processus de deskulakisation et de collectivisation du Kazakhstan, ainsi que lors de la famine qui s'en est suivie. Décès dus à la famine en 1932-1933 : 5 millions en Ukraine ; 1 million dans le Caucase du Nord ; 1 million ailleurs. Selon cet auteur, il s'agit d'une estimation conservatrice, c'est-à-dire d'une estimation basse, qui ne reflète certainement pas la vérité. Ces chiffres proviennent de divers ouvrages d'universitaires et d'écrivains soviétiques, car en 1986, lorsque *The Harvest of Sorrow* a été publié, Moscou ne permettait toujours pas d'enquêter sur les actes criminels perpétrés à l'encontre de millions de personnes.

Conscients de leurs crimes, les Soviétiques ont tenté de dissimuler aux pays occidentaux les massacres auxquels ils se livraient et, une fois ceux-ci perpétrés, ils les ont même niés. Cependant, malgré l'interdiction faite aux témoins potentiels d'accéder aux zones de famine, la nouvelle de ce qui se passait en URSS s'est répandue en Europe et en Amérique. Des journaux tels que le *New York Herald Tribune, le Manchester Guardian, le Daily Telegraph, Le Matin, Le Figaro, la Neue Züriche Zeitung, la Gazette de Laussana, La Stampa* et d'autres moins réputés ont publié des rapports plus ou moins adéquats. Cependant, de nombreux complices ont collaboré, consciemment ou non, à la dissimulation de la vérité. C'est le cas d'Édouard Herriot, un radical-socialiste qui a été Premier ministre de la France pendant trois mandats. En août et septembre 1933, Herriot visite l'URSS et passe cinq jours en Ukraine, où il est convié à des banquets et à d'autres divertissements. Il a visité des zones précédemment "nettoyées". Il conclut qu'il n'y a pas eu de famine en Ukraine et attribue les allégations entendues en France à la propagande antisoviétique. Le 13 décembre, la *Pravda* publie ses déclarations, selon lesquelles Herriot "dément catégoriquement les mensonges de la presse bourgeoise sur la famine en Union soviétique".

Les actions scandaleuses de Walter Duranty, correspondant du *New York Times* à Moscou, méritent un paragraphe à part. Dans son empressement à dissimuler la vérité, il a intentionnellement menti à maintes reprises dans ses reportages de Moscou et s'est ainsi rendu complice du génocide. La raison pour laquelle il a agi de la sorte est évidente. Le rôle joué par le *New York Times*, dont le propriétaire, Adolph Simon Ochs, juif sioniste au service des banquiers qui ont imposé la Réserve fédérale, avait marié sa fille à Arthur Hans Sulzberger, un autre juif qui a depuis pris le contrôle du journal, a été évoqué à plusieurs reprises. Comme les banquiers qui avaient conçu la Réserve fédérale étaient les mêmes que ceux qui avaient financé la révolution bolchevique, il est facile de comprendre que Walter Duranty était au service des conspirateurs, qui venaient d'installer Franklin Delano Roosevelt à la Maison Blanche et avaient parmi leurs priorités que le nouveau président reconnaisse l'Union soviétique le plus rapidement possible.

Un autre journaliste qui a eu le courage de rapporter la vérité, Malcolm Muggeridge, correspondant du *Manchester Guardian*, a accusé Duranty d'être "le plus grand menteur de tous les journalistes que j'ai connus en cinquante ans de journalisme". L'impact des reportages de Walter Duranty sur l'opinion publique américaine Les reportages de Duranty ne pouvaient pas être contrés. Pour assurer son prestige, Duranty reçoit le prix Pullitzer en 1932 pour ses articles élogieux sur l'Union soviétique. En novembre 1932, il rapporte qu'"il n'y a pas de famine ni aucun signe qu'il y en aura une". Le 23 août 1933, il écrit : "toute information sur la famine en Russie aujourd'hui est soit une exagération, soit de la propagande malveillante". Selon Duranty, ce sont les émigrés qui, encouragés par l'arrivée au pouvoir d'Hitler, "ont raconté de fausses histoires sur les famines, qui ont circulé à Berlin, Riga, Vienne et dans d'autres endroits où les ennemis de l'Union soviétique, décrivant l'URSS comme un pays de ruine et de désespoir, faisaient des tentatives de dernière minute pour éviter la reconnaissance par les États-Unis".

Ce qui est curieux dans l'affaire Walter Duranty, c'est qu'en privé, il n'avait aucun scrupule à admettre la vérité. Selon Conquest, Duranty aurait avoué au journaliste juif Eugene Lyons, correspondant de l'UPI (United Press International), qu'il estimait le nombre de victimes de la famine à environ sept millions. Lyons, un communiste qui a d'abord travaillé pour l'agence soviétique TASS, a lui aussi caché la terreur de la famine, mais des années plus tard, désabusé, il a pu rectifier le tir et reconnaître les faits. Walter Duranty a donc écrit exactement le contraire de ce qu'il savait, ce qui démontre l'audace et la duplicité du flamboyant lauréat du prix Pulitzer. Conquest cite textuellement ces mots écrits le 30 septembre 1933 par le chargé d'affaires britannique à Moscou : "Selon M. Duranty, la population du Caucase du Nord et de la basse Volga a diminué d'environ trois millions de personnes au cours de l'année écoulée, et la population de l'Ukraine de quatre ou cinq millions..... M. Duranty estime qu'il est possible qu'au cours de l'année écoulée, jusqu'à dix millions de personnes soient mortes, directement ou indirectement, à cause des pénuries alimentaires en Union soviétique".

Sachant parfaitement que l'Holodomor avait été planifié et que les criminels qui dirigeaient l'Union soviétique avaient intentionnellement exterminé des millions d'êtres humains, Franklin Delano Roosevelt, le franc-maçon illuminati qui avait approuvé en 1935 l'introduction du billet d'un dollar orné de symboles de la franc-maçonnerie, a établi des relations diplomatiques avec l'URSS le 16 novembre 1933, juste après le génocide, comme s'il ne s'était rien passé.

PARTIE 6 - LES PROCÈS DE MOSCOU
ET LA PURGE DU TROTSKISME

Alors que les procès de Nuremberg sont entrés dans l'histoire comme un événement nécessaire et jouissent d'un prestige embarrassant, les procès de Moscou sont aujourd'hui totalement discrédités. La nécessité de faire porter à Staline toutes les atrocités du communisme a conduit les historiens et les propagandistes de tous bords à proclamer que les procès étaient un "show", un spectacle macabre mis en scène par Staline. Cela s'explique par l'objectif de dissimuler qui était Trotski et par la nécessité de maintenir aux yeux de la nouvelle gauche internationale l'auréole des figures de Lénine et de Trotski lui-même qui, par ses écrits malhonnêtes, a pu imposer sa version de la Révolution à des socialistes naïfs ou aveugles.

En réalité, le "procès spectacle" a eu lieu à Nuremberg, où les vainqueurs, dont Staline, aujourd'hui honni, se sont octroyé une supériorité morale qu'ils n'avaient pas pour juger les vaincus : Dresde, Hambourg, Hiroshima, Nagasaki sont des exemples flagrants de crimes de guerre sans équivalent dans l'histoire, pour lesquels personne n'a jamais eu à rendre de comptes. À Nuremberg, les preuves ont été massivement falsifiées et le travail des avocats a été entravé à chaque instant. L'accusation était composée en grande partie de Juifs ayant émigré d'Allemagne, et les témoins qui auraient pu favoriser les accusés et compromettre les procureurs ont été empêchés de se présenter. Les avocats n'ont pas pu examiner les preuves des procureurs et ont dû leur remettre leurs documents. En 1948, le procureur général britannique, Sir Hartley Shawcross, a déclaré : "Le procès de Nuremberg est devenu une farce, j'ai honte d'avoir été un accusateur à Nuremberg en tant que collègue de ces hommes, les Russes". Le juge américain Wennerstrum, qui a démissionné, a déclaré que sa participation à l'infamie de Nuremberg était une honte pour lui et pour la justice américaine. La torture des accusés, qui dans le cas des procès de Moscou est invoquée encore et encore pour les discréditer, a été pratiquée couramment dans le procès allemand.

De nombreux écrivains juifs se sont consacrés à la proclamation de l'innocence des condamnés des procès de Moscou. En revanche, les historiens trotskistes comme Pierre Broué et tant d'autres ignorent ou préfèrent ignorer ce que Trotski représentait réellement. Robert Conquest, le soviétologue que nous continuerons à citer, ne fait pas non plus la moindre allusion aux financiers de Trotski et de la révolution bolchevique. Dans son exposé et son analyse des faits, Conquest ne tient pas compte du fait que l'Union soviétique a été l'œuvre de la juiverie internationale, ce qui constitue un grave problème, car ce n'est qu'en considérant qui était derrière Trotski que l'on peut se faire une idée correcte de la signification des purges de Staline et d'autres événements capitaux qui ont finalement déclenché la

Seconde Guerre mondiale. Nous ne pouvons pas ignorer cette circonstance fondamentale que nous avons dénoncée tout au long de notre travail et, pour cette raison, nous continuerons à la contempler dans les pages suivantes. En d'autres termes, on ne peut oublier que Trotski représentait les conspirateurs internationaux qui cherchaient à obtenir un gouvernement mondial et que Staline, ayant opté pour le communisme national, était devenu un obstacle qu'il fallait initialement éliminer à tout prix.

L'Union soviétique étant l'œuvre de la juiverie internationale, des milliers de Juifs occupaient, comme on le sait, les postes de direction. Beaucoup d'entre eux, notamment dans la finance, la diplomatie, la police et l'armée, étaient des trotskistes que Staline devait contrôler, car ils représentaient une menace pour lui : tant que Trotski était en vie, son retour au pouvoir était l'objectif principal. L'existence d'une opposition coordonnée par Trotski depuis l'étranger est admise par les historiens et ne peut être niée. Le meurtre et la terreur sont les antidotes utilisés par Staline pour combattre les opposants trotskistes, auxquels il applique la même médecine que Lénine et Trotski avaient précédemment prescrite aux ennemis de classe, considérés comme des "ennemis du peuple". Staline, comme on le verra, s'est révélé être un politicien machiavélique et cruel, d'une ruse inégalée, qui a exercé le monopole de la violence sans aucun scrupule ni considération, d'une manière absolument impitoyable.

Le fait que les purges staliniennes déplacent progressivement les Juifs et placent davantage de Russes au pouvoir a donné lieu à ces accusations d'antisémitisme, mais en réalité, Staline n'avait aucun problème à s'entourer de Juifs tant qu'ils l'aidaient à combattre ses ennemis politiques. En 1946, juste après la fin de la guerre, les États-Unis ont présenté à Staline un nouveau plan de gouvernement mondial élaboré par deux Juifs, David Lilienthal et le célèbre Bernard Baruch. Cette proposition a vu le jour dans les pages du *Bulletin of Atomic Scientists* et repose sur le monopole de la violence atomique. Les scientifiques juifs qui soutiennent le gouvernement mondial : Albert Einstein, Robert Oppenheimer, Leo Szilard, Walter Lippman, Niels Bohr, James Franck, Eugene Rabinovitch, Hy Goldsmith, Hans Bethe et Harold Urey sont issus du socialisme international et du sionisme. Staline refuse à nouveau de se soumettre et, pour la troisième fois en trente ans de dictature, il est à nouveau accusé d'antisémitisme. Finalement, comme nous le verrons dans un autre chapitre, il est assassiné en 1953.

Pour commencer le récit des événements qui ont conduit aux procès de Moscou, rappelons tout d'abord que l'opposition trotskiste s'est fragmentée pour des raisons tactiques après l'échec des tentatives de déloger Staline, et que plusieurs subdivisions ont donc eu lieu. On a déjà vu qu'à l'automne 1927, le bloc Trotski et Zinoviev, vaincu dans la lutte interne au parti, a tenté de mobiliser les masses, ce qui a constitué un défi pour Staline, qui n'a pas été satisfait jusqu'à ce qu'il réussisse à les expulser du parti.

Zinoviev est ensuite réadmis, mais Trotski est finalement expulsé avec ses plus fidèles partisans. Ce n'est qu'en 1930 qu'une nouvelle tentative est faite pour défier Staline. C'est alors que Martemyan Ryutin, un homme de l'entourage de Boukharine, est accusé d'avoir produit un document de quelque 200 pages, redécouvert et imprimé à l'époque de Gorbatchev. Le texte se compose de treize chapitres, dont quatre s'attaquent à Staline, accusé, comme Trotski des années plus tôt, d'être "le fossoyeur de la révolution".

On pense qu'un groupe ("Plate-forme Ryutin") s'est formé autour de Ryutin et qu'il complote contre Staline. Le 30 septembre, Ryutin est exclu du parti et arrêté peu après. Cependant, le 17 janvier 1931, il est acquitté et il est décidé par la suite qu'il sera réintégré. Au printemps 1931, lors d'une réunion du Politburo, Staline demande que la peine de mort soit appliquée aux membres du parti. Jusqu'alors, toutes sortes d'opposants étaient tués à volonté, mais les bolcheviks n'appliquaient pas la peine de mort entre eux. Apparemment, pour éviter que la révolution ne dévore ses enfants, comme ce fut le cas lors de la Révolution française, Lénine avait demandé que les membres du parti ne soient pas exécutés.

Au lieu d'accepter la défaite de leurs thèses, Ryutin et un groupe de fonctionnaires enhardis convoquent en juin 1932 une conférence de l'Union des marxistes-léninistes. Dans ce nouveau document, il est souligné que Staline et sa clique ne céderont pas de leur plein gré et qu'ils doivent être chassés par la force le plus rapidement possible. Staline interprète ces propos comme un appel à son assassinat et, le 23 septembre 1932, Ryutin est à nouveau arrêté. Staline aurait voulu éliminer cet adversaire déclaré sans autre forme de procès, mais la question est débattue au Politburo, où Sergueï Kirov plaide contre sa condamnation à mort, soutenu par Ordjonikidze, Kouïbychev, Kossior, Kalinine et Roudzoutak. Molotov hésite et seul Kaganóvich soutient les revendications de Staline, qui doit se plier à la décision de la majorité. Néanmoins, lors de la Commission de contrôle du Comité central, qui se réunit entre le 28 septembre et le 2 octobre, il est décidé d'expulser le groupe de Ryutin du parti. Ils sont accusés d'être des "dégénérés devenus des ennemis du communisme et du régime soviétique, des traîtres au parti et à la classe ouvrière". Ryutin est condamné à dix ans de prison et vingt-neuf membres de sa plate-forme sont condamnés à des peines plus légères.

Une autre résolution adoptée par le plénum est l'expulsion du parti de ceux qui connaissaient l'existence du groupe contre-révolutionnaire et ne l'avaient pas signalée ; parmi eux se trouvent Zinoviev et Kamenev, qui sont à nouveau expulsés et déportés dans l'Oural. Peu après, Ivan Smirnov, qui venait d'être réadmis au sein du parti, est également arrêté et condamné à dix ans de prison. Le professeur trotskiste Vadim Rogovin, auteur de plusieurs ouvrages sur Staline, a admis lors d'une conférence à l'université de Melbourne le 28 mai 1996 qu'en 1931, Smirnov avait établi des contacts à

Berlin avec le fils de Trotski, Léon Sedov, avec lequel il avait convenu de la nécessité de coordonner les efforts. Deux autres condamnés à des peines de cinq ans sont Ivar Smilga et Sergei Mrachkovsky. Le 12 janvier 1933, le plénum du Comité central décide de procéder à une purge sévère au sein du parti, suggérant que les ramifications de l'affaire Ryutin sont sérieuses et continuent d'inquiéter Staline. Au cours de l'année 1933, plus de huit cent mille membres sont expulsés et trois cent quarante mille autres le sont au cours de l'année 1934.

La preuve que l'opposition trotskiste était impliquée dans ce complot visant à renverser Staline se trouve dans le livre du général Walter Krivitsky, chef des services secrets militaires en Europe occidentale, qui, avant son assassinat en 1941, a publié *In Stalin's Secret Service* (1939) à New York, un livre publié en Espagne par NOS sous le titre *Yo, jefe del Servicio Secreto Militar soviético* (1945). Krivitsky, trotskiste juif de son vrai nom Samuel Gérshevich Ginsberg, écrit dans l'ouvrage précité que le secrétaire de la cellule du parti au sein du département des services secrets militaires (un trotskiste, bien sûr) l'a convoqué à "une réunion secrète au cours de laquelle notre chef, le général Berzin, devait faire un rapport sur l'affaire Ryutin". Krivitsky précise que, s'agissant d'une affaire hautement confidentielle, les autres membres de la cellule (évidemment non trotskistes) n'ont pas assisté à la réunion. Krivitsky admet que Berzin, qui sera purgé en 1938, leur a lu des extraits du programme clandestin de Ryutin "dans lequel Staline est décrit comme un grand agent provocateur, un destructeur du parti et un fossoyeur de la révolution en Russie". Berzin leur a confirmé lors de cette réunion que "le groupe de Ryutin avait l'intention de lutter pour le renversement de Staline à la tête du Parti et du Gouvernement".[13]

L'assassinat de Kirov

Il est universellement admis que l'assassinat de Sergei Mironovich Kostrovich, alias Kirov, est l'événement qui a servi de déclencheur aux purges de Staline contre les trotskystes. Une fois de plus, Robert Conquest est le principal enquêteur sur ce qui s'est passé et constitue donc une source d'information incontournable, même si elle n'est pas toujours convaincante.

---

[13] Krivistky lui-même reconnaît dans son livre qu'à la fin de 1938, grâce à l'aide de Léon Blum, président du Conseil des ministres français, et de son ministre de l'intérieur, Max Dormoy, tous deux juifs comme lui, il est parvenu à fuir la France, où il était harcelé par le NKVD. Une fois aux États-Unis, aidé par un autre juif, le journaliste Isaac Don Levine, il publie le livre dont nous parlons. En octobre 1939, il se rend à Londres sous le faux nom de Walter Thomas et, en janvier 1940, il aurait révélé des secrets d'un grand intérêt pour le MI5. On pense qu'il a pu révéler l'identité de deux agents soviétiques notoires, Donald Maclean et Kim Philby. Après l'assassinat de Trotski, Krivitsky est retourné à New York en novembre 1940, où il a finalement été exécuté par des agents staliniens le 10 février 1941.

Conquest a présenté ses conclusions dans *Stalin and the Kirov Murder* (1989), mais aussi dans *The Great Terror. A Reassessment* (1990), il consacre un chapitre à l'analyse du fameux assassinat qui, selon lui, "mérite d'être appelé le crime du siècle", car au cours des quatre années suivantes, les dirigeants les plus en vue de la révolution ont été fusillés pour leur responsabilité dans le crime et "plusieurs millions de personnes", affirme Conquest, "ont été condamnées pour leur complicité dans la vaste conspiration à l'origine de l'assassinat de Kirov".

Le 17e congrès du parti communiste de l'Union soviétique se tient à Moscou du 26 janvier au 16 février 1934. Il semble que beaucoup considèrent Kirov comme le favori et que certains délégués soient favorables à ce qu'il devienne secrétaire général, mais il démissionne au motif que cela remettrait en cause la politique du parti. Apparemment, cette attitude de Kirov dénote sa loyauté à l'égard de Staline. Par ailleurs, entre cent cinquante et trois cents délégués sur les quelque deux mille présents au Congrès votent contre l'entrée de Staline au Comité central, ce qui n'apparaît pas dans le décompte officiel, selon lequel il n'y a que trois voix contre Staline et quatre contre Kirov. Considéré comme le meilleur orateur du parti, Kirov contrôle l'organisation de Leningrad, mais c'est finalement Staline qui est élu chef du parti. Le comité central, dont Youri Pyatakov devient membre, est presque entièrement composé de staliniens chevronnés, bien que des trotskystes tels que Sokolnikov, Boukharine, Rykov et Tomsky figurent parmi les candidats. Kirov est élu non seulement au Politburo, mais aussi au Secrétariat, qui comprend Staline, Kaganóvich et Zhdánov.

Selon Conquest, Kirov pensait que les opposants trotskystes avaient concédé la défaite et accepté définitivement la situation. Il a donc fait valoir à Staline que la meilleure façon de les désintégrer était de les réconcilier au sein du parti. En effet, lors du 17e congrès, Boukharine et Rykov, considérés comme des droitiers, avaient pris la parole. Zinoviev, Kamenev, Pyatakov et Radek, les deux derniers étant censés être d'anciens trotskistes, avaient également pris la parole. Tous ont fait preuve d'une volonté d'unanimité. Même l'un des trotskystes les plus en vue, Christian Rakovsky, un juif internationaliste qui, comme Trotsky, considérait la théorie du socialisme dans un seul pays comme opportuniste et très néfaste, annonça sa soumission au parti dans un télégramme publié dans les *Izvestia* le 23 février 1934. Il est ainsi autorisé à retourner à Moscou et, en mars, il est reçu à la gare par Kaganóvich. Dans une lettre publiée dans la *Pravda* en avril 1934, intitulée "There Should Be No Mercy", il reconnaît publiquement ses erreurs et, de façon surprenante, dépeint Trotski et ses partisans comme des "agents de la Gestapo". En 1935, Rakovsky est même nommé ambassadeur au Japon.

Apparemment donc, malgré ce qui s'est passé au 17e congrès, Staline a accepté les propositions de Kirov, bien qu'il soit très probable qu'il ne s'agisse en réalité que d'un stratagème, car sa police secrète a infiltré l'entourage de Trotski et de son fils Sedov, et des rapports compromettants pour les opposants lui sont régulièrement envoyés de Berlin et de Paris. En juillet 1934, l'OGPU est incorporé dans un nouvel organisme, le NKVD (Commissariat du peuple aux affaires intérieures), dirigé par Génrij Yagoda, de son vrai nom Enokh Gershevich Yehuda, qui nomme comme directeur adjoint un autre juif, Yakov Saulovich Agranov (Yankel Shmayevich), un tchékiste de la vieille école qui avait dirigé la répression brutale des rebelles de Kronstadt par Trotsky en 1921.

En septembre 1934, au Kazakhstan, Kirov est victime d'un accident de voiture qui, selon certaines sources, est considéré comme une tentative d'assassinat. Deux mois plus tard, à 16h30 dans l'après-midi/soirée du 1er décembre, Serguei Kirov est assassiné au siège du parti à Leningrad, situé dans l'ancien institut Smolny. Sous ces latitudes, la journée d'hiver n'a que peu d'heures de clarté et lorsque Kirov arriva, à quatre heures de l'après-midi, la neige qui tombait contrastait avec l'obscurité de la nuit. Avant de monter dans ses quartiers, il s'attarde avec Mikhaïl Tchoudov, le deuxième secrétaire du comité du parti de la province de Leningrad, et ses plus proches collaborateurs, qu'il consulte au sujet d'un rapport. L'assassin, Leonid Nikolaïev, après avoir montré son laissez-passer aux gardes postés à l'extérieur, était entré plus tôt sans problème et l'attendait caché dans les toilettes du troisième étage, d'où il avait observé son arrivée en voiture. Nikolayev y avait travaillé et connaissait assez bien le bâtiment. En principe, Youri Borisov, le garde du corps qui l'avait escorté jusqu'à l'entrée principale, aurait dû monter au bureau avec son patron, mais il ne l'a pas fait. Les gardes habituellement postés dans les couloirs n'étaient pas non plus en place. Alors que Kirov se dirigeait seul dans les couloirs vers son bureau, Nikolaïev en profita pour surgir derrière lui et lui tirer une balle dans la nuque avec un revolver Nagant. Certaines versions indiquent que le criminel a tenté de se suicider, car on a découvert qu'il y avait un deuxième tir dans le plafond. Quoi qu'il en soit, Nikolayev s'est évanoui et est tombé au sol à côté de sa victime, et a été rapidement arrêté.

Naturellement, Borisov, connu pour être très loyal envers Kirov, est immédiatement convoqué pour être interrogé. Le matin du 2 décembre, Agranov appelle le NKVD de Leningrad depuis Moscou et donne des instructions à Volovich pour que Borisov soit conduit à Smolny. Le voyage s'effectue dans un camion. À côté du chauffeur était assis un officier du NKVD et à l'arrière se trouvaient Borisov et un autre policier. Selon la version donnée par Conquest, alors que le camion roulait dans la rue Voinov, l'homme à côté du chauffeur a fait une embardée et a percuté le mur d'un entrepôt. Il a été rapporté par la suite que Borisov était mort des suites de l'accident, mais en réalité, selon cette version, il a été frappé par des barres de fer brandies par les deux officiers qui l'escortaient, lesquels ont été liquidés par la suite.

Différentes versions de l'assassinat de Kirov ont circulé en Europe et, à ce jour, aucune n'a permis d'établir avec certitude comment les événements se sont produits et qui en était ou en était l'auteur. La version officielle, acceptée par les pays occidentaux de l'époque, affirme que Nikolaïev a agi sur ordre de Zinoviev et de Kamenev. Lors du premier des trois procès qui se sont tenus à Moscou entre août 1936 et 1938, ces anciens bolcheviks ont été accusés d'avoir participé au crime. Le troisième procès, tenu du 2 au 13 mars 1938 et connu sous le nom de "procès des vingt-et-un", établit la version qui perdurera jusqu'en 1956, selon laquelle Zinoviev et Kamenev, de concert avec Trotski, ont planifié l'assassinat. Le procès a prouvé que Yagoda, le chef du NKVD, avait chargé Ivan Zaporozhets, le commandant en second du NKVD de Leningrad, de faciliter le crime en levant les obstacles.

À partir de 1956, la campagne de discrédit de Staline commence en URSS et dans le monde, ce qui conduira, entre autres, à la réhabilitation de nombreux trotskystes condamnés lors des purges. Le 25 février 1956, Nikita Khrouchtchev prononce un discours, considéré comme "secret" car adressé au 20e congrès du PCUS réuni à huis clos, qui marque le début du bilan des trente années de la période stalinienne. Le texte intégral n'a été publié en URSS qu'en 1988, mais des copies ont été distribuées aux membres régionaux du parti et à plusieurs gouvernements étrangers. La parution depuis lors de nouveaux documents sur l'affaire Kirov a permis à une autre version de prendre de l'ampleur, selon laquelle c'est Staline qui aurait été l'instigateur de l'élimination de Kirov. Conquest, notre principale source en la matière, soutient la thèse selon laquelle Staline, après le soutien évident manifesté par le XVIIe Congrès à la figure de Kirov, aurait conçu un plan absolument machiavélique et d'une extraordinaire sagacité, qui lui aurait permis d'éliminer en même temps son principal opposant et l'opposition trotskiste. S'il en est ainsi, sa capacité d'intrigue, son habileté à manipuler et à contrôler la situation et les personnages sont sans précédent, et Staline doit donc entrer dans l'histoire comme un génie de la perversion.

Une troisième possibilité, qui, à mon modeste avis, est la plus plausible, serait une synthèse des deux précédentes. En d'autres termes, Kirov aurait été victime de deux conspirations : d'une part, l'opposition trotskiste le considérait comme un homme loyal à Staline qui pouvait être un obstacle sur la voie de la reconquête du pouvoir en Russie, d'où leur intérêt à le liquider ; d'autre part, connaissant les intentions de ses adversaires, Staline aurait décidé de les laisser agir, de faciliter le crime, de leur permettre d'assassiner le leader qui pouvait légalement lui disputer le pouvoir, afin de les accuser plus tard et d'entamer une purge impitoyable à leur encontre. Pour mener à bien ce plan, Staline avait sans doute besoin de la collaboration de Yagoda, qui devait nécessairement suivre ses ordres secrets. Dans son discours de février 1956, Khrouchtchev note que les circonstances de l'assassinat de Kirov "cachent encore beaucoup de choses inexplicables et mystérieuses qui nécessitent un examen attentif". Cinq ans plus tard, à l'occasion du 22e Congrès, en octobre 1961, Khrouchtchev est revenu sur le sujet et a déclaré, cette fois publiquement : "De grands efforts sont encore nécessaires pour découvrir qui est responsable de la mort de Kirov. Plus nous étudions les documents relatifs à sa mort, plus nous nous posons de questions.... Une enquête approfondie sur les circonstances de cette affaire complexe est en cours. Ce n'est qu'en 1988 que Yagoda a été officiellement impliqué. La responsabilité de Staline est alors évoquée. Le rapport officiel y fait allusion en ces termes "L'implication de Staline dans l'assassinat est hautement probable, mais il n'y a pas de documents qui le confirment.

Matthew E. Lenoe, dans *The Kirov Murder and Soviet History*, reproduit le texte des confrontations entre Nikolayev et quatre des personnes arrêtées : Shatsky, Kotolynov, Yuskin et Sokolov, organisées par le NKVD entre le 18 et le 20 décembre 1934. Ci-dessous, un fragment de la confrontation entre l'assassin Nikolaïev et Kotolynov après qu'ils aient confirmé qu'ils se connaissaient personnellement :

"Question à Kotolynov : confirmez-vous que vous étiez membre d'une organisation contre-révolutionnaire zinoviéviste-trotskiste ?
Réponse : Oui, je confirme que c'est le cas. [...]
Question à Nikolaïev : Avez-vous appartenu à une organisation révolutionnaire contre-révolutionnaire zinoviéviste-trotskiste et qui vous a recruté ?
Réponse : J'ai effectivement appartenu à une organisation contre-révolutionnaire zinoviéviste-trotskiste. J'ai été recruté par Kotolynov, en septembre 1934, dans le bâtiment de l'Institut polytechnique, où Kotolynov étudiait.
Question à Kotolynov : Confirmez-vous avoir recruté Nikolaïev pour l'organisation zinoviéviste-trotskiste ?
Réponse : Non, je le nie.
Question à Nikolaïev : Kotolynov vous a-t-il proposé, au nom de l'organisation zinoviéviste-trotskiste, de tuer le camarade Kirov, avez-vous accepté la proposition et dans quelles circonstances cela s'est-il produit ?
Réponse : Oui, Kotolynov m'a proposé de tuer Kircv au nom de l'organisation contre-révolutionnaire zinovievite-trotskiste et j'ai accepté la proposition en septembre 1934, à l'Institut polytechnique où j'ai rencontré Kotolynov.
Question à Kotolynov : Confirmez-vous la déclaration de Nikolayev selon laquelle il a tué Kirov sur vos ordres ?
Réponse : Non, je le nie. [...]"

Lors du procès, Kotolynov a reconnu ses contacts avec l'opposition contre-révolutionnaire zinovievite-trotskiste, mais a maintenu son refus d'être impliqué dans le meurtre de Kirov. Cette confrontation est supervisée par deux Juifs ukrainiens, Lev G. Mironov et Genrij Samoylovich Lyushkov, accompagnés d'un troisième tchékiste d'origine russe, Dmitry Dmitriev.

Mironov, de son vrai nom Kagan, et Lyushkov ont tous deux été victimes de Staline. Le premier, qui, selon Conquest, était déprimé de devoir persécuter les anciens bolcheviks, était à la tête du département économique de la Loubianka et fut finalement liquidé par Yezhov en 1938. Le second, une brute à la réputation sadique, tchékiste depuis 1920, est nommé en juillet 1937 chef du NKVD dans l'Extrême-Orient russe, où il commande quelque 30 000 soldats d'élite. Au plus fort de la grande purge, Iejov lui ordonne de rentrer à Moscou, mais il fait défection en juin 1938 avec de précieux documents secrets et se rend au Japon, où il avoue aux autorités japonaises qu'il est trotskiste. Lyushkov organise, avec le soutien des Japonais, un grave complot visant à assassiner Staline, mais il est démasqué. Enfin, en 1945, il disparaît sans laisser de traces.

Quant aux tchékistes juifs, nous savons que depuis l'époque de Lénine, la grande majorité des tchékistes étaient des bolcheviks d'origine juive. Il en était de même pour les principaux chefs du NKVD qui ont mené les purges staliniennes sous Yagoda. Beaucoup d'entre eux étaient des trotskystes qui ont été contraints de jouer un double jeu. En voici quelques-uns. Le chef du département des opérations spéciales du NKVD était Karl V. Pauker, un Juif dont le véritable nom n'a jamais été déterminé avec certitude. Pauker, qui a arrêté Kamenev en décembre 1934 sur ordre de Yagoda, a finalement été dénoncé et fusillé en 1937. À la tête du département spécial de l'OGPU, qui couvre l'armée, Yagoda place un autre Juif, Mark Isayevich (Isaakovich) Gay (Shpoklyand), qui sera exécuté par Yezhov après la déchéance de Yagoda. Le chef du très important ministère des Affaires étrangères est Abram Aronovich Slutsky, qui est empoisonné en février 1938 sur ordre de Yezhov. Les deux principaux collaborateurs de Slutsky, Boris Davydovich Berman et Mikhail Spiegelglass, sont également juifs. Georgi A. Molchanov, chef du département de la politique secrète de la Loubianka, est l'un des rares Russes à occuper des postes importants au sein du NKVD de Yagoda. Parmi les autres hauts responsables juifs du NKVD, citons Lev N. Belsky (Abram M. Levin), Lev Borisovich Zalin (Zelman Markovich Levin), Grigory (Izrail) Moiseyevich Leplevsky, Zinovi Borisovich Katsnelson et Pyotr Gavrilovich Rud. Presque tous ont fini par être victimes de Staline, pour une raison ou une autre, après l'avoir servi lors des purges.

Le 21 décembre 1934, après plusieurs jours de confrontation et d'interrogatoire, le NKVD signale déjà qu'il existe, outre l'assassin Nikolaïev, un "Centre de Leningrad" lié à Zinoviev, déjà exclu du parti à plusieurs reprises et réadmis après avoir prêté allégeance à la ligne officielle. À la tête de ce groupe se trouve Ivan I. Kotolynov. Le lendemain, une liste des personnes arrêtées est publiée, les noms les plus marquants étant ceux de Zinoviev et Kamenev, suivis de G.E. Evdokimov, qui avait appartenu au secrétariat, Zalutsky, Fedorov, Kuklin et Safarov. Le 29 décembre, Nikolaïev, Kotolynov, Shatsky, Yuskin, Sokolov et d'autres complices sont condamnés à mort et exécutés. Il est annoncé publiquement qu'ils ont admis lors du procès que le motif du meurtre de Kirov était son remplacement par Zinoviev et Kamenev. Les 15 et 16 janvier 1935, Zinoviev, Kamenev, Evdokimov, Bakayev, Kuklin et quatorze autres personnes sont jugés à Leningrad sous l'accusation d'avoir formé le "Centre de Moscou", à partir duquel le "Centre de Leningrad" de Kotolynov avait été politiquement soutenu. Le tribunal, présidé par V.V. Ulrich et dont le procureur était Andrei Vyshinsky, qui, deux ans plus tard, devint internationalement célèbre pour son travail sur les procès de Moscou, condamna Zinoviev à dix ans d'emprisonnement. Evdokimov est condamné à huit ans et Kamenev à cinq ans. Les autres peines vont de cinq à dix ans.

Ces convictions n'étaient que le préambule d'une tragédie qui est entrée dans l'histoire sous le nom de "Grande Terreur". Les manoeuvres de Staline pour préparer la purge complète des trotskystes dans tout le pays commencèrent immédiatement. Le 1er février 1935, le plénum du Comité central élit Mikoyan et Chubar aux places laissées vacantes au Politburo par la mort de Kirov et de Kouibyshev. Aux postes clés du parti, Staline place les hommes qui seront ses principaux collaborateurs lors des purges : Nikolai Yezhov devient membre du Secrétariat et, le 23 février, il est également nommé à la tête de la Commission de contrôle du parti. Quelques jours plus tard, le jeune stalinien Nikita Khrouchtchev, protégé de Kaganovitch, devient le premier secrétaire à l'organisation du parti à Moscou. En juin, Andrei Vyshinsky devient procureur général. Le 8 juillet 1935, Georgi Malenkov est nommé principal adjoint de Yezhov et directeur adjoint du département des cadres du Comité central. Dans le Caucase se trouve Lavrenti Beria, un criminel de la pire espèce qui a su cacher ses cartes jusqu'au bout, comme nous le verrons par la suite.

Pendant que ces mouvements se développent, de juillet 1935 à août 1936, il y a une période de calme relatif qui semble indiquer que les eaux se calment, alors qu'en réalité il y a une lame de fond. En février 1935, une commission est créée pour rédiger une nouvelle constitution, à laquelle participent Boukharine et Radek. Le texte est prêt en juin 1936. Liberté d'expression et de la presse, inviolabilité du domicile et du secret de la correspondance, liberté de réunion et de manifestation, prévention des arrestations injustifiées, sont quelques-unes des garanties contenues dans le document, qui devient lettre morte dès que le tourbillon des arrestations et des assassinats commence. Cette façade de normalité apparente permet à Staline de prendre le contrôle de la police secrète et des autres mécanismes du pouvoir. En effet, dès le 31 mars, il donne des instructions à Yagoda et Vyshinsky, qui lui proposent quelque quatre-vingts noms. Staline leur ordonne de préparer un procès contre les trotskystes et de lui soumettre la proposition concrète. En avril, l'interrogatoire de Smirnov, Mrachkovsky et Ter-Vaganyan, dirigeants du "Centre trotskyste-zinoviéviste", commence.

Les arrestations qui ont précédé le premier des procès de Moscou ont commencé au début de l'année 1936. Valentin Olberg, juif d'origine lettone, et plusieurs enseignants de l'Institut pédagogique Gorki sont arrêtés en janvier. Un groupe d'étudiants de la Jeunesse communiste (Konsomol) de la ville de Gorki avait admis, fin 1935, l'existence d'un complot visant à assassiner Staline. Le NKVD accuse Olberg de recruter des enseignants et des étudiants. Pendant trois jours, entre le 25 et le 28 janvier, Olberg est interrogé et finit par signer une déclaration dans laquelle il admet avoir été envoyé par Trotsky pour organiser la tentative d'assassinat. Dans *The Great Terror. A Reassessment* Conquest, il reprend la version d'Alexandre Orlov dans *Secret History of Stalin's Crimes* (1955), selon laquelle Olberg était un agent provocateur du NKVD lui-même.

Orlov raconte que, invoquant la discipline du parti, le NKVD a demandé à Olberg d'avouer qu'il était un lien entre Trotski et le groupe de Gorki. On lui a dit qu'il s'agissait seulement d'une mission et que, quel que soit le verdict du tribunal, il serait ensuite libéré et obtiendrait un poste en Extrême-Orient. Olberg, selon cette thèse, a signé tout ce qu'on lui demandait ; cependant, Valentin Olberg n'a jamais retrouvé sa liberté et, le 24 août 1936, il a été condamné à mort avec d'autres trotskistes et exécuté. Selon nous, il est probable qu'Olberg ait été un agent double, et il ne semble pas logique qu'un homme de son expérience ait été naïf au point de signer une déclaration qui aurait pu lui valoir la peine de mort.

Certes, Staline a réussi à maintes reprises à infiltrer l'entourage de Trotski et de son fils. La meilleure preuve en est qu'il a réussi à les assassiner tous les deux. Nous verrons plus loin que l'homme de confiance de Lev Sedov était l'agent du NKVD Mark Zborowski, un juif qui se faisait appeler Etienne et qui était même chargé de la rédaction du fameux *Bulletin de l'Opposition*. Valentin Olberg a également réussi à entrer dans l'entourage de Trotsky et de son fils Sedov. Cependant, l'affirmation selon laquelle il était un agent trotskyste travaillant pour le NKVD provient toujours de sources trotskistes.[14] Le fait que Conquest donne toute sa validité à la thèse d'Alexander Orlov ne nous empêche pas de la remettre en question, car elle ne mérite aucune crédibilité. C'est faire preuve d'un cynisme éhonté qu'un criminel comme Orlov, lui-même exécutant impitoyable des meurtres ordonnés par Staline, écrive un ouvrage sur les crimes de Staline.

---

[14] Dans un article publié en 1972 dans *Studies in Intelligence*, Rita T. Kronenbitter, un pseudonyme sous lequel se cache peut-être un trotskiste, fait état des activités de Valentin Olberg dans l'entourage de Trotsky. Kronenbitter situe Olberg en Allemagne dès 1927, où il travaille pour *Inprekor* (International Press Correspondence), une publication du Comintern. Dans des lettres écrites en 1929 à Trotski, qui se trouve en Turquie, Olberg lui annonce qu'il a quitté l'agence parce qu'il s'oppose au stalinisme et qu'il a rejoint le mouvement de Trotski à Berlin. En mai 1930, bien que certains amis de Trotski expriment une certaine méfiance à l'égard d'Olberg, Trotski et son fils Sedov lui confient déjà les noms et adresses de leurs principaux soutiens à Moscou, dans les pays baltes et ailleurs. Kronenbitter admet que les lettres de Trotsky, retrouvées dans les archives de Harvard, montrent qu'il fait pleinement confiance au juif letton et à sa femme, qui a également rejoint le mouvement.

L'*Histoire secrète des crimes de Staline*, l'ouvrage susmentionné d'Alexandre Orlov, a été publié aux États-Unis en 1953 pour faire de l'argent. En Espagne, il a été publié à Barcelone deux ans plus tard, en 1955. Les histoires qu'Orlov raconte sont généralement connues de lui de seconde main. L'une de ses principales sources est le juif Abram Slutsky, un prétendu trotskiste infiltré dans la section étrangère du NKVD. Orlov était également juif, né en Biélorussie, et son vrai nom était Leiba Lazarevich Felbing. Il a commis de nombreux crimes en Espagne sur ordre de Staline. Chargé de l'épuration des dirigeants du POUM, il a lui-même dirigé l'enlèvement et l'assassinat d'Andreu Nin. Il est également l'un des principaux artisans du vol de l'or de la Banque d'Espagne. Ces faits feront l'objet du chapitre suivant. En 1939, il avertit Trotsky, dans une lettre non signée, qu'un agent appelé "Mark", en réalité Zborowski, a infiltré son organisation à Paris. Alexandre Orlov, Walter Krivitsky, Max Shachtman, Pierre Broué sont des exemples d'écrivains qui présentent dans leurs œuvres un fossé éthique entre Staline et Trotsky. Le premier est toujours un dictateur, un criminel sans scrupules, ce qui n'est pas contestable ; le second, en revanche, est présenté comme un homme intègre, qu'ils présentent comme le Messie de la classe ouvrière internationale.

En février 1936, Isak Reingold, un autre juif, président du syndicat du coton et ami de Sokolnikov (Brilliant), est arrêté. Il est accusé d'être trotskiste et d'être lié à Kamenev. Selon Orlov, pour le forcer à avouer, l'ordre est donné d'arrêter sa famille en sa présence. Il convient de rappeler que l'arrestation de membres de la famille est l'un des moyens préférés de Trotsky : en mars 1921, il ordonne de prendre en otage les femmes et les enfants des marins de Cronstadt et menace les mutins de les assassiner. En juin, de nouvelles arrestations ont lieu : Moissei Lurje, Nathan Lurje, Fritz David et Berman-Yurin sont arrêtés. Les deux derniers avouent avoir rendu visite à Trotski et avoir reçu l'ordre de tuer Staline. Tous seront finalement fusillés, mais Robert Conquest, citant à nouveau Orlov comme source principale et donnant à nouveau de la crédibilité à ses affirmations, admet que les deux derniers étaient des agents du NKVD. Dans *Secret History of Stalin's Crimes*, Orlov reproduit le récit de Mironov (Kagan) à un interlocuteur de confiance (supposé être Abram Slutsky, la principale source d'Orlov) de sa conversation avec Staline concernant le refus de Kamenev d'avouer :

"Vous pensez que Kamenev n'avouera pas ? demanda Staline d'un air sournoisement agacé.
Je ne sais pas", répond Mironov. Il ne se laisse pas convaincre".
Staline demande avec une surprise affectée, en regardant Mironov.
Savez-vous combien pèse notre État, avec toutes ses usines, ses machines, son armée, ses armements et sa marine ?
Mironov et toutes les personnes présentes regardent Staline avec surprise.

Réfléchissez et dites-moi", demande Staline. Mironov sourit, pensant que Staline s'apprêtait à faire une blague. Mais Staline n'a pas l'intention de plaisanter. Il le regarde plutôt sérieusement. Je vous demande combien tout cela pèse", insiste-t-il.

Mironov est confus. Il attend, persuadé que Staline tournera tout cela à la plaisanterie, mais ce dernier continue de le fixer dans l'attente d'une réponse. Mironov haussa les épaules et, comme un écolier qui passe un examen, dit d'une voix hésitante : "Personne ne peut le savoir, Yosif Vissarionovitch. C'est du domaine des chiffres astronomiques".

Quelqu'un peut-il résister à la pression d'un poids astronomique ? demande sévèrement Staline.

Non", répond Mironov.

Alors ne me dites plus que Kamenev, ou tel ou tel prisonnier, est capable de résister à cette pression. Ne revenez pas m'informer, dit Staline à Mironov, tant que vous n'aurez pas les aveux de Kamenev dans cette affaire.

Finalement, Zinoviev et Kamenev se rendent, témoignent et acceptent le procès. Conquest raconte que Yagoda les avait enfermés dans des cellules et que l'état physique de Zinoviev était très mauvais. Quant à Kamenev, il explique que les menaces contre son fils, dont l'arrestation a été ordonnée en sa présence, ont commencé à l'affaiblir. Citant à nouveau Orlov, Conquest écrit : "En juillet, Zinoviev, après une nuit entière d'interrogatoire, demanda à parler à Kamenev, et lorsqu'ils en discutèrent, ils acceptèrent d'aller au procès à condition que Staline leur confirme devant le Politburo ses promesses que ni eux ni leurs partisans ne seraient exécutés, ce qui fut accepté. Cependant, lorsqu'ils ont été présentés à la réunion dite du Politburo, seuls Staline, Vorochilov et Yezhov étaient présents. Staline leur expliqua qu'ils formaient une commission autorisée par le Politburo à entendre l'affaire". Bien que troublés par l'absence d'autres membres, il semble que les prisonniers aient accepté les conditions de Staline et se soient vu garantir leur vie et celle de leurs familles. La source de cette information est un autre trotskiste juif, Walter Krivitsky, qui affirme qu'un membre de la famille de Zinoviev lui a dit que Zinoviev avait capitulé pour sauver sa famille.

Le procès des seize

Avant d'aborder le premier des procès contre l'opposition trotskiste, il peut être utile au lecteur de résumer à l'avance la structure de l'opposition. Le haut commandement combiné de l'opposition, le "Bloc de droite et trotskyste", était construit sur trois couches ou niveaux différents. En effet, si l'un d'entre eux était découvert, les autres pouvaient continuer à opérer dans la clandestinité. Le premier de ces niveaux était le "Centre terroriste trotskyste-zinoviéviste", dirigé par Zinoviev et chargé d'organiser et de diriger les activités terroristes. Au deuxième niveau se trouve le "Centre parallèle trotskiste", dont le principal représentant est Pyatakov. L'organisation et la direction des actions de sabotage incombent à ce centre parallèle. La troisième strate, peut-être la plus importante, est le "Bloc droitier et trotskiste'. Ses principales figures sont Boukharine et Krestinski, et il comprend la plupart des membres de haut rang des forces d'opposition combinées.

Le 19 août 1936, à 12 h 10, s'ouvre le premier des procès, le "procès des seize". Un rapport complet des séances devant le Collège militaire de la Cour suprême de l'URSS a été publié la même année par le Commissariat du peuple à la justice et est aujourd'hui disponible sur Internet. Le tribunal était présidé par Vassili Ulrich, un juriste de l'armée. Le procureur général de l'URSS, Andrei Vyshinsky, faisait office de procureur. Les accusés ont été divisés en deux groupes. Le premier comprenait onze bolcheviks de premier plan qui avaient déjà formé le "bloc d'opposition uni" en 1926-1927, lorsque Trotski et Zinoviev avaient été expulsés du parti. Le second groupe était composé de cinq membres du parti communiste allemand qui avaient émigré en URSS. Lors de ce premier procès, dix des seize accusés sont juifs, ce qui amène Trotski à accuser Staline d'antisémitisme.

Le président du tribunal a demandé aux prévenus s'ils avaient des objections à la composition du tribunal ou du procureur. Après un refus, il a annoncé que les prévenus avaient refusé les services d'avocats pour leur défense, de sorte qu'ils se voyaient personnellement accorder tous les droits, c'est-à-dire le droit de poser des questions aux témoins et aux autres prévenus, de demander au tribunal des éclaircissements sur la procédure, de faire des discours pour leur défense.... Ils ont également conservé le droit d'interjeter appel en dernier ressort. Le greffier du tribunal, A. F. Kostyushko, lit ensuite les charges retenues contre les accusés, qu'il nomme dans l'ordre suivant : G. E. Zinoviev, L. B. Kamenev, G. E. Evdokimov, I. N. Smirnov, I. P. Bakayev, V. A. Ter-Vaganyan, S. V. Mrachkovsky, E. A. Mrachkovsky et E. A. K. K. Khamenev. A. Dreitzer. E. S. Holtzman, I. I. I. Reingold, R. V. Pickel, V. P. Olberg, K. B. Berman-Yurin, Fritz David , (I. I. Kruglyanski), M. Lurje et N. Lurje.

Après avoir rappelé que certains d'entre eux avaient déjà été condamnés à des peines de prison en janvier 1935, le secrétaire Kostyushko a évoqué les nouvelles circonstances établies depuis lors et a exposé les déclarations faites par les accusés. En ce qui concerne Zinoviev, il a déclaré que sous le poids des preuves présentées par les autorités, il avait admis que "...Le but principal poursuivi par le centre trotskyste-zinoviéviste était l'assassinat des dirigeants du PCUS, et en premier lieu de Staline et de Kirov". Quant à Reingold, il a déclaré qu'en juillet 1936, il avait déclaré que l'objectif principal était "...de changer par la violence la direction du PCUS et de l'Union soviétique". Les aveux des accusés sont présentés l'un après l'autre afin de soutenir qu'il est établi que le centre trotskyste-zinoviéviste est une organisation terroriste qui cherche à s'emparer du pouvoir à tout prix. S'ensuivent de nouveaux témoignages des accusés sur l'assassinat de Kirov, qui permettent de conclure que c'est le même centre trotskiste-zinoviéviste qui est responsable du crime. L'exposé du secrétaire s'est terminé par la lecture d'un autre bloc de déclarations qui ont permis de conclure que le centre trotskyste-zinovieviste uni travaillait également à l'assassinat d'autres membres du parti, tels que Vorochilov, Zhdanov et Kaganovitch.

1) Qu'entre 1932 et 1936, un centre uni trotskiste-zinoviéviste organisé à Moscou a cherché à prendre le pouvoir en assassinant les dirigeants du PCUS et du gouvernement. 2) Que Zinoviev, Kamenev, Evdokimov et Bakayev s'étaient associés aux trotskystes Smirnov, Ter-Vaganyan et Mrachkovsky, formant ainsi le centre uni trotskyste-zinoviéviste. 3) Que pendant la période 1932-36, le centre uni avait organisé des groupes terroristes et préparé des attentats pour assassiner les camarades Staline, Vorochilov, Zhdanov, Kaganovich, Kirov, etc. 4) Que l'un de ces groupes, agissant sur les instructions de Zinoviev et Trotsky et dirigé par Bakayev, a assassiné le camarade Kirov le 1er décembre 1934.

À la fin de son exposé, le greffier a ajouté : "L. Trotsky et son fils L. L. Sedov, qui se trouvent tous deux à l'étranger, ayant été exposés par les éléments de la présente affaire comme ayant directement préparé et personnellement guidé le travail d'organisation en URSS d'actes terroristes contre les dirigeants du PCUS et de l'État soviétique, au cas où ils seraient trouvés sur le territoire de l'URSS, ils feront l'objet d'une arrestation immédiate et seront jugés par le Collège militaire de la Cour suprême de l'URSS". Enfin, Kostyushko a donné les noms d'un certain nombre de futurs accusés : Gertik, Grinberg, Y. Gaven, Karev, Kuzmichev, Konstant, Matorin, Paul Olberg, Radin, Safonova (épouse d'Ivan Smirnov), Faivilovich, D. Shmidt et Esterman, qui, l'instruction se poursuivant à leur égard, ont été mis de côté en vue d'un procès séparé.

Le président du tribunal a ensuite demandé aux accusés s'ils acceptaient les accusations, ce qu'ils ont tous fait. Seuls deux d'entre eux, Smirnov et Holtzman, ont émis quelques réserves. Le premier a reconnu son appartenance au centre uni et ses contacts avec Trotsky. Il a reconnu avoir reçu des instructions pour organiser des attentats et être responsable des actions du centre uni, mais il a refusé d'admettre sa participation personnelle à la préparation et à l'exécution d'actes terroristes. Le second accusé a accepté les mêmes accusations que Smirnov, mais a également nié sa participation personnelle à des actes terroristes. Après l'audition de ces deux accusés, le président propose une courte suspension de quinze minutes et ajourne momentanément la séance jusqu'à 13h45.

Sergueï V. Mrachkovski, proche collaborateur de Trotski depuis la création de l'Armée rouge, est le premier à témoigner. Il détaille l'histoire de la formation du centre trotskiste-zinoviéviste et admet qu'à son retour d'exil en 1929, il a semblé accepter la ligne officielle du parti, bien que ses intentions aient été de poursuivre la lutte avec d'autres membres de l'opposition. Le procureur lui ayant demandé à qui il faisait allusion, Mrachkovsky a mentionné les noms de Smirnov et de Ter-Vaganyan. Il a également admis que, dès 1931, le groupe envisageait ouvertement des actions terroristes et a souligné que Smirnov, après un voyage à Berlin, avait apporté des instructions du fils de Trotsky, L. Sedov, qui avait déclaré : "Tant que nous n'aurons pas supprimé Staline, il n'y aura pas de possibilité de reprendre le pouvoir". Vyshinsky lui demande alors de clarifier cette phrase : "Qu'entendez-vous par l'expression "tant que nous n'aurons pas supprimé Staline" ? Mrachkovsky répond : "Jusqu'à ce que nous tuions Staline". Lors de cette réunion, en présence de Smirnov, Ter-Vaganyan et Safonova, j'ai été chargé de former un groupe terroriste, c'est-à-dire de sélectionner des personnes fiables. La même mission a été confiée à Dreitzer. Cette période, 1931 et 1932, a été consacrée à inciter et à préparer les gens à commettre des actes terroristes". Mrachkovsky précise que Trotsky a envoyé un émissaire nommé Gaven qui lui a fait part de la nécessité de former un centre uni pour l'organisation d'actes terroristes. Le procureur interrompt cet interrogatoire et se tourne vers Smirnov :

> "Vyshinsky : Une question pour Smirnov : corroborez-vous qu'en 1932 vous avez reçu un message de Trotsky par l'intermédiaire de Gaven ?
> Smirnov : J'ai reçu un message de Trotski par l'intermédiaire de Gaven.
> Vyshinsky : Par ailleurs, avez-vous reçu des informations verbales lors de la conversation avec Trotsky ?
> Smirnov : Oui, également les conversations verbales.
> Vyshinsky : Smirnov, confirmez-vous devant la Cour suprême qu'en 1932 vous avez reçu de Gaven l'ordre de Trotsky de commettre des actes de terrorisme ?
> Smirnov : Oui.
> Vyshinsky : Contre qui ?
> Smirnov : Contre les leaders.
> Vyshinsky : Contre lesquels ?
> Smirnov : Staline et autres".

Mrachkovsky a confirmé qu'à la fin de 1932, le bloc des trotskystes et des zinoviévistes était déjà formé et a mis en cause Isak Isayevich Reingold. Il a déclaré qu'il s'était rendu à Moscou en 1932 et que, sur ordre de Smirnov, il avait contacté Reingold, qui dirigeait le groupe terroriste de Moscou, dans le but de parvenir à un accord avec lui pour l'union des forces. Poursuivant son témoignage, Mrachkovsky a déclaré qu'en décembre 1934, alors qu'il se trouvait au Kazakhstan, il a reçu de Dreitzer une lettre de Trotsky écrite à l'encre invisible, dans laquelle il était dit qu'il était urgent d'accélérer l'assassinat de Staline et de Vorochilov et qu'en cas de guerre, il fallait adopter une position défaitiste et tirer parti de la confusion. La lettre est signée "Starik" (le vieil homme). Mrachkovsky affirme connaître parfaitement l'écriture de Trotsky et n'a donc aucun doute sur sa paternité. Smirnov ayant nié son implication personnelle dans la préparation et l'exécution d'actes terroristes, le procureur a ensuite posé des questions sur le rôle de Smirnov dans le centre terroriste, et Mrachkovsky a répété que tout avait été fait avec la connaissance de Smirnov. Mrachkovsky a également confirmé que Zinoviev, Kamenev, Lominadze (qui s'était suicidé l'année précédente), Ter-Vaganyan et d'autres faisaient partie du centre unifié, ce qui a amené le procureur à demander confirmation à Zinoviev :

"Vyshinsky : Quand le centre unifié a-t-il été organisé ?
Zinoviev : Au cours de l'été 1932.
Vyshinsky : Pendant combien de temps cela a-t-il fonctionné ?
Zinoviev : En fait, jusqu'en 1936.
Vyshinsky : Quelles étaient leurs activités ?
Zinoviev : Ses principales activités consistaient à préparer des actes terroristes.
Vyshinsky : Contre qui ?
Zinoviev : Contre les dirigeants.
Vyshinsky : Contre les camarades Staline, Vorochilov et Kaganovitch, est-ce votre centre qui a organisé l'assassinat du camarade Kirov, est-ce que l'assassinat de Sergueï Mironovitch Kirov a été organisé par votre centre ou par une autre organisation ?
Zinoviev : Oui, pour notre centre.
Vyshinsky : Dans ce centre, il y avait vous, Kamenev, Smirnov, Mrachkovsky et Ter-Vaganyan ?
Zinoviev. Oui.
Vyshinsky : Vous avez donc tous organisé l'assassinat de Kirov ?
Zinoviev : Oui.
Vyshinsky : C'est ainsi que vous avez tous assassiné le camarade Kirov ?
Zinoviev : Oui
Vyshinsky : Asseyez-vous".

Le témoin suivant fut Grigory E. Evdokimov, qui avoua être membre du centre uni et avoir personnellement approuvé les meurtres. Comme il a déjà été condamné à huit ans de prison, le procureur lui rappelle que lors de son procès, les 15 et 16 janvier 1935, il a nié avoir été impliqué dans le meurtre de Kirov : "Avez-vous menti alors ?" demande Vyshinsky. "J'ai effectivement induit le tribunal en erreur", répond Evdokimov. L'accusé a confirmé que les instructions venaient de Trotsky et que Smirnov, Mrachkovsky et Ter-Vaganyan, ainsi que lui-même, s'étaient mis d'accord au cours de l'été 1932. Il a ajouté que dans la ville d'Ilyinskaya, où Zinoviev et Kamenev vivaient cet été-là, une conférence s'est tenue à laquelle Bakayev et Karev ont également participé. Lors de cette conférence, il a été décidé de former les centres de Moscou et de Leningrad afin de combiner les groupes terroristes. Evdokimov a déclaré que, sur proposition de Zinoviev, Bakayev a été chargé de l'organisation des actes terroristes.

> "Vyshinsky : Accusé Bakayev, confirmez-vous cela ?
> Bakayev : Au cours de cette conférence, Zinoviev a déclaré que les trotskystes, sur proposition de Trotsky, avaient décidé de travailler à l'organisation de l'assassinat de Staline et que nous devions prendre l'initiative nous-mêmes.
> Vyshinsky : Zinoviev a dit cela ?
> Bakayev : Oui.
> Vyshinsky : Zinoviev a-t-il dit que vous deviez prendre l'initiative ?
> Bakayev : Lors de cette conférence, j'ai reçu l'ordre d'organiser une action terroriste contre Staline.
> Vyshinsky : Et vous avez commencé à le préparer, n'est-ce pas ?
> Bakayev : Oui.

Le nom de Grigory Sokolnikov (Girsh Yankelovich Brilliant), le trotskiste juif qui, en décembre 1917, a été nommé directeur de la banque d'État et a mis en œuvre le pillage de tous les dépôts, est mentionné pour la première fois. Evdokimov déclare qu'au cours de l'été 1934, Sokolnikov a participé à une réunion dans l'appartement moscovite de Kamenev, à laquelle assistaient, outre lui-même et Kamenev, Zinoviev, Ter-Vaganyan, Reingold et Bakayev. Evdokimov a admis que lors de cette conférence, il avait été décidé d'accélérer l'assassinat de Kirov. La séance du matin du 19 août s'est terminée par cet interrogatoire :

> "Vyshinsky : Le meurtre de Kirov a-t-il été préparé par le centre ?
> Evdokimov : Oui.
> Vyshinsky : Avez-vous participé directement aux préparatifs ?
> Evdokimov : Oui.
> Vyshinsky : Zinoviev et Kamenev ont-ils participé aux préparatifs avec vous ?
> Evdokimov : Oui.
> Vyshinsky : Sur instruction du centre, Bakayev s'est rendu à Leningrad pour voir comment se déroulaient les préparatifs, n'est-ce pas ?
> Evdokimov : Oui.
> Vyshinsky (à Bakayev) : Avez-vous rencontré Nikolayev à Leningrad ?
> Bakayev : Oui.
> Vyshinsky : Avez-vous réfléchi à la nécessité d'un accord pour assassiner Kirov ?
> Bakayev : Il n'était pas nécessaire de s'entendre avec lui, puisque les instructions pour l'assassinat avaient déjà été données par Zinoviev et Kamenev.
> Vyshinsky : Mais Nikolaïev vous a dit qu'il avait décidé d'assassiner Kirov, n'est-ce pas ?

Bakayev : Il l'a dit, tout comme d'autres terroristes. Levin, Maldelstamm, Kotolynov, Rumyantsev.
Vyshinsky : Ont-ils discuté de l'assassinat de Kirov ?
Bakayev : Oui.
Vyshinsky : Il a confirmé votre détermination, quelle a été votre attitude à cet égard ?
Bakayev : Je l'ai encouragé.

Au cours de la séance de l'après-midi, quatre accusés ont été interrogés : Dreitzer, Reingold, Bakayev et Pickel. Le premier, Ephraim A. Dreitzer, chef des gardes du corps de Trotsky, avait été l'un des organisateurs des manifestations de 1927. Lorsque Trotski est exilé à Alma Ata, Dreitzer organise la communication avec le centre trotskiste de Moscou. À l'automne 1931, il profite d'un voyage d'affaires officiel à Berlin pour contacter le fils de Trotsky, qu'il rencontre à deux reprises dans un café de la rue Leipziger. Dreitzer désigne à plusieurs reprises Smirnov comme "le chef d'orchestre" et s'étonne qu'il nie l'évidence. Le procureur demande donc à Zinoviev de confirmer le rôle de Smirnov, ce qu'il fait longuement : "Smirnov, à mon avis, a mené plus d'activités que n'importe qui d'autre et nous l'avions comme chef incontesté du bloc trotskiste, comme l'homme le mieux informé des opinions de Trotski". Zinoviev répète qu'il a personnellement négocié avec lui à deux ou trois reprises. En octobre 1934, la sœur de Dreitzer lui apporte de Varsovie un magazine cinématographique allemand dans lequel, comme convenu avec Lev Sedov, se trouve un message de Trotski écrit à l'encre invisible avec des instructions pour préparer des actes terroristes contre Staline et Vorochilov.

L'élément le plus remarquable et le plus nouveau de l'interrogatoire d'Isak Isayevich Reingold est la mention de Rykov, Boukharine et Tomsky, qu'il implique dans la conspiration. Il a déclaré qu'ils avaient été négociés en tant que représentants de la "déviation de droite". Comme Evdokimov l'avait fait lors de la séance du matin, Reingold cite Sokolnikov comme membre du centre trotskyste-zinoviéviste. Au grand dam de Boukharine et compagnie, Reingold ajoute qu'il existe deux groupes terroristes dirigés par deux "droitiers", Slepkov et Eismont. Autre révélation intéressante de cet accusé : Zinoviev et Kamenev avaient pour projet de nommer Bakayev à la tête du NKVD lorsqu'ils arriveraient au pouvoir. Selon Reingold, après la prise du pouvoir, Trotski serait ramené de l'étranger et, avec son aide, tous les staliniens seraient écartés du parti et du gouvernement. Suivent les interrogatoires d'Ivan Petrovich Bakayev et de Richard Vitoldovich Pickel, qui n'apportent rien de significatif, car tous deux ratifient ce qui a été dit au cours de la journée.

La séance du matin du 20 août débute avec Lev Kamenev (Leiba Rosenfeld), l'un des deux gros bonnets de ce premier procès, qui reconnaît que le complot terroriste a été organisé par lui-même, Zinoviev et Trotski. Kamenev, qui, selon R. Conquest, "a commencé sa déclaration avec une certaine dignité, mais a sombré au fur et à mesure de l'interrogatoire", a non seulement confirmé l'implication de Sokolnikov (Brilliant), dont le nom avait été mentionné par Reingold, mais a également mis en cause Radek et Serebryakov :

> "... Parmi les chefs de la conspiration, il faut citer une autre personne, qui était l'un des chefs, mais qui, compte tenu des plans spéciaux que nous avons élaborés à ce sujet, n'était pas engagée dans un travail de nature pratique. Il s'agit de Sokolnikov.
> Vyshinsky : Qui était membre du centre, mais dont la participation était tenue strictement secrète ?
> Kamenev : Oui, sachant que nous pourrions être découverts, nous avons désigné un petit groupe pour poursuivre nos activités terroristes. À cette fin, nous avons nommé Sokolnikov. Il nous a semblé que, du côté des trotskystes, ce travail pouvait être accompli de façon satisfaisante par Serebryakov et Radek'.

Quant à la relation des zinoviévistes avec d'autres groupes révolutionnaires, parmi eux se trouvaient les soi-disant "droitiers", auxquels Reingold avait fait référence lors de la séance de l'après-midi de la veille et dont le principal dirigeant était Boukharine. Kamenev a déclaré, je cite :

> En 1932, j'ai personnellement mené des négociations avec le groupe dit "de gauche" de Lominadze et Shatsky. Dans ce groupe, je trouvais des ennemis de la direction du parti prêts à recourir contre eux aux mesures de lutte les plus résolues. En même temps, Zinoviev et moi-même sommes restés en contact avec l'ancien groupe de l'"Opposition ouvrière" de Shlyapnikov et Medvedyev. En 1932, 1933 et 1934, j'ai personnellement entretenu des relations avec Tomsky et Boukharine et j'ai sondé leurs sentiments politiques. Ils ont sympathisé avec nous. Lorsque j'ai interrogé Tomsky sur l'état d'esprit de Rykov, il m'a répondu : "Il pense comme moi". En réponse à ma question sur ce que pensait Boukharine, il dit : "Boukharine pense la même chose que moi, mais il suit une tactique quelque peu différente : il n'est pas d'accord avec la ligne du parti, mais il suit le stratagème consistant à s'enraciner constamment dans le parti afin de gagner la confiance de la direction".

À la demande du procureur, le tribunal a procédé à l'audition du professeur Yakovlev, témoin qui a corroboré les déclarations de Kamenev et a ajouté qu'en 1934, il avait eu une conversation avec lui au cours de laquelle il lui avait demandé d'organiser un groupe terroriste à l'Académie des sciences. Yakovlev a reconnu avoir accepté la mission et a déclaré que Kamenev lui avait dit à l'époque qu'il y avait d'autres groupes avec des instructions pour commettre des actes terroristes, notamment à Moscou contre Staline et à Leningrad contre Kirov. Yakovlev a déclaré que le groupe Rumyantsev-Kotolynov avait été chargé d'assassiner Kirov.

C'est ensuite au tour de Grigori Zinoviev (Gerson Radomylsky), l'autre gros poisson de la conspiration. Là encore, Conquest fait allusion à l'état d'esprit de l'accusé : "Il paraissait abattu. L'orateur éloquent était à peine capable de parler. Il avait l'air bouffi et gris et respirait comme un asthmatique". Zinoviev souligne qu'en réalité, il n'y a jamais eu de différences substantielles entre les trotskystes et les zinoviévistes. Dans sa déclaration, il met en cause Tomsky et Moissei Lurje (alias Alexander Emel), un envoyé de Trotsky. Il mentionne également Ivar Smilga, un vétéran qui avait été membre du Comité central à l'époque de Lénine. Zinoviev, comme d'autres accusés, a désigné Smirnov comme un acteur clé. Voici un passage important de sa déclaration :

> "... Nous étions convaincus que la direction devait être remplacée à tout prix, qu'elle devait être remplacée par nous et par Trotsky. Dans cette situation, j'ai eu plusieurs réunions avec Smirnov, qui m'a accusé ici de raconter souvent des mensonges. Oui, j'ai souvent raconté des mensonges. J'ai commencé à le faire dès que j'ai entamé la lutte contre le parti bolchevique. Alors que Smirnov a pris la voie de la lutte contre le parti, il dit lui aussi des mensonges. Mais il semble que la différence entre lui et moi soit que j'ai décidé fermement et irrévocablement de dire la vérité à ce stade tardif, alors que lui semble avoir pris une décision différente".

Le procureur a demandé à Zinoviev de confirmer que Smirnov était le principal représentant de Trotsky en URSS depuis 1931, ce qu'il a confirmé, et il a également déclaré que lorsque Kamenev et lui-même sont partis en exil après l'affaire Ryutin, Bakayev et Smirnov ont été laissés en charge des activités terroristes. Zinoviev, confirmant Evdokimov, a déclaré qu'en 1934, il avait envoyé Bakayev à Leningrad pour savoir comment se déroulaient les préparatifs du meurtre de Kirov : "J'ai envoyé Bakayev à Leningrad en tant que personne de notre confiance.... À son retour, il a confirmé que tout se passait bien". Dès la fin de la déposition, Ulrich, le président du tribunal, a demandé quel rôle Zinoviev avait personnellement joué dans la préparation d'actes terroristes contre le camarade Staline. Il a reconnu qu'il avait connaissance de deux tentatives d'assassinat de Staline auxquelles Reingold, Dreitzer et Pickel avaient participé.

L'ancienne épouse de Smirnov, Aleksandra Safonova, a ensuite été interrogée en tant que témoin et a admis qu'elle était membre du centre trotskiste. Elle a déclaré que Smirnov avait transmis les instructions de Trotsky sur le terrorisme et les avait soutenues. Safonova a déclaré qu'un jour, Mrachkovsky, après une entrevue avec Staline, leur a raconté leur conversation et a dit que la seule façon de s'en sortir était de l'assassiner. Safonova a confirmé que Smirnov soutenait cette conclusion. Après avoir entendu ces témoignages, Smirnov a nié avoir transmis à Ter-Vaganyan, Mrachkovsky et Safonova des instructions pour adopter le terrorisme et, malgré les déclarations des trois à cet effet, il a également nié que, après son entretien avec Staline, Mrachkovsky ait parlé de la nécessité d'assassiner Staline. Pour prouver qu'il n'y avait pas d'inimitié entre Safonova et Smirnov et pour établir clairement leur relation personnelle devant le tribunal, le procureur a posé les questions suivantes :

"Vyshinsky : Quelles étaient vos relations avec Safonova ?
Smirnov : Bonjour.
Vyshinsky : Autre chose ?
Smirnov : Nous étions intimement liés.
Vyshinsky : Étaient-ils mari et femme ?
Smirnov : Oui.
Vyshinsky : Y avait-il des ressentiments personnels entre vous ?
Smirnov : Non.

Au cours de la séance de l'après-midi, les dépositions de trois autres accusés ont été recueillies : Smirnov, Olberg et Berman-Yurin. Le premier, bien qu'ami personnel de Trotsky et l'un des dirigeants de l'organisation depuis sa formation, a refusé d'admettre sa participation directe à des activités terroristes. Au risque d'être trop long, nous reproduisons ci-dessous un intéressant et long échange de questions et réponses entre le procureur et plusieurs accusés :

"Vyshinsky : Avez-vous eu des communications directes avec Trotsky ?
Smirnov : J'avais deux adresses.
Vyshinsky : Je vous demande s'il y a eu une communication ?
Smirnov : J'avais deux adresses.
Vyshinsky : Réponse, y avait-il une communication ?
Smirnov : Si le fait d'avoir deux adresses s'appelle de la communication ?
Vyshinsky : Comment l'appelez-vous ?
Smirnov : J'ai dit que j'avais deux adresses.
Vyshinsky : Avez-vous maintenu la communication avec Trotsky ?
Smirnov : J'avais deux adresses.
Vyshinsky : Avez-vous maintenu une communication personnelle ?
Smirnov : Pas de communication personnelle.
Vyshinsky : Y avait-il une communication par courrier avec Trotsky ?
Smirnov : Il y avait une communication par courrier avec le fils de Trotsky.
Vyshinsky : La lettre que vous avez reçue par l'intermédiaire de Gaven a-t-elle été envoyée par Sedov ou par Trotsky ?
Smirnov : Gaven a apporté une lettre de Trotsky.
Vyshinsky : C'est ce que je vous demande : avez-vous communiqué avec Trotsky, oui ou non ?

Smirnov : Je dis que j'ai écrit une lettre à Trotsky et que j'ai reçu une réponse de sa part.

Vyshinsky : S'agit-il d'une communication ou non ?

Smirnov : En effet.

Vyshinsky : Il y a donc eu communication ?

Smirnov : C'était le cas.

Vyshinsky : Avez-vous donné des instructions au groupe ?

Smirnov : Non, je ne l'ai pas fait.

Vyshinsky (à Mrachkovsky) : Mrachkovsky, Smirnov vous a-t-il donné des instructions ?

Drachkovsky : Oui, les instructions m'ont été données au début de l'année 1931, à son retour de l'étranger.

Vyshinsky : Qu'a-t-il dit ?

Mrachkovsky : Qu'il était nécessaire de commencer à sélectionner des personnes fiables, qu'un travail très sérieux nous attendait, que les personnes sélectionnées devaient être des personnes déterminées. Il l'a dit dans son appartement.

Smirnov : Était-ce dans mon appartement ? Où est mon appartement ?

Mrachkovsky : C'était en 1931, dans Pressnya.

Vyshinsky : Vous a-t-il rendu visite à Pressnya ?

Smirnov : Pas à Pressnya même, mais dans ce district.

Vyshinsky (à Zinoviev) : Accusé Zinoviev, vous avez dit que Smirnov vous a parlé de terrorisme à plusieurs reprises. Avez-vous parlé de la nécessité de commettre des actes terroristes ?

Zinoviev : Oui.

Vyshinsky : Ce que Mrachkovsky a dit sur le groupe terroriste est donc vrai ?

Zinoviev : Oui.

Vyshinsky : Accusé Smirnov, pensez-vous que Ter-Vaganyan, Mrachkovsky et Evdokimov mentent ?

Smirnov : (ne répond pas.)

Vyshinsky : Que reconnaissez-vous ?

Smirnov : Je reconnais que j'appartiens à l'organisation trotskiste clandestine, que j'ai rencontré Sedov à Berlin en 1931, que j'ai écouté ses opinions sur le terrorisme et que je les ai transmises à Moscou. Je reconnais avoir reçu les instructions de Trotsky sur le terrorisme par l'intermédiaire de Gaven et, bien que n'étant pas d'accord avec elles, je les ai communiquées aux zinoviévistes par l'intermédiaire de Ter-Vaganyan.

Vyshinsky : Et malgré votre désaccord, vous êtes resté membre du bloc et avez travaillé dans le bloc ?

Smirnov : Je n'ai pas officiellement quitté le bloc, mais en fait je n'ai pas travaillé.

Vyshinsky : Donc, lorsque vous avez transmis les instructions, vous n'avez pas travaillé ?

Smirnov (pas de réponse).

Vyshinsky : Que pensez-vous du fait qu'un organisateur transmette des instructions ?

Smirnov : Bien sûr.

Vyshinsky : Avez-vous participé au bloc ?

Smirnov : Oui.

Vyshinsky : Et vous admettez que le bloc avait des positions terroristes ?

Smirnov : Oui.

Vyshinsky : Admettez-vous également que vous avez occupé ce poste en relation avec les instructions reçues de Trotsky ?

Smirnov : Oui.

Vyshinsky : Et c'est vous qui avez reçu ces instructions ?

Smirnov : Oui.

Vyshinsky : C'est donc vous qui avez persuadé le bloc d'adopter le terrorisme ?

Smirnov : J'ai transmis les instructions sur le terrorisme.

Vyshinsky : Si vous confirmez qu'après avoir reçu les instructions de Trotsky, la position du bloc était celle du terrorisme, doit-on dire que le bloc a adopté la position du terrorisme après que vous ayez reçu les instructions de Trotsky et que vous les ayez transmises aux membres du bloc ?

Smirnov : J'ai reçu ces instructions, je les ai communiquées aux trotskistes et aux zinoviévistes, et ils ont formé le centre. Bien que je n'aie pas été d'accord, je n'ai pas officiellement quitté le bloc, mais en fait je n'étais pas membre du bloc.

Vyshinsky (à Ter-Vaganyan) : Ter-Vaganyan, Smirnov a-t-il quitté le bloc ?

Ter-Vaganyan : Non.

Vyshinsky (à Mrackovsky) : Mrachkovsky, Smirnov a-t-il quitté le bloc ?

Mrachkovsky : Non.

Vyshinsky (à Dreitzer) : Dreitzer, saviez-vous que Smirnov avait quitté le quartier ?

Dreitzer. Si donner des instructions pour organiser des groupes terroristes revient à quitter le bloc, alors oui.

Vyshinsky (à Evdokimov) : Evdokimov, avez-vous entendu dire que Smirnov avait quitté le bloc ?

Evdokimov : Non, au contraire, il est resté membre du groupe et y a travaillé activement.

Vyshinsky : Partagiez-vous les opinions des terroristes ?

Evdokimov : Oui, il les a partagées.

Vyshinsky (à Kamenev) : Accusé Kamenev, que savez-vous sur le fait que Smirnov a quitté le bloc ?

Kamenev : Je confirme que Smirnov a toujours été membre du bloc.

Vyshinsky : Accusé Smirnov, cela clôt le cycle".

Voyant qu'ils déclaraient tous contre lui qu'il avait été le chef des trotskystes dans la conspiration, Smirnov se tourna vers eux d'un air sarcastique et leur dit : "Vous voulez un chef ? Très bien, prenez-moi !".

Valentin P. Olberg, désigné comme agent provocateur dans les sources trotskistes, est le témoin suivant. Vyshinsky lui a demandé de dire depuis combien de temps il était lié au trotskisme et Olberg a admis qu'il était membre de l'organisation depuis 1927 et qu'en 1930, il avait établi un contact avec le fils de Trotski par l'intermédiaire d'Anton Grilevich, éditeur des brochures de Trotski en langue allemande. Il a déclaré que de mai 1931 à la fin de 1932, ils se sont rencontrés chaque semaine, parfois même deux fois par semaine. Les lieux de rencontre étaient un café sur la Nürnbergerplatz ou l'appartement de Sedov. Olberg a expliqué que Susanna, la femme de Sedov, avait apporté de Copenhague une lettre de Trotsky adressée à son fils, autorisant le voyage d'Olberg en URSS. Le procureur lui a demandé ce qu'il savait d'un certain Friedmann et Olberg a répondu qu'il s'agissait d'un trotskiste qui avait également été envoyé en URSS.

> "Vyshinsky : Savez-vous que Friedmann était lié à la police allemande ?
> Olberg : J'en ai entendu parler.
> Vyshinsky : Le lien avec la police allemande était-il systématique ?
> Olberg. Oui, c'était systématique. Trotsky était au courant et avait son accord.
> Vyshinsky : Comment savez-vous que Trotsky savait et était d'accord ?
> Olberg : L'une des lignes de connexion a été maintenue par moi-même et je l'ai établie avec l'approbation de Trotsky".

L'accusé a ensuite expliqué les trois voyages qu'il a effectués en URSS. La première fois, en mars 1933, il est entré avec un faux passeport au nom de Freudigmann et est resté dans le pays jusqu'en juillet. Il a admis que le but de ce voyage était de préparer et de réaliser l'assassinat de Staline. Olberg a vécu clandestinement à Moscou pendant six semaines, puis s'est rendu à Stalinabad, où il a enseigné l'histoire. Faute de documents prouvant son service militaire, il est contraint de retourner à l'étranger et se rend à Prague, où vit son jeune frère, Paul Olberg. Depuis la capitale tchèque, il raconte ce qui s'est passé à Sedov, qui lui promet de lui obtenir un meilleur passeport. À Prague, selon la version officielle, Paul Olberg était en relation avec un certain Tukalevsky, un agent de la Gestapo qui travaillait comme directeur de la librairie slave du ministère des Affaires étrangères tchécoslovaque. Valentin Olberg a déclaré que pour 13 000 couronnes tchécoslovaques, Tukalevsky lui a offert un passeport au nom de Lucas Parades, consul général de la République du Honduras à Berlin, qui était arrivé à Prague. L'argent lui est transmis par le fils de Trotsky et Olberg obtient ainsi un nouveau passeport. Vyshinsky présente alors le passeport au tribunal et demande à Olberg de confirmer qu'il s'agit bien du même document, ce qu'il fait. Olberg rentre donc en URSS en mars 1935, mais ne peut y rester aussi longtemps qu'il le souhaite car il a voyagé avec un visa de touriste. Il retourne en Allemagne et y reste trois mois jusqu'à ce qu'il puisse obtenir une prolongation de son passeport hondurien. En juillet de la même année, il tente à nouveau sa chance. Après un court séjour à Minsk, il se rend à Gorki, où il entre en contact avec les trotskistes Yelin et Fedotov et obtient un emploi à l'institut pédagogique de Gorki. C'est là qu'il travaille sur l'attentat contre Staline, qui doit avoir lieu le 1er mai 1936.

"Vyshinsky : Qu'est-ce qui vous a empêché de mettre en œuvre le plan ?
Olberg : L'arrestation.
Vyshinsky : Avez-vous informé Sedov des préparatifs de l'action terroriste ?
Olberg : Oui, j'ai écrit plusieurs fois à la direction de Slomovitz et j'ai reçu une lettre annonçant que notre vieil ami insistait pour que le travail de diplôme soit présenté le 1er mai.
Vyshinsky : Un mémoire de fin d'études, qu'est-ce que c'est ?
Olberg : L'assassinat de Staline.
Vyshinsky : Et qui est ce vieil ami ?
Olberg : Le vieil ami est Trotsky".

Le dernier accusé de la journée était Konon Borisovich Berman-Yurin (alias Alexander Fomich), à qui le président du tribunal a demandé de raconter les instructions qu'il avait reçues à l'étranger avant de se rendre en URSS. Berman-Yurin a déclaré qu'en 1932, il avait personnellement rendu visite à Trotski à Copenhague et avait reçu de lui des instructions directes pour attaquer Staline. Le premier contact avec Sedov a également été établi, comme dans le cas d'Olberg, par l'intermédiaire d'Anton Grilevich. Les déclarations de cet accusé méritent l'attention, car il a expliqué en détail les circonstances de la rencontre et de la conversation avec Trotsky à Copenhague. Il a déclaré être arrivé à Copenhague à la fin du mois de novembre 1932, où il a été accueilli à la gare par Grilevich, qui l'a conduit à Trotski. À la demande du dirigeant, Berman-Yurin justifie longuement son militantisme trotskiste, puis il discute de la situation en URSS. Trotski, selon l'accusé, a dit qu'il fallait détruire physiquement Staline, que les autres méthodes de lutte n'étaient plus efficaces, qu'il fallait des gens prêts à tout, prêts au sacrifice personnel, pour mener à bien cette tâche historique. Berman-Yurin a expliqué que la première conversation s'est terminée parce que Trotsky a quitté la maison et qu'il est resté dans l'appartement en attendant son retour, qui a eu lieu dans la soirée. La conversation s'est poursuivie et Trotsky a exprimé la nécessité de tuer également Kaganóvich et Vorochilov.

"Vyshinsky : Quelles sont les autres questions que vous avez abordées en dehors du terrorisme ?

Berman-Yurin : Trotsky a exprimé son point de vue sur la situation face à une éventuelle intervention contre l'Union soviétique. Il a clairement adopté une attitude défaitiste. Il a déclaré que les trotskystes devaient s'engager dans l'armée, mais qu'ils ne défendraient pas l'Union soviétique.

Vyshinsky : Vous a-t-il convaincu ?

Berman-Yurin : Au cours de la conversation, il se déplaçait nerveusement d'un côté à l'autre de la pièce et parlait de Staline avec une haine exceptionnelle.

Vyshinsky : Avez-vous donné votre accord ?

Berman-Yurin : Oui.

Vyshinsky : C'est ainsi que s'est terminée votre conversation ?

Berman-Yurin : J'ai également parlé à Trotsky de ce qui suit. Après lui avoir donné mon accord, il m'a dit que je devais me préparer à aller à Moscou et que, puisque j'aurais des contacts avec le Comintern, je devais préparer l'action terroriste en profitant de ces contacts.

Vyshinsky : Trotsky ne vous a-t-il pas seulement donné des instructions en général, mais a-t-il formulé votre tâche concrètement ?

Berman-Yurin : Il a dit que l'action terroriste, si possible, devrait être programmée pour avoir lieu lors du Plenum du Comintern ou du Congrès.... Cela aurait d'énormes répercussions internationales et provoquerait un mouvement de masse dans le monde entier. Ce serait un événement politique historique d'importance mondiale. Trotsky m'a dit que je ne devais contacter aucun trotskyste à Moscou et que je devais faire le travail de manière indépendante. J'ai répondu que je ne connaissais personne à Moscou et qu'il m'était difficile d'imaginer comment je pourrais agir dans ces circonstances. J'ai dit que j'avais une connaissance nommée Fritz David et j'ai demandé si je ne devais pas le contacter. Trotsky me répondit qu'il chargerait Sedov de tirer cette affaire au clair et qu'il me donnerait des instructions à ce sujet".

Berman-Yurin se rend à Moscou en mars 1933. Sedov lui ordonne de contacter Fritz David pour préparer l'attentat. Tous deux pensent qu'il est possible de commettre l'attentat pendant le 13e plénum de l'Internationale communiste (Comintern). Fritz David devait fournir une entrée à Berman-Yurin et Berman-Yurin devait tirer sur Staline. Le plan échoue car l'entrée n'est pas obtenue. Il est décidé de reporter l'attentat au Congrès de l'Internationale, prévu pour septembre 1934 : "J'ai donné à Fritz David un pistolet Browning et des balles", déclare Berman-Yurin. Avant l'ouverture du Congrès, il m'a informé qu'il n'avait pas obtenu de billet pour moi, mais qu'il serait présent au Congrès. Nous avons décidé que ce serait lui qui mènerait l'action terroriste". Le plan échoue à nouveau car, bien que Fritz David soit assis dans une loge, il ne peut s'approcher suffisamment de Staline pour lui tirer dessus.

Plusieurs sources indiquent qu'en 1936, Staline connaissait depuis des années les entretiens de Berman-Yurin avec Trotsky. Rita T. Kronenbitter (voir note 14) a publié dans *Studies in Intelligence* un article intitulé "Leon Trotsky, Dupe of the NKVD", *un* document secret déclassifié des années plus tard dans le cadre du "Historical Review Program" de la CIA. Ce travail révèle à quel point les agents soviétiques contrôlaient Trotski à tout moment. "Tout ce qu'ils savent de mes mouvements, c'est ce qu'ils apprennent dans les journaux", avait déclaré Trotsky en 1932. Le fait est que, dès 1931, l'OGPU avait infiltré le cercle de Trotsky par l'intermédiaire des frères Sobolevicius, deux juifs lituaniens. Le fait que les agents envoyés par Staline auprès de Trotski soient juifs suggère qu'il leur fait confiance, ce qui facilite le rapprochement. Les frères Sobolevicius : Jack Soble et le Dr Robert Soblen, connus parmi les trotskystes sous les noms respectifs d'Adolph Senin et de Roman Well, rendent visite à Trotsky en Turquie entre 1929 et 1932, où ils gagnent sa confiance. Trotsky les considère comme des partisans loyaux et n'a probablement jamais su qu'ils étaient frères. En décembre 1932, Jack Soble voit Trotski pour la dernière fois à Copenhague. Senin-Soble, après avoir transmis au NKVD toutes les informations sur les mouvements de Trotsky dans la capitale danoise, où il s'était rendu pour donner une série de conférences, quitte le mouvement trotskiste et disparaît.[15]

La séance du matin du 21 a commencé avec Edouard Solomonovich Holtzman, qui avait rejoint l'organisation trotskiste dès 1926 et entretenait une relation privilégiée avec Smirnov, qu'il connaissait depuis 1918. Le procureur a voulu établir que les rencontres entre Smirnov et Holtzman avaient lieu régulièrement dans l'appartement de la mère de Smirnov. Holtzman a reconnu s'être rendu à Berlin, où il a téléphoné à Sedov et lui a donné rendez-vous au "Zoologischer Garten". Comme ils ne se connaissaient pas, ils ont convenu qu'ils auraient en main des exemplaires du *Berliner Tageblatt* et du *Vorwärts*. Le fils de Trotsky l'emmène en voiture dans un appartement, où Holtzman lui remet un rapport et le code secret. Pendant les mois qu'il passe à Berlin, les réunions se succèdent, jusqu'à ce qu'ils se rencontrent enfin à Copenhague, où ils voyagent séparément pour des raisons de sécurité. Dans la capitale danoise, il a rencontré Trotski, qui lui a demandé de l'informer des sentiments et de l'attitude des membres du parti à l'égard de Staline. Là encore, l'accusé a confirmé qu'au cours de la conversation, Trotsky lui avait parlé de la nécessité de se débarrasser de Staline. Holtzman a tenté de faire valoir devant le tribunal qu'il ne partageait pas les vues de

---

[15] Les frères Sobolevicius étaient également connus sous les noms de Sobolev et Sobol. L'aîné, Robert Soblen (Roman Well), a été rédacteur en 1927 de l'*Arbeiter Zeitung* et plus tard de *Bolschevistische Einheit*, des organes d'extrême gauche en Allemagne. Les noms de Jack Soble et Robert Soblen, sous lesquels ces frères juifs sont connus, sont ceux qu'ils ont adoptés aux États-Unis, où ils ont continué à travailler comme agents soviétiques pendant les années d'après-guerre. En 1957, Jack Soble et sa femme Myra ont été arrêtés, accusés de faire partie d'un réseau d'espionnage connu sous le nom de "Mocase". Tous deux sont jugés et emprisonnés.

Trotsky sur le terrorisme, mais le procureur lui a fait avouer qu'il avait néanmoins continué à appartenir à l'organisation trotskiste tout en sachant que des actions terroristes avaient été décidées.

Vient ensuite le tour des deux Lurjes, dont le lien de parenté est incertain, car il semble qu'ils n'étaient pas frères. Nathan, le premier à témoigner, trotskiste depuis 1927, a reconnu être venu de Berlin en URSS avec pour mission de commettre des actes terroristes. Nathan Lurje a déclaré que la haine de Staline et de la direction du PCUS avait été au centre de la formation qu'il avait reçue de l'organisation en Allemagne. Au cours du procès, il a été établi qu'après son arrivée à Moscou en 1932, Nathan a contacté Konstant et Lipschitz, deux trotskystes rencontrés en Allemagne, à qui il a transmis les instructions qu'il avait reçues de l'organisation par l'intermédiaire de Moisei Lurje. Konstant lui fait savoir qu'il existe déjà un groupe terroriste impliquant un ingénieur et architecte allemand nommé Franz Weitz, qui, selon Konstant, est membre du NSDAP et qui, en août 1932, l'a informé de la possibilité d'un attentat contre le commissaire à la défense de l'URSS, le camarade Vorochilov. De septembre 1932 à mars 1933, la voiture dans laquelle se trouvait Vorochilov a été observée dans ses allées et venues, mais la possibilité de l'assassiner par balle a finalement été écartée, car la voiture roulait vite. Un attentat à la bombe a ensuite été envisagé, mais il n'a pas non plus abouti. Nathan Lurje a déclaré au tribunal qu'il avait ensuite été envoyé à Chelyabinsk, où il a travaillé comme chirurgien jusqu'en janvier 1936, date à laquelle il s'est rendu en mission scientifique à Leningrad. À Moscou, il rencontre Moisei Lurje, qui lui donne l'ordre d'attaquer le camarade Zhdanov. Moisei Lurje (Michael Larin), économiste juif et confédéré du Comintern, dont la fille Anna Larina a épousé Boukharine en 1934, a confirmé dans sa déclaration qu'il avait été en contact avec Nathan d'avril 1933 à janvier 1936 et que tous deux étaient des trotskystes chargés d'assassiner les dirigeants staliniens. La séance du matin du 21 août s'est terminée avec Vagarshak Arutyanovich Ter-Vaganyan qui, en plus d'impliquer à nouveau Smirnov et de reconnaître qu'il avait reçu des instructions de Zinoviev et de Kamenev, a proposé deux nouveaux noms, les historiens trotskystes Zeidel et Friedland.

Le dernier accusé, Fritz David (Ilya-David Israilevich) alias Kruglyansky, a été interrogé lors de la séance de l'après-midi du 21 août. Il est entré en URSS avec des instructions reçues de Trotsky pour tenter d'assassiner Staline. Fritz David n'a contacté que Berman-Yurin, qui suivait également les instructions directes de Trotsky. Tous deux élaborent des plans concrets pour assassiner Staline. Le premier scénario retenu est le 13e plénum du comité exécutif de l'Internationale, le second le 7e congrès de l'Internationale (Comintern). Les deux ont échoué. Dans le premier cas, Staline n'a pas assisté au plénum. Dans l'autre, comme on l'a dit en examinant la déclaration de Berman-Yurin, Fritz David a pu entrer au Congrès, mais n'a pas pu approcher Staline. Vyshinsky résume ainsi la déclaration de l'accusé : "Nous pouvons donc résumer. Vous étiez membre de l'organisation trotskiste et avez rencontré Trotski personnellement. Trotski lui-même vous a chargé de vous rendre en URSS pour y commettre des actes terroristes et vous a demandé de garder le plus grand secret. Cela explique pourquoi il n'a contacté personne d'autre que Berman-Yurin. Avec Berman-Yurin, qui avait reçu des instructions similaires, il a préparé un attentat contre la vie du camarade Staline et a choisi le septième congrès de 1935 comme moment opportun. Grâce aux contacts qu'il avait au sein du Comintern, il a réussi à entrer au Congrès dans le but de commettre l'acte, mais il n'a pas pu le faire en raison de circonstances indépendantes de votre volonté".

À la fin des interrogatoires, le procureur Vishinsky a publié un rapport annonçant que des poursuites allaient être engagées :

> "Au cours des séances précédentes, certains des accusés (Kamenev, Zinoviev et Reingold) ont mentionné dans leur témoignage Tomsky, Bukharin, Rykov, Uglanov, Radek, Pyatakov, Serebryakov et Sokolnikov comme étant, à un degré plus ou moins important, impliqués dans les activités criminelles contre-révolutionnaires pour lesquelles les personnes impliquées dans la présente affaire sont jugées. J'estime nécessaire d'informer la Cour que j'ai donné hier l'ordre d'ouvrir une enquête sur les informations des accusés concernant Tomsky, Rikov, Boukharine, Uglanov, Radek et Pyatakov, et qu'en fonction des résultats de cette enquête, le Bureau du Procureur général engagera des poursuites judiciaires dans cette affaire. En ce qui concerne Serebryakov et Sokolnikov, les autorités sont déjà en possession de documents impliquant ces personnes dans des crimes contre-révolutionnaires et, en conséquence, des poursuites pénales sont engagées contre Sokolnikov et Serebryakov'.

Le lendemain, 22 août, cette déclaration est imprimée. Le même jour, après l'avoir lue, Mikhail Tomsky (en fait Honigberg) écrit une lettre à Staline dans laquelle il nie toutes les accusations et se suicide peu après. Le Comité central, auquel Tomsky était candidat, dénonce son suicide un jour plus tard et l'attribue au fait qu'il a été piégé.

La journée du 22 comportait également des sessions le matin et l'après-midi. La séance du matin est entièrement consacrée à l'accusation. Dans un long discours, le procureur qualifie le centre trotskyste-zinoviéviste de bande d'ignobles terroristes et accuse Trotski, Zinoviev et Kamenev d'être des ennemis jurés de l'Union soviétique, dont les principales méthodes sont le double jeu, la tromperie et la provocation. Vyshinsky considère que les activités terroristes contre-révolutionnaires, parmi lesquelles il insiste sur l'assassinat du camarade Kirov, ont été pleinement prouvées. Après avoir fait tomber les masques des accusés, il conclut : "Je demande que ces chiens enragés soient fusillés, chacun d'entre eux". La séance de l'après-midi du 22 et les deux séances du 23 sont entièrement consacrées à l'audition des plaidoiries des seize accusés. Lorsque Fritz David , le dernier à prendre la parole, termine son intervention, il est déjà 19 heures et la cour se retire pour examiner le verdict. Le 24 août, à 14h30, le président du tribunal, Vassili Ulrich, lit la sentence qui condamne tous les accusés à la peine suprême, c'est-à-dire au peloton d'exécution et à la confiscation de tous les biens.

Si, comme le prétendent Orlov et Krivitsky, il est vrai que Staline a promis à Zinoviev et Kamenev qu'ils ne seraient pas exécutés, il est évident qu'il est revenu sur sa promesse, puisque vingt-quatre heures après que la sentence a été rendue publique, il a été annoncé que l'exécution allait avoir lieu. Dans *La Grande Terreur*, Robert Conquest se réfère à nouveau au récit d'Alexandre Orlov sur les derniers instants de Zinoviev. Selon ce dernier, le 20 décembre 1936, Staline donna un petit banquet aux chefs du NKVD pour marquer l'anniversaire de la création de la Tchéka. Alors que tout le monde est déjà ivre, le juif Karl V. Pauker, responsable de la sécurité du Kremlin, du Politburo et de Staline lui-même, qui sera arrêté en mars 1937 et exécuté le 14 août de la même année, parodie servilement les plaidoiries de Zinoviev avant d'être fusillé pour amuser Staline. Utilisant deux officiers comme gardes, il a joué le rôle de Zinoviev alors qu'il était traîné vers l'exécution. Suspendu aux bras des gardes, gémissant et suppliant, Pauker/Zinoviev tombe à genoux et s'agrippe aux bottes de l'un des gardes en criant : "S'il vous plaît, pour l'amour de Dieu, camarade, téléphonez à Yosif Vissarionovich !". Staline rit et Pauker répète sa performance. Alors que Staline est mort de rire, Pauker/Zinoviev propose une nouvelle scène et, levant les mains et s'écriant : "Écoute, Israël, notre Dieu est le seul Dieu", Staline s'étouffe de rire et fait signe à Pauker de terminer sa prestation. Il est en tout cas significatif que Zinoviev, censé être athée comme le reste de ses collègues judéo-bolcheviques, qui s'étaient employés à détruire les églises chrétiennes et à assassiner les religieux de cette confession, ait invoqué le Dieu d'Israël avant de mourir.

Quant à l'affirmation selon laquelle les accusations portées contre les accusés ont été forgées de toutes pièces et qu'il s'agit d'un simulacre, nous pensons qu'elle ne tient pas la route. Les allégations ont été soigneusement examinées par plusieurs avocats britanniques, qui les ont jugées convaincantes. Les journalistes internationaux présents au procès ont également accordé toute la crédibilité voulue à la procédure. Ce n'est que plus tard que des auteurs anti-staliniens ou trotskistes ont commencé à se donner beaucoup de mal pour discréditer les procès de Moscou. Trotski lui-même a écrit que "les trotskystes jouaient en URSS exactement le même rôle que les juifs et les communistes en Allemagne". En outre, des documents ont été trouvés dans les archives de Harvard qui prouvent sans l'ombre d'un doute que Trotsky et son fils Sedov étaient associés au bloc anti-stalinien lorsqu'il était en formation. Dans son livre *1937 : Stalin's Year of Terror*, l'écrivain trotskiste Vadim Rogovin admet que le bloc antistalinien était déjà formé en juin 1932. Les contacts de Trotski et de son fils avec des représentants des dirigeants du centre trotskiste-zinoviéviste et l'existence de la conspiration sont donc des faits indéniables. L'infiltration de l'entourage de Trotski et de son fils Sedov est pleinement prouvée et a été si profonde que même l'édition du fameux *Bulletin de l'Opposition* s'est retrouvée entre les mains de Mark Zborowski, Etienne, l'agent du NKVD qui a présenté Sylvia Ageloff à Ramon Mercader, qui a séduit ce trotskiste et a ainsi pu s'introduire dans la maison de Trotski et l'assassiner.

Le procès Pyatakov

Les préparatifs du second procès annoncé par Vyshinsky commencent immédiatement. Sokolnikov est arrêté le 26 août. Deux semaines après les exécutions, le 8 septembre 1936, Boukharine et Rykov furent confrontés à Sokolnikov en présence de Kaganovich, Yezhov et Vyshinsky ; mais le 10 septembre, *la Pravda* rapporta dans un petit paragraphe que les charges contre Boukharine et Rykov avaient été abandonnées par manque de preuves. Boukharine conserve donc son poste de rédacteur en chef des *Izvestia* et tous deux restent candidats au Comité central. Selon certaines sources, le refus d'engager ces poursuites contre eux est dû à la pression de plusieurs membres du Politburo. Le 12 septembre, Georgi Pyatakov est arrêté et le 22 septembre, c'est au tour de Radek. Pendant que ces arrestations ont lieu, la position de Yagoda vacille. Selon Orlov, Yagoda, convaincu que Zinoviev et Kamenev ne seraient pas exécutés, a été trompé par Staline. Par la suite, il sera accusé d'avoir protégé certains des accusés et d'avoir entravé les interrogatoires. Le 25 septembre, Staline et Andrei Zhdanov envoient un télégramme de Sotchi à Kaganovitch et Molotov dans lequel ils estiment urgent et nécessaire de placer Yezhov à la tête du commissariat aux affaires intérieures, indiquant que Yagoda n'inspire pas confiance. Le 26 septembre, Nikolai Yezhov devient le nouveau commissaire aux affaires intérieures et membre du comité central.

Le fait que Yezhov soit russe ne signifie pas pour autant la fin de la prédominance des dirigeants juifs au sein du NKVD. Le 30 septembre, le Juif Matvei Davydovich Berman, considéré comme l'un des pères du Goulag, puisqu'il était responsable de l'administration des camps de travail depuis 1932, est nommé directeur adjoint du NKVD. Expulsé du parti en 1938, Berman est exécuté le 7 mars 1939. Son frère Boris Davydovitch occupe également un poste important au département des affaires étrangères de la Loubianka. Quatre autres Juifs, Mikhail Iosifovich Litvin, Isaak Ilich Shapiro, Vladimir Yefimovich Tsesarsky et Semen Borisovich Zhukovsky, figurent parmi les premières nominations de Yezhov. Son secrétaire, Yakob Deych, était également juif, tout comme Yakov Saulovich Agranov, l'un des hommes de Yagoda resté au sein de la NVKD et chef de l'équipe d'interrogateurs qui a commencé à préparer le nouveau procès. Lui-même sera finalement fusillé le 1er août 1938, accusé d'être un trotskiste et un ennemi du peuple.

Parmi les dix-sept personnes qui comparaissent devant le tribunal, accusées de faire partie du "Centre trotskyste antisoviétique", Pyatakov, Sokolnikov et Radek sont les figures les plus marquantes. Ce dernier avait été accusé par Trotski d'avoir trahi Yakov Blumkin, le terroriste juif qui, sur ordre de Trotski, avait assassiné l'ambassadeur allemand Wilhelm Mirbach le 16 juin 1918. Blumkin, qui avait été le secrétaire de Trotski, se trouvait en Turquie en 1929 et vendait des incunables hébraïques volés dans des synagogues d'Ukraine, de Russie méridionale et dans des musées d'État. Une partie de l'argent est remise à son patron pour financer un réseau d'espionnage au Moyen-Orient. Trotski lui remet alors un message secret pour Radek. Le GPU a eu vent de l'entretien et lui a tendu un piège. Elizabeth Zarubina (en réalité Lisa Rozensweig), un agent d'origine juive qui, aux États-Unis, a pris le nom de Lisa Gorskaya, avait une liaison depuis des semaines avec Blumkin, qui a été arrêté avec elle dans une voiture et exécuté par la suite. Yagoda, qui dirigeait l'opération avec Menzhinsky, a très probablement averti Radek que le GPU était au courant. Trotski a accusé Radek de trahison, mais il est presque certain que Radek a dénoncé Blumkin par mesure d'autoprotection. Quant à Sokolnikov, dans l'*Histoire secrète des crimes de Staline,* Orlov rapporte une entrevue avec Staline, au cours de laquelle il aurait promis de lui sauver la vie en échange de sa collaboration. Robert Conquest ne trouve pas cette version très crédible, car Sokolnikov savait ce qui s'était passé avec Zinoviev et Kamenev. À propos du troisième homme, Pyatakov, l'écrivain trotskiste Pierre Broué écrit qu'il avait quitté l'opposition en 1928 et était considéré comme un déserteur. Dans *Les Procès de Moscou,* Broué écrit : "Il était devenu si odieux aux gens de l'opposition trotskiste que Sedov, lors d'une réunion à Unter den Linden à Berlin, l'avait publiquement réprimandé". Broué considère donc que tout ce que Pyatakov a dit au procès n'est pas pertinent.

En décembre 1936, les détenus commencent à collaborer. Conquest écrit que Staline a personnellement rendu visite à Radek à la Loubianka et a eu une longue conversation avec lui en présence de Yezhov. S'appuyant à nouveau sur Orlov, Conquest affirme qu'après l'entretien avec Staline, Radek est devenu le collaborateur le plus précieux des interrogateurs. Fin décembre, Boukharine reçoit des copies des déclarations de Radek l'incriminant dans des actes terroristes et d'autres crimes. Dès lors, en raison des accusations portées contre lui, Boukharine doit faire face à des confrontations permanentes avec Radek, Pyatakov, Sokolnikov et d'autres accusés. Le 16 janvier 1937, son nom cesse d'apparaître en tant que rédacteur en chef des *Izvestia.* Début janvier, l'accusation disposait déjà de centaines de pages de preuves de la gravité du complot, de sorte que le 23 janvier 1937, le procès contre le nouveau groupe de trotskystes, désigné sous le nom de

"Centre trotskyste antisoviétique", put commencer et se poursuivit jusqu'au 30 janvier.

Huit des dix-sept accusés étaient à nouveau juifs. Knyazev, Pushin et Arnold sont assistés d'avocats. Les autres - Pyatakov, Radek, Sokolnikov, Serebryakov, Livshitz, Muralov, Drobnis, Bogulavsky, Rataichak, Norkin, Shestov, Stroilov, Turok et Hrasche - choisissent d'assurer eux-mêmes leur défense. La lecture de l'acte d'accusation a occupé la première heure de la séance d'ouverture. En résumé, le procureur Vyshinsky a rappelé que lors du procès précédent, les déclarations de Zinoviev, Kamenev et d'autres accusés avaient permis d'établir l'existence d'un "centre de réserve" organisé autour de Pyatakov, Radek, Sokolnikov et Serebryakov, qui opérait sous les instructions directes de Trotsky. Le procureur a affirmé que la tâche principale de ce centre était de renverser le gouvernement de l'URSS et qu'ils étaient aidés en cela par des États étrangers, à savoir l'Allemagne et le Japon. Selon Vyshinsky, l'enquête a permis d'établir que L. D. Trotsky avait entamé des négociations avec des dirigeants du NSDAP en vue de déclencher une guerre contre l'Union soviétique. Tous les accusés ont plaidé coupable.

L'ambassadeur américain à Moscou, Joseph E. Davies, qui était avocat, a assisté à toutes les séances des procès de Moscou. Dans son ouvrage *Mission To Moscow*, il est totalement convaincu de la culpabilité des accusés. Le 17 février 1937, dans un rapport confidentiel adressé au secrétaire d'État Cordel Hull, il écrit : "Supposer que ce procès a été conçu et mis en scène comme un projet de fiction politique dramatique reviendrait à présupposer le génie créatif d'un Shakespeare et le génie de la mise en scène d'un Belasco". Dans le même rapport, l'ambassadeur Davies indique qu'il s'est entretenu avec la quasi-totalité des membres du corps diplomatique et qu'à une exception près, ils sont d'avis "que les débats ont clairement établi l'existence d'un complot politique et d'une conspiration visant à renverser le gouvernement".

Le premier à en témoigner fut Georgi (Yuri) Pyatakov. Sur la fameuse querelle de 1928, considérée comme définitive par P. Broué, Pyatakov l'évoque dans le cadre d'un entretien avec Sedov en 1931 et déclare : "Sedov a dit que Trotsky n'avait jamais douté que, malgré notre querelle du début de 1928, il avait en moi un compagnon d'armes fiable". Le procureur a voulu établir que la rencontre de 1931 avec le fils de Trotsky avait eu lieu et a eu le dialogue suivant avec le prévenu Shestov :

"Vyshinsky : Avez-vous rencontré Pyatakov à Berlin en 1931 ?
Shestov : Oui.
Vyshinsky : L'accusé Pyatakov vous a-t-il informé de sa rencontre avec Sedov ?
Shestov : Oui, il l'a fait.
Vyshinsky : Confirmez-vous ce que Pyatakov vient de dire au sujet de votre entretien avec Sedov ?

Shestov : Oui, je peux le confirmer.

Pyatakov a ensuite informé le tribunal de la réception, fin novembre 1931, d'une lettre personnelle de Trotsky rédigée en allemand et signée des initiales "L. T." La lettre, a rappelé l'accusé, commençait par les mots suivants : "Cher ami, je suis très heureux que vous ayez suivi mes instructions..." la missive insistait sur la nécessité d'éliminer Staline et ses collaborateurs par tous les moyens et sur l'urgence d'unir dans la lutte toutes les forces anti-staliniennes. Pyatakov évoque ensuite un second voyage à Berlin au milieu de l'année 1932. Il rencontre à nouveau le fils de Trotsky, qui lui fait part de l'impatience de son père face à la lenteur de la situation. Il rappelle notamment les propos de Sedov : "Vous savez quel genre d'homme est Lev Davydovitch, il rugit et s'emporte, brûlant d'impatience de voir ses instructions exécutées le plus rapidement possible, et je ne peux rien lui offrir de concret à partir de votre rapport. Pyatakov déclare qu'à la fin de 1932, il a donné son accord à Kamenev pour qu'il rejoigne le centre de réserve, qui a commencé à fonctionner en 1933. Vyshinsky demande alors sous quelle direction fonctionne le centre parallèle ou de réserve. "De Trotski", répond l'accusé.

"Vyshinsky : Quelles mesures pratiques le centre a-t-il prises en 1933 et 1934 ?
Pyatakov : C'est en 1933-1934 que le travail d'organisation s'est développé en Ukraine et en Sibérie occidentale. Plus tard, le groupe de Moscou a été formé. Un travail a été effectué dans l'Oural et tout ce travail a commencé à prendre forme dans le cadre de la réalisation des instructions de Trotsky..... En Ukraine, le travail est effectué par Loginov et un groupe de personnes liées à lui et développées principalement dans l'industrie du charbon. Leur travail consistait principalement à mettre en marche des fours à charbon qui n'étaient pas encore en état de fonctionner et à retarder la construction de parties très importantes et coûteuses de l'industrie du charbon et de l'industrie chimique...."

Il faut savoir que l'accusé était en 1933-1934 l'homme de confiance de Serge Ordjonikidze, un ami géorgien de Staline qui occupait le poste de commissaire du peuple à l'industrie lourde. Pyatakov se trouvait donc dans une position privilégiée pour organiser des activités de sabotage dans l'industrie et dans d'autres domaines de production. À la demande du procureur, l'accusé a ensuite raconté les activités de sabotage dont il avait eu connaissance dans toute l'URSS, dans les mines, l'industrie chimique, les centrales électriques, la construction, etc. Au fur et à mesure du récit, les noms des personnes directement impliquées apparaissent : Drobnis, Shestov, Muralov, Bogulavsky, Rataichak, Norkin. À Kemerovo, ville traversée par le Transsibérien en direction de Vladivostok, une importante industrie chimique, d'engrais et manufacturière s'est développée. Norkin y est envoyé sur ordre de Piatakov.

"Vyshinsky : Camarade président, permettez-moi de poser une question à Norkin.

Le Président : L'accusé Norkin.

Vyshinky : Accusé Norkin, vous souvenez-vous de la conversation avec Pyatakov sur l'arrêt du travail dans l'industrie chimique en cas de guerre ?

Norkin : Il a été clairement indiqué qu'il fallait se préparer à ce que les entreprises de l'industrie de la défense soient paralysées par des explosions et des incendies.

Vyshinsky : Vous rappelez-vous quand Pyatakov vous a dit cela ?

Norkin : En 1936, dans le bureau de Pyatakov au Commissariat du peuple.

Vyshinsky : Vous souvenez-vous des détails, y avait-il une référence au coût des vies humaines ?

Norkin : Je me souviens qu'il a été dit que la perte de vies humaines était généralement inévitable et que certaines actions ne pouvaient pas empêcher la mort de travailleurs. Cet ordre a été donné.

Vyshinsky : Accusé Pyatakov, vous souvenez-vous si vous avez dit cela à Norkin ?

Pyatakov : C'est exact. Je ne me souviens pas des mots exacts, mais c'était l'idée. L'idée était de paralyser le complexe industriel de Kemerovo en cas de guerre ; nous avons peut-être discuté des moyens concrets d'y parvenir et, bien sûr, la perte de vies humaines a été prise en compte. J'ai dit à Norkin qu'il y aurait un coût en vies humaines à prendre en compte.

Vyshinsky : Avez-vous considéré cela comme inévitable ?

Pyatakov : Bien sûr.

Suivent quelques passages significatifs en relation avec une section très importante de ce chapitre : celle du financement d'Hitler. Comme on le verra dans les déclarations des accusés de ce deuxième procès, les contacts de Trotski avec les dirigeants nazis avaient pour but une guerre limitée contre l'URSS qui, théoriquement, devait se terminer par un match nul : elle devait servir à renverser Staline et à le remettre au pouvoir. En réalité, cette tactique n'est pas nouvelle : dès 1905, Trotski, Parvus et consorts avaient œuvré à la défaite de la Russie face au Japon pour s'emparer du pouvoir, et Lénine avait lui aussi opté pour le défaitisme pendant la guerre mondiale. Staline et le national-communisme perturbent les plans de gouvernement mondial ; mais cette fois, le communisme étant déjà établi en Russie, l'URSS ne doit pas être vaincue : il s'agit seulement de réorienter la situation. Les banquiers juifs internationaux, qui avaient financé Trotski et le communisme dès le début, ne pouvaient accepter que, du jour au lendemain, Staline, un étranger, vienne bouleverser le plan dont les grandes lignes remontaient à la fondation des Illuminati d'Adam Weishaupt. Les financiers de Wall Street s'étaient mis d'accord pour que Hitler découvre lui-même les objectifs cachés de l'aide financière qu'il apportait au NSDAP. Lorsque "Sidney Warburg" rendit compte de ses entretiens, Rockefeller s'intéressa particulièrement aux déclarations d'Hitler sur les communistes. Warburg lui-même interrogea plusieurs fois Hitler sur ses intentions en matière de politique internationale. À une occasion, le futur Führer dit au jeune Warburg : "Vos amis américains ont un intérêt indéniable à ce que notre parti prenne le pouvoir en Allemagne.... Je ne me soucie pas des raisons qui les poussent à m'aider, mais ils doivent savoir que sans moyens financiers suffisants, je ne peux rien faire". En se souvenant de cela, la déclaration de Pyatakov peut être mieux comprise :

> "Vyshinsky : Des membres de votre organisation étaient-ils liés à des services de renseignement étrangers ?
> Pyatakov : Oui, ils l'étaient. Je dois revenir à la ligne conçue par Trotsky pour qu'il soit clair....
> Que demandait alors Trotsky ?
> Pyatakov : Il exigeait des actes de terrorisme et de sabotage précis. Je dois dire que parmi les partisans de Trotsky, il y avait une résistance considérable aux instructions sur les activités de sabotage..... Nous avons informé Trotsky de l'existence de ces opinions, mais il a répondu dans une lettre aux termes tranchants que les instructions sur le terrorisme et le sabotage n'étaient pas fortuites, qu'elles n'étaient pas simplement l'une des méthodes intensives de lutte qu'il proposait, mais une partie essentielle de sa politique et de sa ligne d'action actuelle. Dans la même directive, il exprimait - c'était au milieu de l'année 1934 - que maintenant qu'Hitler était arrivé au pouvoir, il était tout à fait clair que son idée sur l'impossibilité de construire le socialisme dans un seul pays était complètement justifiée, que la guerre était inévitable, et que si nous, trotskystes, voulions nous maintenir en tant que force politique, nous devions à l'avance, ayant adopté une position défaitiste, non seulement observer et contempler passivement, mais aussi préparer activement les circonstances de cette défaite. Mais pour ce faire, il fallait former des cadres, et ceux-ci ne pouvaient pas être créés simplement en parlant. Il fallait donc mener les activités de sabotage nécessaires".

À la page 53 du *rapport sur les procédures judiciaires dans l'*affaire du Centre trotskyste antisoviétique, publié en 1937 à Moscou par le Collège militaire de la Cour suprême de l'URSS, on trouve le passage suivant de la déclaration :

> "Pyatakov : Je me souviens que Trotsky a dit dans sa directive que sans l'aide nécessaire des États étrangers, un gouvernement de bloc ne pourrait jamais arriver au pouvoir ou s'en emparer. Il était donc nécessaire de conclure des accords préliminaires avec les États les plus agressifs, tels

que l'Allemagne et le Japon, et que lui, Trotsky, avait déjà pris lui-même les mesures nécessaires pour établir des contacts avec les gouvernements allemand et japonais."

Plus loin, à la page 55 du *Rapport des travaux du Tribunal*, les révélations surprenantes de Pyatakov confirment une approche qui donne un sens au passé et à l'avenir qui allait suivre :

"Lors d'une conversation, Trotsky m'avait dit qu'il considérait qu'il était absolument nécessaire d'organiser des actes terroristes et autres, mais qu'il devait consulter ses camarades Rykov et Boukharine, ce qu'il a fait par la suite et m'a ensuite donné une réponse au nom des trois..... À la fin de l'année 1935, Radek reçut une longue lettre contenant des instructions de Trotsky. Dans cette lettre, Trotsky proposait deux variantes possibles pour arriver au pouvoir. La première était la possibilité d'y parvenir avant la guerre, et la seconde, pendant la guerre. Trotsky voyait la première variante comme le résultat d'une explosion concentrée d'actions terroristes, comme il le disait. Ce qu'il avait à l'esprit, c'était une chaîne simultanée d'attaques terroristes contre un certain nombre de dirigeants du PCUS et du gouvernement, et bien sûr en premier lieu contre Staline et ses plus proches collaborateurs. La seconde variante, la plus probable aux yeux de Trotsky, était une défaite militaire. Puisque, disait-il, la guerre était inévitable, et de surcroît dans un avenir très proche - une guerre d'abord avec l'Allemagne, et peut-être avec le Japon - l'idée était de parvenir à un accord avec les gouvernements de ces pays et de s'assurer ainsi qu'ils verraient d'un bon oeil l'arrivée au pouvoir du bloc. Il s'agissait donc de faire une série de concessions à ces pays, dans des conditions convenues à l'avance, afin d'obtenir leur soutien pour nous maintenir au pouvoir. Mais comme la question du défaitisme, des activités de sabotage à l'arrière et dans l'armée pendant la guerre, nous a été posée sans détour, Radek et moi-même étions très mal à l'aise et inquiets. Il nous semblait que les raisons pour lesquelles Trotsky pariait sur l'inévitabilité de la défaite étaient son isolement et son ignorance des conditions réelles, son ignorance de ce qui se passait ici, son ignorance de ce qu'était l'Armée rouge ; et c'est pourquoi il entretenait de telles illusions. Radek et moi avons donc décidé qu'il fallait tenter une rencontre avec Trotsky".

Cette rencontre aurait eu lieu en Norvège en décembre 1935 ; mais depuis que Trotsky l'a niée, une pléthore d'auteurs trotskystes et antistaliniens, y compris Robert Conquest, en théorie une source relativement objective, ont sapé la crédibilité de la déclaration de Pyatakov concernant son entretien avec Trotsky à Oslo, qui occupe sept pages du *compte rendu des débats du Tribunal*. Il est parfaitement établi que Pyatakov a réussi à se rendre à Berlin en décembre 1935, où il devait s'occuper des affaires du gouvernement soviétique. Selon sa déclaration, après avoir pris contact avec un agent de Trotski, Boukhartsev, au Tiergarten (zoo) de Berlin, il a obtenu un passeport allemand et s'est envolé pour la Norvège. Il décolle de Tempelhof le 12 décembre au matin et atterrit à l'aéroport Kjeller d'Oslo à 15 heures, où une voiture l'attend : "Le voyage a duré probablement une trentaine de minutes et nous sommes arrivés dans les faubourgs. Nous sommes descendus de la voiture et sommes entrés dans une petite maison bien meublée, et c'est là que j'ai vu Trotsky, que je n'avais pas vu depuis 1928". Au cours de la rencontre, qui a duré environ deux heures, Trotsky lui a révélé qu'il s'était entretenu avec le dirigeant nazi Rudolf Hess et qu'ils étaient parvenus à des accords de coopération.

Conquest, s'appuyant comme d'habitude sur l'opportuniste et peu fiable Alexandre Orlov, accuse Staline d'avoir personnellement ajouté cette histoire au scénario. Outre la parole de Trotski, logiquement sans valeur, les preuves apportées pour nier le voyage de Pyatakov sont deux articles de presse publiés à la hâte, à la demande de Dieu sait qui, un an après les faits, c'est-à-dire pendant le procès, à savoir les 25 et 29 janvier 1937. Le premier, paru dans le journal *Aftenposten*, signale qu'aucun avion civil n'a atterri à l'aéroport en décembre 1935. Le second, publié dans *Arbeiderbladet*, journal du parti social-démocrate norvégien, affirme qu'aucun avion n'a utilisé l'aéroport entre septembre 1935 et mai 1936. Pour sa part, Trotsky intervient personnellement depuis le Mexique et met Staline au défi de demander son extradition devant un tribunal norvégien, "où la vérité pourrait être établie judiciairement". De toute évidence, un procès parallèle à l'étranger était le maximum que Trotsky pouvait espérer. Pour contrer les informations de l'*Aftenposten*, à la fin de la séance du 27 janvier, le procureur demande à la cour l'autorisation de dire ce qui suit :

> "Vyshinsky : J'ai une requête à adresser à la Cour. Je me suis intéressé à cette affaire (le vol vers Oslo) et j'ai demandé au commissariat aux affaires étrangères de faire une enquête, car je voulais vérifier le témoignage de Pyatakov également de ce côté. J'ai reçu une communication officielle, dont je demande qu'elle soit versée au dossier du tribunal.
> (Lire) "Le département consulaire du commissariat du peuple aux affaires étrangères informe le procureur général de l'URSS que, selon les informations reçues par l'ambassade de l'URSS en Norvège, l'aérodrome de Kjeller, près d'Oslo, accueille tout au long de l'année, conformément à la réglementation internationale, des avions d'autres pays, et que l'arrivée et le départ d'avions sont possibles également pendant les mois d'hiver".

Nous n'avons pas la place de revenir longuement sur la déclaration de Pyatakov concernant sa conversation avec Trotsky à Oslo, au cours de laquelle la nécessité d'un coup d'Etat a été exprimée avec insistance ; mais nous ne pouvons manquer de citer textuellement quelques passages, parmi lesquels se détache le fameux contact avec Rudolf Hess :

"Pyatakov : ...Il m'a dit qu'il était parvenu à un accord absolument définitif avec le gouvernement fasciste allemand et avec le gouvernement japonais et que tous deux adopteraient une attitude favorable au cas où le bloc trotskyste-zinoviéviste arriverait au pouvoir...... Il m'a dit qu'il avait eu des négociations approfondies avec le vice-président du parti national-socialiste allemand, Hess. Il est vrai que je ne peux pas dire s'il y a un accord signé ou s'il s'agit seulement d'une entente, mais Trotsky me l'a présenté comme si l'accord existait..... En quoi consiste cet accord, si l'on veut l'expliquer brièvement ? En premier lieu, les fascistes allemands promettent au bloc trotskiste-zinovievite une attitude favorable et leur soutien au cas où il arriverait au pouvoir. En échange, les fascistes doivent obtenir les compensations suivantes : une attitude généralement favorable aux intérêts allemands et au gouvernement allemand dans toutes les questions de politique internationale ; certaines concessions territoriales à faire, en particulier, il a été question de manière voilée de concessions territoriales qui auraient trait à la non-résistance aux forces bourgeoises-nationalistes ukrainiennes dans le cas de leur autodétermination.
Vyshinsky : Qu'est-ce que cela signifie ?
Pyatakov : Cela signifie de manière voilée ce que Radek a déclaré ici : si les Allemands devaient installer un gouvernement - non pas un gouvernement dirigé par un gouverneur général allemand, mais un gouvernement dirigé peut-être par un hetman (chef militaire ukrainien) - ce serait en tout cas eux qui s'autodétermineraient et le bloc trotskiste-zinovievite ne s'y opposerait pas. Cela signifierait en fait le début de l'éclatement de l'Union soviétique. Le point suivant de l'accord concerne la manière dont le capital allemand pourra exploiter les matières premières dont il a besoin en URSS. Il s'agit de l'exploitation des mines d'or, des mines de pétrole, des mines de manganèse, des forêts, etc. En un mot, il avait été convenu en principe entre Trotsky et Hess que le capital allemand serait admis et recevrait le complément économique nécessaire, bien que les formes concrètes de cette participation fassent l'objet d'une étude ultérieure".
Vyshinsky : Qu'en est-il des cas de détournement en cas de guerre ?
Pyatakov : C'était le dernier point. Je m'en souviens très bien. En fin de compte, c'était le point le plus douloureux, qui, d'une manière générale, montre clairement notre vrai visage. Il avait également été soulevé dans l'accord entre Trotsky et Hess.... En cas d'attaque militaire, il était nécessaire de coordonner toutes les forces destructrices des organisations trotskystes qui agiraient à l'intérieur du pays sous la direction du fascisme allemand. Le travail de diversion et de sabotage effectué par l'organisation trotskiste à l'intérieur de l'Union soviétique devrait être réalisé selon les instructions de Trotsky, qui se concerterait avec l'état-major général allemand....."

Dès la dernière partie de l'interrogatoire, le procureur a demandé à l'accusé de rendre compte de sa participation à l'organisation d'actes terroristes. Pyatakov a maintenu son attitude de coopération calme et a donné des détails sur les lieux où les actions avaient été menées et sur les dirigeants à assassiner, parmi lesquels se trouvaient Staline, Molotov, Yezhov et d'autres. Les noms des trotskystes impliqués dans la conception, la planification et l'exécution des actions : Radek, Sokolnikov et Serebryakov, Norkin, Livshitz, Rataichak, etc. apparaissent à plusieurs reprises dans la déclaration et les confrontations entre les accusés se succèdent. Après le tour de Pyatakov, c'est au tour de Karl Radek.

Les propos du premier déclarant ont pu être contrastés et confirmés lors de l'interrogatoire de Radek, qui s'est révélé être l'un des accusés les plus convaincants et coopératifs. Il a reconnu avoir reçu trois lettres de Trotsky : une en avril 1934, une en décembre 1935 et une troisième en janvier 1936, dont le contenu coïncide avec les déclarations de Pyatakov. Cependant, Vladimir Romm, correspondant de la TASS et des *Izvestia* aux Etats-Unis, qui a comparu au procès sans être inculpé, a ajouté qu'en août 1933, il avait remis à Radek dans son appartement moscovite une lettre de Trotski cachée dans la jaquette d'un livre, un roman très populaire intitulé *Tsusima*. Au cours du procès, Radek a admis que Romm avait été utilisé comme agent de liaison secret. Sur le contenu de la lettre de 1934, l'accusé a déclaré que Trotsky considérait que l'arrivée au pouvoir du fascisme en Allemagne avait changé toute la situation, car elle signifiait une guerre à venir, une guerre inévitable. Trotski, explique Radek, n'avait aucun doute sur le fait que cette guerre aboutirait à la défaite de l'Union soviétique. Cette défaite, écrivait-il, devait créer des conditions favorables à la montée en puissance du bloc". Le procureur a cherché la redondance pour souligner la gravité des concepts et de la responsabilité de Rádek. Voici la citation :

"Vyshinsky : Vous vouliez donc hâter la guerre et vous vouliez que l'URSS soit vaincue dans cette guerre ? Comment cela a-t-il été dit dans la lettre de Trotsky ?
Radek : La défaite est inévitable et créera les conditions de notre accession au pouvoir, c'est pourquoi nous avons intérêt à déclencher la guerre. La conclusion est la suivante : Nous sommes intéressés par la défaite.
Vyshinsky : ...La lettre que vous avez reçue de Trotsky en avril 1934 parlait de la guerre, que la guerre était inévitable, que dans cette guerre l'URSS, de l'avis de Trotsky, subirait une défaite, qu'en conséquence de cette guerre et de cette défaite, le bloc prendrait le pouvoir. Et maintenant, je vous demande : dans ces circonstances, étiez-vous pour la défaite de l'URSS ou pour la victoire de l'URSS ?
Rádek : Toutes mes performances au cours de ces années démontrent que j'ai travaillé pour la défaite.

Vyshinsky : Leurs actions étaient-elles délibérées ?

Rádek : À part dormir, je n'ai jamais fait d'actions involontaires dans ma vie.

Vyshinsky : Et n'était-ce pas, malheureusement, un rêve ?

Rádek : Malheureusement, ce n'était pas un rêve.

Vyshinsky : Était-ce une réalité ?

Rádek : c'était une triste réalité".

Le procureur demande si Pyatakov, Sokolnikov et Serebryakov ont été informés de la lettre de Trotsky. Radek a répondu par l'affirmative et Vyshinsky a immédiatement demandé aux accusés susmentionnés de confirmer cette information, ce qu'ils ont fait. En ce qui concerne la lettre de 1935, le procureur lui a demandé un résumé et Radek a déclaré, entre autres, que la défaite inévitable dans la guerre signifiait le remplacement du pouvoir soviétique par ce que Trotsky appelait "un gouvernement bonapartiste", ce qui, selon l'accusé, signifiait être au service du capital financier étranger. Radek affirme que dans cette lettre, outre la reconnaissance des conditions concernant l'Ukraine, Trotsky envisage la cession au Japon de la région de l'Amour et de la province maritime. La nécessité d'approvisionner le Japon en pétrole de Sakhaline est également mentionnée. Radek a même avoué devant le tribunal qu'il avait parfois eu le sentiment que son organisation devenait le représentant direct des services de renseignements étrangers. "Nous ne sommes plus du tout maîtres de nos actes", a-t-il déclaré.

Le voyage à Oslo a également été confirmé par Radek, qui a confirmé la déclaration de Pyatakov selon laquelle ils s'étaient mis d'accord sur la nécessité de rendre visite à Trotsky. Pyatakov l'a justifié", a précisé Radek, "en disant que Trotsky avait complètement perdu le sens des réalités et qu'il nous confiait des tâches que nous ne pouvions pas accomplir, de sorte qu'il était nécessaire d'aller le voir par tous les moyens possibles et de discuter avec lui". Radek a déclaré au tribunal que lorsque Pyatakov est revenu d'Oslo, il lui a posé une série de questions concernant la politique étrangère. Pyatakov a répondu que Trotsky lui avait assuré que la guerre n'était pas une question de cinq ans, mais qu'il s'agissait d'une guerre en 1937, conclusion à laquelle il était parvenu grâce à ses conversations avec Hess et avec d'autres personnes semi-officielles en Allemagne avec lesquelles il était en contact. Selon Radek, Trotsky a dit à Pyatakov que "les préparatifs militaires étaient terminés et qu'il s'agissait maintenant d'obtenir des moyens diplomatiques pour l'Allemagne, ce qui prendrait un an. L'objectif de ces efforts diplomatiques était, en premier lieu, de garantir la neutralité de la Grande-Bretagne".

Tout ce qui concerne les activités terroristes, y compris l'assassinat de Kirov, est également reconnu. Le procureur Vyshsinky, pensant sans doute déjà au troisième et dernier procès, le procès des vingt-et-un, qui aura finalement lieu en mars 1938, lui demande d'informer la cour des conversations avec Boukharine, qui sera le principal protagoniste de ce procès. "Si vous parlez des entretiens sur le terrorisme, répondit Radek, je peux les énumérer concrètement. La première a eu lieu en juin ou juillet 1934, après que Boukharine soit revenu de son travail aux *Izvestia*. À cette époque, Boukharine et moi étions en conversation en tant que membres de deux centres qui étaient en contact. Je lui ai demandé s'il avait emprunté la voie du terrorisme et il m'a répondu par l'affirmative. Je lui ai demandé qui dirigeait cette activité et il m'a répondu que c'était lui-même et Uglanov".

Avant de quitter cet accusé, il faut souligner un fait crucial dans sa déclaration : la mention des noms de deux militaires. Au cours de son témoignage, Radek a déclaré que le commandant de corps Vitovt Putna, l'attaché militaire soviétique en Grande-Bretagne qui avait été arrêté quelques mois plus tôt, était venu le voir à la demande du maréchal Toukhatchevski. Putna avait été convoqué plus tôt, mais pas Toukhatchevski. Au cours de la séance de l'après-midi, Radek, dans un long échange avec Vyshinsky, tente de disculper complètement le maréchal et déclare que Toukhatchevski n'a aucune idée "ni des activités criminelles de Putna, ni de mes activités criminelles". Radek parle de Toukhatchevski comme d'un homme absolument dévoué au Parti et au gouvernement, mais le mal était déjà fait et les personnes présentes au procès l'ont compris.

Il n'est pas possible de revenir longuement sur les déclarations des accusés dans ce deuxième procès, car il faut faire court. Nous ne renonçons pas pour autant à sélectionner quelques passages supplémentaires susceptibles d'apporter des éléments nouveaux. En ce qui concerne la déclaration de Yakov Livshitz, le prochain à témoigner, il faut dire qu'en plus de donner de nouveaux détails sur les relations de Pyatakov, Radek et Smirnov avec Trotsky, il a donné des détails concrets sur des actions terroristes en collaboration avec Serebryakov, Knyazev et Turok. La distribution de pétrole et les chemins de fer sont les principales cibles. Livshitz a révélé qu'il savait que Knyazev et Turok étaient en relation avec les services secrets japonais. Ce dernier a reconnu devant le procureur Vyshinsky qu'en janvier 1935, il avait reçu 35 000 roubles des services secrets japonais, dont il avait gardé 20 000 pour son organisation et remis personnellement le reste à Knyazev en mai 1935. "L'accusé Knyazev, est-ce exact ? - demande le procureur. "Oui, je l'ai reçu", a-t-il répondu. Dans *The Great Conspiracy Against Russia*, Michael Sayers et Albert E. Kahn notent que Livshitz était lui-même un agent des services de renseignements militaires japonais et qu'il transmettait régulièrement au Japon des informations sur les chemins de fer soviétiques.

L'apparition de Grigory Yakovlevich Sokolnikov (Brilliant) n'a rien apporté de nouveau, mais elle a permis d'identifier de nouveaux groupes impliqués dans des activités terroristes. Sokolnikov, commissaire aux finances de 1923 à 1926, avait été révoqué par Staline et nommé ambassadeur à Londres, poste qu'il occupa de 1929 à 1932. Il a admis qu'à l'automne 1934, il avait appris de Kamenev qu'il existait un plan pour assassiner Staline et Kirov et que Kamenev lui-même lui avait expliqué les positions défaitistes de Trotski. Il rend compte d'un entretien avec Pyatakov en janvier 1936, au cours duquel Pyatakov lui a donné des détails sur la rencontre de Trotsky avec Hess, au cours de laquelle la position défaitiste a été proposée en échange de l'aide allemande. Examinons deux questions spécifiques sur des sujets liés au système socio-politique et économique :

> Vyshinsky : Ai-je eu raison d'écrire ce qui suit dans la formulation des accusations : 'La tâche principale du centre parallèle était de forcer le renversement du gouvernement soviétique dans le but de changer le système social et politique existant en URSS..." Cette formulation est-elle correcte ?
> Sokolnikov : Oui, c'est exact.
> Vyshinsky : Plus loin, je dis dans l'imputation : "L. D. Trotsky, et avec ses instructions le centre trotskyste parallèle, voulait prendre le pouvoir avec l'aide d'États étrangers afin de restaurer le système capitaliste de relations sociales en URSS..." Cette formulation est-elle correcte ?
> Sokolnikov : Oui, c'est vrai..."

Vient ensuite Alexei Shestov, un ingénieur des mines qui, jusqu'en 1927, avait participé à l'impression et à la diffusion de la propagande trotskiste. En 1931 il est nommé directeur des mines de charbon de Kouznets, considérées comme les plus grandes du monde, ce qui lui permet de se rendre la même année à Berlin dans le cadre d'une mission commerciale dirigée par Pyatakov. Il y rencontre le fils de Trotski qui l'informe que la propagande est introduite en URSS par l'intermédiaire de H. Dahlmann de la multinationale Frölich-Klüpfel-Dahlmann, société qui, outre le financement de Trotski, travaille sur des projets miniers dans l'Oural et en Sibérie. Chestov, sur proposition de Sedov, rencontre Dahlmann à Berlin, qui lui propose d'étendre sa collaboration avec les trotskystes et lui suggère de commettre des actes de sabotage. Shestov devient membre des services secrets allemands sous le nom de code d'Alyosha. Cependant, R. Conquest, dans sa volonté de discréditer les procès et d'en miner la crédibilité, affirme que ce trotskiste était un agent du NKVD.

Interrogé par Vyshinsky, Chestov explique que pour mener des actions de sabotage, il a recruté l'ingénieur Stroilov, qui a accepté de rejoindre l'organisation et lui a présenté un plan : l'objectif est d'interrompre la construction de nouvelles mines et la reconstruction des anciennes, de réduire la production et de causer des pertes par des accidents, des explosions et des incendies, d'intensifier la destruction des machines, etc. Shestov ajoute qu'ils ont volé de la dynamite et l'ont gardée dans un dépôt secret afin d'avoir leur propre réserve. À la question de savoir ce qu'ils avaient l'intention de faire, les accusés ont répondu : "provoquer des explosions dans les mines". Shestov rappelle qu'en 1934, une explosion a eu lieu dans cette mine et a causé la mort de plusieurs enfants, des enfants de mineurs qui jouaient à proximité. Stroilov a tout confirmé. Dès la fin de l'interrogatoire, l'accusé a également admis avoir donné des instructions pour la commission d'un vol de banque à Anzherka, auquel il a participé. Le butin s'élevait à 164 000 roubles et il gérait lui-même cet argent.

La déclaration de Leonid Serebryakov, directeur adjoint de l'administration des chemins de fer, s'est attachée en particulier à expliquer comment le trafic des trains de marchandises a été interrompu afin de perturber la livraison quotidienne des marchandises. En réponse à une question du président du tribunal, il a admis qu'ils avaient même discuté avec Livshitz de la possibilité de bloquer les principaux nœuds ferroviaires au cours des premiers jours d'une mobilisation hypothétique. Le président lui-même a demandé à Livshitz de confirmer cette déclaration et de préciser quand la conversation avait eu lieu. Livshitz a confirmé la déclaration de Serebryakov et a indiqué la date de 1935. Les deux accusés ont admis que les ordres venaient de Pyatakov.

Les déclarations de Yakov Drobnis, M.S. Bogulavsky, Mikhail Stroilov et Nikolai Muralov reprennent et développent les déclarations des autres accusés. Le complexe chimique de Kemerovo était la cible principale des actions de Drobnis, Stroilov et Norkin. Stroilov a admis que plusieurs trotskystes, dont lui-même, avaient collaboré avec les services de renseignements allemands et a admis devant le tribunal qu'il avait trahi son pays. Muralov, qui a été dès le début un membre important de la faction militaire de Trotsky, s'est considéré lors du procès comme un fidèle soldat de Trotsky. C'est probablement pour cette raison qu'il avait été remplacé par Klementi Vorochilov à la tête de la garnison militaire stratégique de Moscou. Muralov a admis qu'en collaboration avec Shestov, il avait tenté d'assassiner Molotov en 1934 en provoquant un accident de voiture ; mais la tentative a échoué parce que Valentine Arnold, la trotskiste qui conduisait le véhicule et devait donner sa vie pour la cause, s'est dégonflée et a ralenti alors qu'elle était censée s'écraser dans un fossé.

En ce qui concerne les déclarations d'Ivan Knyazev et de Yosif Turok, deux trotskystes qui, comme indiqué ci-dessus, ont collaboré avec Livshitz avec le service de renseignement japonais, le plus important est leur information sur le sabotage du système ferroviaire dans l'Oural, dont Knyazev était le chef. Il a déclaré au procureur qu'il s'était enrôlé comme agent japonais en septembre 1934 et a confirmé que, lors de discussions avec Livshitz, ils avaient convenu qu'il était nécessaire de combiner toutes les forces hostiles au gouvernement et au parti et qu'ils étaient déterminés à "se poignarder dans le dos" afin de provoquer la défaite de leur pays en cas de guerre. Vyshinsky l'a forcé à se souvenir d'accidents précis qu'ils avaient causés. L'accusé en a raconté plusieurs et s'est même souvenu des numéros des trains. Il a évoqué un déraillement provoqué dans lequel vingt-neuf soldats de l'Armée rouge ont perdu la vie et autant ont été blessés, dont quinze ont été gravement mutilés. Le procureur a évoqué deux autres accidents précis : le premier le 7 février 1936 entre Yedinover et Berdiaush ; le second le 27 février à la gare de Christaya Chumlyak. Knyazev était responsable de l'organisation de ces deux accidents. Yosif Turok, qui occupait également un poste important dans le département du trafic à Perm et dans les chemins de fer de l'Oural, a témoigné qu'il recevait des ordres directs de Livshitz pour provoquer des déraillements, et a confirmé les déclarations de son collègue.

Ivan Hrashe, Gavril Pushin et Stanislav Rataichak, trois trotskystes liés à l'espionnage allemand, étaient des cadres supérieurs de l'industrie chimique et ont commis leurs méfaits dans ce domaine. Hrashe était entré en Russie en 1919, déguisé en prisonnier de guerre russe, et avait d'abord travaillé comme espion pour la Tchécoslovaquie, avant de passer au service de renseignement allemand. Pushin, agent allemand depuis 1935, travaillait au complexe chimique de Gorlova, d'où il transmettait des informations sensibles sur les entreprises chimiques et plus particulièrement sur le travail de l'azote. Stanislav Rataichak était le chef de l'administration centrale de l'industrie chimique. Le passage suivant est celui où le procureur confronte les trois personnes pour qu'elles clarifient leurs activités d'espionnage :

"Vyshinsky : Etiez-vous lié à l'espionnage ?

Rataichak : Oui, je l'étais.

Vyshinsky : Par qui ?

Rataichak : Par Pushin et Hrashe.

Vyshinsky : Monsieur Pushin, est-il exact que Rataichak était lié, par votre intermédiaire, à une organisation d'espionnage ?

Pushin : Par mon intermédiaire et aussi directement.

Vyshinsky : Monsieur l'accusé Hrashe, Rataichak était-il en contact, par votre intermédiaire, avec des agents du service de renseignement allemand ?

Hrashe : Oui, il était en contact avec des agents du service de renseignement allemand.

Vyshinsky : Et vous étiez en contact avec eux ?

Hrashe : Oui.

Vyshinsky : En tant qu'agent ?

Hrashe : Oui.

Vyshinsky : En quoi consistait votre activité ?

Hrashe : dans la transmission d'informations secrètes en rapport avec l'industrie chimique.

Vyshinsky : Rataichak était-il au courant ?

Hrashe : Oui, c'était mon patron.

Vyshinsky (à Rataichak) : Avez-vous toujours transmis au service de renseignement allemand des documents que vous possédiez en vertu de votre fonction ?

Rataichak : Oui, j'étais à la tête de l'administration centrale de l'industrie chimique.

Vyshinsky : Y a-t-il eu des activités de sabotage ?

Rataichak : Oui.
Vyshinsky : Y a-t-il eu de l'espionnage ?
Rataichak : Oui.
Vyshinsky : Avez-vous participé à des organisations terroristes ?
Rataichak : Non.
Vyshinsky : Étiez-vous au courant de l'existence d'organisations terroristes ?
Rataichak : j'ai connu la ligne de Trotsky par Pyatakov".

Le 28 janvier 1937, à quatre heures de l'après-midi, le discours peu amène de l'accusation commence. Vyshinsky rappelle que les liens des trotskystes avec la Gestapo ont déjà été révélés au cours du procès de l'année dernière, mais qu'au cours du présent procès, ils ont été pleinement mis en évidence. Il a accusé les trotskystes d'avoir atteint "la limite, la dernière frontière de la pourriture politique et l'abîme de la dégradation". Selon le procureur, "on ne peut pas parler d'un parti politique, mais d'une bande de criminels, tout simplement de l'agence des services de renseignements étrangers". De plus en plus indigné, Vyshinsky affirme que les trotskystes sont pires que les Blancs et qu'ils sont "tombés plus bas que les pires partisans de Dénikine et de Koltchak". Le procureur utilise le syntagme "Judas trotskiste".

Outre Boukharine et Rykov, l'accusé Drobnis avait impliqué Christian Rakovsky, un autre important dirigeant trotskiste d'origine juive. Se référant aux événements de 1918, qui ont culminé avec la tentative d'assassinat de Lénine, décrite dans le chapitre précédent en relation avec les désaccords sur le traité de Brest-Litovsk, le procureur a déclaré ce qui suit :

".... C'est Pyatakov et compagnie qui, en 1918, dans une période d'extrême danger pour le pays des Soviets, ont mené des négociations avec les socialistes révolutionnaires pour perpétrer un coup d'État contre-révolutionnaire et arrêter Lénine, afin de placer Pyatakov à la tête du gouvernement et président du Conseil des commissaires du peuple. C'est par l'arrestation de Lénine, par un coup d'État, que ces aventuriers politiques voulaient se frayer un chemin vers le pouvoir".

Le procureur a conclu en affirmant que les déclarations des accusés avaient été vérifiées par des experts. De plus, les preuves ont été apportées par les interrogatoires préliminaires, les aveux et les témoignages, de sorte qu'il n'y a pas de place pour le doute. M. Vyshinsky a déclaré que les lacunes ou les échecs du procès étaient dus au fait que les accusés n'avaient pas dit toute l'étendue de leurs connaissances ni tous les crimes qu'ils avaient commis : "Je suis convaincu, a-t-il dit, qu'ils n'ont même pas dit la moitié de la vérité de ce qui constitue l'horrible histoire des crimes épouvantables commis contre notre pays". Après avoir énuméré les crimes les plus graves, il conclut par ces mots : "Messieurs les juges, le principal chef d'accusation dans le présent procès est celui de trahison".

Viennent ensuite les avocats de ceux qui ont demandé une assistance juridique et les plaidoiries finales des accusés restants. Pyatakov a terminé son discours par ces mots :

"Citoyens juges, je regrette seulement profondément que le principal criminel, le criminel récalcitrant et obstiné, Trotsky, ne soit pas assis avec nous dans ce box des accusés. Je suis profondément conscient de mon crime et je n'ose pas demander la clémence, je n'aurai même pas l'effronterie d'en appeler à la pitié. Dans quelques heures, vous prononcerez la sentence. Je suis là, devant vous, dans la crasse, écrasé par mes propres crimes, dépouillé de tout par ma propre faute, un homme qui a perdu son parti, qui n'a plus d'amis, qui a perdu sa famille, qui s'est perdu lui-même. Ne me privez pas d'une chose, citoyens juges, ne me privez pas du droit de sentir qu'à vos yeux j'ai trouvé la force, bien que trop tard, de rompre avec mon passé criminel".

Le verdict est rendu le 30 janvier 1937 à 3 heures du matin. À l'exception de Sokolnikov, Radek, Arnold et Stroilov, les autres accusés sont condamnés à mort. Le 31 janvier, la *Pravda* rapporte qu'après l'annonce de la sentence, 200 000 personnes ont manifesté contre les accusés sur la Place Rouge, où, par une température de moins 27 degrés Celsius, ils ont été acclamés par Khrouchtchev et Shvernik. Selon une version récente, Radek et Sokolnikov auraient été tués en mai 1939 par des codétenus. Stroilov et Arnold ont finalement été fusillés en 1941.

Il nous reste à enregistrer un dernier décès, celui de Serge Ordjonikidze, commissaire à l'industrie lourde, dont Pyatakov avait été le plus proche collaborateur. Selon certaines sources, Ordjonikidze s'était plaint à son ami Staline que le NKVD arrêtait ses hommes sans en être informé. Le 17 février 1937, il a une conversation de plusieurs heures avec Staline. Le lendemain, à 17h30, il est mort. Certaines sources parlent de suicide, d'autres d'assassinat. Un rapport médical officiel signé par G. Kaminsky, commissaire à la Santé, I. Khodorovsky, chef de l'administration médico-sanitaire du Kremlin, L. Levin, conseiller auprès de ladite administration, et S. Mets, médecin à la clinique du Kremlin, attribue la cause du décès à une paralysie du cœur.

La purge au sein du NKVD et de l'Armée rouge

Le 9 janvier 1937, sérieusement compromis par les événements en URSS et dans la perspective du procès imminent, Trotsky arrive au Mexique accompagné de ses plus proches collaborateurs. Il a reçu une invitation de l'un des fondateurs du Parti communiste mexicain, le peintre Diego Rivera, membre du Comité central. Le 9 février, le Comité américain pour la défense de Trotsky organise un rassemblement à New York auquel participent quelque sept mille personnes. Il était prévu qu'il lise un discours par téléphone, mais les liaisons entre le Mexique et New York ont échoué et le texte a dû être lu par le trotskiste Max Shachtman, un écrivain juif. On découvrit plus tard que la panne des lignes téléphoniques avait été provoquée par un opérateur stalinien. Dans son discours, Trotsky demande qu'une commission internationale enquête sur les accusations portées contre lui dans les procès de Moscou.

Nous avons maintes fois dénoncé dans cet ouvrage l'origine du pouvoir de Trotsky. Naturellement, une campagne internationale a immédiatement été lancée pour discréditer les procès et réhabiliter sa figure meurtrie. Un torrent de déclarations, de tracts, de pamphlets et d'articles de journaux a commencé à affluer en Europe et en Amérique. Les médias américains les plus célèbres, généralement aux mains de riches juifs, publient dans leurs pages des reportages et des contributions d'amis et d'admirateurs de Trotski, qui diffusent principalement la thèse selon laquelle tout cela n'est qu'une vengeance de Staline contre Trotski, le véritable représentant de la classe ouvrière internationale. Outre les stations de radio, le *Foreign Affairs Quarterly, le Reader's Digest, le Saturday Evening Post, l'American Mercury, le New York Times* et d'autres publications importantes étaient au service de Trotsky.

Dans le cadre de cette campagne internationale, le 11 mars 1937, l'ambassadeur Davies écrit dans son journal : "...Un autre diplomate, le ministre --- (il refuse de le nommer), m'a fait une déclaration éclairante hier. En discutant du procès, il a dit que les accusés étaient indubitablement coupables, que ceux d'entre nous qui avaient assisté au procès étaient d'accord sur ce point ; que le monde extérieur, par le biais des rapports de la presse, semblait cependant croire que le procès était une escroquerie (une façade, selon ses termes), que bien que nous sachions que ce n'était pas le cas, c'était probablement aussi bien que le monde le croie". En d'autres termes, des forces puissantes bien connues s'efforçaient de cacher la vérité sur la cinquième colonne en Union soviétique.

Bien que Staline décime impitoyablement les conspirateurs et tous ceux qui peuvent s'opposer à lui, le complot n'est pas complètement écrasé et reste en sommeil. Entre la fin du mois de février et le début du mois de mars, les sessions du plénum du Comité central, composé de soixante-dix membres, se tiennent. Yezhov fait un rapport sur les questions de police, Zhdanov sur l'organisation du parti, Molotov sur les questions économiques et Staline fait le rapport politique. Staline déplore les "lacunes dans les méthodes de travail du parti pour la liquidation des trotskistes et autres personnes à double visage". Parmi les principaux points à l'ordre du jour figure le sort de Rykov, successeur de Lénine au poste de Premier ministre soviétique, et de Boukharine, qui avait présidé l'Internationale (Comintern).

Yezhov les a impliqués dans les conspirations de Zinoviev et de Pyatakov. Tous deux comparaissent devant le plénum et tentent de défendre leur innocence. Le 26 février, ils nient pour la énième fois toutes les accusations portées contre eux. Boukharine ose même prononcer un discours dans lequel il accuse Staline et Iejov d'être les seuls conspirateurs et de comploter pour instaurer un régime NKVD qui donnerait un pouvoir illimité à Staline. Tous deux sont insultés et hués. Une sous-commission composée de Staline, Molotov, Vorochilov, Kaganovich, Mikoyan et Yezhov prépare une résolution affirmant que le NKVD a prouvé que tous deux étaient au courant des activités contre-révolutionnaires du Centre trotskyste et d'autres droitiers dans leur propre cercle. Arrêtés sur le champ, ils sont transférés à la Loubianka. Lors d'une autre séance, Staline critique sévèrement Yagoda, qui est soumis à un interrogatoire sévère par les membres du Comité. Il lui est notamment demandé pourquoi il a protégé des traîtres trotskystes. Le plénum du Comité central estime que les faits ont montré que "le Commissariat aux affaires intérieures a échoué pendant au moins quatre ans à démasquer les ennemis du peuple". Le 5 mars, un dernier discours de Staline clôt le plénum.

À partir de là, les événements se précipitent. Le 18 mars 1937, Yezhov convoque tous les chefs du NVKD à la Loubianka et prononce un discours dévastateur contre Yagoda. Quelques jours auparavant, presque tous les chefs de département avaient été limogés ou arrêtés, parfois dans leur propre bureau, parfois chez eux la nuit ou dans les gares lorsqu'ils quittaient Moscou. Seul Abram Aronovich Slutsky, un ami trotskiste et confident de Krivitsky et d'Orlov, reste momentanément au ministère des Affaires étrangères. Walter Krivitsky raconte l'une des scènes de cette fameuse réunion du 18 mars, au cours de laquelle Artur Khristyanovich Artuzov et son ami Slutsky se livrent à une bataille d'accusations pour se sauver face à Yezhov. Artuzov accuse Slutsky d'être l'homme de Yagoda. La source de Krivitsky est évidemment Slutsky lui-même. La citation, un peu longue, donne une idée de l'atmosphère de la réunion :

"Après avoir jeté son camarade aux bêtes sauvages, Artuzov descend triomphalement de la tribune.
Slutsky, qui était à la tête de la section des affaires étrangères, s'est levé pour se défendre. Lui aussi savait ce qui était en jeu. Il a commencé très calmement, réalisant que tout était contre lui.
- Artuzov a tenté de me présenter comme le plus proche collaborateur de Yagoda. Moi, camarades, j'étais bien sûr secrétaire de l'organisation du parti au sein de l'OGPU ; mais est-ce Artuzov ou moi qui étions membres du présidium de l'OGPU ? Je vous le demande : quelqu'un aurait-il pu, à l'époque, être membre de l'organe suprême de l'OGPU sans bénéficier de la confiance et de l'approbation totales de Yagoda ? Artuzov prétend que pour mes bons services sous Yagoda et en tant que secrétaire à l'organisation, j'ai reçu une allocation spéciale. Selon Artuzov, j'ai utilisé cette indemnité pour établir des contacts entre l'organisation de Yagoda

et ses dirigeants à l'étranger. Mais je prétends que cette indemnité spéciale m'a été accordée sur l'insistance d'Artuzov lui-même. Pendant de nombreuses années, Artuzov a entretenu des relations amicales avec Yagoda.

C'est alors que Slutsky a donné le coup de grâce :

Je vous demande, Artuzov, où habitiez-vous ? Qui habitait à côté de vous ? Boulanov ? N'a-t-il pas été l'un des premiers à être arrêté ? Et qui habitait juste en dessous de vous ? Ostrovski. Et qui habitait juste à côté de vous, Artuzov ? Yagoda ! Et maintenant, je vous demande, camarades, qui, dans les circonstances de l'époque, aurait pu vivre dans la même maison que Yagoda sans jouir de sa confiance absolue ?"

Conquest donne d'autres exemples de la purge qui a eu lieu au NKVD sous Yezhov. Chertok", écrit-il, "l'interrogateur de Kamenev, s'est jeté de son appartement au douzième étage. Certains officiers se sont tirés une balle ou se sont suicidés en sautant de la fenêtre de leur bureau. D'autres sont restés impassibles, comme Boulanov, le secrétaire de Yagoda, arrêté à la fin du mois de mars". Conquest affirme que trois mille agents du NKVD de Yagoda ont été exécutés en 1937. Molchanov, Mironov (Kagan) et Shanin, qui avaient été chefs de département sous Yagoda, sont dénoncés comme des conspirateurs de droite. Deux autres chefs, Pauker et Gay, tous deux juifs, sont ensuite accusés d'espionnage. Le 3 avril, on annonce l'arrestation de Yagoda lui-même, qui, après avoir quitté son poste au commissariat aux affaires intérieures, avait été nommé commissaire aux postes et aux communications.

Dès sa création, la Tchéka a été dirigée par une mafia juive. Lorsque son fondateur, le juif polonais Felix Dzerzhinsky (Rufin), meurt en 1926, Vyacheslav Menzhinsky, également polonais mais d'origine aristocratique, prend sa place. Trotsky écrit dans ses mémoires que Menzhinsky était "l'ombre d'un homme" et le présente comme un homme faible, un "moins que rien" sous Staline. Officiellement, en mai 1934, il meurt d'une crise cardiaque, mais en réalité il a été assassiné sur ordre de son confident de droite Yagoda, qui avait rejoint la conspiration en 1929 et était un membre secret du bloc trotskiste-droitier.

Dans *The Great Conspiracy Against Russia*, Michael Sayers et Albert E. Kahn expliquent en détail comment l'assassinat a eu lieu. Selon ces auteurs, "le rôle de Yagoda dans la conspiration n'a d'abord été connu que des trois leaders du bloc de droite : Boukharine, Rykov et Tomsky. En 1932, lors de la formation du bloc de droite et trotskiste, Pyatakov et Krestinsky étaient également au courant du rôle de Yagoda". Depuis son poste de vice-président de l'OGPU, Yagoda, en plus de nommer des Juifs trotskystes comme agents spéciaux, protège les conspirateurs, ce qu'il confirmera lui-même lors du procès de 1938. Yagoda déclare que le coup d'État doit coïncider avec le déclenchement de la guerre. Il y a des moments, avoue-t-il à Boulanov, où il faut agir lentement et avec une extrême prudence, et d'autres où il faut agir rapidement et brusquement". Les poisons sont l'une de ses méthodes préférées. Son principal collaborateur est Leo Levin, un médecin juif qui, en 1953, fait partie du groupe de médecins juifs arrêtés par Staline avant son assassinat. Informé par Yagoda de l'existence de la conspiration, Levin sur instruction de son patron, avertit Ignati N. Kazakov, le médecin traitant l'asthme bronchique de Menzhinsky, que son patient est un mort-vivant, qu'il perd son temps avec lui et qu'il ne doit pas le laisser reprendre son travail. Kazakov a raconté cette conversation lors du procès de 1938. Les propos de Levin, cités par Sayers et Kahn, sont les suivants : "...En lui permettant de reprendre le travail, vous vous faites un ennemi de Yagoda. Menzhinsky est sur le chemin de Yagoda et Yagoda a intérêt à l'écarter dès que possible. Yagoda est un homme qui ne recule devant rien". En bref, Kazakov succombe et dit à Levin qu'il exécutera les ordres. Le 10 mai 1934, Menzhynsky meurt et est remplacé à la tête de l'OGPU par le Juif Génrij Yagoda qui, lors du procès, déclare : "Je nie qu'en provoquant la mort de Menzhinsky, j'ai agi pour des motifs de nature personnelle.... J'aspirais au poste de chef de l'OGPU dans l'intérêt de l'organisation conspiratrice". Cela explique pourquoi, en 1937, il y avait tant d'agents trotskystes et juifs au sein du NKVD.

Les premières arrestations au sein de l'Armée rouge ont déjà eu lieu en 1936. Le 5 juillet, Dimitr Shmidt, commandant juif d'une unité de chars dans le district militaire de Kiev, est arrêté par le NKVD sans consultation ni notification à son supérieur, le général trotskiste Iona Emmanuilovich Yakir, également juif. Yakir se rendit à Moscou pour protester et Yezhov lui montra des documents, probablement des aveux de Mrachkovsky, Dreitzer et Reingold, impliquant Shmidt et B. Kuzmichev, chef d'une unité de l'armée de l'air, dans une tentative d'assassinat du commissaire à la défense, Kliment Voroshilcv. Shmidt et Kuzmichev faisaient partie des personnes citées dans le procès Zinoviev qui avaient été classées au fur et à mesure que l'enquête se poursuivait. Au cours du procès, Reingold et Mrachkovsky les ont tous deux liés à un groupe militaire trotskyste. Tous deux évoluaient dans l'orbite du général Yakir. Le 14 août, un autre commandant de corps, Vitaly Primakov, est arrêté, et six jours plus tard, le 20 août, Vitovt Putna, qui était arrivé à Moscou en provenance de Londres, où il était attaché militaire, est arrêté. Putna reconnaît l'existence de plusieurs groupes trotskystes. Au cours de l'automne 1936, des rumeurs circulent même sur la tenue d'un procès contre des commandants trotskystes de l'armée.

Pour autant, il est certain que Staline savait déjà, lorsqu'il clôtura le plénum du Comité central le 5 mars 1937, que la conspiration avait le soutien d'une partie de l'armée, au sein de laquelle se trouvaient de nombreux militaires qui devaient leur carrière à Trotsky et lui étaient fidèles. Le Service Secret d'Information Militaire avait réussi à préserver son indépendance depuis l'époque où Trotsky était Commissaire à la Guerre et, selon Krivitsky, "fut l'un des derniers instruments à tomber entre les mains de la Police

Secrète". Les généraux de l'Armée rouge avaient pu échapper à la purge que l'opposition politique subissait depuis la consolidation du pouvoir par Staline, mais après l'arrestation de Yagoda, le 3 avril, tout s'accélère. Anatoli Gekker, un autre trotskiste juif qui, en 1924, avait été commissaire politique pour les régions communistes de Chine et commandant d'un corps d'armée, est arrêté en avril (fusillé le 1er juillet). L'Armée rouge chinoise était dirigée par deux autres Juifs, V. Levichev et Yakov (Yan) Gamarnik. Au moment de son arrestation, Gekker occupait des postes importants dans le domaine de l'espionnage et était à la tête du service de liaison avec l'étranger de l'Armée rouge. Au même mois d'avril, un autre commandant de corps, Ilia Garkavi, commandant du district militaire de l'Oural, est également arrêté. Il se trouve que Gekker et Garkavi sont tous deux mariés à deux sœurs de l'épouse du général juif Iona E. Yakir. Yakir et ses compatriotes juifs Boris Feldman et Yan Gamarnik figuraient parmi les principaux généraux trotskystes de la conspiration. Yakir se rend chez Vorochilov et s'enquiert de la situation de ses beaux-frères. Il est également reçu par Staline, qui lui dit que d'autres détenus ont porté de graves accusations contre eux, mais que s'ils sont innocents, ils seront libérés.

Entre le 22 et le 25 avril, Mark Isayevich (Isaakovich) Gay (Shpoklyand) et Georgi Prokofyev ont été contraints de témoigner sur les liens du maréchal Tukhachevsky et d'autres officiers avec Yagoda, leur ancien chef, qui, à ce stade, a rejeté les accusations. Gay, ancien chef du département spécial du NKVD, avait interrogé Dmitri Shmidt. Le second, Prokofyev, ancien chef adjoint du NKVD, Yezhov avait été remplacé par Matvei Berman, un autre tchékiste juif. Le 27 avril, A. I. Volovich, du département opérationnel, a également impliqué Toukhatchevski dans un complot visant à s'emparer du pouvoir. Les interrogateurs de Yezhov parviennent également à faire témoigner Putna et Primakov contre Toukhatchevski, Yakir, Feldman et d'autres militaires. Le 28 avril 1937, *la Pravda* publie un appel cinglant à l'Armée rouge pour qu'elle lutte contre les ennemis intérieurs et extérieurs. Cet avertissement tendancieux est évidemment compris par ceux qui savent ce qu'il signifie : la purge commence.

Walter Krivitsky (Samuel Gershevich Ginsberg), le trotskiste juif qui dirigeait encore les services secrets militaires en Europe occidentale et qui, selon ses propres termes, était "l'un des bras exécutants de l'intervention de Staline en Espagne", avait été convoqué à Moscou par Yezhov. Il y vécut les événements de début mars au 22 mai 1937 dans l'angoisse, car il était convaincu qu'il serait arrêté et qu'il ne retournerait pas à La Haye, où il vivait avec sa famille. Bien que niant cyniquement son appartenance à l'opposition, son ouvrage *Moi, chef des services secrets militaires soviétiques* est une apologie du trotskysme et des trotskistes, "idéalistes qui sont le dernier espoir d'un monde meilleur". Il contient des témoignages de première main sur l'ambiance du défilé sur la Place Rouge le 1er mai, le jour où il a vu le maréchal Toukhatchevski pour la dernière fois. Observé par tous", écrit Krivitsky, "Toukhatchevski est le premier à arriver à la tribune où sont assis les militaires. Le second arrivé est le maréchal Yegorov, qui n'ose pas le saluer et prend place à ses côtés. Gamarnik, commissaire adjoint à la guerre, arriva plus tard et ne les regarda même pas..... À la fin du défilé militaire, les soldats devaient rester à leur place pour regarder le défilé civil, mais Toukhatchevski est parti sans un mot, les mains dans les poches".

Officier du tsar, franc-maçon depuis l'âge de dix-huit ans, Toukhatchevski est fait prisonnier par les Allemands en 1915. Officiellement, il réussit à s'échapper peu avant le début de la révolution, mais il est possible qu'il ait été libéré intentionnellement, car il changea immédiatement de camp. En 1918, il rejoint le parti bolchevique et se retrouve rapidement avec l'aventurier Trotski, commissaire à la guerre, qui le nomme commandant en chef d'une armée à l'âge de 25 ans. Grâce à sa formation militaire, il se distingue immédiatement parmi les commandants inexpérimentés de l'Armée rouge. En mars 1921, déjà reconnu comme un héros de la guerre civile, il dirige, avec Trotski, le massacre des marins de Kronstadt. Face à la résistance acharnée des mutins, "il fallait faire sauter toutes les maisons', déclare Toukhatchevski lui-même. La répression qui s'ensuit est impitoyable et des fusillades de masse sont organisées. En 1922, Trotski confie à Toukhatchevski la direction de l'Académie militaire de l'Armée rouge. La même année, il participe aux négociations avec la République de Weimar qui aboutissent à la signature du traité de Rapallo. Toukhatchevski a donc eu de nombreuses relations avec des officiers militaires allemands. Avec la perte progressive d'influence de Trotski, les maréchaux Budyenny et Voroshilov sont les nouveaux hommes de Staline. Le groupe de généraux proches de Toukhatchevski, comprenant Yakir, Kork, Feldman Uborevich et Gamarnik, ce dernier étant un ami personnel des généraux allemands Seeckt et Hammerstein, ressent le changement de pouvoir. Un autre homme proche du groupe est Vitovt Putna, attaché militaire à Berlin, Tokyo et Londres.

M. Sayers et A. Kahn, s'appuyant sur les révélations du procès des 21, évoquées dans la section suivante, écrivent dans *La grande conspiration contre la Russie* que, depuis l'organisation du bloc de droite et trotskiste, "Trotski avait vu en Toukhatchevski la meilleure carte de toute la conspiration, à ne jouer qu'au dernier moment stratégique". Selon les déclarations des accusés et des témoins au procès, Trotski entretenait ses relations avec Toukhatchevski principalement par l'intermédiaire de Krestinski et de l'attaché militaire Putna. Au cours du procès, une conversation entre Boukharine et Tomsky est révélée, dans laquelle le premier demande : "Comment Toukhatchevski imagine-t-il le mécanisme du coup d'Etat ? Ce à quoi Tomsky répond : "C'est une question qui relève de l'organisation militaire". Idéalement, le coup d'État aurait dû coïncider avec le début de l'attaque allemande tant attendue. Il semble que l'on ait même envisagé la possibilité que Toukhatchevski, utilisant les politiciens comme boucs émissaires, cherche le soutien populaire et établisse une dictature militaire. À cet égard, Boukharine dit à Tomsky : "Il peut être nécessaire d'élaborer une procédure qui les présentera comme coupables de la défaite au front, ce qui nous permettra de gagner les masses par des slogans patriotiques.

Au début de l'année 1936, Toukhatchevski, avant de se rendre à Londres en tant que représentant de son pays aux funérailles de George V, avait reçu le titre convoité de maréchal de l'Union soviétique. En route pour la Grande-Bretagne, il s'arrête avec assurance à Varsovie et à Berlin, où il noue des contacts avec des officiers polonais et allemands. Les choses se compliquent en août avec le procès du bloc terroriste trotskiste-zinoviéviste et, plus encore, avec les arrestations de Pyatakov et de Radek qui s'ensuivent. Alarmé, Toukhatchevski prend contact avec Krestinski. Tous deux réalisent alors que l'accélération des événements implique d'adapter le plan aux circonstances nouvelles et changeantes, et qu'il pourrait être nécessaire d'exécuter d'abord le coup d'État. Krestinsky promet d'envoyer d'urgence un message à Trotsky. Le texte fut envoyé en octobre et disait : "…. Un grand nombre de trotskystes ont été arrêtés, mais les forces principales du Bloc ne sont pas encore touchées. Des actions peuvent être entreprises, mais pour cela il est essentiel pour le Centre que l'intervention étrangère soit hâtée.

En novembre 1936, dans le cadre du huitième congrès extraordinaire des soviets, Toukhatchevski et Krestinski peuvent se rencontrer et discuter. Tous deux constatent que les arrestations se poursuivent et que le maréchal est très inquiet : l'arrestation de Putna, la chute de Yagoda et son remplacement par Yezhov montrent que Staline s'attaque aux racines du complot. Toukhatchevski est partisan de précipiter les événements sans attendre qu'il ne soit trop tard. Krestinsky rencontre Rosengoltz et tous deux reconnaissent que Toukhatchevski a raison. Un nouveau message est donc envoyé à Trotsky, expliquant que Toukhatchevski propose d'agir sans attendre le déclenchement de la guerre. La réponse de Trotsky arrive fin décembre, dans laquelle il marque son accord. En fait, après l'arrestation de Pyatakov, Trotsky était arrivé à la même conclusion et l'avait écrit dans une lettre à Rosengoltz qui recoupait la lettre qu'il avait reçue. Ainsi, avec l'assentiment du vieux leader en exil, Toukhatchevski a reçu carte blanche.

Les déclarations des accusés lors du procès de mars 1938 ont permis d'établir qu'au cours des mois de mars et d'avril 1937, les préparatifs du coup d'État s'étaient accélérés. Sayers et Kahn, utilisant le procès comme principale source d'information, affirment qu'une réunion entre Krestinsky, Toukhatchevsky et Rosengoltz a eu lieu à la fin du mois de mars dans l'appartement moscovite de ce dernier. Le maréchal aurait alors annoncé que l'action pourrait avoir lieu à la mi-mai et que les putschistes travaillaient sur plusieurs plans d'action possibles. Selon Rosengoltz, l'une des possibilités envisagées était qu'un groupe de soldats prenne le contrôle du central téléphonique du Kremlin et tue les dirigeants du Parti et du gouvernement. Selon ce plan, Gamarnik occuperait le siège du Commissariat à l'Intérieur et il lui reviendrait de liquider Vorochilov et Molotov.

Juste à temps, le gouvernement a commencé à prendre des mesures qui lui ont permis de faire avorter le complot. Le 8 mai 1937, un décret rétablit l'ancien système de commandement double ou partagé, qui donnait un pouvoir énorme aux commissaires politiques. Ce système avait été mis en place pendant la guerre civile pour contrôler les officiers militaires qui n'étaient pas dignes de confiance parce qu'ils avaient servi dans l'armée tsariste. Le 9 mai, ces commissaires ont reçu l'ordre d'accroître leur vigilance. Entre-temps, au début du mois de mai, Toukhatchevski est convoqué par Vorochilov. Ceux qui l'ont vu après l'entretien avec le commissaire à la défense le décrivent comme inhabituellement sombre et déprimé. Quelques jours plus tard, il est à nouveau convoqué par Vorochilov, qui l'informe froidement de son licenciement en tant qu'adjoint du commissaire à la défense et de son transfert dans le district militaire de la Volga. Entre le 10 et le 11, ce changement d'affectation et d'autres sont officiellement annoncés. Yakir, dont la position en Ukraine devait être primordiale, est transféré de Kiev à Leningrad. Le 14 mai, V. Primakov, détenu depuis le mois d'août de l'année dernière, après avoir été battu et privé de sommeil, dénonce finalement Yakir, puis Toukhatchevski et d'autres. Putna, lui aussi, après avoir été torturé, a impliqué Toukhatchevski le même jour, le 14 mai. Le 15 mai, Boris Feldman est arrêté et commence par nier les accusations. Après un interrogatoire sévère, il signe des aveux complets sur la conspiration, dénonçant Toukhatchevski, Yakir, Eideman et d'autres. Le 16 mai, August Ivanovich Kork, un général qui avait commandé le district militaire de Moscou et qui, depuis 1935, dirigeait l'académie militaire de Frounze, est arrêté. Bien qu'il ait d'abord nié les accusations, il finit par signer, le 18 mai, des aveux dans lesquels il reconnaît qu'Avel Yenukidze l'a recruté dans la conspiration de droite, en liaison avec Putna et le groupe trotskiste de Primakov.

Enfin, vers le 24 mai, Staline, après avoir consulté Molotov, Vorochilov et Iejov, ordonne l'arrestation de Toukhatchevski et son expulsion du Comité central. Le 28 mai, l'armée apprend que l'affaire a été confiée aux "organes d'enquête". L'interrogatoire de Toukhatchevski est mené personnellement par Iejov, assisté de Z. M. Ushakov, un tchékiste réputé pour son sadisme, et par Grigory (Izrail) Moiseyevich Leplevsky, un autre Juif, un de plus, nouveau chef de la section spéciale de l'administration principale de la sécurité de l'État (GUGB) du NKVD. Le 29, le maréchal accepte les accusations d'espionnage, de liens avec les Allemands et d'avoir été recruté par Yenukidze pour la conspiration. Le même jour, le général Ieronim P. Uborevich, qui se trouve à Minsk, reçoit l'ordre de se rendre à Moscou et est également arrêté. Confronté à Kork, il nie les accusations, mais finit par avouer après avoir été torturé. Le général Yan Gamarnik est mort le 31 et son sort a fait l'objet de plusieurs récits. Selon certains récits, Gamarnik a été torturé et tué ; d'autres affirment qu'il s'est suicidé par balle. Le même jour, le 31 mai, Iona Yakir, le dernier des conspirateurs, a été arrêté. Conquest révèle qu'il a écrit de la Loubianka au Politburo pour demander sa libération immédiate ou une entrevue avec Staline, à qui il a écrit en promettant son innocence. Conquest retranscrit un extrait de sa lettre : ".... Toute ma vie consciente a été consacrée à travailler de manière désintéressée et honnête aux yeux du parti et de ses dirigeants..... Chaque mot que je prononce est innocent et je mourrai avec des mots d'amour pour vous, le parti et le pays, avec une foi illimitée dans la victoire du communisme". Le soviétologue ajoute que Staline a écrit à propos de cette lettre : "canaille et prostituée". Vorochilov ajoute : "une description absolument exacte". Molotov a signé ce commentaire et Kaganóvich a ajouté : "pour le traître et la racaille, un châtiment : la peine de mort". Après neuf jours d'interrogatoires musclés, Ushakov a finalement obtenu des aveux détaillés de Yakir.

Le 11 juin 1937, à onze heures du matin, les accusés sont traduits devant un tribunal militaire spécial de la Cour suprême de l'URSS. Lors d'une séance à huis clos, tous les militaires impliqués dans le complot sont condamnés à mort. Le verdict est annoncé le 12 et la sentence est exécutée le jour même. Dans le communiqué officiel, publié dans la *Pravda* le 11, il est indiqué qu'"ils sont accusés d'avoir manqué à leurs obligations militaires et à leur serment de loyauté, de trahison envers leur pays, de trahison envers les peuples de l'URSS et de trahison envers les ouvriers, les paysans et l'Armée rouge". Dans le rapport de Vorochilov, également publié dans la *Pravda* du 15 juin, les militaires exécutés étaient associés à Trotski et accusés de préparer les assassinats des dirigeants du Parti et du gouvernement et d'espionnage.

La répression exercée au cours des mois suivants contre les proches des conspirateurs et contre tout ce qui pouvait ressembler à du trotskysme au sein de l'Armée rouge a été massive. Les épouses, les enfants, les frères, les sœurs et les proches des soldats condamnés sont arrêtés et internés dans des camps de concentration. Robert Conquest affirme que les épouses de Yakir, Kork, Gamarnik et Toukhatchevski ont été éliminées par la suite, de même que les parents d'autres militaires exécutés. Dans les jours et les semaines qui suivent le procès, une vingtaine de généraux des casernes de Moscou sont exécutés. Plus de cinquante commandants de corps et de divisions et un millier d'officiers sont arrêtés. La purge à l'école militaire du Kremlin et à l'académie de Frounzé est rigoureuse. Dans le district militaire de Kiev, considéré comme le "nid de Yakir", entre six et sept cents officiers sont arrêtés. Les données de Conquest concernant la marine sont également impressionnantes : sur les neuf amiraux de la flotte, un seul (Galler) a survécu à la purge. Les membres de sa famille et de nombreux officiers subalternes ont également subi les conséquences des opérations de nettoyage organisées par le NKVD. Selon cet historien, la purge s'est poursuivie tout au long de l'année 1938. Une deuxième purge de l'armée a commencé en janvier, avec une nouvelle série d'arrestations touchant des commandants et des officiers supérieurs, dont le maréchal Yegorov. Une deuxième vague a eu lieu à la fin du mois de juillet, lorsque plus d'une douzaine de généraux de l'armée de terre, de l'armée de l'air et de la marine ont été purgés.

Au vu des faits, il reste à envisager le rôle de l'Allemagne dans toute cette affaire. Une tâche délicate, car certains historiens semblent plus intéressés par la dissimulation de la vérité que par sa recherche. C'est malheureusement le cas de Robert Conquest, un instituteur. Conquest considère les procès de Moscou comme des "procès-spectacles" ( ). Malgré une masse impressionnante d'informations, il s'obstine à s'abreuver à des sources contaminées, qu'il crédibilise lorsqu'elles lui permettent de maintenir sa thèse selon laquelle Staline a tout fabriqué et qu'il n'y a pas eu de complot trotskiste. Andrew Roberts dans "*The Holy Fox" A Life of Lord Halifax*, ouvrage sur lequel nous reviendrons dans un autre chapitre, liquide la purge des trotskystes dans l'Armée rouge en ces termes : "Les purges de Staline de juin 1937 avaient virtuellement décapité l'ensemble du corps des officiers de l'Armée. Cinq des sept maréchaux et une majorité de généraux et de colonels ont été fusillés dans un spasme sanguinaire stalinien paranoïaque". En d'autres termes, malgré les preuves que Trotski avait été le créateur de l'Armée rouge et qu'il avait placé ses hommes de confiance, principalement des Juifs, à des postes clés ; malgré la connaissance de la lutte interne pour le pouvoir qui avait été déclenchée après l'éviction de Trotski par Staline, les historiens officiels préfèrent ignorer tout cela et, bien sûr, garder le silence sur les banquiers juifs qui finançaient Trotski, dont ils préservent la figure sans la souiller. Le sujet est ainsi réduit à la "paranoïa stalinienne", à la "soif de sang" et aux "simulacres de procès". Des explications très académiques et professionnelles.

Sur les relations des conspirateurs avec les Allemands, Conquest retient comme version la plus probable celle proposée par Walter Hagen dans un livre publié à Linz en 1950, dont le titre allemand est *Die geheime Front. Organisation, Personen und Aktionen des deutschen Geheimdienstes* (*Le Front secret. Organisation, personnes et actions des services secrets allemands*). Cet ouvrage a été traduit en français en 1952 sous le *titre Le Front Secret* et, un an plus tard, *The Secret Front* a été publié en anglais. La version de Hagen retenue par Conquest est en résumé la suivante : Reinhard Heydrich a proposé fin 1936 à Hitler et Himmler de présenter un faux dossier sur les contacts de Toukhatchevski avec les militaires allemands afin de provoquer la purge et d'endommager le potentiel de l'Armée rouge.

Tout d'abord, puisqu'il s'agit de reconnaître la valeur de la source, il faut préciser que Walter Hagen est le pseudonyme de Wilhelm Höttl, un personnage menteur et malhonnête qui, après la défaite de l'Allemagne, a fait tout ce que les ennemis de son pays lui demandaient. Mark Weber, directeur de l'Institute for Historical Review, dans l'article "Wilhelm Höttl and the Elusive Six Million" fournit une foule d'informations intéressantes sur cet individu. Membre du NSDAP, Höttl a été employé à partir de 1939 au Bureau principal de la sécurité du Reich (RSHA). En 1945, les Américains l'ont arrêté en Autriche et, pendant plusieurs années, il a travaillé comme agent de renseignement pour les États-Unis. En avril 2001, la CIA a publié le vaste dossier Höttl, qui contient un rapport détaillé sur lui. Ce rapport, intitulé "Analysis of the Name File of Wilhelm Höttl", a été rédigé par Miriam Kleiman et Robery Skwirot, deux enquêteurs gouvernementaux de l'IWG (Interagency Working Group). Ces documents établissent que Höttl était un informateur totalement peu fiable qui fabriquait régulièrement des informations pour satisfaire ceux qui étaient prêts à le payer. Dans leur rapport, les deux enquêteurs gouvernementaux écrivent : "Le dossier de Höttl comprend environ six cents pages, l'un des plus volumineux jamais mis au jour. La taille du dossier est due à la carrière de Höttl en tant que trafiquant de renseignements d'après-guerre, bons et mauvais, à quiconque était prêt à le payer. Les rapports lient Höttl à douze services de renseignement différents : États-Unis, Israël, Union soviétique, Grande-Bretagne, France, Yougoslavie, Autriche, Roumanie, Vatican, Suisse, Allemagne de l'Ouest et Hongrie".

Dès sa capture, Höttl a commencé à travailler pour l'OSS (Office of Strategic Services), le prédécesseur de la CIA. Selon les deux chercheurs, "Höttl a servi les intérêts de ses ravisseurs". C'est alors qu'au service des renseignements américains, Höttl, à la demande du procureur américain, a déclaré sous serment au tribunal de Nuremberg qu'Adolf Eichmann lui avait dit que les nazis avaient tué six millions de Juifs. En 1949, un officier des services de renseignement américains a mis en garde contre l'utilisation systématique de Höttl à quelque fin que ce soit et l'a décrit comme "un homme de basse nature et de piètre réputation politique, dont l'utilisation dans des activités de renseignement, aussi profitables soient-elles, constitue une politique américaine à courte vue". En 1950, un nouveau message de la CIA qualifiait Höttl d'"infâme fabricant de renseignements". En avril 1952, ses rapports étaient considérés comme "sans valeur et peut-être exorbitants ou faux".

Pour compléter le tableau de cette source peu présentable, il existe de nombreux rapports de renseignement qui le relient à Simon Wiesenthal, le célèbre chasseur de nazis. Un rapport de janvier 1950 du Counter Intelligence Corps (CIC) de l'armée américaine mentionne que Wiesenthal "s'est attaché les services de Wilhelm Höttl". Enfin, en juillet 1952, l'armée américaine stationnée en Autriche rompt complètement ses relations avec Höttl et l'avertit dans une lettre : "Le Dr Höttl est connu depuis longtemps par ce quartier général et d'autres organisations militaires alliées en Autriche comme un producteur d'informations de renseignement. Ses rapports sont généralement constitués d'un fin tissu de faits, exagérés par des mensonges, des tromperies, des conjectures et d'autres types d'informations erronées. Cette organisation n'a absolument rien à voir avec le Dr Höttl ni avec aucun autre membre de son entourage actuel. Il est persona non grata pour le personnel américain, français et britannique en Autriche".

En toute humilité, nous pensons honnêtement qu'accepter comme vrais des faits historiques provenant de sources telles que celle-ci est un discrédit pour ceux qui le font. S'appuyant sur Höttl/Hagen, Conquest écrit que la création des documents envoyés par Hitler à Staline a été "une œuvre d'art qui a pris beaucoup de temps". Selon sa version, Heydrich et Behrens ont dirigé en mars 1937 la falsification d'un dossier de trente-deux pages de lettres échangées pendant un an entre le haut commandement allemand et Toukhatchevski. C'est le graveur Franz Putzig, technicien en falsification de passeports, qui a réalisé le travail, auquel était jointe une photo de Trotsky avec des officiers allemands. Les services secrets allemands auraient obtenu une signature de Toukhatchevski datant de 1926 qui, commodément imitée par des graphologues, aurait été utilisée pour falsifier des lettres. Le dossier aurait été présenté début mai à Hitler et Himmler, qui auraient approuvé l'opération. Selon Conquest, une photocopie de ce faux document a été envoyée à Prague et le président Edvard Benes a confirmé l'existence du complot à l'ambassadeur soviétique. De plus, poursuit Conquest, "un agent secret de Heydrich a été mis en contact avec un fonctionnaire de l'ambassade soviétique, lui a montré deux pages et a demandé de l'argent pour la livraison du reste. Le fonctionnaire s'est immédiatement envolé pour Moscou et est revenu avec les pleins pouvoirs pour partager l'ensemble du dossier. Un demi-million de marks a été versé (bien qu'il se soit avéré par la suite qu'il s'agissait de faux). À la mi-mai, les documents étaient entre les mains de Staline". En d'autres termes, il s'agit d'un canular d'Hitler, un piège dans lequel Staline et ses hommes de main sont naïvement tombés.

Le sujet l'exigeant, nous avons pu nous procurer un exemplaire d'une des éditions de l'ouvrage de Hagen/Höttl afin d'examiner directement cette source. Il s'agit donc de l'ouvrage *Le Front Secret*, publié en 1952 à Paris, traduit de l'allemand par Albert Thuman. Sous le titre "Le plus grand coup de Heydrich : il donne à Staline le dossier contre Toukhatchevski", Höttl, le producteur d'histoires de renseignement, raconte l'histoire bizarre du faux dossier sur Toukhatchevski. Il commence par révéler que Heydrich était intéressé par les services du général blanc N. Skoblin, tout en sachant qu'il s'agissait d'un agent double qui, en tant que membre de l'Union militaire panrusse expatriée (ROVS), travaillait également pour les Soviétiques. Ainsi, Skoblin, qui a ensuite facilité l'enlèvement du général Miller, le chef des Blancs, serait devenu un agent triple. Dans un passage du récit, Höttl écrit : "C'est grâce à lui (Skoblin) que Heydrich a appris dès la fin de l'année 1936 l'existence d'un prétendu plan de Toukhatchevski visant à prendre le pouvoir en Russie avec l'aide de l'Armée rouge et à éliminer Staline en supprimant l'ensemble du système soviétique". L'idée que l'agent triple

Skoblin ait fourni à la Gestapo et au NKVD des informations sur Toukhatchevski n'est pas originale : Höttl/Hagen la reprend du trotskiste Krivitsky, qui l'avait déjà exposée en 1939 dans *In Stalin's Secret Service (Au service secret de Staline)*. En tout état de cause, ces propos sur Toukhatchevski impliquaient que le plan existait. Höttl, qui s'en rend compte, fait immédiatement preuve d'habileté et ajoute : "Ces informations étaient-elles fondées ? Il vaut mieux laisser la question ouverte. Et il y a peu d'espoir d'y répondre un jour, puisque le chef du GPU, Nicolai Yezhov, qui a fourni les éléments de l'affaire à Vyshinsky, a par la suite fait l'objet d'une accusation similaire et a succédé au Napoléon rouge devant le peloton d'exécution. En d'autres termes, pour rendre l'écheveau encore plus complexe, Höttl/Hagen insinue que le seul qui aurait pu révéler la vérité, Yezhov, a été fusillé.

Ensuite, parce que les faits sont têtus, Höttl/Hagen reconnaît à nouveau l'existence d'une fracture au sein de l'Armée rouge et écrit qu'avant que Heydrich ne lui présente son plan, "Hitler avait déjà discerné que la division interne qui menaçait de faire éclater le régime soviétique était une chance pour l'Allemagne. Il y avait la possibilité d'affaiblir l'Union soviétique de manière décisive et deux façons d'y parvenir : soit soutenir Toukhatchevski contre Staline et contribuer ainsi à l'élimination du bolchevisme, soit livrer Toukhatchevski à la vengeance de Staline et paralyser ainsi la puissance militaire soviétique. Il était sans doute plus facile pour l'Allemagne de contribuer à la liquidation de Toukhatchevski que de l'assister dans un coup d'Etat contre les maîtres du Kremlin". Cette approche correspond parfaitement à ce que nous avons dit, à savoir que les trotskystes comptaient sur l'armée pour prendre le pouvoir et aspiraient à ce qu'Hitler les aide à le faire.

Cependant, il convient d'apporter quelques précisions. Tout d'abord, il faut dire qu'il n'est pas vrai que l'on ait voulu "éliminer le bolchevisme". Ce sont les vieux bolcheviks qui encouragent le coup d'Etat, la vieille garde des révolutionnaires juifs qui s'étaient ralliés à Trotski depuis que ce dernier, après sa libération par les Canadiens grâce à son ami Bernard Baruch, était entré en Russie depuis New York. C'est le communisme représenté par Trotski qui intéresse l'internationale de la finance. Les grands financiers souhaitent le triomphe de l'opposition, et la preuve en est, comme nous l'avons vu, le rôle joué par la presse aux Etats-Unis et en Europe. Rappelons que Radek a déclaré au procès que Trotsky avait dit à Pyatakov que les préparatifs militaires étaient terminés et qu'il s'agissait maintenant "d'assurer l'Allemagne de la neutralité de la Grande-Bretagne par des efforts diplomatiques". Quelle que soit l'impatience des trotskistes, il est tout à fait naturel que sans cette assurance, l'Allemagne ne prenne pas le risque.

Les plans de la conspiration visaient à se débarrasser à la fois de Staline et d'Hitler, qui avait été financé, entre autres, pour attaquer Staline. Trotski et ses partisans imaginent une guerre qui servirait à les abattre tous les deux. L'ambassadeur de France à Moscou, R. Coulondre, aurait averti Hitler le 25 août 1939 qu'en cas de guerre, le véritable vainqueur serait Trotski. Il est très probable que si Hitler avait attaqué l'URSS en 1937, les États-Unis, la Grande-Bretagne et la France, sous l'égide de la Société des Nations, auraient déclaré la guerre à l'Allemagne pour avoir initié une guerre d'agression. C'est d'ailleurs ce qui s'est passé deux ans plus tard : comme on le sait, lorsque l'Allemagne et la Russie se sont partagé la Pologne en 1939, Londres et Paris ont déclaré la guerre à l'Allemagne, mais pas à l'URSS. Ce qui est vraiment scandaleux, c'est que Staline a non seulement pris sa part de la Pologne, mais a également annexé l'Estonie, la Lettonie et la Lituanie, envahi la Finlande, puis occupé la Bessarabie et le nord de la Bucovine. Tout cela en toute impunité. Il était donc logique - et Höttl/Hagen a raison sur ce point - que l'Allemagne choisisse l'option la moins risquée.

Qu'il ait eu besoin de falsifier des preuves par un montage spectaculaire, comme le prétendent ceux qui affirment que les militaires ne faisaient pas partie de la conspiration trotskiste, est une tout autre affaire. Pour conclure notre réfutation de cette source, examinons sommairement les faits rapportés par Höttl/Hagen, qui écrit que la falsification a commencé en avril 1937 et que la Gestapo a été assistée par des agents du NKVD. Pour couronner le tout, Höttl/Hagen ajoute que Hermann Behrens, l'assistant de Heydrich, pensait qu'il s'agissait d'instruments de la police secrète soviétique. Dans une cave de la Prinz-Albrecht Straße, précise Höttl/Hagen, "des correspondances de toutes sortes ont été produites et échelonnées au fil des ans". Ainsi, des reçus de généraux soviétiques, des lettres et d'autres documents portaient les cachets correspondants des généraux allemands. Il est intéressant de noter que Wilhelm Canaris, chef du service de renseignement allemand (Abwehr), agent britannique, traître comme chacun sait, est tenu à l'écart de l'opération. Höttl/Hagen affirme que Heydrich, dans son empressement à impliquer Canaris, "a fabriqué des lettres dans lesquelles on pouvait lire les remerciements du chef de l'Abwehr à Toukhatchevski et à plusieurs généraux soviétiques pour les informations reçues de l'Armée rouge". Conquest, qui n'utilise Höttl/Hagen que lorsque cela l'arrange, affirme qu'une copie du dossier a été remise aux Tchèques. Or, Höttl/Hagen dit exactement le contraire. Il admet qu'ils avaient d'abord été envisagés, mais que l'option a été écartée. Selon sa version, "Behrens s'est rendu en Tchécoslovaquie sous un faux nom et a eu un premier entretien à Prague ; mais cette voie a finalement semblé trop incertaine à Heydrich. Les Tchèques refusent en effet de préciser les étapes de la transmission des documents ; rien ne garantit que l'envoi ne sera pas intercepté par un partisan de Toukhatchevski. Heydrich opte donc pour une approche directe par l'intermédiaire de l'ambassade soviétique à Berlin.

Nous ne pouvons pas nous attarder plus longtemps sur cette histoire bizarre. Bernard Fay, historien français formé à Harvard et directeur de la Bibliothèque nationale pendant l'occupation allemande de la France (1940-

1944), affirme catégoriquement qu'Hitler a fourni à Staline des documents qui lui ont permis de procéder à la grande purge militaire. L'intérêt de la source Fay réside dans le fait que, travaillant pour le gouvernement de Vichy et avec l'accord de la Gestapo, il s'est emparé des archives secrètes du Grand Orient de Paris et des loges maçonniques de toute la France. C'est le président Pétain lui-même qui l'a chargé de ce travail, ce qui lui a permis de publier un mensuel, *Les Documents Maçonniques*. Fay y apprend, par exemple, que l'amiral Canaris avait prévenu l'état-major britannique avant que Hitler ne lance l'offensive en France en mai 1940. Robert Conquest lui-même note qu'en janvier 1937, le correspondant de *la Pravda* à Berlin, V. Klimov, rapporte que dans les cercles de l'armée allemande, on parle de liens avec l'Armée rouge, en particulier avec Toukhatchevski. Le 16 mars 1937, l'ambassade soviétique à Paris a envoyé un télégramme à Moscou pour mettre en garde contre les plans de l'armée allemande "visant à promouvoir un coup d'État en Union soviétique en utilisant des personnes du haut commandement de l'Armée rouge". Il nous semble évident que la Gestapo était au courant du complot des généraux et qu'elle avait intérêt à avertir Staline d'une véritable conspiration.

En outre, Staline apprend que l'Allemagne n'attaquera pas l'URSS peu avant le début de la purge de l'Armée rouge. Au grand dam des trotskistes et de ceux qui les encouragent, notamment aux États-Unis et en Grande-Bretagne, Staline et Hitler parviennent à conclure un accord commercial forgé en secret. Malgré toutes les tentatives des trotskistes d'empêcher le succès des efforts, Staline avait foi en un accord avec l'Allemagne et avait envoyé David Kandelaki à l'ambassade de Berlin en tant qu'attaché commercial. En décembre 1936, à ses risques et périls, Kandelaki prend contact avec M. Schacht et explore les possibilités de l'accord. Schacht aurait posé comme condition que Moscou cesse de soutenir les activités des communistes en Allemagne, infestée de trotskistes qui collaient des affiches dans les rues de Berlin la nuit avec les slogans "À bas Hitler et Staline" et "Vive Trotski". Le 29 janvier 1937, Kandelaki rencontre à nouveau Schacht et lui formule verbalement la proposition de Staline et de Molotov d'ouvrir des négociations directes.

Le chef des services secrets militaires en Europe, Krivitsky, a prouvé un jour à quel point l'accord avait mal tourné. Les mots qu'il a prononcés lorsqu'il en a pris connaissance méritent d'être cités : "...Une bombe m'a explosé à la figure. C'était la nouvelle strictement secrète que Slutsky m'avait envoyée sur la signature d'un accord entre Staline et Hitler, apportée par Kandelaki". Krivitsky ajoute que David Kandelaki était arrivé à Moscou en avril accompagné de "Rudolf", un subordonné de Slutsky qui agissait en tant que représentant secret du NKVD aux côtés de Kandelaki (à propos de ce "Rudolf", il faut préciser qu'il s'agissait d'un juif nommé Viliam Guenrijovich Fisher, alias Abel Rudolf, qui est resté dans les services secrets jusqu'à ce qu'il soit capturé par le FBI en juin 1957). Le succès de Kandelaki revêtait une telle importance qu'il fut reçu directement par Staline. Preuve de la valeur que les nazis attachaient également à l'accord, Hitler avait lui aussi reçu personnellement Kandelaki. Naturellement, les puissances étrangères et les puissances qui agissaient dans l'ombre pour renverser Staline se sont opposées à cet accord germano-soviétique.[16]

Avant d'aborder le procès des 21, nous pouvons donc conclure qu'après le procès de Pyatakov et de Radek, il ne fait aucun doute que l'objectif était de provoquer une guerre afin d'éliminer Staline et de mettre Trotsky au pouvoir en URSS. Les déclarations faites au procès par Sokolnikov et Radek sur "le fascisme comme forme la mieux organisée du capitalisme" étaient sans aucun doute des concessions faites à la stratégie de Staline, dont le machiavélisme et la ruse politique atteignent les plus hauts sommets. Il est évident que Staline savait que la conspiration avait son origine dans la haute finance internationale, principale bénéficiaire du pillage de la Russie, des concessions sur les ressources et des investissements dans le pays. Tout cela avait été réalisé par l'intermédiaire de ses agents, ceux-là mêmes qui tentaient de reprendre le pouvoir en provoquant la guerre avec l'Allemagne hitlérienne, que l'on laissait se réarmer à cette fin. Staline, tout en éliminant progressivement ses opposants, a trouvé commode de les présenter comme des espions allemands et japonais, alors qu'en réalité ils servaient d'autres intérêts.

L'affirmation selon laquelle le fascisme est la forme la mieux organisée du capitalisme est un sophisme qui ne tient pas la route. Aujourd'hui, il est indiscutable que les "démocraties" sont la façade adoptée par le capitalisme international, qui utilise le néolibéralisme et la mondialisation pour annuler complètement la souveraineté des pays. La Seconde Guerre mondiale a servi à criminaliser à jamais le nationalisme des États qui se disaient souverains et s'opposaient à la domination de la banque juive internationale. En réalité, l'Allemagne, le Japon, l'Italie et l'Espagne ne voulaient pas se vendre au marché, ils refusaient de se soumettre aux prêts et cherchaient à protéger leurs économies, leur industrie et leurs ressources de la prédation et du pillage des "banksters", qui aspiraient et aspirent à tout posséder. Hier comme aujourd'hui, la forme la plus avancée du capitalisme

---

[16] Sur la mission de Kandelaki à Berlin, Burnett Bolloten, dans son ouvrage monumental *The Spanish Civil War : Revolution and Counterrevolution*, explique dans une longue note qu'en plus de l'accord commercial, Kandelaki a proposé un accord politique qu'Hitler a rejeté. Le document "Kandelaki Mission", émanant du ministère allemand des Affaires étrangères, est tombé entre les mains des Alliés. Le document daté du 11 février 1937, qui a finalement été rendu public en 1983, contient les paroles d'Evgeni Gnedin, membre de l'ambassade soviétique à Berlin, qui, au cours des négociations, a exprimé "le regret que les deux pays ... n'aient pas pu parvenir à une meilleure entente". Gnedin a déclaré qu'il s'était rendu en Allemagne "avec des instructions spécifiques pour étudier les possibilités d'amélioration" de leurs relations. Dans un autre commentaire significatif, Gnedin a déclaré que "bien que le Comintern et l'Union soviétique aient la même idéologie, la "Realpolitik" de l'URSS n'a rien à voir avec le Comintern".

repose sur la manipulation du crédit perpétrée par les banquiers prêteurs, patrons des prétendues démocraties, dans lesquelles ils ont érigé le système de l'usure et de la dette en paradis idéal pour leurs opérations.

Le procès des vingt-et-un

Peu avant le début du procès des vingt-et-un à Moscou, la longue main de Staline s'est tendue à Paris vers Lev Sedov, le fils de Trotsky et de Natalia Sedova, sa seconde épouse. Un juif ukrainien travaillant pour le NKVD, Mark Zborowski, a gagné sa confiance et a trahi Sedov juste à temps. Selon John J. Dziak, auteur de *Chekisty : A History of the KGB* et expert renommé en matière de défense et de renseignement, Zborowski a été recruté en 1933 et faisait partie d'un groupe d'agents qui ont assassiné d'importants ennemis de Staline, dont Ignace Reiss (1937), un juif trotskiste ami de Walter Krivitsky, Andreu Nin (1937) et Krivistky lui-même (1941). Pour entrer dans le cercle de Sedov à Paris, Zborowski, dit "Etienne", se lie d'amitié avec Jeanne Martin, l'épouse de Sedov. La confiance qu'il inspire est telle qu'il devient le secrétaire du fils de Trotski et qu'il conserve même chez lui une partie des archives de Trotski. On peut donc imaginer à quel point le NKVD disposait d'informations précises.

Dans ses rapports, Zborowski utilise des noms de code : "Old man" (Trotsky), "Sonny" (Sedov), "Polecats" (trotskystes). Dans un rapport de janvier 1937 du NKVD, Etienne écrit : "Sonny, lors de notre conversation dans son appartement au sujet du second procès et du rôle des accusés, a déclaré : "Maintenant, il ne faut pas hésiter. Il faut tuer Staline. Le 8 février 1938, Lev Sedov est victime d'une crise d'appendicite et Etienne le persuade de se rendre dans une petite clinique parisienne tenue par des émigrés russes. Il informe immédiatement le NKVD de l'endroit où se trouve le fils de Trotski qui, bien qu'opéré avec succès le jour de son admission, meurt dans d'atroces souffrances le 16 février. Après la mort de son fils, Trotski ouvre une enquête. Entre-temps, Etienne devient le chef de l'organisation à Paris et continue à éditer le *Bulletin de l'Opposition* avec la trotskiste juive Lilia Estrin Dallin (Lilya Ginzberg), sous le nom de code "Voisin". Certains historiens considèrent Mark Zborowski comme l'espion soviétique le plus imposant de tous les temps.

Pour avoir une vision complète de la conspiration trotskiste, il reste à revoir le fameux procès des vingt-et-un, le dernier des procès de Moscou, officiellement appelé "procès du bloc trotskiste-droitier". La nouvelle équipe de Iejov a passé près d'un an à le préparer. Abram A. Slutsky, le trotskiste du ministère des Affaires étrangères, "collabore" jusqu'au 17 février 1938, date à laquelle il est liquidé. Son bourreau, Mikhail Frinovsky, déclare avant son exécution en 1940 que Yezhov lui a ordonné de "l'éliminer discrètement". Frinovsky convoque Slutsky dans son bureau et, pendant qu'ils discutent, un fonctionnaire entre et lui applique un masque de chloroforme. On lui a ensuite injecté du poison et on a annoncé qu'il était mort d'une crise cardiaque. Outre Frinovsky, l'homme qui servait de bras droit à Yezhov était le juif Isaak Illich Shapiro, chef du secrétariat de Yezhov et de la nouvelle section chargée d'enquêter sur les affaires particulièrement importantes. Le troisième assistant de Yezhov est Leonid Mikhailovich Zakovsky (Genrij E. Shtubis), un Letton cruel qui utilise le fouet.

Le procès s'ouvre le 2 mars 1938 et se termine le 13. Une fois de plus, le tribunal est présidé par V. V. Ulrich et le procureur Vyshinsky. Le *Report of Court Proceedings in the Case of the Anti Soviet Bloc of Rights and Trotskyites*, qui contient une traduction anglaise du texte intégral du procès, publié en 1938 par le Commissariat à la Justice, est disponible sur "Internet Achive" pour les lecteurs qui souhaiteraient lire notre bref résumé. Les charges retenues contre le "Bloc trotskyste de droite" étaient les suivantes : relations avec des États étrangers dans le but d'obtenir une aide armée ; activités d'espionnage au profit de ces États ; actes de sabotage dans l'industrie, les chemins de fer, l'agriculture, les finances et d'autres branches de l'État socialiste ; actes de terrorisme contre les dirigeants du parti et du gouvernement. Les accusés sont Nikolai Bukharin, Alexei Rykov, Nikolai Krestinsky, Christian Rakovsky, Génrij Yagoda, Arkady Rosengoltz, Vladimir Ivanov, Mikhail Chernov, Grigori Grinko, Isaac Zelensky, Sergei Bessonov, Akmal Ikramov, Fayzulla Khodzhayev, Vasily Sharangovich, Pavel Bulanov, Prokopy Zubarev, Lev Levin, Dmitry Pletnev, Ignaty Kazakov, Venyamin Maximov et Peotr Kryuchkov. À l'exception de Rykov, les principaux dirigeants du Bloc : Boukharine, Krestinski, Rakovski, Yagoda, Rosengoltz étaient juifs. En plus de diriger le Bloc avec Rykov, Boukharine est accusé de comploter pour prendre le pouvoir en 1918 et de vouloir tuer Lénine.

Arrêté fin mai 1937, Nikolaï Krestinsky, juif converti, comme le révèle V. Molotov lui-même, surprend car il ne corrobore pas les aveux de la déclaration préliminaire et plaide non coupable. Le président Ulrich répète la question : "Plaidez-vous coupable ?", ce à quoi l'accusé répond : "Avant mon arrestation, j'étais membre du Parti communiste de l'Union soviétique et je le suis toujours". Ulrich relit les charges, mais Krestinsky insiste : "Je n'ai jamais été trotskiste. Je n'ai jamais appartenu au bloc des trotskistes et des droitiers et je n'ai jamais commis un seul crime." Cette intervention de l'accusé est suivie d'une courte pause.

Ce Krestinsky, rappelons-le, fut commissaire aux finances entre 1918 et 1922, jusqu'à ce que Grigori Sokolnikov (Brilliant) lui succède. Lorsqu'ils étaient en charge des finances, ces deux trotskystes, ainsi que Leonid Krasin (Goldgelb), également juif, qui mourut à Londres en 1926, travaillèrent côte à côte avec le plus haut représentant de l'internationale financière juive, Olof Aschberg, le banquier de la révolution, qui ouvrit une banque à Moscou pour effectuer des virements et fonda plus tard la Ruskombank, dont le directeur des opérations était Max May, de la Guaranty Trust de J.P. Morgan.

Krestinsky est nommé ambassadeur en Allemagne, un poste très important étant donné que la victoire du communisme en Allemagne dépend du triomphe des thèses internationalistes de Trotsky. Comme on le sait, Krestinsky avait été directeur du "Gokhran" (Trésor d'État pour le stockage des objets de valeur), d'où il avait organisé la logistique du plus grand pillage de l'histoire. Tout le butin saisi était acheminé au Gokhran et y était trié en vue d'une future exportation. C'est à ce moment-là que l'omniprésent Olof Aschberg, qui a traité entre 1921 et 1924 d'énormes quantités d'or, de platine et de diamants provenant du Gokhran, a de nouveau été impliqué dans l'opération.

Après une suspension de séance de vingt minutes, la session reprend avec l'intervention de Bessonov, socialiste révolutionnaire qui, en 1918, s'était opposé, comme Trotski et Boukharine, à la paix de Brest-Litovsk. Depuis son poste de conseiller à l'ambassade de Berlin, il assure la liaison entre Sedov et Trotsky. Bessonov, qui avait été arrêté le 28 février 1937, fit une déclaration détaillée et précise. Il fait notamment allusion à une rencontre entre Trotski et Krestinski en octobre 1933. Interrogé par Vyshinsky sur le refus de Krestinsky de se reconnaître trotskiste, il sourit : "Pourquoi souriez-vous ?" lui demande le procureur. Il répond : "Je souris parce que si je suis ici, c'est parce que Nikolaï Nikolaïevitch Krestinski m'a désigné comme agent de liaison avec Trotski. À part lui et Pyatakov, personne n'était au courant. Si Krestinsky ne m'en avait pas parlé en décembre 1933, je ne serais pas sur le banc des accusés". Vyshinsky interroge immédiatement Krestinsky sur ces déclarations, qui insiste sur le fait qu'il n'est pas trotskiste et qu'il n'a jamais discuté de Trotski avec Bessonov.

> "Vyshinsky : Cela signifie que Bessonov ne dit pas la vérité et que vous dites la vérité. Dites-vous toujours la vérité ?
> Krestinsky : Non.
> Vyshinsky : Pas toujours. Accusé Krestinsky, vous et moi allons devoir examiner des questions sérieuses et il n'y a aucune raison de perdre notre sang-froid. Par conséquent, Bessonov ne dit-il pas la vérité ?
> Krestinsky : Non.
> Vyshinsky : Mais vous ne dites pas toujours la vérité non plus, n'est-ce pas ?
> Krestinsky : Je n'ai pas toujours dit la vérité pendant l'enquête.
> Vyshinsky : Mais dans d'autres circonstances, dites-vous toujours la vérité ?
> Krestinsky : Je dis la vérité.
> Vyshinsky : Pourquoi ce manque de respect pour l'enquête ? Pourquoi avez-vous raconté des mensonges pendant l'enquête ? Expliquez.
> Krestinsky : (Pas de réponse.)
> Vyshinsky : Je n'entends pas votre réponse. Je n'ai plus de questions.

L'accusé ayant insisté sur le fait que Bessonov mentait et qu'il disait la vérité, le procureur a demandé à Bessonov des précisions. Il se réfère à une autre conversation avec Krestinsky, à savoir celle qui a eu lieu à Moscou en mai 1933. Bessonov répond : "Après mon retour d'Angleterre à Moscou avec toute la délégation commerciale, j'ai été nommé conseiller à l'ambassade d'Allemagne. Avant de prendre ce poste, j'ai eu une longue conversation avec Pyatakov et Krestinsky". Le procureur demande à nouveau à Krestinsky de confirmer ce témoignage, mais celui-ci répète qu'il n'a jamais fait partie du bloc trotskiste. Extrait de l'ouvrage *Le Procès de Moscou*, du trotskiste Pierre Broué, dont les paraphrases nous invitent à présupposer que tout le monde ment et que le seul à dire la vérité, tant qu'il peut maintenir sa position récalcitrante, est Krestinsky, nous reproduisons un fragment intégral de l'interrogatoire qui nous permet d'apprécier l'expertise du procureur Vishinsky :

"Krestinsky : Je ne faisais pas partie du centre trotskyste parce que je n'étais pas trotskyste.
Vyshinsky : N'était-il pas trotskiste ?
Krestinsky : Non.
Vyshinsky : Ne l'a-t-il jamais été ?
Krestinsky : Oui, j'ai été trotskiste jusqu'en 1927.
Le Président Au début de l'audition, vous avez répondu à l'une de mes questions que vous n'aviez jamais été trotskiste. Vous avez déclaré que.
Krestinsky : J'ai déclaré que je n'étais pas trotskiste.
Vyshinsky : Vous avez donc été trotskiste jusqu'en 1927.
Krestinsky : Oui.
Vyshinsky : Et en 1927, quand avez-vous cessé d'être trotskiste ?
Krestinsky : Avant le 15e congrès du parti.
Vyshinsky : Rappelez-moi la date.
Krestinsky : J'ai rompu avec Trotski et les trotskistes le 27 novembre 1927, lorsque, par l'intermédiaire de Serebryakov, qui revenait d'Amérique et se trouvait à Moscou, j'ai envoyé une lettre virulente contenant une critique sévère.
Vyshinsky : Nous n'avons pas cette lettre dans notre registre. Nous avons une autre lettre. Votre lettre à Trotsky.
Krestinsky : La lettre dont je parle est en possession du juge d'instruction, car elle a été saisie lors de la perquisition à mon domicile et je demande que cette lettre soit jointe au dossier.
Vyshinsky : Il y a dans le dossier une lettre datée du 11 juillet 1927 qui a été trouvée chez lui au moment de la perquisition.
Krestinsky : Mais il y en a un autre du 27 novembre...
Vyshinsky : Cette lettre n'existe pas.
Krestinsky : Ce n'est pas possible.
Vyshinsky : Nous sommes ici à l'audience du tribunal et vous n'avez pas dit la vérité pendant l'enquête. Vous avez déclaré dans l'enquête préliminaire que vous ne faisiez pas formellement partie du centre, mais

que vous en faisiez partie d'une manière générale. L'avez-vous reconnu au cours de l'enquête ?

Krestinsky : Non, je ne l'ai pas reconnu.

Vyshinsky : Dans vos déclarations (ff. 9 et 10), vous avez dit : "formellement, je ne faisais pas partie de..." On peut donc comprendre que vous en faisiez partie d'une manière non formelle, n'est-ce pas ?

Krestinsky : Il ne faisait en aucun cas partie du centre trotskiste.

Vyshinsky : Peut-on dire que vous avez fait de fausses déclarations ?

Krestinsky : Je viens de déclarer que le témoignage que j'ai fait n'était pas exact.

Vyshinsky : Lorsque je l'ai interrogé au cours de l'enquête préliminaire, il n'a pas dit la vérité ?

Krestinsky : Non.

Vyshinsky : Pourquoi ne m'avez-vous pas dit la vérité ? Vous ai-je demandé de ne pas dire la vérité ?

Krestinsky : Non.

Vyshinsky : Vous ai-je demandé de dire la vérité ?

Krestinsky : Oui.

Vyshinsky : Pourquoi alors, alors que je vous avais demandé de dire la vérité, avez-vous persisté à dire des mensonges, à les faire enregistrer par le juge d'instruction et à les signer tout de suite ? Pourquoi ?

Krestinsky : J'ai fait de fausses déclarations à l'avance, avant que vous ne m'interrogiez, lors de l'enquête préliminaire.

Vyshinsky : Et les avez-vous conservés ?

Krestinsky : ... puis je les ai gardées parce que j'étais convaincu par ma propre expérience que je ne pouvais plus, jusqu'à l'audience, s'il y avait un procès, invalider les déclarations que j'avais faites.

Vyshinsky : Et vous pensez avoir réussi à les invalider ?

Krestinsky : Non, ce n'est plus la chose importante. Ce qui est important, c'est que je déclare que je ne me reconnais pas comme trotskiste. Je ne suis pas trotskiste.

Vyshinsky : Vous avez déclaré que vous vous trouviez dans une situation particulière de conspirateur. Qu'entendez-vous par "situation particulière de conspirateur" ?

Krestynsky : Vous savez très bien que...

Vyshinsky : Ne m'appelez pas comme témoin dans cette affaire. Je vous demande ce que signifie "situation spéciale de conspiration".

Krestinsky : Je l'ai dit dans ma déclaration.

Vyshinsky : Vous ne voulez pas répondre à mes questions ?

Krestinsky : Cette phrase où je dis que je suis dans une situation spéciale de conspirateur est écrite dans ma déclaration du 5 ou 9 juin, qui est fausse du début à la fin.

Vyshinsky : Je ne vous demande pas cela, et je vous prie de ne pas vous précipiter dans vos réponses. Je vous demande ce que cela signifie : je suis dans une situation spéciale de conspirateur.

Krestinsky : Cela ne correspond pas à la réalité.

Vyshinsky : C'est ce que nous verrons dans un instant. Je voudrais revenir sur la signification de la déclaration que vous avez faite en disant que vous étiez dans une situation spéciale de conspirateur.

Krestinsky : Si c'était vrai, je dirais qu'en tant que vrai trotskiste, je prends toutes les précautions pour cacher mon appartenance au trotskisme.

Vyshinsky : Parfait, et pour le cacher, il faut nier son trotskisme.

Krestinsky : Oui.

Vyshinsky : Vous prétendez ne pas être trotskiste, mais n'est-ce pas pour cacher le fait que vous l'êtes ?

Krestinsky (après un silence) : Non, je déclare que je ne suis pas trotskiste".

Le procureur appelle alors Arkady Rosengoltz, un autre juif qui avait été officier de l'armée avec Trotsky pendant la guerre civile. Il passe ensuite par les commissariats aux transports et aux finances. Ambassadeur en Grande-Bretagne entre 1925 et 1927, il supervise l'espionnage soviétique. Membre du comité central du parti communiste de l'Union soviétique, il est nommé commissaire au commerce extérieur en 1930, poste qu'il occupe jusqu'en juin 1937. Le 7 octobre, il est arrêté. Krestinsky, qui ne se sentait pas bien, s'effondre. Vyshinsky lui demande d'écouter et il répond qu'après avoir pris une pilule, il se sentira mieux, mais demande à ne pas être interrogé pendant quelques minutes.

"Vyshinsky (s'adressant à Rosengoltz) : Accusé Rosengoltz, saviez-vous que Bessonov était un trotskiste ?

Rosengoltz : Non, je ne le savais pas.

Vyshinsky : Pyatakov vous l'a-t-il recommandé ?

Rosengoltz : Je n'ai pas eu de conversation avec lui à ce sujet.

Vyshinsky : Mais saviez-vous que Bessonov était un trotskiste ?

Rosengoltz : J'en ai entendu parler par Krestinsky.

Vyshinsky : Que vous a dit Krestinsky à propos de Bessonov ?

Rosengoltz : Qu'il était trotskiste et qu'il l'a aidé dans ses activités trotskistes.

Vyshinsky : Qui vous l'a dit ?

Rosengoltz : C'est Krestinsky qui me l'a dit.

Vyshinsky : Krestinsky personnellement ?

Rosengoltz : Oui, Krestinsky personnellement.

Vyshinsky : Vous souvenez-vous de l'année ?

Rosengoltz : Je ne peux pas dire exactement.

Vyshinsky : Vers 1933 ?

Rosengoltz : Oui, à peu près.

Vyshinsky : Dans quelles circonstances et à quelle occasion vous a-t-il dit cela ?

Rosengoltz : Il a parlé des collaborateurs du Commissariat du Peuple aux Affaires Etrangères qui l'ont aidé dans ce travail, et a cité entre autres Bessonov.
Vyshinsky (à Krestinsky) : Accusé Krestinsky, avez-vous entendu cette déclaration ?
Krestinsky : Je le nie.
Vyshinsky : Nier ?
Krestinsky : Je nie.
Vyshinsky : Ai-je bien entendu ?
Krestinsky : Vous avez bien entendu.
Vyshinsky : Je n'ai pas d'autres questions".

Rosengoltz et, plus tard, Grigori F. Grinko fournissent à nouveau des preuves de la culpabilité de Krestinsky, mais celui-ci reste sur ses positions. Grinko est arrêté le 13 août 1937 alors qu'il est commissaire aux finances, poste qu'il occupe de 1930 à 1937. Le 5 février 1937, Grinko avait apposé sa signature sur le reçu sans importance et inutile délivré par les Soviétiques pour les 7 800 boîtes d'or provenant des réserves de la Banque d'Espagne. Après la séance du matin et une pause de deux heures, la séance de l'après-midi commence. Un nouvel accusé, Rykov, confirme la culpabilité de Krestinsky, qui nie à nouveau catégoriquement toute connaissance d'activités illégales. Enfin, la session s'est achevée le 2 mars avec le témoignage de Mikhail A. Chernov, ancien commissaire du ministère de l'intérieur de la Fédération de Russie. Chernov, ancien commissaire à l'agriculture, dont l'homme de contact au sein du bloc était Rykov, a essentiellement confirmé la déclaration de Chernov.

La journée suivante, le 3 mars, a commencé par le témoignage de Vladimir Ivanov, ancien commissaire à l'industrie du bois, dont le témoignage est très pertinent. Au début de son interrogatoire, Ivanov a déclaré qu'entre 1913 et 1916, il avait été un agent de l'Ojrana, la police secrète tsariste, sous le nom de code "Samarin" et le numéro d'espion 163, et qu'en 1915, il avait reçu l'ordre d'infiltrer les bolcheviks. Après le triomphe de la révolution, Ivanov a repris sa place parmi les communistes de gauche et s'est lié avec Boukharine, qui lui a dit à une occasion qu'il avait des divergences avec Lénine sur des questions fondamentales et qu'il travaillait à l'organisation de cadres qui pourraient être prêts à prendre des mesures contre Lénine. Les questions suivantes du procureur ont été posées :

"Vyshinsky : Comment Boukharine s'attendait-il à agir contre Lénine ? Comment se préparait-il à agir ?
Ivanov : J'étais d'humeur assez agressive. Il attendait simplement le bon moment. Il voulait avoir ses propres peintures.
Vyshinsky : Pourquoi ?
Ivanov : renverser Lénine
Vyshinsky : Comment aviez-vous l'intention de le renverser ?

Ivanov : Même par des méthodes physiques".

Ivanov a donc admis avoir été impliqué dans les activités des communistes de gauche contre Lénine, qui travaillaient en partie, a-t-il déclaré, sur les ordres d'agents britanniques, ce que Boukharine a nié lorsqu'il a été confronté à Ivanov. En ce qui concerne cette déclaration d'Ivanov, il convient de rappeler que le chapitre précédent contient la section "Trotsky et la tentative d'assassinat de Lénine", dans laquelle l'implication présumée de Bruce Lockhart, l'homme de Lord Milner, et de Sidney Reilly, le célèbre espion britannique, dans la tentative de coup d'État de 1918 a été discutée. Après le contre-interrogatoire d'Ivanov et de Boukharine, la Cour a procédé au contre-interrogatoire de Prokopy Zubarev, qui a conclu la séance de la matinée du 3 mars.

Finalement, à six heures du soir, le président propose de reprendre le témoignage de Krestinsky, mais Vyshinsky intervient pour annoncer qu'il souhaite d'abord poser quelques questions à Christian Rakovsky, le juif bulgare qui a été président du Conseil des commissaires de l'Ukraine jusqu'en juillet 1923, puis ambassadeur à Londres et à Paris. Internationaliste convaincu, Rakovsky rejette, comme Trotsky, la construction du socialisme dans un seul pays. Après le suicide, en novembre 1927, d'Adolph Joffe, trotskiste juif obstiné qui avait organisé la révolution en Allemagne, et après la défaite de l'opposition trotskiste en décembre de la même année, Rakovsky s'exile après avoir été exclu de la Comintern, du Comité central et du PCUS. Le procureur lui demande immédiatement d'expliquer le contenu d'une lettre que Krestinsky lui a écrite en 1929. Rakovsky répond qu'il lui demande de revenir afin de préserver les cadres trotskystes au sein du parti et de poursuivre les activités. Il s'ensuivit un développement inattendu, car Vyshinsky reconnut que Krestinsky avait raison et qu'il avait trouvé parmi les documents la lettre du 27 novembre 1927 à laquelle le prévenu avait fait référence. Le procureur demanda au tribunal l'autorisation d'en remettre une copie à Krestinsky et une autre à Rakovsky. "Voici la lettre", a acquiescé Krestinky. Rakovsky, après l'avoir examinée, s'en souvient également. Vyshinsky en lit plusieurs extraits et Rakovsky est d'accord avec le procureur pour dire que la lettre contient des critiques sur la mauvaise direction, la ligne politique et les tactiques employées. Tout cela, dit le texte, "devait être rectifié afin de restaurer et de regagner la confiance des masses et l'influence sur les masses".

"Vyshinsky : ...Que trouvons-nous ici ? Pour moi, cela ressemble à une évaluation de la ligne tactique des trotskystes du point de vue des intérêts de la lutte politique trotskyste au sein du parti, et non à une rupture avec le trotskysme.
Rakovsky : Oui, c'est exact ; je le confirme pleinement.

Vyshinsky (à Krestinsky) : Avez-vous écouté l'explication détaillée de Rakovsky sur ce que vous appelez l'abandon du trotskisme ? Considérez-vous que l'explication de Rakovsky est correcte ?

Krestinsky : Ce que vous dites est exact.

Le Président : Confirmez-vous les propos de M. Rakovsky ?

Krestinsky : Oui, je confirme.

Vyshinsky : Si ce que dit Rakovsky est vrai, allez-vous continuer à induire le tribunal en erreur et à nier que le témoignage que vous avez fait lors de l'enquête préliminaire était vrai ?

Krestinsky : Je confirme entièrement la déclaration que j'ai faite lors de l'enquête préliminaire.

Vyshinsky : Il n'y a plus de questions pour Rakovsky. J'ai une question pour Krestinsky : quel est donc le sens de la déclaration qu'il a faite hier, qui ne peut être considérée que comme une provocation trotskiste devant le tribunal ?

Krestinsky : Hier, sous l'influence d'un sentiment anxieux de fausse honte, à cause de l'atmosphère et du fait que je suis sur le banc des accusés, et aussi à cause de l'impression douloureuse que m'a faite la lecture de l'acte d'accusation, le tout aggravé par mon état malsain, je n'ai pas pu dire la vérité, je n'ai pas pu dire que j'étais coupable. Et au lieu de dire : oui, je suis coupable, j'ai dit presque mécaniquement : non, je ne suis pas coupable.

Vyshinsky : Mécaniquement ?

Krestynsky : Devant l'opinion publique mondiale, je n'ai pas eu le courage d'admettre que j'ai toujours mené une lutte trotskiste. Je prie le tribunal de constater que je me reconnais absolument et sans réserve coupable de toutes les graves accusations portées contre moi, et que je reconnais mon entière responsabilité dans la trahison et le crime que j'ai commis.

Vyshinsky : Pas d'autres questions pour l'accusé Krestinsky pour le moment".

La déclaration d'Alexei Rykov, ancien premier ministre alcoolique, fait ressortir les informations qu'il a données sur la plate-forme Ryutin. Il a déclaré que Tomsky, Boukharine, Vassily Shmidt et Uglanov étaient responsables, que Ryutin n'avait fait que les défendre et que la protection de Yagoda avait sauvé les principaux coupables. Le procureur lui a demandé de préciser sa relation avec Yagoda et les a confrontés tous les deux au cours de l'interrogatoire. En examinant cette déclaration, il convient de noter que Rykov, Ivanov et Boukharine ont admis devant le tribunal qu'ils avaient organisé et encouragé les soulèvements des koulaks. Après une allusion de Rykov à Boukharine, ce dernier, à la demande du procureur, a déclaré qu'il avait envoyé dans le Caucase du Nord un certain Slepkov "dans le but de soulever des insurrections". Il s'agissait alors d'aiguiser par tous les moyens le mécontentement des koulaks à l'égard du pouvoir soviétique, d'attiser ce mécontentement, d'organiser des cadres et des actions, y compris des insurrections armées". Rykov et Boukharine ajoutent qu'en Sibérie également, ils avaient un agitateur, Yakovenko, qui menait le même travail d'agitation et d'insurrection avec l'aide des partisans de la région. Le rôle principal dans l'interrogatoire a été joué à plusieurs reprises par Boukharine, le véritable leader du Bloc, qui a été confronté à maintes reprises pendant les jours du procès aux accusés qui l'ont mentionné. Vyshinky a demandé à Rykov s'il connaissait le terroriste Semyonov et il a admis : "Un jour, j'ai rendu visite à Boukharine et à son appartement et j'ai trouvé un étranger assis là qui est parti dès que je suis arrivé". Le procureur a demandé si l'homme était Semyonov et la réponse a été positive. Boukharine a admis, sur l'insistance de Vyshinsky, qu'il était lié à Semyonov et que ce dernier, sur ses instructions, préparait en 1932, avec d'autres socialistes révolutionnaires, des attentats contre la vie de Staline et de Kaganóvich. Pour en finir avec Rykov, il reste à ajouter que, soutenu par Krestinsky et Rosengoltz, il a longuement confirmé la participation de Toukhatchevski et d'autres généraux au bloc. De ces déclarations découlent les détails des réunions à Moscou et des contacts épistolaires avec Trotsky sur la nécessité d'accélérer le coup d'Etat, qui ont été relatés plus haut.

Le premier à témoigner le lendemain, 4 mars, est Vasily Sharangovich, ancien premier secrétaire de la Biélorussie. Dans sa déclaration, il a donné des détails sur le sabotage dans les zones rurales. Il a évoqué une anémie provoquée intentionnellement en Biélorussie afin d'éliminer des milliers de chevaux, nécessaires aux fonctions de défense. L'accusé a donné le chiffre de trente mille chevaux tués à la suite de ces activités perturbatrices dans l'agriculture. Après Sharangovich, c'est au tour du leader ouzbek Fayzulla Khodzhayev. Sa confession selon laquelle il aurait reçu l'ordre, en 1936, de collaborer avec les Britanniques en vue de la sécession de l'Ouzbékistan, qui devait devenir un "protectorat britannique", est remarquable par sa nouveauté :

"Khodzhayev : ... Mais par rapport aux républiques d'Asie centrale, le pays puissant le plus proche était l'Angleterre. Nous devions conclure un accord avec elle. Nous, les droitiers, disait-il (Boukharine), nous y participerons, mais vous êtes plus près de la frontière, vous devez donc établir des relations vous-mêmes.
Vyshinsky : Près de quelle frontière ?
Khodzhayev : Afghanistan. Il y a une représentation britannique là-bas. Boukharine a dit que puisqu'il s'agissait pour les nations capitalistes de nous aider à prendre le pouvoir et que vous obteniez votre indépendance, nous devions promettre quelque chose, donner quelque chose.
Vyshinsky : Donner quoi ? Promettre quoi ?
Khodzhayev : Donner signifie accepter un protectorat britannique, au minimum. Inutile d'évoquer les aspects économiques, bien sûr. L'Ouzbékistan, avec ses cinq millions d'habitants, ne peut pas devenir un État indépendant entre deux géants, l'URSS d'une part et la Grande-

Bretagne d'autre part. Nous devrions nous rapprocher d'un côté ou de l'autre. Si vous vous éloignez d'une rive, vous devez vous rapprocher d'une autre.
Vyshinsky : C'est ce qu'a dit Boukharine ?
Khodzhayev : C'est ainsi que je l'ai compris.
Vyshinsky : Et Boukharine a désigné l'Angleterre comme le nouveau rivage ?
Khodzhayev : C'est ainsi que je l'ai compris".

Après cette déclaration, le président a ajourné la séance jusqu'à 18 heures. Le procureur a ensuite interrogé Arkady Rosengoltz, ancien commissaire au commerce extérieur. Le procureur a ensuite interrogé Arkady Rosengoltz, ancien commissaire au commerce extérieur, dont la déclaration a été continuellement opposée à celle de Krestinsky. Rosengoltz a révélé qu'en 1925, il avait demandé à Trotski d'admettre que la théorie de la "révolution permanente" était erronée, mais que ce dernier avait catégoriquement refusé de l'admettre. Après avoir fait état de rencontres avec Lev Sedov en 1933 à Felden et en 1934 à Karlsbad, Rosengoltz a immédiatement mentionné Krestinsky comme porteur d'instructions. Selon cet accusé, Trotsky était initialement convaincu que la guerre éclaterait en 1935 ou 1936. Lorsqu'il est devenu évident qu'elle n'aurait pas lieu, le coup d'Etat a été choisi. Rosengoltz a fait allusion à la réunion dans son appartement avec Toukhatchevski et Krestinski à la fin du mois de mars 1937, qui a déjà été mentionnée plus haut à propos de la purge dans l'armée. Rosengoltz a désigné Krestinsky comme l'homme politique qui négociait avec le maréchal. Sur ces relations, voyons un extrait.

"Vyshinsky : Accusé Krestinsky, est-il vrai que vous avez systématiquement incité Toukhatchevski à réaliser le coup d'État ?
Krestinsky : Dès novembre 1936, j'étais très favorable à la précipitation du coup d'Etat. Je n'avais pas besoin de presser Toukhatchevski, car il était du même avis et l'avait lui-même expliqué aux droitiers, à moi, à Rosengoltz et à Roudzoutak, et avait demandé notre accord pour mener l'action sans attendre une attaque armée. Il n'y avait donc pas lieu de le brusquer. Nous étions tout à fait d'accord sur la question du coup d'État".

Vyshinsky demande à Rosengoltz de développer sa déclaration préliminaire sur le rôle de Gamarnik. L'accusé confirme qu'ils ont eu un entretien au cours duquel le général, confiant dans son prestige politique au sein de l'armée, s'est dit persuadé qu'il pourrait prendre le contrôle du commissariat à l'intérieur lors du coup d'État avec l'aide de quelques commandants audacieux, parmi lesquels il cite Goryatchev. Grâce à son poste de commissaire au commerce extérieur, Rosengoltz, explique-t-il, utilise le courrier diplomatique pour financer le mouvement trotskiste. Parmi les opérations les plus importantes, il cite celle de Krayevsky, qui a remis à

Trotsky 300 000 dollars volés dans les caisses du Commissariat. Sur ce sujet du financement de l'organisation trotskiste, le procureur demande à Krestinsky de plus amples informations.

> "Krestinsky : Nous, trotskystes, avions pris l'habitude de recevoir régulièrement des sommes en devises fortes.
> Vyshinsky : Avaient-ils l'habitude de recevoir de l'argent des services de renseignement étrangers ?
> Krestinsky : Oui, cet argent était destiné au travail de l'organisation dans divers pays à l'étranger, à la publication de littérature, etc.
> Vyshinsky : Qu'est-ce que l'etcetera ?
> Krestinsky : Pour les frais de voyage, pour les agitateurs, pour le maintien de certains professionnels dans différents pays...".

Au cours de cette nouvelle intervention, Krestinsky, l'ambassadeur à Berlin, révèle qu'entre 1923 et 1930, ils ont obtenu 250 000 marks-or par an. Il reconnaît avoir reçu en 1928 une lettre de Trotsky via Reich, écrite depuis Alma Ata où il était en exil, lui donnant des instructions pour recevoir de l'argent des Allemands. Krestinsky précise qu'il était en relation avec le général Seeckt, qui a démissionné à ce moment-là, et qu'il a donc dû établir un contact avec son successeur. C'est Seeckt lui-même qui l'a mis en contact avec Hammerstein, chef d'état-major de la Reichswehr. Le lien ayant été établi avec l'armée allemande et non avec le gouvernement dans son ensemble, "avec l'arrivée d'Hitler au pouvoir", dit-il, "et avec l'effort d'Hitler pour subordonner l'armée, et avec une certaine attitude de méfiance de la part de certains chefs de l'armée à l'égard des tentatives d'Hitler de pénétrer la Reichswehr, le gouvernement allemand ne pouvait plus être identifié à l'armée, et il devenait nécessaire d'envisager que non seulement la Reichswehr, mais le gouvernement allemand dans son ensemble devienne l'autre partie à notre accord". Krestinsky poursuit en précisant qu'en échange d'argent, les Allemands recevaient des informations d'espionnage dont ils pourraient avoir besoin lors d'une attaque armée.

La soirée s'est terminée par l'intervention de Christian Rakovsky, dont l'intervention mériterait un espace qui n'est plus disponible. Rakovsky a demandé l'autorisation de faire quelques remarques introductives, qui se sont transformées en un discours plein d'informations pertinentes. Sa première remarque est la suivante : "Trotsky, pour ainsi dire, est le principe directeur de toutes ces conspirations, de toutes ces félonies et trahisons contre l'Union soviétique, contre les dirigeants du gouvernement et du parti". Cela dit, il divise ses activités déloyales en deux périodes, au milieu desquelles se trouve son exil. Rakovsky avoue son appartenance à l'Intelligence Service britannique et déclare que Trotsky y est associé depuis 1926. Rappelant qu'il s'était rendu au Japon en septembre 1934 à la tête d'une délégation de la Croix-Rouge, il a fait état de contacts importants avec l'ambassadeur Yourenev, un trotskiste de toujours, dans le cadre des négociations relatives à la vente de la East China Railway Company, une affaire dans laquelle les trotskistes avaient tout à gagner. À ce stade, le président Ulrich propose d'ajourner la réunion jusqu'à onze heures le lendemain matin.

Le 5 mars, le Président demande à Rakovsky de conclure ses remarques introductives, et celui-ci termine en racontant une interview dans laquelle une personne dont il ne révèle pas le nom a exprimé son malaise face à l'ingérence de Trotsky dans la question chinoise. Cette personne a commencé la conversation en disant : "Nous savons que vous êtes un partisan et un ami proche de Trotsky. Je dois vous demander de lui dire qu'un certain gouvernement n'est pas satisfait de vos articles sur la question chinoise et du comportement des trotskystes chinois. Nous sommes en droit d'attendre un comportement différent de la part de M. Trotsky. M. Trotsky devrait comprendre ce qui est nécessaire à un tel gouvernement". Nous comprenons que la question chinoise attisait l'antagonisme entre le Japon et la Grande-Bretagne. Rakovsky fait remarquer, sans entrer dans les détails, qu'un incident provoqué pourrait servir de prétexte à une intervention en Chine, et il écrit à Trotsky dans ce sens, les trotskystes étant en contact avec les deux services secrets. Le procureur fait alors remarquer que si Krestinsky est en relation avec les services secrets allemands, Rakovsky parle de relations avec les services secrets japonais et britanniques. À la demande de Vyshinsky, l'accusé a expliqué en détail comment il avait été recruté par le SIS (Secret Intelligence Service) britannique. Vyshinsky lui demande également d'informer le tribunal de ce qu'il sait des liens de Trotsky avec le SIS.

> "Rakovsky : C'était juste avant l'exil de Trotsky à Alma Ata. Au départ, il devait être envoyé à Astrakhan, mais il a réussi à le faire changer pour Alma Ata. Lorsque je lui ai rendu visite dans son appartement de la rue Granovsky, je l'ai trouvé très heureux de ce changement. J'ai été surpris. Après tout, il fallait plusieurs jours de voyage pour aller de Frunze à Alma Ata (il n'y avait pas de chemin de fer à l'époque). Il m'a répondu : "Mais c'est plus près de la frontière chinoise" et m'a montré des cartes. Il m'a laissé entendre qu'il avait l'intention de s'enfuir. Je lui ai demandé comment il pouvait organiser sa fuite à travers l'ouest de la Chine, les déserts et les montagnes, sans ressources. "L'Intelligence Service m'aidera", a répondu Trotsky. Il m'a alors confié, en toute confidentialité, qu'il avait établi un contact criminel avec le SIS en 1926.
> Vyshinsky : Par qui ?
> Rakovsky : Par l'intermédiaire d'un des représentants de la concession d'exploitation de l'or de la Lena.
> Vyshinsky : Avait-il quelque chose à voir avec la société concessionnaire ?
> Rakovsky : À l'époque, il était le président de la Chambre principale des courtiers.

Vyshinsky : Lorsqu'il était président du conseil des concessionnaires, il a donc établi des contacts avec les services de renseignement britanniques par l'intermédiaire d'un représentant des mines d'or de la Lena.
Rakovsky : Absolument correct....".

Rakoksky a déclaré qu'il avait rencontré Trotsky en 1903 et que leur amitié s'était développée jusqu'à ce qu'il devienne son ami intime, tant sur le plan personnel que politique. À un moment de l'interrogatoire, Rakovsky laisse entendre que l'Allemagne et le Japon ne sont que des instruments. Pour quiconque pouvait comprendre, Rakovsky sous-entendait plus qu'il ne disait. La question à l'origine de ce sujet était : "Dans l'intérêt de qui les trotskystes mènent-ils cette lutte contre l'Etat soviétique ? La réponse fut : "Pour prendre le pouvoir". Lorsque le procureur lui demande d'admettre qu'ils ont l'intention de détruire l'ordre socialiste, Rakovsky n'est pas d'accord et souligne qu'il ne peut pas dire ouvertement qu'ils veulent revenir au système capitaliste, que ce n'est pas l'objectif qu'ils ont en tête. "Sur quelles prémisses et sur quel pronostic historique agissaient-ils ? demanda Vyshinsky. "Un pronostic très indéfini, c'était une aventure, s'ils pouvaient prendre le pouvoir, très bien, sinon..." Le procureur ne le laisse pas conclure son argumentation et prétend qu'il va témoigner dans un sens favorable à sa thèse, mais Rakovsky insiste :

"Rakovsky : Il n'y avait aucune prémisse idéologique.
Vyshinsky : Il n'y avait aucune prémisse idéologique ?
Rakovsky : Non.
Vyshinsky : Et l'objectif était une lutte furieuse contre l'État socialiste dans le but de prendre le pouvoir ? Et à long terme, dans l'intérêt de qui ?
Rakovsky : Citoyen procureur, si je vous disais que nous voulions prendre le pouvoir pour le donner aux fascistes, nous serions non seulement les criminels que nous sommes, mais aussi des fous. Mais...
Vyshinsky : Mais ?
Rakovsky : Mais quand nous pensions qu'il était possible de prendre le pouvoir et de le garder sans le livrer aux fascistes, c'était de la folie, c'était de l'utopie.
Vyshinsky : Par conséquent, si vous aviez réussi à prendre le pouvoir, celui-ci serait-il inévitablement tombé aux mains des fascistes ?
Rakovsky : Je partage entièrement ce point de vue.
Vyshinsky : Ils voulaient donc prendre le pouvoir avec l'aide des fascistes ?
Rakovsky : Avec l'aide des facistes.
Vyshinsky : Si les fascistes avaient obtenu le pouvoir pour vous, entre les mains de qui aurait-il été ?
Rakovsky : L'histoire le sait.
Vyshinsky : Non, laissez l'histoire tranquille".

Ce fragment est, à notre avis, tout à fait significatif. Rakovsky ne pouvait pas aller plus loin dans ses insinuations, car il aurait dû dire que l'utilisation des fascistes était un mécanisme de reconquête du pouvoir, qu'à cette fin ils avaient financé Hitler et permettaient le réarmement de l'Allemagne hitlérienne, et que ce qu'ils entendaient, à terme, c'était revenir au service des intérêts de l'internationale financière juive, qui avait soutenu le communisme pour s'approprier les ressources de la Russie par le travail de ses "révolutionnaires". Lorsque le procureur a déclaré qu'il n'avait plus de questions, Rakovsky a demandé la permission de dire quelques mots et a rappelé que, pendant huit mois, il avait refusé de témoigner et que, lorsqu'il avait décidé de plaider coupable, c'était pour faire "une déclaration pleine, entière et franche". Le président annonce une suspension de séance de vingt minutes.

Quant à l'accusé suivant, Isaac Abramovitch Zelensky, qui dirigeait depuis 1931 l'Union centrale des sociétés de consommation (Tsentrosoyud), nous nous contenterons de dire qu'il prétendait avoir participé à l'agitation des koulaks et à des activités de sabotage destinées à susciter le mécontentement de la population. À cette fin, il s'employait à désapprovisionner les magasins et le marché en produits de première nécessité : sel, beurre, œufs, sucre, maïs et autres biens de consommation courante. À la fin de l'interrogatoire, le président suspend la séance qui reprend à 18 heures avec le témoignage d'un dirigeant ouzbek, Akmal Ikramov, premier secrétaire du Comité central du Parti en Ouzbékistan depuis 1929. Cet accusé a été confronté à Boukharine, Zelensky et Khodjaïev sur le sabotage et les activités terroristes, mais nous épargnerons son témoignage, car il n'apporte rien de nouveau et nous devons consacrer de l'espace à Nikolaï Boukharine, l'accusé le plus important du procès.

Outre le fait que Boukharine (Dolgolevsky) dirigeait le bloc trotskiste/droitier, il est intéressant de noter ce qui a été révélé au cours du procès concernant son implication dans le complot visant à assassiner Lénine. On se souviendra que dans cet ouvrage, il a été soutenu à l'époque que Trotski, en désaccord avec la décision de Lénine de signer le traité de Brest-Litovsk, était à l'origine des événements. Examinons donc quelques instants de la très longue déclaration de Boukharine. Après que l'accusé a accepté les charges, Vishinsky commence l'interrogatoire. Le procureur s'attarde d'abord sur des aspects déjà établis dans les procès précédents, par exemple la volonté des trotskistes de céder des territoires de l'URSS à l'Allemagne et au Japon ou la participation du Bloc à des activités insurrectionnelles. Interrogé sur son implication dans l'assassinat de Kirov, Boukharine l'a niée, de même que Rykov lorsqu'il a été confronté au premier.

Vyshinsky leur demande de s'asseoir et interroge Yagoda. Rykov et Boukharine, a déclaré l'ancien chef du NKVD, mentent tous les deux. Rykov et Yenukidze étaient présents à la réunion où l'assassinat de S.M. Kirov a été discuté". Le procureur a alors feint une réponse laconique et a insisté pour demander : "Les accusés Rykov et Boukharine avaient-ils un lien quelconque avec l'assassinat ?" La réponse fut : "Lien direct". Vyshinsky profite de l'occasion pour demander à Yagoda : "En tant que membre du bloc trotskiste et de droite, aviez-vous un lien quelconque avec l'assassinat ?" Yagoda répond : "J'en avais un". Le procureur n'a pas quitté le sujet du terrorisme et a poursuivi en s'enquérant des directives émanant de Trotsky en ce qui concerne l'assassinat de personnalités. À la question de savoir si, en tant que membre du bloc de droite et trotskiste, il était favorable aux actes terroristes, Boukharine a admis qu'il l'était. Soudain, Vyshinsky s'enquiert :

"Vyshinsky : N'étiez-vous pas favorable à l'assassinat des dirigeants de notre parti et de notre gouvernement en 1918 ?
Boukharine : Non, je ne l'étais pas.
Vyshinsky : Étiez-vous favorable à l'arrestation de Lénine ?
Boukharine : Son arrestation ? Il y avait deux plans. J'ai moi-même informé Lénine de l'un d'entre eux. Sur le second, j'ai gardé le silence pour des raisons de discrétion, dont, si vous voulez, je peux vous donner les détails. Cela s'est passé.
Vyshinsky : Cela a-t-il eu lieu ?
Boukharine. Oui.
Vyshinsky : Et l'assassinat de Vladimir Ilyich ?
Boukharine : La première fois, il a été proposé de l'arrêter pendant vingt-quatre heures. Il y avait cette formule. Mais dans le deuxième cas...
Vyshinsky : Et si Vladimir Ilich résiste à l'arrestation ?
Boukharine : Vladimir Ilitch, comme vous le savez, n'a jamais participé à des conflits armés. Il n'était pas un combattant.
Vyshinsky : Vous espériez donc que Vladimir Ilich ne résisterait pas lors de son arrestation ?
Boukharine : Vous voyez, je peux vous citer un autre cas. Lorsque les révolutionnaires socialistes de gauche ont arrêté Dzerjinski, il n'a pas opposé de résistance armée non plus.
Vyshinsky : Cela dépend toujours des circonstances, donc dans ce cas vous comptiez sur le fait qu'il n'y aurait pas de résistance ?
Boukharine : Oui.

Le procureur a voulu savoir si, en 1918, il était également prévu d'arrêter Staline. L'accusé a précisé qu'il y avait eu des pourparlers pour arrêter Staline et Sverdlov. Vyshinsky interrompt alors l'interrogatoire et annonce qu'à la fin de la séance ou lors de l'audience du lendemain, il demandera au tribunal de citer un certain nombre de témoins en rapport avec le projet d'arrestation et d'assassinat de Lénine. Il mentionne Yakovleva, Ossinsky et Mantsev, membres du groupe dit des "Communistes de gauche", ainsi que Karelin et Kamkov, membres du Comité central des révolutionnaires socialistes. Après délibération, le tribunal a décidé d'accorder la citation à comparaître de ces témoins.

Boukharine avait demandé au début de son interrogatoire que, comme cela avait été fait avec Rakovsky, on lui permette de tenir compte de certaines circonstances. Le président, après l'avoir averti qu'il ne devait pas profiter de l'occasion pour se défendre, car il aurait l'occasion de faire la plaidoirie finale, a accédé à sa demande. L'accusé revient sur les débuts de son activité contre-révolutionnaire, parle de l'évolution des méthodes de lutte et de la formation des groupes et des cadres. En ce qui concerne la hiérarchie de l'opposition qu'il dirigeait, il a expliqué ses relations avec Tomsky (Honigberg), qui s'était suicidé en août 1936, et avec Rykov lorsque tous deux étaient, comme lui, membres du Politburo et du Comité central. Il a ensuite expliqué ses contacts avec Zinoviev, Kamenev et Pyatakov et a commenté la portée de la "plate-forme Ryutin". Le procureur et le président l'interrompent, lui disant qu'il "tourne autour du pot" et qu'il doit en venir au fait. Boukharine fait alors état d'une conférence illégale qui s'est tenue à Moscou en 1932 et à laquelle ont participé des agitateurs et des saboteurs comme Slepkov ou Yakovenko, disséminés dans tout le pays, pour rendre compte de leurs activités. La séance s'achève sans que Boukharine ait terminé son exposé.

Le 7 mars à onze heures du matin, Boukharine reprend son récit. Il évoque la formation de groupes de conspirateurs au sein de l'armée et mentionne le rôle de Ienoukidzé, qui lui a déclaré en 1932 que "dans les rangs supérieurs de l'Armée rouge, des droitiers, des zinoviévistes et des trotskistes avaient déjà uni leurs forces". Parmi les personnes citées par Yenukidze, l'accusé cite Toukhatchevski, Kork, Primakov et Putna. En ce qui concerne le coup d'État, il a admis que les droitiers avaient conçu, dès 1929-1930, ce qu'il a appelé un "coup d'État de palais", car les conspirateurs se trouvaient au Kremlin. Plus loin dans la déclaration, Vyshinsky pose la question suivante : "Monsieur Boukharine, avez-vous engagé des négociations avec Radek au sujet de l'Ukraine ? L'accusé a précisé qu'il ne s'agissait pas de négociations, mais de pourparlers. Boukharine explique que Radek l'a informé "des négociations de Trotsky avec les Allemands, qui envisageaient des concessions territoriales en échange d'une aide aux organisations contre-révolutionnaires". Boukharine s'empresse de préciser qu'il est contre les concessions territoriales et qu'il ne se considère pas lié par les instructions de Trotski. Le procureur n'accepte pas cette dissociation et entame une série de confrontations avec Rykov afin de prouver leur responsabilité dans les négociations. Le négociateur était le franc-maçon juif Lev M. Karakhan (Karakhanyan), l'un des principaux astrologues bolcheviques, qui, avec Trotski et Joffe, faisait partie de la délégation soviétique à Brest-Litovsk en tant que secrétaire. Karakhan est ambassadeur en Pologne en 1921, en Chine de 1923 à 1926 et en Turquie à partir de 1934, jusqu'à ce qu'il soit arrêté et exécuté le 20 septembre 1937 avec Yenukidze et d'autres, raison pour laquelle il n'a pas pu assister au procès. Entre 1927 et 1934, Karakhan était commissaire adjoint aux affaires étrangères. Le commissaire était également un juif et un franc-maçon, Maksim Litvinov (Meyer Hennokh Wallakh), en théorie trotskiste, qui, étonnamment, resta à la tête du commissariat pendant neuf ans. Ce résumé hâtif fait, suit un passage de l'interrogatoire dans lequel Boukharine a été confronté à Rykov :

"Vyshinsky : Accusé Rykov, Karakhan a-t-il entamé des négociations de sa propre initiative ?

Rykov : Il les a entrepris sur les instructions et à l'initiative de Tomsky, mais Boukharine et moi-même avons soutenu cette initiative lorsque nous avons été informés des négociations.

Vyshinsky : Ils ont soutenu non seulement la négociation, mais aussi l'initiative, c'est-à-dire l'ensemble.

Rykov : Nous ne sommes pas des enfants. Si vous ne soutenez pas ces choses, vous devez les combattre. On ne peut pas jouer la neutralité dans ce genre de choses.

Vyshinsky : On peut donc établir que Karakhan a mené des négociations avec les fascistes allemands au su de Boukharine. Accusé Rykov, confirmez-vous cela ?

Rykov : Oui.

Boukharine : Qu'entendez-vous par la connaissance de Boukharine ? Il n'est pas vrai que je savais qu'il se rendait là-bas.

Vyshinsky : Je ne parle pas d'y aller. Savez-vous ce que signifie l'initiative ?

Boukharine : Je peux deviner à distance.

Vyshinsky : À distance ? Je vois que votre position vous oblige à faire des suppositions à distance qui sont très claires.

Boukharine : C'est possible.

Vyshinsky : L'accusé Rykov vient de déclarer devant le tribunal que Karakhan a entamé des négociations avec les Allemands non pas de sa propre initiative, mais de celle de Tomsky.

Boukharine : Mais ni Rykov ni moi ne le savions.

Vyshinsky : Mais vous l'avez soutenu plus tard quand vous l'avez découvert ?

Boukharine : Rykov a déjà déclaré que dans de tels cas, il ne peut y avoir de neutralité. Si je n'ai pas mis fin aux négociations, je les ai soutenues. Mais c'est une paraphrase de ce que j'ai dit : si je ne les désapprouvais pas, je les approuvais.

Vyshinsky : Alors, Monsieur Boukharine, assumez-vous la responsabilité des négociations sur le Karakhan avec les Allemands ?

Boukharine : Sans aucun doute.

Boukharine déclara plus tard qu'au cours de l'été 1934, il avait demandé à Radek d'écrire à Trotski pour lui dire qu'il allait trop loin dans les négociations. Il a ajouté qu'il craignait que les Allemands ne finissent par revenir sur tout accord préliminaire. Il exprime également ses doutes au sujet de Toukhatchevski. Il craint qu'il n'ait des tendances bonapartistes : "Dans mes conversations, j'ai toujours parlé de Toukhatchevski comme d'un petit Napoléon potentiel. Et vous savez comment Napoléon se comportait avec les soi-disant idéalistes. Poursuivant sur le thème des négociations et des projets de coup d'Etat, l'accusé fait état de trois conversations tenues en 1935 après l'arrivée de Karakhan à Moscou en provenance de Turquie : la première avec Tomsky, la deuxième avec Yenukidze et la troisième avec Karakhan lui-même. Au sujet de la première, il dit avoir demandé à Tomsky "comment le mécanisme d'intervention était envisagé". La réponse fut : "Il s'agit de l'organisation militaire qui va ouvrir le front aux Allemands". Cette déclaration a donné lieu à un échange de questions avec le procureur, qui a exigé de savoir ce que signifiait exactement "ouvrir le front".

C'est dans ce contexte que la question de la responsabilité des militaires dans la défaite a été soulevée, ouvrant la possibilité aux politiciens de lancer une campagne de slogans patriotiques pour gagner les masses. Vishinsky s'indigne : "jouer avec des slogans patriotiques, spéculer avec eux, prétendre que quelqu'un a commis une trahison, mais que vous êtes des patriotes...". Le procureur lui demande alors s'il a abordé ce sujet lors des entretiens avec Yenukidze et Karakhan. L'accusé a déclaré que les Allemands avaient demandé à Karakhan une alliance militaire et l'annulation des pactes d'assistance mutuelle de l'URSS avec la Tchécoslovaquie et la France. Selon Boukharine, Karakhan a accepté la seconde demande. Vyshinsky insiste sur le concept d'"ouverture du front" et demande si cela a été envisagé avec Karakhan. Le procureur accuse Boukharine d'être le promoteur de cette idée, ce que Rykov confirme : "J'ai entendu l'idée d'ouvrir le front pour la première fois de la bouche de Boukharine.

C'est enfin le tour des témoins demandés par le procureur. Varvara Nikolaevna Yakovleva est la première à entrer. En mars 1918, Yakovleva travaillait à la Tcheka de Moscou. La première chose qu'elle a faite a été d'accepter de participer au groupe des "communistes de gauche", dont l'organisateur et le chef était Boukharine. Vyshinsky lui demande de raconter les principales activités antisoviétiques du groupe, et elle explique qu'un petit conseil a été formé à Moscou, dont elle était la secrétaire, jusqu'à ce qu'elle soit remplacée par Mantsev lorsqu'elle est partie pour Leningrad. Elle reconnaît que lors des discussions du Conseil de Moscou, il a été décidé de lutter contre les partisans de la paix avec l'Allemagne. Elle se réfère à un discours de Stukov, consigné dans le procès-verbal du Conseil régional de Moscou, dans lequel Stukov déclare qu'il ne faut pas reculer et évoque déjà la possibilité d'aller jusqu'à l'élimination physique de Lénine, de Staline et de Sverdlov. Elle a ajouté qu'elle et Mantsev ont réalisé que le groupe était compromis par la trace écrite d'activités illégales et ont choisi de retirer du registre des procès-verbaux les pages consignant l'intervention de Stukov, qui leur a dit plus tard que son intervention avait été approuvée par

Boukharine. Yakovleva a déclaré au tribunal que Boukharine lui-même lui avait confirmé qu'il soutenait Stukov. La déclaration de ce témoin étant incontournable, nous lui donnons la parole :

"Yakovleva : ... En même temps, Boukharine m'a dit qu'il (Stukov) n'était pas le seul à penser ainsi, que Boukharine avait eu une conversation franche avec Trotsky à ce sujet et que Trotsky pensait aussi que la lutte politique sur la question de la guerre et de la paix venait de commencer, que les communistes de gauche devaient envisager la possibilité que la lutte dépasse les limites du parti, et qu'il fallait chercher des alliés en qui on pouvait avoir confiance. Trotsky avait dit à Boukharine que les révolutionnaires socialistes de gauche, dont la position sur la question était tout à fait claire, pouvaient être de tels alliés. Boukharine a également déclaré que Trotski pensait que la lutte devait prendre des formes plus agressives, impliquant non seulement le remplacement du gouvernement, mais son renversement et l'élimination physique des dirigeants du parti et du gouvernement. Il a immédiatement mentionné Lénine, Sverdlov et Staline. Boukharine m'a informé qu'au cours de la conversation, Trotsky lui avait franchement dit que sa position intermédiaire sur la question de la signature de la paix n'était qu'une manœuvre tactique, qu'il n'osait tout simplement pas se prononcer activement en faveur des communistes de gauche, c'est-à-dire contre la signature de la paix, parce qu'il était un homme nouveau dans le parti, et que s'il adoptait publiquement la position des communistes de gauche, on dirait qu'il était entré dans le parti pour combattre Lénine. Au cours de cette conversation, lorsqu'il m'a parlé de la position de Trotsky et de ses alliés possibles, Boukharine a également fait référence à Zinoviev et Kamenev. Il a dit qu'ils maintenaient tous deux une attitude vacillante sur la question de la guerre et de la paix, et que pendant la discussion sur la question, ils lui avaient exprimé à plusieurs reprises dans des conversations privées qu'ils étaient en faveur de l'approche des communistes de gauche. Boukharine a déclaré que Zinoviev et Kamenev n'osaient pas se déclarer ouvertement contre Lénine, étant donné qu'ils avaient compromis leur position sur la question pendant les journées d'octobre.... Il précise que Zinoviev et Kamenev, comme Boukharine et Trotski, pensent que la lutte politique sur la question de la guerre et de la paix dépasse les limites du parti....."

Yakovleva poursuit en donnant des détails précis sur ce qui s'est passé en 1918, comme une entrevue avec Zinoviev à l'hôtel Astoria, où elle a été emmenée par Boukharine pour entendre de ses propres oreilles l'opinion du leader bolchevique. Elle a également fait allusion au départ du gouvernement des révolutionnaires socialistes de gauche en raison de leur opposition à la signature du traité de paix. Il a indiqué qu'en février 1918, Boukharine et Pyatakov ont contacté les révolutionnaires socialistes de gauche pour qu'ils acceptent de former un gouvernement alternatif avec les communistes de gauche. Finalement, les révolutionnaires socialistes de gauche ont organisé la révolte de juillet avec leurs propres forces, les communistes de gauche ayant pratiquement cessé d'exister en tant qu'organisation. Après l'exposé de Yakovleva, le procureur a commencé à opposer à Boukharine certaines des affirmations du témoin :

> Vyshinsky : Monsieur Boukharine, étiez-vous l'organisateur et le dirigeant du groupe appelé "Communistes de gauche" en 1918 ?
> Boukharine : J'étais l'un des organisateurs.
> Vyshinsky : Avez-vous parlé ouvertement de l'arrestation de Lénine, Sverdlov et Staline ?
> Boukharine : Il était question d'arrestation, mais pas d'extermination physique. Ce n'était pas avant la paix de Brest-Litovsk, mais après. Avant la paix de Brest-Litovsk, la principale orientation des communistes de gauche était de parvenir à la majorité au sein du parti par des moyens légitimes.
> Vyshinsky : Quels moyens juridiques ?
> Boukharine : Les débats, les votes aux réunions et tout cela.
> Vyshinsky : Et quand cet espoir a-t-il disparu ?
> Boukharine : Après la paix de Brest-Litovsk. Je tiens à clarifier ce point afin de réfuter la déclaration de Yakovleva. Elle parle d'une période antérieure à la paix de Brest-Litovsk, ce qui n'a pas de sens car, à cette époque, les trotskystes et nous-mêmes avions la majorité au Comité central et étions sûrs d'obtenir la majorité au sein du parti. Parler d'activités conspiratrices à cette époque n'a aucun sens. C'est à cette époque que j'ai parlé avec Pyatakov, lorsque Karelin et Kamkov ont proposé de former un nouveau gouvernement.
> Vyshinsky : Quand était-ce ?
> Boukharine : C'était avant la paix de Brest-Litovsk. Ils ont proposé de former un gouvernement en arrêtant Lénine pendant vingt-quatre heures".

Cette réponse a permis au procureur d'établir que, bien que Boukharine ait fait semblant de le nier, avant la paix de Brest-Litovsk, il y avait eu des pourparlers pour renverser le gouvernement de Lénine.

> "Vyshinsky : Je vous demande, avant la conclusion de Brest-Litovsk, y a-t-il eu des négociations avec les socialistes révolutionnaires pour arrêter Lénine ?
> Boukharine : Oui.
> Vyshinsky : Y a-t-il eu des négociations après la paix de Brest-Litovsk ?
> Boukharine : après la paix de Brest-Litovsk, il y a eu des négociations".

Une fois que les plans d'arrestation de Lénine ont été confirmés à Sverdlov et à Staline, Vyshinsky va plus loin et commence à poser des questions sur l'élimination physique de Lénine, pour laquelle il confronte Boukharine à Yakovleva, qui déclare que Boukharine lui a dit que l'élimination physique n'était pas exclue. Boukharine demande alors l'autorisation de poser des questions au témoin et le président la lui accorde, mais lève immédiatement la séance. Lors de la reprise de l'audience dans l'après-midi, Ulrich a finalement empêché Boukharine d'interroger Yakovleva, car ses questions étaient sans rapport avec l'affaire et que l'accusé violait l'article 257 du code de procédure pénale, dont le texte a été lu par le président Ulrich. L'accusé a fait valoir qu'étant donné qu'il assurait sa propre défense, il devait poser certaines questions. Peu à peu, le président du tribunal et le procureur se sont montrés plus permissifs et Boukharine a fini par interroger tous les témoins sans problème. Valerian V. Ossinsky est le prochain à témoigner et confirme les déclarations de Yakovleva sur les projets des révolutionnaires socialistes de gauche de s'emparer du pouvoir par une action armée. Ossinsky confirme l'existence de projets d'assassinat de Lénine, Sverdlov et Staline.

"Vyshinsky : Comment avez-vous su que le bloc des conspirateurs avait l'intention d'assassiner Lénine, Sverdlov et Staline en 1918 ?
Ossinsky : D'abord par Yakovleva, puis par Boukharine.
Vyshinsky : Boukharine a-t-il personnellement corroboré cette intention ?
Ossinsky : Oui.
Vyshinsky : Et quelle était votre attitude face à cela ?
Ossinsky : Quelle était mon attitude ? Voulez-vous connaître mon attitude politique ou mon attitude subjective ? Peu importe, je laisse mon attitude subjective de côté. Puisque je ne m'y suis pas opposé, j'ai donc accepté.
Vyshinsky : Et vous n'en avez informé personne ?
Ossinsky : Je n'ai informé personne.
Vyshinsky : Pas d'autres questions".

Vassili Nikolaïevitch Mantsev, le troisième témoin du groupe des communistes de gauche, qui était l'un de leurs dirigeants, est ensuite entré. Mantsev déclare que Boukharine considère que le gouvernement soviétique de Lénine trahit les intérêts de la révolution prolétarienne et confirme les déclarations de ses collègues. Sur la destruction des procès-verbaux du Conseil de Moscou contenant le discours dans lequel Stukov préconisait l'assassinat de Lénine, il dit que lui et Yavovleva les ont retirés du livre des procès-verbaux sur les instructions de Boukharine : "Il a proposé que ces procès-verbaux soient retirés du livre afin de dissimuler les activités conspiratrices des communistes de gauche. Boukharine refuse d'accepter les dépositions des trois témoins qui l'ont impliqué dans le complot d'assassinat de Lénine et les accuse de mentir. Voici un extrait de cet interrogatoire :

"Vyshinsky : Avez-vous eu l'occasion de rendre visite à Trotsky et de lui parler de cette affaire ?

Mantsev : Oui, j'ai rendu visite à Trotsky et je lui en ai parlé.

Vyshinsky : Trotsky vous a-t-il parlé de la nécessité d'assassiner Lénine, Staline et Sverdlov ?

Mantsev : Oui, Trotsky en a parlé.

Vyshinsky : Par conséquent, lorsque Boukharine déclare que l'initiative est également venue de Trotsky, dit-il la vérité ?

Mantsev : Oui, dans ce cas, il dit la vérité.

Vyshinsky : Cela signifie-t-il, peut-on dire, que Trotsky et Boukharine projetaient de tuer Lénine, Staline et Sverdlov ?

Mantsev : Oui, c'est vrai.

Vyshinsky : Comment avez-vous eu connaissance de ce plan ?

Mantsev : J'en ai entendu parler personnellement par Yakovleva, par Trotsky et par d'autres.

Vyshinsky : Trotsky a-t-il parlé de la nécessité d'assassiner Lénine et Staline ?

Mantsev : Oui, il l'a fait.

Vyshinsky : Boukharine vous a-t-il dit qu'il avait lui-même incité à l'assassinat de Lénine et de Staline ?

Mantsev : "C'était une décision".

Boris Davidovich Kamkov, membre juif du Comité central des socialistes révolutionnaires en 1918, fut le témoin suivant. Le lecteur se souvient peut-être que ce Kamkov, l'un des socialistes révolutionnaires qui ont présidé les sessions du cinquième congrès des soviets en juillet 1918, a été chargé de réprimander publiquement l'ambassadeur d'Allemagne au cours d'une des sessions du congrès. Deux jours plus tard, Mirbach fut assassiné par le juif Yakov Blumkin. Kamkov commence sa déclaration en évoquant une rencontre avec Boukharine à l'Institut Smolny, au cours de laquelle il lui a dit que la position du parti bolchevique, suite à l'attitude envers la paix de Brest-Litovsk, se compliquait et avait atteint des niveaux très sérieux : "il a dit qu'ils discutaient de la possibilité de créer un gouvernement anti-Brest composé de communistes de gauche et de révolutionnaires socialistes de gauche, sous la présidence de Pyatakov". Pour les socialistes révolutionnaires, affirme ce témoin, la paix est inacceptable et ils sont prêts à la rendre impossible par tous les moyens. Il a confirmé que les communistes de gauche avaient soutenu l'assassinat de l'ambassadeur Mirbach, exécuté directement par Blumkin, l'homme de confiance de Trotsky, afin de faire échouer la paix de Brest-Litovsk. Voici un extrait de l'interrogatoire :

"Vyshinsky : À propos, avez-vous, en tant que membre des révolutionnaires socialistes de gauche, participé directement à l'assassinat de Mirbach ?

Kamkov : Je l'ai fait.

Vyshinsky : Les communistes de gauche étaient-ils au courant des préparatifs de l'assassinat de Mirbach et de la révolte de juillet ?
Kamkov : Oui.
Vyshinsky : Complètement ?
Kamkov : Tout à fait, selon les informations que j'ai reçues de Karelin, comme je l'ai indiqué dans l'enquête préliminaire.
Vyshinsky : Oui, bien sûr, selon l'une ou l'autre information.
Kamkov : C'est ce que je voulais dire.
Vyshinsky : C'est tout à fait clair. Je vous pose la question : Boukharine en particulier - en tant que chef des communistes de gauche - savait-il que les socialistes révolutionnaires préparaient une révolte, qui a effectivement éclaté en juillet 1918 ?
Kamkov : D'après ce que m'a dit Karelin, j'étais au courant.
Vyshinsky : En étiez-vous pleinement conscient ?
Kamkov : "Probablement pas partiellement, mais complètement".

Vladimir Alexandrovitch Karelin, qui, comme Kamkov, était également juif, comme l'affirme avec une certitude absolue Bruce Lockhart dans les *Mémoires d'un agent britannique, est* le dernier des témoins cités par le procureur. Également membre du comité central du Parti socialiste révolutionnaire de gauche en 1918, il entre dans la salle d'audience à la demande du président Ulrich. Karelin a admis que Kamkov, Proshyan et lui-même avaient négocié avec Boukharine en tant que leader des communistes de gauche. Selon ce témoin, en décembre 1917, il y avait l'espoir que le groupe de Boukharine puisse finalement contrôler le comité central du parti communiste. Il a mentionné la célèbre phrase de Trotski : "Ni guerre ni paix", qui impliquait l'échec des négociations de Brest-Litovsk. Karelin indique qu'en décembre/janvier 1918, la représentation soviétique a été élargie et qu'il était personnellement membre de la délégation. Il mentionne Marc Nathanson (Isaac Sternberg), un dirigeant juif des socialistes révolutionnaires qui faisait partie du gouvernement de Lénine. Nathanson était également membre du comité central de son parti et, selon Karelin, c'est lui qui les a informés qu'il avait été convenu avec Boukharine que les négociations seraient rompues et conduiraient à une guerre révolutionnaire. Karelin affirme avoir mené lui-même, avec Nathanson et Proshyan, les négociations avec le groupe de Boukharine, Radek et Pyatakov, qui ont abouti à un gouvernement de coalition après la chute du gouvernement de Lénine. Ce témoin a également confirmé que l'assassinat des dirigeants du parti et du gouvernement avait été envisagé. Cette partie de l'interrogatoire mérite d'être citée.

"Vyshinsky : Boukharine a dit que l'assassinat de l'ambassadeur...
Karelin : L'action terroriste contre l'ambassadeur allemand Mirbach constituerait une mesure choquante et efficace pour rompre la paix de Brest-Litovsk.

Vyshinsky : La tentative d'assassinat de V. I. Lénine le 30 août 1918 par le socialiste révolutionnaire Kaplan était-elle liée au plan d'assassinat de Lénine, Staline et Sverdlov ?

Karelin : Oui, la révolte de juillet des révolutionnaires socialistes de gauche devait entraîner des contacts immédiats avec les révolutionnaires socialistes de droite.... Proshyan, responsable de l'organisation du combat des socialistes-révolutionnaires de gauche, a fait un rapport au Comité central dans lequel il disait que l'insistance de Boukharine sur un acte terroriste s'était accentuée. Et je dois dire que, bien que cela ait été caché et dissimulé pendant vingt ans, le Comité central des révolutionnaires socialistes de gauche a été informé de ces développements.

Vyshinsky : Informé de quoi ?

Karelin : Que les socialistes révolutionnaires de droite, par le biais de leur organisation de combat, préparaient un attentat contre Vladimir Ilitch Lénine.

Vyshinsky : Cela signifie-t-il que le Comité central du Parti des révolutionnaires socialistes de gauche disposait d'informations sur les préparatifs de l'assassinat de Lénine ?

Karelin : Oui

Vyshinsky : Et qu'est-ce que Boukharine a à voir là-dedans ?

Karelin : Selon Proshyan, qui négociait avec Boukharine, ce dernier a insisté pour accélérer l'action terroriste...

Vyshinsky : Confirmez-vous que les préparatifs des socialistes révolutionnaires de droite en vue d'un attentat contre la vie de Lénine ont été menés en collaboration avec Boukharine ?

Karelin : Avec les communistes de gauche. Nous considérions Boukharine comme le leader des communistes de gauche".

Naturellement, ces accusations très graves obligent le procureur à interroger Boukharine sur la déclaration de Karelin. "Réponse : "Je nie catégoriquement tout lien". Vyshinsky a répondu : "De plus, Yakovleva témoigne qu'en 1918, vous avez accepté le plan d'arrestation et d'assassinat des camarades Lénine, Staline et Sverdlov. Karelin témoigne de la même chose. Ossinsky témoigne de la même façon et Mantsev témoigne de la même façon. Je vous demande : qui vous a donné des instructions pour organiser ce crime ; quel service de renseignements vous a donné ces instructions ? Boukharine a insisté : "Je nie complètement ce fait". Le procureur dit qu'il n'a plus de questions et demande à Karelin de s'asseoir, mais Boukharine demande à l'interroger. Dans son empressement à dissocier le groupe des communistes de gauche du complot de juillet 1918, il pose la question suivante :

"Boukharine : Le citoyen Karelin sait-il que lors de la révolte moscovite des révolutionnaires socialistes de gauche, l'une des personnes les plus importantes ayant participé aux opérations pratiques, du point de vue de la technique de combat, contre les révolutionnaires socialistes de gauche était le communiste de gauche Bela Kun ?

Karelin : J'en ai entendu parler personnellement par des communistes de gauche. Quant à Bela Kun, je sais qu'à l'époque il était communiste de gauche, membre de ce groupe qui a participé à l'écrasement de la révolte des révolutionnaires socialistes de gauche, et en particulier, Bela Kun a envoyé un détachement qui s'est battu près du bureau du télégraphe, qui avait été pris par un détachement des révolutionnaires socialistes. Mais c'était déjà au moment où l'échec de la révolte était évident. Nous l'avons donc interprété comme un abandon du navire en perdition".

Ces allusions à Bela Kun sont une découverte. Il ressort donc de cette déclaration qu'avant de se rendre en Hongrie à l'automne 1918, où il prétendait être l'homme de Lénine pour l'Europe centrale et occidentale, il avait participé pendant l'été à la conspiration menée dans l'ombre par Trotski, dont le but était de renverser le gouvernement de Lénine. Le fait qu'il ait changé de camp lorsqu'il s'est rendu compte de l'échec du coup d'État montre une fois de plus à quel point il était un criminel. Rappelons que Trotsky lui-même a fait quelque chose de similaire. Dans ses *Mémoires d'un agent britannique*, Bruce Lockhart raconte, avec une ambiguïté calculée, que Leiba Bronstein (Trotsky) attendait dans la banlieue de Moscou avec deux régiments de Lettons et des voitures blindées.

Connaissant les déclarations de ces cinq témoins, il est nécessaire de tirer une conclusion sur des faits que l'historiographie officielle omet intentionnellement. Dans le chapitre sept de cet ouvrage, il a été noté que Trotski et ses partisans ont perdu un vote au Comité exécutif central le 24 février 1918, qui a accepté les conditions de l'Allemagne pour la paix de Brest-Litovsk. Grâce aux déclarations de Yakovleva, on comprend maintenant parfaitement pourquoi Trotski s'est enfermé dans sa chambre et s'est même abstenu de participer au vote : "il n'a pas osé prendre activement la défense des communistes de gauche [...] parce qu'il était un homme nouveau dans le parti [...] et l'on pourrait dire qu'il y était entré pour combattre Lénine". Dans ces circonstances, il était pratique d'utiliser un ou plusieurs hommes de paille. Les critiques de Lénine à l'égard de l'attitude de Trotsky, de son manque de principes, de ses "incessantes embardées", étaient partagées par de nombreux membres du parti. En réalité, Trotski, le "sans-parti", comprenait le marxisme comme une conspiration pour la révolution permanente, pour réaliser, non pas la dictature du prolétariat, mais la dictature sur le prolétariat et sur toutes les classes sociales. Il est au service de ceux qui l'ont financé tout au long de sa carrière de révolutionnaire professionnel. Son objectif est celui de ses commanditaires : le gouvernement mondial, annoncé dans les *Protocoles des Sages de Sion*. Trotski, franc-maçon depuis 1897, membre de l'Ordre du B'nai B'rith et illuminati de haut rang, se montre capable de rallier à lui des milliers de Juifs, comme en témoigne le fait qu'il peut compter sur le Bund et ses coreligionnaires du SR en cas de besoin. Les principaux acteurs de la tentative de coup d'État de 1918 et de l'attentat contre Lénine étaient presque tous des Juifs travaillant pour Trotski, un imposteur qui, pour certains de ses admirateurs, était "le plus grand Juif après le Christ".

Après les séances du 7 mars, journée essentielle qui a permis d'établir la signification profonde de faits historiques restés cachés ou tus, l'audience a repris le 8 avec l'interrogatoire des médecins empoisonneurs. Ils sont jugés pour les crimes suivants : le premier, déjà mentionné plus haut, est celui de Menzhinsky, prédécesseur de Yagoda, perpétré en mai 1934 par Kamkov, qui suivait les instructions de Levin. Le même mois, Levin et Pletnev assassinent le fils de Gorki, Maxim Peshkov. Plus tard, ces deux médecins tuent également Valérian V. Kouibyshev et, enfin, l'écrivain Maxime Gorki lui-même, l'un des fondateurs du réalisme socialiste, qui s'était attiré l'inimitié personnelle de Trotski. Le Dr Levin avoue dans une longue déclaration que lui et Yagoda ont été les organisateurs de ces décès. Yagoda tente de se dissocier de certains événements spécifiques, mais sa résistance s'affaiblit progressivement.

La séance de l'après-midi débute par la déposition de Pavel P. Bulanov, secrétaire particulier de Yagoda, qui travaillait avec lui depuis 1929. L'accusé a déclaré qu'il savait depuis 1931 que son patron était lié aux droitistes et aux trotskystes. Tout ce qui a été dit lors de la séance du matin sur l'implication de Yagoda dans les crimes d'empoisonnement a été confirmé par son ancien secrétaire. Le procureur lui a demandé de donner des détails sur l'envoi d'argent à Trotski et Boulanov a mentionné qu'en 1934, il avait livré sur ordre de Yagoda 20 000 dollars à un homme envoyé par Trotski et que jusqu'en 1936, il y avait eu quatre ou cinq livraisons d'argent à la même personne. Les détails révélés par le Dr Levin et Bulanov sont substantiels, mais l'espace manque pour en faire un examen plus approfondi.

"C'est par cette question que le président du tribunal a ouvert le long exposé du chef déchu du NKVD, qui a commencé par reconnaître que son appartenance au bloc Boukharine-Rykov remontait à 1928 et que très peu de gens étaient au courant. Sa principale tâche consistait à protéger le secret du bloc contre les droitiers et les trotskistes, qui lui demandaient de placer des membres actifs de l'organisation à des postes de direction au sein de l'OGPU. Yagoda confirme qu'ils ont utilisé les koulaks et encouragé leurs insurrections. En ce qui concerne le "coup d'État du palais", il reconnaît que, jusqu'à l'arrivée d'Hitler au pouvoir, il était considéré comme la meilleure option et que sa position de vice-président de l'OGPU était essentielle, car il disposait des moyens techniques pour exécuter le coup d'État, à savoir la garde du Kremlin et les unités militaires, qui étaient au centre de l'attention. Plus tard, il a déclaré : "En 1933, le centre, le bloc des trotskistes et des zinoviévistes, s'est organisé et a pris forme. Par Rykov, j'ai appris que le bloc était lié aux mencheviks et, par Boukharine, aux socialistes révolutionnaires. Yenukidze me tenait informé des décisions du centre. C'est grâce à lui que j'ai appris, en janvier 1934, que l'on préparait un coup d'Etat, ce qui impliquait l'arrestation du 17e Congrès du Parti, qui était en session". Yagoda a reconnu qu'il protégeait un groupe de ses partisans qui travaillaient pour des services de renseignements étrangers et que Karakhan l'avait informé en 1935 de ses négociations avec les milieux fascistes allemands, menées sur les instructions du bloc de droite et trotskiste. Dans son récit devant le tribunal, il a également reconnu sa participation à la dissimulation d'actions terroristes, parmi lesquelles il a mentionné l'assassinat de Kirov. Sur la nomination de Yezhov à la tête du NKVD, il a déclaré ce qui suit :

> "...Lorsque Yezhov fut nommé commissaire aux affaires intérieures, il devint évident que toute l'activité de notre groupe et du bloc des droitiers et des trotskystes serait découverte. Yezhov avait déjà commencé à mettre en pièces les cadres des conspirateurs et, bien sûr, il pouvait atteindre le centre du bloc et moi personnellement. C'est pourquoi, afin de sauver notre organisation, Rykov, Boukharine et d'autres, nous avons décidé d'assassiner Yezhov. L'empoisonnement a été effectué par Bulanov, comme il l'a lui-même avoué au tribunal. Je nie une partie de ce qu'il a dit, mais cela ne change rien aux faits et à l'essence de l'affaire".

La séance du 8 s'est terminée par la déclaration de l'accusé Peotr Kryuchkov, secrétaire de Gorki. Kryuchkov confirme pleinement sa déclaration préliminaire et avoue avoir assassiné par traîtrise Maxime Gorki et son fils Maxime Peshkov sur ordre de Yagoda, qui lui a dit que les grands chefs de la conspiration Kamenev, Zinoviev, Boukharine et Rykov estimaient "nécessaire de diminuer l'activité de Gorki". L'accusé a raconté comment il avait fait en sorte que Gorki et son fils contractent de graves maladies respiratoires qui, traitées correctement par les docteurs Levin et Pletnev, ont entraîné la mort de l'un et de l'autre.

Le 9 mars, le tribunal a poursuivi l'audition des autres médecins tueurs. Dmitry Pletnev, âgé de 66 ans, cardiologue de grande réputation et considéré comme une éminence dans sa spécialité, a été le premier accusé à prendre la parole. Ignaty Kazakov a témoigné après son collègue. Les méthodes et techniques utilisées pour commettre leurs crimes ont été expliquées en détail au tribunal par les deux médecins. La déclaration de ce dernier concernant le meurtre de Menzhynsky a été particulièrement pertinente. Enfin, le dernier accusé, Venyamin Maximov-Dikovsky, a reconnu qu'il avait été nommé secrétaire de Kuibyshev par Yenukidze et qu'à ce titre il avait aidé les médecins. Les déclarations des témoins et de plusieurs scientifiques et médecins faisant partie d'une commission d'experts sollicitée par le parquet ont finalement mis en lumière les agissements des médecins empoisonneurs.

Alors que le tribunal semble sur le point de se retirer, le procureur Vyshinsky demande l'autorisation de poser des questions à Rosengoltz qui, au moment de son arrestation, avait dans sa poche arrière un papier contenant des prières cachées dans un morceau de pain. Le procureur a demandé à la cour l'autorisation de lire le texte afin de demander des explications à l'accusé. Il s'agit de versets des Psaumes LXVIII et XCI. Le premier disait : "Que Dieu paraisse, que ses ennemis soient dispersés, que ceux qui le haïssent fuient devant lui. Comme une fumée qui s'évanouit, chasse-les ; comme la cire qui se fond au feu, que les méchants soient anéantis devant la face de Dieu". Voici le deuxième psaume : "Celui qui habite dans le secret du Très-Haut demeure à l'ombre du Tout-Puissant. Je dirai au Seigneur : Tu es mon refuge et ma forteresse, en lui je me confie. Il te protégera des pièges des chasseurs et de la peste. Il te protégera sous ses ailes et tu seras en sécurité sous ses plumes. Sa fidélité et sa vérité seront ton armure et ton bouclier. Tu ne craindras aucune terreur pendant la nuit, ni la flèche qui vole pendant le jour, ni la peste qui se déplace pendant la nuit. Tu ne craindras ni la peste qui se déplace dans l'obscurité, ni la maladie qui sévit en plein midi".

"Vyshinsky : Comment cela s'est-il retrouvé dans votre poche ?
Rosengoltz : Ma femme l'a mis dans ma poche un jour avant que j'aille travailler. Elle m'a dit que c'était pour me porter chance.
Vyshinsky : Et quand était-ce ?
Rosengoltz : Plusieurs mois avant mon arrestation.
Vyshinsky : Et vous avez gardé cette "bonne chance" dans votre poche pendant plusieurs mois ?
Rosegoltz : Je n'ai même pas fait attention.
Vyshinsky : Mais avez-vous vu ce que faisait votre femme ?
Rosengoltz : J'étais pressé.
Vyshinsky : Vous a-t-il dit qu'il s'agissait d'un talisman familial pour vous porter chance ?
Rosengoltz : Quelque chose de similaire.
Vyshinsky : Et vous vous êtes porté volontaire pour être le gardien d'un talisman ? Il n'y a plus de questions.

Le procureur a regardé les personnes présentes à l'audience publique, dont certaines ont éclaté d'un rire dérisoire. Bien sûr, il n'y a rien de répréhensible à avoir la foi et l'espérance en Dieu. Ce qui est condamnable, c'est que Rosengoltz et sa femme aient continué à prier le Dieu d'Israël, celui qui les avait choisis parmi tous les peuples de la terre, alors que leurs collègues juifs-bolcheviques prêchaient l'athéisme, persécutaient les chrétiens et démolissaient les églises. Après cet épisode choquant, le président Ulrich suspend la séance pendant une heure et annonce qu'elle reprendra à huis clos. Au cours de cette séance, Rakovsky, Krestinsky, Rosengoltz et Grinko témoignent de leurs relations avec l'étranger et donnent les noms des représentants officiels qu'ils ont contactés et qui n'avaient pas été divulgués en audience publique sur instruction du président du tribunal.

La journée du 11 mars est consacrée aux derniers discours et aux plaidoiries. Vyshinsky consacre toute la matinée à un discours très sévère, dans lequel il passe en revue les différentes procédures depuis l'époque de Lénine et examine les faits qui ont été prouvés. Il manifeste sans ambages son mépris pour les accusés, auxquels il n'épargne aucune des pires épithètes. À l'exception de Rakovsky et Bessonov, il réclame la peine de mort pour les autres accusés, qui "méritent d'être abattus comme des chiens sales". Dans l'après-midi, les avocats des médecins tentent de rejeter sur Yagoda toute la responsabilité des crimes commis par leurs accusés. S'ensuivent les plaidoiries des autres accusés, qui durent jusqu'à 21h25 le lendemain, 12 mars. L'un après l'autre, après avoir rappelé leur passé révolutionnaire, ils reconnaissent la gravité de leurs crimes. Le 13 mars à 4h30 du matin, après sept heures de délibération sur le verdict, la cour prononce la sentence. Tous les accusés sont condamnés à mort, à l'exception de Pletnev, qui écope de 25 ans, de Rakovsky, condamné à 20 ans, et de Bessonov, condamné à 15 ans. Tous trois sont finalement exécutés en septembre 1941.

Comme nous l'avons vu, une campagne de protection de la figure de Trotski, personnage historique dont le discrédit ne fait aucun doute, a été orchestrée pendant les années où se sont déroulés les procès de Moscou et s'est poursuivie jusqu'à aujourd'hui. De nombreux articles de la célèbre Wikipédia, dans le but de falsifier l'histoire, s'obstinent à tout présenter comme une fabrication et à nier toute crédibilité aux procès de Moscou. Pourtant, des diplomates, des journalistes et des écrivains ont assisté aux séances, qui se sont tenues dans la salle d'octobre de la Chambre des syndicats, où se trouvaient environ 300 personnes, et ont confirmé dans leurs rapports que l'existence du complot ne pouvait être mise en doute. La Ligue internationale des droits de l'homme et l'Association de droit international ont publiquement soutenu les procès. Des ambassadeurs et des parlementaires de plusieurs pays ont confirmé dans leurs écrits la plausibilité des procès. Denis Nowell Pritt, par exemple, député aux Communes, juge et rompu au droit procédural, s'est rendu à Moscou en tant que correspondant du *News Chronicle* de Londres. Dans ses articles, il défend la crédibilité des procès et exprime sa conviction que la culpabilité des accusés a été pleinement établie. Il a déjà été noté que Joseph E. Davies, l'ambassadeur américain, a écrit à maintes reprises dans ses rapports confidentiels que l'authenticité de la conspiration avait été prouvée. L'ambassadeur tchèque Zdanek Firlinger a également insisté auprès de son gouvernement sur la rigueur et le respect des règles de procédure. En définitive, il faut conclure que l'affirmation selon laquelle tout cela n'était qu'une mise en scène est indéfendable et met à nu ceux qui la soutiennent.

Yezhovschina

La terreur déclenchée en Union soviétique par la répression brutale qui a suivi chacun des procès est connue sous le nom de "Yezhovschina", c'est-à-dire l'ère Yezhov. Robert Conquest et ses partisans estiment qu'il y a eu quelque six millions d'arrestations et environ trois millions d'exécutions. D'autres historiens considèrent que ces chiffres sont exagérés et loin de la réalité. Il a déjà été dit que l'une des raisons de mettre en doute les chiffres de Conquest pour cette période est l'utilisation continue de sources trotskystes, souvent des auteurs juifs, manifestement intéressés par l'amplification de la répression. Alexandre Orlov, par exemple, écrit qu'une semaine après l'exécution de Zinoviev, Kamenev et compagnie, Staline a ordonné à Yagoda de sélectionner et d'abattre cinq mille opposants internés dans les camps. Quoi qu'il en soit, que cela soit vrai ou non, la terreur, déjà ancrée dans les habitudes du communisme depuis les premiers jours de la révolution, a été largement utilisée avant et après l'époque de Yezhov.

Compte tenu de la durée de la conspiration trotskiste, de ses méthodes criminelles, des moyens utilisés et de l'étendue de son organisation, il semble miraculeux que Staline ait pu survivre et rester au pouvoir. Il ne fait aucun doute que les conspirateurs ont atteint leur but, car ce n'est qu'en étant plus malin, plus rusé et plus malin que le Géorgien est parvenu à vaincre ceux qui voulaient sa mort. Purges, terreur et répression massive sont les principales mesures prises pour liquider toute opposition. Le 30 juillet 1937, le Politburo adopte l'ordre opérationnel 00447, qui établit des quotas de personnes à arrêter et à fusiller. Selon les auteurs du *Livre noir du communisme*, en 1937 et 1938, le NKVD a arrêté 1 575 000 personnes, dont 84% ont été condamnées au cours de ces années. Parmi ces condamnés, 51%, soit 681 692, ont été exécutés. Ces chiffres sont, comme on peut le constater, nettement inférieurs à ceux donnés par Conquest. Sachant qu'ils sont généralement basés sur des données officielles, il est probable que les chiffres réels se situent entre les deux.

La purge des cadres du parti a été connue grâce au "rapport secret" de Khrouchtchev. Selon ce rapport, Iejov a envoyé en 1937 et 1938 trois cent quatre-vingt-trois listes à Staline contenant des milliers de noms de personnalités plus ou moins importantes du parti dont l'exécution nécessitait son approbation. Un article publié le 10 janvier 1989 dans *Moskovskaïa Pravda* affirme que pour la seule journée du 12 décembre 1937, Staline et Molotov ont approuvé 3167 condamnations à mort. Selon le rapport de Khrouchtchev, la purge au sein du parti a touché 98 des 139 membres du Comité central. Un autre chiffre concerne les délégués qui ont participé au 17e Congrès du Parti en 1934 : sur les 1966 présents, 1 108 ont été purgés. Les cadres des Jeunesses communistes (Komsomol) font également l'objet d'une répression sévère : sur les quatre-vingt-treize membres de leur comité central, soixante-douze sont arrêtés. D'une manière générale, les appareils régionaux et locaux du parti et du Komsomol sont réorganisés. Des représentants du gouvernement accompagnés d'agents du NKVD arrivent dans les provinces avec pour mission, selon les termes de la *Pravda*, "d'exterminer et de détruire les nids de punaises trotskistes-fascistes" En Ukraine, la purge atteint des niveaux très élevés. Avec Khrouchtchev à la tête du parti communiste ukrainien, plus de 100 000 personnes ont été arrêtées en 1938 et une grande majorité d'entre elles ont été exécutées. Sur les deux cents membres du comité central du parti en Ukraine, seuls trois ont survécu.

Sur le plan culturel, les écrivains, journalistes, acteurs, hommes de théâtre et autres intellectuels sont également épurés : quelque 2000 membres de l'Union des écrivains sont arrêtés et déportés, voire exécutés. La répression s'étend à nouveau aux croyances religieuses, et il est également décidé d'agir contre "les derniers vestiges cléricaux". Le recensement de janvier 1937 révèle que 70% de la population, contre toute attente, reste croyante. Sur les vingt mille églises et mosquées encore plus ou moins actives en 1936, seul un millier reste ouvert au culte en 1941. Des milliers de prêtres et la quasi-totalité des évêques sont enfermés dans des camps de concentration et exécutés en grand nombre.

CHAPITRE IX

RÉPUBLIQUE, RÉVOLUTION ET GUERRE CIVILE EN ESPAGNE

PARTIE 1 - LA RELIGION ET L'ÉGLISE EN ESPAGNE

La persécution religieuse déclenchée en Espagne entre 1931 et 1939 n'est comparable qu'à celle pratiquée par les bolcheviks en Russie. C'est pourquoi, avant d'aborder les événements spécifiques qui se sont déroulés pendant la Seconde République et la guerre civile, il convient de faire un bref préambule sur le rôle de la religion et de l'Église dans l'histoire de l'Espagne, une nation qui a été maltraitée pendant des siècles et attaquée avec toutes sortes d'infamies et de calomnies par ses nombreux ennemis, précisément en raison de son rôle dans la défense du catholicisme. Nous savons que l'anticléricalisme en Europe et dans le monde a été une partie essentielle de la grande conspiration planifiée par les francs-maçons et les illuminati contre toutes les religions. Il a déjà été dit que des intellectuels comme John Robison et l'abbé Augustin Barruel ont été attaqués et discrédités pour avoir dénoncé le complot dans leurs ouvrages. Le nouvel ordre fondé sur le libéralisme économique et politique, instauré après la Révolution française de 1789, en plus d'hypothéquer le pouvoir des nations et de consolider la domination des banquiers internationaux, allait être le terreau idéal pour s'attaquer à tout ce qui touchait aux valeurs traditionnelles. Les effets de ce nouvel ordre seront dévastateurs pour l'Espagne.

La civilisation chrétienne en Europe a eu son plus grand champion en Espagne. Le choc des civilisations qui a eu lieu dans la péninsule au cours du Moyen Âge a été décisif pour préserver l'Europe de l'expansion de l'Islam. L'impulsion et la force fondamentales qui ont sous-tendu tous les royaumes au cours des siècles de reconquête étaient la foi dans le Christ, mais aussi l'idée de l'Espagne, un fait ignoré par certains séparatistes non documentés et/ou mal intentionnés. Les deux étaient étroitement liés. L'Hispanie, toponyme par lequel Rome désignait l'ensemble de ses provinces péninsulaires, était un point de référence pour les Goths et continua de l'être pour les rois chrétiens ultérieurs, comme en témoignent d'innombrables textes et documents médiévaux.

Isidore de Séville, dans son ouvrage historique *Varones ilustres de España (Hommes illustres d'Espagne)*, considère que tous les habitants de la péninsule sont hispaniques. Les romans qui traitent du dernier roi gothique font référence à lui en tant que roi d'Espagne : "Don Rodrigo rey de España/ por la su corona honrar/ un torneo en Toledo/ ha mandado pregonar" (Don Rodrigo roi d'Espagne/ pour l'honneur de sa couronne/ un tournoi à Tolède/ a ordonné une proclamation). Dans le *poème du Mío Cid*, il est dit que la prise de Castellón "sera le sujet de conversation de toute l'Espagne". Le comte de Barcelone, prisonnier du Cid, refuse la nourriture qui lui est offerte et assure qu'il n'en mangera pas un morceau "à cause de ce qu'il a dans toute l'Espagne". Les chroniqueurs catalans rendent hommage l'un après l'autre à l'idée d'Espagne. Pere I de Catalogne-Aragon déclare aux croisés étrangers venus défendre la foi chrétienne à la bataille de Navas de Tolosa qu'ils arrivent trop tard car "les rois d'Espagne" ont déjà vaincu les musulmans. En 1283, Pere II demande à un chevalier catalan de se présenter avec lui à Bordeaux dans un duel contre les Français, et invoque "l'honneur de nous, de vous et de toute l'Espagne". Bernat Desclot, auteur de la plus ancienne des quatre chroniques catalanes, face à l'invasion de la Catalogne par les Français en 1285, fait appel à l'importance d'avoir "totes les osts d'Aspanya hi fossen" (toutes les troupes d'Espagne) symboliquement présentes pour défendre la Catalogne. Ramon Muntaner, le plus patriote des chroniqueurs catalans, écrit : "Si aquests reys d'Espanya (Castille, Aragon, Majorque et Portugal) qui son una carn e una sanch, se tenguessen ensemps, poc duptaren tot l'altre poder del mon" (Si ces quatre rois d'Espagne, qui sont une seule chair et un seul sang, s'unissaient, ils n'auraient à craindre aucune autre puissance dans le monde). Dans son *Llibre dels feyts*, Jaume Ier le Conquérant explique les raisons pour lesquelles il a aidé son gendre, Alphonse X le Sage, à écraser le soulèvement des Maures de Murcie : "La primera cosa per Deu, la segona per salvar Espanya" (La première chose pour Dieu, la seconde pour sauver l'Espagne). En 1304, son petit-fils Jaume II évoque les dommages que la guerre entre la Castille et l'Aragon causerait à la "tota Espanya". Dans son *Estoria de Espanna ou Première chronique générale*, Alphonse X le Sage parle de son "Estoria de las Españas... de todos los reyes dellas" (Histoire *de l'Espagne...* de tous les rois d'Espagne). Le célèbre *éloge de l'Espagne* écrit par le Roi Sage est bien connu des hispanistes et conclut : "¡Ay Espanna ! non ha lengua nin ingenno que pueda contar tu bien" (O Espagne ! non ha lengua nin ingenno que pueda contar tu bien). En 1446, Alfons el Magnànin arrive à Naples. Entre les deux tours du Château Neuf, magnifique édifice militaire et résidentiel construit sur ses ordres, se trouve un arc commémorant sa grande entrée dans la ville, sur lequel il a fait graver l'inscription "Alfonsus Rex Hispanus", bien que pour les Napolitains il ait toujours été le roi d'Aragon.

Avec les Rois Catholiques et la découverte de l'Amérique, l'Espagne entre dans l'histoire moderne avec une nouvelle dimension : l'idée de l'Espagne, souhaitée depuis des siècles par les hommes les plus éminents, est devenue une réalité ; mais en plus, les fils de la reconquête, convertis en conquérants, avec une énergie et un élan vital sans précédent dans l'histoire, ont colonisé les Amériques et y ont répandu le christianisme. La fondation de villes donne une idée de l'immense travail accompli par les Espagnols. Seule Rome a construit plus que l'Espagne au cours de l'histoire. Les magnifiques bâtiments d'architecture coloniale de nombreuses villes d'Amérique latine sont un exemple indélébile des efforts de construction des conquistadors. Les Indiens étaient considérés comme des citoyens libres et les Espagnols se sont mélangés à eux, donnant ainsi naissance à la caractéristique essentielle de la colonisation espagnole : le mestizaje (métissage).

Si nous regardons ce qui s'est passé avec la colonisation britannique, par exemple, nous constatons que les aborigènes australiens, qui vivaient en Océanie depuis des milliers d'années, ont été exterminés. Ce génocide a été perpétré sur la base idéologique du darwinisme : il a été conclu que les indigènes australiens étaient des sauvages et qu'ils étaient inférieurs du point de vue de l'évolution. Alors que dans l'Amérique colonisée par les Britanniques, il n'y a pratiquement plus d'Indiens, dans l'Amérique espagnole, les Indiens représentaient 63% de la population à la fin du 18e siècle. Aujourd'hui, au Pérou, au Guatemala et en Bolivie, les Indiens sont encore largement majoritaires. Pourtant, l'Espagne a souffert pendant des siècles d'une interminable campagne d'attentats et traîne une "Légende Noire". Hollywood, quant à lui, s'est chargé de présenter l'extermination des Indiens d'Amérique du Nord comme un fait logique : le septième de cavalerie apparaît toujours comme un régiment de légende dont les soldats ont naturellement liquidé les Indiens parce qu'ils étaient des sauvages.

La création du Tribunal du Saint-Office de l'Inquisition est sans doute liée à l'origine de la légende noire. L'expulsion des Juifs d'Espagne et les guerres de religion contre le protestantisme en Europe ont été les événements décisifs qui ont provoqué une campagne de propagande bien planifiée pour discréditer l'Inquisition espagnole et combattre le champion du catholicisme. Il ne sert pas à grand-chose que Charles Quint et Philippe II soient à nouveau les principaux défenseurs de l'Europe contre la menace des Turcs et de l'Islam : la victoire de Lépante met fin à l'expansionnisme turc en Méditerranée et constitue une victoire pour l'ensemble de la chrétienté. En 1567, un pamphlet paru dans des traductions françaises, allemandes, anglaises et flamandes déclenche la campagne contre l'Espagne en général et l'Inquisition en particulier. L'auteur, qui le signe du pseudonyme de Montanus, affirme avoir été victime du tribunal du Saint-Office et décrit une série de tortures et de pratiques occultes. On sait aujourd'hui que Montanus était un faussaire. Chacune des affaires traitées par l'Inquisition au cours de ses trois cent cinquante ans d'existence a son propre registre, dont les détails ont été enregistrés sur des cassettes et sont désormais à la disposition des chercheurs à la bibliothèque de l'université de Salamanque.

En 1994, quatre historiens de renommée internationale ont publiquement démoli le mythe de l'Inquisition espagnole devant les caméras de la BBC : Henry Kamen, professeur dans des universités espagnoles, britanniques et américaines et membre de la Royal Historical Society ; Jaime Contreras, professeur d'histoire moderne à l'université d'Alcalá de Henares, spécialiste mondial de l'Inquisition et de la Contre-Réforme ; José Álvarez-Junco, professeur à l'université Complutense de Madrid, qui a dirigé le séminaire d'études ibériques au Centre d'études européennes de l'université de Harvard ; et Stephen Haliczer, historien américain d'origine juive, professeur à l'université de l'Illinois, spécialiste de l'Espagne, de la France et de l'Italie ; et Stephen Haliczer, historien américain d'origine juive, professeur à l'université de l'Illinois, spécialiste de l'Espagne, de l'Italie et de l'Église catholique, qui a joué dans le documentaire *The Myth of the Spanish Inquisition* disponible en ligne pour les personnes intéressées.

Haliczer déclare ce qui suit : "En réalité, l'Inquisition espagnole n'utilisait que rarement la torture. À Valence, par exemple, j'ai constaté que sur 7000 cas, seuls 2% ont subi une forme de torture, en général pas plus de quinze minutes, et moins de 1% ont été soumis à une deuxième séance de torture, c'est-à-dire plus d'une fois. Je n'ai trouvé personne qui ait été torturé plus de deux fois". Henry Kamen confirme que l'Inquisition espagnole a moins torturé que d'autres tribunaux européens et dénonce le fait que la plupart des images de leurs méthodes de torture reproduites des centaines de fois sont fausses. Le comportement des interrogateurs était bien établi dans leurs "Instructions" et ceux qui ne respectaient pas les procédures étaient renvoyés. Au cours du XVIe siècle, affirme-t-il, l'Inquisition a exécuté entre 40 et 50 personnes dans les territoires non péninsulaires de l'empire espagnol, y compris l'Amérique. Au cours de la même période, en Angleterre, où le fait d'endommager des jardins publics était passible de la peine de mort, plus de 400 personnes ont été exécutées. Kamen affirme que les prisons de l'Inquisition en Espagne étaient les plus décentes, ce que confirme le professeur Haliczer : "J'ai trouvé des exemples de prisonniers dans des prisons laïques qui blasphémaient pour être transférés dans des prisons de l'Inquisition et échapper ainsi aux mauvais traitements qu'ils subissaient dans les prisons laïques". Les professeurs Contreras et Kamen s'accordent pour souligner la rigueur avec laquelle l'Inquisition espagnole a examiné le sujet de la sorcellerie. Alors qu'entre 1450 et 1750, des milliers de personnes accusées de sorcellerie ont été brûlées en Europe, en Espagne, l'Inquisition recherchait des preuves : "N'oubliez pas, souligne M. Kamen, que les inquisiteurs étaient souvent des juristes universitaires et que les juristes exigent des preuves. En l'absence de preuves, l'Inquisition considérait la sorcellerie comme un crime imaginaire, un canular pour lequel elle ne pouvait être poursuivie. Kamen affirme que le nombre de personnes exécutées pour hérésie en Espagne, y compris les faux convertis, est minime par rapport à d'autres pays non catholiques. Enfin, Contreras et Kamen fournissent tous deux des chiffres dévastateurs pour les falsificateurs de la réalité et de l'histoire : le nombre de victimes du Tribunal du Saint-Office au cours de ses 350 années d'activité a varié entre 3000 et 5000. Durant la même période, plus de 150 000 sorcières ont été brûlées en Europe, un fait rarement rapporté. Puisque nous nous apprêtons à étudier la guerre civile espagnole, une autre comparaison pourrait être faite : au cours du seul mois de novembre 1936, la Junte de défense de Madrid a exécuté plus de personnes sans procès que l'Inquisition espagnole au cours de toute son histoire.

Jusqu'au XIXe siècle, l'Église d'Espagne a joué un rôle unificateur, qui était dans une certaine mesure un héritage du Moyen Âge. La conquête et la colonisation du Nouveau Monde étaient conçues comme une mission d'évangélisation et le rôle de l'Église en Amérique et en Espagne était pertinent dans tous les domaines. Dans *The Spanish Labyrinth*, Gerald Brenan reconnaît l'attitude positive de l'Église à l'égard des questions sociales et parle même de ses tendances socialistes dans l'Espagne du XVIIe siècle. Brenan écrit que "tous les docteurs et théologiens étaient d'accord pour dire que l'affamé avait le droit de voler le riche si on lui avait refusé la charité" et cite le grand théologien Domingo de Soto qui, en 1545, prêchait que "sous peine de péché mortel, les riches sont obligés de donner en aumône tout ce dont ils n'ont pas un besoin absolu". Le père Mariana, l'un des grands théologiens et historiens de l'époque, a déclaré que l'État devait obliger les riches à distribuer leurs terres excédentaires ou, si cela n'était pas possible, à les louer pour qu'elles soient correctement cultivées. En d'autres termes, une fois fusionnée avec l'État, l'Église catholique tente d'imposer ses idées morales.

De nombreux missionnaires en Amérique étaient enthousiasmés par le fait que les Indiens assimilaient facilement les doctrines chrétiennes. Il semble qu'au Pérou, les Indiens travaillaient la terre collectivement, ce que certains évangélisateurs considéraient comme un modèle valable applicable en Espagne. Dans son *Historia natural y moral de las Indias* (Séville 1590), le jésuite José de Acosta décrit le système économique des Incas et le considère comme supérieur au système de concurrence et de propriété privée qui s'imposait en Europe. Gerald Brenan reconnaît que les Jésuites, tant décriés et détestés, ont mis en pratique les idées de collectivisation des terres avec les Indiens Guarani dans leurs trente missions ou "reducciones" au Paraguay, en Argentine et au Brésil, qui, selon Brenan, "sont le premier exemple historique de l'organisation d'un État communiste par des Européens".[17] Un autre religieux aux idées socialistes dont Brenan fait

---

[17] Pendant un siècle et demi, environ cinquante mille Indiens ont été dirigés par cinquante jésuites dans ces "reducciones", des communautés dans lesquelles il y avait des propriétés communes et privées. Les Indiens avaient une vie de famille et étaient autorisés à posséder des biens privés. Les orphelins et les veuves étaient accueillis dans une "casa de resguardo". Alors qu'en Europe, la peine de mort était courante dans tous les pays, les Jésuites l'ont abolie dans leurs missions et ont interdit le cannibalisme. L'ordre d'expulsion des Jésuites décrété par Charles III en 1768 a entraîné la dissolution progressive de ces communautés.

l'éloge est le franciscain Francisco Martínez de la Mata, considéré comme un agitateur social au XVIIe siècle. Ses *Discursos* ont été publiés en 1659 et ont été réédités par les Campomanes éclairés en 1775 dans son *Discurso sobre la educación popular de los artesanos y su fomento (Discours sur l'éducation populaire des artisans et sa promotion)*. Martínez de la Mata se proclame "serviteur des pauvres affligés et procureur des galériens". Dans sa recherche de solutions à la crise et à la décadence du siècle, il a même proposé la création d'une institution de crédit bancaire pour l'agriculture avec des succursales dans chaque ville.

Le débat sur la propriété et la productivité de la terre avait donc commencé au XVIe siècle et s'est intensifié au cours du XVIIIe siècle. Sur le rôle de l'Église aux XVIe et XVIIe siècles, Gerald Brenan écrit ce qui suit :

> "L'Église espagnole était une institution niveleuse. Ses relations étroites avec l'État lui ont inspiré un intérêt pour les questions sociales et politiques qu'aucune autre Église de la chrétienté n'a jamais eu, et c'est à son influence que l'on doit en grande partie l'étonnant succès de la colonisation en Amérique et l'humanité des méthodes par lesquelles, après les premières violences de la conquête, les conflits entre les colonisateurs et les indigènes ont été réglés. Leurs missionnaires sont rentrés en Espagne avec une grande expérience pratique des problèmes sociaux. D'autre part, l'idéalisme intense des ordres monastiques fait que leur poids est généralement en faveur des humbles (en Amérique, les Indiens ; en Espagne, les ouvriers) contre les puissants et les riches. Il n'est donc pas surprenant de constater que l'Église espagnole est allée plus loin que toutes les Églises protestantes de son époque en offrant une plate-forme pour la libre discussion des théories sociales d'un certain caractère communiste".

Cependant, malgré les bonnes intentions et les idées formulées par certains esprits éclairés, l'agriculture espagnole était improductive et arriérée. La plupart des terres sont aux mains de l'Église et de la noblesse. Les paysans travaillent des terres qui ne leur appartiennent pas et qui ne peuvent être achetées et vendues librement en raison de leur lien avec la propriété. Les terres de l'Église sont totalement dépréciées ; celles de la noblesse sont pour la plupart régies par le régime de l'héritage. Troisièmement, il y a les propriétés des municipalités, qui sont des biens communs pouvant être loués aux voisins. Les rentiers fondent donc leur richesse sur les rentes qu'ils perçoivent des paysans qui exploitent leurs terres.

À partir du Moyen Âge, la législation civile a protégé les biens de l'Église, stipulant que "toutes les choses qui sont ou ont été données à l'Église par les rois ou d'autres fidèles chrétiens doivent toujours être conservées et gardées en possession de l'Église". Les ecclésiastiques exploitaient leurs propriétés en les cultivant directement ou en les cédant à des tiers par le biais de différents types de contrats. En Galice, il existait un type de bail appelé "foro", qui était une forme d'emphytéose héréditaire, car le paysan ne pouvait pas être expulsé. Cette forme de possession a également été introduite en Castille au XIVe siècle et s'appelait "censo". Dans les Asturies, au Pays basque et en Navarre, le système dominant était celui du "métayage". Dans les provinces basques, les contrats étaient parfois oraux et transmis de père en fils. Au cours des XVIIe et XVIIIe siècles, certains colons qui avaient loué des terres à l'Église les lui sous-louaient avec un fort pourcentage de bénéfice : ils recevaient parfois jusqu'à vingt fois plus que ce qu'ils avaient payé. C'est ainsi que sont nés les "subforados".

Au XVIIIe siècle, dans certaines provinces de Castille, environ 75% des propriétés ont été cédées. Afin d'améliorer la productivité, de nombreux ecclésiastiques s'intéressent à l'agronomie afin de diffuser parmi les paysans des connaissances susceptibles de stimuler le développement agricole. Cependant, les Lumières, conscientes du retard de l'agriculture espagnole, ont concentré leur attention sur les biens dépréciés qui ne pouvaient être vendus, hypothéqués ou cédés, car ils appartenaient à l'Église et aux municipalités. Les grands domaines d'Estrémadure, d'Andalousie et du sud de la Castille connaissent les plus grands problèmes de productivité. Des personnalités éclairées telles que Campomanes, Carrasco, Olavide, Floridablanca et Jovellanos ont présenté divers rapports agraires visant à remédier à l'amortissement des terres détenues par l'Église. Jovellanos, dans le *rapport de la Société économique,* était convaincu que si le roi demandait aux prélats de ses églises "de promouvoir eux-mêmes l'aliénation de leurs propriétés territoriales afin de les rendre au peuple, soit en les vendant et en convertissant le produit en taxes de recensement ou en fonds publics, soit en les donnant en forums ou en emphytéoses, ils s'empresseraient de rendre ce service à la patrie".

Le rôle national que l'Église a historiquement joué en Espagne s'est à nouveau manifesté pendant la guerre d'indépendance. Lorsque le peuple espagnol a pris les armes contre les Français, il l'a fait en communion avec les prêtres et les frères, qui ont dirigé les Partidas de Cruzada, nom donné aux groupes de guérilleros cléricaux qui ont entamé la lutte contre l'envahisseur. Le règlement de ces partidas a été rédigé par le carme déchaussé Manuel de Santo Tomás. C'est l'ensemble du clergé qui a fait la guerre et l'a soutenue avec ses biens. La liste des prêtres et religieux du clergé régulier et séculier qui prirent les armes contre Napoléon est très nombreuse, à tel point que, de la Galice à la Catalogne et de l'Andalousie à la Navarre, il n'y eut pas de région espagnole sans guérilla dirigée par des chanoines, des prêtres ou des frères. Si de nombreux nobles et bourgeois fortunés sont francisés, le peuple est dirigé par l'Église, dont les représentants font partie des juntes provinciales et locales. Les juntes provinciales de Séville, Tolède, Cuenca, Zamora et Santander étaient présidées par leurs évêques. À Valence, Cadix, Huesca, Murcie et en Galice, les évêques étaient également membres des conseils. Trois évêques étaient membres de la Junte centrale et deux cardinaux étaient présidents de la Régence.

Les problèmes de l'Église et le début de son désengagement vis-à-vis du peuple et des pauvres sont dus aux politiques agraires désastreuses des libéraux et, en particulier, au célèbre désamortissement de Mendizábal de 1836. Cette loi anticléricale et anticarliste dissout les congrégations religieuses et confisque les propriétés agricoles de l'Église. Selon Brenan, "en privant le clergé et les frères de la possession de la terre, elle les coupe effectivement du peuple, les obligeant à penser à d'autres moyens d'enrichissement et les poussant dans les bras des classes aisées". Mendizábal, commissaire au ravitaillement depuis 1817, devait organiser en 1819 le ravitaillement de la flotte qui devait partir de Cadix pour mater la rébellion pour l'indépendance en Amérique, mais il se consacra à la préparation de la révolution de 1820 avec Rafael de Riego, son frère franc-maçon. Comme nous le savons, Mendizabal apparaît dans *Coningsby*, le roman de Disraeli dont le protagoniste est Lionel Rothschild. Juan de Dios Álvarez Mendizábal, décrit comme le fils d'un marrane d'Aragon, était un homme de Rothschild, un franc-maçon juif qui adopta un nom basque pour cacher son origine et qui s'enrichit à Londres en spéculant sur les titres de créance grâce à son amitié avec Nathan Rothschild. En 1835, lorsque le gouvernement espagnol décerne à Lionel Rothschild, fils de Nathan, l'Ordre d'Isabelle la Catholique, Mendizabal est nommé ministre des Finances. Le duc de Wellington déclara à l'époque que Mendizabal n'était rien d'autre qu'un "avant-poste des Rothschild".

Les libéraux jugent dépassées les idées collectivistes des XVIe et XVIIe siècles, qui privilégient la propriété de l'État et une certaine gestion communale. Ils condamnent bien sûr les solutions basées sur la propriété nationale des terres. L'un des rares opposants à la loi de Mendizábal fut Flórez Estrada, qui proposa de nationaliser les latifundios et les propriétés communales et de les remettre à ceux qui les exploitaient, ce qui, selon lui, "favoriserait une solution collectiviste au problème agraire, conformément à la tradition espagnole". Les conséquences de la désaffectation ont été désastreuses et ont causé de graves dommages aux agriculteurs, qui ont été dépouillés des terres ecclésiastiques qu'ils avaient cultivées pendant des siècles. Beaucoup d'entre eux, ruinés, tombèrent dans la misère et le dénuement. Les biens ecclésiastiques furent vendus à des prix ridicules, de même que les terres communales des municipalités, privant les paysans de pâturages, de gibier, de bois de chauffage et de charbon de bois. Le désamortissement a pour conséquence l'augmentation du nombre et de la taille des grands domaines, qui deviennent la propriété des nouveaux riches, des bourgeois fortunés qui ne s'intéressent qu'à leur propre intérêt financier. La production agricole a évidemment diminué, car les nouveaux propriétaires, qui étaient des propriétaires absentéistes et vivaient dans les villes, n'avaient aucun intérêt à apporter des améliorations et ne se préoccupaient généralement que d'établir de nouveaux baux. Les paysans sont donc laissés à la merci de cette nouvelle classe de propriétaires, les seuls à avoir été favorisés par l'application de doctrines libérales totalement inadaptées aux conditions et aux intérêts du pays. C'est ainsi qu'est né le terreau sur lequel les doctrines anarchistes et marxistes s'enracineront des années plus tard dans la paysannerie espagnole.

Les premiers à se rendre compte que le libéralisme obéit aux intérêts économiques des banquiers internationaux sont les carlistes, qui s'opposent radicalement à une nouvelle doctrine dont les principaux prédicateurs sont les francs-maçons. Pour eux, la politique agraire des libéraux est une atteinte aux valeurs traditionnelles et séculaires de la nation. Les paysans du nord de l'Espagne le comprennent et se soulèvent unanimement en faveur de Don Carlos. En 1833, la question religieuse et la question agraire sont liées : alors que les libéraux s'appuient sur les francs-maçons, les carlistes s'appuient sur les jésuites. La franc-maçonnerie, dont le rôle dans la Révolution française a déjà été étudié, pénètre en Espagne par des cercles éclairés : le comte d'Aranda en devient le Grand Maître. Dès lors, son introduction est progressive, et l'on peut dire qu'au cours du XIXe siècle, elle devient une internationale révolutionnaire des classes moyennes, même si dès 1848, on parle déjà de franc-maçonnerie rouge.

De nombreux militaires appartenaient à ces sociétés secrètes, ce qui explique que la plupart des complots et des pronunciamientos aient été ourdis dans les loges, qui se sont énormément répandus pendant le triennat libéral. Après la mort de Ferdinand VII, les libéraux parvinrent à vaincre les carlistes grâce à des soldats et des hommes politiques maçonniques tels que Espoz y Mina, Espartero, Álava, Toreno, Alcalá Galiano, Argüelles, Mendizábal, Istúriz, entre autres. Les machinations des Rothschild, qui avaient obtenu de Toreno l'exploitation des mines de mercure d'Almadén, ont été décisives dans la défaite des carlistes. Les Rothschild savaient que si Don Carlos avait régné en Espagne, ils n'auraient pas conservé les droits miniers.[18] Mais les Rothschild n'ont pas seulement pris le contrôle d'Almadén : les libéraux ont également pris le contrôle des mines de Río Tinto et de Peñarroya, d'où

---

[18] Henry Coston dénonce dans L'Europe des banquiers que les francs-maçons libéraux espagnols ont cédé les ressources naturelles de l'Espagne à la famille Rothschild. Selon Coston, Almadén et Indria (Autriche) étaient les seuls gisements en Europe de mercure, un minéral nécessaire pour raffiner l'argent des impuretés. Les Rothschild savent que celui qui les contrôlera aura le monopole du marché du mercure. Nathan Rothschild envoie son fils Lionel à Madrid pour reprendre les mines. Les soumissionnaires avaient présenté des offres scellées au ministère des Finances. À notre insu, Lionel apprend que la meilleure offre est celle de la Banca Zulueta et, en offrant seulement cinq réaux de plus, il remporte l'appel d'offres. C'est ainsi que le 21 février 1835, Lionel Rothschild et le comte de Toreno signèrent le contrat qui prévoyait l'octroi d'un prêt pour lutter contre les carlistes.

étaient extraits le cuivre, le plomb, le zinc et d'autres matières premières nécessaires à l'industrialisation de l'Europe.

Lorsque la Première République est proclamée en 1873, que les francs-maçons eux-mêmes appellent la "République maçonnique", les carlistes ont déjà pris les armes en mai 1872. Pour eux, la République portait un tablier. Comme le confirme le Grand Maître Miguel Morayta dans *Masonería Española*, Figueras et Pi i Margall appartenaient à l'Ordre des Carbonarii, Salmerón sympathisait avec la franc-maçonnerie et Castelar appartenait à l'Ordre. Les principaux généraux insurgés de 1868 étaient également francs-maçons : Domingo Dulce, Ramón Nouvillas, Francisco Serrano et l'amiral Bautista Topete, sous le commandement duquel la flotte de Cadix s'était soulevée. Serrano, "le joli général" qui gagna la bataille du pont d'Alcolea, forma le gouvernement provisoire et fut régent du royaume jusqu'à l'arrivée d'Amadeo Ier de Savoie, le roi franc-maçon qui avait été amené en Espagne par le général Prim, lui aussi franc-maçon.

Les carlistes voient derrière les libéraux la main des hérétiques, des francs-maçons et des juifs. En 1872, comme lors de la guerre d'indépendance, des milliers de jeunes gens et de paysans du Pays basque et de Navarre reprirent la lutte sous la conduite de prêtres et de frères, avec un sentiment romantique et donquichottesque quelque peu enraciné dans l'âme espagnole. Le cas du curé d'Hernialde, le célèbre prêtre Santa Cruz, décrit par Pío Baroja dans son roman *Zalacaín l'aventurier*, dont la cruauté et la bravoure allaient de pair, est célèbre. Il existe une thèse selon laquelle la franc-maçonnerie, face à la possibilité que l'anarchie régnante facilite la proclamation de Charles VII, aurait décidé de soutenir le coup d'État de Pavie contre la République afin d'éviter un plus grand mal. En effet, le 17 mars 1875, le général Pavie déclara devant les Cortes : "Ah Señores diputados ! Si je n'avais pas fait cet acte, le mois de janvier ne se serait peut-être pas terminé sans que Don Carlos de Borbón n'entre à Madrid".

Les apôtres de l'athéisme apportent l'Internationale en Espagne

Les désaccords avec Marx sur l'organisation de l'Internationale avaient incité Bakounine à organiser en septembre 1868 une société secrète révolutionnaire, qu'il appela l'Alliance de la démocratie sociale, à la tête de laquelle se trouvait l'Internationale des cent frères, une autre société secrète qu'il avait fondée plus tôt à Naples. En octobre, Bakounine, qui, comme Marx, Trotski et Lénine, était franc-maçon au plus haut degré, envoya en Espagne en mission d'évangélisation un ingénieur italien nommé Giuseppe Fanelli, un autre franc-maçon qu'il avait rencontré à Ischia en 1866 et qui appartenait à sa Fraternité internationale. Lorsqu'en décembre de la même année, l'Alliance de la social-démocratie demande à être admise au sein de l'Internationale, sa demande est rejetée par le Conseil général. Bakounine comprend alors que Marx veut se débarrasser de lui et que les Juifs allemands affiliés à l'Internationale tentent de le discréditer. En 1869, il écrit donc son *Polémique contre les Juifs,* dans lequel il dénonce le financement de Marx par des banquiers juifs.

Fanelli, qui avait combattu le pape sous Garibaldi et était un ami proche de Mazzini, tous deux francs-maçons au 33e degré, arriva à Barcelone et commença alors sa mission en Espagne. L'un des premiers anarchistes espagnols fut Tomás González Morago, dont le père était carliste. Anselmo Lorenzo, qui était également franc-maçon, raconte que González Morago a embrassé l'anarchisme parce qu'il lui semblait appliquer les enseignements de l'Évangile. Au printemps 1870 est fondée l'Alliance de la social-démocratie espagnole, dont le premier congrès se tient en juin à l'Ateneo Obrero de Barcelone. Quatre-vingt-dix délégués représentant trente-six localités participent à ce congrès. La Fédération régionale espagnole de l'Internationale est née, qui adoptera plus tard les statuts de la Fédération jurassienne de l'Internationale, rédigés par Bakounine.

Les partisans de Marx en Espagne, appelés "autoritaires", sont minoritaires et adoptent le nom de "communistes", tandis que les bakouninistes se nomment "collectivistes". La lutte de Bakounine contre Marx est donc transférée en Espagne et, en décembre 1871, il y envoie son gendre Paul Lafargue, qui parle parfaitement l'espagnol, ayant été éduqué à Cuba. Lafargue attaque immédiatement l'Alliance de la démocratie sociale et l'accuse d'être une société secrète. Les 12 et 13 septembre, l'Internationale a tenu une conférence à Londres qui a donné de nouveaux pouvoirs au Conseil général, contrôlé par Marx. Ce Conseil dicte le droit d'admission à l'Internationale et interdit l'existence de sociétés secrètes au sein de l'Internationale. Afin d'inciter la police espagnole à arrêter les dirigeants anarchistes, Lafarge publie les noms des principaux dirigeants espagnols de l'Internationale dans le journal appartenant aux marxistes de Madrid, *La Emancipation.* Les bakouninistes réagissent en expulsant les "autoritaires". Finalement, lors du Congrès de La Haye en septembre 1872, Marx réussit à faire expulser Bakounine de l'Internationale et déplace le Conseil général à New York pour éviter que ses ennemis ne lui arrachent le contrôle de l'organisation. González Morago et Farga Pellicer convoquent un congrès qui se tient le 26 décembre 1872 au théâtre Moratín de Cordoue, où les bakouninistes espagnols réaffirment les objectifs de l'Internationale anarchiste.

À partir de ces années, les "apôtres" de l'anarchisme, dont l'anticléricalisme est l'une des caractéristiques, commencent à diffuser la nouvelle doctrine de la liberté, de l'égalité et de la justice. La première grève générale en Espagne a lieu en 1873 à Alcoy, où huit mille ouvriers travaillent dans des papeteries. Par cette action révolutionnaire, les anarchistes veulent obtenir la journée de huit heures. Le maire, qui tente une médiation, se range du côté des patrons, si bien que des groupes d'ouvriers se rassemblent devant l'hôtel de ville. La police débarque et une journée de lutte commence. La victoire revient aux ouvriers qui abattent le maire, lui coupent la tête ainsi que celles des gardes morts dans la bagarre et les exhibent dans Alcoy. On peut dire qu'à partir de ce moment, la violence et la haine fanatique de l'Église devinrent une constante du mouvement anarchiste. En octobre 1910 naît à Séville la CNT, qui deviendra la principale force de combat du syndicalisme espagnol.

Comme l'avait justement dénoncé Bakounine, le fait que les marxistes aient bénéficié du soutien de la banque juive internationale a conduit à la victoire du communisme en Russie, qui a placé la direction des mouvements révolutionnaires internationaux entre les mains des judéo-bolcheviks. En mars 1919, la Troisième Internationale voit le jour à Petrograd. Le premier objectif de Trotsky, comme nous l'avons vu, est d'étendre la révolution à l'Allemagne, à la Hongrie et à l'Autriche. Mais les conditions sociales de l'Espagne l'attirent également dans sa ligne de mire. Le Parti communiste espagnol est fondé le 15 avril 1920. Entre le 19 juillet et le 7 août de la même année, le deuxième congrès de l'Internationale communiste se tient à Moscou. C'est alors que Lénine prophétise que la deuxième révolution prolétarienne aura lieu en Espagne et qu'elle sera soutenue par le prolétariat en armes. Après cette annonce, les révolutionnaires internationaux commencent à s'intéresser aux événements de la péninsule. Le premier congrès du PCE se réunit à Madrid le 15 mars 1922 et approuve déjà la politique de front unique avec les socialistes et les anarchistes, qu'Isidoro Acevedo, représentant espagnol au quatrième congrès de l'Internationale, auquel participent soixante et un pays, annonce dans son discours lors des sessions du congrès en novembre 1922. Jules Humbert-Droz, représentant suisse, intervient le 4 décembre et souligne la nécessité pour le PCE de travailler avec les organisations anarcho-syndicalistes et l'UGT.

Les anarchistes, impressionnés par la révolution bolchevique, sont prêts à collaborer avec les communistes en 1921. Andreu Nin et Joaquín Maurín se rendent en Russie et, sans autorisation, fédèrent la CNT à la Troisième Internationale. On suppose qu'ils ne devaient alors rien savoir du massacre des anarchistes en avril 1918 et de la responsabilité de Trotsky dans la répression criminelle des marins de Kronstadt en mars 1921. Bientôt, Ángel Pestaña, qui s'était également rendu en Russie, rapporta les preuves de ce qui s'était passé à Cronstadt et de la guerre d'extermination contre les anarchistes russes, de sorte que l'action de Nin et Maurín fut désavouée. En juin 1922, un congrès présidé par Juan Peiró se tient à Saragosse. La CNT réaffirme sa volonté de suivre la voie du communisme libertaire, rejette tout lien avec l'Internationale de Moscou et participe au congrès de l'Internationale Syndicaliste (IWA) à Berlin. Pendant les années de la dictature de Primo de Rivera, Nin et Maurín organisent un petit parti communiste en exil. De leur côté, les anarchistes créent en 1927 la Fédération anarchiste ibérique (FAI), une puissante association secrète dont les dirigeants constituent une élite politique mystérieuse qui fait partie de la direction de la centrale anarchosyndicaliste.

PARTIE 2 - HARCÈLEMENT DE LA MONARCHIE ET RENVERSEMENT DE CELLE-CI

Après la chute de trois grandes monarchies européennes à la suite de la Première Guerre mondiale et de la révolution en Russie, il ne restait plus qu'à terminer le travail en Espagne, un pays dont le catholicisme était une pierre d'achoppement depuis le XVIe siècle. L'Espagne n'a pas seulement expulsé les Juifs, elle a aussi colonisé et christianisé l'Amérique et, pendant des siècles, elle a été le défenseur de la foi catholique en Europe. Pour autant, elle avait plus que mérité que le Mouvement révolutionnaire mondial prépare contre elle la bataille pour en finir une fois pour toutes avec la monarchie et la religion. Comme on l'a souligné, le processus de déchristianisation des classes populaires passait par le divorce avec l'Église, leur alliée traditionnelle. Les dommages causés par le désamortissement des biens ecclésiastiques sont irréparables, car ils conduisent à une séparation accentuée par la stupidité et l'hypocrisie des dirigeants ecclésiastiques. L'attitude exemplaire de nombreux prêtres et frères qui continuaient humblement à soutenir les pauvres ne servit à rien, car la hiérarchie, ignorant les enseignements de Jésus-Christ, décida de se lier aux riches pour défendre ses privilèges. Le scepticisme et le mépris grandissent alors parmi les pauvres et les classes moyennes. Avant l'avènement de la République, le processus de désaffection à l'égard de tout ce qui touche à l'Église touche même les croyants, comme en témoigne le fait que le pourcentage de pratiquants est en baisse.

Un jésuite intelligent, le père Vicente Andrade, organise en 1861 les premiers syndicats catholiques de travailleurs, affiliés au Mouvement international catholique du travail, mais malheureusement, ni les évêques ni les employeurs ne sont en mesure de soutenir cette initiative. Le pontificat de Léon XIII (1878-1903) a toutefois permis aux initiatives du père Andrade de recevoir la reconnaissance qu'elles méritaient. En 1891, l'encyclique *Rerum novarum* dénonce l'oppression et l'asservissement des pauvres par "une poignée de gens très riches". Outre la revendication de salaires équitables, l'encyclique reconnaît le droit d'organisation et préconise la création de syndicats catholiques. La hiérarchie espagnole est chargée d'organiser des centres catholiques et des sociétés d'aide pour traiter les cas de maladie et de chômage forcé. La plupart des frais sont pris en charge par les employeurs. Dans le nord de la péninsule, ces syndicats catholiques deviennent opérationnels et sont regroupés au sein d'un Conseil national des corporations ouvrières catholiques, présidé par l'archevêque de Tolède. Ces organisations assistent les malades, les chômeurs, les personnes âgées et, dans les zones rurales, accordent des prêts sans intérêt aux paysans. D'autres syndicats catholiques sont associés dans la Federación Nacional de Sindicatos Católicos Libres, fondée en 1912 par deux pères dominicains. Le sud et l'est de l'Espagne, où le sentiment antireligieux s'est installé et où le mouvement catholique est presque inexistant, est une autre affaire.

Ces syndicats catholiques ont bien sûr été soutenus pendant la dictature de Primo de Rivera. En outre, le général s'assure la collaboration de l'UGT, dont le secrétaire, Francisco Largo Caballero, l'emporte sur Indalecio Prieto et accepte l'offre du dictateur. Largo devient conseiller d'État, poste à partir duquel il tente d'élargir sa base au détriment de la CNT, qui est persécutée. Analphabète jusqu'à l'âge de 24 ans, Caballero est déjà membre du syndicat lorsqu'il apprend à lire et à écrire en 1893. Ce n'est qu'en 1934 que, emprisonné pour sa participation à la révolution des Asturies, il commence à lire Marx, Engels, Trotski, Lénine et Boukharine, à l'âge de soixante-sept ans. Il semble que ce soit à ce moment-là que Largo Caballero se soit enthousiasmé pour la révolution russe, bien qu'elle ait conduit à la guerre civile, à la ruine du pays et à près de vingt millions de morts.

Avec le soutien des socialistes de l'UGT, Primo de Rivera étend la législation du travail qui avait établi la journée de huit heures en 1919 et crée des commissions paritaires pour ajuster les salaires, ce qui profite à la classe ouvrière. Il tente ainsi d'éloigner les travailleurs de l'anarcho-syndicalisme. Le chômage est pratiquement éliminé grâce à une politique de travaux publics, mais la dette augmente. Si le dictateur avait osé exproprier et morceler les grandes propriétés qui soutenaient l'anarchisme rural, il aurait peut-être désactivé la force de la CNT dans le sud de la péninsule ; mais le coût de l'expropriation devait être supporté, ce qui aurait entraîné une augmentation de la dette publique. D'autre part, sa dépendance à l'égard de la classe des propriétaires terriens et de l'armée ne lui permet pas d'aborder cette question.

La dictature avait compté sur le soutien de la bourgeoisie catalane, terrifiée par l'anarchie qui régnait à Barcelone. Puig i Cadafalch, président de la Mancomunitat, et d'autres membres de la Lliga Regionalista de Cambó offrent leur soutien à Primo de Rivera en échange de l'autonomie de la Catalogne. Bien que la bourgeoisie conservatrice ait bénéficié du développement de l'industrie et de la finance catalanes, le non-respect de la promesse est une erreur qui exacerbe les tensions et a de graves conséquences pour la Lliga. Le général ne veut pas voir la réalité et affirme à plusieurs reprises que le problème catalan n'existe pas. Non seulement le dictateur refuse d'avancer l'idée de l'autonomie, mais il interdit l'utilisation du catalan dans les écoles et dans les communications officielles. Il n'était pas non plus permis de faire voler la senyera ou de danser la sardane en public. Tout cela a donné la victoire sur un plateau aux partis de gauche en faveur de la République.[19]

Quatorze mois sans répit

Dès la chute de la dictature, une campagne effrénée d'attaques contre la monarchie et le roi commence. De plus, alors que le communisme n'est pas encore bien implanté en Espagne, une propagande insidieuse présentant la révolution russe comme un triomphe de la classe ouvrière fait son apparition dans les salles de cinéma. Dans ces circonstances, Alphonse XIII offre le pouvoir au général Dámaso Berenguer qui, le 30 janvier 1930, prête serment comme président du Conseil et prend également le portefeuille de la Guerre. Son principal objectif est d'organiser des élections législatives dans les plus brefs délais. La Junta Central del Censo (Commission centrale de recensement) envoie immédiatement une lettre au gouvernement dans laquelle elle estime qu'il est indispensable de rectifier le recensement. Niceto Alcalá Zamora et Ángel Ossorio y Gallardo ont appuyé la demande de la Junta Central del Censo en y apposant leur signature. La nécessité de procéder à cette mise à jour a retardé la convocation de quelques mois, ce qui a conduit les antimonarchistes et les révolutionnaires à dénoncer le fait que la nation était encore sous un régime de dictature illégale.

L'agitation syndicale impulsée par les communistes, les anarchistes et les socialistes s'accentue progressivement. En avril 1930, un petit-fils de Karl Marx, Jean Longuet, socialiste français surnommé "Johnny" et fondateur du journal *Le Populaire*, arrive à Madrid. Il a pour mission de transmettre des consignes d'action aux révolutionnaires espagnols. Ce personnage, expert en conspirations, est le fils de Jenny Marx et de Charles Longuet, l'agent le plus écouté de Marx dans la Commune de Paris, qui finit par épouser sa fille. Jean Longuet (Johnny), un effronté qui, bien que se déclarant pacifiste, avait soutenu l'octroi de crédits de guerre pendant la

---

[19] Miguel Primo de Rivera est mort à Paris le 15 mars 1930 dans des circonstances qui n'ont pas été élucidées, le médecin de l'ambassade d'Espagne, le juif Alberto Bandelac de Pariente, membre de l'Alliance israélite universelle, n'ayant pas permis qu'une autopsie soit pratiquée sur son corps. La mort, inattendue et soudaine, alors qu'il n'était pas malade et que son diabète était traité et maîtrisé, l'a surpris dans sa chambre d'hôtel alors qu'il lisait des lettres et des journaux espagnols. L'ambassadeur d'Espagne dans la capitale française, Quiñones de León, un franc-maçon bien connu, était en contact fréquent avec lui. Selon José Luis Jerez Riesco, la veille de sa mort, Primo de Rivera a dîné avec un franc-maçon juif d'origine séfarade dont il ne précise pas l'identité. Bandelac de Pariente, juif séfarade né à Tanger, fut la première personne en Espagne à injecter du salvarsan, une préparation d'arsenic organique utilisée dans le traitement de la syphilis et de la fièvre récurrente, également appelée 606 (parce qu'elle était le résultat de 606 expériences). Son découvreur, un juif d'origine allemande nommé Paul Ehrlich, appelait ces préparations des "balles magiques". Il semble que dans un communiqué interne, les loges aient considéré la mort de l'ex-dictateur comme "appropriée".

Première Guerre mondiale, était déjà un sioniste convaincu lorsqu'il se rendit en Espagne : quatre mois plus tard, le 6 août, avec le juif Léon Blum, il soutint les positions sionistes au congrès de l'Internationale socialiste à Bruxelles, où l'on demanda au gouvernement britannique d'aider l'immigration juive et la colonisation de la Palestine.

Peu à peu, l'agitation sociale et syndicale s'accroît. Le 23 juin, une grève générale éclate à Séville, soutenue quelques jours plus tard à Malaga. Au cours du même mois, des arrêts de travail et des grèves ont eu lieu dans le secteur de la construction dans plusieurs capitales. En juillet, des grèves sont également déclenchées à Santander, Gérone, Langreo, Malaga et dans d'autres villes. Mais l'événement le plus important a lieu le 17 août à Saint-Sébastien : les représentants de tous les partis républicains se réunissent au Cercle républicain et concluent le "pacte de Saint-Sébastien", un accord visant à renverser Alphonse XIII et à proclamer la République. Aucune trace écrite n'a été conservée des questions abordées et des accords conclus, mais une note officieuse publiée dans le journal *El Sol a* permis d'apprendre que les résolutions adoptées étaient "unanimes". Le dirigeant socialiste Indalecio Prieto avait assisté à la réunion à titre personnel, et la note appelait le PSOE et l'UGT à apporter "leur puissant soutien à l'action que les forces opposées au régime politique actuel sont déterminées à entreprendre ensemble". Les deux organisations ont confirmé leur soutien en octobre.

Ángel Rizo Bayona, Grand Maître du Grand Orient d'Espagne, est celui qui a conçu l'idée du pacte visant à renverser la monarchie. C'est ce qu'affirment César Vidal et José A. Ayala Pérez, biographe de Rizo. Alejandro Lerroux lui-même a confirmé que Rizo avait été l'idéologue du pacte de Saint-Sébastien. Ce franc-maçon, qui était lieutenant-commandant en 1929, a également conçu l'idée des "loges flottantes" pour prendre le contrôle de la marine. Le Grand Maître Diego Martínez Barrio l'autorise personnellement à faire du prosélytisme auprès du personnel de la Marine. En 1930, Rizo est promu au 32e grade et est chargé de prévenir toute réaction contre la proclamation de la République. Pour prouver son efficacité, il suffit de dire que le 14 avril, plus de trois mille membres de l'escadrille Ferrol qui se trouvaient à Carthagène manifestèrent dans les rues en faveur de la République. Alejandro Lerroux, Manuel Azaña, Álvaro Albornoz, Marcelino Domingo, Ángel Galarza, Santiago Casares Quiroga, Eduardo Ortega y Gasset (le frère du philosophe) et Niceto Alcalá Zamora, tous présents à Saint-Sébastien, étaient également francs-maçons. Ils sont rejoints par trois représentants catalans : Jaume Aiguader, également franc-maçon, Macià Mallol et Manuel Carrasco, à qui l'on promet un traitement approprié de la question catalane.

Dans *Memorias de mi paso por mi paso por la Dirección General de Seguridad*, publié en 1932 et 1933, le général Emilio Mola, responsable de la Direction générale de la sécurité jusqu'à la proclamation de la République, raconte comment a été vécue de l'intérieur cette époque de conspiration permanente, sur laquelle la police disposait de nombreuses informations par l'intermédiaire de ses agents. Au cours des mois de septembre et d'octobre, la tempête se prépare. Les partis républicains qui faisaient partie du mouvement révolutionnaire étaient tellement obsédés qu'ils pensaient que les anarchistes et les communistes collaboreraient avec eux en échange d'une simple reconnaissance, et ils les ont donc imprudemment utilisés comme des instruments sur la voie du pouvoir. Le 3 octobre, Mola envoya une longue lettre circulaire à tous les gouverneurs, les avertissant prophétiquement du danger de cette attitude :

> "La masse des travailleurs, et en particulier les organisations composées d'anarchistes, d'anarcho-syndicalistes, sont la matière propice à la révolte et à l'action, non pas parce qu'ils sont intéressés par un changement du régime "monarchiste-bourgeois" pour un régime "républicain-bourgeois", mais parce qu'une fois que les digues qui maintiennent l'état social actuel seront rompues et que la nation sera plongée dans le chaos de la révolution, ils savent parfaitement combien il sera difficile de ramener les masses à la discipline. Et comme, d'autre part, à travers la crise, seules les organisations ouvrières auront gagné en force et en prestige, le moment sera venu d'instaurer un régime prolétarien.... Il semble vraiment incroyable que des hommes d'expérience et de culture aient pu tomber dans la tentation de chercher l'appui de la CNT pour faire la révolution ; mais, malheureusement, c'est le cas".

Dans *Lo que yo supe, le* premier des trois livres qui composent les *Mémoires de* Mola, le directeur général de la Sûreté confirme avoir appris, fin novembre 1930, que les préparatifs d'un coup d'État révolutionnaire étaient déjà bien avancés : des armes avaient été distribuées et des militaires engagés, y compris des généraux, se trouvaient à Madrid, Valence, Logroño, Huesca et Jaca. L'UGT et quelques communistes se sont engagés à participer. Les noms et les portefeuilles des membres du futur gouvernement provisoire, convenu au sein du Comité révolutionnaire, sont également connus. Parmi d'autres détails concernant les plans d'action, on apprend que le capitaine Fermín Galán agira à Jaca avec des paysans et des troupes armées, si bien que Mola, qui le connaît personnellement, décide le 27 novembre de lui écrire une lettre de désistement. Il s'adresse à lui en ces termes affectueux : "Mon distingué capitaine et ami". Dans un passage important, il déclare que le complot a été découvert : "Le gouvernement connaît et je connais vos activités révolutionnaires et vos projets de révolte avec les troupes de cette garnison : l'affaire est grave et pourrait vous causer des dommages irréparables". Entre autres avertissements, Mola lui a également rappelé que le Code de justice militaire pouvait lui être appliqué. Ce que Mola ne savait pas, c'est que quelques mois auparavant, à la mi-septembre, Fermín Galán, la main droite "sur l'Évangile de la lumière", avait prêté serment devant ses frères de la Loge ibérique. Juan -Simeón Vidarte, secrétaire adjoint du PSOE entre 1932 et 1939, franc-maçon au 33e degré dont le nom initiatique était "Erasmo", reproduit le serment de Galán dans *No queríamos al Rey* : "Je jure solennellement devant le Grand Architecte de l'univers et devant vous, mes frères, que le jour où je recevrai les ordres du Comité révolutionnaire, je proclamerai la République à Jaca et je lutterai pour elle, même si cela doit me coûter la vie".

Personne à la Direction générale de la sécurité ne croyait que Galán irait de l'avant après avoir appris que la conspiration avait été découverte ; mais le jeune capitaine ne voulait pas voir la réalité et pensait qu'il pouvait imposer la République à l'Espagne. Le vendredi 12 décembre 1930, à l'aube, en compagnie de plusieurs capitaines, dont Ángel García Hernández et Salvador Sediles, et de compatriotes emmenés par des dirigeants républicains locaux, Galán révolte la garnison de Jaca. Le gouverneur militaire, le général Urruela, et les chefs et officiers qui ne se sont pas joints à eux ont été emprisonnés. Deux carabiniers qui refusent d'être désarmés sont fusillés. Le sergent commandant le poste de la Guardia Civil est également tué. Les rebelles se dirigent ensuite vers Huesca en deux colonnes : l'une monte à bord d'un train militaire, l'autre marche par la route avec des camions et des voitures. Un petit détachement commandé par le général Las Heras tente d'empêcher l'avancée et il y a d'autres victimes, dont le capitaine Mínguez de la Guardia Civil. Le général est également blessé dans l'échauffourée. Enfin, à Cillas, l'affrontement avec les forces gouvernementales se termine par la dissolution des rebelles.

La police a appris que, parmi d'autres éléments révolutionnaires, deux communistes, un ingénieur nommé Cárdenas et l'étudiant Pinillos, se trouvaient à Jaca. Il semble que le jeudi 11, Casares Quiroga se trouvait à Saragosse et se rendait à Jaca. Il devait annoncer à Galán que le Comité révolutionnaire avait décidé de reporter l'action au 15, mais l'avis est arrivé en retard. Les hésitations de l'UGT à Saragosse et les divergences d'opinion au sein de la CNT à Madrid contribuent également à l'échec de la tentative de coup d'État. Le dimanche 14, une cour martiale sommaire, en application du code de justice militaire, condamne à mort les capitaines Fermín Galán Rodríguez et Ángel García Hernández, fusillés le jour même.

La mesure dans laquelle le capitaine Fermín Galán était un halluciné est révélée par des écrits de sa propre main qui ont été trouvés à Jaca. Le général Mola en a publié des photocopies dans *Tempestad, calma, intriga y crisis, le* deuxième volume de ses *Memorias*. Dans des pages écrites à la hâte et pleines de ratures, le jeune capitaine a esquissé plusieurs décrets et ordres. Voici un petit échantillon de quelques-unes de ses folies :

"Compte tenu des circonstances actuelles qui exigent une unité de commandement ferme et sûre, sans subdivisions susceptibles de troubler l'unité de doctrine qui nous inspire dans l'évolution rationnelle des choses, avec la claire vision que nous en avons, je viens en disposer :

Article 1 Tous les pouvoirs de la révolution sont concentrés dans mon autorité".

Dans d'autres articles écrits séparément, le capitaine Fermín Galán, dans une démonstration irréfutable de sa suprême stupidité, a déclaré ce qui suit :

"Article 1 : La peine de mort est prononcée sans motif :
a) toute personne qui, de quelque manière que ce soit, entrave, complote ou arme le régime émergent.
b) toute personne qui tente de modifier l'ordre existant en menaçant la vie des personnes et la sécurité des biens.
(c) quiconque emporte à l'étranger de l'argent, de l'or ou des richesses de toute nature, y compris des valeurs spécifiques ou artistiques.
Article 2 Les juntes révolutionnaires instituent, sous leur direction supérieure, un Tribunal révolutionnaire qui connaît et sanctionne, avec le concours de la Garde nationale, tous les délits visés à l'article précédent.
Article 3° Je punirai avec la plus grande rigueur toute négligence ou indulgence que je constaterai dans l'exécution de ce décret de la part des autorités révolutionnaires".

La témérité de Galán, manifestement un jeune mégalomane prêt à liquider tous ceux qui n'acceptaient pas ses conditions ou son "ordre existant", a conduit à l'échec du coup de Cuatro Vientos, qui a eu lieu le lundi 15. Si le jeune capitaine avait été patient, les deux soulèvements auraient coïncidé, comme le Comité révolutionnaire l'avait certainement prévu. L'un des principaux protagonistes de l'aventure de l'aérodrome était Ramón Franco, frère du général Franco, l'un des personnages les plus colorés et les plus téméraires du mouvement révolutionnaire, qui, en janvier 1926, était devenu un héros national grâce à son vol à bord de l'hydravion *Plus Ultra* de Palos de la Frontera à Buenos Aires. Ramón Franco était également franc-maçon et avait été initié à la loge Plus Ultra, d'où le nom de l'hydravion.

Mola, constamment informé de ses pérégrinations, l'avait arrêté en octobre après avoir découvert qu'il tentait d'acheter des armes à Eibar et à Saint-Etienne, mais Franco avait réussi à s'échapper pour participer au coup d'Etat. À six heures du matin, le général Queipo de Llano, les commandants Hidalgo de Cisneros, Pastor et Roa, le capitaine González Gil, maçon affilié au PSOE, et d'autres officiers arrivent dans deux voitures à Cuatro Vientos. Ramón Franco arrive peu après. La garde n'oppose aucune résistance et les troupes sont réveillées par l'annonce de la proclamation de la République. Le télégraphiste envoie la dépêche suivante à tous les aérodromes : "La République a été proclamée à Madrid, réveillez-vous". Un lieutenant se rend avec deux camions et des troupes à la poudrière de Retamares, où deux compagnies du génie se joignent à la rébellion et permettent le transfert des bombes à Cuatro Vientos. Pendant ce temps, le commandant Roa avait imprimé les proclamations qui devaient être lancées sur Madrid. Ramón Franco devait bombarder le Palais royal et décolla de la base dans cette intention, mais lorsqu'il survola Madrid et vit que les places Oriente et Armería étaient remplies d'enfants en train de jouer, il renonça et retourna à l'aérodrome.

Après ce qui s'est passé à Jaca, lorsque le gouvernement a appris au petit matin que les aviateurs de Cuatro Vientos s'étaient soulevés, il a accepté de déclarer l'état de guerre à Madrid. Lorsque l'on apprend par la suite que des grèves générales et des actes de violence ont commencé dans de nombreuses villes, la déclaration est étendue à l'ensemble de l'Espagne. Une grève générale est prévue à Madrid, mais l'appel échoue en raison de dissensions entre les socialistes de l'UGT. Les troupes ont immédiatement reçu l'ordre de marcher sur la base aérienne. Les meneurs de la tentative se rendent alors compte de l'échec de leur aventure téméraire et s'enfuient au Portugal sans prévenir les soldats, qui repoussent une patrouille de cavalerie envoyée par le général Orgaz. Les rebelles n'abandonnant pas leur attitude, des coups de canon sont tirés sur l'aérodrome. Face à cette mesure, les paysans s'enfuient et les rebelles hissent le drapeau blanc et se rendent sans plus de résistance. Le Comité révolutionnaire avait même rédigé un manifeste qui se terminait par les cris de "Vive l'Espagne avec honneur ! Vive la République !" et qui était signé par Niceto Alcalá Zamora, Alejandro Lerroux, Fernando de los Ríos, Manuel Azaña, Santiago Casares Quiroga, Indalecio Prieto, Miguel Maura, Francisco Largo Caballero, Marcelino Domingo, Luis Nicolau d'Olwer, Álvaro de Albornoz et Diego Martínez Barrio, qui assumaient tous les fonctions du gouvernement provisoire.

Malgré le harcèlement constant dont il fait l'objet, le gouvernement Berenguer confirme en janvier 1931 sa décision de convoquer des élections générales et en fixe la date au 1er mars. Le général, constitutionnaliste convaincu, croit de bonne foi que le retour à la légalité permettra d'apaiser les troubles et l'instabilité que les ennemis de la monarchie ne cessent de promouvoir. Le gouvernement est prêt à lever l'état de guerre, à rétablir les garanties constitutionnelles, à abolir la censure de la presse et à autoriser la propagande électorale. Le fiasco survient lorsque les partis républicains annoncent leur abstention, ce qui constitue un nouveau revers pour le gouvernement qui s'adresse à l'opinion publique par un communiqué de presse dans lequel il refuse de "pénétrer dans le fond des motifs de la campagne abstentionniste" et affirme "une fois de plus son impartialité dans la compétition électorale" tout en exprimant son "ardent désir de garantir une élection avec un vote libre et un résultat exact". Le 7 février 1931, le gouvernement publie le décret de convocation qui fixe la date du 1er mars pour les élections des députés et du 15 mars pour celles des sénateurs. La date du 25 mars est également fixée pour la réunion des Cortès à Madrid.

De nombreux républicains ont appris la nouvelle à l'étranger. Après les soulèvements de Jaca et de Cuatro Vientos, les dirigeants révolutionnaires qui n'ont pas été arrêtés s'exilent. Paris étant l'un des centres d'émigration, des espions espagnols s'y trouvent pour les surveiller. Parmi les nombreux autres présents dans la capitale française, on trouve Ramón Franco, qui a rejoint le Grand Orient par l'intermédiaire de francs-maçons français, Indalecio Prieto, Queipo de Llano, Marcelino Domingo, Martínez Barrio. Ce dernier arrive en février de Gibraltar. Le général Mola apprend par ses agents que, par l'intermédiaire de la franc-maçonnerie française, ils sont entrés en contact avec le communisme russe et négocient avec la délégation soviétique à Vienne un crédit de quatre millions de pesetas. Ils envisageaient de déposer un million et demi de pesetas dans une banque comme fonds de garantie pour assurer la solde des militaires : "Ils risquent leur vie, mais pas leur vol", aurait dit Franco. Les deux millions et demi restants devaient servir à acheter des armes. Cárdenas et Pinillos, les deux inséparables communistes, y sont également apparus en février. Selon les rapports de la police espagnole, ils s'étaient entretenus avec des représentants de la Junte centrale révolutionnaire à l'hôtel Wien Back de Vienne et se préparaient à passer à l'action le jour des élections.

Telle était la situation dans l'après-midi du vendredi 13 février lorsque Álvaro de Figueroa y Torres, comte de Romanones, et Manuel García Prieto, marquis d'Alhucemas, deux libéraux monarchistes, ont déclenché la crise qui a abouti à la chute du gouvernement. Tous deux avaient l'intention de publier une note à la presse dans laquelle ils considéraient l'abstention des partis républicains comme un précédent désastreux, car elle pouvait signifier la mort du système parlementaire. Ils annoncent qu'ils participeront aux élections de mars avec l'intention de se rendre aux Cortes pour demander leur dissolution et la convocation de nouvelles assemblées constituantes. En ce qui concerne le comte de Romanones, Juan -Simeón Vidarte révèle dans *No queríamos al rey* qu'il est franc-maçon, initié secrètement par Sagasta, Grand Maître du Grand Orient d'Espagne et Grand Commandeur du Suprême Conseil du 33ème degré. Face à cette situation, Berenguer appelle Cambó pour connaître son attitude. Le chef de la Lliga lui dit qu'il a l'intention de s'abstenir. Averti par le comte de Romanones de la démarche que lui et son collègue allaient entreprendre, Cambó publia ce communiqué dans la presse barcelonaise :

"L'assistance constante que moi-même et ceux qui partagent avec moi la direction d'une force politique importante avons apportée au gouvernement est bien connue. Face aux élections législatives annoncées depuis longtemps, nous nous sommes limités à formuler une demande de garanties de sincérité électorale, qui ont été acceptées dans leurs grandes lignes. Malgré l'octroi de ces garanties, et presque en même temps, ont commencé les déclarations d'abstention aux élections qui, après avoir atteint tous les groupes révolutionnaires, se sont étendues à des personnalités monarchiques et gouvernementales notoires. Même après avoir créé une situation aussi délicate, nous avons compris, comme nous le comprenons aujourd'hui, que nous ne devions pas nous abstenir de participer aux élections, mais au vu de la déclaration des dirigeants des deux seules forces du parti libéral qui ne s'étaient pas déclarées abstentionnistes, il semble évident que le Parlement convoqué ne durera que les quelques jours que le comte de Romanones et le marquis d'Alhucemas prendront pour mettre en pratique l'objectif qu'ils expriment dans leur note. Et dans une telle situation, il vaut mieux, à mon avis, affronter résolument le problème politique dès maintenant, en évitant les inconvénients et les dangers notoires du régime intérimaire auxquels son ajournement donnerait lieu".

Personne ne comprend pourquoi les dirigeants libéraux ont attendu le dernier moment pour annoncer une décision qu'ils mûrissaient certainement depuis un certain temps. Leur attitude va donner lieu, dans les jours qui suivent, à une campagne de presse intempestive visant, une fois de plus, à discréditer le roi et l'institution monarchique. Le 14 mars, la crise est terminée. Le gouvernement démissionne et, pour ne pas compromettre ses successeurs, le général Berenguer propose au roi de signer un décret suspendant les échéances fixées pour les élections des députés et des sénateurs et la convocation des Cortès. Comme alternative aux élections des Cortès constituantes, les auteurs de la crise proposent un gouvernement de concentration monarchique présidé par l'amiral Juan Bautista Aznar, auquel participeraient trois ministres catalans proposés par Cambó. Avant de partir pour Madrid, Francesc Cambó définit parfaitement la situation. Selon son analyse, l'Espagne se trouve dans une situation pré-révolutionnaire où "tous les éléments de dissolution politique et sociale agissent avec une activité débridée". Pour le leader de la Lliga, le gouvernement du général Berenguer donnait de plus en plus "l'impression de ne pas prévoir et diriger les événements, mais d'être le jouet des hommes qui les provoquaient et les administraient".

Le 15, Cambó rencontre le roi et Berenguer. Le même jour, le monarque offre le pouvoir à Santiago Alba, qui le refuse. De son côté, le comte de Romanones annonce dans des conversations avec des journalistes qu'il va tenter de former un gouvernement de "gauche claire et nette" qui convoquerait des Cortes "archiconstituantes". Le 15, les comités exécutifs de l'UGT et du PSOE réitèrent la nécessité de rompre avec le passé et appellent à la République. Le 16, les consultations se poursuivent et José Sánchez Guerra, un vétéran de la politique, accepte la commission du roi. Sánchez Guerra a notamment visité la prison de Modelo, où étaient incarcérés les dirigeants du mouvement révolutionnaire. Officiellement, on dit qu'il est allé leur demander leur soutien et leur offrir des postes dans le gouvernement qu'il envisageait de former.

Une version très différente est proposée par le directeur général de la sécurité de l'époque dans *Calma, tempestad, intriga y crisis*. Emilio Mola affirme que le fils de Sánchez Guerra, Rafael, était non seulement membre du parti républicain, mais aussi un membre important de la conspiration. Rafael Sánchez Guerra était dans la voiture avec son père lorsque celui-ci s'est rendu au Modelo. C'est lui qui l'a averti que les dirigeants du mouvement révolutionnaire préparaient un coup d'État pour le lendemain matin. En réalité, la visite à la prison avait donc pour but de leur demander de reporter l'action par patriotisme. L'opinion publique accepte la première version et se divise entre ceux qui protestent en disant qu'ils "livrent le roi à ses ennemis" et ceux qui applaudissent l'initiative, même si les prisonniers politiques auraient rejeté l'initiative de Sánchez Guerra. Dans ses *Mémoires*, le général Mola donne les détails connus des services secrets sur le déroulement du mouvement révolutionnaire dans la nuit du lundi 16 au mardi 17.

La durée de la crise est logiquement très dangereuse, comme l'ont compris le général Berenguer et ses plus proches collaborateurs. Le 17, vers midi, Sánchez Guerra arrive au palais, soi-disant avec la liste du nouveau gouvernement qu'il entend proposer au roi. Une demi-heure plus tard, il annonce aux journalistes qu'il décline la commande, bien qu'il n'ait rencontré aucune difficulté quant à la convocation des Cortès constituantes. Mon conseil à Sa Majesté, déclara-t-il, était d'appeler M. Melquiades Álvarez, au cas où il trouverait le soutien de la gauche que je n'ai pas trouvé. Quelques heures plus tard, ce dernier se déclare lui aussi incapable de constituer un gouvernement viable et rejette la proposition d'Alphonse XIII. Dans ce contexte de confusion, le ministre de l'Intérieur, Leopoldo Matos, décide le même jour de rétablir la censure préalable de la presse. Dans l'après-midi, les principaux royalistes tiennent une réunion au ministère de l'Armée, au cours de laquelle les responsables de la crise imposent leurs critères. Parmi les points de discussion, la question des élections est déterminante. Contrairement à l'opinion du général Berenguer, qui soutenait que les élections aux Cortès non seulement donneraient au gouvernement une légitimité constitutionnelle, mais fourniraient également une majorité monarchiste, l'opinion de ceux qui proposaient d'abord des élections municipales l'a emporté.

Toujours grâce à Mola, qui a vécu la crise aux premières loges, nous apprenons que Berenguer a proposé le duc d'Albe comme président du gouvernement, mais que les libéraux s'y sont opposés : "Le comte de Romanones, écrit Mola, soutenu par le marquis d'Alhucemas, a défendu la candidature du capitaine général de la marine, M. Aznar. Il s'agissait d'un homme sans importance en politique et de haute représentation. Ce que le comte n'a pas dit, bien qu'il l'ait probablement pensé, c'est qu'Aznar, en l'absence de ses propres critères et en raison de l'affection qu'il lui porte, serait son jouet". Berenguer tenta par tous les moyens de se dissocier du gouvernement, mais il fut finalement convaincu d'accepter de continuer à faire partie du gouvernement de concentration en tant que ministre de l'armée.

L'amiral Aznar arrive au palais le mercredi 18 vers 10 heures et se voit confier la tâche de former un gouvernement. Il s'agit d'une visite protocolaire, car tout a été décidé l'après-midi précédent. Avant midi, les ministres sont arrivés pour prêter serment. Le comte de Romanones est nommé ministre d'État et le marquis d'Alhucemas, ministre de la Justice. Le 19, le premier conseil des ministres a lieu et publie une déclaration annonçant le renouvellement total des conseils municipaux et provinciaux comme étape préalable à la convocation d'élections générales. Le gouvernement offre les garanties maximales de loyauté dans les élections et se déclare déterminé à "ne pas tolérer ni laisser impuni le moindre trouble à l'ordre public".

Alors que l'instabilité provoquée par la crise était encore dans l'air, la cour martiale contre le reste des personnes impliquées dans le soulèvement de décembre, soixante-trois au total, commença le 13 mars à Jaca. La franc-maçonnerie et les révolutionnaires en tout genre profitent de l'occasion pour lancer une campagne d'agitation dans tout le pays. Bien entendu, les capitaines exécutés, Galán et García Hernández, étaient déjà devenus des martyrs de la liberté. Après trois jours de procès et trente-deux heures de délibération, le tribunal prononce seize condamnations, allant de six mois à vingt ans de prison, une condamnation à perpétuité et une condamnation à mort pour le capitaine Salvador Sediles, qui s'était réfugié en France et avait été jugé "par contumace". Les exécutifs du Parti socialiste et de l'UGT publient un manifeste demandant l'amnistie. La mairie de Madrid, la Fédération nationale des étudiants, l'Ateneo Científico et d'autres institutions demandent au gouvernement de conseiller la grâce. Les étudiants en médecine marchent jusqu'à la Puerta del Sol en donnant des "vivas" à la République et des "mueras" au Roi. Le gouvernement, sans même prendre la peine de consulter le ministre des armées, le général Berenguer, s'est empressé de proposer au roi d'exercer son droit de grâce.

Exactement une semaine plus tard, en pleine campagne électorale municipale, s'ouvre la cour martiale des six signataires du manifeste de décembre qui n'ont pas fui : Niceto Alcalá Zamora, Miguel Maura, Fernando de los Ríos, Álvaro de Albornoz, Francisco Largo Caballero et Santiago Casares Quiroga. Le gouvernement Aznar, faisant preuve d'une stupidité politique sans précédent, avait fixé la date du procès au 20 mars. La tentative de tenir l'audience à la Cour suprême fut une autre folie, le procès se transformant en une démonstration d'exaltation républicaine. Le procureur a accusé les accusés de conspiration en vue d'une rébellion militaire. Le spectacle qui se déroule pendant les jours de séance est délirant : les accusés profitent de leurs déclarations pour tenir des meetings qui sont accueillis par le public sous un tonnerre d'ovations. Parfois, des cris subversifs éclatent et le président du tribunal, le général Burguete, ne parvient pas à imposer le moindre décorum.

Finalement, le 23, la sentence est prononcée et, alors que quinze et huit ans de prison avaient été requis, ils sont tous condamnés à six mois et un jour de prison militaire correctionnelle pour "incitation à la rébellion". La loi du sursis leur a été appliquée et le lendemain, à cinq heures de l'après-midi, ils ont été libérés. Depuis le matin, une foule attendait dans les rues la libération des dirigeants républicains, qui ont été portés hors de la prison sur les épaules de toreros et acclamés comme des héros. Pour clôturer le mois de mars en beauté, les étudiants en médecine de la Fédération universitaire espagnole ont convoqué une manifestation pour le 25 mars. Parmi les étudiants se trouvaient des travailleurs armés et les affrontements sérieux entre les manifestants et les forces de l'ordre ont dégénéré en fusillade : deux personnes sont mortes, un étudiant et un garde civil. La grève étudiante s'étend rapidement à tout le pays.

Le coup d'État sans effusion de sang

Le dimanche 12 avril 1931 est une journée ensoleillée et calme. Les élections municipales se déroulent normalement. Les journaux ne travaillant pas le dimanche, il n'y a pas de journaux dans les rues le lundi. À deux heures de l'après-midi, le ministère de l'Intérieur annonce que les monarchistes ont obtenu 22 150 conseillers et les républicains 5875. Bien que les chiffres soient incomplets, tout indique que dans les zones rurales, dans les villages et les villes moyennes, les candidats monarchistes l'ont largement emporté. Cependant, au fur et à mesure que la journée avançait, les chiffres des grandes villes commençaient à arriver, où les républicains l'avaient clairement emporté. Lorsque le président Aznar est arrivé en milieu d'après-midi au palais de la Castellana pour le Conseil des ministres, il a été abordé par des journalistes qui lui ont demandé si une crise était imminente. Sa réponse a été la suivante : 'Une crise ? Quelle crise voulez-vous de plus qu'un pays qui se couche monarchiste et se réveille républicain ? Cette déclaration totalement incompréhensible et imprudente, inadmissible puisqu'elle a été faite par le président du gouvernement avant même qu'il n'ait rencontré son gouvernement, montre qu'une attitude défaitiste a été immédiatement adoptée.

Lors de la réunion du gouvernement, il semble qu'il y ait eu des opinions divergentes. Certains ministres se sont appuyés sur les informations reçues et se sont prononcés en faveur d'une gestion de la situation jusqu'à la convocation des élections générales. Finalement, sans considérer que la nature des élections n'était pas politique, le Conseil prit la décision de remettre au roi une note présentant la démission du gouvernement afin que le monarque puisse décider. Don Alfonso, quant à lui, avait déjà reçu dans la matinée le comte de Romanones et le marquis d'Alhucemas. Il serait sans doute très intéressant de connaître le contenu de ces conversations, car selon Juan -Simeón Vidarte, Romanones aurait été l'instigateur de la reddition du roi. Le général Mola révèle qu'Alphonse XIII, à l'insu du gouvernement, a envoyé un émissaire auprès du duc de Maura pour faire des démarches auprès du Comité révolutionnaire. Quelles sont ces démarches ? Le fait est que des rumeurs ont bientôt commencé à circuler à Madrid selon lesquelles le roi allait abdiquer.

Dès le lundi soir, alors que les premiers journaux du soir sont dans les rues, les services de renseignements informent le général Mola que le Comité révolutionnaire a demandé à ses coreligionnaires de province de faire descendre le peuple dans la rue pour effrayer le gouvernement et obliger le roi à partir au plus vite. Le même agent ajoute dans sa note deux brèves informations : le ministre de l'Instruction publique, José Gascón y Marín, est en intelligence avec les républicains. La seconde est qu'un autre ministre, dont l'informateur n'a pu connaître le nom, a demandé au Comité d'abandonner son attitude révolutionnaire. Le soir même, alors que les exilés rentrent précipitamment en Espagne, les membres du Comité révolutionnaire se réunissent chez Alcalá Zamora et rédigent un manifeste qui commence ainsi. "La représentation des forces républicaines et socialistes en coalition pour une action commune ressent le besoin inévitable de s'adresser à l'Espagne pour lui souligner la signification historique de la journée du dimanche 12 avril. Il n'y a jamais eu dans notre passé un acte comparable à celui de ce jour...". Il appelle ensuite les institutions de l'Etat, le gouvernement et les forces armées à "se soumettre à la volonté nationale" et méprise "le vote rural des fiefs". Le manifeste se termine par la déclaration qu'ils sont prêts à agir avec énergie et rapidité pour "établir la République". Niceto Alcalá Zamora, Fernando de los Ríos, Santiago Casares Quiroga, Miguel Maura, Álvaro de Albornoz, Francisco Largo Caballero et Alejandro Lerroux signent le texte. Au fur et à mesure que la nuit avance, l'excitation grandit à Madrid et une foule vociférante réclamant la République remplit entièrement la Puerta del Sol.

Le mardi 14 avril, le mot "République" apparaît sur les pages de tous les journaux. La pression s'accroît avec la confirmation de la victoire des républicains dans pratiquement toutes les grandes villes. À Eibar, les conseillers élus se rendent à l'hôtel de ville et, devant une foule de dix mille personnes, hissent le drapeau tricolore et proclament la République. Le récit de la proclamation à Barcelone est plus détaillé. L'Arxiu Nacional de Catalunya (Archives nationales de Catalogne) a récemment découvert des notes inédites de Joan Alavedra, secrétaire de Francesc Macià et de Lluís Companys, qui apportent de nouvelles informations. Le 13 au soir, les dirigeants de l'ERC se réunissent sur la terrasse de l'hôtel Colón. Outre Companys et Macià, il y avait Joan Lluhí, Pere Comes, Jaume Aiguader, Joan Casanelles, Joan Casanovas, Josep Dencàs et Ventura Gassol. Ils discutent pendant des heures de la stratégie à suivre. Macià n'est pas favorable à l'idée d'attendre les élections législatives, comme certains politiciens madrilènes, mais de passer à l'action.

Le lendemain, Companys, Nicolau Battestini, Josep Bertran de Quintana, Ricard Opisso et Amadeu Aragay, qui s'étaient rencontrés à la librairie Ariel, dont le propriétaire était Casanellas, décidèrent de se rendre à la mairie, où ils avaient rendez-vous avec Macià. À la porte, un officier d'apparat, Puigdomènech, leur a demandé où ils allaient. "Une fois à l'intérieur, Companys ordonne à Ribé, le chef de cérémonie, de convoquer la garde municipale. "À vos ordres, Monsieur le Maire", répond ironiquement le fonctionnaire. "Je trouve cela très froid", commente Companys. Battestini dit alors : "Voyons si nous pouvons le réchauffer", et commence à crier : "Vive la Catalogne libre ! À bas la monarchie ! Vive la République !". Ils montent à l'étage et entrent dans le bureau du maire, Antonio Martínez Domingo. Amadeu Aragay i Daví, membre éminent de la franc-maçonnerie comme Companys, prend alors le bâton et le donne à Companys en lui disant : "Tiens, Lluís, tu es maintenant maire". Ils vont ensuite chercher un drapeau républicain et, vers une heure et demie de l'après-midi, Companys sort sur le balcon pour proclamer la République devant quelques passants.

Selon Josep Tarradellas, Companys s'est précipité parce qu'il craignait qu'Aragay ne le devance et ne proclame la République. En d'autres termes, c'est la recherche de l'actualité et de la notoriété qui a guidé les pas de cet aventurier, dont l'action politique a presque toujours été dominée par le ravissement (rauxa) plutôt que par la sagesse et le bon sens (seny). L'historien Hilari Raguer raconte qu'en 1917, alors qu'il est élu conseiller municipal du Raval, Companys accuse Carrasco i Formiguera, également élu municipal de Barcelone, d'être séparatiste et lui demande de crier "Vive l'Espagne ! Azaña, dans son empressement à discréditer Lluis Companys, rappelle également ce fait dans ses *Memorias políticas y de guerra (Mémoires politiques et de guerre)*.

Selon Alavedra, Macià a été bouleversé lorsqu'il a appris que Companys lui avait volé la vedette qu'il recherchait lui aussi. Une heure plus tard, Macià est arrivé à la mairie et lui a dit, je cite : "Companys, je ne te le pardonnerai jamais". Puis, du même balcon, il regarda la place de Sant Jaume, de plus en plus bondée, et proclama l'État catalan en ces termes : "Au nom du peuple catalan, je proclame l'État catalan, que nous nous efforcerons, en toute cordialité, d'intégrer à la Fédération des républiques ibériques...". Des applaudissements retentissent sur la place et la Marseillaise est chantée. Macià traverse ensuite la place et entre dans la Diputació Provincial, aujourd'hui palais de la Generalitat, et s'adresse à nouveau à la foule depuis le balcon : "Au nom du peuple catalan, je proclame l'État catalan, sous le régime d'une République catalane, qui désire et demande librement et cordialement la collaboration des autres peuples frères d'Espagne à la création d'une Confédération des peuples ibériques, et leur offre de se libérer de la monarchie des Bourbons. Ici et maintenant, nous élevons notre voix vers tous les États libres du monde, au nom de la liberté, de la justice et de la paix des nations". Tout cela, bien sûr, était une nouvelle démonstration d'aventurisme politique, car ils n'avaient consulté personne et cela n'avait rien à voir avec ce qui avait été convenu dans le pacte de Saint-Sébastien, où l'État fédéral n'avait pas été envisagé, même de loin. La construction d'un État fédéral est une idée qui peut prendre des décennies à mûrir : une fois de plus, la "rauxa" caractérise les actions d'un autre homme politique catalan.

À Madrid, la proclamation de la République se fait toujours attendre, bien que des mesures très importantes aient été prises au cours de la matinée. Le roi charge le duc de Maura de rédiger un manifeste dans lequel il déclare qu'il quittera l'Espagne et attendra le résultat des délibérations d'une Cortès constituante, indiquant ainsi qu'il n'a pas perdu tout espoir de retour. Le monarque demande au comte de Romanones de sonder les intentions d'Alcalá Zamora et de demander une trêve. La réponse fut que le roi devait partir avant le coucher du soleil, car après cette heure, il ne pouvait plus répondre aux masses. Pendant que ces mesures étaient prises, l'amiral Aznar était hors jeu, comme d'habitude. Le général Berenguer, ministre des armées, tente de savoir ce qu'il en est dans les principales garnisons.

Vers trois heures et demie de l'après-midi, le général Sanjurjo, directeur général de la Garde civile, se réunit au domicile de Miguel Maura avec plusieurs membres du Comité révolutionnaire, signe indubitable qu'il souhaite l'appui de la Garde civile, garanti par Sanjurjo. Le sort de la monarchie est scellé. Des flots de Madrilènes envahissent déjà les rues de la capitale, acclamant la République. Les affiches regorgent de portraits de Galán et de García Hernández, les "martyrs de la liberté". De grands drapeaux républicains flottent sur le palais des communications. Vers quatre heures de l'après-midi, les ministres se réunissent dans le bâtiment de l'Intérieur et apprennent qu'un ultimatum a été lancé au roi, et l'une des principales préoccupations de certains d'entre eux est la nécessité de garantir la vie d'Alphonse XIII et de sa famille. Le comte de Romanones déclara qu'il en était personnellement responsable. Et il pouvait en répondre, puisqu'il avait déjà convenu avec le Comité de la manière dont le monarque quitterait Madrid.

En prenant congé des ministres, le roi leur donna lecture du manifeste commandé le matin au duc de Maura, auquel il apporta quelques corrections de sa propre main. Avant cinq heures de l'après-midi, le gouvernement met fin à la réunion et c'est à ce moment-là que les événements de Barcelone sont connus. Les paroles qu'Alphonse XIII adressa au peuple espagnol et que, de façon surprenante, le gouvernement provisoire autorisa à publier le 16, étaient les suivantes :

"Les élections de dimanche dernier m'ont clairement montré que je n'ai pas l'amour de mon peuple. Ma conscience me dit que cette déviation ne sera pas définitive, car j'ai toujours essayé de servir l'Espagne, avec pour seule préoccupation l'intérêt général, même dans les moments les plus critiques. Un roi peut se tromper, et sans doute me suis-je trompé parfois ; mais je sais bien que notre pays s'est toujours montré généreux face à la culpabilité sans malice.

Je suis le roi de tous les Espagnols et aussi un Espagnol. Je trouverai bien les moyens de maintenir mes prérogatives royales, en luttant efficacement contre ceux qui les combattent. Mais je veux résolument m'éloigner de tout ce qui consisterait à dresser un compatriote contre un autre dans une guerre civile fratricide. Je ne renonce à aucun de mes droits, car plus que les miens, ils sont un dépôt accumulé par l'Histoire, dont elle me demandera un jour de rendre compte avec rigueur.

Pour connaître l'expression authentique et adéquate de la conscience collective, je charge un gouvernement de la consulter, en convoquant des tribunaux constituants, et pendant que la nation parle, je suspends délibérément l'exercice du pouvoir royal et je me sépare de l'Espagne, la reconnaissant ainsi comme seule maîtresse de son destin.

Je crois aussi maintenant que je remplis le devoir que me dicte mon amour pour mon pays. Je prie Dieu pour que d'autres Espagnols le ressentent aussi profondément que moi et l'accomplissent".

Alfonso R. H.

Le roi aurait pu mentionner dans son discours d'adieu que les élections avaient été municipales, et il aurait pu aussi faire allusion à la large victoire des candidats monarchistes, mais il a choisi de ne pas le faire. En réalité, il a été abandonné par les monarchistes eux-mêmes, qui ont consenti à un coup d'État contre eux après avoir remporté une victoire électorale. L'objectif principal de son départ d'Espagne, éviter une "guerre civile fratricide", est pour l'instant atteint. Avant le coucher du soleil, le roi Alphonse quitte Madrid en voiture pour Carthagène, où il arrive avant l'aube. Il s'embarque ensuite pour Marseille. La reine et les princes, à l'exception de Don Juan qui étudie à l'Académie navale de San Fernando, partent en train le lendemain de l'Escorial.

À sept heures du soir, Eduardo Ortega y Gasset fêtait déjà avec les masses depuis le balcon du ministère de l'Intérieur et annonçait que la proclamation de la République était imminente. Au même moment, Alcalá Zamora, Azaña, Largo Caballero, Albornoz, Lerroux et compagnie quittent le domicile de Miguel Maura et se dirigent vers la Puerta del Sol pour prendre le pouvoir. De plus en plus de drapeaux rouges et républicains apparaissent dans les rues, brandis par des groupes chantant la Marseillaise et donnant des "vivas" à la République et des "mueras" au roi Alphonse. "Que no se ha idoo, que lo hemos echaɔ" et "un, dos, tres, muera Berenguer" sont quelques-unes des phrases les plus scandées. Lorsque les membres du Comité révolutionnaire sont entrés au ministère de l'Intérieur, ils ont été accueillis comme le gouvernement, bien qu'en réalité la prise de pouvoir ait eu lieu le lendemain sans négociations et sans aucune opposition. Après plusieurs tentatives de prise de pouvoir par la force, un coup d'État sans effusion de sang a triomphé en Espagne.

Le gouvernement provisoire est constitué comme suit : Président du gouvernement, Niceto Alcalá Zamora ; ministre des affaires étrangères, Alejandro Lerroux ; ministre de la justice, Fernando de los Ríos ; ministre de l'intérieur, Miguel Maura ; ministre des finances, Indalecio Prieto ; ministre des travaux publics, Álvaro de Albornoz ; ministre de l'éducation, Marcelino Domingo ; ministre des armées, Manuel Azaña ; ministre de la marine, Santiago Casares Quiroga ; ministre de l'économie, Luis Nicolau d'Olwer ; ministre du travail, Francisco Largo Caballero. Tous étaient francs-maçons, à l'exception d'Indalecio Prieto et de Miguel Maura. Nicolau d'Olwer, qui passe habituellement pour un non-maçon, appartenait à la Grande Loge d'Angleterre. Le fait qu'Alcalá Zamora était catholique a été utilisé pour nier son appartenance à la franc-maçonnerie. En réalité, c'était un franc-maçon qui obéissait à une loge étrangère, peut-être la Grande Loge d'Angleterre ou le B'nai B'rith. Léon de Poncins, dans *Histoire secrète de la Révolution espagnole*, et la revue juive *Kipá*, dans un article du 16 mai 1931, révèlent que trois membres du gouvernement provisoire, Alcalá Zamora, Miguel Maura et Fernando de los Ríos, étaient des Marranes. Le 12 juin 1931, *L'Univers israélite* rend compte d'une réception avec tous les honneurs offerte par le président Alcalá Zamora à deux Juifs : le docteur Kibrik et le docteur J. Jaén, grand rabbin shabbetay de Buenos Aires, à qui il a promis une loi en faveur des Juifs, qui se verront accorder la citoyenneté espagnole. Le rabbin ose même lui demander de lui céder Santa María à Tolède pour la reconvertir en synagogue.

Il reste à ajouter un commentaire sur le départ d'Espagne de la famille royale. Après avoir coupé la tête des rois de France et massacré les Romanov, il est évident que mettre un terme définitif à la plus ancienne monarchie d'Europe, dont l'histoire en avait fait l'une des plus détestées, était pour la franc-maçonnerie une tentation à laquelle il était difficile de résister. Lorsqu'on dit au comte de Romanones que s'il ne quitte pas l'Espagne avant le coucher du soleil, il ne pourra pas "répondre des masses", on laisse clairement entendre que des personnages sont prêts à utiliser des fanatiques révolutionnaires pour assassiner les rois. Or, un agent secret travaillant pour la Direction générale de la sécurité, Mauricio Carlavilla, avait transmis au général Mola, en janvier 1931, une information qui disait littéralement : "La franc-maçonnerie anglaise a imposé à la franc-maçonnerie espagnole le respect de la vie du roi en cas de triomphe de la révolution. Cette imposition a provoqué un profond mécontentement dans les couches inférieures de la franc-maçonnerie espagnole et a dû être imposée par les conceptions des hauts degrés".

Lorsque, le 19 novembre 1931, les Cortes jugèrent le roi "par contumace", le comte de Romanones jouant le rôle de défenseur, le député

José Antonio Balbontín déclara dans son discours que "l'opinion la plus répandue était que la fuite ou le départ de D. Alfonso de Borbón avait été consentie, préparée et facilitée par le gouvernement provisoire de la République". Alcalá Zamora, qui n'était plus président du gouvernement, demanda la parole depuis son siège et revendiqua l'entière responsabilité d'avoir sauvé la vie du monarque : "Je ne pouvais pas consentir et je ne pouvais pas vouloir que la République naisse déshonorée, en prenant le pouvoir dans l'ombre de la nuit, dans laquelle des foules, de quelque origine ou tendance qu'elles soient, viendraient avec ravage, avec indignité, avec tragédie, souiller la première aurore de la République espagnole". Le discours fleuri d'Alcalá Zamora s'achève sur sa responsabilité d'avoir permis la fuite du roi Alphonse : "...à ces effets, comme à tout ce qui est blâme, reproche ou culpabilité, le seul responsable, c'est moi'. Alors que les choses semblaient devoir en rester là, Manuel Azaña, alors déjà président du gouvernement, demanda la parole pour revendiquer lui aussi, ainsi que les autres membres du comité révolutionnaire, la décision d'épargner la vie d'Alphonse XIII :

> "Mais ce serait une injustice manifeste et un manque de loyauté envers votre Seigneurie si ce gouvernement ne déclarait pas solennellement que tout ce qui a été fait cet après-midi-là et cette nuit-là l'a été d'un commun accord, avec une responsabilité partagée par tous.
>
> ... Et je voudrais également souligner que lorsque nous n'étions encore qu'un Comité révolutionnaire et que l'on discutait des moyens et des actes susceptibles d'amener la Révolution, le Comité révolutionnaire, aujourd'hui le gouvernement, était unanimement d'accord pour ne pas toucher aux personnes royales, pour épargner toute la famille royale et pour ne pas souiller la pureté de nos intentions par l'acte répugnant de verser le sang qui, une fois la monarchie renversée, ne nous était d'aucune utilité".

PARTIE 3 - LA DEUXIÈME RÉPUBLIQUE

Les mesures prises en Espagne pour renverser la monarchie étaient très semblables à celles qui avaient été prises en Russie, où, en février 1917, un Comité révolutionnaire provisoire est devenu du jour au lendemain le Gouvernement provisoire. Avant que les judéo-bolcheviks ne fassent leur premier coup d'État, il y a eu le coup d'État du gouvernement provisoire maçonnique de Kerensky, qui a renversé le tsar et l'a contraint à l'abdication. Comme en Espagne, la quasi-totalité des membres du gouvernement provisoire russe étaient francs-maçons et se sont engagés à élire une assemblée constituante chargée de rédiger une constitution. Les élections promises ont eu lieu en Russie en novembre, dix-huit jours après le coup d'État de Lénine, Trotski et leurs acolytes. Lorsque la nouvelle assemblée se réunit en janvier 1918, les bolcheviks sont minoritaires et Lénine déclare que les soviets sont plus démocratiques que le Parlement. Ils ont alors fusillé les parlementaires élus et organisé un nouveau coup d'État, qui a mis fin à l'Assemblée constituante. En Espagne aussi, lorsque les résultats des élections leur ont été défavorables, les socialistes, les anarchistes et les communistes ont tenté de renverser la démocratie par un coup d'État révolutionnaire en 1934, comme nous le verrons plus loin.

Dans le monde entier, les loges maçonniques accueillent avec euphorie l'avènement de la Seconde République espagnole. *Le Bulletin officiel de la Grande Loge espagnole* a publié un article intitulé "Salut à la République", dans lequel on peut lire : "...En tant qu'Espagnols et francs-maçons qui contemplent comme une loi la structure libérale d'un nouvel État né des principes immortels qui brillent en Orient (allusion au temple de Salomon), nous devons éprouver de la satisfaction.... Aux francs-maçons qui composent le gouvernement provisoire, aux cadres supérieurs, dont la majorité sont aussi des frères, nous adressons nos encouragements". Dans un autre article éditorial, intitulé "Notre salut à la République", paru dans le numéro 19 du *Bulletin officiel du Grand Orient d'Espagne,* on lit littéralement : "...Par la poussée des idéaux maçonniques, les nations directrices de notre temps ont été forgées ; ce n'est qu'avec l'amour intense de ces idées enseignées dans nos ateliers que peut se structurer une nouvelle Espagne, capable d'un haut destin historique...". En juin 1931, *le Bulletin officiel du Conseil suprême du grade 33* pour l'Espagne et ses dépendances publie un article intitulé "Le nouveau régime. La République est notre héritage", dans lequel on peut lire à propos de la République : "...image parfaite, modelée par des mains brillantes, de toutes nos doctrines et de tous nos principes. Aucun autre phénomène de révolution politique n'a pu être plus parfaitement maçonnique que celui de l'Espagne". Au Mexique, la revue *Cronos,* porte-parole des loges, publie un article signé par José L. Oliveros, qui affirme : "L'Espagne est déjà une loge maçonnique comprenant les quatre cinquièmes de la péninsule ibérique. C'est un temple de la liberté, de la bonté et de la vertu, érigé le mémorable 14 avril 1931, sous la présidence du Vénérable Maître Alcalá Zamora".

Dans les pays européens également, diverses publications célèbrent le triomphe maçonnique en Espagne. Le journal viennois *Wiener Freimaurer Zeitung*, par exemple, a confirmé : "Un souhait de longue date des frères du Grand Orient d'Espagne vient d'être réalisé.... Ceux d'entre nous qui connaissent les hauts dirigeants de la franc-maçonnerie espagnole ne doutent pas qu'ils sauront tirer le meilleur parti de ces circonstances exceptionnelles". Le *Bulletin de l'Association Maçonnique Internationale* révèle sans équivoque dans son numéro trimestriel de juillet-septembre 1931 que l'assemblée du Grand Orient d'Espagne, tenue les 5 et 6 juillet, "a élu ses hauts dignitaires parmi lesquels on relève les noms de trois ministres, d'un gouverneur civil, d'un conseiller d'État, d'un maire, de quatre hauts fonctionnaires et de dix députés aux Cortès".

De son côté, la Grande Loge espagnole souhaitait plus de pouvoir pour les Frères et dans le numéro 8 de son *Bulletin Officiel*, correspondant au premier semestre 1931, regrettait que les postes du corps diplomatique n'aient pas encore été monopolisés : "...Ce n'est pas un secret que la franc-maçonnerie domine presque entièrement dans le Gouvernement provisoire ainsi que dans les hauts postes. Il paraissait raisonnable que, dans la mobilisation du personnel des ambassades, les francs-maçons fussent, dans ces conditions, choisis. Cela aurait considérablement adouci l'administration ; et pourtant ce n'est pas ainsi que l'on comprend.... Voyez donc, Monsieur le Ministre d'Etat, qui sait que la franc-maçonnerie domine en Europe et en Amérique, s'il ne serait pas dans l'intérêt de la République de prendre une résolution en ce sens pour le bien du pays."

La marée des francs-maçons qui déferle

Une publication du Consejo Superior de Investigaciones Científicas, *La apostasía de las masas y la persecución religiosa en la provincia de Huelva 1931-1936*, rédigée par Juan Ordóñez Márquez, a fourni en 1968 des données surprenantes sur l'appartenance maçonnique des hommes de la République. Une partie des informations qui suivent provient de cet ouvrage. Pour comprendre l'abondance des noms et des fonctions, il faut savoir que la Seconde République a compté jusqu'à vingt-six gouvernements. Un seul président du gouvernement n'était pas franc-maçon, Joaquín Chapaprieta, un indépendant qui présida le Conseil des ministres entre septembre et décembre 1935 et dirigea deux gouvernements.

Onze furent les présidents maçonniques du Conseil des ministres qui dirigèrent vingt-cinq gouvernements. Le premier, Niceto Alcalá Zamora, exerça ses fonctions d'avril à octobre 1931 et fut ensuite nommé président de la République. Il fut remplacé par Manuel Azaña qui, selon Mauricio

Carlavilla, avait appartenu à une loge irrégulière d'action politique présidée par Marcelino Domingo, d'après le "cuadro lógico" saisi par la police au Círculo Mercantil, où se trouvait le siège de la loge irrégulière. Azaña, qui a été officiellement initié à la franc-maçonnerie le 5 mars 1932 sous le nom symbolique de "Plutarco", a présidé trois gouvernements d'octobre 1931 à septembre 1933, et deux autres de février à mai 1936. Lorsqu'il a quitté la présidence du gouvernement, il a remplacé Alcalá Zamora en tant que président de la République. Alejandro Lerroux, dont le nom symbolique était "Giordano Bruno", succéda à Azaña et présida six gouvernements : il fut président du Conseil de septembre à octobre 1933, de décembre 1933 à mars 1934, de mars à avril 1934, d'octobre 1934 à avril 1935, d'avril à mai 1935 et de mai à septembre 1935. Ricardo Samper Ibáñez, membre du Rotary Club, remplace Lerroux d'avril à octobre 1934. Diego Martínez Barrio, franc-maçon du 33e degré et Grand Maître du Grand Orient d'Espagne, est présent à un titre ou à un autre dans tous les cabinets républicains et est président du gouvernement d'octobre à décembre 1933. Lorsque la guerre civile a éclaté, il a présidé, le 19 juillet, un conseil des ministres qui n'a duré qu'une heure. C'est le gouvernement qui a duré le moins longtemps dans l'histoire de l'Espagne. Manuel Portela Valladares, franc-maçon du 33e degré, dont le nom symbolique était "Voluntad", a présidé deux gouvernements : le premier a duré quinze jours, du 14 au 30 décembre 1935 ; le second, de décembre à février 1936. Augusto Barcia, franc-maçon du 33e degré, dont le nom symbolique est "Lasalle", préside le Conseil du 10 au 13 mai 1936. Santiago Casares Quiroga, dont le nom symbolique était "Sain Just" et qui était déjà Maçon du 18ème degré en 1929, présida le Gouvernement du 13 mai au 19 juillet 1936.

Tous les présidents du gouvernement pendant la guerre civile étaient également francs-maçons. Le premier d'entre eux, José Giral, "Nobel", fut en fonction du 19 juillet au 4 septembre 1936, date à laquelle il fut remplacé par Francisco Largo Caballero, qui appartenait au Grand Orient de France : pour cette raison, certaines sources, ne le situant pas dans les loges espagnoles, ne le comptent pas comme franc-maçon. Largo Caballero présida deux gouvernements : le premier du 4 septembre au 4 novembre 1936 ; le second du 4 novembre 1936 au 16 mai 1937. Enfin, nous avons Juan Negrín. Dans *Juan Negrín*, Gabriel Jackson écrit que son nom apparaît dans le *Diccionario de la Masonería* de Lorenzo Frau et cite Aurelio Martín qui, dans son étude *La Segunda República, Grupo Parlamentario Socialista*, affirme que Negrín a été initié en Allemagne pendant ses années d'études, ce que confirme Juan-Simeón Vidarte dans *Todos fuimos culpables*. Ce socialiste affirme que Negrín lui-même lui a avoué avoir été initié en Allemagne et qu'il a régularisé sa situation lorsqu'il a été élu aux Cortes de la République. Le Dr Negrín a dirigé les deux derniers gouvernements de la République : du 17 mai 1937 au 5 avril 1938, et du 5 avril 1938 au 6 mars 1939.

Quant aux présidents de la Generalitat de Catalunya : Francesc Macià, Lluis Companys, Josep Irla et Josep Tarradellas, ils étaient tous les quatre francs-maçons. Le premier, Francesc Macià, se rend en URSS à la fin de l'année 1925 pour demander de l'aide à la Troisième Internationale. Ne comprenant pas du tout ce qui se passe en URSS après la mort de Lénine, il rencontre les trotskistes Boukharine et Zinoviev. Dans une lettre à un ami cubain, datée du 15 janvier 1926 à Bois-Colombes, Macià écrit qu'ils s'engagent tous deux "à prendre en charge financièrement tous les frais d'organisation, de préparation et de propagande de la révolution en Catalogne et dans toute l'Espagne". Macià mourut le jour de Noël 1933 et, au cours d'un étrange rituel maçonnique, on lui enleva le cœur, qui fut gardé par Tarradelllas en exil afin de le remettre à la famille.

Les frères francs-maçons s'emparent de tous les ministères. Pendant les deux premières années du gouvernement de gauche, le ministère de la Justice fut continuellement occupé par Fernando de los Ríos, qui avait été promu par la franc-maçonnerie au 33e degré en juin 1931 ; Álvaro de Albornoz, qui avait été auparavant ministre des Travaux publics ; Casares Quiroga et Juan Botella Asensi. Après les deux années du biennium de droite, les francs-maçons ont récupéré l'important ministère de la Justice en mai 1936 en la personne de Manuel Blasco Garzón, dont le nom symbolique dans la loge Fe était "Proudhon". Blasco Garzón était ministre des communications et de la marine marchande depuis le triomphe du Front populaire en février. Le ministère de la Guerre est contrôlé par les francs-maçons pendant la période socialiste-Azaña. Azaña, qui cumulait la présidence du gouvernement avec le portefeuille de la guerre, fut remplacé à ce poste par Juan José Rocha García, un franc-maçon du 33e degré dont le nom symbolique était "Pi y Margall". Par la suite, Rocha fut également ministre de la Marine, ministre d'État et ministre de l'Instruction publique. Le ministre de la guerre maçonnique suivant fut Vicente Iranzo Enguita, qui fut également ministre de la marine et ministre de l'industrie et du commerce. Son remplaçant fut le Grand Maître du Grand Orient d'Espagne, Martínez Barrio. Par la suite, deux autres francs-maçons, Lerroux et Casares Quiroga, occupent ce poste. Le ministère de la Marine ne fut confié à des ministres non maçons que pendant une demi-année au cours des cinq années de la période républicaine. Il comprenait Casares Quiroga, Giral, Companys, membre de la loge Lealtad de Barcelone, Iranzo, Rocha déjà cité et Gerardo Abad Conde, franc-maçon de la 33e loge qui adopta le nom symbolique de "Justicia" (Justice). Abad Conde a présidé le Conseil de tutelle qui a saisi les biens des Jésuites. Au ministère de l'Intérieur, tous les ministres étaient francs-maçons à l'exception de Maura. Nous ne citerons que quelques-uns des ministres de l'Intérieur dont les noms ne sont pas encore apparus dans cette revue : Manuel Rico Avelló, qui adopte le nom symbolique de "Roma" et qui est aussi brièvement ministre des Finances entre le 30 décembre 1935 et février 1936 ; Rafael Salazar Alonso, qui en plus d'être ministre est aussi maire et président de la Diputación Provincial de Madrid ; Eloy Vaquero Cantillo, alias "Cavour", qui sera aussi ministre du Travail, de la Santé et de la Prévoyance ; Juan Moles Ormella, ministre de l'Intérieur du 13 mai au 18 juillet 1936. Le portefeuille de l'État est entre les mains d'au moins cinq ministres maçonniques : Lerroux, Samper, Rocha, Barcia et Fernando de los Ríos.

Comme les ministres maçons s'entouraient de frères maçons, on peut dire que l'Ordre a réussi à contrôler l'administration de l'Etat, inondée par une marée irrésistible. Au risque de lasser le lecteur, nous citerons en conclusion quelques noms d'une interminable liste de hauts fonctionnaires maçonniques de la République : Emilio Pardo Aguado, du triangle des intellectuels de Danton, franc-maçon du 33e degré et membre du Conseil souverain du Grand Orient d'Espagne, "Desmoulins" pour les frères, fut gouverneur civil de Madrid et sous-secrétaire aux Communications, ministère dont il devint ministre pendant quelques mois ; Pedro Rico López, 33e degré, symbolique "Madrid", fut maire de la capitale espagnole ; Jaume Aiguader Miró, de la loge Rectitud de Barcelona, maire de Barcelone ; Rodolfo Llopis Ferrándiz, de la loge Ibérica de Madrid, fut directeur général de l'Enseignement primaire, extrêmement sectaire ; Mateo Hernández Barroso, 33e degré, "Newton", directeur général des télégraphes ; Eduardo Ortega y Gasset, symbolique "León", premier gouverneur civil de Madrid ; José Salmerón García, symbolique "d'Alembert", directeur général des travaux publics ; Pedro Armansa Briales, de la loge Pitágoras de Malaga, conseiller d'État ; Dionisio Carreras Fernández, "Sócrates", de la loge Ibérica, ministre de la culture ; Antonio Pérez Torreblanca, "Diógenes", directeur général de l'agriculture ; Benito Artigas Arpón, "Juliano", directeur général du commerce et de la politique tarifaire ; José Domínguez Barbero, "Henri", ministre de la Cour des comptes ; José Jorge Vinaixa, "Vergniaud", conseiller d'État ; Casimiro Giral Bullich, 18e année, "Platón", conseiller de la Generalitat de Catalunya ; Manuel Torres Campañá, "Juvenal", sous-secrétaire à l'intérieur et à la présidence du Conseil ; José Moreno Galvache, "Lucrecio", successivement sous-secrétaire à l'agriculture, à l'industrie et à l'instruction publique ; Nicolás Sánchez Balástegui, "Pestalozzi", délégué du gouvernement pour les services des eaux du Guadalquivir ; Ramón Carrera Pons, commissaire général de Catalogne ; Fernando Valera Aparicio, "Plotino", directeur général de l'agriculture et sous-secrétaire à la justice ; Pedro Vargas Gurendiaín, "Pi", 18e année, sous-secrétaire aux communications ; Sidonio Pintado Arroyo, "Juvenal", ministre de la culture ; Gabriel González Taltavull, "Schopenhauer", 18e année, membre de la Cour des garanties ; Rafael Blasco García, "Sigfredo", 13e année, membre suppléant du Tribunal de Garantías ; Luis Doporto Machori, "Teruel", gouverneur civil de Valence et ministre de la culture ; Clara Campoamor Rodríguez, directrice générale de la Beneficencia. Nous avons omis de citer de nombreux noms, car il serait inutile de continuer.

Anti-cléricalisme

Depuis l'émergence du libéralisme au XIXe siècle, les épisodes d'anticléricalisme, associés dès l'origine à la franc-maçonnerie, se sont multipliés en Espagne. Personne ne s'attendait cependant à ce que les incendies d'églises et de couvents réapparaissent un mois seulement après le coup d'État maçonnico-républicain. Le 5 mai, des déclarations du roi paraissent dans le journal monarchiste *ABC* et font sensation. Le rédacteur en chef du journal, Luca de Tena, s'était rendu à Londres pour interviewer le monarque, avec lequel il entretenait une amitié personnelle. Les propos d'Alphonse XIII n'ont rien de provocateur ou d'incendiaire, bien au contraire : "Je ne mettrai pas la moindre difficulté au gouvernement républicain", a déclaré le roi avec une modération digne d'éloges. Voici un extrait de cette interview tiré de *La tragédie espagnole 1930-1936*, de l'hispaniste Edgar Allison Peers :

> "Les monarchistes qui souhaitent suivre mes conseils ne se contenteront pas d'éviter de mettre des bâtons dans les roues du gouvernement, mais le soutiendront dans toutes ses initiatives patriotiques.... Au-dessus des idées formelles sur la République ou la Monarchie se trouve l'Espagne.... J'ai peut-être commis des erreurs, mais je n'ai pensé qu'au bien de l'Espagne.... J'ai rejeté les offres qui m'ont été faites de me maintenir et de régner par la force.... J'ai fait pour l'Espagne le plus grand sacrifice de ma vie en découvrant qu'elle ne voulait plus de moi".

Allison Peers estime que ce ne sont pas les sentiments exprimés dans l'interview qui ont alarmé l'opinion républicaine, mais le fait que le rédacteur se soit rendu à Londres pour l'obtenir et que Luca de Tena ait exprimé sa loyauté envers la monarchie parlementaire. Lorsque quelques jours plus tard, le 7 mai, la presse publia une lettre pastorale belliqueuse et, selon certains, provocatrice et antigouvernementale du cardinal Segura, archevêque de Tolède, les sentiments anticléricaux furent encore exacerbés. Le cardinal primat d'Espagne, qui avait acquis un certain prestige social pour son travail humanitaire à Las Hurdes, n'a pas hésité à louer le rôle du roi Alphonse en tant que défenseur de la foi et de la tradition et a averti les fidèles que "les ennemis du royaume du Christ avançaient" :

> "Si nous restons silencieux et inactifs, si nous nous laissons aller à l'apathie et à la timidité, si nous laissons le champ libre à ceux qui cherchent à détruire la religion ou qui attendent la bienveillance de nos ennemis pour faire triompher nos idéaux, nous n'aurons pas le droit de regretter lorsque l'amère réalité nous montrera que nous avions la victoire entre les mains, mais que nous n'avons pas su nous battre comme des guerriers courageux, prêts à périr glorieusement."

Alors que le journal *ABC* qualifie la pastorale d'irréprochable, le ministre de la Justice, le socialiste Fernando de los Ríos, la condamne sévèrement et le gouvernement demande au Saint-Siège de retirer le cardinal Segura de l'archevêché. L'atmosphère continue de s'échauffer quelques jours plus tard. Le dimanche 10 mai, les membres du nouveau Círculo Monárquico Independiente tiennent leur première réunion dans un appartement de la Calle de Alcalá pour élire leur comité. Quelqu'un s'est chargé de faire courir le bruit qu'une conspiration contre la République était en train de se tramer. Selon une version, des passants auraient été scandalisés d'entendre les accents de la marche royale ; selon une autre, des royalistes auraient fait de la provocation depuis un balcon de l'immeuble. Au final, une foule s'est mise à hurler contre les personnes présentes dans la maison et, malgré l'arrivée de la Guardia Civil, a incendié les voitures des membres du Círculo. Lorsque les monarchistes tentèrent de sortir dans la rue, les huées, les insultes et les agressions commencèrent, et ils restèrent bloqués à l'intérieur. La situation est telle que le ministre de l'Intérieur, Miguel Maura, arrive sur les lieux et tente de calmer la foule. Le résultat est inattendu et les injures se retournent contre lui : "Achevons-le ! Achevons le fils de son père ! À bas le fils du monarchiste !

La foule continue de se rassembler dans et autour de la Calle de Alcalá. Soudain, quelqu'un a donné l'ordre de marcher vers les bureaux de *l'ABC* dans la Calle Serrano. Des milliers de personnes convergent et se joignent à la manifestation. En chemin, ils mettent le feu au kiosque du journal catholique *El Debate.* Ils reconnaissent alors Leopoldo Matos, ministre de l'intérieur du gouvernement Berenguer, se jettent sur lui, déchirent ses vêtements et le battent. Le lynchage a été évité grâce au service d'escorte dont il disposait encore. Devant le siège du journal, des centaines de personnes ont jeté des pierres sur les fenêtres et certains ont versé de l'essence sur les murs avec l'intention de mettre le feu au journal. Les gardes civils se sont retranchés à l'intérieur du bâtiment et, de là, ont tiré en l'air, ce qui a permis de disperser la foule. De manière incompréhensible, le ministère de l'intérieur, pour calmer la population encore très agitée, a annoncé dans la soirée la suspension du journal *ABC*, la perquisition de ses bureaux et l'emprisonnement de son rédacteur en chef. C'était un signe avant-coureur de l'incapacité ou de la réticence du gouvernement à agir.

Le lendemain, 11 mai, les attaques contre l'église commencent. À dix heures et demie du matin, un groupe d'hommes met le feu à l'église jésuite de la Calle de la Flor, au centre de la capitale. À l'arrivée des pompiers, la foule qui surveillait l'incendie les a empêchés de l'éteindre jusqu'à ce que l'église soit rasée. Une foule munie de drapeaux rouges a ensuite incendié l'église-couvent des Carmélites, Plaza de España, la résidence des Jésuites, Calle Alberto Aguilera, le couvent des Mercédaires, Bravo Murillo, l'école Maravillas, Cuatro Caminos, l'école du Sacré-Cœur, Chamartín, et d'autres édifices qui ont été plus ou moins détruits. Les attaques contre l'Église s'étendent bientôt à tout le pays : Valence, Alicante, Murcie, Grenade, Séville, Huelva, Cordoue, Cadix, Malaga et d'autres villes et villages d'Espagne voient leurs églises, couvents, écoles, séminaires, asiles et maisons de correction réduits en cendres. À Malaga, les incendies ont duré deux jours sans interruption. Le palais épiscopal, la résidence des Jésuites et les couvents des Augustins, des Carmes et des Maristes ont été incendiés. Plusieurs églises contenant des œuvres d'art de grande valeur ont également été détruites. Des magasins et des bâtiments publics ont également été la proie des flammes. Il est très difficile d'admettre que tous ces événements aient pu se produire simultanément dans des lieux aussi éloignés sans l'existence d'une main cachée. Gerald Brenan indique dans *The Spanish Labyrinth* que dans six grandes villes seulement, Madrid, Séville, Valence, Malaga, Grenade et Murcie, cent deux églises et monastères ont été complètement détruits. Le nombre total d'édifices religieux attaqués dans tout le pays dépasse les 200.

Si toutes ces manifestations de haine et d'intolérance sont extrêmement alarmantes, plus grave encore est la réaction du gouvernement, qui non seulement est incapable de prendre des mesures efficaces pour mettre fin à la terreur déclenchée par les foules manipulées et dirigées, mais rejette toute la responsabilité sur les royalistes : "Ces réactionnaires, dit le rapport officiel, ont délibérément choisi de provoquer des émeutes et de défier le peuple". Bien que les journaux les plus loyaux et les plus dévoués à la République aient contredit l'accusation du gouvernement dans leurs rapports, il n'y a pas eu de rectification, bien au contraire : l'application de la loi martiale a servi à suspendre *ABC* et le quotidien catholique *El Debate,* ce qui a incité les masses anticléricales à persister dans leur attitude.

Pour renforcer encore l'anticléricalisme, le 18 mai, l'évêque d'Oviedo, le Dr Múgica, fut invité avec retenue à quitter l'Espagne "en raison du caractère éminemment politique que l'évêque donnait à ses visites dans les villes de son diocèse". Et ce n'est pas tout : ignorant une lettre datée du 3 juin à Rome et adressée au Premier ministre par les métropolites espagnols, dans laquelle sont consignées les vexations subies, le cardinal primat, Pedro Segura, reçoit l'ordre d'être expulsé. Le 14 juin, deux semaines avant les élections, le cardinal Segura a été arrêté alors qu'il effectuait une visite canonique dans les couvents et les paroisses de Guadalajara. Conduit au commissariat du gouvernement civil, le gouverneur lui-même, León Trejo, le bannit "par ordre du gouvernement provisoire de la République". Il dispose de dix minutes pour écrire une lettre de protestation à Alcalá Zamora et est placé en isolement dans le couvent des Pères Vincentiens de . Le lendemain, il est conduit à la frontière à Irún.

La Constitution de la Deuxième République

Un décret du 3 juin 1931 convoque les élections générales des députés aux Cortès constituantes, qui ont lieu le 28 du même mois. L'âge minimum pour voter est fixé à 23 ans. Malgré les événements du mois de mai, l'enthousiasme pour la République, dans lequel tant d'Espagnols avaient placé leurs espoirs, se concrétise par des résultats favorables aux partis républicains et catastrophiques pour les monarchistes. L'UGT et les socialistes ont 117 députés au Parlement, mais les républicains de gauche forment le groupe le plus important aux Cortes avec 145 sièges. Il s'agit de Esquerra Catalana, dirigé par Macià et Companys, Acción Republicana, dirigé par Azaña, le Parti radical-socialiste, qui comprend Marcelino Domingo et Álvaro de Albornoz, et les Républicains de Galice, dont le leader est Casares Quiroga. Parmi les républicains de droite, le plus important est le parti radical de Lerroux, avec 93 députés. Les partis qui n'ont pas voulu de la République obtiennent une cinquantaine de représentants, dont 19 seulement sont monarchistes. Les francs-maçons, actifs dans différents partis politiques et parfois en désaccord apparent, sont unis par leur anticléricalisme et leur hostilité à l'Église catholique. María Dolores Gómez Molleda note que dans les premières Cortes, cent cinquante et un des quatre cent soixante-dix députés étaient francs-maçons.

En ce même mois de juin, la CNT tient un congrès à Madrid et à peine le Parlement a-t-il été constitué qu'éclate une grève des travailleurs du téléphone qui dure des semaines et prive le pays de service. En outre, les syndicalistes attaquèrent le central téléphonique de la Gran Vía avec des armes à feu. La police à cheval charge les assaillants et la tentative de prise de contrôle du bâtiment échoue. Les employés affiliés à la CNT sont passés à l'UGT parce qu'ils risquaient d'être licenciés. Une semaine plus tard, de très graves émeutes éclatent à Séville. Le 20 juillet, une grève générale est déclarée et les affrontements font un mort. Au cours des funérailles, d'autres fusillades ont lieu : trois autres personnes sont tuées et de nombreuses autres sont blessées. Les autorités ferment les centres des syndicalistes et des communistes et procèdent à l'arrestation de leurs dirigeants, ce qui provoque de nouveaux affrontements. Un centre syndical où des hommes armés s'étaient retranchés est détruit par des tirs d'artillerie. La loi martiale est déclarée et la ville est même surveillée par des avions armés. La situation finit par se calmer, mais à la fin du mois, le bilan s'élève à trente morts et plus de deux cents blessés. Ces événements ont montré qu'une république bourgeoise n'était pas l'objectif des anarcho-syndicalistes et des communistes, mais une étape sur le chemin du triomphe de la révolution.

Avant l'élection du nouveau Parlement, le gouvernement provisoire a publié une ébauche ou un avant-projet de constitution qui devait servir de base aux discussions parlementaires. De juillet à décembre, le débat sur la Grande Charte occupe les députés élus. Lorsque, le 9 décembre 1931, le président des Cortès, Julián Besteiro, promulgue la Constitution de la Deuxième République, le gouvernement doit évidemment en éprouver une immense satisfaction ; cependant, il est clair qu'elle ne peut être la Constitution de tous les Espagnols. Il y avait trop de francs-maçons, et les législateurs n'avaient pas le courage de la vision, la volonté de parvenir au consensus et à l'harmonie, et l'intelligence de comprendre qu'entre l'Espagne voulue par la franc-maçonnerie et l'Espagne voulue par l'Église catholique, il y en avait une troisième, dans laquelle vivaient des millions de citoyens qui attendaient qu'un pacte émerge de la négociation. Les vingt-cinq premiers articles furent approuvés après des discussions raisonnables, mais au moment de rédiger le vingt-sixième, qui traitait de la situation de l'Église dans le nouvel État, survint la crise qui entraîna la chute du gouvernement. Le gouvernement provisoire avait créé une commission juridique qui avait rédigé un article déclarant que l'Église était séparée de l'État, mais qu'elle était considérée comme une corporation spéciale de droit public qui pouvait avoir ses propres écoles et, sous certaines conditions, pouvait enseigner la religion dans les écoles publiques. Le mariage canonique serait légal et les fonctions ecclésiastiques publiques pourraient être exercées moyennant le serment d'allégeance à la République. La plupart des catholiques auraient accepté ces mesures. Malheureusement, les Cortes ont jugé ces concessions trop larges.

José Ortega y Gasset avait mis en garde contre la nécessité d'apprécier à sa juste valeur l'importance traditionnelle de l'Église et le rôle qu'elle avait joué dans l'histoire de l'Espagne : "face à un organisme historique et international comme l'Église, nous devons être généreux en raison des forces du passé qu'elle représente, mais nous devons aussi agir avec prudence". Le philosophe termine en déclarant que la Constitution de 1931 est "lamentable et sans pieds, ni tête, ni le reste de la matière organique qui se trouve habituellement entre les pieds et la tête". D'autres intellectuels républicains ont mis en garde contre l'erreur. Gregorio Marañón, par exemple, l'un des plus engagés en faveur de la République, considère la Constitution comme "inapplicable". Les députés maçons ont agi de manière unifiée et ont suivi les instructions qu'ils ont reçues des loges, dont il existe une abondante documentation publiée. La franc-maçonnerie réclame la dissolution des ordres religieux et la nationalisation de leurs biens. Voici, à titre d'exemple parmi tant d'autres, un extrait de la séance du 11 octobre 1931 du *Bulletin de la Grande Loge d'Espagne* :

"Le Grand Maître (Francisco Esteva) a présenté au Conseil la nécessité pour la Grande Loge de contribuer par son action à ce que la question religieuse soit à jamais débattue en Espagne. Il a proposé à cet effet qu'un télégramme soit envoyé au Président du Conseil afin que les députés maçonniques soient incités à remplir leur devoir..... La proposition a été approuvée à l'unanimité et il a été convenu que le télégramme serait envoyé pour publication à la presse quotidienne dans toute l'Espagne. Il a également été convenu de s'adresser aux loges pour les informer de cet accord et leur demander de soutenir cette œuvre, en envoyant également des télégrammes à cet effet et en promouvant une action anticléricale forte dans la vie séculière.

La demande de dissolution des ordres religieux s'accompagne d'une autre demande irrationnelle : la fermeture de toutes les écoles religieuses. Si l'on avait réellement privilégié les besoins éducatifs du pays par rapport à l'anticléricalisme, on aurait considéré que l'État ne pouvait pas supprimer du jour au lendemain des écoles qui accueillent des centaines de milliers d'élèves. Fermer les écoles religieuses revient à priver le pays de la moitié de ses écoles secondaires. Gerald Brenan donne des chiffres sur l'état de l'enseignement primaire dans la seule capitale : "À Madrid, par exemple, 37 000 enfants étaient scolarisés dans des écoles publiques, 44 000 dans des écoles publiques, la plupart gérées par des ordres religieux, et 45 000 n'avaient aucune éducation. Pour combler le manque d'écoles religieuses, 2700 nouvelles écoles publiques étaient nécessaires. Dans *Anarquía y Jeraquía*, Salvador de Madariaga décrit les conséquences catastrophiques de l'inhibition des ordres religieux dans l'éducation. Tout le monde pouvait prévoir que la mise en œuvre des revendications de la franc-maçonnerie anticléricale nécessiterait beaucoup d'argent et des années de planification. Malgré la propagande des partis républicains, lorsque l'exercice social-azhariste ou maçonnique s'est achevé en 1933, les résultats dans le domaine de l'éducation étaient encore très médiocres et la nation ne disposait pas des écoles nécessaires. Il semble évident que la République maçonnique cherchait la bagarre en s'attaquant aussi ouvertement à l'Eglise ; mais en même temps, elle creusait imprudemment et imprudemment sa propre tombe, car elle perdait le soutien des classes moyennes, indispensable pour éviter son propre effondrement.

C'est en octobre 1931 que se déroule aux Cortes le débat qui fera de Manuel Azaña l'homme du moment. La discussion porte sur l'article 26 de la Constitution, qui prévoit la dissolution de tous les ordres religieux et la nationalisation de leurs biens. Le 8, Fernando de los Ríos, ministre de la Justice, prend la parole et, honorant son statut de marrane, demande "un hommage de respect et d'hommage aux juifs dans cette première heure consacrée à parler du problème religieux". Gil Robles prévient qu'à la première occasion, il proposera une réforme constitutionnelle si l'article est approuvé. Dans son discours du 10, Alcalá Zamora demande que l'on tienne compte du fait que les catholiques sont majoritaires en Espagne, que l'on ne légifère pas contre eux, mais que l'on en tienne compte. Il menace également de réviser la Constitution si le texte est approuvé. Les socialistes, par la voix de Jiménez de Asúa, ont présenté un vote dissident le 13 proposant l'interdiction permanente de tout ordre religieux sur le territoire espagnol, la dissolution des ordres existants et la nationalisation de leurs biens.

Le 13, Azaña, ennemi déclaré des ordres religieux, prononce l'un des discours les plus spectaculaires de l'histoire de la Seconde République. Selon lui, il ne s'agit pas d'un problème religieux, mais d'un problème politique. "L'Espagne a cessé d'être catholique", déclare-t-il avec un flegme tout britannique, tout en reconnaissant immédiatement qu'il y a des millions de catholiques pratiquants dans le pays. Il doit être bien conscient de la charge politique et émotionnelle contenue dans ces mots qui, selon lui, sont synonymes de protection pour la République. Pour Azaña, l'interdiction des ordres religieux équivaut à l'élimination d'une peur. Avec un certain cynisme, il compare la réforme des ordres religieux à une opération chirurgicale : "Pensez que nous allons pratiquer une opération chirurgicale sur un malade qui n'est pas anesthésié et qui, dans l'assaut de sa propre douleur, peut compliquer l'opération et la rendre fatale ; je ne sais pas pour qui, mais fatale pour quelqu'un". Il a ensuite désigné directement les Jésuites comme l'ordre qui devait mourir sans délai. À la fin de son discours, il s'est exprimé avec une clarté cristalline sur la question de l'éducation : "À aucun moment, en aucune circonstance, mon parti ou moi-même ne souscrirons à une clause législative en vertu de laquelle le service de l'éducation continue d'être confié aux ordres religieux. Jamais. Je le regrette, mais c'est la vraie défense de la République. Qu'on ne vienne pas me dire que c'est contraire à la liberté, parce que c'est une question de salubrité publique'. La discussion de l'article se poursuit toute la nuit et, avec un peu plus de la moitié des députés présents dans l'hémicycle, il est approuvé le 14 à sept heures du matin par 178 voix pour et 59 contre.

Comme indiqué plus haut, l'affaire provoque une crise gouvernementale : Alcalá Zamora et Miguel Maura quittent le gouvernement et Azaña devient le nouveau président du deuxième gouvernement de la République, qui durera jusqu'à l'approbation de la Constitution en décembre. À peine une semaine après le début de sa présidence, Azaña soumet aux Cortes la loi de défense de la République, qui est adoptée le 21 octobre. Cette loi contredit les droits fondamentaux que la Constitution était censée reconnaître et garantir et, jusqu'à son abrogation le 29 août 1933 suite à l'adoption de la loi sur l'ordre public, elle devient la règle fondamentale en matière de libertés publiques. Cette loi permet au ministre de l'Intérieur d'interdire les manifestations ou les actes publics et de réprimer les associations. Toute activité considérée comme antirépublicaine peut être réprimée, condamnée à une amende ou à l'exil. Ainsi, par exemple, la défense de la monarchie peut être considérée comme une agression contre la République. La loi peut réprimer non seulement les grèves, les émeutes ou les actes violents, mais aussi la diffusion d'informations ou de rumeurs subversives, ce qui peut entraîner la suspension de tout organe de presse. Naturellement, des abus de toutes sortes peuvent être commis par le gouvernement sous la protection de cette loi odieuse et antidémocratique, qui est vivement attaquée de toutes parts, car il est clair que les mesures sont similaires à celles de la dictature.

Avant de promulguer la Constitution, les Cortes Constituyentes organisent un spectaculaire procès "in absentia" d'Alphonse XIII, qui devient la sensation de l'automne. Ce simulacre de procès commence le 19 novembre à la tombée de la nuit et dure jusqu'à 4 heures du matin le lendemain. Une commission chargée d'examiner la culpabilité présumée du monarque présente son rapport, selon lequel le roi est coupable de haute trahison envers le peuple espagnol, crime pour lequel il mérite la peine de mort. La peine capitale étant exclue par principe, il est recommandé aux Cortès de l'emprisonner à vie s'il rentre en Espagne, et à mort s'il persiste dans "ses actes de rébellion". Les principaux chefs d'accusation retenus contre le roi Alphonse sont les suivants : 1. abandon de ses devoirs de monarque constitutionnel ; 2. acceptation de la loi de 1923 ; 3. refus de la loi de 1923 ; 4. refus de la loi de 1923. 2. acceptation du coup d'État de 1923 3) Lèse majesté à l'égard du peuple. Complicité de corruption administrative. L'intention de ces poursuites, qualifiées par le journal monarchiste *ABC* d'"acte de persécution méchant et inutile", était peut-être d'enflammer davantage les sentiments antimonarchistes. Le journal est suspendu pendant trois jours et condamné à une amende de mille pesetas pour avoir exprimé cette opinion. Rien n'a pu être fait contre l'opinion du *Times* qui, dans son édition du 27 novembre, s'est exprimé en ces termes :

"Depuis son accession au trône en 1902 jusqu'en 1923, le roi ne peut être accusé du premier délit, puisque tous les décrets de cette période ont été signés par les ministres responsables. Quant au second délit, le document présenté par le comte de Romanones montre qu'en septembre 1923, l'abdication - qui aurait été une désertion, puisque le roi était obligé par serment de servir le pays en tant que soldat - était la seule alternative à l'acceptation de la dictature militaire qui, en outre - et c'est tellement évident qu'on ne peut pas le contester - avait à l'époque la sympathie de la majorité du pays. Quant au crime de lèse majesté envers le peuple, personne ne semble comprendre ce que cela signifie, et cette accusation n'a même pas été soutenue devant les tribunaux. Il n'y a pas eu non plus de tentative d'apporter des preuves de complicité de corruption administrative".

Le biennium social-azhariste ou maçonnique

Une fois la Constitution approuvée, le 9 décembre 1931, les Cortes procèdent à l'élection du Président de la République. Les noms de deux grands intellectuels, Manuel Bartolomé Cossío et Rafael Altamira, auteur de l'*Historia de España y de la civilización española*, ouvrage de prestige international, sont proposés. Niceto Alcalá Zamora est finalement choisi et prend ses fonctions le 11 décembre. Deux jours plus tard, le corps diplomatique est reçu. Le doyen est le nonce du pape et, sarcastiquement, c'est à lui qu'il revient de prononcer le discours officiel. La situation ne pouvait être plus pathétique : le gouvernement avait expulsé et destitué le cardinal primat et le Vatican avait refusé l'autorisation à l'ambassadeur d'Espagne auprès du Saint-Siège. L'Église est séparée de l'État, ses institutions sont attaquées, les ordres religieux sont dissous et l'expulsion de la Compagnie de Jésus est annoncée.

Par décret du 23 janvier 1932, la Compagnie de Jésus est dissoute et ses biens sont saisis par l'État. Le rêve de la franc-maçonnerie, longtemps caressé, est devenu réalité. Quelques jours plus tôt, *El Debate*, "un journal, dit Azaña, qui fait beaucoup de mal à la République par son intention, son organisation et le catéchisme qui l'entoure", avait été fermé sine die, ce qui avait servi d'avertissement au reste de la presse pour qu'elle modère ses critiques, ce qu'elle a fait. En 1935, Salvador de Madariaga, un intellectuel peu suspect de sympathie pour l'Eglise, écrit dans son essai *Anarchie et Hiérarchie,* à propos de la dissolution des Jésuites : "La Seconde République a gâché une magnifique occasion d'orienter le problème de l'enseignement secondaire vers une solution satisfaisante. Obsédée par son anticléricalisme, elle a fermé sans vergogne le seul type d'école qui, même avec ses imperfections, ressemblait un peu à une école secondaire". Au moment de sa dissolution, la Société comptait environ soixante-dix résidences et trente collèges dans toute l'Espagne. Le collège de Sarriá possédait près de Barcelone une école d'études ecclésiastiques, un institut de chimie et des laboratoires de biologie et de psychologie expérimentale. Les études théologiques du Colegio de Comillas et les études d'astronomie de Grenade sont également remarquables. L'église du Sacré-Cœur de Barcelone compte cinq patronages ouvriers et éduque quelque 1200 enfants. À Burgos, il y avait également un patronat de 1500 membres, comprenant des logements, des régimes de retraite, un système d'aide sociale, une caisse d'épargne et des cours du jour et du soir. Dans tout le pays, les Jésuites ont organisé des systèmes éducatifs et sociaux.

Le 20 février de la même année, l'assemblée générale extraordinaire du Grand Orient d'Espagne se réunit à Madrid. Léon de Poncins, auteur de plusieurs ouvrages dénonçant l'instrumentalisation de la franc-maçonnerie par le judaïsme et le communisme, moteurs du mouvement révolutionnaire mondial, publie en 1938 *Histoire secrète de la révolution espagnole*. Il y reproduit intégralement le rapport ou procès-verbal du fameux convent extraordinaire, tenu au moment où la mainmise sur le gouvernement républicain était à son zénith. Des extraits significatifs suivent, dont plusieurs évoquent la stricte discipline maçonnique des frères exerçant des fonctions politiques.

"Le Vénérable Maître de chaque loge doit avertir les Frères Maçons qu'ils doivent renouveler la promesse verbale ou écrite d'être prêts à tout moment à se présenter devant leurs juges respectifs pour expliquer et justifier la droiture de leur conscience maçonnique dans tous les actes de leur vie maçonnique ou profane...... Les Frères Maçons qui refusent de renouveler ces promesses ou qui ne répondent pas dans le délai fixé seront expulsés de l'Ordre.... Les Vénérables Maîtres veilleront sur le serment prêté par leurs Frères devant l'Autel avec toute la solennité voulue...".

"Les Loges et les Triangles établiront des dossiers pour tous les Frères Francs-Maçons, indiquant leur occupation habituelle, les emplois qu'ils occupent ou ont occupés dans l'Etat ou dans des entreprises privées et les raisons de leur départ, ainsi que leurs états de service avec les mérites de leur travail maçonnique. Ce registre sera particulièrement complet et détaillé pour les Francs-Maçons qui exercent des fonctions politiques par élection populaire ou par nomination par le Gouvernement.

"Les autorités maçonniques ont l'obligation d'appliquer avec la fréquence nécessaire le devoir imposé aux Francs-Maçons occupant une fonction publique, de réitérer le serment, d'expliquer et de justifier maçonniquement leur conduite publique à leurs supérieurs. Et comme, dans les fonctions publiques, on peut manquer aux devoirs maçonniques, tant par action que par omission, cela signifie que le franc-maçon qui occupe une telle fonction est tenu non seulement d'expliquer et de justifier toute action qui peut paraître répréhensible ou douteuse, mais aussi de recevoir les directives maçonniques et d'en tenir compte."

"Les frères maçons qui exercent des fonctions publiques seront rappelés à leur devoir d'amour fraternel et de tolérance, et ils veilleront à placer cette fraternité maçonnique au-dessus de toutes les différences qui peuvent les séparer dans les luttes politiques.

C'est dans ce contexte qu'est arrivée la première semaine sainte sous le régime républicain. La plupart des processions traditionnelles ont été annulées. Séville, où se déroulaient les plus célèbres d'entre elles, a vécu ces journées avec tristesse, mais calmement. La campagne visant à retirer le crucifix des écoles, des hôpitaux, des associations caritatives et de tous les établissements officiels avait déjà été lancée et on ne voyait pratiquement pas de croix. En revanche, les kiosques et les librairies affichaient en bonne place une abondante littérature pornographique et des textes marxistes. Ces derniers étaient souvent vendus devant les églises. Le premier anniversaire de la République a été marqué par une autre caractéristique importante de la vie sociale, à savoir la forte augmentation de la mendicité. Le 22 mars 1932, le correspondant du *Times* rapportait à l'intention des lecteurs anglais : "Les rues de Madrid et de nombreuses autres villes sont tellement infestées de mendiants qu'il est presque impossible de parcourir une centaine de mètres sans être accosté non seulement par les habituels aveugles et mutilés, mais aussi par des groupes de deux ou trois hommes qui demandent la charité avec des couvertures ou de grands mouchoirs".

Rappelons qu'en 1929 a eu lieu le fameux krach de la bourse de New York et qu'en 1932, la dépression mondiale est à son comble. En Espagne, les prix des produits agricoles ont chuté à cause de la crise et de nombreuses terres ne sont plus cultivées. C'est l'une des raisons de l'augmentation sans précédent du chômage. Entre 1931 et 1932, l'anarcho-considéralisme crée une situation révolutionnaire dans les campagnes. Enfin, la réforme agraire tant annoncée, qui était en suspens depuis que les Lumières avaient détecté le problème, commença à être discutée aux Cortes. Elle est approuvée en deux parties, en juillet et en septembre 1932. Doté de crédits annuels de l'État, un Institut de la réforme agraire est créé, qui prévoit la possibilité d'exproprier toute exploitation de plus de 22 hectares non exploitée. Les nobles perdent leurs domaines sans droit de réclamation, bien qu'ils soient indemnisés en fonction de leur déclaration de revenus ; mais celle-ci ayant été falsifiée... Le *labyrinthe espagnol* attribue le retard pris dans le traitement de la question agraire aux approches différentes des socialistes et des républicains. Les premiers préconisaient une exploitation collective des terres expropriées. Les seconds voulaient diviser les terres en parcelles individuelles. La différence", écrit Brenan, "était plus qu'un principe abstrait : elle impliquait l'avenir du socialisme espagnol et du républicanisme bourgeois". Entre-temps, l'atmosphère révolutionnaire qui règne dans les campagnes empêche la mise en œuvre des projets dans la pratique.

Le 10 août, deux flambées se produisent simultanément. À Madrid, un groupe d'aristocrates et d'officiers royalistes à la retraite tente de s'emparer tôt le matin du bâtiment de la Poste sur la place de la Cibeles. Ils ignoraient qu'ils avaient été trahis et qu'on les attendait. Une brève échauffourée a lieu dans la rue Alcalá, observée par Azaña depuis un balcon du ministère de la Guerre, et les rebelles sont arrêtés. Le même jour a lieu à Séville la Sanjurjada, également connue à l'avance. Il s'agit d'une insurrection militaire bâclée, soutenue uniquement par une partie très minoritaire de la droite monarchiste. Le général Sanjurjo, directeur général de la Garde civile qui, un an plus tôt, avait refusé de soutenir le roi, publie même un manifeste dans lequel il regrette sa fidélité à la République et se proclame capitaine général. Les anarchistes et les communistes déclarent la grève générale et commencent à incendier de nombreuses maisons d'aristocrates et divers clubs. Les bureaux du journal *ABC* sont à nouveau incendiés. La rébellion échoue avec fracas, faisant dix morts, presque tous du côté des rebelles. Sanjurjo tente de s'enfuir au Portugal, mais il est arrêté à Ayamonte.

Le feu allumé par la tentative de coup d'État se propage dans toute l'Andalousie. Socialistes, communistes et syndicalistes ne tardent pas à décréter des grèves de protestation dans les grandes villes. À Grenade, les émeutes sont particulièrement graves et, à l'Albaicin, l'église de San Nicolás est rasée. Certains tentent d'assimiler la Sanjurjada à ce qui s'est passé dans les Asturies et en Catalogne en octobre 1934, mais la comparaison ne tient pas. En réalité, la gauche s'est renforcée après le coup d'État, qui a permis de réprimer et de démanteler les organisations de droite et de fermer des dizaines de publications : rien qu'à Madrid, huit journaux ont été suspendus pour une durée indéterminée, dont *ABC, El Debate* et *Informaciones*. Lorsque Primo de Rivera avait interdit les journaux, il avait été accusé par les républicains de ne pas respecter la liberté de la presse. Le général Sanjurjo a ensuite été condamné à mort, mais il a été gracié à l'initiative d'Alcalá Zamora et condamné à la prison à vie. La Sanjurjada était principalement une protestation contre la réforme agraire et contre le statut catalan, qui devait être approuvé par les Cortes.

Le statut d'autonomie de la Catalogne, compte tenu de l'importance de la question catalane dans l'histoire de l'Espagne, pourrait être discuté plus longuement si nous disposions de plus d'espace. Après la proclamation, le 14 avril 1931, de l'État catalan, qui devait être incorporé dans une fédération de républiques ibériques, Macià fut averti par Madrid qu'il devait rectifier sa position s'il voulait que la République soit viable en Espagne. Quelques jours plus tard, les ministres Marcelino Domingo, Luis Nicolau d'Olwer et Fernando de los Ríos se rendent à Barcelone et le convainquent qu'il doit renoncer à la République catalane et présenter aux Cortes un projet de statut pour la Catalogne. Le Conseil de gouvernement de la République catalane devait adopter le nom historique de gouvernement de la Generalitat. Cependant, les cris de "Visca Macià ! Mori Cambó !" avaient résonné dans les rues de Barcelone le 14. Les fenêtres de la maison de Cambó sont caillassées pendant la nuit. Le chef de la Lliga, cloué au lit par la fièvre, se réveille effrayé et décide de prendre le train pour s'exiler à Paris, où il restera deux ans et demi. Allison Peers, hispaniste amoureuse de la littérature, de l'histoire et de la culture catalanes et traductrice en anglais de nombreux ouvrages de Ramon Llull, dont *Blanquerna,* pose la question suivante dans son livre *Catalonia Infelix :* "Ne pouvaient-ils pas maintenant oublier les différences personnelles et politiques qui les séparaient et former un gouvernement de coalition Macià-Cambó, qui aurait réuni les meilleurs cerveaux de Catalogne ? Apparemment non, mais c'est dommage". Si les conseils du professeur Allison Peers avaient été mis en pratique, le désastre de 1934 aurait peut-être pu être évité ; mais le temps des modérés était passé.

Les mouvements ouvriers et révolutionnaires de Catalogne sont les plus puissants du pays. La prédiction de Lénine sur l'Espagne n'est pas ignorée par les anarchistes et les communistes, qui luttent pour la révolution et non pour une République bourgeoise. Rien de tout cela n'inquiète cependant les nationalistes catalans, qui commencent à travailler avec enthousiasme à la rédaction du statut d'autonomie. Le 24 mai, des élections sont organisées parmi tous les conseillers catalans et la Députation provisoire de la Generalitat est créée, d'où sortent les onze députés qui formeront le comité de rédaction du statut. Le 20 juin, huit jours avant les élections générales des Cortes, l'avant-projet du Statut de Núria est prêt. Le 2 août, il est soumis à un référendum et, avec un taux de participation de 75%, il est approuvé avec 99% des voix. Quatre cent mille femmes, qui n'avaient pas le droit de vote à l'époque, l'ont soutenu par leur signature. Le 14 août, Maciá la porte personnellement à Madrid, mais les Cortès, prises par les débats sur le texte de la Constitution, la suspendent jusqu'au 6 mai 1932, date à laquelle elle commence à être traitée.

Pendant les neuf mois de suspension du statut à Madrid, les partis révolutionnaires et les syndicats font chauffer leurs moteurs. Les élections générales de juin 1931 confirment l'Esquerra de Macià et Companys comme première force politique à Barcelone et en Catalogne. Le fait que Companys, qui avait quitté la mairie de Barcelone pour devenir gouverneur civil, ait été un défenseur des voleurs, des tireurs et autres criminels, des éléments qui n'auraient pu adhérer à aucun parti ou syndicat ouvrier, mais qui étaient acceptés dans la CNT, l'avait aidé à établir de très bonnes relations avec les anarchistes. De son poste de gouverneur, il maintient un calme relatif dans la ville : "Puisque vous, dit-il cyniquement à ses anciens amis, n'êtes pas prêts à faire votre révolution, pourquoi ne pas nous laisser faire la nôtre et profiter de la liberté que vous donne le nouveau régime pour faire votre propagande ?". Il oubliait que la propagande par le fait était la préférée des anarchistes. Au cours de l'été, commencent les grèves, les sabotages et les affrontements avec la police, qui est attaquée aux fenêtres et aux coins des rues dans une sorte de guérilla. On demande même au gouverneur civil de désarmer la police et d'armer le peuple. En septembre 1931, une grève générale de deux jours est déclarée, paralysant complètement la ville.

Quelques mois plus tard, en janvier 1932, des syndicalistes, des communistes et des anarchistes organisent en Catalogne un soulèvement qui s'étendra à toute l'Espagne. Le mouvement est organisé par la FAI et soutenu par un parti trotskiste, la Gauche communiste, qui s'est séparé du parti communiste officiel et a entraîné avec lui la plupart des communistes catalans. Ses dirigeants sont Andreu Nin, Joaquín Maurín et Juan Andrade. La FAI proclame le communisme libertaire dans le Haut Llobregat et des bâtiments publics sont occupés à Berga et Manresa. Dans certains endroits, les propriétés agricoles sont divisées. La révolte est réprimée au prix de nombreuses effusions de sang. Azaña dénonce catégoriquement le fait que le mouvement révolutionnaire ait été subventionné par l'étranger. En effet, la propagande soviétique et l'argent étranger pénètrent depuis longtemps en Espagne par Barcelone. Plus d'une centaine de dirigeants révolutionnaires sont arrêtés, dont Durruti et Ascaso, et déportés sans jugement en Guinée espagnole.

Mais venons-en au statut. Dans le texte soumis aux Cortes, la Catalogne est définie comme un État autonome au sein de la République espagnole. Le catalan serait sa langue officielle, bien que l'utilisation de l'espagnol comme langue de communication avec Madrid soit envisagée. Le statut établit des pouvoirs législatifs et exécutifs dans le domaine de l'éducation. La Generalitat s'arroge le pouvoir d'établir la division territoriale de la Catalogne et la liberté des conseils locaux. Il prévoit également que les jeunes Catalans effectuent leur service militaire en Catalogne en temps de paix. Les principales questions au centre du débat, qui durera jusqu'en septembre 1932, sont la langue et l'éducation. La première bataille porte sur le statut co-officiel du castillan. Finalement, les députés catalans ont dû accepter la formulation suivante : "La langue catalane et la langue castillane seront les langues officielles de la Catalogne".

Le débat sur l'éducation a occupé tout le mois de juillet et a donné lieu à des discours enflammés. L'article en question est sérieusement amendé. La rédaction finale donne à la Generalitat le contrôle des services des beaux-arts, des musées, des librairies, des monuments et des archives, à l'exception des archives de la Couronne d'Aragon ; mais elle ne lui accorde pas sa plus grande aspiration : la compétence exclusive sur l'Université. L'autonomie de l'université est acceptée, mais en tant qu'unique université de Catalogne, elle doit être dirigée par un conseil qui garantit l'égalité des droits entre les professeurs et les étudiants des deux langues et des deux cultures. Les Catalans soutiennent que cela va à l'encontre de l'esprit du statut, car cela détruit l'unité du système éducatif et encourage les distinctions raciales qui conduisent à l'inimitié. Azaña leur donne raison et tente d'amener le secteur opposé à modifier son approche, mais sans succès. Telles sont les discussions à l'époque de la Sanjurjada. Au cours de la deuxième quinzaine d'août, l'approbation des articles progresse rapidement et les dispositions relatives à l'organisation municipale et administrative sont approuvées. La récupération de l'ancien code civil catalan a également été acceptée à la grande satisfaction des députés catalans. Le vote a lieu le 9 septembre et le statut d'autonomie de la Catalogne est approuvé à une large majorité. Le 11 septembre, date chargée de connotations historiques, les Catalans reviennent. Le 25, le président Azaña est acclamé à Barcelone, où il remet officiellement le statut aux autorités catalanes. Le 20 novembre 1932, les premières élections du nouveau parlement catalan ont lieu et sont remportées par Esquerra Republicana. Le nom historique de Corts a été évité en raison de ses connotations monarchistes.

Alors que les nationalistes cherchent à progresser dans la construction de leur nouvelle autonomie, le mouvement révolutionnaire est toujours déterminé à empêcher la paix sociale. En janvier 1933, García Oliver, dirigeant de la FAI, prend la tête d'un nouveau soulèvement armé à Barcelone, Lérida et Valence. Il réclame notamment la libération des personnes déportées en Afrique un an plus tôt. Comme à l'époque, des tentatives d'occupation d'importants bâtiments publics ont lieu, mais elles échouent à nouveau et les dirigeants anarchistes, à qui l'on confisque de nombreuses armes, sont à nouveau arrêtés. De grandes quantités de bombes sont découvertes à Barcelone et le gouvernement déclare la CNT illégale et ferme ses locaux, bien qu'il n'ait pas la force de maintenir l'illégalisation.

Mais l'événement qui devait marquer sérieusement le gouvernement se produisit dans un misérable village, Casas Viejas, près de Jerez de la Frontera. Les anarchistes andalous avaient appelé à une grève générale en Andalousie pour soutenir le soulèvement en Catalogne, qui n'a pas eu lieu. Le 11 janvier, un vieil anarchiste surnommé Seisdedos, informé des projets de grève générale, décide d'agir de son propre chef. Après avoir encouragé ses amis et sa famille, tous participent à un défilé dans les rues de la ville, armés de fusils et de gourdins. Au centre anarcho-syndicaliste, ils proclament le communisme libertaire puis, après avoir intimidé le maire, ils assiègent la caserne de la Guardia Civil et exigent sa reddition. Le sergent de poste contacte Cadix et Medina Sidonia pour demander des renforts. Le gouvernement, alerté de ce qui se prépare en Andalousie et en Catalogne, est prêt et ordonne l'envoi de troupes. Pendant ce temps, les rebelles de Casas Viejas, qui ont amassé des pistolets, des munitions et des explosifs, entament la bataille et blessent mortellement trois gardes. Peu après midi, des renforts arrivent et la ville est même survolée par des avions. Devant l'ampleur du dispositif, Seisdedos et ses hommes se retirent. Seisdedos et ses hommes se replient dans leurs maisons. Une fouille maison par maison commence, mais certaines maisons refusent de se rendre. Le noyau de la résistance s'organise dans la maison de Seisdedos, dont la fille, Libertaria, recharge les fusils de son père pendant qu'il continue à tirer. Les troupes d'assaut subissent de lourdes pertes et la nuit tombe sans que les anarchistes ne se rendent. Pendant la nuit, les forces de l'ordre ont stocké des bombes et des mitrailleuses dans l'intention d'en finir avec les rebelles, mais elles n'ont agi qu'après avoir reçu l'autorisation du ministère de l'intérieur, dont le ministre était Casares Quiroga. La maison fut impitoyablement rasée : après avoir été bombardée, elle fut aspergée d'essence et incendiée. Seisdedos, Libertaria et six autres personnes sont tuées. Les autres maisons qui résistent subissent le même sort et vingt autres personnes perdent la vie. À sept heures du matin, tout était terminé.

Au fur et à mesure que les détails de ce qui s'est passé à Casas Viejas sont connus, l'indignation se répand dans tout le pays. La République est accusée d'avoir agi aussi bien, voire pire, que la dictature. Le prestige du gouvernement s'effondre et ne se rétablit jamais. Les socialistes, partenaires du gouvernement d'Azaña, sont également durement touchés. Au printemps, la CNT revient à Barcelone et déclare une grève massive de la construction qui dure dix-huit semaines. En solidarité avec leurs camarades catalans, des grèves générales sont déclarées à Saragosse, La Corogne, Oviedo et Séville. Dans les fonderies d'acier de La Felguera (Asturies), deux mille huit cents travailleurs de la CNT, soit la quasi-totalité de la population, entament au printemps 1933 une grève héroïque en solidarité avec le licenciement sans indemnité de camarades âgés. Ils résistent pendant neuf mois et les patrons, devant les pertes importantes que leur obstination leur cause, finissent par céder.

Azaña avait annoncé qu'il convoquerait des élections municipales en avril avec le nouveau recensement, qui incluait les femmes ; mais, vu la baisse de sa popularité, il revint sur sa promesse et, le 23 avril, ne convoqua que des élections partielles dans quelque deux mille cinq cents districts ruraux qui, en avril 1931, avaient été monarchistes, de sorte que leur représentation avait été annulée. Azaña, qui appelait ces villes les "bourgs pourris", craignait que les résultats ne soient interprétés comme un vote de défiance à l'égard de son administration. Il en fut ainsi, car sur les seize mille conseillers en jeu, seuls cinq mille environ furent attribués à des candidats du gouvernement. On peut dire qu'à partir de ce moment-là, la crise politique va crescendo et les appels à la démission du gouvernement se font de plus en plus fréquents aux Cortes, où l'on débat au cours du mois de mai de la loi sur les congrégations et les dénominations religieuses, qui met en œuvre les articles anticléricaux de la Constitution.

Le 12 juin, Azaña finit par remanier le gouvernement, Companys entrant comme ministre de la Marine. Ce sera le dernier gouvernement des Cortes Constituyentes : en septembre, il démissionne. L'événement le plus marquant de ces mois est la création du Tribunal des garanties constitutionnelles. Pour le reste, l'impopularité du gouvernement ne fait que croître. Les grèves sont incessantes, le chômage est toujours aussi élevé et les prisons sont beaucoup plus surpeuplées que sous la dictature : la CNT détient à elle seule quelque 9000 prisonniers. La République n'a pas résolu les problèmes des paysans et des ouvriers et, de plus, elle a complètement déçu les classes moyennes, y compris les monarchistes, qui subissent toutes sortes d'outrages : même les facteurs ont reçu l'ordre de ne pas remettre aux aristocrates le courrier qui continue à leur parvenir sous les titres de noblesse, qui ont été abolis. La dernière manifestation d'intolérance sectaire avait été une purge considérable au sein de l'administration civile de l'État pour le crime d'"incompatibilité avec le régime".

Le centre-droit gouverne sans l'ADEC

La chute d'Azaña en septembre donne lieu à un éphémère gouvernement dirigé par Lerroux, qui dure du 12 septembre au 8 octobre 1933. Il est renversé par une motion de confiance déposée le 2 septembre par Indalecio Prieto. Le Grand Maître du Grand Orient d'Espagne, Diego Martínez Barrio, préside le gouvernement chargé de superviser le processus électoral après la dissolution des Cortès, annoncée par Alcalá Zamora, président de la République.

Le 19 novembre 1933, des élections générales sont organisées pour les premières Cortes ordinaires de la République, les premières où les femmes sont autorisées à voter. Vingt-six partis politiques obtiennent une représentation parlementaire. Le parti le plus voté est la CEDA de José Mᵃ Gil Robles, avec 115 députés, suivi du Parti républicain radical (PRR) de Lerroux, avec 102 députés. La gauche républicaine est un échec retentissant : seule une demi-douzaine de députés sont élus. Azaña réussit à conserver son siège par miracle, grâce au fait qu'il s'est présenté à Bilbao pour le district d'Indalecio Prieto, qui, contre les instructions de son parti, a maintenu la coalition avec les Républicains d'Azaña. En Catalogne, Esquerra Republicana passe de 46 à 17 voix, dont une grande partie va à La Lliga Regionalista, qui devient Lliga Catalana après le retour de Cambó, et obtient 24 représentants. Il semble évident que la société espagnole opte pour la modération et la stabilité. Les autres partis de droite ayant obtenu des résultats notables sont le Parti agraire espagnol (PAE), avec 30 sièges ; la Communion traditionaliste (CT), avec 20 sièges ; le Parti républicain conservateur (PRC), avec 17 sièges ; la Rénovation espagnole (RE), avec 14 sièges ; le Parti nationaliste basque (PNV), avec 11 sièges. Le Parti communiste d'Espagne (PCE) et la Phalange espagnole (FE) ont tous deux obtenu un député et sont entrés aux Cortes pour la première fois. La CNT avait fait campagne pour l'abstention.

Avant la publication des résultats des élections, une grève des transports avait enflammé l'atmosphère à Barcelone. Le 8 décembre, elle se transforme en révolte et la police va jusqu'à placer des mitrailleuses sur certaines places. Des soulèvements anarcho-syndicalistes éclatent dans différentes régions du pays. Des grèves générales sont déclarées à La Corogne, Saragosse et Huesca. Dans de nombreuses villes d'Aragon et dans les vignobles de La Rioja le communisme libertaire est proclamé. À Barbastro et dans d'autres villes de la région, des barricades sont érigées et des tentatives d'occupation de bâtiments publics ont lieu, entraînant des affrontements avec la Guardia Civil. À Calatayud et à Grenade, des couvents et des églises sont incendiés. Des révolutionnaires présumés provoquent un accident dans le train Barcelone-Séville et 19 personnes meurent des suites de ce sabotage. Le gouvernement déclare l'état d'alerte et, en trois ou quatre jours, la situation se calme. C'est dans ce contexte que se forme le premier gouvernement de Lerroux.

Il aurait été logique que le parti vainqueur, c'est-à-dire la CEDA, tente de former un gouvernement. Une coalition entre le parti radical de Lerroux et celui de Gil Robles aurait pu apporter la stabilité dès le début de la législature ; mais le président de la République confia à Lerroux la formation du gouvernement. Il faut savoir que Gil Robles était un jeune avocat de trente-cinq ans avec très peu d'expérience politique, alors que Lerroux était un vieux briscard aguerri par mille batailles. De plus, le fait que Gil Robles soit un leader catholique a alerté la franc-maçonnerie qui a immédiatement déclenché une campagne contre lui. Dès le départ, ce sont les loges qui le qualifient de fasciste. Dès la campagne électorale, la franc-maçonnerie craint que ses victoires anticléricales ne soient compromises. La Grande Loge espagnole appelle ses "chers frères" à la vigilance : "...La vie de notre Ordre est en jeu dans cette lutte. Ce sont nos idéaux menacés que nous devons défendre. En leur nom, nous proposons à nos loges sœurs de s'associer à des organisations locales et de conclure des alliances pour lutter partout où cela est nécessaire contre la réaction qui nous menace". Dans une circulaire datée du 22 mars 1934, le Grand Orient d'Espagne considère la victoire cedista comme le triomphe du fascisme :

> "En vertu des principes fondamentaux de notre institution, nous sommes obligés de repousser tout ce qui signifie dictature, et comme en ce moment le danger le plus grave et le plus imminent dans cet Ordre est celui du fascisme, tous les francs-maçons, individuellement et collectivement, doivent veiller à empêcher le développement de cette force qui, sous son nom moderne, recouvre en Espagne nos ennemis traditionnels."

Cependant, la victoire de la CEDA n'était pas synonyme de dictature et Gil Robles n'était pas non plus un fasciste, puisqu'il avait déclaré à plusieurs reprises qu'il acceptait le régime républicain. En fait, le jeune leader de droite était convaincu que, dans le cadre de la République, il était possible de convenir d'une Constitution consensuelle qui serait acceptée par tous les catholiques. Les partisans de Gil Robles reprochent à Alcalá Zamora de ne pas avoir compté sur lui dans un premier temps, l'accusant de le traiter de façon inconsidérée parce qu'il avait une aversion personnelle à son égard ; mais Gil Robles se dit prêt à collaborer avec les centristes de Lerroux qui, le 16 décembre, préside un gouvernement presque monocolore qui ne comprend pas un seul ministre cedista. En tout état de cause, le soutien de la CEDA a eu un prix : le gouvernement de Lerroux, bien que le PRR ait été caractérisé par son anticléricalisme et ait voté en faveur de la laïcisation de l'enseignement, a interrompu le remplacement des écoles religieuses par des écoles laïques. Les processus d'expropriation des terres sont également revus et les propriétaires terriens qui avaient été dépossédés arbitrairement récupèrent leurs biens. Une dizaine de milliers de paysans qui avaient reçu des terres ont ainsi perdu leur installation.

En février 1934, Francisco Largo Caballero, président de l'UGT, un syndicat qui avait collaboré avec la dictature de Primo de Rivera, commence à adopter des positions radicales qui feront de lui l'homme des masses : "Le seul espoir des masses, déclare-t-il en février, est la révolution sociale. Elle seule peut sauver l'Espagne du fascisme". En quatre ans, l'UGT passe de 300 000 à 1 250 000 membres et devient le seul syndicat capable de rivaliser avec la CNT. À partir de cette position de force syndicale, Largo Caballero tente de créer une organisation dans laquelle tous les partis de la classe ouvrière pourraient converger : l'Alianza Obrera (Alliance ouvrière). La CNT refuse d'y adhérer et les communistes, qui se comportent alors en révolutionnaires furieux, refusent également d'y participer. Dans ces conditions, la position des socialistes vis-à-vis du gouvernement Lerroux est celle de l'affrontement frontal.

Le début du mois de mars marque le début des crises gouvernementales qui vont se succéder en raison de l'entêtement d'Alcalá Zamora qui continue d'ignorer le vainqueur des élections. Le 23 janvier 1934, le grand maître Martínez Barrio, membre du PRR, démissionne de son poste de ministre de la Guerre et devient ministre de l'Intérieur ; mais le 3 mars, conformément aux instructions des loges, il démissionne pour protester contre la dérive du gouvernement qui a besoin de l'appui des députés de la CEDA. Sa démission entraîne la chute du gouvernement. Une nouvelle fois, Lerroux est chargé par le Président de la République de former un nouveau Conseil des ministres. Gil Robles exprime alors son scepticisme : "Je doute qu'il puisse survivre un mois". Il n'a pas tort, car le gouvernement est formé le 3 mars et tombe le 28 avril.

La CNT l'accueille par une grève générale à Saragosse qui dure quatre semaines, pendant lesquelles la capitale aragonaise est paralysée. Une autre grève est déclenchée à Valence, mais là, les fonds de grève de la CNT s'épuisent et la grève ne peut durer. Cependant, ce ne sont pas les grèves qui provoquent la chute du nouveau gouvernement, mais la tentative, en avril, de promulguer une loi rétablissant la peine de mort. Le ministre de la justice, Ramón Álvarez Valdés, du parti républicain libéral-démocrate, a défendu le projet de loi, arguant que la réintroduction de la peine capitale était le seul moyen de mettre un terme aux crimes qui se produisaient constamment dans les grandes villes du pays. À l'occasion du 300e anniversaire de la République, le ministre a eu l'audace de s'en prendre aux "martyrs de la République", les "héros de Jaca". Un énorme scandale éclate alors dans l'hémicycle, qui se propage dans tout le pays et conduit à la démission d'Álvarez Valdés. Il est remplacé par Salvador de Madariaga, un indépendant entré au gouvernement comme ministre de l'Instruction publique et qui a accepté le poste de manière incompréhensible. La goutte d'eau qui fait déborder le vase pour le gouvernement est le projet de loi d'amnistie, qui propose de gracier les personnes ayant commis des crimes avant décembre 1933, y compris le général Sanjurjo et ses compagnons d'insurrection à Séville. La loi est adoptée, mais à la fin du mois d'avril, des rumeurs se répandent selon lesquelles le président de la République refuserait de l'accepter. Il finit par la signer, mais publie aussitôt une lettre expliquant longuement sa désapprobation. Lerroux se sent désavoué et démissionne le 28 avril. Cinq mois seulement se sont écoulés depuis les élections et la gauche s'empresse de réclamer de nouvelles élections. Cette fois encore, Alcalá Zamora ne veut pas se rendre chez Gil Robles et confie la formation du gouvernement à Ricardo Samper, également du PRR. Salvador de Madariaga s'empresse de quitter l'exécutif.

Avec l'arrivée de l'été, les tensions se déplacent vers la Catalogne, où le colonel Maciá est mort le jour de Noël 1933 et où, depuis le 31 décembre,

Lluís Companys est le président de la Generalitat et le nouvel homme fort d'Esquerra. Le statut d'autonomie conférant à la Generalitat des compétences en matière d'élections municipales, des élections locales y sont organisées le 14 janvier et sont remportées par Esquerra Republicana. En avril 1934, le parlement catalan adopte une nouvelle loi agraire, la "Llei de Contractes de Conreu", connue à Madrid sous le nom de Ley de Cultivos. Les propriétaires protestent avec véhémence et vont chercher le soutien du gouvernement de l'État, qui confie l'affaire au Tribunal de Garanties Constitucionals (Tribunal des garanties constitutionnelles), nouvellement créé. Ce tribunal, composé d'hommes politiques représentant tous les partis, a jugé en juin que le parlement catalan n'avait pas le pouvoir de légiférer sur la question, et la loi sur les cultures a été déclarée inapplicable. Une crise s'est alors déclenchée, qui s'est terminée par le désastre du 6 octobre. Le parlement catalan défie le gouvernement de Madrid et ratifie la loi. Les partis républicains de gauche des Cortes se rangent du côté de l'Esquerra Republicana, mais la Lliga Catalana soutient le gouvernement. Le président Companys a déclaré que "pas une virgule" de la loi ne serait modifiée. Le président Samper le met au défi de l'appliquer. En l'état actuel des choses, les Cortes sont fermées pour les vacances d'été.

Pour que le lecteur comprenne bien, il est nécessaire d'expliquer que la plupart des terres de Catalogne étaient aux mains de petits propriétaires qui les cédaient à des paysans appelés "rabassaires". Dans les contrats de métayage, les dépenses et les bénéfices étaient partagés entre le propriétaire et le locataire. La plupart des terres louées étant consacrées à la culture de la vigne, la durée des contrats était liée à la durée de vie des vignes. Lorsque les trois quarts des vignes avaient cessé de produire, "rabassa morta", la terre revenait au propriétaire, qui pouvait ou non renouveler le contrat. Le non-renouvellement signifiait la dépossession de la terre. Les rabassaires avaient appris à prolonger la vie des vignes et, dans le passé, ils les faisaient durer cinquante ans. Au XIXe siècle, le phylloxéra tua les vieilles vignes et on introduisit un type de plant dont la durée de vie était d'environ vingt-cinq ans et qui nécessitait plus de soins. Pendant la guerre européenne, les prix étaient si élevés qu'il n'y avait pas de conflits pour le renouvellement des contrats ; mais lorsque les mauvaises récoltes sont arrivées et que le prix du vin a commencé à baisser, certains rabassaires n'ont pas pu remplir les contrats et ont été dépossédés. Ils s'organisent en syndicat dont Companys est l'un des fondateurs. Protégés par Esquerra Republicana, ils s'engagent à voter pour elle aux élections. Comme tout a un prix, Macià, avant sa mort à Pâques 1933, s'adresse à quinze mille paysans et leur promet une loi pour résoudre le problème. En juin, des troubles éclatent dans les campagnes et les propriétaires se heurtent à des groupes armés de mécontents qui s'attaquent à leurs biens. Un mois plus tard, en juillet 1933, le projet de loi qui sera adopté en avril 1934 entre au Parlement. Cette loi, qui satisfait davantage les paysans que les propriétaires terriens, même si des observateurs impartiaux admettent qu'elle vise à résoudre une injustice, prévoit des tribunaux d'arbitrage et facilite l'acquisition par les locataires des terres qu'ils ont travaillées pendant quinze ans.

La décision du Tribunal des garanties constitutionnelles met en lumière la confrontation entre l'Esquerra Republicana et la Lliga Catalana de Cambó qui, en janvier 1934, avait quitté le Parlement en désaccord avec la manière dont Companys avait été élu président de la Generalitat. La Lliga, tout en admettant qu'une réforme de la loi existante était nécessaire, n'était pas d'accord avec la manière dont les locataires pouvaient acquérir des terres. Au lieu de solliciter les bons offices de la Lliga pour une médiation avec les propriétaires terriens, Esquerra Republicana l'accuse d'avoir encouragé le président Samper à porter la loi sur les cultures devant le tribunal des garanties et qualifie son attitude de réactionnaire et d'antipatriotique. Une victoire politique s'est donc transformée en une perte de prestige aux yeux de l'opinion publique, d'autant plus que le président de la Generalitat a qualifié l'arrêt de la Cour d'attentat contre l'autonomie de la Catalogne.

Avant la fin de l'été, les passions déchaînées ont eu raison de la raison. Companys ne perd pas une occasion d'attaquer violemment le gouvernement de la République. Lors d'un meeting organisé à Gérone le 2 septembre, il s'exprime en ces termes : "Ce gouvernement, chargé de diriger les peuples hispaniques, n'est plus fidèle à la Constitution. Il ne peut se défaire du manteau de l'impérialisme et de l'éducation qu'il a reçue de la monarchie. Ces hommes ne sont pas des libéraux, ils ne peuvent pas comprendre l'idée fédérale. Si à Madrid ils n'arrivent pas à créer l'idéal hispanique, nous procéderons à la création de la nationalité catalane". L'article 13 de la Constitution, auquel Companys était tenu de se conformer, stipulait avec une clarté cristalline : "En aucun cas, la Fédération des régions autonomes ne sera admise". Il est donc clair que c'est le président de la Generalitat qui n'a pas été fidèle à la Constitution. Pire encore, Companys n'était pas le seul, car certains socialistes exprimaient de plus en plus leurs menaces de ne pas respecter les règles du jeu. Quelques mois plus tôt, Largo Caballero, dans une allusion claire à la dictature du prolétariat, avait formulé la célèbre question de Lénine : "La liberté pour quoi faire ? Azaña lui-même s'exprime de plus en plus comme un révolutionnaire dans ses discours. Pour Azaña, le gouvernement d'Esquerra en Catalogne "était le seul pouvoir républicain" de tout le pays et le seul "bastion" contre le retour de la tyrannie. Tous ont oublié ou méprisé les votes déposés dans les urnes. Après avoir légiféré et gouverné pendant deux ans et demi, neuf mois après le triomphe de leurs adversaires politiques, les "démocrates" de gauche n'ont pas accepté le jeu parlementaire et ont voulu prendre le pouvoir par la révolution.

Comme s'il n'y avait pas assez de problèmes, les Basques ont également soulevé les leurs. Les nationalistes basques, indignés par l'anticléricalisme de la Constitution, avaient quitté les Cortès, mais avec la nouvelle législature, ils sont revenus. Ils voulaient un contrôle religieux de leur communauté et aspiraient à avoir leurs propres représentants au Vatican, c'est pourquoi beaucoup d'entre eux avaient voté pour la CEDA. Cependant, ils sont passés à gauche lorsqu'ils se sont rendu compte que le gouvernement de centre-droit n'était pas favorable à leurs revendications d'autonomie. Les Basques ont décidé d'organiser des élections dans leurs conseils locaux en signe de protestation contre une imposition économique qui allait à l'encontre de leurs revendications d'un accord économique. Le gouvernement de Madrid a interdit les élections et a tenté de les empêcher par la force au moment où elles se déroulaient. Tous les conseils municipaux basques ont démissionné et les manifestations réclamant l'autonomie se sont multipliées au Pays basque. Enfin, ses députés au Parlement suivent l'exemple de l'Esquerra Republicana et quittent les Cortes. Telle est la situation en septembre 1934.

De leur côté, les dirigeants socialistes ne sont pas d'accord sur la stratégie à suivre. Les partisans de Largo Caballero sont prêts à déclencher une révolution contre le gouvernement de la République, ce que ne partage pas Indalecio Prieto, qui ne voit pas comment elle pourrait aboutir. Le contrôle exercé par Largo Caballero sur l'UGT a fait pencher la balance de son côté. L'approche révolutionnaire du leader de l'UGT était également partagée par Companys, le président de la Generalitat, qui était prêt à diriger le soulèvement en Catalogne. En rapport avec ces rumeurs, on annonce que soixante-dix caisses d'armes ont débarqué dans les Asturies et le gouvernement fait état d'arrestations liées à la découverte de grandes quantités de munitions.[20] Compte tenu de la situation, l'état d'alerte est décrété dans toute l'Espagne. Les élections municipales prévues à l'automne sont à nouveau annulées.

Gil Robles, qui avait dit plus d'une fois à ses partisans que son accession au pouvoir n'était qu'une question de temps, considère que le moment de diriger le gouvernement est arrivé. Le 11 septembre, le quotidien *El Sol* publie ces propos du leader catholique : "La voie est libre devant nous, pas un instant de plus ! Nous ne voulons rien pour nous-mêmes, mais nous

---

[20] En ce qui concerne les armes, il semble qu'elles proviennent des arsenaux gouvernementaux. Echevarrieta, financier basque et ami d'Indalecio Prieto, avait passé commande auprès du Consortium des usines militaires en 1932 avec l'intention de les mettre entre les mains des révolutionnaires portugais. La livraison fut déjouée et les armes restèrent cachées à Cadix jusqu'en 1934, date à laquelle, avec l'autorisation du ministre de la guerre, certainement le vénérable frère Martínez Barrio, elles furent chargées à bord de *La Turquesa*, soi-disant à destination de Bordeaux. En cours de route, le navire s'arrêta sur la côte asturienne et les débarqua. La police en a eu vent et a pu en saisir au moins une partie, principalement des cartouches. Ces armes devaient aboutir à Madrid, mais en raison de la surveillance, il a été décidé de les distribuer dans les Asturies. Parmi elles se trouvaient cinq cents fusils Mauser, vingt-quatre mitrailleuses et des milliers de grenades à main. Les cartouches ayant fini entre les mains de la police, un train de munitions a été forgé et envoyé de l'arsenal de Tolède aux Asturies pour compenser la perte.

ne tolérerons plus la poursuite de cet état de choses". Il semblait évident que Gil Robles retirerait son soutien à Samper afin de récupérer le gouvernement. C'est ce que comprend le prolétariat asturien qui se prépare à la grève générale. Le 1er octobre, le leader de la CEDA prononce un discours au Parlement dans lequel il condamne les gouvernements successifs des onze derniers mois, qui n'ont pas su interpréter la volonté du peuple : "Nous les avons soutenus, déclare-t-il, mais nous sentons que nous ne pouvons plus continuer à le faire. Nous sommes prêts à faire notre devoir". Cette phrase, mise en exergue par *El Sol* dans son édition du 2 octobre, ne pouvait être comprise que d'une seule manière par le gouvernement, qui a démissionné. Le président de la République entame à nouveau des consultations et refuse à nouveau de confier la formation du gouvernement à Gil Robles. Les critiques des Cedistas à l'encontre d'Alcalá Zamora sont retentissantes et l'indignation monumentale : non seulement leur leader ne sera pas président, mais il n'entrera même pas au gouvernement. La personne choisie par Alcalá Zamora est une fois de plus Alejandro Lerroux, "Don Ale", apparemment indispensable, qui donne à trois ministres de la CEDA une place dans le gouvernement. Gerald Brenan trouve dans *Le labyrinthe espagnol* une justification à la décision d'Alcalá Zamora. Selon Brenan, "les partis de gauche ont averti le président de la République que si un membre de la CEDA entrait au gouvernement, ils y verraient une déclaration de guerre à leur égard". Selon cet hispaniste britannique, les partis de gauche ont fait pression sur Alcalá Zamora pour qu'il dissolve les Cortes.

La gauche a réagi comme s'il y avait eu un coup d'État, alors qu'en réalité, la seule chose qui s'était produite était que le parti qui avait remporté les élections était entré au gouvernement avec trois ministres, et c'est tout. Aucun pays démocratique au monde n'aurait accepté la censure du parti ayant obtenu le plus de voix. C'était incompréhensible et inacceptable. Dans *La tragédie espagnole*, Allison Peers évoque cette circonstance avec des mots d'étonnement : "La gauche aurait été la première à se plaindre si, en tant que groupe majoritaire, elle avait été exclue du pouvoir. Pourquoi alors, étant en principe démocrates et ayant été rejetés par les électeurs, devraient-ils cracher le feu et le carnage, et prétendre que ce qu'ils n'avaient pas pu gagner par des moyens légaux devait être obtenu par des moyens répugnants ?" En réalité, personne n'a accepté la décision du président de la République, dont les ennemis se sont multipliés à gauche et à droite. Miguel Maura, ancien ministre de l'Intérieur en avril 1931, publie un écrit dénonçant Alcalá Zamora comme un "traître". D'autres anciens collègues critiquent avec colère ses actions et annoncent qu'ils rompent leurs relations avec lui. Azaña décide également de quitter le Parlement pour protester contre les agissements du président de la République, mais ses motivations sont loin d'être claires.

Le 5 octobre, une grève générale est déclarée dans tout le pays à l'appel de l'UGT ; dans les Asturies, elle atteint une telle intensité que la loi martiale est proclamée et que l'armée est appelée en renfort de la Guardia Civil. Dans toutes les grandes villes, la grève est ressentie intensément. À Madrid, les militaires ont fait fonctionner quelques trains, tramways et bus, mais les communications de toutes sortes ont été interrompues. Seuls *El Debate* et *ABC* ont pu publier car ils n'étaient pas contrôlés par les syndicats. Les citoyens ont été avertis de ne pas sortir dans les rues entre 20 heures et l'aube. Aucun acte de violence n'a été enregistré à Madrid pour le moment.

Le coup d'État de Companys en Catalogne

La grève générale à Barcelone se développe sans violence et avec un suivi inégal. Les autorités municipales et régionales se réunissent le 4 au soir et le président Companys annonce qu'il a reçu l'assurance de Madrid que la loi martiale ne sera pas déclarée en Catalogne. La Generalitat se charge du maintien de l'ordre public. Le 5 s'écoule sans incident notable à Barcelone et, dans l'après-midi, il semble que la grève commence à s'éteindre, la CNT n'ayant pas soutenu l'appel à la grève lancé par les socialistes. Le 6, cependant, une proclamation suspecte intitulée "La République catalane" commença à être distribuée aux premières heures de la matinée. Elle appelle le peuple catalan à se tenir prêt. Le pamphlet se termine par ces mots : "Aux armes pour la République catalane !". Un autre événement de mauvais augure a été l'occupation du Fomento de Trabajo Nacional à la Puerta del Angel, un événement mené par l'Alianza Obrera. L'Alianza Obrera est un regroupement de socialistes, de trotskistes et de nationalistes. Une proclamation y est rédigée et affichée dans les rues du centre ville. Le texte commençait ainsi : "Le mouvement insurrectionnel du prolétariat espagnol contre le coup d'État a acquis une ampleur et une intensité extraordinaires...". Une fois de plus, de manière flagrante, l'entrée de trois ministres catholiques au gouvernement est qualifiée de coup d'État. La proclamation annonce : "la proclamation de la République catalane aura sans aucun doute une influence énorme, provoquera l'enthousiasme des masses laborieuses de tout le pays et renforcera leur combativité". Le texte se termine par les exclamations "Vive la grève générale révolutionnaire ! Vive la République catalane !".

Le 6 au matin, à 9 heures, le président de la Generalitat a déjà décidé de trahir la République, puisqu'il montre à Josep Dencàs, ministre de l'Intérieur, deux textes facultatifs pour s'adresser au peuple catalan : l'un rédigé par Joan Lluhí, franc-maçon et ministre de la Justice, l'autre écrit par ses soins. Dencàs opte pour le second et demande à Companys s'il doit donner l'ordre de mobiliser et de distribuer des armes. Après avoir reçu l'autorisation du président, il ordonne à Miquel Badia de distribuer des armes aux "escamots". Dencàs, un autre franc-maçon appartenant à la loge Immortalité de Barcelone, avait participé à la fondation de l'Esquerra Republicana de Catalunya en 1931. Badia et lui étaient les dirigeants d'Estat Català, le mouvement de jeunesse de l'Esquerra Republicana fondé par

Macià. Estat Català disposait d'une organisation militaire de quelque 3500 hommes, les escamots, qui portaient des uniformes verts et représentaient un nationalisme fanatique. Badia, qui était également franc-maçon et avait participé à un attentat contre Alphonse XIII en 1925, était le chef du Commissariat général à l'ordre public de la Generalitat, c'est-à-dire le chef de la police. Ses acolytes l'appelaient "capitá collons" (capitaine couilles). Ces deux hommes étaient les plus proches collaborateurs de Companys.

Selon un rapport du général Domingo Batet, "des armes courtes et longues ont été distribuées publiquement et des groupes armés ont commencé à circuler". Le ministre de l'Intérieur ordonne la concentration de quelque quatre cents officiers d'escadron à la Generalitat. Miquel Badia est chargé des escamots et le commissaire général Coll i Llach dispose de trois mille deux cents gardes d'assaut en cas de besoin. Des émissaires sont envoyés dans toute la Catalogne avec des ordres de mobilisation, visant en particulier les rabassaires. À cinq heures de l'après-midi, une réunion se tient au palais de la Generalitat et à six heures et demie, les ministres sont dans leurs bureaux. Au même moment, des groupes d'escamots et de militants nationalistes apparaissent sur la place de Catalogne. Une manifestation s'organise rapidement et se dirige vers la Plaça de Sant Jaume , où une foule se rassemble et se répand dans les rues adjacentes. Au milieu des cris et des acclamations, le président Companys apparaît au balcon et prononce ces mots :

"Catalans !
Les forces monarchistes et fascistes qui, depuis un certain temps, tentent de trahir la République ont atteint leur but et se sont emparées du pouvoir. Les partis et les hommes qui ont manifesté publiquement contre les rares libertés de notre pays, les noyaux politiques qui prêchent constamment la haine et la guerre contre la Catalogne, sont aujourd'hui soutenus par les institutions actuelles. Les événements qui se sont produits ont donné à tous les citoyens la claire impression que la République, dans ses principes démocratiques fondamentaux, est en grand danger. Toutes les forces authentiquement républicaines d'Espagne et les secteurs socialistes avancés, sans distinction ni exception, ont pris les armes contre ce pas audacieux des fascistes.
La Catalogne libérale, démocratique et républicaine ne peut pas être absente de la protestation qui triomphe dans tout le pays, ni taire sa voix de solidarité avec ceux qui, comme elle, luttent sur les terres hispaniques, parfois jusqu'à la mort, pour la liberté et les droits. La Catalogne lève haut son drapeau et demande à tous de faire leur devoir et d'obéir absolument au gouvernement de la Generalitat qui, à partir de maintenant, rompt toute relation avec les institutions frelatées. En cette heure solennelle, au nom du peuple et du Parlement, le Gouvernement que je préside assume toutes les compétences du pouvoir en Catalogne, proclame l'État catalan de la République fédérale espagnole et, en

rétablissant et en renforçant les relations avec ceux qui dirigent cette protestation générale contre le fascisme, les invite à établir en Catalogne le Gouvernement provisoire de la République, qui trouvera dans notre peuple catalan l'élan de fraternité le plus généreux dans l'aspiration commune à construire une République fédérale libre et magnifique.

Nous nous sentons forts et invincibles. Nous tiendrons tout le monde en échec, mais chacun doit se restreindre en se soumettant à la discipline et aux instructions des dirigeants. Le gouvernement agira désormais avec une énergie implacable pour s'assurer que personne ne tente de perturber ou de compromettre ses objectifs patriotiques.

Catalans ! l'heure est grave et glorieuse. L'esprit du président Macià, restaurateur de la Generalitat, nous accompagne. Chacun à sa place et la Catalogne et la République dans le cœur de tous.

Vive la République, vive la liberté !"

Après le discours, le ministre de la Culture Ventura Gassol, un autre dirigeant du maçon d'Esquerra Republicana, a encouragé tout le monde à annoncer la proclamation dans toute la Catalogne au nom du gouvernement de la Generalitat. Le drapeau catalan a ensuite été hissé sous les applaudissements. Un groupe d'Estat Català a protesté et a réclamé son drapeau, le drapeau à quatre couleurs avec l'étoile. Depuis le balcon, on leur demande de faire preuve de discipline et on les exhorte à suivre les ordres du président. Dans sa colère, Companys téléphone au général Batet et lui annonce qu'il vient de proclamer l'État catalan. Batet lui répond : "En tant que Catalan, en tant qu'Espagnol et en tant qu'homme d'humanité, je regrette beaucoup ce qui s'est passé, car c'est un coup sur la tête. Je ne peux pas résoudre une question aussi grave en un instant...". Companys lui envoie donc ce communiqué par l'intermédiaire du directeur du travail Joan Tauler : "Excellence, en tant que président du gouvernement de Catalogne, je vous prie de vous mettre à ma disposition pour servir la République fédérale que je viens de proclamer". Palais de la Generalitat, 6 octobre 1934". Tauler lui demande s'il y a une réponse et Batet répond : "Pas pour le moment. En tout cas, plus tard."

Quoi qu'il en soit, Companys, comme en 1931, a montré que le bon sens, la raison et la prudence (seny) n'étaient pas des qualités qui ornaient sa personne. C'est la folie et le ravissement (rauxa) qui ont présidé à ses actions opportunistes et aventureuses.[21] En 1931, il n'était qu'un conseiller élu ;

---

[21] Il est généralement admis que le "seny" est la meilleure des qualités des Catalans. Mais paradoxalement, à des moments décisifs de leur histoire, ils ont souffert de dirigeants qui se sont laissés emporter par la "rauxa". Voir le cas du chanoine Pau Clarís, conseller en cap de la Generalitat, qui se jeta dans les bras du cardinal de Richelieu et permit à la France tout ce que l'Espagne ne voulait pas qu'on lui permette. Le 16 janvier 1641, ce calamiteux personnage proclame la République catalane sous la protection de la France ; mais une semaine plus tard, le même Pau Clarís nomme Louis XIII comte de Barcelone et souverain de Catalogne. Louis XIII occupe militairement le pays et les Français en

mais en 1934, Lluís Companys n'était pas seulement le leader d'Esquerra Republicana, mais le président de tout le peuple catalan, qui méritait sans aucun doute d'être mieux représenté. Companys n'avait pas seulement trahi la République, dont il était le plus grand représentant en Catalogne, mais, par son acte stupide de rébellion, il avait trahi tous les Catalans qui étaient en faveur du respect de la légalité de la République et des statuts. L'analyse du contenu du texte montre qu'il est truffé de mensonges : il n'y a pas d'autre trahison de la République que la sienne. Quant à l'annonce que "les secteurs socialistes avancés, sans distinction ni exception, ont pris les armes", elle indique que Companys était au courant du coup d'État planifié par les socialistes et qu'il y participait avec sa rébellion. Très significative est l'invitation "à ceux qui dirigent cette protestation générale contre le fascisme à établir en Catalogne le Gouvernement provisoire de la République", puisque Manuel Azaña se trouvait à Barcelone et que beaucoup pensaient à l'époque qu'il était la personne désignée par les conspirateurs pour présider la République fédérale. En fait, il fut l'une des personnes arrêtées après l'échec du coup d'État dans toute l'Espagne.

Vers 22 heures, le général Batet annonce au président de la Generalitat qu'il est favorable à la légalité et proclame l'état de guerre. Face au refus de Companys d'accepter la demande de reddition, les mouvements commencent. La grande place de Catalogne est occupée par les troupes de Batet, qui atteignent bientôt la place de Sant Jaume. Deux pièces d'artillerie, une compagnie d'infanterie et une compagnie de mitrailleuses y convergent.

---

prennent le contrôle politique et administratif. Les Catalans ont également payé les dépenses de l'armée d'invasion. Le traître Pau Claris meurt un mois plus tard, en février 1641, mais son manque de sens a causé à la Catalogne des dommages irréparables.

L'histoire de ce qui s'est passé avec le très décrié Philippe V mérite également un bref commentaire. Certes, lorsque le premier Bourbon est entré en Espagne par Irun, il s'est empressé de nommer un vice-roi pour la Catalogne. Il fut immédiatement averti que ce qu'il avait fait était illégal, car il devait d'abord prêter serment sur les lois catalanes. Le roi s'empresse alors de réparer son erreur en convoquant le Parlement de Catalogne et, moins d'un an plus tard, il se présente à Barcelone pour prêter serment sur les Constitutions catalanes, un acte qui a lieu dans le Saló del Tinell le 14 octobre 1701. Les sessions des Cortes durèrent jusqu'au 14 janvier 1702 et, conformément à la loi et à la coutume, les Catalans acceptèrent leur souverain. Philippe V leur fait prêter serment et leur accorde de nouveaux privilèges, dont un tribunal des contrats, où les décisions royales sont jugées avant d'être appliquées en Catalogne, et une autorisation limitée de commercer avec l'Amérique. Le ministre Melchor de Macanaz a écrit : "Les Catalans ont obtenu tout ce qu'ils voulaient, car ils n'avaient plus rien à demander, ni rien de spécial à donner au roi, et ils en sont venus à être plus indépendants du roi que le Parlement d'Angleterre". En 1704, une tentative de débarquement de troupes anglo-hollandaises à Barcelone échoue car aucun Catalan ne se joint aux envahisseurs. Lorsqu'en 1705, le débarquement de l'archiduc Charles réussit et que Barcelone se rendit le 9 octobre, les élites catalanes, sous les baïonnettes des troupes d'occupation, changèrent de camp, trahissant le serment qu'elles avaient prêté, et se déclarèrent austracistes. Les conséquences de cet acte irréfléchi de déloyauté sont désastreuses pour l'avenir de la Catalogne et de l'Espagne tout entière.

Pérez Farràs, commandant des Mozos de Escuadra, ordonne de tirer. Un commandant et un soldat furent tués et six autres soldats et un capitaine furent également blessés après cette première escarmouche. Retranchés dans le palais de la Generalitat, qui avait été fortifié avec des mitrailleuses, les dirigeants catalans tentent de résister en attendant des renforts. Josep Dencàs lance un appel général et s'adresse en particulier aux rabassaires par l'intermédiaire de Radio Barcelona, mais l'aide qu'il réclame n'arrive pas. À quatre heures du matin, l'aérodrome de la Generalitat est occupé par les forces loyales à la République. La plus grande résistance se situe au Centro Autonomista de Dependientes de Comercio et à la Comandancia General de Somatenes, où l'artillerie est utilisée pour réduire les rebelles. Le 7 octobre, peu après 6 heures du matin, Companys et les ministres qui l'accompagnaient, à l'exception de Dencàs, qui s'est enfui avec de l'argent par les égouts et a réussi à se rendre à l'étranger, ont décidé de se rendre face à l'évidence que le peuple ne les soutenait pas. Le président de la Generalitat s'adresse aux Catalans et leur annonce leur capitulation. Quarante-six personnes ont été tuées et 117 blessées lors des affrontements à Barcelone.

En conséquence, l'autonomie est suspendue. Les plaidoiries de Francesc Cambó, qui soutient que ce n'est pas le peuple catalan tout entier qui a violé le Statut, mais Esquerra Republicana, restent sans effet. Cambó répète que l'on peut faire confiance à la Lliga pour administrer loyalement les pouvoirs de la Catalogne et rappelle l'inimitié entre les deux partis en ces termes : "Pendant trois ans, ils nous ont humiliés et insultés. Lorsque les papiers de M. Dencàs ont été examinés par la police, une liste a été trouvée, dans laquelle figuraient vingt-huit personnes qui devaient être fusillées si la rébellion triomphait. J'en faisais partie. Ces révélations de Cambó mettent indubitablement en évidence le caractère totalitaire des putschistes.

Coup d'État sanglant et guerre civile dans les Asturies

Bien plus catastrophique est la révolution qui éclate simultanément dans les Asturies, où un coup d'État organisé par les socialistes, les communistes et les anarchistes se transforme en une guerre civile qui dure deux semaines. La grève générale de l'UGT se poursuit dans toute l'Espagne le 6. Alors qu'à Madrid, les rues sont en proie aux combats, dans les Asturies, les mineurs se préparent à prendre Oviedo. Le quartier général de la révolution d'octobre se trouve à Madrid, où Largo Caballero dirige les opérations. Les sorties et les entrées de la capitale sont étroitement contrôlées et les armes attendues ne peuvent pas arriver. Nombre d'entre elles ont été découvertes et saisies des semaines auparavant. Il était prévu de faire sauter le ministère de l'Intérieur et de s'emparer de la présidence du gouvernement et d'autres centres de pouvoir, mais l'insurrection à Madrid a échoué. Les objectifs n'ont pas non plus été atteints dans les provinces, bien que dans certaines d'entre elles, il y ait eu de violents combats. En Cantabrie, par exemple, la grève insurrectionnelle dure jusqu'au 16. De graves affrontements ont eu lieu, faisant onze morts dans la région. Dans le nord de Castilla-León, les combats dans les zones minières sont violents et l'artillerie est utilisée. Après les Asturies et la Catalogne, c'est au Pays basque que le soulèvement d'octobre a été le plus virulent. L'insurrection y dure une semaine et fait 40 victimes, la plupart parmi les insurgés. Le 5, l'industriel Dagoberto Rezusta et le député traditionaliste Marcelino Oreja Elósegui sont assassinés à Eibar, des crimes qui suscitent une grande indignation. Le même jour, Carlos Larrañaga, un carliste connu, est également assassiné à Mondragón.

Dans les Asturies, les actions ont été d'une telle ampleur qu'il faut parler de guerre civile. Gerald Brenan considère la révolution asturienne comme la première bataille de la guerre civile. "La révolution d'octobre, je l'ai dit et écrit à maintes reprises, a mis fin à la République". Ces mots écrits dans *Mon testament historico-politique* par Claudio Sánchez Albornoz, l'un des grands historiens espagnols et président du gouvernement de la République en exil entre 1962 et 1971, nous permettent d'évaluer correctement l'importance historique du soulèvement révolutionnaire. Depuis 1912, les mineurs d'Oviedo, de Gijón et des villes environnantes étaient affiliés à l'UGT et à la CNT. Ils étaient bien organisés : ils avaient leurs propres journaux et coopératives, ainsi que d'autres sociétés de loisirs. À Gijón et à La Felguera, où se trouve une importante fonderie de fer, la CNT prédomine, tandis qu'à Oviedo et à Sama, les socialistes de l'UGT sont majoritaires. Les communistes parviennent à s'emparer d'un des syndicats de la CNT et s'implantent également dans les Asturies. Lorsque Largo Caballero fonde l'Alianza Obrera, la CNT asturienne y adhère, contrairement à la Catalogne et à d'autres régions. Par ailleurs, le Comintern encourage le parti communiste espagnol à s'allier avec d'autres partis afin de constituer un front uni. Tout cela a permis à l'Alianza Obrera des Asturies de devenir le Frente Único, le prototype du Front populaire.

Selon les chiffres de Brenan, dans l'ensemble des Asturies, quelque 70 000 travailleurs participent d'une manière ou d'une autre à la révolution, dont 40 000 appartiennent à l'UGT, 20 000 à la CNT et 9000 sont communistes. Des expériences de communisme libertaire sont mises en œuvre à La Felguera (commune de Langreo) et dans les quartiers les plus pauvres de Gijón. Le soulèvement commence le 5 à Mieres, où la République socialiste est proclamée dans l'hôtel de ville, et à Sama de Langreo, où des miliciens socialistes sous les ordres de Belarmino Tomás attaquent la caserne de la Garde civile le 5 et tuent quelque soixante-dix gardes qui la défendaient. C'est à partir de ces villes que les chefs de la rébellion ont coordonné les actions. Une coupure d'électricité à Oviedo aux premières heures de la matinée du 5 fut le signal convenu pour que le socialiste Ramón González Peña, qui présidait le premier comité révolutionnaire, entre dans la ville à la tête des rebelles. Un problème s'est produit et le black-out n'a pas eu lieu, ce qui a retardé la prise d'Oviedo. Le 6, le soulèvement armé commence par des attaques simultanées contre trente et une casernes de la Garde civile. Les communications téléphoniques et télégraphiques sont coupées et des milliers d'hommes, prêts à tout, se dirigent vers Oviedo. En chemin, ils se dispersent et occupent toutes les villes qu'ils traversent. À Trubia, à douze kilomètres de la capitale, les révolutionnaires occupent une usine d'armes et s'emparent de trente mille fusils, de nombreuses mitrailleuses et de quelques canons.

Pendant trois jours, Oviedo est le théâtre de combats incessants. Dès que les troupes loyalistes sont délogées des bâtiments qu'elles protègent, ceux-ci sont incendiés. Le Banco Asturiano, le théâtre Campoamor, l'Instituto de Enseñanaza Secundaria et l'université sont incendiés et subissent des dégâts considérables. La destruction de l'université est presque totale : la bibliothèque, qui contenait de précieuses collections bibliographiques, et le musée d'histoire naturelle ont été brûlés. De nombreuses peintures et œuvres d'art ont été perdues. Les murs et les sobres façades Renaissance sont restés debout. Curieusement, la statue de l'Asturien Fernando de Valdés Salas, célèbre inquisiteur général de Philippe II et fondateur de l'Université, a été respectée bien que le cloître qu'elle préside ait été rasé. La cathédrale est également très endommagée : la fameuse chambre sainte, magnifique œuvre romane commencée au IXe siècle, est dynamitée et d'importantes reliques disparaissent. Le 9, la ville est reprise par les assaillants. Seul le palais du gouverneur, où s'étaient réfugiés un millier de soldats et de policiers, résiste. Ils n'ont pas pu être aidés car, depuis les fenêtres des maisons privées, des tireurs d'élite ont tiré sur tous ceux qui s'approchaient pour tenter de soulager la situation des assiégés, ce qui montre que, contrairement à ce qui s'est passé à Barcelone, il y a eu un soutien populaire.

Le général Eduardo López Ochoa, qui commandait les troupes loyalistes dans les Asturies, a livré une bataille acharnée avec 400 hommes près d'Avilés. Une fois le soulèvement maîtrisé, il tente de se rendre à Oviedo pour aider ses hommes, mais la destruction des ponts et l'obstruction des routes par des arbres l'empêchent de le faire. Les renforts envoyés par le gouvernement : Réguliers et troupes de la Légion étrangère commandées par le colonel Yagüe, débarquent près de Gijón, ville qui tombe aux mains des forces gouvernementales le 10. López Ochoa reçoit également d'autres renforts qui arrivent en masse dans les Asturies depuis tous les points cardinaux. Le 12, les troupes du général López Ochoa, qui entrent dans Oviedo par l'ouest, rencontrent les troupes de Yagüe à la périphérie de la ville. La bataille pour le contrôle de la capitale asturienne est féroce et les combats dans les rues durent trois jours.

Trois comités révolutionnaires sont constitués, qui coordonnent en fait les nombreux comités créés dans les différentes localités. Le premier est présidé par le socialiste Ramón González Peña et est composé de quatre socialistes, deux anarchistes et deux communistes. González Peña fait sauter les coffres de la Banque d'Espagne le 9 octobre et, lorsque les choses commencent à se gâter, il s'enfuit avec d'autres membres du Comité en emportant quatorze millions de pesetas réquisitionnées dans la succursale. Un second Comité révolutionnaire est alors formé, présidé par Teodomiro Menéndez, également socialiste, bien que la plupart de ses membres soient issus du PCE. Ces communistes dénoncent l'attitude défaitiste des socialistes et publient un rapport dénonçant le fait qu'ils les ont abandonnés et qu'ils se sont enfuis "en faisant des millions". À ce sujet, l'ouvrage précité de Juan Ordóñez Márquez contient les propos d'Ángel Valverde, député radical nommé gouverneur général des Asturies après la révolution. Au cours d'un banquet offert par son parti le 13 février 1936, Valverde raconte ce qui suit à propos de González Peña : "... il est certain que sur les quatorze millions qu'il a saisis, il n'a remis que cinq millions aux Comités révolutionnaires et a tenté de s'enfuir avec le reste, jusqu'à ce qu'il soit arrêté par les mêmes émeutiers, qui se sont emparés de l'argent qu'il portait sur lui". Le fait est complété par le détail que presque tout l'argent récupéré par les forces publiques a été pris aux familles des dirigeants - Graciano Antuña, Amador Fernández, etc. L'action d'un autre dirigeant, Largo Caballero, dont la lâcheté l'a conduit à nier toute participation au mouvement, est encore plus sale". Le Comité à majorité communiste n'est aux commandes que le 12 octobre, car les socialistes forment immédiatement le troisième Comité révolutionnaire, présidé par Belarmino Tomás. De retour dans leurs casernes des bassins miniers de Mieres et de Sama, ces dirigeants se rendent compte de la défaite du soulèvement et, le 18, Belarmino Tomás rencontre López Ochoa pour convenir de la reddition, qui a lieu le 19. Le général lui-même raconte les détails des accords dans *Memorias de un soldado (Mémoires d'un soldat)*. Belarmino Tomás demande que "les troupes indigènes maures ne puissent en aucun cas entrer dans les villes, car elles les craignaient vraiment en raison de leurs coutumes et de ce que l'on disait d'elles".

Ce général était appelé "le bourreau des Asturies" par la propagande. Le fait qu'il était franc-maçon a donné lieu à toutes sortes de commentaires. Ordóñez Márquez affirme dans *La apostasía de las masas y la persecución religiosa en la provincia de Huelva 1931-1936* qu'il dut rendre compte de ses actions à la tête des forces antirévolutionnaires devant le Conseil des Sept de l'Association maçonnique internationale à Bruxelles, où il fut probablement irradié. Poursuivi et emprisonné en mars après la victoire du Front populaire, il est transféré à l'hôpital militaire de Carabanchel pour cause de maladie. Il y est insulté et menacé par des patients et des médecins gauchistes. Le 3 avril 1936, Teresa León, la compagne de Rafael Alberti, écrit dans *Ayuda*, le journal du Socorrro Rojo Internacional : "López Ochoa, un aventurier sans scrupules, dont la cruauté était bien connue... responsable de la chasse aux fugitifs, du viol de femmes, de l'écrasement d'enfants.... Un personnage répugnant... Malade à Carabanchel ? peut-être par peur d'être exécuté par la masse ? Le 16 août 1936, ils sont allés le chercher, l'ont sorti en pyjama et l'ont criblé de balles sur la colline d'Almodovar. Puis ils lui coupent la tête avec un grand couteau et la fixent sur la baïonnette du fusil d'une milicienne. Les criminels ont ensuite parcouru les rues de Madrid, à la manière de la Révolution française, en brandissant la tête embrochée du général, qui, à leur grande dérision, a été l'objet d'insultes et de crachats. Son assassinat est considéré comme une vengeance maçonnique. La version officielle des autorités républicaines, incapables d'arrêter les bourreaux, est qu'il est mort à l'hôpital militaire de Carabanchel "des suites d'une ancienne maladie".

La défaite du coup d'État socialiste, au lieu de provoquer l'effondrement de la gauche, l'a renforcée grâce à la campagne que les socialistes et les communistes, soutenus par la franc-maçonnerie, ont organisée à l'intérieur et à l'extérieur de l'Espagne. Le gouvernement est accusé d'une infinie cruauté dans la répression et, comme d'habitude, les accusations éculées d'une Espagne inquisitoriale et intolérante sont utilisées. Une fois de plus, Juan-Siméon Vidarte reconnaît les faits : "La franc-maçonnerie, la IIe Internationale, la Ligue des droits de l'homme (une création maçonnique) ont informé le monde des crimes commis par le fascisme espagnol. Les partis socialistes et communistes du monde entier ont adressé au gouvernement espagnol leurs plus vives protestations. Le député socialiste français Vincent Auriol organisa, avec le président du Parti socialiste belge, Émile Vandervelde, une campagne internationale". Le Français Auriol et le Belge Vandervelde étaient tous deux francs-maçons.

On ne peut nier qu'après les crimes commis par les révolutionnaires, il y a eu des épisodes brutaux de répression. L'antagonisme historique entre les mineurs et la Garde civile a donné lieu à des épisodes de haine de part et d'autre. Le fait que les gardes civils qui ont résisté dans leurs casernes aient été tués lorsqu'ils se sont rendus a suscité une soif de vengeance parmi les membres de la Benemérita. Les exécutions sommaires sont nombreuses. Hugh Thomas dénonce notamment les méthodes de Lisardo Doval Bravo, un officier de la Guardia Civil nommé délégué du ministère de la Guerre pour l'ordre public dans les provinces des Asturies et de León. Le gouvernement a permis que ses actions échappent au contrôle judiciaire, puisqu'il a reçu un document lui accordant l'autonomie nécessaire et une juridiction spéciale pour qu'il puisse exercer ses fonctions sans entrave. Début décembre, il est révoqué, non pas pour avoir outrepassé ses pouvoirs, mais pour avoir montré des copies des ordres qu'il avait reçus des dirigeants monarchistes pour s'abstenir de toute répression.

Dans The Spanish Holocaust, Paul Preston rapporte une conversation entre le général López Ochoa et le socialiste Juan -Siméon Vidarte, deux frères maçons, dans laquelle le premier explique qu'il a ordonné de tirer sur des légionnaires qui décapitaient et pendaient des prisonniers contre lesquels ils étaient furieux, ce qui lui a valu une altercation avec le colonel Yagüe. Dans la même conversation reproduite par Paul Preston, López Ochoa explique qu'il a ordonné de tirer sur six Maures qui avaient été pillés, violés et assassinés, ce qui lui a causé des problèmes avec le ministre de la Guerre, qui lui a demandé des explications : "Comment osez-vous tirer sur quelqu'un sans la formation d'un Conseil de guerre ?". Ce à quoi il répondit : "Je les ai soumis à la même cour martiale que celle à laquelle ils ont soumis leurs victimes." La différence entre une brutalité et une autre réside peut-être dans le fait que, normalement, les autorités recherchaient ou persécutaient ceux qui avaient déjà commis des crimes.

Il y eut ensuite la violence anticléricale absolument gratuite, qui apparut encore et encore dans les actions des révolutionnaires jusqu'à ce qu'elle aboutisse à l'orgie indescriptible de sang et de haine qui eut lieu pendant la guerre civile. Dès les premiers jours du soulèvement dans les Asturies, toutes sortes de religieux ont été tués sans raison : les prêtres de Rebollada et de Valdecuna ont été tués le 5, le premier par des coups de feu. Le même jour, à Mieres, les révolutionnaires tuent deux étudiants et deux novices passionistes. Un curé a également été tué à Mieres le 5. Un autre curé de Mieres, celui de San Esteban, est arrêté et fusillé le 6. Le même jour, toujours à Mieres, le couvent des Pères Passionistes a été attaqué et incendié, et deux d'entre eux sont morts sous les balles des miliciens. Les crimes de Mieres ne sont pas terminés, puisque le 7, le monastère de Santo Domingo, occupé la veille, est incendié. Six séminaristes qui avaient fui l'incendie et se cachaient sont découverts et fusillés. Le 8, six frères enlevés sont tués à Turón. Le même jour, les miliciens tuent le vicaire général, Juan Puertas, et le secrétaire de la chambre de l'évêché, Aurelio Gago. À Santullano, un jésuite et un autre frère sont également tués le 8. La liste du 9 commence par les soi-disant martyrs de Turón, le principal bastion communiste des Asturies où fut proclamée la République des travailleurs et des paysans, basée sur la dictature du prolétariat. Là, neuf prêtres de La Salle ont été fusillés à côté du cimetière, et un autre passioniste est mort avec eux. Parmi les autres victimes du 9, on compte le curé de Santa María la Real et trois autres religieux de Santullano, dont un jésuite. Le 10, le curé d'Olloniego a été tué. Le 12, le supérieur du couvent des carmélites d'Oviedo a été abattu. Au total, trente-quatre prêtres et religieux sont morts dans les Asturies, mais il faut y ajouter ceux qui ont été tués ailleurs pendant le soulèvement d'octobre. Dans la province de Palencia, pour ne donner qu'une information supplémentaire à ce sujet, le 6 octobre, un frère mariste a été poignardé à Barruelo ; à Muñecas, le curé de la paroisse a été tué. Tous ces religieux ont été identifiés, mais leurs noms n'ont pas été révélés pour ne pas lasser le lecteur.

Le nombre de victimes du coup d'État et de la guerre qui s'ensuivit dans l'ensemble du pays est très élevé. Quelques mois plus tard, le gouvernement a rendu publics les chiffres officiels pour les Asturies, qui ont été révisés et légèrement modifiés par divers historiens. Le bilan est le suivant : 1335 personnes ont perdu la vie, dont 1051 civils, 100 officiers et membres de la Guardia Civil, 98 soldats et 86 policiers. Les blessés sont au nombre de 2961, dont les deux tiers sont des civils. 730 bâtiments publics et privés ont été détruits ou gravement endommagés, auxquels il faut ajouter 58 églises et 58 ponts. Quant aux armes capturées, les chiffres sont les suivants : 89 354 fusils, 33 211 revolvers, 41 canons, 10 824 kg de dynamite, 31 345 bombes, 97 322 cartouches, 50 585 cartouches de dynamite, 255 375 cartouches de revolver. Le chiffre de trente mille détenus donne une bonne idée du soutien massif apporté au soulèvement. Les prisons sont pleines à craquer et, devant l'impossibilité de loger autant de prisonniers, des camps d'internement sont construits.

Pour conclure cet épisode néfaste de l'histoire de la Seconde République, nous donnons la parole au républicain Salvador de Madariaga, dont les paroles, écrites dans son ouvrage *España. Ensayo de historia contemporánea*, nous les approuvons dans leur intégralité :

> "Le soulèvement de 1934 est impardonnable. La décision présidentielle d'appeler la CEDA au pouvoir était inattaquable, inévitable et même attendue depuis longtemps. L'argument selon lequel José Mª Gil Robles essayait de détruire la Constitution pour instaurer le fascisme était à la fois hypocrite et faux. Hypocrite parce que tout le monde savait que les socialistes de Largo Caballero entraînaient les autres dans une rébellion contre la Constitution de 1931 sans se soucier de ce que Gil Robles essayait ou non de faire ; et d'autre part, il est évident que le président Companys et toute la Generalitat ont également violé la Constitution. Avec quelle foi devons-nous accepter comme défenseurs héroïques de la République de 1931, contre ses ennemis plus ou moins illusoires de droite, ceux qui, pour la défendre, l'ont détruite ? (...) Avec la rébellion de 1934, la gauche espagnole a perdu jusqu'à l'ombre d'une autorité morale pour condamner la rébellion de 1936".

De crise en crise, vers le Front populaire

Il est indéniable que le PSOE et l'ERC ont tenté de prendre le pouvoir par le biais d'un coup d'État et en utilisant les masses. On pourrait dire que tous les socialistes ne partageaient pas la stratégie de Largo Caballero, ce qui est vrai. Indalecio Prieto, dont la position était assez trouble, a reconnu à Mexico en 1942 sa part de responsabilité : "Je plaide coupable devant ma conscience, devant le parti socialiste et devant toute l'Espagne, pour ma participation au mouvement révolutionnaire d'octobre". Il y avait aussi un secteur raisonnable et légaliste au sein du PSOE, incarné par Julián Besteiro, qui accusait ses camarades "d'empoisonner les travailleurs avec une propagande mensongère et haineuse". Mais les faits parlent plus fort que les mots, et ils prouvent qu'un coup d'État a été tenté contre la République, même si les personnes impliquées ont ignominieusement nié leur responsabilité et attribué le soulèvement aux masses, qui s'étaient "spontanément" manifestées.

Largo Caballero, Companys, Azaña et les autres dirigeants impliqués dans le coup d'État sont arrêtés. Pendant deux mois, l'Espagne reste sous la loi martiale. La Catalogne perd temporairement les pouvoirs que lui confère le statut. L'hiver se passe dans un calme inhabituel : les grèves diminuent sensiblement et une sorte d'épuisement s'installe dans l'atmosphère. La première personne arrêtée à être mise à la rue est Azaña, son implication dans l'organisation de la rébellion n'ayant pu être prouvée. Il est à nouveau arrêté peu de temps après, mais il est à nouveau relâché. Largo Caballero, qui avait pris la précaution de rester tranquillement chez lui pendant que l'on se battait dans les rues de Madrid, fut également acquitté par la suite. Lorsque les cours martiales contre Ramón González Peña et Teodomiro Menéndez se tiennent en février 1935, la campagne internationale a déjà commencé et les socialistes francs-maçons français rendent visite à leur frère franc-maçon Alejandro Lerroux, président du gouvernement, pour lui remettre des milliers de signatures recueillies dans toute l'Europe et demandant la grâce des accusés. Le 16 février, les tribunaux militaires condamnent à mort Peña et Menéndez et, dans les jours qui suivent, dix-sept autres membres des comités révolutionnaires sont condamnés à la même peine.

La veille de la sentence, le 15 février, le député du Parti républicain conservateur Dionisio Cano López avait présenté aux Cortes une proposition de loi, soutenue par vingt parlementaires, dont Calvo Sotelo, Fuentes Pila, Sainz Rodríguez, Ramiro de Maeztu et d'autres, demandant au gouvernement d'adopter des mesures pour empêcher les membres des forces armées d'appartenir à la franc-maçonnerie. Ce fut une séance houleuse que le vicomte Léon de Poncins a retranscrite intégralement dans son livre *Histoire secrète de la révolution espagnole.* Cano Lopez fait valoir que si les militaires n'ont pas le droit d'appartenir à un parti politique légalement constitué, ils ont encore moins le droit d'adhérer à une société secrète dont les directives sont incompatibles avec les intérêts de la patrie à laquelle ils ont prêté serment. Ce député a courageusement attaqué la franc-maçonnerie et l'a accusée d'être un parti politique et une organisation internationale secrète qui lie ses membres par un serment d'obéissance. La proposition est votée, mais dans la pratique, elle reste lettre morte en raison de la victoire du Front populaire. Malgré la pertinence incontestable de la proposition, étant donné que de nombreux militaires appartenaient à la franc-maçonnerie, qui les attirait comme un aimant depuis le début du XIXe siècle, Leandro Álvarez Rey, professeur d'histoire contemporaine à l'université de Séville et auteur, entre autres, de *Los diputados por Andalucía de la Segunda República 1931-1939, a* disqualifié ceux qui ont prêté attention au discours de Cano López et les a qualifiés de fanatiques d'extrême droite ou de "pseudo-historiens révisionnistes".

Les ministres PRR de Lerroux se déclarent en faveur de la commutation des peines. La CEDA, le Parti agraire et le Parti républicain libéral et démocratique (PRLD) de Melquiades Álvarez s'y opposent et annoncent qu'ils ne soutiendront plus le gouvernement. Malgré cela, Lerroux recommande l'annulation au Président de la République et provoque la crise. Alcalá Zamora commue les peines de vingt et un condamnés et seuls deux sont exécutés : Diego Vázquez, qui avait fait exploser un camion avec trente-deux gardes civils, et Jesús Argüelles, alias "Pichalatu", qui avait abattu huit civils. Il ne servira à rien à "Pichalatu" d'avouer au procès qu'il recevait des ordres du Comité révolutionnaire. Les vrais responsables de la révolution d'octobre sortiront bientôt de prison, car l'amnistie de toutes les personnes arrêtées est la principale promesse du Front populaire lors de la campagne électorale de février 1936.

Une fois de plus, Ordóñez Márquez fournit des informations pertinentes sur la situation du socialiste González Peña dans la prison de Burgos. Selon cet auteur, le directeur de la prison de Burgos était le franc-maçon Julián Peñalver, qui avait été chargé par les loges de former un "triangle" de protection autour de ce prisonnier, également franc-maçon. Dès que sa condamnation à mort a été annulée, González Peña a été confortablement transféré en voiture de la prison de Chinchilla à Burgos, car le climat de Chinchilla ne lui convenait pas. Le policier Mauricio Carlavilla était alors suffisamment proche de lui pour entendre de sa bouche le commentaire suivant : "En janvier, je serai libre ; je serai libéré par un pont gouvernemental présidé par Portela". Sous le pseudonyme de Mauricio Karl, Carlavilla cite ces paroles dans son livre *Technique du Komintern en Espagne.*

Le président Alcalá Zamora propose affablement la formation d'un "gouvernement de concentration et de concorde" ; mais il ne trouve personne capable de réaliser cet exploit. Après une semaine d'incertitude, une solution originale est trouvée : "Don Ale" prend l'initiative de former un gouvernement de treize ministres, membres de son propre parti, dont aucun n'est parlementaire. Le fait d'avoir été ministre lui donne droit à une pension à vie de 10 000 pesetas. Les chances de survie du nouvel exécutif sont nulles, car il est minoritaire et personne n'est prêt à le soutenir. Tous les partis commencent alors à parler de nouvelles élections générales. Lorsque le gouvernement tombe le 6 mai 1935, un mois à peine après son entrée en fonction, Alcalá Zamora est confronté pour la énième fois à l'évidence que la seule solution raisonnable est Gil Robles. Depuis l'échec du coup d'État d'octobre, la CEDA a gagné en prestige et en soutien populaire, et le nombre de ses membres ne cesse d'augmenter. Le dilemme commence à circuler : "Gil Robles ou les élections" ; mais certains, prémonitoires, avertissent : "Gil Robles ou le chaos". Imperturbable, Alcalá Zamora évite de confier à Gil Robles la formation du gouvernement. Son joker habituel, "Don Ale", réussit à présider un autre cabinet de centre-droit dans lequel la CEDA obtint cinq portefeuilles, dont celui de la Guerre, qui revint à Gil Robles. Parmi les priorités de ce gouvernement figurent l'élaboration d'un budget, puisqu'il n'y en a pas eu depuis 1932, et une réforme de la Constitution. Le ministre des finances, l'indépendant Joaquín Chapaprieta, annonce qu'il présentera un budget équilibré en octobre. Fin juillet, les Cortès prennent deux mois de vacances.

Au cours de ce même mois de juillet, le 7e congrès de l'Internationale communiste se tient à Moscou, où la stratégie du front uni comprenant la gauche bourgeoise est pleinement confirmée et encouragée. Wilhelm Pieck, secrétaire général du KPD (parti communiste allemand), prononce le discours d'ouverture dans la grande salle du Palágyi, la salle des syndicats, le 25 juillet. Pieck, dans le cadre de son rapport sur les événements d'octobre en Espagne, mentionne le nom de Largo Caballero, qui est accueilli par un tonnerre d'applaudissements interminables. Ce communiste allemand revendique la gloire de l'opération asturienne et "les combats d'octobre 1934". Le quotidien *Pravda* publie un article saluant Largo Caballero, salué comme le Lénine espagnol. Les communistes du monde entier savent qu'un nouveau leader du communisme international est né en Espagne. Le septième congrès de l'Internationale (Comintern) ne se contente pas d'appeler à la formation d'un Front populaire en Espagne, mais définit même le programme à appliquer après la conquête du pouvoir.

Inexorablement, à la fin de l'été, les pas se poursuivent en Espagne vers ce Front populaire annoncé lors de la réunion de l'Internationale. En septembre, une nouvelle crise éclate : Alejandro Lerroux devient ministre d'État et cède la présidence du gouvernement à Chapaprieta qui, malgré l'absence de soutien parlementaire, accepte le poste sans renoncer au portefeuille du Trésor. Ce gouvernement de huit membres seulement, dans lequel Gil Robles conserve le ministère de la Guerre, est formé le 25 septembre et dure jusqu'au 29 octobre. À cette date, Gil Robles ne s'intéresse plus à la présidence du gouvernement et ses partisans dans la rue se rendent compte que tant qu'Alcalá Zamora est président de la République, leur leader n'a aucune chance de s'en sortir. Le deuxième gouvernement de Chapaprieta (seul président du Conseil des ministres à ne pas être franc-maçon) dura jusqu'à la mi-décembre. Sa démission renforce le sentiment que le pays se dirige vers de nouvelles élections. Il n'est plus question de budget. Le président de la République commence alors à manœuvrer pour imposer un gouvernement sans le soutien du parti majoritaire. Le 11 décembre, il convoque Gil Robles et lui annonce qu'il ne lui confiera pas la formation du gouvernement ; mais il tente aussi de l'intimider en le menaçant d'utiliser la Guardia Civil pour réprimer toute réaction négative de ses partisans.

Alors que la démoralisation du pays s'accroît, Alcalá Zamora cherche absurdement à former un cabinet centriste qui ne bénéficie d'aucun soutien parlementaire. Bien que l'échec soit certain, Manuel Portela Valladares, franc-maçon des loges Fénix et Libération de Barcelone et Grand Maître du

33e degré, relève effrontément le défi et présente son gouvernement le 14 décembre. Ce Vénérable Frère avait été choisi pour préparer les élections générales. Le gouvernement a duré exactement deux semaines. Il semble que la farce ait été découverte et qu'une bagarre avec insultes et disqualifications ait éclaté entre le président et ses ministres, entraînant la dissolution du premier gouvernement Portela. Le second gouvernement est formé le 30 décembre et est, de fait, chargé d'organiser les élections. À cette fin, Portela Valladares prend également en charge le ministère de l'Intérieur. Le président de la République dissout les Cortes et convoque des élections générales pour le 16 février 1936.

Alcalá Zamora et Portela Valladares ont provoqué la défaite de la droite et le triomphe du Front populaire par le biais d'une stratégie suicidaire dont il est impossible de croire qu'elle n'était pas intentionnelle. Portela, président du gouvernement et ministre de l'intérieur, a créé de toutes pièces le Parti du centre démocratique, également connu sous le nom de Parti du centre républicain national. Financer un deuxième candidat du même parti pour diviser le vote et faciliter la victoire du candidat adverse était, comme nous l'avons vu, le stratagème préféré du lobby juif aux Etats-Unis.... Aux élections de 1936, le parti de Portela, bourgeois, modéré et officiel, ne pouvait que soustraire des voix à la droite, car les quelques voix qu'il obtenait étaient toujours soustraites aux partis de droite. La manœuvre de Portela favorisait ouvertement le Front populaire car le système électoral donnait une prime de 80% à la candidature majoritaire. En d'autres termes, la liste qui a obtenu une voix de plus obtient huit députés, tandis que la liste qui a obtenu une voix de moins n'en obtient que deux. C'est donc la meilleure méthode pour enlever des voix à la droite. C'est ainsi que les voix obtenues par le parti de Portela ont décidé de la majorité en faveur des candidats du Front populaire dans plusieurs provinces et ont facilité leur triomphe absolu. Il n'est pas raisonnable de penser que Portela Valladares et Alcalá Zamora aient été stupides au point d'ignorer les conséquences désastreuses de leur manœuvre. C'est pourquoi certains historiens accusent le Grand Maître Portela Valladares d'avoir obéi à des ordres supérieurs et d'avoir organisé la défaite des partis de droite.

PARTIE 4 - FRONT POPULAIRE,
RÉVOLUTION ET GUERRE CIVILE

Le résultat des élections a été très serré. En février, 265 sièges ont été attribués au Front populaire, qui a obtenu 47,03% des voix, et 185 sièges à la droite, avec 46,48% des voix. Par la suite, en mai, après des révisions et des répétitions, le résultat final a été donné, selon lequel le Front populaire a augmenté le nombre de ses sièges à 285, tandis que la droite est restée avec 166. Le parti du Centre républicain national de Portela Valladares a finalement obtenu 17 sièges. Il y a eu 13.553.710 électeurs, dont 9.864.783 (72,9%) ont participé aux élections. Les partis les plus représentés au sein du Front populaire sont les socialistes, avec 99 sièges, la Gauche républicaine d'Azaña, avec 87 sièges, et l'Union républicaine de Martínez Barrio, avec 37 sièges. Le Parti communiste, grâce à sa participation à la coalition, passe de 1 député en 1933 à 17 en 1936. Les partis les plus représentés à droite sont la CEDA, avec 88 députés, la Renovación Española de Calvo Sotelo, avec 12 sièges, et la Comunión Tradicionalista de Manuel Fal Conde, avec 9 sièges. Comme on peut le constater, avec pratiquement le même nombre de voix, le Frente Popular remporte une victoire écrasante et double presque le nombre de sièges de ses adversaires. Le coup de grâce à la défaite de la droite est donné par la Commission de recensement des votes, présidée par Indalecio Prieto, dont les "pucherazos" empêchent trente candidats de droite élus d'obtenir leur siège. Dans *ses Mémoires*, Alcalá Zamora écrit : "Dans l'histoire parlementaire de l'Espagne, on ne se souvient de rien de comparable à la Commission des procès-verbaux de 1936".

Bien que ni la FAI ni la CNT ne soient représentées au sein du Front populaire, la majorité des anarcho-syndicalistes votent pour lui, ce qui est décisif. La raison pour laquelle les anarchistes ne se sont pas abstenus comme lors des élections de 1933 est la promesse d'amnistie, qui avait été la principale propagande du Front populaire. Les élections se déroulent normalement, mais une fois les élections terminées, la pression dans les rues commence et, dès le début, une situation révolutionnaire s'installe. Des groupes sont apparus devant la prison Modelo, levant le poing pour proclamer la victoire du Front populaire. Le 17 au matin, le ministre de l'intérieur apprend que les agitateurs de province dirigent les masses émeutières qui dominent les rues et tentent de prendre d'assaut les prisons pour libérer les prisonniers. Dans de nombreux endroits, les prisons ont été ouvertes sans que les autorités locales ne fassent rien pour l'empêcher, et des milliers de prisonniers sont descendus dans la rue dans toute l'Espagne. À Valence, par exemple, une foule de la CNT prend d'assaut la prison pour faire sortir les 1934 condamnés. Le matin même, on apprend que des églises et des couvents ont brûlé dans des villes de Murcie, Malaga, Séville, Cordoue, Cadix et Caceres. À Elche, les trois églises de la ville et le couvent des Clarisses ont été détruits plusieurs jours de suite. À Alicante, le maire, un fou, avait proposé : "Le 16, ne laissez pas voter les religieuses ni les beatas ; quand vous verrez quelqu'un qui tient dans sa main une candidature de droite, coupez-lui la main et cassez-la-lui au visage pour qu'il la mange". Là, dans l'après-midi du 20, les émeutiers incendient les églises de Santa María et de Nuestra Señora de la Misericordia, le couvent des Sœurs du Sang, l'asile de Nuestra Señora del Remedio et le siège de la congrégation de San Luis. Trois journaux : *Mas*, de la droite agraire, *El Día* et *Diario de Alicante* ont été complètement détruits. Dans la même région du Levante, à Yecla, des églises ont été incendiées et leurs ornements profanés.

La précipitation avec laquelle Portela Valladares, ministre de l'intérieur et président du gouvernement, a abandonné ses fonctions alors qu'il recevait des informations faisant état de troubles graves, notamment d'agressions contre certaines audiencias et députations et de vols de registres électoraux, est incompréhensible. Le général Franco, qui avait été nommé chef d'état-major par Gil Robles, était en contact, aux premières heures du 17 février, avec l'inspecteur général de la Garde civile, le général franc-maçon Sebastián Pozas Perea, à qui il demandait d'envisager la déclaration de l'état de guerre pour éviter que les troubles ne s'aggravent. Devant l'indifférence de Pozas, Franco va jusqu'à réveiller le ministre de la Guerre, le général Nicolás Molero Lobo, également franc-maçon, et lui demande de proposer au président du Conseil la déclaration de l'état de guerre. À dix heures du matin, le Conseil des ministres se réunit et le général Molero présente la proposition. Portela Valladares est d'abord d'accord, mais Alcalá Zamora lui demande finalement d'annuler la mesure. Certains historiens pensent qu'à travers ces demandes, Franco et Gil Robles tentaient en fait de réaliser un coup d'État. Alors que l'Espagne est déjà plongée dans la tragédie de la guerre civile, Alcalá Zamora reconnaît publiquement ce qu'il avait refusé le 17 février 1936. Dans l'article intitulé "Les débuts du Front populaire", publié le 17 janvier 1937 dans le *Journal de Génève*, il écrit ce qui suit :

"Dès le 17 février, et même dès la nuit du 16, le Front populaire, sans attendre la fin du dépouillement et la proclamation des résultats, qui aurait dû avoir lieu devant les commissions provinciales de recensement le jeudi 20, a déclenché l'offensive du désordre dans les rues : il a revendiqué le pouvoir par la violence. Certains gouverneurs civils ont démissionné. À l'instigation de dirigeants irresponsables, la foule s'est emparée des documents électoraux ; dans de nombreuses localités, les résultats ont pu être falsifiés".

Il est difficile de comprendre qu'un gouverneur civil puisse démissionner et quitter son poste au moment où il a le plus de responsabilités. Cependant, si l'on considère que le ministre de l'Intérieur lui-même a donné l'exemple en abandonnant le navire en pleine tempête, on peut comprendre un peu mieux... Josep Pla, écrivain et journaliste catalan envoyé à Madrid par *La Veu de Catalunya*, l'organe de la Lliga de Cambó, fut de 1931 à 1936 le meilleur chroniqueur de la vie de la République. Dans *Historia de la Segunda República española*, une œuvre de près de deux mille pages en quatre volumes, il évalue ainsi ce qui s'est passé au lendemain des élections : "On a dit que le 17 février était le 14 avril. Ce n'est pas tout à fait le cas. Le 17 février a été un 14 avril aggravé par une répétition du 11 mai". Comme on le sait, le 11 mai, plus de deux cents édifices religieux ont été incendiés dans toute l'Espagne.

Le 18, des troubles violents éclatent, des agressions, des pillages et des incendies se poursuivent dans de nombreuses provinces. Devant la gravité des événements, le général Franco rend visite au président du gouvernement à l'hôtel Palace, où il réside, et lui demande de prendre des mesures urgentes pour faire face à la situation ; mais celui-ci répond qu'il manque d'énergie et qu'il envisage de démissionner immédiatement. Avant la fin de la journée, Calvo Sotelo, accompagné de Joaquín Bau, se rendit à l'hôtel et demande au président du gouvernement de ne pas abandonner le pouvoir, mais d'utiliser les mesures légales d'exception appropriées. Le 19, Portela Valladares appelle le général Franco pour lui confirmer qu'il n'est plus président du gouvernement.

La cérémonie de remise a eu lieu le 19 février, avant que les conseils provinciaux ne confirment les résultats des élections. Le directeur général de la police, le général franc-maçon Miguel Núñez de Prado, a assisté à la cérémonie. Selon ses commentaires, "cela ressemblait à une cérémonie maçonnique". Núñez del Prado connaissait bien les protagonistes : Portela Valladares, le Grand Maître de la Grande Loge, remettait la charge à son successeur, le franc-maçon Azaña, devant le Grand Maître du Grand Orient espagnol et futur président des Cortes, Martínez Barrio. Comme témoins oculaires, deux généraux maçonniques, Núñez de Prado lui-même et l'inspecteur général de la Garde civile, Pozas Perea. Dans le premier gouvernement de Front populaire, formé à la hâte par Azaña sans la participation des socialistes, il y avait sept autres ministres maçonniques. "Le gouvernement semblait être né sous nos auspices", écrit Juan -Simeón Vidarte dans *Todos fuimos culpables*.

La première mesure d'Azaña est de signer le décret d'amnistie. Le président Companys et six de ses ministres sont rentrés à Barcelone dans l'odeur de la foule. La première chose que fait le Parlement catalan est de réaffirmer la loi sur les cultures. Malgré la bonne volonté du gouvernement, des grèves sont déclenchées dans tout le pays le jour même du 19, pour réclamer la réintégration des condamnés et des licenciés, le paiement des salaires à tous les travailleurs arrêtés au cours des deux années précédentes et des augmentations de salaires. Outre ces grèves corporatives, d'autres grèves générales, régionales ou locales à caractère politique ou de solidarité ont été déclarées. La situation s'est immédiatement aggravée. Les employeurs ont réagi dans de nombreux cas en fermant les entreprises. Dans les campagnes aussi, la situation devient révolutionnaire, puisque dès la fin février, les paysans commencent à occuper des fermes en Estrémadure, en Andalousie et en Castille, car ce n'est pas en vain que le Front populaire leur a promis des terres. Fin mars, un décret est publié autorisant l'Institut agraire à procéder plus rapidement à la distribution des terres. D'autre part, les premières cibles de la violence populaire restent, comme d'habitude, les centres religieux. À Madrid, les églises de San Ignacio et de San Luis sont incendiées, ainsi que les bureaux de *La Nación*. À Logroño, deux églises et quatre couvents sont incendiés. À la violence anticléricale s'ajoute bientôt une vague d'assassinats d'hommes politiques et d'hommes d'affaires.

La politique du Front populaire ayant été officiellement adoptée dans les résolutions du VIIe Congrès mondial de l'Internationale communiste, le PCE avait méthodiquement conçu sa stratégie, qui devait lui permettre de passer de trente mille membres à la veille de la guerre civile à deux cent mille au début de l'année 1937. La Pasionaria, Dolores Ibárruri, dès la fin de l'année 1933, comme l'indique le 13e rapport du Plénum du Comité exécutif de l'Internationale communiste, avait déclaré : "Notre tâche est d'attirer la majorité du prolétariat et de la préparer à la prise du pouvoir. Cela signifie que nous devons concentrer nos efforts sur l'organisation de comités d'ouvriers et de paysans et sur la création de soviets..... L'évolution du mouvement révolutionnaire est extrêmement favorable. Nous avançons sur la voie qui nous a été indiquée par l'Internationale communiste et qui conduit à l'établissement d'un gouvernement soviétique en Espagne, un gouvernement ouvrier et paysan". Le travail d'infiltration de ses cellules dans les organisations ouvrières et syndicales est essentiel.

Julio Álvarez del Vayo, qui était revenu de Russie en avril 1936, devait être un homme clé. Tout en restant membre du parti socialiste, Álvarez del Vayo était prêt à suivre l'exemple des communistes. C'est lui qui persuade Largo Caballero d'accepter la fusion des Jeunesses socialistes avec les Jeunesses communistes, qui a lieu dès le début de la guerre civile. La Jeunesse socialiste unie (JSU), dont le secrétaire est Santiago Carrillo, adhère en bloc au Parti communiste. Ainsi, des dirigeants comme Largo Caballero, La Pasionaria ou Álvarez del Vayo, bien que conscients de ce qui se passe en Russie, s'obstinent à proposer le modèle soviétique comme la panacée universelle à tous les maux. D'autre part, la propagande envahit les librairies, où prolifèrent les traductions de Lénine et les livres ou brochures vantant les mérites de la vie dans le paradis communiste. Malheureusement, les travailleurs espagnols ignoraient que la terreur, le pillage, la faim et l'injustice étaient le résultat de la dictature imposée au peuple russe par des agents étrangers.

Le 7 avril, un événement déconcertant se produit après l'ouverture des Cortes : la déposition d'Alcalá Zamora en tant que président de la République, alors que son mandat devait expirer en 1937. Don Niceto, "el

Botas", n'obtient que le soutien de cinq députés sur les 473 que compte la Chambre. En résumé, il se passe la chose suivante : la Constitution stipule que le président doit démissionner s'il dissout les Cortes à deux reprises. Alcalá Zamora était persuadé que la dissolution de l'Assemblée constituante ne comptait pas, puisque celle-ci avait été élue avant qu'il ne commence son mandat. En fait, Martínez Barrio, Largo Caballero et Azaña lui-même l'avaient laissé entendre dans des déclarations et des écrits. Alcalá Zamora était convaincu que ses jours en tant que président de la République étaient comptés si la droite l'emportait ; cependant, il était persuadé que les républicains et les socialistes jugeraient la seconde dissolution nécessaire et juste, d'autant plus qu'ils avaient repris le pouvoir grâce à elle, et qu'ils lui permettraient donc de terminer son mandat. Il s'est trompé : il a été reconnu coupable d'avoir dissous inutilement les Cortès et a été constitutionnellement démis de ses fonctions. C'est ainsi que la gauche l'a remercié pour ses manœuvres politiques. Naturellement, la droite, qui le déteste, s'abstient de voter. La recherche d'un successeur commence immédiatement et, à la surprise générale, Manuel Azaña accepte de se présenter. À un moment où les partis républicains manquaient d'hommes de prestige capables de faire face à la situation créée, Azaña était prêt à abandonner ses responsabilités de chef du Front populaire et de président du gouvernement.

Avant l'éclatement de la guerre civile, le "printemps tragique" a montré que la haine entre les Espagnols avait atteint des extrêmes insupportables : les meurtres dans les rues étaient à l'ordre du jour et l'atmosphère au Congrès des députés était insupportable. La séance du 15 avril 1936, au cours de laquelle Azaña demande un vote de confiance au second gouvernement du Front populaire, qui durera jusqu'au 10 mai, date à laquelle Azaña devient président de la République, est restée dans l'histoire parlementaire. Azaña a dit dans son discours qu'il était calme, qu'il incarnait le calme. José Calvo Sotelo a répondu que parler de calme alors qu'il n'y a pas de sécurité pour la vie des gens est une preuve d'insouciance. "Si un État ne sait pas garantir l'ordre, la paix, les droits de tous les citoyens, a dit Calvo Sotelo, que les représentants de cet État démissionnent ! Voici un paragraphe significatif de son discours reproduit *dans le Diario de Sesiones de Cortes :*

> "Nous regardons la Russie et la Hongrie, nous lisons et revoyons les pages de leur histoire récente et, comme nous savons que ce fut une tragédie, courte pour la Hongrie, permanente encore pour la Russie, nous voulons que cette tragédie soit évitée en Espagne, et nous disons au gouvernement que cette mission est de sa responsabilité, et que pour l'accomplir il ne lui manquera certainement ni les votes ni l'opinion de ceux d'entre nous qui sont ici. Ah, mais si le gouvernement fait preuve de faiblesse, s'il hésite.... nous devons nous lever ici et crier que nous sommes prêts à nous opposer à lui par tous les moyens, en disant que l'exemple d'extermination, de destruction tragique qu'ont connu les

classes conservatrices et bourgeoises de Russie, ne se répétera pas en Espagne".

Au milieu des insultes et des menaces tolérées par Martínez Barrio, président du Congrès, Calvo Sotelo poursuit son vibrant discours dans lequel il donne les chiffres de ce qui s'est passé en Espagne depuis un mois et demi jusqu'au 2 avril. Alors qu'il donne le chiffre de 345 blessés et 74 morts, il est interrompu par Dolores Ibárruri, de La Pasionaria, qui lui demande : "Combien d'argent avez-vous eu pour payer les assassins ?". Puis Margarita Nelken, juive d'origine allemande, célèbre pour ses appels à la violence, ajoute : "Nous allons faire venir ici tous ceux qui ont été rendus inutiles dans les Asturies." Calvo Sotelo répond que tant que la Présidence protégera son droit, il dira ce qu'il a à dire. D'autres protestations ont eu lieu et, entre autres, Calvo Sotelo a été accusé d'être un cynique, puisque les actions violentes qu'il dénonçait provenaient de ses propres rangs.

Enfin, le 10 mai, Manuel Azaña cesse d'être président du gouvernement et devient le deuxième président de la République. Il est élu à une écrasante majorité, bien que la droite ait voté blanc. Azaña devient ainsi une sorte de Bouddha hiératique et béatifique au sourire glacé qui, depuis la présidence de la République, contemple impassiblement la ruine de l'Espagne. Le 10, une sorte de gouvernement intérimaire est formé sous la direction d'Augusto Barcia, qui dure trois jours, jusqu'à la formation, le 13 mai, du quatrième gouvernement monocolore du Front populaire, dont le président est Santiago Casares Quiroga. Les socialistes continuent à se montrer peu coopératifs. Si pour les non-initiés ce qui s'était passé était inattendu, il ne l'était pas pour Largo Caballero, si l'on en juge par certaines déclarations étonnantes faites alors qu'il était en prison pour sa participation au soulèvement d'octobre. Edward Knoblaugh, le correspondant américain en Espagne de l'*Associated Press*, l'une des principales agences de presse au monde, lui a rendu visite dans sa cellule pour l'interviewer. Un extrait de cet entretien figure dans le livre *Correspondent in Spain* (1937). Knoblaugh, dont l'œuvre a été traduite en espagnol trente ans plus tard, avoue qu'il a failli rire lorsque Largo Caballero lui a raconté cela :

"Nous gagnerons au moins deux cent soixante-cinq sièges. Tout l'ordre existant sera transformé. Azaña sera pour moi ce que Kerensky fut pour Lénine. Dans cinq ans, la République sera tellement organisée qu'il sera facile pour mon parti de l'utiliser comme tremplin pour atteindre notre objectif. Notre objectif est une Union des républiques ibériques soviétiques. La péninsule ibérique redeviendra un seul pays. Le Portugal nous rejoindra, en toute confiance, pacifiquement, mais nous utiliserons la force si nécessaire. Derrière ces barreaux, vous avez le futur maître de l'Espagne ! Lénine a déclaré que l'Espagne serait la deuxième République soviétique d'Europe, et sa prophétie se réalisera. Je serai le deuxième Lénine qui la réalisera".

Knoblaugh ajoute que, face à une déclaration aussi sensationnelle, il voulait s'assurer que Largo Caballero ne la démentirait pas. Avant de l'envoyer à New York, il lui a montré le texte en présence de Máximo Fernández, l'un de ses lieutenants qui parlait couramment l'anglais, et "Largo l'a volontiers approuvé". Le titre de l'interview a été publié en première page de *La Prensa*, un journal new-yorkais de langue espagnole.

Quelques jours avant l'accession d'Azaña à la présidence de la République, les célébrations du 1er mai avaient eu lieu, au cours desquelles Largo Caballero était apparu comme l'homme de la révolution. Il dirige la manifestation à Madrid, où les travailleurs crient "Vive l'Armée rouge !" et où les images des dirigeants de droite, Calvo Sotelo, Gil Robles, Antonio Goicoechea et d'autres, sont traînées ou montrées suspendues à des potences. "La révolution que nous voulons ne peut se faire que par la violence", proclame ouvertement Largo Caballero qui, depuis le 6 avril, a son journal, *Claridad*, un journal du soir bien édité dans lequel le triomphe inévitable du socialisme est fréquemment annoncé. Dans ses articles et déclarations, Largo répète inlassablement ses slogans. En avril, la résolution du groupe socialiste de Madrid avait paru dans *Claridad* : "Le prolétariat ne doit pas se limiter à défendre la démocratie bourgeoise, mais doit assurer par tous les moyens la conquête du pouvoir politique, afin de réaliser, à partir de là, sa propre révolution sociale. Dans la période de transition de la société capitaliste à la société socialiste, la forme de gouvernement sera la dictature du prolétariat". Alors que le Lénine espagnol se prépare à chasser les bourgeois républicains du pouvoir, l'autre dirigeant socialiste, Indalecio Prieto, l'accuse de pratiquer un "révolutionnarisme infantile" et se prononce en faveur de la collaboration avec les républicains. Prieto prononce un discours à Cuenca qui est très bien accueilli par le journal républicain *El Sol*, qui le considère comme le véritable homme d'État dont la République a besoin ; cependant, le discours est rejeté sur place par les jeunesses socialistes, qui le menacent, ainsi que González Peña et Belarmino Tomás, qui l'accompagnent. À Ecija, ils sont accueillis par des coups de feu et manquent d'être tués. Telle était l'atmosphère en Espagne.

L'accusation selon laquelle la Phalange de José Antonio Primo de Rivera aurait pratiqué un "terrorisme contre-révolutionnaire" est souvent formulée par les historiens marxistes. Certes, la Phalange, qui n'a pas obtenu de représentation parlementaire en 1936, s'est enrichie de jeunes issus des partis de droite qui, lassés de la modération de leurs partis, étaient prêts à répondre dans la rue à leurs ennemis marxistes et anarchistes : c'était la dangereuse "dialectique des poings et des fusils". Or, il est incontestable que depuis avril 1931, la rue a été prise d'assaut à maintes reprises par des incendiaires, des voyous et d'autres radicaux révolutionnaires. Stanley G. Payne précise qui et comment la violence et les meurtres d'opposants politiques ont commencé.

Dans *Falange. A History of Spanish Fascism*, Payne note que lorsque le premier numéro de *F.E.*, l'hebdomadaire de la Phalange, est paru en décembre 1933, les socialistes ont menacé les vendeurs et la publication a disparu des rues, de sorte que les étudiants de l'UES ont dû la vendre sous la protection d'escouades d'activistes. Avant ce harcèlement, un premier meurtre avait été commis le 2 novembre 1933 : un fonctionnaire de l'État, partisan des JONS, avait été poignardé à Daimiel. Un mois plus tard, la voiture dans laquelle se trouvait Ruiz de Alda, pionnier de l'aviation espagnole et cofondateur de la Phalange, est arrêtée et incendiée alors qu'elle traversait Tudela : Ruiz de Alda réussit à sauver sa vie. Le 11 janvier 1934, le jeune falangiste Francisco de Paula Sampol est abattu lors de la vente du cinquième numéro de l'hebdomadaire. Quatre autres falangistes sont tués avant la fin du mois. Le 9 février 1934, Matías Montero, un étudiant de vingt ans qui avait été l'un des trois fondateurs du Sindicato Español Universitario, est abattu de cinq balles alors qu'il rentrait chez lui après avoir participé à la vente de *F.E.*. Francisco Tello, ouvrier affilié au PSOE et aux Jeunesses socialistes, est arrêté alors qu'il porte encore l'arme du crime et condamné à vingt-trois ans de prison ; mais en février 1936, il est libéré, amnistié par le Front populaire. Aucun de ces assassinats contre le mouvement fasciste naissant ne rencontre de réponse, si bien que certains donnent à la Phalange le surnom de "Funeraria Española" et à son leader celui de "Juan Simón el Enterrador" (Juan Simon le fossoyeur). Le journal *ABC* écrit que le nouveau parti ressemble plus au franciscanisme qu'au fascisme. La seule réponse de José Antonio à l'assassinat de son ami fut un communiqué de presse déclarant : "La Phalange espagnole n'a rien d'une organisation de criminels et n'a pas l'intention de copier les méthodes de ces organisations, même si elle reçoit des encouragements officieux". Les assassinats se poursuivent et, en mars 1936, deux autres falangistes sont tués à Madrid. Le même mois, José Antonio est lui-même la cible d'un attentat : une bombe est lancée à travers le pare-brise de sa voiture dans le centre de Madrid, mais les occupants sont sains et saufs. La nécessité de répondre aux attentats est devenue une clameur. Un étudiant de l'UES écrit une lettre à José Antonio pour lui dire que si *F.E.* conserve son ton intellectuel et littéraire, cela ne vaut pas la peine de risquer sa vie pour le vendre. C'est alors que les représailles s'organisent et que les tireurs falangistes entrent en scène.

L'impunité était courante pour les gauchistes violents, généralement investis d'une hyper-légitimité morale. Cependant, José Antonio Primo de Rivera a été "arrêté comme fasciste", selon le procès-verbal de son arrestation, et a été incarcéré le 14 mars 1936 à la prison Modelo de Madrid. Six semaines après son incarcération, une perquisition est effectuée à son domicile et deux pistolets chargés sont trouvés. Lors du procès du 28 mai, José Antonio déclare avec indignation qu'il s'agit d'une farce et que les armes ont été délibérément placées là par la police. Malgré le fait que tout sentait le coup monté, José Antonio a été condamné pour détention illégale d'armes. Le 5 juin, il est transféré à Alicante, où il sera exécuté le 20 novembre. Outre José Antonio, de nombreux dirigeants de la Phalange, seul parti vicieusement persécuté par les autorités républicaines, ont été arrêtés. Suite à ces arrestations, les actions violentes des falangistes contre les dirigeants républicains et socialistes se multiplient en mars. Le premier attentat a visé le député du PSOE Luis Jiménez de Asúa, abattu devant son domicile : il s'en est sorti indemne, mais l'un de ses gardes du corps, Jesús Gisbert, a été tué. Le 15 mars, le lendemain de l'incarcération du leader falangiste, des inconnus ont tiré sur la maison de Largo et Caballero. Le 7 avril, un panier contenant une bombe a été livré au domicile d'Eduardo Ortega y Gasset. L'explosion de la bombe n'a pas fait de victimes mais a endommagé la maison. Le 13 avril, Manuel Pedregal, juge de la Cour suprême qui enquêtait sur l'affaire de l'attentat contre Jiménez de Asúa, est assassiné devant son domicile. Le 7 mai, le capitaine Carlos Faraudo, instructeur des milices de la Jeunesse socialiste, est assassiné à Madrid. Six personnes, supposées être des falangistes, ont été arrêtées dans le cadre de ce crime.

Parallèlement à cette violence, les historiens marxistes omettent de mentionner les assassinats de jeunes falangistes qui ont eu lieu dans tout le pays de mars à juillet 1936. Comme les chiffres des morts et des blessés présentés par Calvo Sotelo au Congrès allaient jusqu'au 2 avril, nous ne donnons quelques données que jusqu'à cette date. Le 6 mars, quatre maçons membres de la Phalange sont tués à Madrid pour ne pas s'être joints à la grève et avoir travaillé à la démolition des anciennes arènes. En représailles, les falangistes tuent plusieurs communistes réunis dans une taverne. Le même jour, le 6, à Puebla de Almoradiel (Tolède), l'homme de droite Miguel Sepúlveda est assassiné et tué d'un coup de feu. Le maire interdit son enterrement catholique le lendemain et les falangistes se rendent chez lui pour demander l'autorisation, mais ils essuient des tirs. Deux d'entre eux, Ramón Perea et Tomás Villanueva, sont tués et sept autres sont blessés. Le même jour, un membre de l'UES qui avait été blessé par balle par la police quelques jours auparavant a été tué. Le 9 mars, Jesús Álvarez meurt à Palencia : il s'est défendu avec une arme à feu alors qu'il refusait d'être fouillé par des miliciens et a été tué par un garde d'assaut. Le 11 mars, des tireurs marxistes assassinent deux étudiants en droit à Madrid. Le lendemain, 12 mars, l'action se répète : des miliciens des Jeunesses socialistes fouillent les passants avec des armes et assassinent deux étudiants, José Olano et Enrique Valdovel, qui se sont identifiés et sont considérés comme des fascistes. Ce qui s'est passé à Jumilla le 16 mérite quelques lignes : un travailleur socialiste qui avait eu des altercations avec des gens de droite a été retrouvé mort. Toutes les personnes identifiées comme falangistes et droitières sont arrêtées. La prison est prise d'assaut par une foule qui exige la reddition des détenus. Deux d'entre eux ont été poignardés à mort et un gardien a été abattu. Deux autres falangistes, Pedro Cutillas et Jesús

Martínez, sont attaqués avec des machettes prises à la Guardia Civil, puis battus et traînés. Le 18, trois événements se produisent dans trois endroits différents : à Mendavía (Navarre), des miliciens dirigés par le maire tirent sur deux falangistes et tuent Martín Martínez de Espronceda ; à Boñar (León), Manuel Montiel est battu parce qu'il est considéré comme un falangiste ; à Mula (Murcie), le maire d'Acción Popular, José Martínez, est retrouvé assassiné. Le 19, à Avila, vingt personnes battent le jeune falangiste Ramón Ferrer, qui est grièvement blessé. Le même jour, à Cordoba, trois autres falangistes ont été battus par un groupe de socialistes. D'autres types de meurtres et d'actions violentes pourraient être cités dans cette liste, ce qui compléterait le tableau d'une véritable guerre civile.

Ensuite, il y a eu les assassinats parmi les révolutionnaires eux-mêmes. Parmi les plus marquants du mois d'avril, on peut citer celui des frères Badia. Miquel, le "capità collons", et son frère Josep ont été assassinés dans la rue Muntaner à Barcelone par des membres de la FAI. Il semble que les anarchistes les détestaient pour leurs méthodes à la tête de la police de la Generalitat. Un autre exemple paradigmatique s'est produit peu avant le début de la guerre. Soixante-dix mille ouvriers du bâtiment de Madrid entament une grève illimitée, décidée en assemblée par la CNT et l'UGT. Les grévistes armés obligent les commerçants à les servir, occupent les restaurants et mangent sans payer. La socialiste Clara Campoamor, dans *La revolución española vista por una republicana (La révolution espagnole vue par une républicaine)*, raconte ces événements :

> "De la mi-mai jusqu'à l'éclatement de la guerre civile, Madrid a vécu dans le chaos. Les ouvriers mangeaient dans les hôtels, les restaurants et les cafés, refusaient de payer leurs factures et menaçaient les propriétaires.... Les femmes des ouvriers passaient leurs commandes dans les épiceries sans les payer, parce qu'elles étaient accompagnées d'un brave homme armé d'un revolver. En plein jour, à la périphérie de la ville et même dans le centre, des petites boutiques ont été pillées et des marchandises ont été prises sous la menace des armes."

Des troubles surgissent parmi les grévistes lorsque l'UGT accepte l'arbitrage du ministre du Travail, tandis que la CNT décide de continuer. Les anarchistes accusent les communistes et les socialistes d'être des "briseurs de grève". Des révoltes éclatent entre les deux camps. Le 9 juillet, cinq personnes sont tuées aux portes des entreprises, trois de la CNT et deux de l'UGT. Dans cette atmosphère, la CNT mitraille un café qui servait de quartier général à la Phalange et trois falangistes sont tués. Le conflit entre l'UGT et la CNT se répète au même moment à Malaga où, le 10 juillet, les anarchistes assassinent le communiste Andrés Rodríguez, chef de l'UGT. La réponse est un attentat contre Ortiz Acevedo, dirigeant cénétiste, mais le mort est l'un de ses fils. Le 11, avant les funérailles du communiste Rodríguez, le socialiste Ramón Reina est assassiné. La violence se poursuit jusqu'au 15 et le gouverneur ordonne la fermeture des locaux des deux centres ouvriers.

L'assassinat de Calvo Sotelo

L'élimination, le 13 juillet 1936, de José Calvo Sotelo, chef de l'opposition parlementaire, est un acte scandaleux et extrêmement grave, car il s'agit d'une provocation dont le parti socialiste est à l'origine. Certaines versions tentent de falsifier l'histoire et de justifier l'événement comme une vengeance pour l'assassinat le 12, en réalité cinq heures plus tôt, du lieutenant José del Castillo, franc-maçon qui entraînait les milices illégales des Jeunesses socialistes. Cette interprétation est inadmissible. Le *Diccionario de uso del español* de María Moliner propose cette définition de vengar : "Faire du mal à une personne en réponse à un autre (daño) ou à un grief reçu d'elle". Ceux qui ont tué Calvo Sotelo n'avaient reçu aucun dommage de sa part. L'assassinat du lieutenant Castillo, en revanche, peut être qualifié de vengeance, car ses hommes avaient tué Andrés Sáenz de Heredia, un cousin du fondateur de la Phalange. Le lieutenant Castillo avait lui-même grièvement blessé José Llaguno Acha, un jeune militant carliste. Dès lors, Castillo est dans le collimateur des carlistes et des falangistes. D'où les divergences sur l'identité de ses assassins. Selon Paul Preston, il a été tué par les Falangistes, mais Ian Gibson désigne les membres du Tercio de Requetés de Madrid comme les auteurs de l'assassinat. Il n'est donc pas valable d'affirmer que les camarades du lieutenant se sont vengés d'un innocent qui n'avait rien à voir avec les événements susmentionnés. En réalité, profitant de la situation, les assassins ont été utilisés. Le lieutenant Castillo, Andrés Saénz de Heredia et José Llaguno étaient des pions qui se sont sacrifiés entre eux ; mais José Calvo Sotelo était l'une des tours dont disposait la droite dans le jeu qui se jouait en Espagne et qui ne pouvait être renversée qu'avec l'appui d'autres pièces importantes.

Ce n'est pas seulement pour sa mort tragique que José Calvo Sotelo mérite qu'on se souvienne de lui. Très jeune, il a prouvé sa valeur et son statut d'homme d'État. En 1924, par exemple, il élabore un statut municipal qui, de l'avis du professeur Alfonso Bullón, auteur de l'ouvrage *José Calvo Sotelo*, "est la règle de gouvernement la plus libre que les municipalités aient eue en Espagne, celle qui leur a donné le plus de pouvoirs, et dans laquelle le suffrage féminin a été envisagé pour la première fois". Ministre des finances en 1925, à l'âge de 32 ans seulement, il est l'auteur d'une tentative de réforme fiscale qui envisage l'impôt progressif. Sa politique visant à lutter contre la fraude fiscale et à faire en sorte que les privilégiés soient imposés en fonction de leur patrimoine lui vaut l'inimitié des secteurs les plus immobilistes, qui le surnomment "le ministre bolchevique". Une réaction contre lui l'oblige à se désister et à dénoncer "le quiétisme obstiné des classes conservatrices". Calvo Sotelo encourage les banques publiques spécialisées et, sous son mandat, le Banco de Crédito Local est créé. Il crée également le Banco Exterior de España et encourage une importante réforme du Banco Hipotecario et du Banco de Crédito Industrial. La création du monopole pétrolier CAMPSA (Compañía Arrendataria del Monopolio de Petróleos S. A.) est une mesure d'un grand intérêt qui lui a valu de puissants ennemis à l'étranger et qui a provoqué un affrontement entre le régime et les grandes compagnies pétrolières. Ces trusts internationaux tentent de s'approprier le monopole du pétrole en Europe et ne peuvent en aucun cas accepter un monopole du pétrole en Espagne. Dans la chute de Primo de Rivera, la société anglo-néerlandaise Royal Dutch-Shell a joué un rôle important. Henri Deterding, directeur du trust, a rencontré le dictateur et Calvo Sotelo lui-même, à qui il a lancé un avertissement : "Voilà, le monopole peut naître, il vivra un ou deux ans, parce qu'il ne manquera pas d'approvisionnements ; mais après, il n'y aura plus personne pour vous approvisionner". Dans *Política económica de la Dictadura*, ouvrage dont sont tirées certaines des informations ci-dessus, le professeur Juan Velarde estime que Calvo Sotelo a été un magnifique ministre des finances.

Le 15 avril 1931, José Calvo Sotelo s'exile au Portugal, mais il est élu député d'Orense aux élections de juin. Il espérait qu'avec son siège de député, il pourrait retourner en Espagne sans risquer d'être emprisonné, comme cela avait été le cas pour les ministres du PRI qui n'avaient pas quitté le pays. Lorsqu'il apprend qu'il ne pourra pas occuper son siège, mais qu'il ira en prison, il décide de rester en exil. En septembre 1933, Calvo Sotelo est élu membre du Tribunal des garanties constitutionnelles par les barreaux, mais une fois de plus, il n'est pas autorisé à rentrer. Il ne peut participer personnellement aux élections de novembre 1933, mais il envoie un enregistrement qui est diffusé lors de l'événement au cinéma Royalty de Madrid et qui peut être entendu à la radio dans toute l'Espagne : "Espagnols, Madrilènes ! - écoutez la voix lointaine d'un compatriote exilé, à qui les mêmes personnes qui nient à l'Espagne son honneur, son histoire et sa foi essaient de refuser tout droit politique. Loin de vous géographiquement, mais proche de vous spirituellement, je suis un pauvre exilé, malgré le suffrage deux fois favorable, deux fois refusé. Pour construire un peuple, il faut des siècles et des héros, pour le défaire, il suffit de deux ans et de n'importe quel monstre à la barre". Calvo Sotelo est à nouveau élu au Parlement, mais il doit attendre encore quelques mois avant de pouvoir bénéficier d'une amnistie.

La première chose qu'il fait en arrivant à Madrid le 4 mai 1934 est de rendre visite à son père. Après les élections de février 1936, Calvo Sotelo dut à nouveau lutter âprement pour que le siège de député qu'il avait gagné lui soit remis, la fameuse Commission des procès-verbaux ayant tenté de le lui voler. Pour protester contre l'arbitraire de la Commission, les députés de droite décident de l'abandonner pour ne pas la légitimer par leur présence ; mais il se présente aux Cortes pour défendre son siège et le fait avec un tel brio que les républicains n'osent pas l'annuler, malgré les protestations des socialistes et des communistes. Finalement, à l'aube du 3 avril, Calvo Sotelo gagne son siège "et avec lui - selon les termes du professeur Bullón - son passeport pour la mort". En effet, plusieurs députés du Front populaire l'avaient menacé à plusieurs reprises avant son assassinat.

Chaos est le mot utilisé à plusieurs reprises par les journalistes européens qui rendent compte de la situation espagnole ; mais, en raison de la censure de la presse imposée par le gouvernement, les Espagnols ne sont pas informés de ce qui se passe. Ce n'est que par les dénonciations de Calvo Sotelo et de Gil Robles que les chiffres de la réalité désastreuse sont connus, la censure ne pouvant s'exercer sur les discours des députés. C'est au cours de la séance du 16 juin 1936 que Gil Robles et Calvo Sotelo ont tous deux dénoncé la mauvaise administration qui prévalait et fourni de nouvelles données. Selon le premier, entre le 16 février et le 15 juin, il y a eu en Espagne 113 grèves générales et 228 grèves partielles ; 160 églises ont été détruites et 251 incendies ont été allumés dans des édifices religieux. Gil Robles donnait le chiffre de 269 morts et 1 287 blessés, mais l'historien Juan Blázquez propose aujourd'hui des chiffres vérifiés avec les noms et prénoms qui évaluent à 454 et 1 638, respectivement, le nombre de tués et de blessés pendant les cinq mois du Front populaire.

Calvo Sotelo a souligné l'obligation du gouvernement d'assurer l'ordre public et a dénoncé sa partialité dans l'application de la loi. Il accuse certains partis d'encourager la violence par une "propagande insensée" et cite notamment Largo Caballero qui, deux jours auparavant, avait déclaré dans un discours que la politique du Front populaire n'était admissible pour eux que dans la mesure où elle servait le programme de la révolution d'octobre. Il est suivi par Dolores Ibárruri, qui demande l'emprisonnement de ceux qui s'opposent à la politique révolutionnaire et de "ceux qui, avec un cynisme sans pareil, gorgés du sang de la répression d'octobre, viennent réclamer des responsabilités". C'est dans le contexte des réponses que Pasionaria, sans avoir eu le temps de s'exprimer, a crié : "C'est ton dernier discours", des paroles qui ne sont pas consignées dans le journal de la séance, mais qui ont été ratifiées par de nombreux participants.

Pire encore, les propos tenus à l'encontre de Calvo Sotelo lors de la session parlementaire du 1er juillet. Ángel Galarza, un socialiste franc-maçon qui fréquentait la loge Luis Simarro à Madrid, a haussé le ton de la menace de Pasionaria et a dit exactement ceci : "En pensant à sa seigneurie, je trouve tout justifié, y compris l'attentat qui le privera de la vie". Il faut savoir que celui qui justifiait l'assassinat d'un député n'était pas un personnage anodin, mais un spécialiste du droit pénal qui avait été procureur général de l'État. Plus tard, en tant que ministre du gouvernement, Galarza deviendra l'un des principaux responsables des massacres de Paracuellos. Sans surprise, cette menace inqualifiable a déclenché un scandale, au cours duquel Dolores Ibárruri a été entendue dire : "Il faut les traîner en justice". Martínez Barrio est intervenu pour dire que les paroles de la députée ne figureraient pas dans le journal des séances, mais Ángel Galarza a répondu : "Ces paroles, qui ne figureront pas dans le journal des séances, seront connues du pays et nous diront à tous si la violence est légitime ou non".

Après cette démonstration flagrante d'absence de principes et de légitimation infâme de l'assassinat et de la violence en général, il semble évident que ceux qui ont cherché à ôter la vie à Calvo Sotelo n'étaient pas des pions comme les autres. Un auteur aussi peu suspect de sympathies de droite que Gerald Brenan écrit : "Il n'y avait qu'une seule possibilité pour que Largo Caballero prenne le pouvoir, c'était que les militaires se soulèvent, que le gouvernement donne des armes au peuple pour réprimer le soulèvement, et que le peuple gagne la lutte. Consciemment ou inconsciemment, lui et son parti calculaient leur jeu sur la possibilité d'une insurrection militaire". En d'autres termes, avec l'assassinat de Calvo Sotelo, les capitaines du PSOE avaient l'intention de provoquer le soulèvement militaire et d'en profiter pour s'emparer du pouvoir. Si l'évaluation de Brenan est correcte, il s'agirait une fois de plus de la stratégie de la guerre civile, maintes fois proclamée par Trotsky et Lénine comme le moyen idéal de se débarrasser des ennemis de classe.

Une série de faits montrent que les assassins matériels de Calvo Sotelo n'étaient que les exécutants d'un plan envisagé en haut lieu. Fin juin, le directeur général de la sécurité, José Alonso Mallol, maître de cérémonie de la loge Constante Alona qui avait interdit la Phalange et ordonné l'arrestation de José Antonio Primo de Rivera, a ordonné le changement des deux policiers qui étaient les gardes du corps de Calvo Sotelo. Le 29 juin, Rodolfo Serrano de la Parte, un ami de Casares Quiroga, et un franc-maçon nommé José Garriga Pato sont nommés nouveaux gardes du corps. Quelques jours plus tard, ils reçoivent des instructions du chef du personnel de la direction générale de la sécurité, Lorenzo Aguirre Sánchez, qui leur ordonne de simuler une protection en cas d'attentat contre Calvo Sotelo si celui-ci a lieu dans un endroit central, mais de l'achever s'il a lieu dans un endroit peu fréquenté, au cas où l'attentat échouerait. On peut en déduire que l'idée de tuer Cavo Sotelo existait avant l'assassinat du lieutenant Castillo. Cela a été confirmé par le franc-maçon Urbano Orad de la Torre, l'officier militaire qui a dirigé le bombardement du Cuartel de la Montaña après le 18 juillet, qui, en septembre 1978, a avoué à *El País* que la franc-maçonnerie avait pris la décision d'assassiner Calvo Sotelo le 9 mai 1936.

Le policier Rodolfo Serrano, repoussé par l'ordre reçu, prend contact dans les couloirs du Parlement avec le député carliste Joaquín Bau Nolla, proche de Calvo Sotelo. Serrano avait accès au Congrès en tant que garde du corps. Le député convoque le policier dans un café de la rue Alcalá, où Serrano précise ses informations. Après avoir dit à Calvo Sotelo ce qu'il savait, Bau s'est rendu chez le ministre de l'Intérieur, Juan Moles Ormellla, également franc-maçon, et lui a fait part de ce qu'il avait découvert sans mentionner la source de l'information. Le 8 juillet au matin, Calvo Sotelo et

Bau se sont rendus ensemble chez le ministre Moles, qui ne leur a pas accordé beaucoup d'attention, si bien que Calvo Sotelo, qui a réussi à se faire assigner une nouvelle escorte, l'a rendu responsable de tout ce qui pourrait lui arriver.

Le lieutenant Castillo a été assassiné à neuf heures et demie dans la nuit du 12. Dans *La Masonería en la España del siglo* XX, ouvrage coordonné par J. A. Ferrer Benimeli, il est confirmé que le jeu a été joué par des francs-maçons, puisque, outre le lieutenant Castillo, il y avait : Juan Moles Ormella, ministre de l'intérieur, et José Alonso Mallol, directeur général de la sécurité. Lorenzo Aguirre Sánchez, chef d'état-major de la direction générale de la sécurité, avait demandé à entrer chez les francs-maçons et, après le déclenchement de la guerre, il a adhéré au parti communiste. L'ouvrage précité rend compte de la réunion d'une douzaine d'officiers des Forces d'Assaut, où l'on parle de vengeance sans préciser en quoi elle consistera. Mallol y assiste pendant environ un quart d'heure, écoutant sans rien dire. Tout porte à croire que Mallol a contacté le ministre de l'Intérieur, Moles Ormella, qui a autorisé des arrestations au domicile de personnalités de droite.

Le 13, vers deux heures du matin, plusieurs camionnettes avec des gardes d'assaut et des militants du PSOE avec des listes d'activistes de la Phalange ont quitté la caserne de Pontejos. Le dernier fourgon, le numéro 17, n'était pas commandé par un officier d'assaut, mais par un capitaine de la Guardia Civil, Fernando Condés Romero, un autre franc-maçon qui était le chef de La Motorizada, le nom d'un groupe armé de socialistes qui servait d'escorte à Indalecio Prieto. C'est cette camionnette qui s'est rendue au domicile de Calvo Sotelo, dans la rue Velázquez. Il s'est avéré par la suite qu'une autre camionnette s'était rendue au domicile de Gil Robles, mais qu'elle ne l'avait pas trouvé parce qu'il se trouvait en France. Après s'être présentés aux gardes chargés de la surveillance nocturne, Condés et plusieurs hommes sont montés dans la maison.

Il est deux heures et demie du matin. La famille a été réveillée en sursaut par la sonnette et par des voix qui demandaient à la police d'ouvrir la porte. Après être entré dans la maison, le capitaine Condés, qui était en civil, a déclaré qu'il devait fouiller la maison et a immédiatement annoncé à Calvo Sotelo que la direction générale de la sécurité avait ordonné son arrestation. Calvo Sotelo a essayé de téléphoner pour savoir qui avait donné l'ordre, mais Condés ne l'a pas permis. Il ne sert à rien au chef du Bloc national de faire valoir son immunité parlementaire. On lui a promis qu'il pourrait plaider sa cause à la direction générale, et il a finalement accepté de quitter son domicile. Sa femme lui a demandé à plusieurs reprises de ne pas partir. Avant de partir, Calvo Sotelo, qui se doutait du pire, lui a dit : "dans cinq minutes, je t'appellerai de la direction générale de la sécurité si ces messieurs ne m'emmènent pas et ne me tirent pas quatre balles". Une vingtaine de personnes ont participé à l'arrestation, dont la moitié n'appartenait pas à la Garde d'Assaut. Parmi les socialistes qui accompagnaient Condés se trouvaient Santiago Garcés et Francisco Ordóñez, qui avaient occupé des postes à haute responsabilité pendant la guerre, et José del Rey Hernández, qui avait été réintégré dans le corps après son expulsion pour avoir participé au soulèvement d'octobre 1934. Del Rey était l'un des gardes du corps de la socialiste Margarita Nelken.

Le récit de ce qui s'est passé dans le fourgon n° 17 provient d'un témoin oculaire, le garde d'assaut Aniceto Castro Piñeiro, qui était de service à la caserne de Pontejos lorsqu'à minuit il a vu arriver le capitaine Fernando Condés en civil, accompagné de plusieurs gardes du corps habituels d'Indalecio Prieto. Ce garde est monté dans le véhicule, mais n'est pas monté dans la maison. Selon sa version, le capitaine Condés et José del Rey étaient assis à l'avant, à côté du chauffeur, Orencio Bayo. Calvo Sotelo était sur la troisième banquette entre Aniceto Castro et un autre garde. L'assassin, Victoriano Cuenca, un autre socialiste qui était le garde du corps d'Indalecio Prieto, s'est assis derrière lui et lorsqu'ils sont arrivés au croisement des rues Ayala et Velázquez, il a pris un pistolet et lui a tiré deux balles dans la nuque. Calvo Sotelo est tombé la tête la première entre les sièges. Personne n'a rien dit et ceux qui étaient à l'avant n'ont pas pris la peine de se retourner. La camionnette a poursuivi sa route jusqu'au cimetière de l'Est, où les employés ont reçu l'ordre d'ouvrir les portes. Une fois à l'intérieur du cimetière, ils ont laissé le corps sur le sol, à un endroit proche de la morgue. Sur le chemin du retour, le chauffeur, inquiet de ce que les employés en service au cimetière avaient vu, a dit : "Je suppose qu'ils ne vont pas nous dénoncer", ce à quoi Condés a répondu : "Ne vous inquiétez pas, il ne se passera rien". José del Rey a ajouté : "Celui qui dira quelque chose se suicidera, nous le tuerons comme ce chien".

Quelques heures avant que le meurtre ne soit rendu public, les médias socialistes étaient au courant de ce qui s'était passé. À huit heures du matin, le tireur Victoriano Cuenca a parlé à Julián Zugazagoitia, "Zuga", député du PSOE et rédacteur en chef d'*El Socialista*, qu'il a informé de ce qui s'était passé. Le capitaine Condés, quant à lui, a contacté le député socialiste Juan -Simeón Vidarte et l'a informé du crime qui avait été commis. Au lieu de faire leur devoir et de dénoncer les faits aux autorités, les socialistes restent silencieux et complices. Vidarte conseille à Condés de trouver un endroit où se cacher, ce qu'il fait chez la députée socialiste Margarita Nelken.

Le gouvernement ayant refusé d'installer la chapelle funéraire de Calvo Sotelo dans l'Académie de jurisprudence, dont il était le président, l'enterrement a eu lieu directement dans le cimetière où le corps avait été déposé. À cinq heures de l'après-midi, le cercueil, accompagné d'une foule de personnes et de personnalités de droite, a été enterré. Devant la foule, Antonio Goicoechea, l'un des dirigeants de Renovación Española, a prononcé quelques mots pour l'histoire : "Devant ce drapeau placé comme une croix sur votre poitrine, devant Dieu qui nous entend et nous voit, nous faisons le serment solennel de consacrer notre vie à cette triple tâche : imiter ton exemple, venger ta mort et sauver l'Espagne, ce qui est une seule et même chose, car sauver l'Espagne sera venger ta mort et imiter ton exemple sera le moyen le plus sûr de sauver l'Espagne". Aucun membre du gouvernement n'a eu la décence d'assister à la cérémonie funéraire. Après les funérailles, certaines personnes présentes ont tenté de manifester, mais elles ont été dispersées par les tirs des gardes d'assaut, qui ont tué cinq personnes et en ont blessé une trentaine.

Le 14, Martínez Barrio suspend la session prévue des Cortes. Le 15, la Commission permanente se réunit et la droite exprime sa volonté de quitter le Parlement. Indalecio Prieto, qui connaît la vérité depuis le premier instant, se contente de qualifier les événements de "scandale des forces de sécurité". Cependant, l'assassinat du leader de l'opposition par des membres du PSOE, le plus important des partis composant le Front populaire, est impensable dans un régime démocratique. L'utilisation de la force publique pour protéger les criminels rend encore plus inacceptable ce qui s'est passé. Au lieu de prendre des mesures contre les organisations socialistes, le gouvernement a procédé à la fermeture du siège de Renovación Española, c'est-à-dire du siège du parti auquel appartenait la victime. Le discrédit de la République, qui avait suscité tant d'illusions et d'espérances chez les Espagnols, avait atteint son paroxysme. L'enquête sur l'assassinat de Calvo Sotelo conduit inévitablement à l'arrestation du capitaine Condés, identifié par la veuve sur une photographie ; mais le 25 juillet, des membres du mouvement de jeunesse socialiste se présentent à la Cour suprême et s'emparent des documents de l'affaire.

Coup d'État manqué

Il est bien connu que l'assassinat de Calvo Sotelo a été le déclencheur, l'étincelle qui a allumé le feu qui a brûlé l'Espagne pendant près de trois ans. Il est vrai que les plans du soulèvement existaient déjà auparavant, mais ce crime a tout précipité. C'est peut-être cette précipitation qui a conduit à l'échec initial et, par conséquent, à la guerre civile. L'insurrection militaire voulue par Largo Caballero pour prendre le pouvoir avait eu lieu et, de plus, comme l'avait prévu le Lénine espagnol, elle allait déclencher la révolution ouvrière. Il s'agit donc d'en profiter pour vaincre les rebelles et imposer la dictature du prolétariat tant annoncée. Après l'échec initial du soulèvement militaire, tout plaidait en faveur d'une répression rapide de la rébellion par les dirigeants républicains, ce qui faciliterait une purge en profondeur de l'armée et de la société civile. Mais la désorganisation, l'incapacité à coordonner les forces hétérogènes qui composent le Front populaire, bref les luttes intestines, conduisent une fois de plus au chaos, qui prend la forme d'un double pouvoir dans l'Espagne républicaine. Au cours des premières semaines, le gouvernement républicain, qui attendait le coup d'État, avait une victoire rapide à sa portée. S'il avait pu agir rapidement et de manière coordonnée, le soulèvement militaire aurait été de courte durée : la plupart des généraux, l'armée de l'air et la Guardia de Asalto étaient restés fidèles. La flotte est restée aux mains du gouvernement après l'échec initial des rebelles. Les ressources industrielles lui appartiennent et les réserves d'or de la Banque d'Espagne, les quatrièmes du monde, constituent une garantie pour la gestion des coûts économiques de la guerre.

La première mesure de Casares Quiroga est de démissionner de la présidence du gouvernement. Immédiatement, dans les premières heures des 18 et 19 juillet, Azaña demande à Martínez Barrio d'essayer de former un gouvernement qui garantirait la loyauté des chefs militaires et éviterait la guerre civile. Il s'agit du "gouvernement éclair", composé uniquement de ministres républicains, qui, face à l'hostilité des socialistes et des communistes, qui réclament des armes pour combattre les militaires, s'effondre en quelques heures et n'entre même pas en fonction. Le 19 juillet, José Giral Pereira, troisième président maçon en moins de vingt-quatre heures, réussit à former le gouvernement sans la participation des socialistes ; mais sous la pression des syndicats et des partis de gauche, il décide de distribuer des armes aux milices ouvrières et décrète la dissolution de l'armée et de la police pour procéder le 4 août à la création des "bataillons de volontaires". Ainsi, selon les historiens marxistes P. Broué et E. Témime dans *La revolución y la guerra de España*, "la légalité disparaît devant le choc des forces sociales". Ce gouvernement durera jusqu'au 4 septembre 1936, date à laquelle Largo Caballero devient enfin président.

Les historiographes nationalistes confirment qu'au soir du 20 juillet, le général Mola, "le directeur", considérait que la cause des rebelles était perdue et que si elle se poursuivait, c'était grâce à l'élan des requetés et des falangistes, dont la détermination à lutter était inébranlable. Ce pessimisme était justifié si l'on considère la situation. L'armée d'Afrique, qui devait débarquer en masse dans les heures qui suivirent le coup d'État, ne put franchir le détroit de Gibraltar, les marins et sous-officiers ayant abattu les commandants et officiers rebelles, et les navires qui devaient transporter les hommes de Franco sur le continent ayant été placés sous le contrôle du gouvernement. En Andalousie, où la force des syndicats et des partis de gauche est écrasante, Queipo de Llano a momentanément pris le contrôle de Séville avec 180 hommes, ce qui est presque un miracle ; mais ses chances de tenir sans aide sont très minces. Dans les régions les plus importantes, les plus industrielles, là où se concentrent le commerce, la population et les ressources, le soulèvement est écrasé : Madrid, les Asturies, la Cantabrie, le Pays basque, la Catalogne, Valence et toute la côte orientale sont perdus. Les forces insurgées sont coupées en deux et leurs chances de contact sont nulles, car la flotte ancrée à Tanger domine le détroit et empêche l'arrivée de renforts de l'armée marocaine. Pour couronner le tout, le général Sanjurjo, qui, selon les plans, devait être le chef de l'État en cas de succès du coup d'État, meurt le 20 juillet au Portugal, lorsque l'avion qui devait le conduire à Burgos s'écrase au décollage. Le gouvernement avait donc en main les meilleures pièces pour gagner la partie.

Les chances de survie des putschistes se sont jouées entre le 18 et le 25 juillet. Les dirigeants nationalistes l'ont reconnu auprès d'Harold Cardozo, le correspondant du *Daily Mail,* un journal britannique qui soutenait les nationalistes. Cardozo publie en 1937 *The March of a Nation,* dans lequel il raconte son expérience de journaliste pendant la première année de la guerre civile. Trois faits sont considérés comme vitaux pour le maintien du soulèvement : le contrôle de la base navale de Ferrol, les communications ferroviaires dans le territoire rebelle, la possession de Séville et des ports de Cadix et d'Algésiras. Le fait que le général Mola ait pu conserver la base du Ferrol est vital pour les rebelles. Le vice-amiral Indalecio Núñez Quijano a soutenu le soulèvement après des doutes initiaux. Il a donc été démis de ses fonctions et remplacé par le contre-amiral Antonio Azarola, commandant en second de la base, qui avait été ministre de la marine sous Portela Valladares. Après le triomphe, les mutins le traduisent en cour martiale et le fusillent pour avoir ouvert l'arsenal aux "masses marxistes".

Les combats à la base et dans la ville sont extrêmement durs, au point que la ville change de mains une demi-douzaine de fois. De multiples batailles éclatent dans les environs et dans le centre de Ferrol entre loyalistes et volontaires falangistes et carlistes. À l'intérieur de la base, la confusion est encore plus grande. Sur le croiseur *Almirante Cervera,* en cale sèche, et sur le cuirassé *España, les* équipages se battent à l'intérieur des navires. Sur le troisième grand navire, le destroyer *Velasco,* l'équipage ne se mutine pas : une trentaine d'entre eux sont fusillés après la victoire des rebelles. Les nationalistes s'emparent finalement de la base. Franco dispose ainsi d'un noyau de marine qui aide à lever le blocus du détroit de Gibraltar et participe depuis la mer au bombardement d'Irun, dont la prise fin août est indispensable pour couper la liaison avec la France pour les provinces du Nord.

Le fonctionnement des lignes de chemin de fer dans les provinces où la conspiration a triomphé est crucial pour Mola. La grève générale déclenchée par les syndicats est massivement suivie par les travailleurs et les trains sont à l'arrêt. Pour que les forces rebelles restent opérationnelles, il faut assurer le transport du carburant de Vigo et Ferrol vers Burgos, Pampelune et les autres capitales rebelles, dont les plus à l'est sont Huesca, Saragosse et Teruel. Le général Mola signe un décret menaçant de la peine de mort, en vertu de la loi martiale, ceux qui ne reprendraient pas immédiatement le travail. Sa deuxième mesure est la création d'un comité technique d'ingénieurs des chemins de fer, auquel il confère des pouvoirs et des grades militaires. Simultanément, sur l'ensemble du territoire sous contrôle nationaliste, la Guardia Civil est chargée de faire sortir les travailleurs de chez eux et de leur ordonner de reprendre le travail sans délai. La mesure est efficace et, en l'espace de vingt-quatre heures, de longs trains avec des réservoirs d'essence circulent dans toute la zone contrôlée par le général Mola.

Quant à la manière dont Queipo de Llano s'est emparé de Séville, "la Roja", et des ports d'Algésiras et de Cadix, Harold Cardozo donne la version des protagonistes, qu'il a interviewés quelques jours plus tard pour envoyer sa chronique au *Daily Mail*. Selon ce correspondant, Queipo, qui avait 180 soldats sous ses ordres, s'est emparé de la Maestranza de Artillería pour contrôler les armes, a ordonné l'occupation des points stratégiques et a réussi à intimider la population sévillane. En réponse à l'appel à la grève générale, de nombreux ouvriers communistes et anarchistes armés avaient érigé des barricades et incendié des églises et des maisons nobles. Le bluff de Queipo ne pouvant être maintenu que peu de temps, l'arrivée de l'armée d'Afrique est vitale. Rapidement, des messages en provenance de Cadix et d'ailleurs font état de concentrations de syndicalistes armés. De la banlieue de Séville et de Cadix, la Guardia Civil appelle à l'aide, car elle est harcelée.

Lorsque Queipo apprend que le soulèvement de la flotte a échoué et que les navires qui devaient amener les troupes franquistes patrouillent dans le détroit de Gibraltar, il déplace continuellement sa garnison pour faire croire qu'il a plus de troupes que la réalité et place des mitrailleuses aux points névralgiques. Cardozo raconte qu'à l'aube, Franco a pu envoyer un avion à Séville avec onze légionnaires sous le commandement du capitaine Luis Meléndez. Dès sa descente d'avion, le capitaine monte la mitrailleuse qu'il a apportée avec lui dans la cabine d'un grand camion à six roues, ordonne à ses hommes de monter et se dirige vers la capitainerie. Là, on lui indique les quartiers où se trouvent les Rouges. Il demande une carte et roule à vive allure vers les points de concentration. Le véhicule devient un tourbillon de feu allant d'un endroit à l'autre, tirant sur les concentrations de syndicalistes. À plusieurs reprises, la couleur du camion change, donnant l'impression qu'il y a plusieurs attaquants. La nouvelle de l'arrivée de la Légion commence à se répandre et les hommes armés disparaissent des rues. La Guardia Civil et la Police d'Assaut, profitant de la panique créée, ont saisi d'importantes quantités d'armes et de munitions dans les sièges syndicaux, qui ont été distribuées aux Requesetes et aux volontaires falangistes. Trois des légionnaires sont tués et deux sont grièvement blessés. Meléndez est également blessé à la main gauche. Quelques avions supplémentaires atterrissent avant la tombée de la nuit. Les jours suivants, une centaine de soldats arrivèrent chaque jour et la position des rebelles dans l'ouest de l'Andalousie se renforça, bien que le triomphe de l'insurrection se soit consolidé les jours suivants à Grenade également. Comme on le sait, une répression impitoyable s'abattit immédiatement sur cette ville, ce dont nous parlerons à la fin de ce chapitre.

La révolution

L'Espagne étant divisée par l'issue du coup d'État, le pouvoir de l'État dans les provinces où le soulèvement avait été vaincu s'est déplacé vers la rue. Burnett Bolloten explique dans *The Great Deception. The Left and its Struggle for Power in the Republican Zone, Burnett Bolloten* explique dans quelle mesure les forces révolutionnaires ont arraché à l'État tous les leviers de l'autorité. Le contrôle des ports et des frontières, habituellement aux mains des carabiniers, des gardes et des douaniers, est repris par les comités ouvriers. Dans la marine, 70% des officiers sont exécutés par leurs propres hommes et l'autorité est confiée aux comités de marins. Dans divers secteurs de l'administration de l'État, des comités dirigés par des anarcho-syndicalistes et des socialistes sont également imposés. Les cours de justice sont remplacées par des tribunaux révolutionnaires et, en de nombreux endroits, les archives des tribunaux sont brûlées. Les prisons et les pénitenciers sont perquisitionnés et les prisonniers libérés. En raison de tout cela, on peut dire que le gouvernement, présidé par Giral, ne possède qu'un pouvoir nominal, le pouvoir réel et effectif étant divisé en de multiples fragments et dispersé dans les villes et les villages où les comités révolutionnaires exercent leur contrôle. Les services essentiels tels que les postes et télégraphes, les stations de radio, les centraux téléphoniques passent sous le contrôle des comités de travailleurs. Les travailleurs de l'UGT et de la CNT commencent à exproprier et à collectiviser. Les archives notariales sont détruites dans de nombreux endroits. Les moyens de transport : chemins de fer, tramways, autobus, bateaux ; les services d'eau, d'électricité et de gaz ; les usines, les industries et les mines ; les cinémas et les théâtres ; les journaux et les imprimeries ; les hôtels, les bars et les restaurants, etc. sont saisis ou contrôlés par les comités de travailleurs.

La petite bourgeoisie n'est pas épargnée par le cataclysme provoqué par la révolution : commerçants, artisans et petits industriels sont également expropriés par les anarcho-syndicalistes de la CNT et souvent de l'UGT. À Madrid, les syndicats s'emparent des locaux et des outils des menuisiers et des cordonniers, collectivisent les coiffeurs et les salons de beauté et instaurent l'égalité salariale entre propriétaires et employés. À Barcelone, la réorganisation des salons de coiffure est encore plus radicale. Dans *The Spanish Civil War : Revolution and Counterrevolution, un* ouvrage impressionnant de 1200 pages couvrant une période de trois ans, Burnett Bolloten écrit que "neuf cent cinq salons de coiffure et barbiers ont été fermés et leur personnel et leur équipement concentrés dans deux cent douze établissements plus grands, où les propriétaires expropriés travaillaient avec les mêmes droits et devoirs que leurs anciens employés". Les anarcho-syndicalistes collectivisent le commerce de gros du poisson et des œufs. Dans les abattoirs, ils imposent une commission de contrôle qui supprime les intermédiaires. L'industrie laitière est collectivisée ainsi que le marché central des fruits et légumes. On peut dire que les syndicats sont intervenus dans presque tous les domaines habituellement bourgeois. Certains membres de la classe moyenne, craignant de perdre définitivement le contrôle de leurs entreprises, acceptent d'une manière ou d'une autre la nouvelle situation dans l'espoir de pouvoir récupérer leurs biens une fois le séisme révolutionnaire passé. Bolloten définit la frustration des classes moyennes en ces termes : "Les classes moyennes n'avaient pas fait de projets et économisé pendant des années, n'avaient pas lutté pour survivre à la concurrence des grandes entreprises, pour voir leurs espoirs d'indépendance ruinés en un seul jour. Si elle avait attendu quelque chose de la révolution, c'était d'être libérée de la concurrence et d'avoir une plus grande part des richesses du pays, mais pas d'être expropriée et de recevoir un salaire ouvrier". Dans les campagnes aussi, les métayers et les modestes propriétaires ressentent le même découragement que les petits industriels et les commerçants.

La Catalogne, fer de lance de la révolution

C'est dans ces conditions que le parti communiste, malgré sa faible représentation aux Cortes et son petit nombre d'adhérents, réussit à susciter en quelques mois les sympathies et les espoirs des classes moyennes. À la ville comme à la campagne, des milliers de petits bourgeois se placent sous sa protection sans jamais adhérer au parti. La pénétration communiste en Espagne avait fait l'objet d'une attention particulière de l'Internationale (Comintern) lors de la session du 27 février 1936. L'une des principales mesures adoptées à cette fin fut l'envoi en Espagne de deux communistes juifs, Bela Kun et Solomon Abramovitch Losovsky. Nous avons déjà beaucoup écrit sur le premier. Le second était un dirigeant de l'Union syndicale internationale rouge et un membre du Comité juif antifasciste. Salomon Losovsky fut l'un des sionistes qui firent pression sur Roosevelt pour qu'il entre en guerre. Finalement, comme nous le verrons, il a été exécuté par Staline en 1952. En mars, ces deux hommes arrivent à Barcelone en compagnie de Heinz Neumann, un autre juif qui, accusé de trotskisme, a également été liquidé par Staline en 1937. Leur mission est de préparer la création d'un comité militaire révolutionnaire et la formation de cellules qui serviront de base à la future Armée rouge. Le fruit de son travail sera récolté une demi-année plus tard, lorsqu'avec l'arrivée de Moses Rosenberg, l'ambassadeur soviétique d'origine juive envoyé par Staline, le PCE devient décisif. Avant cela, la révolution libertaire doit faire son chemin.

Lorsque, le 19 juillet, une combinaison de gardes civils, de troupes d'assaut et d'ouvriers de toutes obédiences met en échec les putschistes militaires, la révolution commence à Barcelone. Les généraux Goded, Fernández Burriel et d'autres hauts gradés sont fusillés le 12 août devant quelque cinq cents personnes qui crient "Vive la République !"; mais le pouvoir et la justice sont déjà révolutionnaires et il n'existe en Catalogne d'autre autorité que celle des différents comités qui se sont constitués dans tout le pays et dont l'expression la plus haute sera le Comité central des milices antifascistes de Catalogne, créé quelques jours plus tard. Dans l'après-midi du 20 juillet, Juan García Oliver, Buenaventura Durruti et d'autres dirigeants anarchistes se rendent au palais de la Generalitat les armes à la main et sans avoir dormi depuis deux jours. Le président de la Catalogne, comme l'écrit Juan García Oliver dans *Dans la tourmente. Un an de guerre en Espagne*, leur dit : "Vous avez gagné et tout est en votre pouvoir. Si vous n'avez pas besoin de moi, si vous ne voulez pas de moi comme président, dites-le maintenant et je deviendrai un soldat de plus dans la lutte antifasciste". Selon Miquel Serra Pàmies, Companys était adepte des scènes théâtrales : "Ils lui faisaient des crises, il se tirait les cheveux, lançait des objets, enlevait sa veste, déchirait sa cravate, ouvrait sa chemise". Cependant, à cette époque, il est très prudent et son gouvernement accepte toutes les décisions du Comité des milices antifascistes. Plus tard, Companys s'adresse aux Catalans à la radio et annonce que le gouvernement "imposera la discipline avec la collaboration et l'aide des organisations ouvrières et des partis politiques antifascistes avec lesquels il s'est mis d'accord" ; à partir de ce moment-là, il se limite à ne rien faire qui puisse altérer l'ordre révolutionnaire perturbateur.

Dans *Pourquoi nous avons perdu la guerre*, Diego Abad de Santillán, dirigeant de la FAI, reconnaît qu'ils ont opté pour le maintien d'un président fantoche : "Nous aurions pu rester seuls, imposer notre volonté absolue, déclarer la Generalitat défunte et mettre à sa place le pouvoir réel du peuple". En réalité, leur intention était de liquider progressivement les républicains de Catalogne et d'Aragon. S'ils conservent Companys, c'est par prudence, car ils sont momentanément intéressés par la présence de la petite bourgeoisie dans les nouveaux organes de pouvoir révolutionnaire jusqu'à la chute de Saragosse. Ainsi, Esquerra Republicana place trois délégués au Comité Central, les rabassaires, un, et Acció Catalana, un autre. Le POUM (parti trotskiste d'Andreu Nin) et le PSUC (communistes staliniens catalans) ont chacun un représentant. Santillán et Aurelio Fernández sont tous deux membres de la FAI. Pour la CNT, García Oliver, Durruti et Asens sont membres du Comité central. L'UGT compte également trois représentants. Ainsi, bien que la Generalitat continue d'exister, le véritable gouvernement de la Catalogne est ce Comité central, seul pouvoir effectif. Dans son discours radiodiffusé, Companys avait promis qu'il "imposerait la discipline". Son parti faisant partie du Comité, il doit donc être tenu pour responsable de la "discipline révolutionnaire" imposée à la population.

En application de l'ordre révolutionnaire, la plupart des églises de Catalogne sont incendiées dès les premiers jours. À Barcelone, dans l'après-midi du 19, la magnifique église de Santa Maria del Mar a été brûlée, suivie de l'église gothique de Santa Anna, de Santa Maria del Pi, de La Merced et de l'église baroque de Belen. On peut dire qu'à l'exception de la cathédrale, sauvée grâce à l'intervention de la Generalitat, toutes les églises de la ville ont été incendiées. Le Christ qui couronnait la montagne du Tibidabo a également été démoli. Les couvents, les monastères, les séminaires, les maisons d'édition, les librairies et les sièges des partis conservateurs ont également été plus ou moins complètement détruits. La même chose s'est produite dans toute la Catalogne, à l'exception de la cathédrale de Tarragone. À Vic, l'une des villes catalanes les plus traditionnelles, au moins quarante églises et édifices religieux ont été incendiés, dont la cathédrale. À Sitges, à Sabadell, à Puigcerdà, toutes les églises ont été détruites. Les méthodes de destruction étaient partout les mêmes : des voitures ou des camions conduits par des révolutionnaires allaient d'un endroit à l'autre, tuaient le curé ou le prêtre s'ils le trouvaient, versaient de l'essence sur l'édifice et y mettaient le feu. Si quelqu'un osait objecter ou protester, il était généralement abattu sur place. Le 22 juillet 1936, *La Vanguardia* publie un décret du président Companys soulignant l'importance de "compléter l'anéantissement des noyaux fascistes dans toute la Catalogne". Dès 1931, Azaña avait exprimé le peu d'importance de ces actes de vandalisme : "Tous les couvents de Madrid ne valent pas la vie d'un républicain".

Les destructions s'accompagnent de toutes sortes de barbaries. Les incendiaires et les spectateurs qui les encouragent se livrent souvent à de honteuses manifestations de liesse. Ils s'amusent à habiller les statues du Christ et de la Vierge Marie en costumes de miliciens ou se parent d'habits sacrés. La profanation des tombes et des niches dans le sol de nombreuses églises est une constante. Les corps momifiés des religieuses et des frères sont enlevés. Entre autres obscénités macabres, on jouait au football avec des crânes. Une douzaine de squelettes de religieuses et de frères ont été placés sur les marches de l'église des Carmélites et laissés exposés devant les portes de l'église, certains debout, d'autres allongés. Le professeur Allison Peers, qui, comme on l'a déjà dit, admirait profondément la Catalogne et les Catalans, raconte avec une rage contenue dans *Catalonia Infelix* l'assassinat d'amis, érudits comme lui d'une culture à laquelle ils avaient consacré une partie de leur vie. Parmi eux, il se souvient des évêques de Lérida et de Barcelone. Il déplore surtout l'assassinat du directeur de la chorale de Montserrat, un homme de quatre-vingt-deux ans, éminent musicien, spécialiste de patristique, qui n'a pas pu s'enfuir en Italie avec d'autres membres de la communauté.

La violence en Catalogne au cours des deux premiers mois qui ont suivi le soulèvement a choqué les habitants et les étrangers. Bien que les porte-parole officiels aient déclaré que tout était normal et que les autorités contrôlaient la situation, pendant deux longs mois, le règne de la terreur a été omniprésent. Les ouvriers parcourent les rues toute la journée avec des fusils et des pistolets. Grâce à la prise des casernes, des armes sont distribuées à tous ceux qui le souhaitent. Des dizaines de milliers de fusils sont distribués à Barcelone, Madrid, Malaga et dans les villes où le coup d'État a échoué. Les prisonniers politiques et de droit commun se retrouvent dans les rues et les armes à la main dès leur libération. Broué et Témime parlent d'un "mouvement spontané, d'un véritable "terrorisme de masse" tant par le nombre de bourreaux que par le nombre de victimes". Ces auteurs, conformément à l'argument marxiste selon lequel seul le prolétariat est le peuple, considèrent que le pouvoir "était passé au peuple" et sur cette base justifient idéologiquement la violence, c'est-à-dire "la liquidation immédiate et sans jugement des ennemis de classe qualifiés de "fascistes" dans ces circonstances". C'est ainsi que toutes sortes de "fascistes" ont été tués sur place si aucun militant n'avait l'autorité pour l'empêcher. Voici un extrait des travaux de ces auteurs trotskistes :

> "La course se déroule presque toujours selon la même sinistre intrigue. La victime, désignée par un comité de "vigilance" ou de "défense" d'un parti ou d'un syndicat, était arrêtée chez elle, la nuit, par des hommes armés, emmenée en voiture hors de la ville et jetée dans un coin isolé. Ainsi périrent, victimes de véritables arrangements de comptes politiques, prêtres, patrons, petits et grands, hommes politiques, bourgeois ou réactionnaires, tous ceux qui, à un moment ou à un autre, contestèrent une organisation ouvrière : juges, policiers, gardiens de prison, délateurs, bourreaux, tireurs, ou, plus simplement, tous ceux qu'une réputation politique ou une situation sociale désignait d'avance comme victimes. La "frontière de classe" n'est d'ailleurs pas toujours une protection suffisante : ainsi, à Barcelone, des militants ouvriers sont également assassinés : le secrétaire des dockers de l'UGT, le communiste Desiderio Trillas, dénoncé par la CNT comme un "cacique des docks", le responsable de la section UGT de l'usine Hispano-Suiza".

Ce texte confirme l'existence d'une voyoucratie mafieuse : vendettas personnelles, pillages et meurtres gratuits sont légitimés au nom de l'ordre révolutionnaire imposé à l'ensemble de la population. G. Brenan rappelle que Juan Peiró, secrétaire général de la CNT en deux périodes et ministre espagnol de l'Industrie de novembre 1936 à mai 1937, dénonce les débordements dans *Llibertat*, le journal qu'il dirige, d'où il appelle à la nécessité d'organiser la répression. "Au nom de l'honneur révolutionnaire", Peiró exige la fin de la "danse macabre de toutes les nuits" et qualifie ceux qui "tuent pour tuer" de "vampires modernes", de "fascistes à l'état latent".

Le 1er août, le correspondant du *Times* écrivait : "Derrière la surface se cache à Barcelone la terrible histoire des perquisitions de maisons par des escouades d'épuration, de l'enlèvement d'individus et de familles entières et de leur assassinat ultérieur dans des endroits isolés, du meurtre de religieuses et de prêtres". Franz Borkenau, Autrichien d'origine juive, membre du parti communiste allemand et agent du Comintern, a été un témoin perspicace et intelligent de la révolution.[22] Il est entré en Catalogne par Port Bou le 5 août. Dans *El reñidero español*, Borkenau publie son "Diario revolucionario" (Journal révolutionnaire), dans lequel il relate l'impression qu'il a eue en arrivant à Barcelone la nuit, les rues étant occupées par des hommes armés, dont beaucoup marchaient avec une fille au bras gauche : "Peu de gens sur le Passeig de Colón. Et puis, alors que nous tournions le coin de Las Ramblas, une énorme surprise s'est présentée : sous nos yeux, comme un éclair, la révolution s'est déroulée. C'était bouleversant. Comme si nous étions entrés dans un autre continent...". Une fois le premier choc passé, Borkenau se rend compte que dans la rue, les miliciens peuvent arrêter n'importe qui et lui demander de prouver qu'il n'est pas fasciste s'il ne veut pas être arrêté, voire exécuté. Le fait de porter sur soi des livres de droite, des journaux conservateurs ou la preuve d'un séjour en Italie ou en Allemagne peut avoir des conséquences désastreuses. Des observateurs impartiaux estiment à une centaine le nombre de morts retrouvés dans les rues à l'aube. La socialiste Clara Campoamor écrit dans *La revolución española vista por una republicana* que les corps sont transportés à l'Hospital Clínico, qui sert de morgue à la ville. Campoamor estime à six mille le nombre de cadavres recueillis en cinquante-deux jours. Selon le correspondant du *Times*, au cours de la dernière semaine de juillet, une douzaine de corps ou plus ont été trouvés chaque jour sur la seule route de La Rabassada.

Dans l'état actuel de l'arrière-garde, la riposte nécessaire contre les rebelles tarde à venir. Peut-être, si l'on avait agi immédiatement, aurait-on pu prendre Saragosse, dont la possession était vitale pour le maintien des communications entre Madrid et Barcelone, mais cela n'a pas été le cas tout au long de la guerre. Alors qu'en zone nationaliste, les trains circulent presque immédiatement et que l'ordre et la discipline sont imposés sans délai, en zone rouge, la grève dure plus d'une semaine. Comme il n'y avait pas d'armée professionnelle, il fallut organiser une milice. Presque dès le début, les divergences de vues entre les communistes du PSUC, partisans du "système armée", et les anarchistes, partisans du "système milice", sont apparues. L'idée est d'organiser des colonnes composées de membres et de sympathisants de la CNT, contrôlées par les organisations anarchistes et dirigées par des commissaires politiques élus. Au sein des colonnes, des centuries de 100 hommes sont constituées. Pour marcher vers Saragosse, la

---

[22] Franz Borkenau, désillusionné par le communisme et le marxisme, se tourne vers la sociologie. Il effectue deux voyages en Espagne. Lors du second, il a des problèmes avec des membres du PCE. En janvier 1937, il est soupçonné et dénoncé comme trotskiste. Arrêté et torturé, il est finalement libéré. L'ouvrage dont nous parlons a été publié en 1937, après son deuxième voyage, sous le titre *The Spanish Cockpit*. Gerald Brenan, auteur de la préface de l'édition américaine, considère l'ouvrage de Borkenau comme "un modèle de ce que devrait être toute étude d'une révolution et l'un des meilleurs livres jamais publiés sur l'Espagne". Borkenau est décédé en 1957.

colonne Durruti, composée d'environ trois mille miliciens, est organisée à la hâte et quitte Barcelone dans l'enthousiasme général le matin du 24 juillet 1936. Le seul militaire de profession est le franc-maçon Enrique Pérez Farràs, commandant de l'armée espagnole, nommé en 1931 chef des Mozos de Escuadra par Macià, qui affiche d'emblée son pessimisme. Dans les jours qui suivent, le Comité central forme d'autres colonnes, mais la tâche n'est pas facile, car des querelles partisanes et des rivalités pour la possession d'armes ne tardent pas à surgir.

Borkenau écrit des pages très intéressantes sur la marche de Durruti en direction du front d'Aragon. Le 10 août, il obtient des documents qui lui permettent de quitter Barcelone dans une voiture du Comité central des milices, accompagné d'un chauffeur et d'une escorte armée, à la poursuite de la colonne anarchiste. En traversant les villages, il constate que les églises ont été incendiées sans exception et que des comités politiques y opèrent en imposant la terreur. Ce fait n'est pas propre à la Catalogne : dans toutes les villes d'Espagne, comme on l'a dit, prolifèrent des comités de toutes sortes, fonctionnant sous des noms différents : comités de guerre populaire, comités de santé publique, comités de défense, comités exécutifs, comités révolutionnaires ou antifascistes, comités ouvriers... Borkenau note que le POUM est le parti le plus fort à Lérida, ce qui s'explique par le fait que Maurín, l'un de ses dirigeants, est originaire de cette province. Une fois à Fraga, où l'intervention de Farràs leur permet d'obtenir une chambre et un lit, Borkenau apprend que Durruti a ordonné l'arrestation de toutes les personnes soupçonnées d'activités réactionnaires, qui sont emmenées en prison et fusillées. Dans la taverne, les villageois, pour la plupart des anarchistes, lui racontent ce qui s'est passé : "Faisant le geste significatif de croiser sa gorge avec ses doigts, un homme nous dit que trente-huit fascistes ont été exécutés dans le village ; il est évident qu'ils y ont pris beaucoup de plaisir. Ils n'ont tué ni femmes ni enfants, seulement le prêtre, ses partisans les plus actifs, l'avocat et son fils, le juge et un certain nombre de paysans riches". Borkenau ajoute qu'à la suite de ce massacre, les riches et les catholiques du village voisin se sont révoltés, de sorte qu'une colonne de miliciens s'y est rendue et a exécuté vingt-quatre autres personnes.

Durruti installe son comité de guerre à Bujaraloz, où il attend l'arrivée des colonnes *Rouge et Noir* et *Karl Marx* pour attaquer Saragosse. Son retard ne fait que permettre à l'ennemi de renforcer ses positions. Chaque jour qui passe rend la prise de la ville plus difficile. Finalement, ni la colonne Durruti ni aucune autre n'atteignit Saragosse, et leurs réalisations les plus notables furent les collectivisations. Le 11 août, Durruti publie à Bujaraloz une proclamation qui abolit complètement la propriété. Tous les biens, sans exception, doivent être distribués par deux comités, le comité de guerre et le comité populaire. À Sariñena, au nord de Bujaraloz, les réguliers, dont le notaire, sont exécutés comme d'habitude. Dans sa maison et dans les bureaux situés à côté de la place, étaient conservés les documents relatifs aux biens ruraux et à d'autres questions financières. Ils ont tous été brûlés dans un bûcher au milieu de la place afin qu'il ne reste aucune trace des droits de propriété. Cet acte symbolique, répété dans d'autres localités, signifiait l'abolition de la propriété et la liquidation de l'ordre social et économique antérieur.

La collectivisation des terres encouragée par Durruti et sa colonne commence par le massacre des grands propriétaires terriens. Dans de nombreuses régions d'Aragon, le communisme libertaire est instauré et l'argent est aboli. Les collectivisations ont concerné jusqu'à un demi-million de personnes. La question de savoir si la collectivisation rurale était volontaire ou forcée a fait l'objet de nombreux débats. Les anarchistes ont soutenu qu'il s'agissait d'un mouvement de collectivisation volontaire, tandis que les communistes et les républicains ont affirmé que, dans la plupart des cas, elle avait été imposée par la force. Parmi les observateurs neutres, il y a des opinions pour tous les goûts. Franz Borkenau considère que, sauf dans la Mancha, la collectivisation a été imposée aux paysans par la terreur, alors que les organisations syndicales paysannes de l'UGT et de la CNT s'étaient prononcées en faveur du caractère volontaire de la collectivisation agraire. En tout cas, en Catalogne, les rabassaires, dont beaucoup disposaient de terres grâce à la loi sur les cultures, se sont opposés frontalement à la collectivisation.

C'est au cours de ces journées d'août qu'un massacre choquant eut lieu à Barbastro, près de Sariñena, à l'instigation de Durruti, qui s'était rendu dans la ville au début du mois en raison de l'assassinat par erreur de trois anarchistes de Barcelone. Durruti, furieux de la mort des Catalans, reproche au Comité local de mettre fin à la soutane et pointe du doigt l'évêque. Récemment, les faits ont été rendus publics grâce au film *Un Dios prohibido (Un Dieu interdit)*. Tout a commencé le 20 juillet, lorsque la maison de la communauté clarétaine de Barbastro a été attaquée par des miliciens du CNT. Soixante personnes y vivaient : neuf prêtres, douze frères et trente-neuf étudiants. Les trois pères supérieurs sont emmenés et fusillés le 2 août. Les autres sont transférés dans les Écoles pieuses, où ils sont emprisonnés avec neuf piaristes et dix-neuf bénédictins. Les geôliers leur amènent des prostituées afin de provoquer l'apostasie des jeunes séminaristes à qui l'on a interdit de prier. Pendant ce temps, l'évêque, Monseigneur Florentino Asensio, est arrêté. Enfermé le 8 août dans une cellule de la mairie, il est cruellement torturé. Il a été sauvagement torturé : de multiples blessures et amputations lui ont été infligées pour le saigner lentement. Sous les moqueries et les rires, on lui coupe les parties génitales. Le 9 août, lors de son exécution en groupe dans le cimetière, il a béni ses bourreaux. Le 12 août, les six professeurs clarétains sont fusillés. Le séminariste Faustino Pérez laissa ces mots écrits sur un emballage de chocolat : "Six de nos compagnons sont déjà martyrs. Bientôt, nous espérons être martyrs à notre tour. Mais d'abord, nous voulons déclarer pour mémoire que nous mourons en pardonnant à ceux qui prennent nos vies et en les offrant pour l'ordination chrétienne du monde du travail...". Les autres ont été exécutés les 13, 15 et 18 août.

Avec les trois supérieurs, un gitan, Ceferino Giménez Malla, dit "El Pelé", est mort le 2 août, arrêté pour avoir réprimandé des miliciens qui frappaient un prêtre à coups de crosse. Un chapelet ayant été trouvé sur lui, il a été emmené en prison et condamné. On lui proposa d'être épargné s'il abandonnait le chapelet, mais il refusa. Il est mort d'une mort constante, le chapelet à la main, en criant "Vive le Christ Roi". On peut parler sans exagération de l'extermination du clergé de Barbastro pendant la guerre civile, puisque quatre-vingt-huit pour cent des prêtres ont été martyrisés. Les croyants laïcs n'ont pas échappé à la haine anticléricale : environ huit cents d'entre eux sont morts dans tout le diocèse pour le simple fait d'être catholiques. Au total, douze évêques et un administrateur apostolique, 4184 prêtres séculiers et séminaristes, 2365 religieux et 296 religieuses ont été tués pendant la guerre civile espagnole.

Companys avait appelé à "l'anéantissement complet des noyaux fascistes dans toute la Catalogne". On ne sait pas s'il considérait les catholiques comme faisant partie de ces noyaux, mais pour les anarchistes, cela ne faisait aucune différence. D'autre part, il n'y avait que la justice imposée par la dynamique de la révolution, dont ceux qui n'étaient pas considérés comme faisant partie du "peuple" ne pouvaient pas attendre grand-chose. Les cours de justice étaient fermées et les magistrats avaient été tués ou s'étaient enfuis. À Barcelone, des miliciens menés par l'avocat franc-maçon Angel Samblancat saccagent le Palais de justice et jettent des dossiers et des crucifix par les fenêtres. Un Comité de justice est créé, composé d'avocats de gauche, qui révoque tous les fonctionnaires et s'érige en Tribunal révolutionnaire. Les juges, les procureurs et le président du tribunal sont nommés par les partis et les syndicats. Il s'agit au moins d'un pas en avant dans l'objectif d'abolir la pratique du promenoir.

La situation à Madrid

Le 18 juillet, Sebastián Pozas Perea, général franc-maçon de la Garde civile, ordonne l'arrestation immédiate de tout soldat quittant son poste. Pozas, qui a passé la nuit dans la Gobernación à contrôler les garnisons, a joué un rôle clé dans l'échec du coup d'État. Dans l'après-midi, Dolores Ibárruri, députée communiste des Asturies, s'adresse aux Madrilènes et à toute l'Espagne au nom du PCE depuis un studio de radio improvisé au ministère de l'Intérieur, les exhortant à défendre la République. Peu après, le gouvernement Casares Quiroga démissionne. Le 19, la formation du gouvernement de Martínez Barrio est connue et le mot "trahison" se répand de bouche en bouche. Des milliers de personnes descendent dans la rue pour réclamer des armes au gouvernement.

Vers midi et demi, le général Joaquín Fanjul, accompagné de son fils et commandant Mateo Castillo, arrive en civil au Cuartel de la Montaña pour prendre en charge le soulèvement de la capitale. Au lieu de sortir pour prendre les points névralgiques, il s'y renforce en attendant que des renforts arrivent de Burgos et de Valladolid, car la rébellion échoue dans les garnisons de Campamento, Getafe et Cuatro Vientos. Le 20, à l'aube, la caserne commence à être bombardée par l'aviation et l'artillerie. Vers 11 heures, la reddition a lieu. Selon les sources, le nombre de morts se situe entre 500 et 900, dont beaucoup ont été exécutés sur place. Le général Fanjul, son fils et le colonel Fernández de la Quintana sont faits prisonniers. Le 18 août, le général et le commandant sont fusillés. Le fils de Fanjul, José Ignacio, est tué quatre jours plus tard dans la prison de Modelo par des miliciens.

La première campagne militaire de la guerre civile s'est déroulée dans la Sierra de Guadarrama au cours de la dernière semaine de juillet et au début du mois d'août. Les généraux putschistes pensaient initialement que la prise de la capitale leur donnerait la victoire. Le général Mola tente de franchir les cols de montagne pour attaquer Madrid par le nord, mais il échoue face à la réaction rapide des troupes du Front populaire : un mélange d'unités militaires dissoutes, de miliciens anarchistes et communistes, de gardes civils et de troupes d'assaut. Les rebelles ne parviennent pas à progresser et le front nord de Madrid est stabilisé jusqu'à la fin de la guerre. Les deux camps fusillent leurs prisonniers. Les combats sont acharnés dans les Altos del León et Somosierra, où des milliers de combattants perdent la vie, parmi lesquels Fernando Condés et Victoriano Cuenca, deux des assassins de Calvo Sotelo. Le dirigeant falangiste Onésimo Redondo est également mort le 24 juillet dans le village ségovien de Labajos, où il a été criblé de balles par un groupe d'anarchistes après être arrivé en voiture, pensant qu'il s'agissait d'une zone nationaliste.

Le gouvernement Giral, formé après l'éphémère "gouvernement éclair", montre d'emblée sa faiblesse. Comme en Catalogne, le partage des pouvoirs le rend inopérant, le rôle de Giral est similaire à celui de Companys. À Madrid aussi, les casernes et les armureries sont pillées. Des femmes et des hommes, fusils à l'épaule, envahissent les rues, mais pas aussi complètement qu'à Barcelone. Comme partout ailleurs, les portes des prisons sont ouvertes et les prisonniers politiques et de droit commun sont libérés. Les émeutiers commencent à se déchaîner le 19 juillet. Dans le quartier de Torrijos, devant l'église dominicaine, on tire sur les fidèles à la sortie de l'église, faisant plusieurs morts et blessés. Bientôt, l'épaisse fumée des incendies s'élève dans le ciel de différents quartiers de la capitale : les églises de San Nicolás, San Cayetano, San Lorenzo, San Andrés et les Escuelas Pía de San Fernando sont les premières à brûler. Le 20, les feux se rallument et la cathédrale de San Isidro se transforme en un grand brasier dans lequel se consument des toiles et des œuvres d'art de grande valeur.

Mais le pire, ce sont encore les meurtres de sang-froid perpétrés dans les rues. Chaque matin, les corps des personnes enlevées à leur domicile sont ramassés. Le cimetière d'Aravaca, à une dizaine de kilomètres de Madrid, devient l'un des lieux de prédilection des bourreaux. En quelques jours, plus de trois cents Madrilènes y sont tués. Dans la répartition du pouvoir à Madrid, chaque parti ou syndicat revendique sa part. Tous ont leurs checas, leurs prisons, leurs "armées" indépendantes. Dans les quartiers fonctionnent des athénées libertaires où s'organisent des actions criminelles de toutes sortes. Les miliciens s'emparent de grosses voitures puissantes dans lesquelles ils partent à la recherche de leurs victimes et font des virées. Deux semaines après les assassinats perpétrés en toute impunité, le directeur général de la sécurité, Manuel Muñoz Martínez, un franc-maçon du 33e degré qui a remplacé son frère franc-maçon José Alonso Mallol, convoque début août une réunion au Círculo de Bellas Artes, à laquelle participent tous les partis et syndicats qui composent le Front populaire. Un comité provincial d'enquête publique est créé pour diriger la politique de répression, et il est convenu que ce comité peut "exécuter" sans limites ni formalités chaque fois qu'il le juge nécessaire. Par la suite, ce comité provincial fut organisé en sections ou tribunaux et fonctionna jusqu'en novembre 1936 dans les caves de Bellas Artes.

Parmi les crimes autorisés par Manuel Muñoz, le vénérable frère responsable de la Direction générale de la sécurité, figure la première fusillade de masse de la guerre civile, étudiée par l'historien Santiago Mata qui, dans *El tren de la muerte : investigación de la primera masacre de la guerra civil* (2011), raconte les événements et analyse l'impact international qu'ils ont provoqué. Le crime a eu lieu le 12 août 1936, jour où près de deux cents personnes ont été mitraillées. Ils venaient de Jaén, où les prisons étaient surpeuplées et où quelque 800 prisonniers étaient enfermés dans la cathédrale. Pour soulager la situation, dans la nuit du 11 août, un train de 250 prisonniers part pour Alcalá de Henares, gardé par des gardes civils. Dans les gares de passage, la foule lapide le train et insulte les passagers. Arrivé le 12 août à la gare de Santa Catalina, le train est arrêté par des miliciens qui exigent la remise des prisonniers. Vers midi, après une longue communication avec le ministère de l'intérieur, le chef de la force qui gardait le train a retiré la garde et les occupants ont été laissés aux mains de la foule.

Le convoi a été conduit à un embranchement du périphérique près d'un lieu appelé El Pozo del Tío Raimundo (le puits de l'oncle Raimundo), les prisonniers ont été descendus par groupes et, placés près d'un talus devant trois mitrailleuses, ils ont été tués. Parmi les victimes figurent l'évêque de Jaén, Manuel Basulto Jiménez, le vicaire général du diocèse, Félix Pérez Portela, et la sœur de l'évêque, Teresa Basulto, la seule femme de l'expédition. "C'est une infamie ! Je suis une pauvre femme", s'exclame-t-elle. Puis on lui dit : "Ne te dépêche pas, tu seras tuée par une femme". Une milicienne du nom de Josefa Coso, "La Pecosa", s'avance et l'exécute sur le champ. Deux cents hommes avaient déjà été mitraillés lorsqu'un jeune homme de dix-neuf ans, Leocadio Moreno, réussit miraculeusement à arrêter l'exécution. Lui et une quarantaine d'autres sont épargnés. Santiago Mata a retrouvé Leocadio alors qu'il avait déjà quatre-vingt-quatorze ans. Selon Mata, la documentation diplomatique a révélé que le massacre a gravement discrédité la République, car de nombreux diplomates ont cessé de la considérer comme un État de droit et ont commencé à protéger les citoyens espagnols dans leurs ambassades.

La défaite des rebelles en Estrémadure laisse Franco et Mola déconnectés. Après l'échec de Guadarrama, la prise de Badajoz est un objectif prioritaire, car ils pensent toujours à gagner Madrid. Dès le début du mois d'août, les avions rebelles bombardent la ville, où la chasse aux droitiers est la règle. Sachant que les nationalistes approchent, les miliciens veulent prendre d'assaut la prison et tuer les prisonniers, mais les gardiens les en empêchent. Le 6 août, les gardes civils et les gardes d'assaut se soulèvent. Les troupes du colonel Puigdengolas et les miliciens répriment la rébellion et emprisonnent les rebelles. Le même jour, onze personnes sont fusillées : des prêtres, des falangistes et plusieurs militaires à la retraite.

Le 7, Zafra, Almendralejo et Villafranca de los Barros tombent aux mains de l'Armée d'Afrique et le 11, les troupes entrent dans Mérida. Une répression sévère est exercée dans ces localités et des centaines de personnes sont exécutées. La chute de Mérida déclenche une vague de représailles dans toute la province : entre le 7 et le 13 août, des centaines d'hommes de droite sont à leur tour fusillés dans la zone républicaine. Le 13 août, les troupes de Yagüe atteignent les murs de Badajoz et la population commence à fuir en masse. Puigdengolas se rend au Portugal et abandonne le combat. Le 14, l'assaut des murailles est féroce. Aux cris de "Vive la mort !", les légionnaires avancent baïonnette au canon. Une fois dans la ville, les combats sont sans merci. Le dernier point de résistance est la cathédrale, où une mitrailleuse tire du haut de la tour jusqu'à épuisement des munitions. Arrivés au sommet, les légionnaires ignorent la reddition du milicien et le jettent dans le vide. Les Maures ne veulent pas entrer dans la cathédrale, mais ils organisent à l'extérieur des scènes dantesques de cruauté extrême : ils tirent sur ceux qui se sont réfugiés dans le temple sur les marches de la cathédrale et les achèvent d'un coup de fusil ou les égorgent à l'aide de leurs couteaux. Alertés par les coups de feu, le capitaine González Pérez-Caballero et un autre capitaine se rendent sur les lieux et ordonnent l'arrêt du massacre. Ivres de sang, les Marocains ignorent les ordres, si bien que les deux capitaines sortent même leurs pistolets. Les Maures se sont alors dispersés et ont commencé à piller les magasins et les entreprises.

Avant la tombée de la nuit, la ville est prise. Il n'y a pas de prisonniers : ceux qui se sont rendus sont fusillés sans ménagement. Environ mille cinq cents personnes parviennent à s'enfuir par la porte de Palmas et à entrer au Portugal. Les militaires ne peuvent arrêter leur progression et la répression passe bientôt aux mains des Falangistes, dont le chef est Arcadio Carrasco, et des Gardes Civils. La propagande républicaine sur l'ampleur de la répression trouve son origine chez René Brut qui, le 16 août, se trouvait encore à Séville et arriva à Badajoz le 17, où il captura des images de nombreux corps d'exécutés dans le cimetière, dont beaucoup avaient déjà été brûlés et calcinés. Des recherches récentes évaluent à environ 500 le nombre de corps transportés au cimetière entre le 13 et le 18 août, dont 44 soldats nationalistes et 220 républicains, 70 carabiniers et 180 miliciens. Cependant, au cours du mois d'août, les fusillades se sont poursuivies, si bien qu'il faut ajouter 300 morts supplémentaires, victimes de la répression. Le nombre de personnes réprimées à Badajoz entre 1936 et 1945 est désormais chiffré : on estime qu'environ un millier de personnes ont été fusillées au cours de ces neuf années à la suite de condamnations prononcées dans le cadre de procès sommaires.

Le massacre de Badajoz a eu un retentissement mondial grâce à Jay Allen, journaliste américain et ami de Negrín et d'Álvarez del Vayo. C'est lui qui a inventé le mensonge du massacre dans les arènes de Badajoz sans s'être jamais rendu dans la ville. Ce correspondant a donné le chiffre de quatre mille morts, qui a été accepté par de nombreux historiens. La vérité est qu'Allen a écrit ses articles depuis Tétouan et qu'il est arrivé à Madrid en octobre, au moment où la ville pouvait tomber aux mains des nationalistes. Le gouvernement de Largo Caballero utilise à nouveau la prise de Badajoz à des fins de propagande et invente une corrida avec des prisonniers à la place des taureaux, à laquelle auraient assisté des dignitaires ecclésiastiques, des religieuses en robe blanche et des frères. La campagne de propagande internationale permet à la République de dissimuler ce qui se passe à Barcelone, à Madrid et dans d'autres villes comme Malaga et Valence. Borkenau, qui arrive à Madrid le 24 août en provenance de Valence, écrit que la nouvelle s'est répandue dans la ville que les insurgés de Badajoz ont mitraillé 1 500 prisonniers dans les arènes.

En raison de l'atmosphère créée, une foule rassemblée devant la prison avait exigé l'exécution immédiate de tous les détenus de la prison Modelo. Le ministre de l'intérieur, Pozas Perea, a autorisé des agents de la direction générale de la sécurité et des miliciens commandés par Elviro Ferrer Obrador à pénétrer dans la prison Modelo pour fouiller les prisonniers importants. Le 21 août, une nouvelle fouille a été ordonnée dans la prison de Fomento. Felipe Emilio Sandoval, alias "Dr. Muñiz", y est entré à la tête d'une quarantaine de miliciens de la CNT. La fouille ayant été interrompue, elle a été reprise le 22, jour où les fonctionnaires concernés ont pris leur service. Ce qui s'est passé n'est pas très clair, mais il semble qu'un incendie dans les caves de la prison ait provoqué le chaos et entraîné l'arrivée de nouveaux groupes de miliciens. Vers 19 heures, un tribunal populaire a été organisé et a réussi à exécuter des personnalités de droite, dont les suivantes : Melquíades Álvarez, leader républicain ; José Mª Albiñana, chef du Parti nationaliste espagnol ; Manuel Rico Avelló et José Martínez de Velasco, tous deux anciens ministres de la République ; Julio Ruiz de Alda, falangiste et pilote du vol Madrid-Buenos Aires du "Plus Ultra" ; les généraux Osvaldo Capaz et Rafael Villegas ; un frère de José Antonio Primo de Rivera... Au total, trente prisonniers ont été "exécutés" par ce tribunal.

Il existe un schéma qui se répète inexorablement dans l'histoire contemporaine. Lorsque les détenus des prisons sont des révolutionnaires condamnés sous des gouvernements conservateurs, ils descendent dans la rue dès qu'un gouvernement "démocratique" ou de gauche arrive au pouvoir. La prise de la Bastille a créé un premier précédent, qui s'est ensuite répété lors des révolutions de 1848 et de la révolution bolchevique en Russie. En Espagne, comme nous l'avons vu, la République a amnistié en 1931 les personnes arrêtées pour le soulèvement de Jaca et, en 1936, le Front populaire a remporté la victoire en promettant de libérer les personnes arrêtées pour le soulèvement des Asturies. En revanche, il en va différemment lorsque les prisonniers ne sont pas des révolutionnaires, mais des droitiers ou des conservateurs. Dans ce cas, la justice révolutionnaire exige qu'ils soient exterminés. En septembre 1792, lors du célèbre massacre des prisons, environ six cents personnes ont été tuées à Paris. À l'époque, les criminels faisaient des signes maçonniques sur leurs victimes pour sauver la vie des frères de la secte. En Espagne, ce qui s'est passé dans la prison de Modelo n'est que le préambule de ce qui se passera peu après, lorsque le plus grand massacre de toute la guerre sera organisé à Paracuellos.

L'union des forces d'Afrique avec celles du nord est suivie de l'offensive finale sur Irun, qui s'achève le 4 septembre. L'occupation de Fuenterrabía et d'Irun, incendiée par les défenseurs et transformée en un amas de ruines fumantes, rompt la liaison avec la France et entraîne l'effondrement du front guipuzcoan. Ces événements font prendre conscience à Madrid que l'effort de guerre doit mettre fin à la dualité du pouvoir. Les partisans de la restauration de l'État républicain exigent un gouvernement solide, soutenu par une armée forte. Le 26 août, le correspondant de *la Pravda*, le juif Mikhaïl Koltsov, de son vrai nom Mikhaïl Efimovitch Fridlyand, interroge Indalecio Prieto, l'un des premiers à prendre conscience de la gravité de la situation. Fin août, Prieto, favorable à l'entrée des socialistes au gouvernement, est même déterminé à soutenir son adversaire, Largo Caballero, car il estime qu'il est le seul homme respecté par les masses ouvrières à pouvoir former un gouvernement. Dans le *Diario de la Guerra de España*, Koltsov reproduit un extrait de l'interview : "L'opinion que j'ai de lui (Largo) est connue de tous. C'est un imbécile qui veut faire semblant d'être intelligent. C'est un désorganisateur et un embrouilleur qui veut se faire passer pour un bureaucrate méthodique. C'est un homme capable de mener tout et tout le monde à la ruine. Et pourtant, aujourd'hui, c'est le seul homme, ou du moins le seul homme utile à placer à la tête d'un nouveau gouvernement". Prieto était prêt à collaborer et à travailler avec Largo Caballero, car il pensait qu'il était la dernière carte : "Il n'y a pas d'autre issue pour le pays. Il n'y a pas non plus d'autre issue pour moi si je veux être utile au pays".

Le PCE et le PSUC partagent l'approche de Prieto, car c'est aussi celle de Staline, alors en pleine purge des trotskistes après le premier des procès de Moscou. Pour être le joker, Largo Caballero a dû renoncer pour l'instant à la "dictature du prolétariat" qu'il avait annoncée. Depuis *Claridad*, il avait critiqué les décrets de mobilisation de Giral et défendu la thèse léniniste du "peuple en armes". Il ne partage pas le point de vue de ceux qui veulent mettre de côté la révolution pour gagner la guerre, même si la dure réalité des défaites le fait réfléchir. Cependant, le 27 août, Largo Caballero expose ses vues à Koltsov et, tout en critiquant vivement Giral, exprime sa conviction que les forces populaires réunies autour des syndicats anarchistes et socialistes finiront par s'emparer du pouvoir. Koltsov interprète que, contrairement à Prieto, le Lénine espagnol pense encore à un "gouvernement ouvrier".

Le 27 août, quatre jours après les exécutions de Zinoviev et Kamenev, Moses Rosenberg, l'ambassadeur soviétique connu sous le nom de Marcel Rosenberg, arrive en Espagne. Selon Nahum Goldmann, président du Congrès juif mondial, Rosenberg, qui sera liquidé par Staline en 1937, était un juif sioniste qui critiquait les juifs communistes non sionistes. Entre 1920 et 1930, il est conseiller à l'ambassade soviétique à Paris, puis secrétaire de la Société des Nations à Genève, où, avec un salaire de plus de 25 000 dollars, il possède une luxueuse demeure, deux limousines, une collection de secrétaires et une jeune épouse. Pendant la période où Staline lui fait confiance, Rosenberg exerce un tel pouvoir que, bien qu'il ne soit qu'ambassadeur, il assiste aux réunions du Conseil des ministres, ce qui est rare dans l'histoire des relations internationales. L'influence de Rosenberg se fait sentir dès le début.

Pierre Broué confirme dans *La revolución y la guerra en España* que Largo Caballero était déterminé à prendre le pouvoir. Selon cet auteur, une assemblée de dirigeants de l'UGT et de la CNT "aboutit à la création d'un Comité provisoire chargé de réaliser le coup d'État et d'installer une Junte présidée par Largo Caballero", dont les républicains seraient exclus. Clara Campoamor le confirme et ajoute qu'Álvarez del Vayo, porte-parole du Comité, a averti Azaña, qui a menacé de démissionner. Broué affirme que l'intervention de Rosenberg a permis d'éviter la crise et d'arrêter le Comité provisoire, qui était décidé à se passer d'Azaña. L'ambassadeur soviétique, écrit Broué, met en garde contre les conséquences internationales d'une action qui "enlève aux amis de l'Espagne républicaine l'argument de la "légalité" et semble donner raison à la propagande rebelle en présentant aux yeux du monde un gouvernement de "rouges" qui ne serait plus couvert par aucune fiction républicaine et parlementaire". C'est donc Rosenberg qui, en lieu et place du "gouvernement ouvrier", propose dès le début de la guerre un gouvernement de Front populaire avec des ministres républicains, présidé par Largo Caballero.

Le 4 septembre naît le premier gouvernement de Largo Caballero, qui durera exactement deux mois, jusqu'au 4 novembre 1936. Le secrétaire général de l'UGT, en plus de la présidence, prend le portefeuille de la guerre. Cinq autres socialistes entrent au gouvernement, qui comprend également deux communistes, cinq républicains et un membre du PNV. Les anarchistes ne veulent pas y participer car, selon *Solidaridad Obrera*, "les masses seraient frustrées si nous continuions à cohabiter dans des institutions dont la structure est de type bourgeois". C'est ainsi que Largo Caballero présida le gouvernement qu'Indalecio Prieto appelait de ses vœux et qu'il fut chargé du ministère de la marine et de l'aviation.

Largo Caballero et Negrín offrent de l'or à Staline

Tout ou presque a été dit sur l'intervention étrangère dans la guerre civile espagnole. Les nationalistes reçoivent une aide massive de l'Italie fasciste, en armes et en hommes. Il faut cependant noter que lorsque les premiers Italiens du CTV arrivent, les brigadistes internationaux sont déjà en Espagne depuis deux mois. L'aide de l'Allemagne nationale-socialiste se concentre sur l'armement, mais des conseillers et les aviateurs de la fameuse Légion Condor arrivent également. Le Portugal envoie un groupe de volontaires, les Viriatos, mais sa principale contribution est d'ordre logistique : l'utilisation de son territoire au début de la guerre est essentielle pour les nationalistes. Salazar sait qu'une victoire du Front populaire peut conduire à une fédération des républiques ibériques sous la bannière rouge du communisme international. De son côté, la République reçoit une aide massive de l'URSS et, dans une moindre mesure, de la France, qui aide le Front populaire dès le début : début septembre 1936, la France a déjà envoyé une quarantaine d'avions et d'autres armements. Le Mexique envoie également des armes à la République. La tentative du gouvernement républicain d'acheter des armes à l'Allemagne est peu connue. Entre le 1er et le 4 août 1936, Augusto Barcia, "Lasalle", franc-maçon du 33e degré, se trouve à Berlin ; mais si les francs-maçons républicains antifascistes n'ont aucun scrupule à négocier avec les nazis, Hitler, lui, en a et refuse de leur vendre quoi que ce soit.

En ce qui concerne les aspects économiques de l'aide étrangère, il faut tout d'abord noter que l'Espagne nationale manque de ressources financières. Le 25 juillet, deux Allemands vivant au Maroc espagnol, A. P. Langenheim et E. F. Bernhardt, arrivent à Bayreuth avec une demande d'aide. F. Bernhardt, arrivent à Bayreuth avec une demande d'aide. Lorsqu'ils expliquent à Hitler que Franco ne dispose que de l'or déposé à la Banque de Tétouan, celui-ci répond qu'il vaut mieux le garder. Dès ce premier instant, le Führer allemand lui fait confiance et accepte d'accorder un premier crédit aux nationalistes. Mussolini accorde également des crédits aux rebelles avec la seule garantie d'une victoire finale alors très incertaine. D'autres aides proviennent de Juan March et d'autres banquiers espagnols, mais des sociétés américaines et britanniques accordent également des prêts avec l'appui des catholiques de leur pays. En septembre, la partie nationale crée sa propre Banque d'Espagne à Burgos. Quant aux ressources du Front populaire, il a déjà été dit qu'elles étaient très importantes, puisqu'elles possédaient toutes les réserves de change, d'or et d'argent de la Banque d'Espagne. Leur gestion fut lamentable, désastreuse, car ils payèrent tous leurs achats à l'avance, en or et en espèces, jusqu'à ce qu'ils aient épuisé tous leurs fonds. Alors que les gouvernements républicains se sont complètement rendus dans les bras de Staline, le gouvernement de Franco a toujours été en mesure de maintenir son indépendance.

La seule question de l'intervention étrangère en Espagne qui reste obscure est peut-être celle de l'élimination des trotskystes, qui s'est déroulée en même temps que les procès et les purges en Russie. Il s'agit d'un épisode obscur, généralement peu étudié et peu compris. La prolongation en Espagne de la lutte interne entre les communistes soviétiques a eu une influence perverse sur la politique du camp républicain et sur la guerre. C'est une question cruciale qui a conditionné l'engagement de l'URSS en faveur de la République. Alors que le communisme national battait l'internationalisme et qu'en Russie, Staline gagnait la partie contre ses ennemis, l'Espagne devint une pièce que tout le monde voulait récupérer et que personne ne voulait perdre. En septembre 1936, les trotskystes voient en l'Espagne une possibilité de s'opposer sournoisement à leur ennemi, la dernière chance, peut-être, de gagner une base de résistance internationale. Les options sont minces, mais que ce soit par le biais des Brigades internationales, ou en prenant le contrôle du gouvernement de la République, ou en provoquant une guerre mondiale, les agents trotskystes, et ils sont nombreux, peuvent essayer. L'idée de créer un État communiste trotskiste en Espagne existe et est accueillie favorablement par les forces secrètes qui soutiennent Trotski.

Staline, qui connaissait les ramifications de la conspiration qu'il combattait par les purges, ne perdit jamais de vue les hommes qui opéraient en Espagne. Presque tous étaient juifs, comme d'habitude, ce qui prouve une fois de plus que la révolution mondiale était depuis le début une entreprise contrôlée et dirigée par des agents juifs internationaux... De même que l'historiographie officielle a dissimulé l'importance historique des procès de Moscou et l'autosatisfaction des trotskistes, elle ne dit rien de la véritable nature de l'épisode espagnol. Staline ambitionne l'Espagne d'un point de vue "impérialiste". La péninsule constitue géopolitiquement une position stratégique de premier ordre. C'est précisément la raison pour laquelle la Grande-Bretagne ne peut accepter que Staline la contrôle. Gibraltar, "Gib" comme disent les Britanniques, le symbole de la puissance britannique, avec Suez, l'une des deux clés de la Méditerranée, était trop important. Avant d'être assassiné sur ordre de Staline en 1941, Krivitsky (Samuel Ginsberg), le juif trotskiste qui dirigeait en 1936 les services secrets militaires soviétiques, a écrit : "L'histoire de l'intervention soviétique reste le mystère le plus important de la guerre civile espagnole".

Avec la formation du gouvernement Largo Caballero, l'intervention de Staline en Espagne s'accélère fortement. Krivitsky consacre un chapitre de son livre à commenter et à expliquer comment cela s'est produit. Comme il s'agit d'une source de grand intérêt, puisqu'il a été pendant des années en contact étroit avec la politique de l'URSS en Europe, nous prendrons des informations importantes dans ses pages, en gardant toujours à l'esprit qu'il haïssait profondément Staline. Krivitsky ne révèle jamais qui étaient les agents trotskystes en Espagne et présente ses collègues comme des idéalistes visant à la libération du prolétariat international. Il affirme avec force que Staline voulait faire de l'Espagne une république soviétique fédérée à l'URSS et regrette que tant de naïfs aient cru que sa politique était liée à la révolution mondiale. Parmi ces naïfs se trouvaient des milliers de communistes étrangers qui, expulsés de leur pays, vivaient comme réfugiés en Union soviétique. Staline saisit l'occasion pour se débarrasser de ces vieux révolutionnaires et les envoyer en Espagne, où ils arrivent convaincus que la guerre civile espagnole peut déclencher la révolution mondiale.

Grâce à Krivitsky, on sait que, fin août, trois fonctionnaires espagnols se sont rendus en Russie pour acheter des armes, mais qu'ils n'ont pas été immédiatement emmenés à Moscou et qu'ils ont été retenus dans leur hôtel à Odessa. Entre-temps, le Politburo s'est réuni et Staline a finalement présenté son plan d'intervention, qui devait se faire secrètement pour éviter d'être impliqué dans une guerre. Un courrier spécial est envoyé par avion en Hollande, où réside Walter Krivitsky, camouflé en antiquaire, qui reçoit les instructions suivantes : "Étendez immédiatement vos opérations à la guerre civile espagnole. Mobilisez tous les agents et tous les moyens disponibles pour l'organisation rapide d'un système d'achat d'armes et de leur transport vers l'Espagne. Un agent spécial est envoyé à Paris pour vous assister dans cette tâche. Là, il vous sera présenté et travaillera sous votre supervision".

Le 14 septembre 1936, Yagoda, dont les liens avec les trotskystes n'ont pas encore été découverts, convoque une conférence à la Loubianka sur ordre de Staline. Il est alors décidé de coordonner les activités du PCE avec les services de renseignement soviétiques. Participent à cette réunion Mikhaïl Frinovski, alors commandant des forces militaires de l'OGPU, qui fait partie du NKVD, Abraham Aronovitch Slutski, chef de la division étrangère de l'OGPU, et Semene Petrovitch Uritski, général de l'état-major de l'Armée rouge et neveu de Moisei Salomonovitch Uritski, assassiné en 1918 dans le cadre des luttes intestines entre Lénine et Trotski. Tous les quatre étaient juifs et ont finalement été purgés en tant que trotskistes et exécutés par Staline. C'est lors de cette conférence à la Loubianka qu'a été nommé l'homme qui allait organiser l'OGPU en Espagne, un vétéran du département de Slutsky que Krivitsky appelle "Nikolsky, alias Schwed, alias Lyova, alias Orlov", un autre Juif connu en Espagne sous le nom d'Alexander Mikhailovich Orlov, bien que son vrai nom soit Leiba Lazarevich Felbing. L'historien Burnet Bolloten souligne que Stanley G. Payne lui a fourni une copie d'une note signée par Orlov lui-même en 1968, selon laquelle sa nomination par le Bureau politique avait eu lieu le 26 août 1936, de sorte que la date du 14 septembre donnée par Krivitsky n'est pas correcte en ce qui concerne cette nomination. En fait, Orlov était déjà parti pour Paris avec sa femme, Maria Roznetski, également agent du NKVD, et sa fille, qu'il avait laissée dans la capitale française. Le 15 septembre, il est déjà en Espagne. Burnett Bolloten note qu'Orlov pourrait bien avoir été l'un des officiers soviétiques qui ont accompagné l'ambassadeur Rosenberg lors de ses visites à Largo Caballero.

Deux jours avant l'arrivée d'Orlov, un événement étonnant s'est produit : le ministre des Finances, Juan Negrín, a ordonné par décret le transfert de la majeure partie des réserves d'or de la Banque d'Espagne vers l'URSS. Selon Krivistsky, le juif Arthur Stashevsky, qui se faisait passer pour un simple attaché commercial en Espagne, s'employait à "placer le contrôle des finances de la République entre les mains des Soviétiques". Stashevsky, écrit Krivitsky, "a découvert en Juan Negrín un collaborateur sincère dans ses plans financiers". C'est donc lui qui persuade Negrín de lui remettre l'or. Juan Negrín est marié à une juive d'origine ukrainienne, Maria Fidelman Brodsky Mijailova, fille d'un riche homme d'affaires installé en Allemagne depuis la fin du XIXe siècle. Afin de dissimuler son origine juive, Negrín et sa femme décident d'inscrire leurs enfants sous le nom de famille maternel de Mikhailov au lieu de Brodsky. Après avoir fui l'Espagne, Negrín s'exile à Bovingdon, près de Londres, où il reçoit fréquemment la visite de l'ambassadeur soviétique, Ivan Maisky, un juif d'origine polonaise qui le fréquente régulièrement. Negrín invite Maisky et sa femme à passer des week-ends chez lui.[23]

La crédibilité de Krivitsky ayant été dénoncée par les staliniens, Burnett Bolloten, historien anglais d'origine juive, a voulu vérifier la fiabilité des affirmations de Krivitsky. Dans *The Spanish Civil War : Revolution and Counter-Revolution*, Bolloten démontre, à partir de quatre sources différentes, que Negrín était bien un ami proche de Stashevsky et qu'il était marié à la juive Maria Fidelman Brodsky, dont il a eu cinq enfants. Louis Fischer rapporte que Stashevsky était un ami de Negrín qui le conseillait en matière économique. Álvarez del Vayo confirme que Negrín et Stashevsky

---

[23] Dans ses mémoires, Maysky écrit : "À partir de ce moment-là, Bovingdon est devenu notre lieu de repos habituel pendant les week-ends". En février 1953, Maisky est arrêté. Accusé d'espionnage, de trahison et de participation au complot sioniste, il échappe à l'exécution grâce à l'assassinat de Staline. Beria, qui tente de prendre le pouvoir, avait vu en lui un futur commissaire aux affaires étrangères. En 1955, Maisky est libéré et innocenté.

avaient une "véritable amitié". Santiago Garcés Arroyo, chargé par Negrín du SIM (Service d'information militaire) en avril 1938, reconnaît que Negrín s'entendait très bien avec les Russes, en particulier avec Stashevsky, "avec qui il prenait le petit-déjeuner et le déjeuner tous les jours". Mariano Ansó, ministre de Negrín, note que Stashevsky appréciait son "talent et son charme irrésistibles". Arthur Karlovich Stashevsky, né à Mitau, était en réalité un juif letton appelé Girshfeld ou Hirshfeld, qui, sous le pseudonyme de "Verkhovsky", a jeté les bases de la fondation des brigades bolcheviques internationales. En 1920, pendant la guerre civile, il dirige les services secrets sur le front occidental et, en temps de paix, il organise le réseau de renseignements en Europe occidentale sur ordre du présidium tchèque, ce qui lui vaut le titre de "tchékiste honoraire". Avec un tel CV, son affiliation trotskiste ne fait guère de doute. Staline l'exécute en 1937.

Caballero, l'exécutif de Largo, n'a pas informé le président de la République de la cession de l'or. Largo lui-même a justifié sa décision en prétextant que Manuel Azaña "était dans un état spirituel vraiment lamentable". Bien que l'article 2 du décret stipule que les Cortès seront informées, elles ne le seront jamais. Le décret, daté du 13 septembre 1936, indiquait que l'anomalie produite par le soulèvement militaire rendait nécessaire l'adoption de mesures visant à "sauvegarder les réserves métalliques de la Banque d'Espagne, base du crédit public". L'article 1 du décret était ainsi libellé : "Le ministère des Finances est autorisé, au moment qu'il jugera opportun, à ordonner le transport, avec les plus grandes garanties, vers l'endroit qu'il jugera le plus sûr, des stocks d'or, d'argent et de billets de banque détenus à ce moment-là dans l'établissement central de la Banque d'Espagne". En d'autres termes, alors que les troupes nationalistes n'ont même pas approché Madrid - le siège de l'Alcazar de Tolède s'est achevé le 27 septembre - on considère que l'endroit le plus sûr pour déposer l'or est Moscou. Le 14, les carabiniers se présentent à la Banque d'Espagne, avec la collaboration du directeur général du Trésor, Francisco Méndez Aspe, un homme de confiance de Negrín. Les directeurs Martínez Fresneda et Álvarez Guerra dénoncent l'illégalité de l'opération et démissionnent. Selon diverses sources, le caissier en chef de la Banque d'Espagne se serait suicidé dans son bureau.

Les réserves d'or de l'Espagne, qui s'élèvent à 707 tonnes, sont alors les quatrièmes au monde. Sur ce total, 510 tonnes ont été remises à l'Union soviétique et le reste a été déposé dans des banques françaises afin de garantir le paiement des achats d'armement. Avant que l'or ne quitte l'Espagne, Staline envoie à Orlov un radiogramme codé à Moscou : "Avec l'ambassadeur Rosenberg, je me suis arrangé avec le chef du gouvernement espagnol, Largo Caballero, pour envoyer les réserves d'or de l'Espagne en Union soviétique sur un bateau à vapeur russe. Tout doit être fait dans le plus grand secret. Si les Espagnols exigent un reçu pour la cargaison, refusez, je répète, refusez de le signer et dites qu'un reçu officiel vous sera remis à

Moscou par la Banque d'État. Je vous tiens personnellement responsable de l'opération. Près de deux mois se sont écoulés avant que l'or n'arrive à Moscou. Les opérations ont commencé le 15 septembre à 23h30 par le transport de 7800 caisses vers la base navale de Carthagène. Chaque caisse contenait environ 65 kilos d'or pur. La cargaison est déposée dans la poudrière de La Algameca et y reste pendant un mois, jusqu'au 22 octobre. Étant donné que Carthagène était sous le contrôle du gouvernement de la République jusqu'à la fin de la guerre, il est évident que les réserves y auraient été parfaitement stockées.

Staline pensait qu'"un vapeur russe" suffirait pour le transport, mais Orlov a constaté qu'il faudrait davantage de navires. Il s'est donc rendu à Carthagène et a ordonné à l'attaché naval soviétique de confisquer les navires qui arrivaient. Il ordonne qu'ils soient déchargés rapidement et qu'ils se tiennent prêts. Dans les nuits des 22, 23 et 24 octobre 1936, des pétroliers soviétiques de la base d'Archena, sous les ordres d'un commandant juif nommé Semion Moiseyevich Krivoshéin, chargent l'or sur les navires *Kim*, *Khrouchtchev*, *Neva* et *Volgoles*. Le ministre de la Marine, Indalecio Prieto, responsable de la base navale, devait nécessairement être au courant de ce qui s'y passait. Le 25 octobre, à 10 heures du matin, l'opération est terminée. Méndez Aspe demande un reçu, mais Orlov répond qu'il sera délivré à Moscou une fois l'or pesé. Pour rassurer le directeur général du Trésor, Orlov lui dit qu'il peut envoyer un représentant du Trésor sur chacun des navires.

Des mois plus tard, en 1937, Krivitsky s'entretient avec les quatre fonctionnaires espagnols, qui se trouvent toujours à Moscou, à l'hôtel Metropol, et dont les passeports n'ont pas été divulgués. S'ils partent d'ici à la fin de la guerre", lui dit Slutsky, "ils peuvent s'estimer heureux. Pour l'instant, ils doivent rester entre nos mains". Les navires quittent Carthagène pour Odessa, où ils arrivent le 2 novembre avec le trésor espagnol dans leurs cales. Le quai où ils ont accosté a été bouclé par des troupes spéciales. Les fonctionnaires de l'OGPU transportent les caisses sur les voies ferrées pendant des jours et remplissent les wagons de plusieurs convois armés qui emmènent la cargaison à Moscou. En mars 1937, Slutsky et Krivitsky se promènent sur la Place Rouge et Krivitsky lui annonce l'arrivée de l'or. Pour lui donner une idée de la quantité, il lui dit : "Si toutes les caisses empilées sur les quais d'Odessa avaient été placées côte à côte ici sur la Place Rouge, elles l'auraient recouverte entièrement d'un bout à l'autre. Staline donne un banquet au Kremlin pour célébrer le succès de l'opération. Il déclare alors : "Les Espagnols ne verront pas plus l'or qu'on ne voit ses propres oreilles". L'URSS n'accorde donc aucun crédit aux Républicains et fait plus que collecter à l'avance toute l'aide qu'elle envoie à l'Espagne.

Dans *Weapons for Spain. The Untold Story of the Spanish Civil War*, Gerald Howson jette une lumière définitive sur la manière dont Staline a escroqué la République de centaines de millions de dollars par le biais de ventes d'armes. Howson démontre comment les Soviétiques ont falsifié les livres comptables et les prix des armes, puisque le dollar s'échangeait alors à 5,3 roubles et qu'ils ont fixé le taux de change pour les Espagnols à 2,5 roubles pour un dollar. Le gouvernement républicain a donc payé les armes deux fois plus cher qu'elles ne valaient. Selon Howson, "de toutes les escroqueries, tricheries, vols et trahisons que les républicains ont dû endurer, la conduite sans scrupules de Staline et des hauts fonctionnaires de la nomenklatura soviétique est certainement la plus sordide, la plus perfide et la plus indéfendable".

Fuite du gouvernement et massacre de prisonniers

L'intervention soviétique a donné aux communistes une force et un pouvoir qui leur faisaient défaut auparavant. Les liens du PCE avec les services de renseignement de Staline lui confèrent des avantages supplémentaires par rapport aux autres partis. En outre, on peut dire qu'ils ont trois ministres de plus, puisque Rosenberg agit dans les Conseils des ministres comme une sorte de vice-président, et que les socialistes Negrín et Álvarez del Vayo agissent en harmonie avec eux. Dès que les conseillers militaires commencent à arriver, sa domination s'accroît encore. En ce qui concerne Rosenberg, Luis Araquistáin confirme qu'il se comportait comme un vice-roi qui donnait quotidiennement des instructions à Largo Caballero sur ce qu'il fallait faire et sur les personnes à nommer ou à révoquer. Burnett Bolloten cite un texte très significatif de Ginés Ganga, député socialiste de gauche : "Ce monsieur (Rosenberg) avait l'habitude de porter dans sa poche une collection de bouts de papier conçus en ces termes ou en des termes similaires : X, chef de telle ou telle division, doit être révoqué et Z nommé comme remplaçant ; untel, employé du ministère A, ne travaille pas correctement, il doit être remplacé par B ; M doit être emprisonné et poursuivi pour désaffection ; et ainsi de suite tout le temps". Au total, le personnel militaire technique en Espagne comptait environ deux mille hommes, dont seuls les pilotes et les officiers de chars sont allés au combat. Les Russes sont des membres de l'état-major, des instructeurs, des ingénieurs, des experts en guerre chimique, des mécaniciens d'avion, des opérateurs radio ou des experts en artillerie. Tous sont étroitement surveillés par le NKVD.

La Brigade internationale, véritable armée du Comintern, est recrutée par les partis communistes locaux, intégrés à l'Internationale communiste, où de nombreux internationalistes adeptes de Trotsky tentent encore d'exercer une influence, alors que Staline procède depuis 1930 à diverses purges. Par ailleurs, les services secrets militaires, encore infiltrés en 1936 par de nombreux trotskistes, disposent de postes de contrôle secrets en Europe où les communistes étrangers enrôlés font l'objet d'une nouvelle enquête. Il faut souligner que la purge de l'Armée rouge à Moscou a lieu à la fin du printemps 1937 et qu'en septembre, la conspiration contre Staline est à son apogée. Les trotskistes sont engagés dans une lutte à mort pour chasser Staline du pouvoir et entendent naturellement s'imposer dans les événements d'Espagne, qui va devenir un nouveau terrain d'affrontement.

Le contrôle des volontaires des brigades, dont beaucoup sont venus se battre pour la République et la révolution mondiale, se poursuit en Espagne, où ils sont espionnés par des commissaires politiques. Selon Krivitsky, leurs passeports leur sont retirés et rarement restitués, les passeports étrangers, notamment américains, étant très prisés par le NKVD. Un document du Comité exécutif de la Comintern datant de l'automne 1937, alors que la purge des trotskystes en Espagne avait déjà eu lieu, indiquait la nécessité de "surveiller la sélection des volontaires pour empêcher l'introduction dans les brigades d'agents des services d'information et d'espions fascistes et trotskystes". En Espagne, deux prisons étaient réservées aux brigadistes, l'une dans le quartier de Horta à Barcelone, où il y avait en 1937 six cent vingt-cinq prisonniers, et l'autre à Castellón de la Plana. La base d'entraînement est établie à Albacete, où le Français André Marty, surnommé "le boucher d'Albacete", est chargé de veiller à l'orthodoxie des volontaires communistes. Il reconnaît lui-même dans un rapport au Comité central du Parti communiste français qu'il n'a pas hésité et qu'il a ordonné les exécutions nécessaires : environ cinq cents.

Après la libération de l'Alcazar de Tolède, les troupes nationalistes commencent à s'approcher de Madrid. Pendant ce temps, des volontaires communistes internationaux débarquent dans les ports de la Méditerranée et, depuis la France, pénètrent en Catalogne, où la révolution a atteint son apogée et commence à s'affaiblir. Là aussi, après la formation du premier gouvernement de Largo Caballero, la Generalitat tente de mettre fin au double pouvoir, ce qui nécessite la dissolution du Comité central des milices. Les anarchistes finissent par se mettre d'accord le 26 septembre et, bien qu'ils soient restés en dehors du gouvernement de Madrid, ils acceptent d'entrer dans le gouvernement de la Generalitat, dont le "conseller en cap" est Josep Tarradellas. Dans ce "Consell de Govern" formé le 28 septembre, tous les partis et syndicats sont représentés, y compris le POUM, le parti trotskiste d'Andreu Nin, qui obtient le portefeuille de la Justice. Le POUM avait osé critiquer le procès d'août 1936 à Moscou, le premier des trois procès, et avait pris publiquement la défense des victimes. Les anarchistes, quant à eux, parviennent à prendre le contrôle de l'économie, du ravitaillement et de la santé. La formation du nouveau gouvernement de la Generalitat signifie en théorie la fin des organismes du pouvoir révolutionnaire. Le 1er octobre, le Comité central des milices est dissous et, dans un manifeste, adhère à la politique de la Generalitat. Le 9 octobre, un décret approuvé par Nin et les "consellers" de la CNT met fin aux comités locaux dans toute la Catalogne.

Après le pas franchi en Catalogne, il aurait été incohérent que les anarchistes refusent d'entrer dans le gouvernement de Madrid. L'UGT, le

PSOE et le PCE le réclament et en octobre, coïncidant avec l'arrivée des premiers officiers et avions russes, les négociations commencent. Les journaux de la CNT appellent à la formation d'un Conseil de défense nationale. Les défaites militaires et la menace qui pèse sur la capitale finissent par décider les dirigeants de la CNT et de la FAI, qui acceptent d'entrer au gouvernement, malgré l'émoi que leur décision suscite dans le mouvement libertaire. Dans un premier temps, ils réclament six portefeuilles ministériels. Largo Caballero leur en offre finalement quatre : Justice (García Oliver), Santé (Federica Montseny), Commerce (Juan López) et Industrie (Juan Peiró). La restauration de l'État s'achève ainsi avec l'approbation des anarchistes.

Le deuxième gouvernement de Largo Caballero et vingt-quatrième de la Seconde République est formé le 4 novembre 1936, alors que les troupes rebelles se trouvent déjà dans les environs de Madrid. Negrín détient le portefeuille du Trésor et Prieto ceux de la Marine et de l'Aviation. Largo Caballero, en plus de la présidence, conserve le portefeuille de la guerre. Manuel de Irujo et Jaume Aiguader représentent les nationalistes basques et catalans. Tous les partis font partie du gouvernement, à l'exception du POUM, dont la participation se heurte au veto du PCE, qui suit les instructions de Moscou. Un mois plus tard, la pression des staliniens catalans du PSUC et des conseillers soviétiques aboutit à la destitution d'Andreu Nin du poste de ministre de la Justice de la Generalitat. Pour certains historiens, cette mesure a initié le processus contre-révolutionnaire.

Le soir du 6 novembre, dans les premières heures de l'attaque de Madrid, Largo Caballero et ses ministres s'enfuient honteusement sans l'annoncer à la population. En route vers Valence, la caravane officielle est arrêtée à Tarancón par une centaine de miliciens anarchistes qui insultent et menacent les ministres et l'ambassadeur Rosenberg qui s'enfuit avec eux. Les explications des ministres anarchistes ne servent à rien : ils obligent la suite à battre en retraite. Finalement, ils parviennent à faire un détour par le sud de Madrid et parviennent à poursuivre leur fuite. Lorsqu'ils atteignent la capitale du Turia, la CNT-FAI de Valence les traite de "lâches et de fugitifs". Deux jours plus tard, les journaux sont autorisés à donner la nouvelle du transfert du gouvernement de la République à Valence "pour organiser la victoire définitive". Le communiqué du gouvernement annonce qu'avant de partir, la Junte de défense de Madrid, présidée par le général Miaja, a été constituée.

Avec l'arrivée des premiers soviets, un décret du 6 octobre avait créé le Commissariat général à la guerre, qui consacrait la figure du commissaire, représentant du gouvernement dans l'armée, défini comme le bras droit du commandement, "la sentinelle, l'œil vigilant", l'éducateur politique des soldats et des officiers, "le camarade et le modèle". Les commissaires doivent être, selon le PCE, "le nerf et l'âme de l'armée populaire", alors que leurs adversaires les appellent les "aumôniers rouges". Les communistes s'emparent de la moitié des postes de la Junte de défense, formée le 7 novembre, et deviennent ainsi les maîtres de Madrid.

Au soir du 9 novembre, la ville semble perdue. De plus, la faim devient un autre ennemi à vaincre : pour obtenir un pain, il faut parfois faire la queue de minuit à midi. La panique est générale et les routes sont pleines de fugitifs. Les forces franquistes arrivent par l'ouest et le sud sans rencontrer de résistance. Selon Edward Knoblaugh, correspondant de l'Associated Press à Madrid, "Franco aurait pu prendre la ville dans l'après-midi. Franco aurait pu prendre la ville cet après-midi-là, mais il ne l'a pas fait, l'entrée n'a pas eu lieu, peut-être parce qu'on a estimé qu'il fallait plus de troupes. De l'avis des observateurs militaires étrangers, il fallait environ 150 000 hommes pour prendre une ville comme Madrid, et Franco ne voulait pas emmener au front les cinquièmes troupes nouvellement mobilisées, qui n'avaient pas encore achevé leur période d'entraînement. Lorsqu'il décide d'y aller, trois jours plus tard, il est trop tard, car des milliers de brigadiers formés à Albacete arrivent dans la capitale.

Le contrôle de la ville étant entre les mains du parti communiste et des Soviétiques, et craignant que les prisonniers ne soient libérés, les prisons ont été vidées et le plus grand génocide organisé de l'histoire espagnole a été commis à Paracuellos del Jarama, Torrejón et Aravaca. Bien que certaines estimations fassent état de 12 000 victimes exécutées au cours des massacres, la plupart des spécialistes avancent le chiffre d'environ 8000. C'est le diplomate allemand Felix Schlayer, alors consul de Norvège et chargé d'affaires en Espagne à Madrid, qui a découvert les événements et les a dénoncés. Schlayer, un dur à cuire de soixante-trois ans qui avait vécu les horreurs de la Première Guerre mondiale en tant qu'officier allemand, arborait une moustache élaborée du XIXe siècle qui lui donnait l'apparence d'un "Junker" prussien. Sa détermination courageuse et son allure impressionnante intimidaient souvent ses interlocuteurs. Bien que l'on ait cherché à discréditer Schlayer pour ses sympathies envers les nationalistes, son ouvrage *Diplomat im roten Madrid*, publié en 1938 en Allemagne après son expulsion d'Espagne, est un témoignage incontestable qui a révélé en Europe le massacre perpétré par le gouvernement de la République. Santiago Carrillo, l'un des principaux responsables des crimes contre l'humanité à Paracuellos, l'appelait "ce nazi".

Rien qu'à Madrid, il y avait quelque 200 checas en activité. Certaines sont officielles, mais la plupart sont contrôlées par des partis politiques, des syndicats et des comités. On peut dire que toute milice organisée, qu'elle soit anarchiste, socialiste ou communiste, se considère autorisée à détenir, interroger et, le cas échéant, exécuter les personnes soupçonnées d'antirépublicanisme. En conséquence, le siège diplomatique devient rapidement un refuge pour des milliers de personnes en quête de protection. Dès le mois d'octobre, Schlayer compte neuf cents personnes hébergées dans l'"asile" norvégien. Aurelio Núñez Morgado, ambassadeur du Chili et doyen du corps diplomatique, dispose de plus d'espace dans les bâtiments de son ambassade et dépasse de plusieurs centaines le chiffre précédent. Le chef de la mission argentine, Edgardo Pérez Quesada, a également joué un rôle de premier plan. Lorsqu'il a eu la certitude de ce qui se passait, Pérez Quesada a envoyé un rapport détaillé à Buenos Aires, dont il a remis une copie au chargé d'affaires britannique, qui l'a transmis au Foreign Office.

Dans cette atmosphère, Schlayer commence à s'intéresser aux prisonniers dès la fin du mois de septembre et décide d'effectuer des visites régulières dans les prisons où les détenus sont entassés. L'emprisonnement de l'avocat de sa légation, Ricardo de la Cierva, est l'une des raisons de sa préoccupation. Son exemple est suivi par les représentants du Chili, de l'Argentine, de la Grande-Bretagne, de l'Autriche et de la Hongrie, ce qui constitue un répit et un soulagement pour les détenus. Alors que le gouvernement est encore à Madrid, la sortie des prisonniers des prisons commence à la fin du mois d'octobre. Le directeur général de la sécurité, Manuel Muñoz, franc-maçon du 33e degré dont les mains sont déjà tachées du sang des victimes du "train de la mort", signe l'ordre d'exécution de trente-deux prisonniers de la prison de Ventas, le 28 octobre, dans le cimetière d'Aravaca, Parmi eux se trouvaient le falangiste Ramiro Ledesma et l'intellectuel de la Génération 98 Ramiro de Maeztu, auteur entre autres de *Defensa de la Hispanidad* et de *Don Quichotte, Don Juan y la Celestina*, un excellent essai littéraire sur les trois figures universelles de la littérature espagnole. Arrêté en juillet, Maeztu a écrit pendant sa captivité *Defensa del Espíritu (Défense de l'esprit)*, une œuvre posthume dont des fragments ont été perdus. Le même jour, 29 autres prisonniers du Modelo sont fusillés à Aravaca. Le 29, cinquante autres sont extraits de la célèbre checa de Fomento et exécutés sur la route de Boadilla.

Le 1er novembre, le juif Koltsov (Efimovich Fridlyand), alias Miguel Martinez, soi-disant correspondant de la *Pravda*, mais en réalité conseiller des autorités rouges et du Conseil de défense, discute avec les commissaires politiques du sort des prisonniers. Koltsov propose de les fusiller. Toujours sur ordre de Manuel Muñoz, soixante-dix-neuf prisonniers sont extraits de la prison de Ventas et fusillés à Aravaca. Quelques jours plus tard, le 3 novembre, soixante-six autres prisonniers sont exécutés à Carabanchel Alto. À l'aube du 5 novembre, deux camions chargés de prisonniers quittent la prison de San Antón, un autre la prison de Porlier et une grande expédition la prison de Modelo. Ian Gibson, auteur de *The Assassination of García Lorca*, dans son ouvrage *Paracuellos : How it happened*, affirme que Koltsov était l'instigateur et le responsable des massacres de Paracuellos. Koltsov était considéré comme un homme de confiance de Staline, mais malgré cela, il fut dénoncé à la fin de l'année 1937 par André Marty, la plus haute autorité des Brigades internationales, qui l'accusa de contacts avec les trotskystes du POUM et sa femme, Maria Osten, d'être un agent des services de renseignements allemands. Contraint de retourner en URSS, Koltsov est éliminé le 2 février 1940.

Les exécutions à Aravaca ont dû être suspendues en raison de la proximité des troupes nationalistes. Torrejón et Paracuellos sont alors choisis pour poursuivre les exécutions. Lorsque le gouvernement s'est enfui, la Junte de défense a nommé le communiste Santiago Carrillo, dirigeant de la JSU et fils du socialiste Wenceslao Carrillo, conseiller pour l'ordre public. Segundo Serrano Poncela lui est adjoint. Dans l'après-midi du 6 novembre, peu avant l'investiture de Carrillo, de grands saccages sont effectués dans les prisons de Modelo et de Porlier. Les prisonniers sont exécutés au pied du Cerro de San Miguel, au sommet duquel se trouve le village de Paracuellos, près de la rivière Jarama. Le 7 au matin, les rafles les plus importantes ont lieu : 1600 personnes quittent la prison de Modelo, dont 300 sont emmenées à Alcalá de Henares et les autres sont massacrées à Paracuellos. Le même jour, le 7, deux autres massacres ont lieu : un très grand à la prison de San Antón et un plus petit à la prison de Porlier. Les victimes de ce dernier ont été fusillées dans les murs du cimetière de l'Almudena. Après la guerre, ces corps ont été exhumés et transportés au cimetière de Paracuellos. Les massacres se poursuivirent dans la nuit du 7 au 8 novembre : des expéditions des prisons de Modelo et de Porlier furent ramenées à Paracuellos. L'ampleur des massacres précédents a dépassé les prévisions, de sorte qu'il n'y a pas assez de tombes préparées et que les personnes fusillées la veille ne sont pas enterrées. Les villageois sont contraints de creuser de nouvelles tranchées, dans lesquelles les corps sont traînés à l'aide de crochets et de cordes tirés par des chevaux et des mules. En raison de l'amoncellement de cadavres à Paracuellos, les prochaines expéditions sont envoyées à Soto de Aldovea, dans la commune de Torrejón de Ardoz, où un ancien canal d'irrigation de cent cinquante mètres de long est utilisé pour enterrer les morts. Une fois la guerre terminée, quatre cent quatorze corps ont été exhumés et transférés dans des cercueils individuels au cimetière de Paracuellos. Seuls quelques-uns d'entre eux ont pu être identifiés.

Félix Schlayer écrit dans *Diplomate dans le Madrid rouge* qu'il s'est rendu au Modelo le 7 au matin, accompagné de délégués du Comité international de la Croix-Rouge. Il a trouvé la prison entourée de barricades de pavés et des gardes et des miliciens baïonnette au canon aux entrées. À l'intérieur, il voit un grand nombre de bus. Il veut parler au directeur, mais celui-ci est au ministère. Le sous-directeur lui dit que les bus sont là pour prendre des officiers et les emmener à Valence. Il se rend immédiatement à la Direction générale de la sécurité, mais le vénérable Frère Manuel Muñoz s'est enfui avec le gouvernement. Il demande qui est le nouveau responsable et on lui répond que Margarita Nelken, députée socialiste d'origine juive, est installée depuis le matin dans le bureau du directeur général. Il demande un entretien avec elle, mais on lui répond qu'elle n'est pas là. Schlayer comprend qu'elle ne veut pas le voir.

Devant l'impossibilité de voir Nelken, les diplomates, qui n'ont pas été informés par le gouvernement de leur départ de Madrid, organisent une réunion à l'ambassade du Chili et décident de se rendre au ministère de la Guerre pour rencontrer José Miaja, général en chef de la Junte de défense. Celui-ci les reçoit à 17h30 et leur promet qu'il "ne laissera pas toucher le moins du monde aux prisonniers". Schlayer demande des nouvelles de son avocat, Ricardo de la Cierva, tué deux heures plus tôt, et Miaja lui assure qu'il fera tout ce qui est en son pouvoir pour lui. Le diplomate retourne au Modelo à six heures du soir et apprend du directeur, avec lequel il entretenait de bonnes relations, que Ricardo de la Cierva a été remis à un communiste du nom d'Ángel Rivera, qui a reçu l'ordre de transférer des centaines de prisonniers à Valence. Avant la fin de cette longue journée, Schlayer reprend les délégués de la Croix-Rouge qui ont réussi à obtenir une entrevue avec le nouveau chef de l'ordre public, Santiago Carrillo, avec qui ils ont eu une longue conversation. Carrillo leur dit qu'il ne sait rien de la libération des prisonniers de la prison de Modelo et se montre prêt à protéger les détenus. Schlayer raconte qu'il était certain que Carrillo leur mentait, si bien que pendant la nuit, les présages les plus funestes lui sont venus à l'esprit. Le lendemain, il se rend à nouveau au Modelo et le directeur tente de se justifier personnellement en lui montrant une lettre de la direction générale de la sécurité, lui ordonnant de remettre 970 prisonniers, sélectionnés par ses gardiens, pour qu'ils soient transférés à Valence. Schlayer écrit : "La possibilité d'un crime horrible auquel je n'avais pas pu croire jusqu'à présent commençait à prendre forme en moi".

Avec beaucoup de difficultés, le chargé d'affaires norvégien a réussi à établir un contact téléphonique avec les directeurs de la prison San Miguel de los Reyes (Valence) et de la prison de Chinchilla (Albacete). Il apprend alors qu'au cours des quatorze derniers jours, ils n'ont reçu aucun prisonnier en provenance de Madrid. Les jours suivants, Schlayer tente de localiser le lieu du crime et ses recherches le conduisent d'abord à Torrejón, plus précisément à Soto de Aldovea, où se trouve une forteresse du XVIIIe siècle, le château d'Aldovea. Il s'y rend en compagnie de l'Argentin Edgardo Pérez Quesada, à qui il avait fait part de ses recherches et avec qui il avait accepté de l'accompagner. Arrivé au château, Schlayer demande au milicien de garde où sont enterrés les fusillés. L'homme, qui devait être un bienheureux, commença à indiquer le chemin, mais les diplomates lui demandèrent de les accompagner. Il prit son fusil et les conduisit dans le vieux fossé, où régnait une forte odeur de pourriture. À certains endroits, on pouvait voir des membres dépasser ou des bottes apparaître. Schlayer et Pérez Quesada estiment qu'il y a là entre cinq et six cents cadavres.

Quelques jours plus tard, le diplomate allemand se rend avec son chauffeur à Paracuellos. Lorsque, après plusieurs recherches, il parvient à s'approcher du lieu des exécutions, il rencontre un jeune homme qui vient de labourer avec deux mules. Il utilise alors la même tactique qu'à Soto de

Aldovea et, comme s'il s'agissait d'un fait connu, demande : "Où ont-ils enterré tous les gens qui ont été exécutés le dimanche ? Le jeune homme répond : "Là, sous les Quatre Pins, mais ce n'était pas le dimanche, c'était le samedi". Schlayer insiste : 'Combien y en avait-il ? Le paysan répond qu'ils étaient nombreux. "Il demanda à nouveau s'il y en avait environ six cents. "Plus, répondit le jeune homme, ils arrivaient en bus toute la journée, et on entendait les mitrailleuses toute la journée. Le diplomate voulut s'approcher des Four Pines, mais trois hommes armés de fusils gardaient l'endroit. Schlayer écrit : 'Je vis clairement deux collines de terre parallèles nouvellement érigées, allant de la route à la rive du fleuve, d'une longueur d'environ deux cents mètres chacune".

En bref, Schlayer ne se contente pas de provoquer une intervention diplomatique, il sollicite également le soutien du Dr Henry, délégué de la Croix-Rouge internationale. Ensemble, ils prennent des photos, recueillent des témoignages, interrogent des personnes contraintes de creuser des tombes, visitent des prisons et s'entretiennent avec des membres du Conseil de défense. Par crainte d'un scandale international, les exécutions et les mises à mort ont été temporairement interrompues. Les milliers de prisonniers encore présents dans le Modelo ont été transférés dans les prisons de Porlier, San Antón et Ventas. L'apparition sur la scène de l'anarchiste sévillan Melchor Rodríguez, nommé délégué des prisons le 10 novembre, est un autre événement qui a conduit à l'arrêt temporaire des exécutions. Schlayer, qui l'a rencontré à plusieurs reprises, a des mots très aimables pour Melchor Rodríguez dans son livre et lui consacre un petit chapitre intitulé "Anarchiste ou apôtre ? Cet anarchiste, l'un des nombreux idéalistes qui se sont heurtés à une réalité atroce, a renoncé dès son entrée en fonction à son salaire mensuel de mille cinq cents pesetas, "alors qu'il n'avait aucune autre source de revenus", écrit le consul, "et qu'il vivait de la charité de ses amis". Le nouveau délégué supprime radicalement les sacas ; mais il ne lui faut que quatre jours pour apprendre que les communistes ont à nouveau exécuté des prisonniers extraits des prisons sans son autorisation. Il réclame un châtiment exemplaire, mais le ministre de la Justice, l'anarchiste García Oliver, ne le soutient pas et Melchor Rodríguez démissionne de son poste.

À partir du 17 novembre, les rafles de Paracuellos reprennent. Le Comité rouge de la Garde civile avait emprisonné les mécontents de l'Institut dans une cellule appelée "Spartacus", située dans un couvent de la rue Santa Engracia. Dans l'après-midi du 19 novembre, censés être transférés à Guadalajara, quelque deux cents gardes de tous grades sont partis pour les cimetières de l'Almudena et de Vicálvaro, où ils ont été exécutés. Le 22, un plus petit nombre de prisonniers est extrait de la prison de San Antón. Le 24, des centaines de prisonniers de tous âges et de toutes professions quittent Porlier pour Paracuellos. Les 25, 26, 28 et 29, des centaines de nouvelles victimes sont extraites de cette même prison, dont une famille entière, celle du célèbre notaire Alejandro Arizcún Moreno. Parmi ses quatre enfants abattus, le plus jeune était étudiant et n'avait que dix-sept ans. Les 27 et 28, de nouvelles rafles ont eu lieu dans la prison de San Antón.

Le dramaturge Pedro Muñoz Seca a été libéré menotté à huit heures du matin le 28 juillet, en compagnie du père Guillermo Llop, prieur des Frères de San Juan de Dios à Ciempozuelos. Bien que la République soit censée être un régime de libertés, Muñoz Seca, pour avoir été monarchiste, ami du roi et pour avoir écrit contre la République, avait été arrêté le 29 juillet à Barcelone, où le 17, *La tonta del rizo* avait été créée au théâtre Poliorama. Admis à la prison de San Antón le 6 août, il y est resté près de quatre mois. Le 26 novembre, un tribunal populaire est constitué dans la prison même, qui le condamne à mort pour être monarchiste, antirépublicain et catholique, trois crimes très graves. Le 28 novembre, à une heure du matin, il se confesse au prêtre Ruiz del Rey, qui meurt avec lui, et à quatre heures du matin, il écrit une lettre à sa femme, dans le dernier paragraphe de laquelle il laisse ces mots : "Je suis désolé de te donner le déplaisir de cette séparation ; mais si nous devons tous souffrir pour le salut de l'Espagne, et c'est la part qui m'est échue, bénies soient ces souffrances". Dans le post-scriptum, il fait allusion à sa récente confession : "Comme vous le comprendrez, je suis très bien préparé et je n'ai rien à me reprocher".

Plus de deux cent cinquante personnes, dont une centaine de religieux et une vingtaine de professeurs d'université, ont été fusillées le deuxième jour. Le même jour, le 30, un très grand nombre de personnes sont sorties de la prison de Ventas. Ce sont les derniers massacres du mois de novembre, mais le rituel macabre des exécutions se poursuit pendant les quatre premiers jours de décembre. Des prisonniers ont été emmenés à San Antón pendant ces quatre jours. Soixante-quatre personnes quittent la prison de Ventas le 2 décembre et soixante autres le 3 décembre. De nouvelles expéditions à destination des Paracuellos quittent Porlier les 1er, 2, 3 et 4 décembre. Heureusement, l'"ange rouge" est à nouveau sollicité par le ministre de la Justice. Melchor Rodríguez accepte pour la deuxième fois le poste de délégué du gouvernement pour les prisons, à condition qu'aucun prisonnier ne puisse quitter la prison sans son consentement écrit. Dès lors, les meurtres cessent.

Dans la recherche des responsabilités, plusieurs noms sont cités par les historiens. Si l'on accepte la thèse de Ian Gibson, la proposition d'exterminer la population carcérale est venue du juif Koltsov, et il en aurait été l'instigateur direct, bien que les ordres aient été donnés par les responsables. Un autre idéologue possible des massacres est l'Argentin Victorio Codovilla, un stalinien qui était le plus haut représentant de l'Internationale à Madrid. L'ordre initial autorisant les premiers licenciements avant que le gouvernement ne quitte Madrid émane du ministre de l'Intérieur, Ángel Galarza, le socialiste franc-maçon qui avait justifié publiquement l'assassinat de Calvo Sotelo aux Cortes. Une fois la Junte de défense mise en place, les ordres sont venus du nouveau ministre de l'Ordre public, Santiago Carrillo, politiquement responsable, même si l'idée n'est pas de lui.

Selon les *procès-verbaux des réunions de la Junte de défense de Madrid*, lors de la séance du 15 novembre, Carrillo déclara qu'il avait la responsabilité totale et absolue de tout ce qui concernait les prisonniers. Cependant, les ordres étaient généralement signés par Segundo Serrano Poncela, son collaborateur et bras droit, qui visita personnellement la prison de Modelo le 7 novembre et ordonna, dans le plus pur style léniniste, de sélectionner "des militaires, des carriéristes et des aristocrates". En arrière-plan, il y avait ceux qui, bien que responsables, n'avaient ni la décence ni le courage d'affronter les communistes qui, en accord avec les hommes de main soviétiques, dirigeaient l'ensemble de l'opération. Parmi eux, le ministre de la Justice, Juan García Oliver. Enfin, on ne peut ignorer que le président du gouvernement était Francisco Largo Caballero, qui, qu'il le sache ou non, portait la responsabilité ultime des actions de ses ministres.

Le 8 décembre, Georges Henry, délégué suisse de la Croix-Rouge internationale, décolle de Madrid à bord d'un avion de l'ambassade de France qui effectue le vol hebdomadaire Toulouse-Madrid. Sa destination finale est cependant Genève, où il entend présenter un document contenant les témoignages d'Edgardo Pérez Quesada et de Félix Schlayer sur les massacres de prisonniers. Il est accompagné des journalistes Louis Delaprée, du journal *Paris-Soir*, et André Chateau. Deux fillettes de moins de douze ans sont également présentes. L'avion, un Potez 54, décolle en début d'après-midi. Outre le drapeau français sur le gouvernail de queue, le fuselage porte clairement la mention "Ambassade de France". À Guadalajara, un avion de guerre apparaît soudainement et s'approche pour effectuer une reconnaissance. Il semble s'éloigner, mais revient bientôt et mitraille le Potez 54, qui est gravement endommagé sur une aile et sur le fuselage. Le pilote réussit néanmoins à poser l'appareil dans un champ de céréales à Pastrana, où il se retrouve à l'envers, les roues en l'air, avec une trentaine d'impacts. Ce sont les deux filles qui s'en sortent le mieux. Le docteur Henry est blessé à la jambe, Château est sauvé par l'amputation d'une jambe, Delaprée meurt le 31 décembre après une lente et douloureuse agonie. Le pilote est indemne et, bien sûr, interrogé par le diplomate norvégien, qui donne cette version des faits dans son livre :

> "... À la hauteur de Guadalajara, il croisa de plein fouet un autre avion qui le dépassa d'abord à une distance considérable. Il portait les insignes du gouvernement rouge. Le Français le salua comme d'habitude en agitant ses ailes, c'est-à-dire en les bougeant deux fois de haut en bas pour se faire reconnaître, bien qu'il portât de grands insignes français. L'avion rouge passe, se détourne, tourne en rond, revient et passe sous le Français. Ce dernier tire alors sur l'avion depuis le bas avec sa mitrailleuse. Puis il s'est enfui rapidement. Le pilote français, effrayé, m'a personnellement fait ce récit".

Mikhaïl Koltsov visite les blessés dans les hôpitaux le 9 décembre. Dans son *Journal de la guerre d'Espagne,* il écrit la version que lui a donnée Delaprée lui-même avant de mourir :

"Nous n'avions pas volé depuis plus de dix minutes. Soudain, un chasseur est apparu au-dessus de nous. Il a tourné en rond, semblant nous observer à loisir. Il est impossible qu'il n'ait pas vu les signes distinctifs. Il a disparu pendant quelques minutes et soudain, par le bas, à travers le plancher du cockpit, les balles ont commencé à pénétrer. Nous avons été touchés par les premiers tirs. Le pilote est indemne. Il a fait un atterrissage brutal. L'avion a heurté le sol très violemment, s'est mis à la verticale sur l'étrave. Grièvement blessés, se vidant de leur sang, nous sommes tombés les uns sur les autres. Il m'a semblé qu'un incendie s'était déclenché, je ne comprenais plus rien. Quelques minutes plus tard, des paysans sont apparus, ont cassé la trappe et nous ont sortis avec précaution".

Dès 1938, William Foss et Cecil Gerahty dénoncent les auteurs de l'attentat dans *The Spanish Arena.* Dans leurs ouvrages contemporains, E. Knoblaugh et F. Schlayer suggèrent également qu'il s'agit d'une opération des services secrets de l'Union soviétique. En France, l'événement choque l'opinion publique, mais la vérité n'est pas connue car la presse républicaine affirme qu'il s'agit d'une "nouvelle sauvagerie de l'aviation franquiste" et lance une campagne de propagande accusant les nationalistes d'un attentat contre la Croix-Rouge internationale et contre la France. On sait aujourd'hui que les pilotes qui ont perpétré l'attentat sont G. Zakharov et N. Shimelkov. Un ami de Delaprée, le journaliste Sefton Delmer, a affirmé dans les années 1960 qu'Alexandre Orlov, chef du NKVD, avait ordonné l'abattage de l'avion pour éviter que les rapports sur les massacres de Paracuellos del Jarama ne parviennent au Comité international de la Croix-Rouge, car la République pouvait être accusée de crimes contre l'humanité. Le ministre socialiste des Affaires étrangères, Julio Álvarez del Vayo, devait être particulièrement intéressé par la dissimulation des massacres : le 11 décembre, aux Nations unies à Genève, il prononça un célèbre discours dans lequel il accusait l'Allemagne et l'Italie de bombardements aveugles ayant causé la mort de milliers d'enfants et de femmes en Espagne. Au moment où il tente de conquérir l'opinion internationale, la remise par le docteur Henry, dans la ville suisse, des documents qui auraient discrédité son gouvernement aux yeux de l'opinion mondiale aurait constitué un sérieux revers pour Álvarez del Vayo, marié, comme Negrín, à une juive d'origine russe.

Avant la fin de l'année, un nouvel incident provoque un scandale international qui embarrasse le gouvernement de Largo Caballero. Le 20 décembre, le baron de Borchgrave, diplomate chargé des affaires belges en Espagne, quitte l'ambassade dans sa voiture officielle et disparaît. Sa femme, de nationalité américaine, appelle avec inquiétude tous les journalistes qu'elle connaît et tous se mettent à sa recherche. Finalement, le 28, dans un charnier à Fuencarral, son corps est retrouvé avec ceux de quinze autres victimes. Le diplomate a été tué de trois balles à bout portant, deux dans le dos et une dans la tête. Le cadavre horriblement mutilé a pu être identifié grâce au nom du tailleur belge sur son costume. Dans un premier temps, le gouvernement a déclaré qu'il avait été tué dans un attentat à la bombe. Dans une seconde version, il accusa les brigades internationales, qui l'avaient exécuté parce qu'il était un espion franquiste. Le gouvernement belge, scandalisé, proteste vivement et menace de rompre les relations diplomatiques, exige des excuses officielles, des honneurs militaires aux funérailles, de lourdes indemnités pour la famille et des sanctions pour les coupables. Le gouvernement républicain rejette toute responsabilité et Largo Caballero saisit le tribunal de La Haye. En Belgique, l'assassinat est comparé à celui de Calvo Sotelo et entraîne la démission du socialiste Émile Vandervelde, ministre de la Santé et vice-président du gouvernement. Finalement, en janvier 1938, Negrín accepte de verser une indemnité d'un million de francs belges.

En ce qui concerne la propagande et le manque de scrupules d'Álvarez del Vayo, il faut savoir que dans les premières années de la guerre, un personnage bien connu, Otto Katz, le juif communiste et sioniste qui, en 1933, avait monté toute la campagne visant à faire accuser les nazis de l'incendie du Reichstag, était chargé de la propagande de la République. Katz arrive à Madrid à la fin du mois de juin 1936 et, trois jours avant la rébellion militaire, il se rend à Barcelone, où il vit pendant le début de la guerre civile, au cours de laquelle il entre et sort de l'Espagne à de nombreuses reprises. Paris et Londres sont les villes d'où il contrôle l'Agencia España, qu'il dirige en étroite collaboration avec Julio Álvarez del Vayo, ministre des Affaires étrangères de la République, qui le considère comme un génie de la propagande.

Au départ, l'Agence espagnole était liée à Willi Münzenberg, "le millionnaire rouge", mais en 1937, Staline a perdu confiance en Münzenberg en raison de ses relations avec le trotskisme et Katz est devenu le directeur fictif. L'Agence espagnole, qui dispose de bureaux et de contacts dans toute l'Europe, entretient un réseau d'information et de désinformation et accomplit d'autres tâches secrètes. Katz est basé au bureau de Paris, mais bénéficie du soutien solide de l'Agence de presse espagnole à Londres, d'où ses fréquents déplacements. Tout le monde n'acceptait pas aussi bien qu'Álvarez del Vayo la façon dont Katz dirigeait l'Agence de presse espagnole. Jonathan Miles rapporte dans *The Nine Lives of Otto Katz* qu'Andrés de Irujo, secrétaire du ministère de la Justice à l'époque où son frère Manuel était ministre, a dénoncé le manque de scrupules d'une personne "avec laquelle on ne devrait pas avoir de relations". Irujo, ne sachant pas qui était Katz et qui il servait, estimait qu'il fallait éviter toute transaction avec un personnage qui, de son point de vue, ne représentait de manière crédible "aucun parti ou organisation politique et qui ignorait le problème de l'Espagne et du peuple espagnol". Irujo dénoncera plus tard Agencia España comme une usine de propagande sans rigueur informative.

Vers un régime stalinien de la République

Le 21 décembre 1936, Staline écrit une lettre à Largo Caballero, publiée le 4 juin 1939 dans *le New York Times* et citée par Gerald Brenan et Burnett Bolloten. Il y recommande de gagner la confiance des paysans en résolvant les questions agraires et en réduisant les impôts. Quant à la petite bourgeoisie, il lui conseille de la rallier en évitant les confiscations, en soutenant ses intérêts et en introduisant des leaders républicains au sein du gouvernement afin de rassurer les capitaux étrangers. Staline mène ainsi une politique modérée, recherchant l'appui des classes moyennes et le soutien de la France et de l'Angleterre, une politique qui n'a rien à voir avec la révolution prônée par les trotskistes et les anarchistes, si souvent annoncée par Largo Caballero lui-même. Le PCE, qui passe de trente mille membres au début de la guerre à deux cent cinquante mille en mars 1937, sera le grand bénéficiaire de cette ligne d'action. La bataille de Madrid est la circonstance qui permet aux communistes de devenir progressivement plus forts, plus indispensables. Il ne faut cependant pas oublier le rôle des anarchistes dans la défense de la capitale et le pouvoir qu'ils détiennent tant à Madrid qu'à Barcelone et dans d'autres villes. Ils deviendront la principale pierre d'achoppement qu'il faudra tôt ou tard éliminer, car, de plus, ils constituent pour les trotskystes le seul point d'appui possible. Ce n'est qu'avec eux que le parti révolutionnaire réclamé par Trotsky dans ses écrits sur la situation en Espagne pourrait être formé.

Il faut garder à l'esprit, et c'est là le grand mystère qui reste à éclaircir, qu'en coulisses se déroulait la lutte interne entre les communistes venus de toute l'Europe, que Staline contrôlait par l'intermédiaire de ses agents. L'inextricable réseau de trahisons, d'espions, d'agents provocateurs, de criminels professionnels, de disparitions et d'assassinats est très difficile à démêler. Les historiens critiquent généralement Staline, le grand traître du prolétariat international, mais les intellectuels dogmatiques de la gauche ne disent pas un mot sur l'identité de Trotski, dont les relations avec les Baruch, les Morgan, les Schiff, les Givotovsky et les Warburg sont toujours passées sous silence et ne sont jamais révélées. Trotski représente pour eux la pureté révolutionnaire. Sa trahison, plus grande encore que celle de Staline, est passée sous silence et l'énigme des manœuvres obscures de ses agents en Espagne n'a jamais été révélée.

Sur le terrain, le Parti communiste, en plus de démontrer sa capacité d'organisation et sa maîtrise de la technique de propagande, a le pouvoir de distribuer les armes arrivant de Moscou, ce qui lui permet de créer à partir de rien une magnifique armée, le fameux Cinquième Régiment, qui sera vital pendant les presque trois mois du siège de Madrid. Fin 1936, le cinquième régiment compte soixante mille hommes dans ses rangs. Parmi ses fondateurs figurent le stalinien italien Vittorio Vidali, dit Carlos Contreras, le célèbre major Carlos, commissaire politique du régiment, et Enrique Castro, son premier commandant militaire.

La bataille frontale s'est déroulée durant le mois de novembre et la première quinzaine de décembre. Les offensives et contre-offensives sont menées jusqu'au paroxysme dans un corps à corps acharné. Avant de mourir en décembre après avoir abattu son avion, le journaliste Louis Delaprée raconte l'âpreté des combats, qui se déroulent de maison en maison et d'étage en étage : "On se tire dessus à bout portant, on s'égorge d'atterrissage en atterrissage...". Finalement, les nationalistes sont arrêtés grâce à l'arrivée des brigades internationales, des chars T-26, de l'artillerie et de l'aviation russe, qui donnent aux défenseurs de la capitale la force supplémentaire dont ils ont besoin. "No pasará!", le célèbre slogan de Pasionaria, est devenu réalité. En janvier 1937, l'échec de l'attaque de Madrid est irréversible et le front est stabilisé jusqu'à la fin de la guerre.

Les militaires espagnols chargés de la défense de Madrid par le gouvernement sont José Miaja et Vicente Rojo, et à leurs côtés se trouve le plus haut représentant du GRU (services secrets militaires soviétiques), un général de brigade arrivé comme attaché militaire et se faisant appeler Vladimir Efimovich Gorev, alias "Sancho", de son vrai nom Woldemar Roze. Selon Pierre Broué, il est le véritable directeur de l'état-major général et l'organisateur de la défense de Madrid. Gorev devait être dans l'orbite de Trotski depuis le début : outre son service dans l'Armée rouge pendant la guerre civile russe, il avait travaillé en Allemagne en tant qu'organisateur militaire, mais était également chargé des actes terroristes. Lorsqu'il a été arrêté en 1923 pour avoir été l'un des organisateurs de l'"Octobre allemand", il a déclaré s'appeler Alexander Skoblewsky. En Allemagne, il portait un nom différent dans chaque ville. À Berlin, il s'appelait le général Wolf. Selon la police allemande, Gorev-Roze-Skoblewsky était à moitié juif.

Avant qu'il ne soit jugé à Lepzig, le chef du GPU, Felix Dzerjinsky, tente de négocier sa libération par l'intermédiaire de Heinz Neumann. Finalement, Skoblewsky, qui avait été condamné à douze ans de prison, est libéré en 1925 à la suite d'un échange de prisonniers. Sa prochaine destination est la Chine, qui est une autre des priorités de Trotsky. Il doit y organiser les soviets et accélérer la révolution. Jusqu'à la fin de l'année 1929, il se trouve en Chine, où il se fait appeler Vysokogorets, mais il a aussi deux autres pseudonymes, "Nikitin" et "Gordon". Dans *Das Rotbuch über Spanien (Le Livre rouge sur l'Espagne)*, il est accusé de terrorisme de masse et rendu responsable de la mort de plus d'un demi-million de personnes dans la région du Sinkiang, au nord-ouest du pays. Entre 1930 et 1933, sous le pseudonyme de "Herbert", il travaille comme espion militaire à New York. Staline, dans le cadre de la purge de l'Armée rouge, ordonne son arrestation en janvier

1938 et le condamne à mort la même année.[24] Deux autres militaires juifs se sont illustrés lors de la bataille de Madrid : Semion Moiseyevich Krivoshein, alias "Mele", qui commandait les chars de l'armée républicaine, et Yakov Vladimirovich Smushkevich, qui commandait l'armée de l'air soviétique et était connu sous le nom de "General Douglas". Ce dernier fut également arrêté en juin 1941 et exécuté en octobre de la même année.

L'un des communistes les plus célèbres au monde pendant la défense de Madrid était le légendaire général Emilio Kléber. Il se faisait passer pour un Autrichien naturalisé canadien, mais était un juif né en Allemagne du nom de Manfred Zalmonovich Stern, bien qu'il ait également été connu sous les noms de Lazar Stern, Manfred Stern et Moishe Stern. Stern/Kléber avait été en 1929, sous le pseudonyme de Mark Zilbert, chef de l'espionnage soviétique à New York, où il coïncidait avec Gorev. Une campagne de presse internationale l'a présenté comme le grand héros des brigades internationales. Krivitsky affirme qu'il a appartenu à l'état-major général de l'Armée rouge. Kleber commandait la 11e brigade internationale, qui a participé aux batailles de la Casa de Campo et de la cité universitaire. La propagande l'a rendu célèbre en le décrivant comme le "sauveur de Madrid". Cependant, Vicente Rojo, dans une lettre à Miaja datée du 26 novembre 1936, dénonce la publicité "exagérée" dont bénéficie Kléber, sa popularité "artificielle" et ses "fausses" qualités de chef. Burnett Bolloten cite des

---

[24] Vladimir Efimovich Gorev (Woldemar Roze) était entouré d'agents juifs. L'un d'entre eux, Sergei Ginzburg, apparaît sous le pseudonyme de "Sierra Charriba" dans les chroniques de la bataille de Madrid. Les recherches menées au RGASPI (Archives d'histoire sociopolitique de l'État russe) ont permis de découvrir un carnet de Sergei Ginzburg intitulé *"Mission à Madrid"*. Il relate une réunion à proximité de l'ambassade soviétique au cours de laquelle le général Gorev, accompagné de son interprète et maîtresse Emma Wolf, convoque une douzaine de personnalités internationales et espagnoles pour leur annoncer qu'il les a toutes intégrées dans une unité spéciale : le Bataillon d'assaut mobile. Wolf traduit les propos de Gorev en anglais et en espagnol, assurant que l'entrée en action du Bataillon signifiera "une nouvelle façon de faire la guerre, inconnue jusqu'à présent". Seuls les membres de la nouvelle unité, dont Ginzburg, en connaîtront l'existence. Il s'agit de soldats sélectionnés pour leur habileté au combat et leur grande endurance physique et intellectuelle. Ginzburg explique que le bataillon d'assaut mobile, basé à Madrid, rendra compte directement à Gorev, c'est-à-dire au service de renseignement militaire, et pourra opérer partout en Espagne, puisqu'il sera transporté par voie terrestre ou aérienne. Gorev a annoncé que les missions du bataillon se dérouleraient principalement derrière les lignes ennemies, c'est pourquoi il devait être mortel et efficace. Il sera équipé des moyens les plus avancés et des armes les plus modernes. Les noms de certains des membres internationaux du Bataillon mentionnés par Ginzburg indiquent leur origine juive. Parmi eux figurent Livshits, Ratner ("John"), Lvovich (ces deux derniers étaient des colonels qui ont été fusillés avec Gorev) et deux autres types assis à la droite du général, de vieilles connaissances de Ginzburg : Rosencrantz et Guildenstern, que Gorev présente comme "deux révolutionnaires qui seraient engagés dans diverses tâches liées à leur expérience avérée d'agents internationaux". Ginzburg termine en disant que, de toute façon, il "ne leur ferait pas confiance".

extraits de la lettre de Rojo dans son ouvrage monumental sur la guerre civile : "Il est vrai que vos hommes se battent bien", dit-il, "mais rien de plus, et cela est fait par de nombreuses personnes qui ne sont pas commandées par Kléber". Rojo accuse Kléber de falsifier la situation militaire dans ses rapports, d'insubordination, d'ambitions politiques, et met en garde Miaja contre une "basse manœuvre qui pourrait vous écarter de la fonction que tous vos subordonnés vous voient exercer avec enthousiasme".

La veille du Nouvel An 1936, un dîner est organisé au poste de commandement de Kléber, auquel il convie, entre autres : Máté Zalka, dit général Luckacs, juif d'origine hongroise, commandant en chef de la 12e brigade, qui s'appelait en réalité Béla Frankl ; le poète Rafael Alberti ; sa compagne María Teresa León et la sœur de celle-ci,[25] qui épousera plus tard Kléber ; le colonel Gustavo Durán, membre de la Génération 27 ; et un invité spécial, le major Juan Perea Capulino, militaire espagnol qui deviendra général. Dans son ouvrage *Los culpables : recuerdos de la guerra 1936-1939*, Perea raconte que Kleber lui a dit que le PCE devait contrôler la direction de la guerre et créer son propre caudillo, un homme avec une histoire politique révolutionnaire qui avait la confiance du peuple, qui pourrait devenir généralissime des armées de la République. Vous pouvez être cet homme", a proposé Kléber. Je sais, et je vous le dis avec la plus grande réserve, que ces jours-ci vous serez promu général de division et que l'on vous confiera le commandement d'une grande unité sur un secteur très important du front de Madrid. Vous osez. Le Parti communiste sera très heureux de vous voir rejoindre ses rangs. Réfléchis bien. Ne me répondez pas maintenant." Maria Teresa Leon, assise à la droite du soldat espagnol, lui épingle l'insigne du parti sur la poitrine ; cependant, Perea refusera plus tard l'offre à la surprise générale.

Gerald Brenan écrit dans *The Spanish Labyrinth* qu'en janvier 1937, "la pression communiste sur le gouvernement était forte et, pendant un moment, on a pensé qu'un coup d'État était imminent et que les Brigades internationales marcheraient sur Valence". Si tel est bien le cas, on peut se poser quelques questions : les généraux Kléber et Luckacs étaient-ils loyaux envers Staline et le PCE ou cherchaient-ils à organiser un coup d'État ? Kléber essayait-il de gagner le soutien de Perea et sa proposition était-elle motivée par des arrière-pensées ? Le 4 février 1937, Kléber est soudainement démis de ses fonctions de commandant de la 11e brigade et, à l'automne de la même année, il est rappelé à Moscou et disparaît. Krivitsky, qui avait travaillé avec lui pendant des années et connaissait toute sa famille, associe sa chute à la purge de l'Armée rouge. Il s'avère par la suite que Kléber a été arrêté et condamné à 15 ans de prison pour trahison en Espagne. Il meurt le 18 février 1954 dans le camp de travail de Sosnovka.

---

[25] Cette sœur de María Teresa León était l'énigmatique Espagnole qui, des années plus tard, s'est présentée à Moscou avec deux enfants et a prétendu être l'épouse de Manfred Stern/Emilio Kléber.

Le 21 février 1937 se produisit un autre événement qui n'a pas été suffisamment clarifié : le retrait de l'ambassadeur Moses Rosenberg, qui avait été rappelé à Moscou et éliminé la même année dans le cadre des purges anti-trotskystes. Son remplaçant était un autre Juif, Leon Yakovlevich Khaikis, qui occupait le poste de secrétaire de l'ambassade. Il avait été l'un des responsables de la Tchéquie de Petrograd dans les premiers jours de la révolution. Au début des années 1920, il devient chef de la propagande du Comintern en Europe centrale. Sous Karl Rádek, il travaille aux côtés de Bela Kun. Plus tard, il est attaché à l'ambassade soviétique au Mexique et dirige dès lors les activités du GPU en Amérique centrale et en Amérique du Sud. Khaikis présente ses lettres de créance à Azaña le 16 mars, mais son mandat est de courte durée : en mai 1937, il est rappelé à Moscou et est également exécuté en 1938. On ne sait pas exactement qui a pris sa place.

Selon le socialiste Luis Araquistáin, il n'y a plus d'ambassadeurs. Le trotskiste Pierre Broué et d'autres historiens tentent d'expliquer le renvoi de Rosenberg par une prétendue plainte de Largo Caballero concernant l'ingérence de l'ambassadeur dans les affaires espagnoles ; mais cette explication ne tient pas si l'on considère qu'aux yeux de Moscou, le Lénine espagnol était devenu un obstacle pour les communistes staliniens qui ne voulaient pas de la révolution sociale. Staline n'aurait guère tenu compte des reproches de Largo Caballero si Rosenberg avait agi sur ses instructions. Tous les documents montrent que les conseillers soviétiques, les ministres communistes et les socialistes Alvarez del Vayo et Negrin tentent de prendre le contrôle du gouvernement. Si les efforts de Rosenberg avaient été orientés dans la même direction, ils n'auraient pas dû conduire à sa destitution et à son exécution.

Staline aurait reçu des rapports négatifs de ses agents sur la conduite de l'ambassadeur Rosenberg. C'est pourquoi, dans la lettre susmentionnée du 21 décembre, il demande à Largo Caballero une évaluation des conseillers soviétiques et, en particulier, son opinion sur Rosenberg. Dans la lettre de réponse, datée du 12 janvier 1937 et publiée dans *Guerra y Revolución* de Dolores Ibárruri et al, Largo Caballero écrit :

> "Les camarades qui sont venus nous aider à notre demande nous rendent un grand service. Leur grande expérience nous est très utile et contribue efficacement à la défense de l'Espagne..... Je peux vous assurer qu'ils s'acquittent de leur tâche avec un réel enthousiasme et un courage extraordinaire. Quant au camarade Rosenberg, je peux vous dire sincèrement que nous sommes satisfaits de son comportement et de ses activités parmi nous. Nous l'apprécions tous ici. Il travaille beaucoup, excessivement même, car il expose sa santé délicate..."

Cette réponse montrerait que ce ne sont pas les plaintes ou les prétendues disputes entre Rosenberg et Largo Caballero qui ont motivé le remplacement de l'ambassadeur. L'intérêt de Staline pour l'attitude de la mission diplomatique indiquerait plutôt que sa conduite n'est pas conforme à l'orientation non révolutionnaire conçue par Moscou. Preuve en est que le 2 février 1937, l'ambassadeur d'Espagne en URSS, Marcelino Pascua, rencontre au Kremlin Staline, Vorochilov et Molotov. Au milieu de l'entretien, Staline surprend l'ambassadeur en critiquant ses principaux représentants en Espagne. Les notes de Marcelino Pascua sur cette réunion sont conservées aux Archives historiques nationales (AHN). Selon ces documents, Staline a dit à l'ambassadeur qu'ils enverraient quelqu'un de moins "enfant terrible", quelqu'un de plus "officiel". Quant à Antonov-Ovseyenko, on lui a fait comprendre qu'il serait remplacé par "quelqu'un de moins révolutionnaire".

Krivitsky reconnaît que la principale préoccupation de Moscou à la fin de l'année 1936 était de prendre le contrôle de la Brigade internationale. Quant au second gouvernement de Largo Caballero, il le définit comme "une coalition précaire de partis politiques antagonistes". Krivitsky se rend à Barcelone en novembre et apprend de son collègue Stashevsky que Staline a déjà pensé à Negrín pour remplacer le Lénine espagnol. Début novembre, le PCE et l'OGPU soutiennent Largo Caballero, bien qu'ils ne le contrôlent pas à leur guise et qu'ils aient déjà pensé à un remplaçant dès le début. La priorité de gagner la bataille de Madrid met de côté les nombreuses divergences au sein du gouvernement de coalition ; mais en décembre, la Junte de défense retire par décret tous les pouvoirs que les comités avaient été autorisés à conserver au cours du mois décisif de novembre. Le Parti communiste commence à travailler dans les districts pour qu'ils abandonnent leurs initiatives révolutionnaires et se soumettent à l'administration unique de la Junte. Pierre Broué évoque de "violents affrontements entre les troupes de la CNT et les hommes du Parti communiste".

Le 12 décembre, la Junte décide de militariser toutes les unités de milice sous l'autorité de Miaja et des communistes de la Junte. À cette date, les tramways cessent d'être gratuits et les loyers sont rétablis. Le 24, le port d'armes est interdit dans la capitale et la sécurité est confiée aux agences gouvernementales. Le 26 décembre, le conseiller au ravitaillement de la Junte, Pablo Yagüe, est grièvement blessé par des miliciens de la CNT qui tentent de vérifier l'identité des occupants de son véhicule. Cet attentat, écrit Broué, a provoqué l'indignation de la presse communiste, socialiste et républicaine. Le journal de la CNT, qui voulut y répondre, fut censuré ; mais les coupables, arrêtés, furent acquittés par le tribunal populaire. La presse de la CNT accuse les hommes du PC d'avoir assassiné trois des leurs, en représailles, dans un quartier de Madrid". Quant au POUM, il fait l'objet d'une offensive qui se traduit par la fermeture de ses locaux, de sa radio et de sa presse.

En janvier 1937, les communistes staliniens préparaient déjà la lutte pour le pouvoir dans le gouvernement de Largo Caballero, qui devait conduire aux événements de mai 1937 à Barcelone. La révolution a été stoppée et la contre-révolution se prépare, à laquelle Largo Caballero fait obstacle. Le Lénine espagnol avait proposé en mars 1936 la fusion des partis socialiste et communiste, ce qui avait été accueilli avec enthousiasme par José Díaz, chef des communistes. Un pas dans cette direction avait été l'union, en avril 1936, des Jeunesses socialistes et des Jeunesses communistes, dont l'initiateur était Álvarez del Vayo. Cette fusion s'était faite à la hâte, sans congrès préalable, et les grands gagnants avaient été les communistes. Largo Caballero devait penser que les trois mille jeunes communistes seraient dilués parmi les cinquante mille socialistes, mais c'est exactement le contraire qui s'est produit, car après le déclenchement de la guerre, Santiago Carrillo, le secrétaire général de la JSU, que Largo appelait Santiaguito, est passé au parti communiste avec d'autres dirigeants de la Fédération de la jeunesse socialiste. La JSU devient ainsi l'un des moteurs de la domination du PCE.

Au lieu du Congrès d'unification nationale, Carrillo convoque en janvier 1937 une Conférence nationale dominée par ses délégués, qui réussissent à mettre en place un Comité national truffé de communistes. Ce n'est qu'à ce moment-là que Largo Caballero se rendit compte de son erreur. Jesús Hernández (Instruction publique et Beaux-Arts) et Vicente Uribe (Agriculture), les ministres communistes du gouvernement, détiennent des portefeuilles de peu de poids politique pour pouvoir dominer l'Exécutif. C'est pourquoi la collaboration de deux socialistes a été décisive : Álvarez del Vayo (Affaires étrangères) et Negrín (Finances). Le premier, qui se trouve être le bras droit du Premier ministre, se révèle être un communiste convaincu, partisan de l'URSS et de sa politique internationale. Les actions du second ont déjà été évoquées.

Les quatre ministres anarchistes, représentants théoriques de l'avant-garde révolutionnaire, sont une autre affaire. Alors qu'en Russie les anarchistes étaient un groupuscule que Trotski et Lénine pouvaient éliminer sans difficulté, en Espagne ils constituaient les éléments les plus militants du prolétariat et étaient indispensables à la consolidation de la révolution. Trotsky avait compris qu'il fallait en principe compter sur les masses anarchistes pour prendre le pouvoir. Dans un article de 1931 intitulé *La révolution espagnole et la tactique communiste*, il avait écrit à propos de la CNT : "Renforcer cette confédération et la transformer en une véritable organisation de masse est un devoir pour tout travailleur avancé et, surtout, pour les communistes". Trotsky prévoyait alors une lutte sur deux fronts au sein du mouvement ouvrier : contre le "crétinisme parlementaire" des socialistes et contre le "crétinisme antiparlementaire" des anarchistes. En raison de son mépris pour l'anarchosyndicalisme en tant que doctrine et méthode révolutionnaire, il ne voyait pas d'autre solution que d'arracher les masses à l'influence des anarchistes et des socialistes : "Les anarchosyndicalistes, disait Trotsky, ne peuvent être à la tête de la révolution que s'ils renoncent à leurs préjugés anarchistes. Il est de notre devoir de les aider à cet égard. Il faut s'attendre à ce que certains dirigeants syndicalistes passent aux socialistes ou restent en marge de la révolution. Les vrais révolutionnaires seront avec nous ; les masses iront avec les communistes, ainsi que la majorité des ouvriers socialistes". Cinq ans après la publication de cet article, Trotsky ne peut compter en Espagne que sur le parti d'Andreu Nin, le POUM, et les anarchistes restent la seule carte possible à jouer pour s'opposer au communisme de Staline.

La situation de Largo Caballero en tant que premier ministre était en quelque sorte similaire, car ce n'est qu'en s'appuyant sur les anarchistes qu'il a pu survivre à l'offensive de ceux qui ne voulaient pas d'une révolution sociale. Sa situation devient intenable lorsque le secteur d'Indalecio Prieto se rapproche lui aussi des communistes. Alors qu'en 1936, Largo avait préconisé l'union avec les communistes et qu'Indalecio Prieto l'avait rejetée, au début de 1937, les rôles s'inversent : c'est désormais Prieto qui appelle à la fusion immédiate et Largo Caballero qui s'y oppose. Socialistes et communistes sont d'accord pour mettre fin à la révolution, mettre fin aux collectivisations, restaurer l'État et former une armée régulière capable de gagner la guerre. En janvier 1937, Santiago Carrillo propose à Valence de lutter contre trois ennemis : Franco, les trotskystes et les extrémistes incontrôlés. La chute de Malaga, le 8 février, où règnent l'indiscipline, les luttes de factions et le chaos, favorise le début de la campagne publique contre le président du gouvernement et la reprise des hostilités entre le PCE et la CNT, qui s'accusent mutuellement d'être à l'origine de la défaite. Les communistes exploitent à fond le désastre de Malaga.

Les luttes entre communistes et anarchistes sont un fait. Largo Caballero constate au cours du mois de mars que des hommes de confiance, dont Álvarez del Vayo, ministre des Affaires étrangères, le trahissent. Il en informe Azaña. Le président de la République autorise la révocation du ministre, mais le premier ministre, conscient de sa faiblesse et du fait que la révocation d'Álvarez del Vayo entraînerait une crise gouvernementale, choisit de le maintenir en fonction. Néanmoins, le 14 avril, Largo passe à l'offensive et signe un décret limitant les pouvoirs du Commissariat à la guerre, organe vital dont il décidera personnellement des nominations.

En revanche, dans les checas madrilènes, dans un cercle vicieux d'action et de réaction, ils avaient commencé à s'assassiner les uns les autres. Melchor Rodríguez, "l'ange rouge", accuse le communiste José Cazorla, conseiller de la Junte pour l'ordre public, de permettre aux communistes d'interroger, de torturer et de tuer les militants de la CNT dans des prisons privées. Les anarchistes accusent Cazorla d'être "un provocateur au service du fascisme" et demandent sa destitution. Le scandale prend de l'ampleur et Largo Caballero en profite pour procéder, le 23 avril, à la dissolution de la Junte de Madrid, remplacée par un Conseil municipal. Il déclare ainsi définitivement la guerre au PCE, de nombreux commissaires cessant leurs fonctions.

Largo Caballero tente alors de prendre l'initiative pour reprendre le contrôle de la situation. Toujours ministre de la Guerre, il propose une attaque en direction de l'Estrémadure afin de diviser à nouveau la zone franquiste : il s'agit de couper les communications des rebelles avec le sud et de soulager ainsi la situation sur le front nord. Tant Miaja que les conseillers russes s'y opposent, estimant qu'il est impossible de couper Madrid. Lorsque Miaja reçoit l'ordre d'envoyer une partie des troupes de Madrid dans le secteur de l'Estrémadure, les communistes lui demandent de refuser. Face à cette indiscipline, le ministre de la Guerre adopte une attitude énergique et contraint Miaja à exécuter les ordres.

Au même moment, en Catalogne, le POUM, qui en décembre 1936 avait été expulsé du gouvernement de la Generalitat sous la pression des staliniens du PSUC, s'oriente clairement en faveur d'une politique révolutionnaire. Par le biais de son journal *La Batalla*, il dénonce le recul de la révolution et les "machinations contre-révolutionnaires du PC et du PSUC". Le 21 mars, Andreu Nin prononce à Barcelone un discours qui est reproduit le lendemain dans *La Batalla*. Selon lui, le processus contre-révolutionnaire est dû au "rôle politique joué par le réformisme au sein de la révolution, soutenu par cette organisation internationale qui a le cynisme de s'appeler communiste". Nin lance un appel aux dirigeants de la CNT et termine en disant que pour la victoire il faut "un seul drapeau, le drapeau rouge de la révolution prolétarienne. Un seul gouvernement, le gouvernement ouvrier et paysan, le gouvernement de la classe ouvrière".

Les jeunes du POUM, la JCI (Jeunesse communiste ibérique), sont favorables à la dissolution du parlement et à une assemblée constituante élue sur la base des comités d'usine et des assemblées de paysans et de combattants. La CNT compte également un courant d'opposition révolutionnaire qui n'accepte pas la militarisation des milices. Ils se nomment "les amis de Durruti" et publient le journal *El amigo del pueblo*. Leur position coïncide avec celle du POUM et de la JCI. Andreu Nin et les dirigeants du parti tentent de se rapprocher de la direction et des militants de la CNT afin d'organiser la défense du mouvement ouvrier et des acquis de la révolution. Sa proposition, exposée dans un autre discours le 25 avril, est la formation d'un front uni révolutionnaire. À cette fin, il demande que "l'instinct révolutionnaire de la CNT se transforme en conscience révolutionnaire et l'héroïsme de ses masses en politique cohérente".

Ce sont en fait les aspirations de Trotsky qui, depuis le Mexique, ne se doutant pas que les agents de Staline l'avaient dans le collimateur, pontifiait dans le même sens avec un verbiage insipide, aussi éloigné de la réalité que l'étaient les propositions de son ami espagnol. Trotsky avait critiqué l'entrée des anarchistes dans le gouvernement du Front populaire et celle de Nin comme ministre de la Justice dans le gouvernement de la Generalitat. Une fois de plus, "le vieux" prêche la guerre civile dans la guerre civile. Dans un article écrit sous le pseudonyme de Crux, en avril 1937 et publié tardivement dans *La Lutte Ouvrière*, sa prescription est la suivante :

> "Il faut mobiliser les masses ouvertement et hardiment contre le gouvernement du Front populaire. La trahison de ces messieurs qui se font passer pour des anarchistes alors qu'ils ne sont que des libéraux doit être exposée aux travailleurs syndicalistes et anarchistes. Staline doit être dénoncé comme le pire agent de la bourgeoisie. Nous devons nous sentir les dirigeants des masses révolutionnaires et non les conseillers du gouvernement bourgeois".

L'effronterie et le cynisme de Trotsky, lui-même agent principal du capitalisme juif international, lui ont permis d'écrire dans le même article :

> "... La victoire de l'armée républicaine du capital sur l'armée fasciste signifiera nécessairement l'explosion de la guerre civile dans le camp républicain. Dans cette nouvelle guerre civile, le prolétariat ne pourra vaincre que s'il a à sa tête un parti révolutionnaire qui a su gagner la confiance de la majorité des ouvriers et des paysans semi-prolétaires."

Tandis que le gourou suffisant du prolétariat international dogmatise à distance, confortablement installé dans sa résidence mexicaine, les Espagnols continuent à se battre farouchement les uns contre les autres. Ses propositions et les critiques de Nin à l'égard du PCE et de Staline ne passent cependant pas inaperçues.

Guerre civile du côté républicain et renversement de Largo Caballero

La Catalogne, où la révolution avait atteint son apogée, restait le bastion où subsistaient des structures révolutionnaires et où les ouvriers armés étaient réticents à abandonner leur part de pouvoir. Le 3 avril, Companys forme un Consell de Govern (Conseil de gouvernement provisoire) présidé par Josep Tarradellas, également Conseller en Cap (ministre des finances et de l'éducation). Artemi Aiguader (ERC), Joan Comorera (PSUC), Josep Calvet (Unió de Rabassaires), Francisco Isgleas (CNT) et Joan J. Domènech (CNT) complètent le gouvernement. Le 7 avril, le PSUC et l'UGT présentent un "plan de victoire" pour la Catalogne qui va à l'encontre des objectifs révolutionnaires de la CNT et concentre toutes les armes, la sécurité et le pouvoir entre les mains du gouvernement. Le 16 avril, Companys porte à dix le nombre de membres du Consell de Govern sans modifier l'équilibre des forces politiques.

Le 17 avril, des carabiniers envoyés par Negrín apparaissent à Puigcerdà et Figueras avec l'intention de prendre le contrôle des bureaux de douane, aux mains des miliciens de la CNT depuis juillet 1936. Face à leur refus de se retirer, la situation se tend et s'enlise. Le comité régional de la CNT tente alors de négocier. Le 24 avril, le commissaire à l'ordre public, Eusebio Rodríguez Salas, alias "el manco", ancien militant anarchiste et poumiste passé au PSUC, est victime d'un attentat dont il sort indemne. Le 25, Roldán Cortada, dirigeant de l'UGT et membre du PSUC, est assassiné à Molins de Rey. Le PSUC organise des funérailles collectives qui se transforment en manifestation contre le POUM et la CNT : pendant trois heures, les communistes staliniens catalans défilent, armes à l'épaule. Les dirigeants du POUM accusent les communistes catalans d'avoir organisé une "manifestation contre-révolutionnaire".

Le lendemain, la Generalitat envoie sa police à Molins de Rey. Les dirigeants anarchistes locaux, accusés d'avoir participé à l'assassinat, sont arrêtés. C'est dans cette atmosphère que l'étincelle éclate enfin à Bellver de Cerdanya (Lérida), où les carabiniers se heurtent aux militants anarchistes. Antonio Martín , alias "el cojo de Málaga", tombe au combat avec sept autres miliciens. Martín, président du Comité révolutionnaire de Puigcerdà et principal promoteur de la collectivisation dans la région, était un ancien contrebandier devenu chef des douaniers en juillet 1936. Face à la rumeur selon laquelle le ministère de l'Intérieur allait ordonner le désarmement de tous les groupes ouvriers, des groupes de la CNT-FAI armés de fusils et de grenades apparaissent le 29 avril dans les rues de Barcelone. Craignant l'éclatement d'un conflit, la Generalitat annule les célébrations du 1er mai. *La Batalla* et *Solidaridad Obrera*, le journal de la CNT, appellent les travailleurs à ne pas se laisser désarmer et à veiller "les armes à la main".

À Valence, une réunion conjointe de la CNT et de l'UGT se tient le 1er mai. Largo Caballero s'est finalement rendu compte qu'il était laissé seul et ses plus fervents partisans ont encore essayé d'en appeler à l'unité des deux syndicats. Carlos Baráibar, l'un des fondateurs de *Claridad* avec Luis Araquistáin, critique à mots couverts le PCE et l'URSS et exalte l'action commune d'un utopique "gouvernement syndical". Largo Caballero, qui, en raison de sa collaboration avec Primo de Rivera, n'a jamais été bien considéré par les masses libertaires, savait que les anarcho-syndicalistes ne pouvaient accepter une armée régulière sans violer leurs principes anti-autoritaires, de sorte que, pour les gagner et rechercher la réconciliation, il n'avait pas procédé à une militarisation complète de ses milices, alors que c'était l'une des demandes constantes des communistes.

La situation était explosive et l'explosion a eu lieu le 3 mai. Vers trois heures de l'après-midi, trois camions transportant des gardes d'assaut de la police de l'ordre public sous le commandement d'Eusebio Rodríguez Salas, membre du PSUC et commissaire à l'ordre public de la Generalitat, sont arrivés à l'immeuble de Telefónica avec un ordre de saisie signé par Artemi Aiguader, membre de l'ERC et conseiller en matière de sécurité intérieure. Telefónica appartient au trust américain "American Telegraph and

Telephon". Le central, qui, selon un décret du gouvernement catalan sur les collectivisations, était aux mains de la CNT-FAI depuis le début de la guerre, illustrait parfaitement la dualité des pouvoirs. Toutes les communications sont écoutées par les anarchistes, qui découvrent tout ce qui les intéresse. Azaña et Companys ne peuvent s'exprimer librement, leurs conversations étant parfois interrompues par la Commission de contrôle de la CNT. Arthur Koestler, correspondant du *London News Chronicle*, révèle que Luis Araquistáin, ambassadeur à Paris, et Álvarez del Vayo communiquaient par l'intermédiaire de leurs épouses, deux sœurs juives d'origine allemande qui parlaient yiddish, de sorte que personne ne pouvait les comprendre.[26]

Une fois à l'intérieur, les gardes désarment les miliciens du rez-de-chaussée, mais les ouvriers des étages supérieurs leur bloquent le passage avec des tirs de mitrailleuses. Comme la CNT faisait partie du gouvernement de la Generalitat, Rodríguez Salas demanda de l'aide et deux chefs anarchistes des patrouilles de contrôle du Commissariat général à l'ordre public de la Generalitat, Dionisio Eroles et José Asens, se présentèrent immédiatement. Eroles avait dirigé les actions des patrouilles de contrôle du Comité central des milices antifascistes après le coup d'État et était responsable de l'assassinat de milliers de personnes. Le 22 octobre 1936, il avait été l'un des signataires du pacte d'unité d'action entre la CNT, l'UGT, la FAI et le PSUC, de sorte qu'il était désormais le chef de service du Commissariat général de la Generalitat. Selon l'édition du 4 mai de *Solidaridad Obrera*, Eroles et Asens "sont intervenus à temps pour que nos camarades, qui s'étaient opposés à l'action des gardes à l'intérieur du bâtiment, renoncent à leur juste attitude". D'autres sources affirment qu'ils ont persuadé les gardes d'assaut de quitter le bâtiment assiégé.

Informés de l'agression, les conseillers de la CNT Isgleas, Capdevila et Fernández demandent la destitution de Rodríguez Salas et d'Aiguader, mais leur demande n'est pas satisfaite, les autres partis et le président Companys s'y opposant. Il s'ensuit une grève générale et une interruption des hostilités. Des milliers de personnes s'étaient rassemblées sur la place de Catalogne et les événements de Telefónica furent immédiatement connus dans toute la ville. Le POUM, les Amis de Durruti, la Jeunesse libertaire et d'autres organisations prennent les armes et commencent à ériger des centaines de barricades. George Orwell, qui a assisté aux événements, décrit dans *Hommage à la Catalogne* comment les barricades ont été érigées :

---

[26] Arthur Koestler, dont *La treizième tribu* occupe une place importante dans cet ouvrage, a travaillé à Paris dans les bureaux du Comintern de Willi Münzenberg, le grand propagandiste du parti communiste allemand, et a été envoyé en Espagne en tant qu'espion. Son travail de journaliste lui sert de couverture. À Paris, Koestler est l'assistant d'Otto Katz, alias André Simone, communiste juif d'origine tchèque, nommé par Alvarez del Vayo directeur de l'Agencia Española, l'office de propagande extérieure de la République. Katz et Koestler reçivent tous deux des instructions de Münzenberg.

"La construction de ces barricades était un spectacle étrange et merveilleux. Avec cette énergie passionnée dont font preuve les Espagnols lorsqu'ils ont décidé d'entreprendre une tâche pour de bon, de longues files d'hommes, de femmes et de jeunes enfants arrachaient des pavés, les déplaçaient dans une brouette qu'ils avaient trouvée quelque part et titubaient d'un endroit à l'autre sous de lourds sacs de sable".

À la tombée de la nuit, les usines, ateliers, entrepôts et autres établissements ont cessé leur activité. Barcelone est en armes et la guerre a éclaté. Les anarcho-syndicalistes dominent la situation dans les quartiers populaires qui entourent la ville : dans les faubourgs de Sarrià, Hostafrancs, Sans et Barceloneta, de nombreux gardes se rendent ou s'enferment, impuissants, dans leurs casernes. Dans la zone commerciale et le quartier gothique, les forces sont plus équilibrées. À 20 heures, le président Azaña, qui habite près du Parlement catalan, effrayé par les coups de feu intermittents entendus dans les environs, ordonne à son secrétaire Cándido Bolívar de demander à Largo Caballero des renforts pour sa garde personnelle. Peu après, c'est Aiguader lui-même qui demande au ministre de l'Intérieur, Galarza, d'envoyer d'urgence 1 500 hommes pour mater la rébellion. Sur ordre de Companys, Tarradellas se rend à 23 heures chez Azaña pour s'excuser. Il met une heure et demie à faire un voyage qui aurait pu être fait en quelques minutes. Azaña lui-même le raconte dans ses mémoires :

"Ils l'ont obligé à descendre de voiture à toutes les barricades... et à parlementer longuement, en l'humiliant. Lorsqu'il voulut aborder le sujet des excuses, soulignant qu'il avait honte en tant que Catalan, je l'arrêtai en lui répétant les propos déjà tenus à Bolívar pour le président du Conseil : "Il n'y a pas de place pour les excuses, mais pour contrôler la mutinerie ; et en ce qui me concerne, pour garantir ma sécurité et ma liberté de mouvement"".

Les comités régionaux de la CNT, de la FAI, de la Jeunesse libertaire et le comité exécutif du POUM se réunissent pendant la nuit et les poumistes tentent de convaincre les anarchistes que le moment est venu de s'allier contre les communistes et le gouvernement. Diverses sources donnent des textes de ce qui s'est dit lors de cette nuit historique. Bolloten reproduit les paroles du poumiste Julián Gorkín : "Ni vous ni nous n'avons jeté les masses de Barcelone dans ce mouvement. Ce fut une réponse spontanée à une provocation stalinienne. C'est le moment décisif pour la révolution. Soit nous prenons la tête du mouvement pour détruire l'ennemi intérieur, soit le mouvement échouera et ce sera notre destruction. Il faut choisir : révolution ou contre-révolution". Les dirigeants de la CNT et de la FAI refusent et proposent de travailler à l'apaisement. Il semble que leur principale revendication soit la révocation du commissaire à l'origine de la provocation.

Le lendemain, mardi 4 mai, Aiguader demande à nouveau à Galarza d'envoyer 1500 gardes d'assaut, mais Largo Caballero, qui mène une bataille politique contre les communistes, ne veut pas se mettre à dos la CNT et la FAI et donner plus de pouvoir à ses adversaires en Catalogne. Le ministre de l'Intérieur répond à Aiguader que le président du gouvernement attendra l'après-midi dans l'espoir que la Generalitat puisse contrôler la situation avec ses propres forces. Entre-temps, soutenus par le POUM, la Jeunesse libertaire et les Amis de Durruti, les ouvriers, armés de mitrailleuses et de fusils, prennent le contrôle de la ville. Ils attaquent les casernes de la Guardia de Asalto et les bâtiments gouvernementaux. Un tract rédigé par le juif allemand Hans David Freund est distribué sur les barricades. Au début de la guerre, Freund était entré en Espagne pour participer à la construction du mouvement trotskiste. À cette fin, il est arrivé à Madrid en août, où il a contribué aux émissions radiophoniques en langue allemande du POUM. Depuis la fin de l'année 1936, il travaillait à Barcelone avec les Amis de Durruti sous le pseudonyme de "Moulin". Il joue un rôle important dans le soulèvement et est arrêté au début du mois d'août et, comme Andreu Nin et d'autres trotskystes, il disparaît.

La contre-attaque des communistes et des forces gouvernementales ne tarde pas à suivre et Barcelone est plongée dans une guerre civile au sein de la guerre civile. Companys s'adresse à la population par radio et appelle au calme, mais en vain. Entre-temps, Largo Caballero avait convoqué les ministres CNT de son gouvernement à Valence, où il leur dit qu'il craignait que les communistes ne profitent de la lutte pour le renverser. Il leur avoue qu'il ne peut pas envoyer les forces demandées par Aiguader. Le gouvernement ne pouvait pas le faire, dit-il, car cela signifierait qu'il remettrait des forces au service de celui qui avait peut-être provoqué le conflit. Avant d'accepter cela, il faudrait procéder à la saisie des services d'ordre public, comme la Constitution lui en donne le droit". Largo Caballero propose que des représentants du comité national de la CNT et du comité exécutif de l'UGT se rendent à Barcelone pour tenter d'arrêter les hostilités. À onze heures du matin, une réunion du Conseil des ministres se tient à Valence. Soutenus par Indalecio Prieto et les ministres républicains de gauche, les communistes font pression sur le président du gouvernement pour qu'il envoie des renforts et prenne le contrôle de l'ordre public et des affaires militaires dans la région. Devant la menace d'une crise gouvernementale, Largo Caballero promet de prendre ces mesures si la situation ne s'est pas améliorée dans l'après-midi.

García Oliver et Federica Montseny, les ministres anarchistes qui avaient soutenu la position du président lors de la réunion du gouvernement, arrivent par avion à Barcelone à 17 heures en compagnie de l'ugetista Hernández Zancajo, ami personnel de Largo Caballero. Ils lisent tous à la radio un appel à leurs partisans pour qu'ils déposent les armes et reprennent le travail, mais ces consignes indignent de nombreux libertaires qui se sentent trahis par leurs dirigeants. À peu près au même moment que l'arrivée des dirigeants cénétistes, le POUM se prononce publiquement en faveur de la résistance. Pendant ce temps, des unités de la 26e division anarchiste, l'ancienne colonne Durruti, se rassemblent à Barbastro sous le commandement de Gregorio Jover avec l'intention de marcher sur Barcelone.

Cette nuit-là, à neuf heures et demie, Prieto communiqua avec Azaña pour lui faire savoir que les destroyers *Lepanto* et *Sánchez Barcaiztegui*, qui devaient évacuer le président de la République, avaient quitté Carthagène à deux heures de l'après-midi et que cinq compagnies de l'armée de l'air arriveraient à Valence à trois heures du matin pour se rendre à Barcelone. Le libre accès au port depuis le Parlement était la principale préoccupation d'Azaña. Burnett Bolloten rapporte le témoignage de Constancia de la Mora, épouse du chef de l'armée de l'air, Hidalgo de Cisneros. Selon elle, dès le début du conflit, Azaña a demandé au gouvernement, avec une "insistance hystérique", de prendre des mesures pour sa protection personnelle, mais seul Prieto a écouté ses supplications. Plus tard, Azaña s'est plaint dans ses écrits que le président Largo Caballero n'avait même pas essayé de lui parler.

Tandis que Prieto tente de rassurer Azaña, des émissaires de Valence rencontrent le gouvernement catalan sous la présidence du président de la Generalitat. Afin d'évincer Aiguader et Rodríguez Salas, il est convenu de former un Consell de Govern provisoire composé de quatre représentants : Esquerra, CNT, UGT et Unió de Rabassaires ; mais lorsque la CNT propose que le nouveau gouvernement soit mis en place immédiatement, les communistes font valoir que "l'incendie dans les rues doit d'abord cesser complètement". Esquerra et les Rabassaires soutenant les communistes, il fut décidé, le mercredi 5 à 2 heures du matin, de reprendre la parole à la radio. En vain, car tout au long des premières heures de la matinée, les combats dans les rues se poursuivent avec acharnement.

Tôt dans la matinée du 5 mai, les dirigeants de la CNT redoublent d'efforts pour contrôler leurs partisans. Le dirigeant anarchiste Diego Abad de Santillán se souviendra plus tard avoir entendu des camarades libertaires pleurer au téléphone lorsqu'on leur ordonnait de ne pas tirer alors qu'ils étaient mitraillés. Ainsi, malgré ces tentatives, les combats font rage partout. Les quartiers prolétariens sont tous favorables à la révolte et sous le contrôle des ouvriers qui continuent d'occuper les barricades. Dans la vieille ville, où se concentrent les forces gouvernementales, les affrontements sont particulièrement intenses : les rues étroites et sinueuses sont propices aux combats de barricades. Des tirs de mitrailleuses et de fusils sont entendus dans toute la ville et ceux qui se risquent à sortir de leurs abris sont abattus dans les rues. Sur la place de Catalogne, dans les rues adjacentes et autour de la Generalitat, on dénombre de nombreux morts et blessés. *Solidaridad Obrera* dénonce le lendemain l'existence "d'agents provocateurs, les soi-disant tireurs d'élite "pacos", qui, depuis les toits des maisons, s'employaient à tirer avec les armes dont ils disposaient pour donner l'alerte dans les quartiers où le calme régnait". Les dirigeants de la CNT, conscients que Largo Caballero ne résisterait pas longtemps à la pression de ses adversaires, retournent à la Generalitat et insistent pour que le nouveau gouvernement soit formé sans délai. La radio diffuse les accords entre la CNT et la Generalitat, tout en exigeant le retrait simultané de la police et des civils armés, mais la vérité est que les communistes continuent à retarder la constitution du nouveau Consell de Govern. Alors qu'ils se réunissent, la nouvelle arrive que le gouvernement de Valence a décidé de s'emparer des services d'ordre public et de défense.

Alors que les négociations se poursuivent au palais de la Generalitat, Azaña fait part à Indalecio Prieto, dans une communication télégraphique, de sa méfiance à l'égard de son sauvetage, car il ne voit pas comment le commandant du *Lépante* pourrait se présenter à lui alors que les communications avec le port sont coupées. Dans *The Spanish Civil War : Revolution and Counterrevolution*, Bolloten reproduit cette longue conversation. Voici un extrait des propos d'Azaña :

> "Que je déménage à Valence est une très bonne idée, mais absolument irréaliste, et c'est l'un des aspects les plus graves de la situation, car il est impossible de franchir les grilles du parc de ma résidence, autour duquel on tire à la mitrailleuse, au fusil et à la bombe. À cet égard, je dois vous dire qu'il y a deux côtés au problème. L'une est l'insurrection anarchiste, avec toutes les conséquences graves et les effets déplorables que je n'ai pas besoin de vous rappeler. L'autre est le manque de liberté dans lequel se trouve le chef de l'État, non seulement pour se déplacer librement, mais aussi pour exercer sa fonction. Le premier serait déjà grave et nécessiterait des décisions urgentes et énergiques. La seconde est encore plus grave et pourrait avoir des conséquences incalculables. Depuis lundi après-midi, j'attends ce que je peux raisonnablement espérer, à savoir que le gouvernement ait réuni suffisamment d'éléments répressifs pour contrôler la situation et libérer le Président de la République de son enlèvement.. .. Toutes ces considérations m'amènent à vous faire savoir que je ne peux plus supporter le retard de l'intervention décisive du gouvernement sur l'un ou l'autre des deux aspects du problème, et que puisque le Président de la République ne peut réprimer l'insurrection avec les soixante soldats mal armés de sa garde, il devra s'occuper personnellement de la résolution de l'autre aspect de la question. Vous avez assez de perspicacité et de sensibilité politique pour comprendre que ni mon décorum personnel, ni la dignité de ma fonction, ni le scandale qui se produit dans le monde entier ne permettent au chef de l'État de rester dans la situation où il se trouve...".

Il a ensuite menacé d'informer le président des Cortes, Martínez Barrio, qui devait lui succéder dans ses fonctions s'il démissionnait.

L'insinuation ne passe pas inaperçue auprès de Prieto qui, après avoir déploré la situation, demande quelques heures de calme supplémentaires. Informé par Largo Caballero qu'il n'y a plus de place pour des retards qui entraîneraient une très grave responsabilité, Prieto propose qu'un numéro extraordinaire de la *Gaceta* publie les décrets qui permettront aux ministres de la Guerre et de l'Intérieur de prendre les mesures nécessaires au rétablissement de l'ordre. Prieto s'empresse de reprendre contact avec Azaña, qui lui rappelle que les circonstances peuvent l'obliger à prendre des décisions irréparables : "seule une action très rapide et écrasante du gouvernement peut les éviter". Bolloten, citant des informations fournies par Hidalgo de Cisneros au Mexique en 1940, écrit que Prieto a été témoin de la pusillanimité du président Azaña à plusieurs reprises. Voici ce qu'écrit Burnett Bolloten : "En 1936, alors que le président exhortait le gouvernement à quitter Madrid en raison du danger croissant qui pesait sur la capitale, il demanda à Prieto : "Le gouvernement veut-il que les fascistes m'attrapent ici ?" Irrité par la précipitation d'Azaña et son souci de sécurité personnelle, Prieto fit remarquer au chef de l'aviation, Hidalgo de Cisneros : "Ce lâche pédé se comporte comme une pute hystérique". Pour justifier l'utilisation de termes aussi durs, l'historien britannique ajoute : "Connu comme l'un des orateurs les plus éloquents de la République, Prieto avait aussi la réputation d'utiliser un langage grossier dans ses conversations privées". En réalité, Azaña craignait d'être assassiné à Barcelone, car il savait que les anarcho-syndicalistes n'avaient pas oublié le massacre de Casas Viejas en janvier 1933.

Les affrontements se sont étendus à d'autres villes catalanes. La Garde d'assaut a procédé au nettoyage des sièges de Telefónica à Tarragone, Tortosa et Vich. Plus de trente anarchistes sont tués à Tarragone et trente autres à Tortosa. Des éléments de l'ancienne colonne Durruti, rejoints par des miliciens de la 29e division du POUM, s'arrêtent à Binéfar, à quarante kilomètres de Lérida, où des délégués du comité régional de la CNT tentent de convaincre Gregorio Jover de ne pas poursuivre la marche, ce qu'ils réussissent à faire malgré les nouvelles en provenance de Barcelone d'une attaque par des éléments du PSUC de la voiture de Federica Montseny, sur laquelle on avait tiré depuis une barricade.

Enfin, le nouveau Consell Provisional est formé à Barcelone. Le conseiller PSUC-UGT, Antonio Sesé, secrétaire de l'UGT catalane, dont l'entrée au gouvernement de la Generalitat venait d'être annoncée à la radio, fut abattu rue Caspe, en face du syndicat des spectacles de la CNT, alors qu'il se rendait dans une voiture officielle pour prendre son poste. Les communistes accusent des "provocateurs trotskistes au service du fascisme" de cet assassinat. Une heure plus tard, Domingo Ascaso, frère de Francisco, l'un des leaders de l'anarchisme espagnol avec Durruti et García Oliver, est tué au combat. Les affrontements s'intensifient et les forces communistes attaquent violemment la gare de France, défendue par les cheminots de la

CNT. Les Amis de Durruti refusent d'obéir aux dirigeants de la CNT-FAI et choisissent de poursuivre la lutte. Dans la soirée, le philosophe anarchiste Camillo Berneri et son camarade Francesco Barbieri sont retrouvés assassinés sur les Ramblas. Quinze hommes portant des brassards de l'UGT, conduits par un squaddie en civil, les avaient enlevés à leur domicile vers 18 heures. En fin de journée, Companys et Largo Caballero s'entretiennent par téléphone et le premier accepte de céder l'ordre public au gouvernement de Madrid, ce qui permet d'envoyer les forces du front de Jarama à Barcelone. Les unités de guerre envoyées par Prieto, le ministre de la Marine, étaient déjà positionnées devant le port de Barcelone, où des navires de guerre français et britanniques étaient également prêts à prendre position.

Le jeudi 6 mai, la CNT est prête pour un accord : les deux parties doivent abandonner les barricades et libérer les otages. Companys proclame qu'il n'y a a "ni vainqueur ni vaincu". La population commence à sortir dans les rues pour tenter de se ravitailler ou dans l'intention de reprendre ses tâches quotidiennes ; mais les tirs ne cessent pas et les belligérants ne peuvent pas quitter leurs tranchées en même temps. Le matin, lors d'une accalmie, le commandant du *Lepanto* apparaît au Parlement accompagné d'un groupe de marins, mais Azaña estime qu'il serait imprudent d'essayer de quitter le bâtiment. Azaña lui-même écrira plus tard : "Prieto ne cessait de me pousser à sortir au port, profitant de dix minutes de calme' . Zugazagoitia, qui était aux côtés de Prieto lorsqu'il essayait de convaincre le président Azaña, a raconté des années plus tard : "Sur le visage de Prieto, il y avait un léger sourire sceptique". Finalement, le président de la République décide de partir, mais au moment où ils s'apprêtent à quitter le bâtiment du Parlement, les combats, explique M. Azaña, "reprennent plus violemment que jamais". Cela l'a obligé à reporter son départ pour Valence au lendemain.

Dans l'après-midi, les combats reprennent et une pièce d'artillerie de 75 mm, montée par les jeunes libertaires, fait plusieurs morts en ouvrant le feu sur un cinéma occupé par des gardes républicains. Enfin, à la Maison de la CNT-FAI, on apprend en milieu d'après-midi que mille cinq cents gardes d'assaut sont arrivés à Tortosa, ce qui incite les dirigeants anarchistes à travailler toute la nuit à l'organisation de la trêve. Les camarades reçurent l'ordre d'être prêts à se retirer à six heures le vendredi matin 7 mai. Épuisés et sentant qu'il est inutile de continuer à se battre contre la volonté de leurs chefs, les hommes quittent les barricades au petit matin et disparaissent dans l'obscurité. À l'aube, les comités locaux de la CNT et de l'UGT lancent l'appel suivant. "Au travail, camarades !

Entre-temps, Sebastián Pozas, le général de la Guardia Civil qui avait rejoint le PCE, prend possession de la capitainerie générale et se voit confier le commandement des troupes en Catalogne. Parallèlement, une caravane de 120 camions transporte 5000 hommes envoyés de Madrid, qui entrent à Barcelone le 7 mai. Le lieutenant-colonel Emilio Torres Iglesias, ancien chef de la colonne anarchiste *Tierra y Libertad,* arrivé par avion, commande l'expédition. Il semble que la CNT elle-même ait demandé que la force soit commandée par ce vieil ami, afin de faciliter les choses et d'éviter les représailles. Cependant, le passage des expéditionnaires dans les villes de Catalogne entraîne un soulèvement des policiers, des militaires et des civils du côté du gouvernement contre les révolutionnaires. À Tortosa, les militants de la CNT-FAI, qui s'étaient imposés aux communistes, reçoivent l'ordre de ne pas s'opposer à eux. Les membres de l'UGT occupent immédiatement les centres névralgiques de la ville et emprisonnent les anarchistes. Les collectifs paysans des environs de Tortosa sont envahis et la répression s'étend aux villages de la région. Les corps de certains prisonniers qui devaient être emmenés à Tarragone sont retrouvés plus tard avec des balles dans la tête. À Tarragone, où les affrontements sont aussi violents que dans la capitale, de nombreux détenus sont tués et leurs corps jetés à l'extérieur de la ville. Dans les régions du nord de la Catalogne, de tradition carliste et conservatrice, on assiste également à des actions de vengeance.

Au bout de quelques jours, le sort de certaines personnes importantes qui avaient disparu a commencé à être connu. Par l'intermédiaire de *Solidaridad Obrera*, on a appris, par exemple, que douze jeunes libertaires, enlevés à leur domicile dans le quartier de San Andrés, avaient été assassinés. Leurs corps avaient été jetés d'une ambulance dans le cimetière de Cerdanyola-Ripollet, où ils ont été retrouvés complètement défigurés. Parmi eux se trouvait Alfredo Martínez, secrétaire du Front de la jeunesse révolutionnaire. Une fois la révolution réprimée, la Generalitat donne le bilan officiel des victimes de la guerre déclenchée en Catalogne pendant les journées de mai. Selon ses chiffres, quelque 500 personnes ont été tuées et près d'un millier blessées.

L'une des conditions de l'armistice est la libération de tous les prisonniers politiques. Le fait que l'OGPU, les services secrets soviétiques, dispose de ses propres prisons clandestines pose un problème insoluble. Les éléments de la CNT-FAI et du POUM détenus dans les centres officiels sont poursuivis pour crime de rébellion militaire. Les autres, non libérés, continuent d'être incarcérés en tant que prisonniers du gouvernement. Il n'en va pas de même pour les anarchistes et les trotskistes qui se sont retrouvés dans des prisons contrôlées par les hommes de main de Staline. La plupart d'entre eux ont été torturés et tués. Cette question mérite plus d'attention et sera traitée dans la section suivante.

Les communistes, profitant des événements, s'empressent de demander la suppression du Partido Obrero de Unificación Marxista (Parti ouvrier d'unification marxiste), anti-stalinien, qu'ils tiennent pour responsable de l'effusion de sang. Le secrétaire général du PCE, José Díaz, reproduit dans *Trois ans de lutte* le discours qu'il a prononcé lors d'une réunion publique le 9 mai 1937. De l'ouvrage de Burnett Bolloten, nous extrayons des extraits très intéressants :

"...Tous les travailleurs doivent connaître le processus qui se déroule en URSS contre les trotskistes. C'est Trotsky lui-même qui a dirigé cette bande de hors-la-loi qui fait dérailler les trains en URSS, pratique le sabotage dans les grandes usines et fait tout son possible pour découvrir des secrets militaires afin de les livrer à Hitler et aux impérialistes du Japon. Et lorsque cela a été découvert au cours du processus et que les trotskistes ont déclaré qu'ils faisaient cela en collaboration avec Hitler, avec les impérialistes japonais, sous la direction de Trotski, je pose la question suivante : n'est-il pas tout à fait clair qu'il ne s'agit pas d'une organisation politique ou sociale avec une certaine tendance, comme les anarchistes, les socialistes ou les républicains, mais d'une bande d'espions et de provocateurs au service du fascisme international ? Les provocateurs trotskistes doivent être balayés !

C'est pourquoi j'ai dit dans mon discours au Plénum du Comité central qui s'est tenu récemment que non seulement en Espagne cette organisation devrait être dissoute, sa presse suspendue et liquidée en tant que telle, mais que le trotskysme devrait être balayé de tous les pays civilisés, si l'on veut réellement liquider cette vermine qui, intégrée dans le mouvement ouvrier, fait tant de mal aux travailleurs qu'elle prétend défendre. Il faut mettre fin à cette situation.

En Espagne, qui, sinon les trotskistes, a été l'inspirateur du putsch criminel en Catalogne ? *La bataille du* 1er mai est pleine d'incitations flagrantes au coup d'État putchiste... Ce journal est toujours jeté à la poubelle en Catalogne... Pourquoi ? Parce que le gouvernement n'a pas décidé de mettre la main dessus, comme le réclament tous les antifascistes.

Si, dix mois après le début de la guerre, il n'y a pas de politique ferme pour amener l'arrière-garde au niveau de certains fronts, je commence à penser, et je suis sûr que tous les antifascistes pensent comme moi, que soit ce gouvernement met de l'ordre dans l'arrière-garde, soit, s'il ne le fait pas, un autre gouvernement de Front populaire devra le faire".

José Díaz ne pouvait pas comprendre en 1937 que Trotski n'était pas "au service du fascisme international", mais qu'il voulait l'utiliser pour reprendre le pouvoir en URSS. Telle était la nouvelle mission de Trotski, qui n'est toujours pas comprise au XXIe siècle grâce au travail de falsification de la réalité et de dissimulation de la vérité historique. On a vu dans cet ouvrage qu'Hitler lui-même était soutenu financièrement par les mêmes banquiers juifs qui avaient financé la révolution juive-bolchevique. Par le biais d'une guerre avec l'Allemagne, ces conspirateurs aspiraient à remettre leurs agents à la tête de l'URSS afin de continuer à s'approprier ses énormes ressources, comme ils l'avaient fait pendant les sept premières années avec Lénine et Trotsky. Lorsqu'en 1932-1933, ils aident Hitler à prendre le pouvoir, ils entendent le lancer contre Staline, un national-communiste qui procède à l'élimination physique de nombreux agents juifs du communisme international. La prise de contrôle de l'Espagne aurait considérablement renforcé la position internationale du trotskisme qui, il ne faut pas l'oublier, a tenté en mai de prendre le pouvoir en URSS par un coup d'État militaire. L'analyse hallucinée des événements de mai par Léon Trotsky montre qu'il a perdu le sens des réalités en ce qui concerne l'Espagne, si tant est qu'il en ait jamais eu un. Le texte suivant est extrait de ses écrits sur la révolution espagnole :

> "Si le prolétariat de Catalogne avait pris le pouvoir en mai 1937, il aurait trouvé un soutien dans toute l'Espagne. La réaction bourgeoise-stalinienne n'aurait pas pu rassembler deux régiments pour écraser les travailleurs catalans. Dans le territoire occupé par Franco, non seulement les ouvriers mais aussi les paysans se seraient rangés du côté du prolétariat catalan : ils auraient isolé l'armée fasciste et déclenché chez elle un processus de désintégration irréversible. Dans ces conditions, il est douteux qu'un gouvernement étranger aurait pris le risque d'envoyer ses régiments sur le territoire espagnol enflammé. L'intervention aurait été matériellement impossible ou, du moins, extrêmement dangereuse".

Lors d'une réunion du cabinet de Largo Caballero, le 13 mai, les deux ministres communistes, Jesús Hernández et Vicente Uribe, demandent la dissolution du POUM. Le président du Conseil nie avec véhémence que ce parti soit une organisation fasciste comme le prétendent les communistes et refuse de prendre des mesures à son encontre. Il ajoute qu'il ne dissoudra aucun parti ou syndicat, car il ne préside pas le Conseil des ministres pour servir les intérêts de l'un ou l'autre des partis qui le composent. Naturellement, Largo Caballero avait raison : le POUM n'était pas une organisation fasciste. Dans les procès de Moscou, où l'existence d'un plan visant à renverser Staline par un coup d'État soutenu par l'Armée rouge avait été prouvée, l'accusation pouvait être justifiée, puisque, en outre, des contacts trotskystes avec les nazis avaient existé. En Espagne, cependant, elle ne s'applique pas au POUM, dont les dirigeants sont incapables de démêler l'abominable jeu de Trotsky, incorrigible fatuité qui, sans accepter sa défaite et ses limites, s'apprête à créer la IVe Internationale.

Les deux ministres communistes se lèvent et quittent le Conseil des ministres. Prieto, qui siégeait à la droite de Largo Caballero, expliqua après la guerre que le président du gouvernement avait l'intention de poursuivre la réunion, mais il lui dit : "Écoute, Caballero, il vient de se passer quelque chose de grave ici, à savoir que la coalition ministérielle a éclaté, puisque l'un des partis qui formaient le gouvernement est parti. Par conséquent, je pense qu'il est de votre devoir, sans poursuivre les travaux du Conseil, de rendre compte au Président de la République et de résoudre la situation avec lui". Largo Caballero informa Azaña de ce qui s'était passé et lui fit comprendre qu'il n'avait pas l'intention de démissionner, mais qu'il entendait remplacer les deux ministres communistes. À propos de cette entrevue, Azaña écrit dans *Memorias políticas y de guerra*, volume quatre de ses *Obras completas (Œuvres complètes)* : "Largo m'a dit combien la crise était inopportune, parce qu'il y avait des raisons d'intérêt national qui rendaient souhaitable le maintien de son gouvernement, afin de mener à bien des plans très importants dont la suspension serait une catastrophe". Le plus décisif de ces plans est l'offensive de grande envergure en Estrémadure.

Depuis deux mois, le président du gouvernement et le ministre de la guerre préparaient une offensive militaire en Estrémadure, qui devait débuter à la mi-mai. La crise survient donc au moment où l'opération est sur le point de commencer. Azaña accepte les arguments du Premier ministre et propose de reporter tout changement de cabinet. Les partisans de Largo ne sont pas les seuls à être convaincus que l'opération aurait pu être décisive, l'historien militaire nationaliste Ramón Salas Larrazábal l'est également. Burnett Bolloten rapporte les propos de Salas Larrazábal, qui confirme que quelque 100 000 hommes devaient participer à l'opération, qui constituait le plus grand déploiement de troupes jamais réalisé. Selon Salas Larrazábal, l'écrasante supériorité initiale des républicains leur aurait permis d'atteindre Badajoz et la frontière portugaise.

Ayant appris la rencontre du président du gouvernement avec Azaña, Negrín et Álvarez del Vayo, les deux ministres socialistes mariés à des juives, rendent visite à Largo Caballero et, prétextant qu'on ne peut se passer des communistes dans ces circonstances, l'informent qu'eux-mêmes et Prieto démissionnent également. Cette mesure permet non seulement d'éliminer Largo Caballero, mais aussi d'empêcher l'opération d'Estrémadure. Le 15 mai, Azaña charge Largo Caballero de former un nouveau gouvernement, mais l'échec est programmé. Le 17 mai, il présente sa liste de ministres au président de la République. Outre la présidence du gouvernement et le ministère de la guerre, il prend les portefeuilles de la marine et de l'aviation. Largo, écrit Azaña, ne voulait en aucun cas quitter le gouvernement". Seuls les anarchistes peuvent accepter que Largo Caballero conserve la présidence et la guerre. L'opposition des communistes, soutenus par les socialistes et la gauche républicaine, contraint Largo Caballero à abandonner ses efforts pour se maintenir au pouvoir. Le président de la République confie alors à Juan Negrín, choisi par Moscou quelques mois plus tôt, le soin de former un nouveau gouvernement.

Le 17 mai, les ministres du cinquième gouvernement de la guerre civile et du vingt-cinquième de la République prêtent serment. Contrairement à l'exécutif précédent, qui comptait 18 membres, Negrín présente ce qui sera le "Gouvernement de la Victoire", un cabinet comprimé de neuf ministres seulement, dans lequel il conserve le Trésor. Les communistes, les socialistes, les nationalistes basques et catalans et les républicains d'Azaña se partagent les portefeuilles. Les anarchistes quittent le pouvoir. Le ministère de la Guerre devient le ministère de la Défense nationale et est repris par Indalecio Prieto. En Catalogne également, la CNT finit par quitter le nouveau gouvernement de la Generalitat, formé en juin et composé de quatre conseillers de l'ERC, trois du PSUC, un de l'Unió de Rabassaires et un d'Acció Catalana. Le premier gouvernement de Negrín dure jusqu'au 18 août, date à laquelle Jaume Aiguader, ministre de l'Esquerra Republicana à Madrid, titulaire du ministère du Travail et de la Prévoyance sociale, provoque une crise pour protester contre le retrait de la responsabilité de la Generalitat en matière d'industrie. Par solidarité avec lui, Manuel de Irujo du PNV démissionne. Un militant du PSUC entre ainsi au gouvernement, de sorte que les communistes disposent désormais de trois ministères.

Juifs trotskistes et juifs staliniens

Avant d'aborder la répression que les communistes ont exercée contre le POUM et les anarchistes, il est nécessaire d'insister sur la lutte souterraine qui se déroulait en Espagne et dans le monde entre les agents juifs de Staline et Trotsky. Il faut toujours garder à l'esprit que si la guerre civile espagnole n'avait pas coïncidé simultanément avec la lutte pour le pouvoir en URSS entre trotskystes et staliniens et avec les procès de Moscou, qui se sont déroulés entre 1936 et 1938, l'intervention de Staline en Espagne aurait certainement été différente. L'exposé de quelques éléments de contexte et d'un certain nombre de faits complémentaires aidera à comprendre l'ensemble des événements.

Le 3 octobre 1936, Vladimir Antov-Ovseyenko, le révolutionnaire juif qui avait dirigé l'assaut du Palais d'hiver en 1917 et qui était le bras droit de Trotski dans l'Armée rouge, présente à Companys ses lettres de créance en tant que consul général de l'URSS à Barcelone. Le Politburo l'avait nommé à ce poste le 21 septembre. Auparavant, Ilya Ehrenburg, un juif d'origine ukrainienne qui se faisait passer pour un correspondant *des Izvestia*, avait été chargé d'observer le processus révolutionnaire en Catalogne et de faire rapport à l'ambassadeur Rosenberg. La meilleure carte de visite d'Ehrenburg, dont nous aurons l'occasion de reparler dans le chapitre suivant, est la harangue sauvage et criminelle qu'il adressa en 1945 aux soldats de l'Armée rouge qui envahissaient l'Allemagne. Imprimée dans le pamphlet intitulé "Tuer", elle est un exemple parfait de la haine raciale anti-allemande : "Tuez, tuez ! -Il n'y a pas d'innocents parmi les Allemands, ni parmi les vivants, ni parmi les enfants à naître. Exécutez les instructions du camarade Staline et écrasez à jamais la bête fasciste dans sa tanière. Déchirez avec vivacité la fierté raciale des femmes germaniques, prenez-les comme un butin légitime. Prenez-les comme un butin légitime. Tuez, braves soldats aguerris de l'Armée rouge !"

Ce personnage répugnant, arrivé à Barcelone à la mi-août, rapporte même les discours de Companys. Les rapports des 17 et 18 septembre, dans lesquels il mettait en garde contre deux crises simultanées, celle du gouvernement de Madrid avec la Generalitat et celle du gouvernement catalan avec la FAI, revêtaient une importance particulière. Dans ses rapports, reproduits dans *Spain Betrayed : The Soviet Union in the Spanish Civil War (Annals of Communism)* (2001), ouvrage édité par plusieurs auteurs à partir de documents extraits des RGASPI (Archives d'histoire sociopolitique de l'État russe), il dénonce l'intransigeance des anarchistes qui, selon lui, menacent l'effort de guerre et retardent la production des industries catalanes. C'est Ehrenburg qui, au nom de Companys, demande l'établissement d'un consulat soviétique à Barcelone. Antonov-Ovseyenko, qui arrive accompagné de conseillers soviétiques, établit rapidement d'excellentes relations avec le président Companys et cherche un compromis entre les communistes et les anarcho-syndicalistes de la CNT. Les documents de l'ambassadeur Marcelino Pascua nous apprennent que quatre mois après son arrivée à Barcelone, Antonov-Ovseyenko avait déjà perdu la confiance de Staline, qui le considérait comme un trotskiste. Après les événements de mai, il reçoit l'ordre de rentrer à Moscou en acût 1937. Le 10 février 1939, accusé d'espionnage et de trotskisme, il meurt à la prison de Butyrka.

Le 14 octobre 1936, Antonov-Ovseyenko écrit une lettre à Krestisnky, qui n'a pas encore été accusé d'être trotskiste, dans laquelle, conformément aux directives de Trotski, il exprime son intention de "dompter" les anarchistes. Le texte (document 22) figure dans l'ouvrage cité plus haut. Il s'agit d'une longue lettre dont quatre points sont reproduits ci-dessous. Le Consul général à Barcelone a infiltré parmi les anarchistes un agent, qu'il désigne sous le nom de "X", avec lequel il convient de la stratégie suivante :

"1. Nous renforcerons ensemble, par tous les moyens, la commission permanente de conciliation avec les anarcho-syndicalistes."
2. Nous soutiendrons l'autorité du gouvernement Companys-Tarradellas, progressivement, en adoptant systématiquement une série de mesures qui mettront fin à l'entêtement des anarchistes.
3. Tant que des mesures ne seront pas prises pour désarmer les éléments informels, nous lancerons une campagne politique sur la menace que Franco fait peser sur la révolution, etc.
4. Nous entreprendrons le plus rapidement possible l'organisation d'une division unifiée, en choisissant soigneusement ses commandants et en la dotant d'armes et d'uniformes. Les armes arrivant de l'étranger iront en priorité à cette division".

La lettre se termine en constatant que les relations entre l'UGT et la CNT s'améliorent, mais regrette que le comité de liaison travaille avec difficulté "à cause de l'intransigeance de Comorera" (secrétaire général du PSUC). Les communistes de ce parti, on le sait, ont été le principal soutien de la politique de Staline en Catalogne.

Il est évident que Staline ne pouvait pas partager ces plans et qu'il ne pouvait pas non plus partager les critiques du PSUC. La politique officielle de l'URSS est annoncée le 17 décembre dans la *Pravda* en ces termes : "En Catalogne, l'élimination des trotskystes et des anarcho-syndicalistes a déjà commencé. Elle sera menée avec la même énergie qu'en URSS". Cela faisait allusion au début des actions de la police secrète soviétique, qui disposait de ses propres cachots et agissait en dehors du gouvernement de la République. Deux trotskystes opérant en Espagne, le général Walter Krivitsky (Ginsberg) et Arthur Stashevsky (Girshfeld), ami de Negrin, sont appelés en Union soviétique en mars 1937 pour rendre compte de la situation. Tous deux se rencontrent à Moscou, où ils apprennent la révolution de mai en Catalogne. Le premier était convaincu qu'ils le soupçonnaient et qu'il ne retournerait pas aux Pays-Bas ; cependant, le 22 mai, il reçut l'ordre inattendu de retourner à son poste. Le second, selon le récit de Krivitsky, a eu un entretien personnel avec Staline en avril et en est ressorti confiant, au point d'oser rencontrer le maréchal Toukhatchevski, qui était déjà dans l'œil du cyclone. Finalement, Stashevsky est également autorisé à retourner à Barcelone, mais en juin, il reçoit l'ordre de rentrer en Russie, ce qu'il fait en compagnie du général Ian Berzin, le principal conseiller militaire soviétique en Espagne, dont le nom de guerre est "Grishin". Au début du mois d'août, Stashevsky écrit de sa prison un bref message à sa femme, qui vit à Paris, lui demandant de se rendre en URSS. Stashevsky est exécuté en 1937. Quant à Berzin, Letton de son vrai nom Peteris Kuzis, il est arrêté le 13 mai 1938 et fusillé dans les caves de la Loubianka le 29 juillet 1938.[27]

Alors que Stashevsky et Krivitsky sont à Moscou, des agents des services secrets soviétiques procèdent en Espagne à un enlèvement qui sera le précurseur des disparitions et des assassinats de poumistes et d'anarchistes qui suivront les événements de mai. Le 9 avril 1937, le jeune juif Marc Rafailovich Rein disparaît de l'hôtel Continental de Barcelone, où il avait une chambre, et on n'a plus jamais entendu parler de lui. Marc Rein travaillait comme correspondant pour plusieurs publications antistaliniennes, dont le quotidien juif new-yorkais *Forward*. Il était le fils du dirigeant menchevik Rafael Abramovich, l'un des chefs du Bund juif avant la révolution d'octobre. Abramovitch, dirigeant de la Deuxième Internationale en exil à Paris, était un confident de confiance de Léon Blum, le président juif du gouvernement français, et donc une personne influente. En conséquence, Largo Caballero et Companys ont été contraints de donner des

---

[27] Le Letton était déjà impliqué dans la révolution de 1905, dont les figures de proue étaient Parvus et Trotsky. Selon l'historien Victor Suvorov, Berzin a été le principal organisateur de la terreur pendant la guerre civile russe. Souvorov lui attribue la paternité du système de prise et de fusillade d'otages pour mater les rébellions paysannes et récupérer les déserteurs. Sous les ordres de Trotski, il est chargé d'éliminer les marins impliqués dans la rébellion de Kronstadt en mars 1921. Avant d'être affecté en Espagne, il avait été chef des services secrets militaires. Lorsqu'il est rappelé à Moscou en 1937, il est à nouveau nommé chef du renseignement militaire, poste qu'il occupe jusqu'à son arrestation en mai 1938.

explications et d'ouvrir une enquête. Il semble que l'enlèvement soit lié au troisième des procès de Moscou, dont les principaux accusés sont Boukharine et Rykov. Les enquêtes du gouvernement espagnol ont pointé du doigt le "Groupe d'information", et plus particulièrement le service d'Alfredo Hertz, qui, selon Julián Gorkín, était "l'un des grands maîtres des interrogatoires et des exécutions". Hertz exécutait d'une balle dans la nuque lorsqu'il en recevait l'autorisation, mais sa spécialité était la torture nocturne.

Peu de choses ont été écrites sur Hertz. Ce que nous avons appris sur lui mérite la section suivante. La seule source d'information qui fournit des données intéressantes sur ce personnage est Jan Valtin, pseudonyme de Richard Krebs. Dans *Out of the Night, un* vaste ouvrage autobiographique publié en 1941 et traduit en anglais sous le titre *La noche quedó atrás*. Valtin révèle que Hertz était un juif nommé George Mink qui, en 1926, avait adhéré au parti communiste à Philadelphie, où il travaillait comme chauffeur de taxi tout en pillant sur les docks. Ses acolytes l'appelaient "Mink, le pirate du port". Ce que Jan Valtin ignore, c'est que son vrai nom est Godi Minkovsky, comme le révèle *Les secrets de Venona*, et qu'il est arrivé aux États-Unis en 1911, à l'âge de douze ans. En 1927, il s'installe à New York, d'où, de sa propre initiative, il commence à envoyer des rapports à Solomon Abramovitch Losovsky et lui propose ses services.

Comme on s'en souviendra, Losovsky, dirigeant de l'Internationale syndicale rouge et sioniste, s'est rendu à Barcelone en février 1936 en compagnie de Bela Kun et de Heinz Neumann. En 1928, Losovsky appelle Mink à Moscou et lui fournit un faux passeport, de l'argent et des procurations spéciales. À partir de 1930, Mink fait partie de l'appareil de contre-espionnage du GPU et se déplace entre Berlin et Hambourg. Selon Jan Valtin, qui connaissait personnellement Mink, à Hambourg, où il était considéré comme un gangster sans scrupules, il a assassiné le transfuge Hans Wissinger. Lorsque Valtin lui fait remarquer qu'ils se sont peut-être trompés, il lui répond : "Nous ne nous trompons jamais, nous n'éliminons jamais d'innocents !" Valtin décrit Mink en 1931 comme suit : "Un type inhabituel, jeune, élégant, avec de légers traits juifs, cyniquement arrogant, de petite taille, mais robuste. Sa bouche était petite et cruelle, ses dents déchiquetées, et ses yeux, d'un brun verdâtre, avaient une vague lueur d'animal sauvage".

Fin mai 1935, le personnel de l'hôtel Nordland de Copenhague fait irruption dans la chambre de Mink en entendant une femme de chambre appeler à l'aide : Mink était en train de la violer. La police danoise fouille sa chambre et trouve des codes secrets, des faux passeports, des adresses codées et des milliers de dollars. Le 30 juillet 1935, accusé d'espionnage, il est condamné à dix-huit mois de prison. Libéré, il se rend à Moscou, où seule la puissante influence de Losovsky le sauve de l'ostracisme pour son comportement imprudent. L'OGPU lui fournit alors un passeport sous le nom d'Alfred Hertz et l'envoie à Barcelone, où il s'installe à l'hôtel Continental, l'hôtel même où se trouve Marc Rein. Hertz/Mink/Minkovsky a exercé pendant un certain temps les fonctions de commissaire politique du bataillon Thaelmann, le bataillon Kléber/Stern, censé être chargé de la surveillance d'éventuels trotskystes parmi les brigadiers allemands. Il a dû faire quelque chose de mal, peut-être était-il lui aussi un trotskiste, puisque le stalinien Vittorio Vidali, alias Carlos Contreras, le major Carlos, dans son livre *Journal du vingtième congrès du parti communiste de l'Union soviétique,* rapporte qu'il a finalement été éliminé par Staline.

Stéphane Courtois et Jean-Louis Panné dans *El libro negro del comunismo (Le livre noir du communisme)* affirment que la lutte autour de l'affaire Rein entre le gouvernement espagnol et le NKVD a atteint un tel degré d'intensité que le 9 juillet 1937, le secrétaire d'État, qui dépendait du ministère de l'intérieur du socialiste Zugazagoitia, a provoqué une confrontation devant témoins entre son agent (SSI 29) et les camarades Hertz et Mariano Gómez Emperador. Ce dernier était un homme des services secrets catalans, qui fonctionnaient comme une délégation camouflée du NKVD. L'effronterie de Hertz/Mink/Minkovsky est telle que le lendemain, il procède à l'arrestation de l'agent gouvernemental SSI 29, qu'il doit relâcher sur ordre de son supérieur, Alexander Orlov (Leiba Lazarevich Felbing), le chef du NKVD.

Deux autres Juifs travaillent avec Alfredo Hertz : Georg Scheyer, alias Sanja Kindermann, envoyé à Valence pour diriger le quartier tchèque de Santa Úrsula, et Moritz Bressler, alias Hubert von Ranke, marié à Seppl Hermann, veuve de Rafael Campalans, un éminent socialiste catalan qui s'est noyé sur la plage de Torredembarra en 1933. Seppl Hermann est devenu Seppl Kapalanz, une germanisation évidente du nom de famille Campalans. Il existe des témoignages sur les horreurs de la prison de Santa Ursula, émanant de prisonniers du groupe DAS, des anarcho-considéralistes allemands. Helmut Kirschey, l'un d'entre eux, explique que le personnel de garde du couvent était composé d'Espagnols, mais il ajoute : "Les hommes du NKVD-GPU qui nous ont interrogés étaient tous des Juifs russes. Ils parlaient yiddish entre eux, et comme cette langue contient de nombreux mots allemands, nous pouvions les comprendre sans grand problème." Selon Kirschey, les interrogatoires ont eu lieu la nuit : "Ils nous ont réveillés entre midi et deux heures, quand on est le plus fatigué et le moins alerte".[28] Moritz

---

[28] Ángel Galarza, responsable des premiers saccages à Paracuellos, crée le DEDIDE (Département spécial d'information de l'État) à Valence. Deux de ses hommes, le commissaire Juan Cobo et le commandant Justiniano García, chef de sa garde rapprochée, ont torturé aux postes de contrôle de Baylia et Santa Úrsula. La Fondation Anselmo Lorenzo dispose de rapports sur leurs méthodes. L'un d'entre eux indique : "Justin García était impliqué dans ces outrages bestiaux. Sa spécialité consistait à serrer le cou avec les deux mains, en coupant la respiration. C'était une strangulation lente. Les veines de la gorge gonflaient et le visage passait du rouge au blanc cadavérique. De nombreux détenus ayant subi ces tortures ont fini par s'évanouir à la suite d'une crise cardiaque.

Bressler avait été engagé en 1930 par Ernö Gerö, alias "Peter", sous les ordres duquel ils travaillaient tous.

Ernö Gerö, également connu sous le nom d'Ernst Singer, était un autre juif qui s'appelait en fait Ernst Moritsovich Gere, chef du NKVD en Catalogne, qui était lui-même subordonné à Orlov. Gerö a été évacué vers l'URSS en 1939 et, après la fin de la guerre mondiale, il est devenu l'un des dirigeants communistes en Hongrie. Gerö et Hertz, qui ont créé un fichier de tous les étrangers résidant en Catalogne, sont les principaux artisans de l'enlèvement d'Erwin Wolf, secrétaire de Trotsky, qui est entré imprudemment en Espagne. Selon les auteurs du *Livre noir du communisme*, Alfredo Hertz avait intégré le Corps d'enquête et de surveillance de la Generalitat et contrôlait le service des passeports, examinant ainsi les entrées et les sorties en Catalogne. Erwin Wolf, dont le pseudonyme politique était "Kiff", issu d'une riche famille allemande d'origine juive, a rejoint Trotski avant de se rendre en Norvège. Ses capacités personnelles et ses compétences linguistiques lui permettent de remplacer Jan Frankel comme secrétaire de Trotsky en novembre 1935. Frankel, bien sûr juif lui aussi, a été l'un des secrétaires de Trotsky entre 1930 et 1933 et, de février à octobre 1937, il a vécu avec lui à Coyoacán.

En novembre 1936, le comité central du Parti socialiste révolutionnaire belge discute des relations d'Erwin Wolf avec le POUM. Fin avril 1937, Wolf propose de se rendre en Espagne pour aider à la réorganisation et à la réorientation du parti d'Andreu Nin. Son arrivée à Barcelone a lieu juste après les Journées de mai. On a vu dans le chapitre précédent que Staline utilisait des agents juifs pour infiltrer l'entourage de Trotsky, qui avait tendance à s'appuyer sur des personnes de sa propre ethnie. Le plus célèbre, Mark Zborowski, "Etienne", qui devint le secrétaire de Léon Sedov, était forcément au courant des plans de Wolf. Plusieurs auteurs s'accordent à dire que c'est lui qui a transmis l'information de son entrée en Espagne à l'OGPU. En juillet 1937, Hertz/Mink/Minkovsky arrêtent Erwin Wolf sur ordre d'Ernö Gerö. Le secrétaire de Trotsky est vu pour la dernière fois le 13 septembre 1937 à la prison centrale de Barcelone, située au 24 Puerta del Angel. Il a ensuite disparu. Peut-être a-t-il été emmené secrètement à Moscou pour y être interrogé. Quoi qu'il en soit, à Moscou ou à Barcelone, il a été exécuté. Zborowski a également contribué à l'assassinat de Trotski au Mexique. Tout se passait en Espagne, et plus précisément en Catalogne, où le "travail" des agents juifs de Staline contre les Juifs trotskistes était brutal et implacable.

Ce n'est pas seulement en Espagne et en Union soviétique que la confrontation entre les agents juifs trotskistes et staliniens a eu lieu. La main de Staline s'étend jusqu'aux Amériques, comme en témoigne l'assassinat de Trotski au Mexique et de Krivitsky aux États-Unis. Le chef des services secrets militaires en Europe occidentale, Krivitsky, est mis à l'épreuve dès sa prise de fonction à La Haye. Son collègue et ami Ignace Reiss, surnommé

"Ludwig", juif comme lui et de son vrai nom Nathan Markovic Poretsky, se rend de Paris à la capitale néerlandaise le 29 mai 1937 pour lui annoncer son intention de quitter le service. Krivitsky note le conseil qu'il lui a donné : "L'Union soviétique reste le seul espoir des travailleurs du monde entier. Staline peut se tromper. Les Staline vont et viennent. Mais l'Union soviétique perdurera. Notre devoir est de ne pas nous détacher de notre poste". En d'autres termes, s'ils reprenaient le pouvoir, tout irait bien.

Krivitisky raconte que le 17 juillet, Isaac Spiegelglass, un autre Juif arrivé de Moscou avec les pleins pouvoirs pour purger les services étrangers, lui montre deux lettres qui comprommettent gravement le camarade Reiss. "Vous savez que vous êtes responsable de Reiss, lui dit Spiegelglass, vous l'avez présenté au parti communiste et vous avez approuvé son entrée dans notre organisation. L'invitation à participer à l'assassinat de Reiss a mis Krivitsky entre le marteau et l'enclume. Il répond qu'il ne veut "rien avoir à faire avec une telle entreprise", creusant ainsi sa propre tombe. Il alerte également son ami, qui réussit à s'échapper temporairement. Le 10 août, Krivitsky reçoit l'ordre de retourner à Moscou et deux semaines plus tard, dans la nuit du 4 septembre 1937, le corps de Reiss est retrouvé dans un fossé près de Lausanne, avec cinq balles de mitrailleuse dans la tête et sept dans le corps. Un faux passeport au nom de Hans Eberhardt a été trouvé dans ses poches. Avec candeur, Krivistky prétend convaincre le lecteur de la supériorité morale de ses amis trotskystes, qui "ont consacré leur vie à rendre le monde meilleur". Bien qu'il ait toujours nié être trotskiste, Krivitsky avoue qu'en novembre 1937, il a contacté le fils de Trotsky par l'intermédiaire de l'avocat de Reiss. Il admet également que le ministre français de l'Intérieur du gouvernement de Léon Blum, le juif Marx Dormoy, lui a fourni des papiers d'identité et une protection policière jusqu'à ce qu'il parvienne à s'enfuir aux États-Unis.

Répression contre les poumistes et les anarchistes. L'assassinat d'Andreu Nin

Sachant tout cela, nous sommes mieux à même d'aborder ce qui s'est passé en Espagne après la tragique semaine de mai. Une vague de terreur a déferlé sur la Catalogne, où les arrestations et les enlèvements de POUMistes et d'anarchistes ont conduit à la torture et à l'assassinat, le plus célèbre étant celui d'Andreu Nin. Lorsque le gouvernement de Negrín est formé, la répression contre le POUM commence par la suppression de *La Batalla* le 28 mai. On tente d'arrêter Julián Gorkín, auteur de l'éditorial du 1er mai qui proposait à la CNT la formation d'un front uni révolutionnaire et invitait les travailleurs à ne pas abandonner les armes, mais la police ne le trouve pas, pas plus que Juan Andrade, autre promoteur du journal. Le 11 juin, le jour même où les généraux trotskystes de l'Armée rouge comparaissent devant la Cour suprême de l'URSS, une accusation formelle est portée contre le

POUM, selon laquelle "la ligne générale de la propagande de ce parti était la suppression de la République et de son gouvernement démocratique par la violence et l'instauration d'une dictature du prolétariat". Plus loin, l'acte d'accusation mentionne que le POUM a "calomnié un pays ami dont le soutien moral et matériel a permis au peuple espagnol de défendre son indépendance". Il est également fait référence à l'attaque contre la justice soviétique dans le cadre de la critique des procès de Moscou et des contacts avec les trotskystes.

Dans la nuit du 16 juin, tous les dirigeants du POUM sont arrêtés à leur domicile, mais Nin est arrêté dans son bureau. Gorkín et Andrade étant toujours introuvables, leurs épouses sont arrêtées. Le 23 juin, un décret est publié annonçant la création de tribunaux d'espionnage et de haute trahison, composés de trois magistrats civils et de deux magistrats militaires. Ces tribunaux sont nommés par le gouvernement et peuvent tenir des audiences à huis clos. Le 29 juin, une note du ministre de la Justice, Manuel de Irujo, annonce que Julián Gorkín, Juan Andrade, Pere Bonet, Jordi Arquer et six autres dirigeants poumistes sont accusés de haute trahison. Ils auront finalement la vie sauve grâce à l'intervention de plusieurs délégations internationales arrivées en Espagne pour s'intéresser à eux et garantir un procès équitable. Jugés entre le 11 et le 22 octobre 1938, ils sont condamnés à quinze ans de prison. Mais Andreu Nin, qui avait été livré à des policiers communistes, n'en fait pas partie.

"Qu'avez-vous fait de Nin ?" est la question posée par Federica Montseny, la première personne à demander publiquement des nouvelles de lui. Le gouvernement s'est contenté de dire qu'il avait été arrêté et qu'il était en détention. Le ministre de l'Intérieur, Zugazagoitia, reconnaît qu'il se trouve à Madrid dans une prison privée communiste. Selon P. Broué, "lors d'un Conseil des ministres, Negrín interpelle les ministres. Il se déclare prêt à couvrir ce qui doit l'être, mais exige d'être mis au courant". Nin, ancien secrétaire de la CNT et de l'Internationale syndicale rouge, étant mondialement connu dans le mouvement ouvrier et syndical, l'affaire a un retentissement international. Le ministre de la justice, Manuel de Irujo, n'ayant pu localiser Nin dans aucune des prisons gouvernementales, a nommé un juge d'instruction spécial pour enquêter sur la disparition. Il ordonne l'arrestation des policiers suspectés, dont certains se sont réfugiés à l'ambassade soviétique. Quelques jours plus tard, une brigade spéciale de la police tente d'arrêter le juge lui-même, ce qui pousse le ministre Irujo, indigné, à menacer de démissionner lors d'un conseil des ministres houleux au cours duquel les communistes, qui défendaient la présence de techniciens et de conseillers soviétiques comme l'expression d'une "aide désintéressée", sont démasqués. En conséquence, ils n'ont d'autre choix que de transiger sur le renvoi du directeur général de la Sécurité, le lieutenant-colonel communiste Antonio Ortega, qui avait été proposé comme bouc émissaire. Le 8 août 1937, le correspondant du New York Times écrit : "Bien que tout ait été fait pour étouffer l'affaire, tout le monde sait maintenant qu'il a été retrouvé mort à l'extérieur de Madrid, assassiné".

Certaines choses sur ce qui s'est passé sont connues grâce aux écrits des différents protagonistes. Ainsi, par exemple, dans *Yo fui ministro de Stalin*, Jesús Hernández se dissocie de l'arrestation de Nin et indique que la décision a été prise lors d'une réunion entre Orlov, Pasionaria et le secrétaire à l'organisation du PCE, Pedro Checa, qui travaillait pour les services du NKVD, raison pour laquelle plusieurs historiens le désignent comme l'un des responsables des massacres de Paracuellos. L'enlèvement puis l'assassinat d'Andreu Nin sont entrés dans l'histoire sous le nom d'"opération Nikolaï". Andreu Nin a été arrêté par des policiers catalans de la Brigade spéciale. Après quelques heures au commissariat de Barcelone, il est transféré à Madrid sur ordre d'Orlov. Il est immédiatement conduit à Alcalá de Henares, où il est interrogé entre le 18 et le 21 juin : il doit signer un faux document impliquant le POUM dans des actes de trahison et d'espionnage. À partir de ce moment, les enquêteurs offrent de multiples versions de ce qui s'est passé.

Il est généralement admis que le 22 juin, Andreu Nin a été enfermé dans un chalet où il a été laissé aux mains d'Orlov et de deux autres agents soviétiques, qui ont tenté de le soumettre pendant un mois. Puisque nous connaissons déjà Orlov, présentons ses complices. L'un d'eux était Iósif Romuáldovich Griguliévich, un juif né à Vilna dans une famille caraïte de Crimée. La journaliste costaricienne Marjorie Ross dans *El secreto encanto de la KGB : Las cinco vidas de Iosif Grigulievich (Le charme secret du KGB : Les cinq vies de Iosif Grigulievich)* apporte des éléments surprenants sur ce personnage qui, sous le nom de Teodoro B. Castro, devint ambassadeur du Costa Rica en Italie et en Yougoslavie, où il devait assassiner Josip Broz Tito. Curieusement, c'est Tito qui, en tant que délégué serbe à l'Internationale, lui a donné le faux passeport qui lui a permis d'entrer en Espagne en 1936, où il s'est fait connaître sous les noms de "Júzik" et "Miguel". Tout au long de sa carrière, il a reçu d'autres surnoms : "José Ocampo", "Father", "Artur", "Maks", "Daks" et "Felipe". Grigulievich a été identifié comme l'auteur probable du meurtre de Nin.

Quant à l'identité du second agent, certains évoquent Ernö Gerö, bien que la plupart des historiens, dont Ángel Viñas, privilégient Leonid Eitingon, le lieutenant d'Orlov, un autre juif de son vrai nom Nahum Isaakovich Eitingon, surnommé "Kotov", "Leonido" et "Pierre". Robert Conquest, Hugh Thomas et Julian Gorkin affirment qu'Eitingon était l'amant de Charity Mercader, la mère de l'assassin de Trotsky, bien qu'un autre amant connu de Charity, Pavel Sudoplatov, le nie. Qu'elle l'ait été ou non, Nahum Isaakovich Eitingon l'a recrutée, ainsi que ses amis Africa de las Heras et Carmen Brufau, les trois célèbres agents espagnols du NKVD, et a organisé la tentative d'assassinat de Trotski le 20 août 1940. Ce sont donc ces trois hommes qui auraient torturé Nin, qui a résisté et refusé de collaborer avec les agents staliniens. On ne sait pas s'il est mort pendant les séances ou s'il a été tué parce que son état ne permettait pas de le libérer. Tout porte à croire qu'Orlov a décidé de l'éliminer.[29] Il existe des preuves d'un télégramme envoyé par "Júzik", probablement de Paris, avec en tête la lettre "N", une allusion claire à Nin, qui parle de l'assassinat de Nin à mi-chemin sur la route d'Alcalá de Henares à Perales de Tajuña. Ángel Viñas estime que la date la plus probable de l'assassinat est le 21 juillet 1937.

En septembre 1937, Emma Goldmann, la célèbre anarchiste lituanienne d'origine juive, se rend en Espagne afin de se rendre compte par elle-même de la répression qui s'abat sur les anarchistes. Elle se rend directement à Valence. "J'ai découvert, déclara plus tard Goldmann, que mille cinq cents membres de la CNT, des camarades de la FAI et de la Jeunesse libertaire, des centaines du POUM et même des membres des Brigades internationales remplissaient les prisons de Valence. En novembre, *Solidaridad Obrera* avance le chiffre de quinze mille détenus dans les prisons de Catalogne, de Valence et d'autres régions de la zone républicaine.

Le 17 octobre 1937, Largo Caballero prononce son dernier discours en Espagne au Teatro Pardiñas de Madrid. Dans ce célèbre discours, Largo profite de l'occasion pour dénoncer les dommages que l'affaire Nin a causés à la cause de la République à l'étranger : "Vous savez tous qu'il y a eu des cas vraiment malheureux, qui n'ont pas encore été éclaircis, de gens faits disparaître par des éléments qui ne sont pas le gouvernement, et qui ont constitué un État dans un autre État". C'est la première fois qu'un dirigeant républicain dénonce publiquement l'extrême importance du fait que la République espagnole est tombée entre les mains de personnes qui ne sont pas au service de l'État espagnol. Largo Caballero organise une série de

---

[29] En 2013 est paru en Espagne *El caso Orlov. Los servicios secretos soviéticos en la guerra civil española* (2013), un ouvrage de Boris Volodarsky dont nous avons appris l'existence trop tard. Il semble que cet auteur confirme que l'ordre de tuer Andreu Nin est venu d'Orlov et que Grigulievich l'a abattu, bien qu'il doute qu'il ait été torturé. Nous ne savons pas si cet ouvrage clarifie la défection d'Orlov, mystère indéchiffrable, puisque tout indique qu'il servait bien Staline. Cependant, Eitingon et Gerö ont pu informer Staline sur des aspects inconnus des activités d'Orlov en Espagne. En juin 1938, Orlov reçoit l'ordre de rencontrer à Anvers un chef du NKVD, probablement Isaac Spiegelglass. Il vole ensuite 60 000 dollars dans la caisse du NKVD et s'enfuit avec sa femme et sa fille au Canada. En 1939, il envoie une lettre non signée à Trotski l'informant qu'un agent nommé "Mark", probablement Zborowski, a infiltré son organisation à Paris. Trotsky pense qu'il s'agit d'un stratagème de Staline et n'accorde aucune crédibilité à cet avertissement. En septembre 1938, lors de la conférence de création de la IVe Internationale à Paris, "Etienne" (Zborowski) présente Ramon Mercader, le futur assassin de Trotski, à la trotskiste Sylvia Ageloff, une femme sans attrait qui est séduite par Mercader. Tombée passionnément amoureuse de lui, elle le suivit au Mexique et l'introduisit dans la maison de Trotski à Coyoacán. Orlov, pour autant que l'on sache, après avoir été le bourreau de Staline, a eu le culot de publier en 1953 *L'histoire secrète des crimes de Staline*. Tant Orlov que Krivistsky utilisent dans leurs ouvrages des informations qui leur ont été fournies à l'époque par leur collègue Abram Slutsky.

rassemblements, mais n'est plus autorisé à prendre la parole en public. Le premier devait avoir lieu à Alicante, mais alors qu'il se rendait dans cette ville en compagnie de Luis Araquistán, Rodolfo Llopis, Wenceslao Carrillo et d'autres collaborateurs, il fut arrêté sous la menace d'une arme. Dans *Todos fuimos culpables*, Vidarte rappelle qu'il a demandé au ministre de l'intérieur, Julián Zugazagoitia, "Zuga", s'il était vrai que Caballero était sous surveillance policière, ce à quoi Zuga, d'ordinaire sobre dans ses expressions, a répondu : "Ce n'est rien, car je vais mettre Largo Caballero et ses amis en prison....". Mes ordres ne se discutent pas".

Le 2 novembre 1937, Trotsky évoque la bataille perdue en Espagne dans une lettre adressée à toutes les organisations ouvrières. Elle commence par ces mots :

> "Le mouvement socialiste mondial est détruit par une terrible maladie. La source de la contagion est le Comintern, ou plus exactement le GPU, pour lequel l'appareil du Comintern ne sert que de couverture légale. Les événements de ces derniers mois en Espagne ont montré de quels crimes la bureaucratie moscovite débridée et complètement dégénérée est capable, avec ses acolytes de la racaille internationale. Il ne s'agit pas d'assassinats secondaires ou de montages sans importance. Il s'agit d'une conspiration contre le mouvement ouvrier international".

Ce texte montre à quel point Trotsky reconnaît avoir complètement perdu son influence, autrefois puissante, au sein de l'Internationale communiste, dont le Comité exécutif était aux mains des trotskistes Zinoviev et Boukharine. Lorsque Staline place le Bulgare Georgi Dimitrov à la tête de l'Internationale en 1934, la soumission idéologique des partis communistes à Moscou, dont la ligne politique prône les fronts populaires, est déjà incontestablement imposée. En revanche, comme nous l'avons vu, les mouvements trotskistes continuent de servir la révolution mondiale, initialement planifiée par les Illuminati et esquissée par Adam Weishaupt. En juillet 1938, Rudolf Klement, dont l'un des pseudonymes était "Frédéric", un autre secrétaire de Trotski qui préparait à Paris la conférence de fondation de la IVe Internationale, fut enlevé et décapité. Néanmoins, contre toute attente, la Quatrième Internationale est fondée en septembre 1938.

La situation dans l'Espagne franquiste

Alors que le gouvernement de la République était à la traîne de Moscou et que les luttes entre communistes et anarchistes avaient provoqué chaos et guerres intestines en Catalogne, les nationalistes se préparaient à gagner le nord, ce qui créerait les conditions nécessaires à la victoire finale. On a dit que la guerre civile espagnole était la dernière guerre menée pour la défense d'idéaux, ce qui doit être vrai, puisque les Espagnols des deux camps l'ont ressenti et sont morts pour eux. Cependant, nous avons vu dans ce travail que la révolution mondiale était dès le départ le projet de conspirateurs qui, après la publication du *Manifeste communiste*, ont élargi la théorie de la dictature du prolétariat et prévu d'utiliser les masses pour atteindre leurs objectifs. De loin, tout observateur objectif admettra que les idéaux et les valeurs pour lesquels la moitié de l'Espagne s'est battue étaient une chimère. Les anarchistes et les internationalistes méprisent les concepts de Dieu, de patrie, de famille et de propriété, ils prônent un monde nouveau dans lequel il n'y aurait ni nations ni classes sociales. À la même époque, l'Espagne républicaine avait adopté le cri de "Vive la Russie" et hissé le drapeau rouge des Rothschild avec la faucille et le marteau, symbole des révoltes maccabéennes. Des images des dieux de l'athéisme sont exposées à la Puerta de Alcalá. En revanche, les Espagnols de l'autre côté criaient viva España et s'accrochaient aux valeurs traditionnelles, parmi lesquelles la religion, la patrie et la famille prédominaient. On peut partager ou non ces idéaux, mais dans la pratique, ils se sont avérés beaucoup plus cohérents et ont permis de réaliser une union sans heurts.

La corrélation des forces dans l'Espagne nationale a révélé certaines différences idéologiques, qui ont été neutralisées par le décret d'unification du 19 avril 1937. Par ce décret, Franco réussit à dissoudre les anciens partis de droite, dont l'influence s'était affaiblie. L'Acción Popular de Gil Robles, qui n'avait joué aucun rôle depuis le début du soulèvement, disparaît lorsque Gil Robles lui-même annonce qu'il renonce à l'action politique. L'autre parti monarchiste, Renovación Española, ne donne pas non plus de signe de vie et Goicoechea, son leader, accepte également de se dissoudre. Cependant, les divergences entre la Phalange espagnole et la Communion traditionaliste étaient suffisamment importantes pour constituer une pierre d'achoppement dans la création du parti unique. Les Falangistes n'avaient pas de problèmes avec Franco au départ, mais leurs divergences avec les forces conservatrices, l'Eglise et les monarchistes signifiaient un éloignement doctrinal des Carlistes, dont les bataillons de requetés avaient été décisifs dans le triomphe de l'insurrection. Voyons cela brièvement.

On a dit que les requetés étaient des soldats d'un autre siècle. Ils se battaient "pour Dieu, la patrie et le roi", dans cet ordre, comme le proclame *l'Oriamendi*, l'hymne du carlisme, une idéologie qui s'est maintenue de manière étonnante et qui, en 1936, était la plus ancienne force politique d'Europe. Ces valeurs sont les mêmes que celles qu'ils ont défendues tout au long du XIXe siècle, lorsqu'ils se sont opposés à maintes reprises au libéralisme et à la franc-maçonnerie internationale. Le prétendant carliste, Don Jaime, avait publié le 23 avril un manifeste exprimant la volonté des carlistes de collaborer avec la République ; cependant, les graves émeutes anticléricales de mai 1931 furent le signe indubitable que derrière l'avènement du nouveau régime se cachaient l'athéisme et le communisme international, forces considérées comme inhumaines et d'origine étrangère.

Dès qu'ils virent la dérive de la République maçonnique, des dizaines de milliers de volontaires carlistes, quoi que fassent les militaires, furent prêts à prendre les armes, comme l'avaient fait leurs ancêtres. Après la mort de Don Jaime le 2 octobre 1931, Don Alfonso Carlos, son oncle, devient le nouveau prétendant. Le carlisme a ses organes d'expression, très combatifs dans presque toutes les provinces. Parmi eux, *El Siglo Futuro* à Madrid, *El Correo Catalán* et *El Pensamiento Navarro* sont censurés ou suspendus à maintes reprises malgré la liberté de la presse garantie par la Constitution.

Le 31 mars 1934, une commission de monarchistes carlistes et alphonsiens rencontre Benito Mussolini à Rome, à qui ils avouent vouloir renverser la République et la remplacer par une monarchie corporative. Le Duce ordonne au maréchal Balbo de leur donner 10 000 fusils, 200 mitrailleuses et 1,5 million de pesetas. Il est également décidé que les jeunes carlistes recevront une formation en Italie. Le 3 mai 1934, Manuel Fal Conde, qui avait réussi à organiser le carlisme en Andalousie et à y créer un groupe enthousiaste de centaines de requêtés, est nommé secrétaire général de la Communion Traditionnelle. En Navarre et dans le reste de l'Espagne, les requêtés commencent à recevoir une instruction militaire. Le carlisme dispose également d'une branche féminine, les "Margaritas", qui, avant même la guerre, compte environ trente mille membres. Une junte militaire carliste est créée à San Juan de Luz, et le général Sanjurjo est considéré comme le chef du mouvement.

En mai 1936, Fal Conde, Sanjurjo et Javier de Borbón, qui assure la régence, se réunissent à Lisbonne. Ils soutiennent un soulèvement de l'armée, mais décident que si celui-ci n'a pas lieu, ils se soulèveront d'eux-mêmes et que Sanjurjo en prendra la tête. Comme Mola avait commencé à organiser la conspiration militaire, les carlistes le rencontrèrent début juin et lui offrirent 8400 requetés rien qu'en Navarre. Le problème est que Mola veut instaurer une république au suffrage universel et que les carlistes veulent une monarchie catholique et corporative. Ces divergences empêchent tout accord et Mola écrit au Fal Conde en ces termes : "Le prix que vous mettez à votre collaboration ne peut être accepté par nous. Nous nous adressons à vous parce que, dans les casernes, nous n'avons que des hommes en uniforme, qui ne peuvent être appelés soldats. Si nous les avions eus, nous aurions été seuls. Le traditionalisme contribuera par son intransigeance au désastre espagnol aussi efficacement que le Front populaire". Fal Conde sollicite la médiation de Sanjurjo, qui demande par lettre à Mola de laisser les carlistes combattre sous le drapeau bicolore, car ils ne sont pas disposés à se lever sous le drapeau républicain. Le 12 juillet, ils rompent les relations avec Mola, mais l'assassinat de Calvo Sotelo oblige le général à accepter les orientations de la lettre de Sanjurjo et celles qu'il pourrait donner par la suite en tant que président du gouvernement. Après avoir surmonté in extremis les divergences, les requetés donnent l'ordre de mobilisation le 15 juillet. La mort de Sanjurjo, cinq jours plus tard, remet à plus tard tout pacte politique.

Un rapport daté du 28 février 1936 évalue à plus de 25 000 le nombre de requetés prêts à rejoindre la rébellion dans toute l'Espagne. Certaines sources estiment qu'au 18 juillet, le nombre de Bérets rouges avoisinait les trente-cinq mille, dont la moitié se trouvait dans des zones où le soulèvement n'a pas abouti et a donc été neutralisé, comme ce fut le cas en Catalogne, à Valence, en Biscaye et en Guipúzcoa. On estime qu'entre 50 000 et 60 000 volontaires ont rejoint les rangs des légitimistes pendant la guerre. En février 1939, 23 000 d'entre eux combattaient encore. Le matin du 19 juillet 1936, des milliers de requetés se sont rassemblés sur la Plaza del Castillo de Pampelune. La plupart d'entre eux étaient de simples habitants de la campagne. Leur contribution est essentielle pour tenir la Navarre et renforcer La Rioja et Saragosse. Ils marchèrent ensuite vers le Guadarrama et participèrent, en septembre 1936, à la prise de Saint-Sébastien et à la libération du Guipúzcoa. Les tercios de requetés étaient les meilleurs des volontaires : ils étaient disciplinés, enthousiastes, pleins d'abnégation et courageux. Ils constituèrent une force de choc militaire résolue qui fut constamment utilisée, si bien que six mille d'entre eux furent tués et quelque trente mille blessés au cours de la guerre. En participant à la campagne du Nord, les carlistes réalisèrent, le 19 juin 1937, un rêve vieux d'un siècle : prendre Bilbao, la ville devant laquelle Zumalacárregui, le meilleur de leurs généraux, était tombé en 1835. L'entrée dans Bilbao avait une grande connotation psychologique dans les milieux carlistes.

La Communion Traditionnelle avait obtenu neuf députés lors des élections de février 1936 ; en revanche, la Phalange espagnole n'avait obtenu que 6800 voix et ne disposait d'aucune représentation parlementaire. Au cours des mois qui ont précédé le soulèvement militaire, le nombre de ses membres a toutefois augmenté de manière significative et, pendant la guerre, la Phalange espagnole est devenue une puissante organisation politique. Certaines sources estiment qu'elle comptait plus d'un million de membres, tandis que d'autres avancent le chiffre de deux millions. Beaucoup considèrent la Phalange, qui s'oppose à la restauration monarchique, comme une force de progrès face à l'immobilisme des traditionalistes. De nombreux falangistes avaient des origines républicaines et/ou syndicalistes et possédaient donc une sensibilité sociale qui les rapprochait des alliés italiens et allemands. En outre, ils créent des forces militaires qui s'organisent en milices et prennent de l'ampleur en Castille, en Estrémadure et en Andalousie. Si José Antonio Primo de Rivera, arrêté et exécuté à Alicante le 20 novembre 1936, avait été présent, les choses auraient pu se passer différemment. Ramón Serrano Suñer est allé jusqu'à dire que s'il avait été retrouvé vivant à Salamanque, le seul "Caudillo" aurait été lui. Mais en avril 1937, il manquait aux Falangistes un leader capable de fédérer tout le monde autour de lui. Les traditionalistes sont également divisés, car le 29 septembre

1936, le dernier des rois de la dynastie carliste, Don Alfonso Carlos, décédé à Vienne, n'a pas désigné de successeur et s'est contenté de nommer un régent.

Dans ces conditions, le général Franco, devenu généralissime et chef de l'Etat le 1er octobre 1936, décide de prendre les mesures nécessaires pour créer le parti unique, à l'instar de ce qui s'est passé en Italie et en Allemagne, afin d'éviter les querelles internes et de maintenir un pouvoir fort qui lui permette de se concentrer sur la guerre. L'objectif était de concilier les idées des falangistes, qui souhaitaient une refonte complète de l'État, avec les tendances conservatrices des traditionalistes. Franco, qui avait été considéré comme un monarchiste, était en fait un pragmatique et un réaliste, de sorte qu'il remettait à plus tard toute décision pour ou contre la monarchie susceptible de diviser ses partisans. Ainsi, lorsqu'en février 1937, Fal Conde a tenté de précipiter une restauration immédiate de la monarchie, Franco a considéré qu'il s'agissait d'une trahison et le leader traditionaliste a dû s'enfuir au Portugal. La résistance s'est également manifestée du côté falangiste, avec des hauts et des bas sur lesquels il n'y a pas lieu de s'attarder. Manuel Hedilla, devenu secrétaire général de la Phalange, tente de s'opposer à l'unification, mais il ne contrôle pas les différents groupes et ses manœuvres conduisent à son arrestation et à celle de nombreux falangistes. Tous sont jugés et quatre d'entre eux sont condamnés à mort, dont Hedilla, mais leur peine est finalement commuée en réclusion à perpétuité. Hedilla a bénéficié par la suite d'autres grâces.

Le décret d'unification est promulgué le 20 avril 1937. La veille, le généralissime avait prononcé un discours depuis le balcon du quartier général de Salamanque, dans lequel il justifiait la décision de parti unique. Le décret se compose d'un préambule et de trois articles. Le premier commence ainsi : "La Phalange espagnole et les Requetés, avec leurs services et éléments actuels, sont intégrés, sous ma direction, dans une seule entité politique à caractère national qui, pour le moment, s'appellera Phalange espagnole tradicionalista et des JONS. Cette organisation, intermédiaire entre la société et l'État, a pour mission principale de communiquer à l'État le souffle du peuple et d'apporter à ce dernier la pensée du premier à travers les vertus politico-morales du service, de la hiérarchie et de la fraternité". Le deuxième article précise que "le Chef de l'Etat, un Secrétariat ou Bureau politique et le Conseil national" sont les organes directeurs du parti. Le généralissime nomma personnellement tous les membres du premier Conseil national, qui comprenait cinquante membres : la moitié étaient des falangistes, un quart des carlistes, cinq des monarchistes et huit des militaires. Cette composition montre que la Phalange est devenue l'organisation la plus favorisée. L'article 3 stipule : "La Phalange espagnole et les Requetés se fondent en une seule Milice nationale, en conservant leurs emblèmes et leurs signes extérieurs. La Milice Nationale est auxiliaire de l'Armée. Le chef de l'État est le chef suprême de la milice. Un général de l'armée en est le chef direct...". Un exemple symbolique de l'union a été l'imposition aux Falangistes du béret rouge des requetés en complément de leur chemise bleue. Les situations qui s'étaient présentées du côté républicain, où les partis, les syndicats et les comités disposaient de leurs propres milices armées, étaient ainsi exclues. Une fois l'unité du Mouvement organisée et garantie par la création du parti unique, qui annonçait une structure dictatoriale pour l'éventuel nouvel État, tous les efforts se concentrèrent sur la conquête du Nord.

Sur le mythe de Guernica et la campagne du Nord

La Gascogne est le premier objectif de la campagne du Nord, qui se déroule en deux temps. La première se termine fin avril avec l'occupation de Durango, Eibar et Guernica. Le bombardement de cette dernière ville par la légion Condor a donné naissance à un mythe qui s'est perpétué jusqu'à aujourd'hui. Les événements se sont déroulés le 26 avril et la campagne de propagande a déclenché une réaction internationale. Le plus grand représentant de l'opération de propagande fut le célèbre *Guernica* de Picasso, un tableau qui, malheureusement, est devenu un pamphlet pictural en raison de l'abus politique dont il a fait l'objet. Parmi de multiples mensonges, il a été dit que le bombardement avait duré trois heures et que l'on parlait de milliers de victimes. La fausseté de ces affirmations est aujourd'hui démontrée : les avions sont passés trois fois et les bombes sont tombées pendant quelques minutes. L'argument avancé par les partisans de Franco concernant l'incendie de la ville par "les hordes rouges" avant de l'évacuer a été considéré comme non pertinent ; c'est pourtant ce que les miliciens faisaient habituellement : ils l'ont fait à Irún et ont continué à le faire dans d'autres villes de Cantabrie et des Asturies. Le correspondant du *New York Times* écrit : "Les Asturiens en retraite semblent déterminés à ne laisser derrière eux que des ruines fumantes et de la désolation, et lorsqu'ils sont finalement contraints d'abandonner une ville ou un village [...], les rebelles les trouvent dynamités et réduits en cendres".

Alors que la question est débattue à la Chambre des Communes, où Anthony Eden, secrétaire au Foreign Office, est interrogé, les nationalistes invitent une commission internationale. La délégation, conduite par un architecte anglais spécialisé dans la destruction, visite la ville et constate qu'elle a été non seulement bombardée, mais aussi brûlée et dynamitée. La plupart des dégâts dans les rues ont été causés par des explosions souterraines en neuf points différents. Dans chaque cas, ces explosions s'étaient produites à proximité des conduites reliées au réseau d'égouts principal. La presse britannique continue de s'intéresser à l'affaire de l'attentat de Guernica. Un an plus tard, le 19 avril 1938, deux journaux britanniques, *The Daily Telegraph* et *The Morning Post*, publient une lettre de A. W. H. James, commandant de l'armée de l'air et membre du Parlement. Un fragment du texte publié dans ces journaux a été reproduit dans *La Renaissance de l'Espagne* (1938), ouvrage du comte de Saint-Aulaire, ambassadeur de France à Madrid et à Londres, qui révélait d'ailleurs qu'après la prise de Bilbao, ses insignes de franc-maçon avaient été retrouvés dans les tiroirs du lehendakari Aguirre. Le commandant James a visité la ville à deux reprises et l'a examinée de près. Selon lui, les versions selon lesquelles la ville a été détruite par les airs "émanent de jeunes gens inexpérimentés, dont aucun n'a été témoin..... Ils n'ont pas cherché à vérifier, par le biais d'une enquête, que la ville avait été détruite par les airs. Ils n'ont pas essayé de vérifier, par un examen critique sur le terrain, les histoires qu'ils ont diffusées. J'ai vérifié que Guernica a été bombardée, mais que la plupart des destructions, environ 95%, n'ont pu être dues qu'à des incendies. Rien n'est plus facile à distinguer que les effets sporadiques d'un bombardement et la destruction systématique, maison par maison, des incendiaires".

Deux historiens de l'association *Gernikazarra*, Vicente del Palacio et José Ángel Etxaniz, ont récemment réalisé une étude exhaustive dans laquelle ils établissent que 126 personnes sont mortes à Guernica à la suite du bombardement. À Dresde, ville bombardée par près de trois mille bombardiers lourds pendant trois jours, plus de 200 000 personnes ont été massacrées à la suite des bombardements par saturation. Pourtant, l'historien marxiste E. Témime ne mentionne même pas cette ville allemande dans *La révolution et la guerre en Espagne*, où il compare le bombardement de Guernica à d'autres effectués pendant la Seconde Guerre mondiale sur des villes anglaises et hollandaises. Pendant plus de vingt ans, j'ai travaillé comme enseignant avec des milliers d'élèves. Presque tous savaient que Guernica avait été bombardé et connaissaient le tableau de Picasso ; en revanche, je n'en ai jamais trouvé un seul qui savait ce qui s'était passé à Dresde.

En pleine campagne de prise de Bilbao, le général Mola meurt inopinément le 3 juin 1937 dans l'écrasement de son avion alors qu'il rentrait à Vitoria. Il est remplacé par le général Dávila et, le 12 juin, la fameuse "ceinture de fer" qui défendait la ville est brisée et l'attaque définitive de Bilbao commence, qui tombe le 19. Une grande partie de l'armée qui défendait la ville se retira vers l'ouest et entra en Cantabrie. Pour tenter d'arrêter l'avancée des nationalistes au nord, les commandants républicains planifient une offensive sur Brunete, dans le secteur de Madrid. Près de 50 000 hommes sont mis à la disposition de l'état-major républicain. Dans la nuit du 5 au 6 juillet, une attaque massive est lancée et Líster occupe Brunete ; mais les nationalistes se ressaisissent rapidement et, en quelques jours, sont en mesure de contre-attaquer, si bien que le 12 juillet, l'offensive est arrêtée et les républicains défendent leurs positions.

À la fin du mois, une partie des troupes franquistes a pu retourner au nord pour préparer la campagne contre Santander. L'entrée des soldats navarrais et italiens dans la ville a lieu le 26 août et est célébrée avec enthousiasme par la population, essentiellement conservatrice. Les troupes nationalistes firent quelque 17 000 prisonniers, dont beaucoup furent fusillés. Le 31 août, dans leur retraite vers les Asturies, les miliciens républicains, fidèles à leurs habitudes, dynamitent et incendient Potes. Le 17 septembre, la prise de Tresviso, dernière ville de Cantabrie, met fin aux opérations dans cette province. Enfin, les brigades navarraises entrent dans Gijón le 21 octobre 1937. On peut dire que la chute de cette ville signifie la disparition du front nord, bien que la résistance n'ait pas complètement cessé et que les opérations de déblaiement aient duré un certain temps, ce qui a empêché Franco de déplacer immédiatement toutes les troupes qui opéraient dans les Asturies.

Au fur et à mesure que les ressources passent entre leurs mains, la situation économique des rebelles s'améliore et les observateurs neutres commencent à croire que leur triomphe n'est plus qu'une question de temps. Les mines et l'industrie du nord complètent les ressources agricoles et l'élevage. Franco dispose des troupeaux de moutons et de porcs d'Estrémadure, des légumes de Galice, des céréales de Castille et des produits des grandes fermes andalouses. Dans la zone nationale, les magasins sont bien achalandés et non seulement l'approvisionnement de l'armée et de la population est assuré, mais il est possible d'exporter une partie de la production. En revanche, le gouvernement républicain avait de sérieuses difficultés à assurer l'alimentation des millions de personnes qui vivaient dans les grandes villes qu'il contrôlait. Cependant, à la fin de la guerre, les difficultés du gouvernement franquiste ont commencé, car il devait approvisionner les masses sous-alimentées de Madrid, Barcelone et Valence, qui souffraient depuis des mois d'un manque de nourriture.

Deux batailles décisives pour gagner la guerre

Compte tenu de la longueur de ce travail, il est nécessaire de résumer les événements qui ont conduit à la victoire des nationalistes. En novembre 1937, Negrín avait transféré le siège du gouvernement à Barcelone. La Generalitat abandonnait ainsi, à contrecœur, ses prérogatives et, en même temps, les anarcho-syndicalistes pouvaient être étroitement contrôlés par le SIM (Service d'Investigation Militaire), une police terrifiante et redoutée de tous, sous l'influence d'Orlov jusqu'à sa défection en juillet 1938. Negrín et ses amis se sont tellement consolidés qu'ils parviennent même à prendre la tête de l'UGT. C'est alors que le Haut Conseil de guerre décide de prendre l'initiative et choisit Teruel comme cible. À la fin de l'année 1937, l'armée républicaine comptait 575 000 hommes répartis en cent cinquante-deux brigades. Si cette offensive n'avait pas eu lieu, il est presque certain que Franco aurait à nouveau opté pour une attaque sur Madrid. Le 15 décembre, les opérations commencent et 40 000 hommes avancent vers la ville aragonaise, qui est encerclée tandis que le gros des forces poursuit son avancée. L'entrée dans Teruel a lieu le 22 décembre, mais à l'intérieur de la ville, on se bat maison par maison jusqu'au jour de Noël.

Franco décide de relever le défi et envoie un grand nombre de troupes sur place, qui parviennent à arrêter les républicains. La bataille est féroce et les deux camps doivent envoyer des renforts et du matériel pour tenir leurs positions. Près de 180 000 hommes sont concentrés dans une zone très restreinte et se battent dans des conditions épouvantables alors que l'hiver commence à sévir. Quiconque a visité Teruel sait que c'est l'une des régions les plus froides d'Espagne. Les soldats retranchés doivent être relevés tous les quarts d'heure. La neige, le vent et les routes verglacées paralysent presque toutes les opérations. Le 15 janvier 1938, les conditions météorologiques s'améliorent et les nationalistes préparent une contre-offensive, mais ne peuvent la lancer car les républicains repartent à l'assaut. Finalement, le 5 février, les troupes du général Yagüe percent le front et s'emparent des positions ennemies. Enfin, le 22 février, les républicains évacuent Teruel, se replient sur leurs positions initiales et abandonnent la bataille, perdue d'avance. Vicente Rojo offre le poste à Negrín, qui n'accepte pas de le remplacer. La bravoure et le courage avec lesquels les deux camps se sont battus ont fait dire au général Rojo qu'à Teruel "la grandeur morale du combattant espagnol" s'était révélée.

En raison de l'accumulation des troupes dans le sud de l'Aragon, la dynamique même des opérations incite l'armée franquiste à poursuivre son avancée vers la Méditerranée. Le 9 mars, elle reprend l'attaque et les troupes républicaines, qui ont à peine eu le temps de se réorganiser, doivent se replier de l'autre côté de l'Ebre. Le ministre de la Défense, Prieto, alerte le Conseil des ministres : "Si les rebelles atteignent la Méditerranée, les quatre cinquièmes de l'armée se trouveront dans la zone sud". Il est alors décidé de déplacer une partie des forces vers la Catalogne, qui manque de troupes pour pouvoir lancer une offensive. Afin de rendre possible la marche des troupes vers Tortosa par la route côtière, la résistance républicaine s'organise sur la ligne Caspe-Alcañiz. Lérida tombe le 3 avril. Une fois de plus, les propos d'Azaña illustrent à quel point la situation était compromise : "Personne n'a encore expliqué pourquoi ils n'ont pas atteint Barcelone lorsqu'ils ont pris Lérida en mars 1938. Il n'y avait pas de force entre les deux capitales".

Cette débâcle a intensifié la campagne contre le ministre de la défense qui, avant même l'offensive nationale du 9 mars, avait été limogé. Dans *Yo fui un ministro de Stalin*, Jesús Hernández, alors l'un des deux communistes du gouvernement, fournit des informations substantielles pour comprendre comment la destitution de Prieto a eu lieu. Selon lui, Ernö Gerö (Ernst Morisovich), alias Pedro, l'un des acteurs de l'assassinat de Nin en tant que chef du NKVD en Catalogne, a déclaré lors d'une réunion du bureau politique qu'il fallait "utiliser la perte de Teruel pour liquider Prieto". Au sujet de la conspiration contre Prieto, Hernandez fait état d'un voyage à

Moscou de Boris Stefanov, alias "Moreno", délégué anti-trotskiste à l'Internationale, qui jouissait de la confiance de Staline :

> Stefanov, qui venait de faire un voyage très rapide à Moscou, apportait avec lui des instructions précises et soutenait Pedro en ces termes : "Les camarades de la Casa conseillent d'alimenter l'armée avec de nouvelles réserves qui permettront une résistance prolongée afin de maintenir la lutte en vue d'une éventuelle conflagration mondiale, qui changerait toute l'optique de la guerre en Espagne. Résister, résister et résister, telle est la directive de la Maison (de Moscou) .... Croyez-vous qu'avec Prieto à la tête du ministère de la Défense, cela soit possible ?".

Prieto, comme Azaña, est de plus en plus favorable à la recherche d'une solution négociée au conflit. Le 27 février, cinq jours après l'évacuation de Teruel, Dolores Ibárruri, la Pasionaria, avait déjà déclenché une offensive contre le ministre de la Défense qu'elle accusait, sans le nommer, de défaitisme, d'incapacité et de lâcheté. Le 16 mars 1938, face au sentiment général que la guerre est perdue, l'ambassadeur français Eilrick Labonne propose à Negrín la médiation de la France. Le président du gouvernement convoque le conseil des ministres, qui se réunit au palais de Pedralbes à Barcelone, sous la direction du président de la République, pour étudier la proposition. Azaña suggère d'accepter la médiation et d'entamer des négociations de paix. Sachant que Prieto est aussi pessimiste que lui, il lui demande d'informer le Conseil de la situation militaire. Le ministre de la défense reconnaît la démoralisation de l'armée qui "fuit dans toutes les directions, abandonnant armes et munitions".

Des rumeurs de capitulation se répandant à Barcelone, le PCE, avec le soutien du secrétaire du Comité national de la CNT, Mariano Vázquez, organise une manifestation qui défile dans les rues de Barcelone et se dirige vers le palais de Pedralbes. "Le parti communiste, écrit La Pasionaria dans ses mémoires, a mobilisé le peuple de Barcelone pour exiger du gouvernement qu'il poursuive la résistance. Les manifestants pénètrent dans les jardins du palais avec fracas. "À bas les ministres qui capitulent !" et "Dehors le ministre de la Défense !" sont les cris entendus pendant la réunion du Conseil. Zugazagoitia et Vidarte, qui avaient été désignés par l'exécutif socialiste pour représenter le parti à la manifestation, confirment dans leurs écrits que Negrín était au courant à l'avance, et il est même possible qu'il ait lui-même conseillé aux communistes d'organiser la marche pour contraindre le président de la République.

Le 23 mars 1938, le journal communiste *Frente Rojo* et *La Vanguardia* publient un article de Jesús Hernández, ministre de l'Instruction publique, intitulé "Pessimiste impénitent". L'article, qui contient des attaques virulentes contre le ministre de la Défense, est signé du pseudonyme Juan Ventura, mais l'identité de l'auteur n'échappe à personne, et surtout pas à Prieto qui, le 29 mars, qualifie devant le Conseil des ministres d'"'inadmissible la conduite du ministre de l'Instruction publique qui m'a attaqué comme il l'a fait". Le ministre de la défense a annoncé qu'il ne démissionnerait pas par responsabilité, même si, en son for intérieur, il devait savoir avec certitude que ses jours en tant que ministre étaient comptés. Grâce, une fois de plus, au travail exhaustif de Bolloten, nous pouvons transcrire les mots que Negrín lui a adressés dans une lettre lui annonçant qu'il allait le démettre de ses fonctions :

> "Ma décision de le remplacer en tant que ministre de la défense a été exclusivement et véritablement personnelle. Elle m'est venue dans la nuit du 29 au 30 mars, après une douloureuse et violente lutte intérieure. Elle fait suite à la réunion des ministres de la nuit du mardi 29, où vous avez, avec votre éloquence suggestive, votre pathos habituel et l'autorité de votre fonction et de votre personne, complètement démoralisé nos collègues du gouvernement en stylisant les événements avec des teintes de désespoir sinistre et en les présentant comme fatals".

Palmiro Togliatti, chef de l'Internationale en Espagne, dont la mission principale est de veiller à ce que le PCE applique fidèlement les instructions de Staline, informe Moscou que Negrín a convoqué une réunion de la direction socialiste, où il a déclaré que Prieto ne resterait pas ministre de la Défense car il est "un défaitiste, digne d'être fusillé".

Ainsi, face aux communistes et sans le soutien de son parti, Indalecio Prieto est démis de ses fonctions. Le 5 avril 1938 est formé le nouveau gouvernement de Negrín, qui sera l'avant-dernier de la République, car en août, en pleine bataille de l'Èbre, une crise avec les nationalistes catalans et basques, qui quittent le gouvernement, oblige Negrín à remanier son cabinet. En plus de la présidence, Negrín prend le portefeuille de la Défense. Le 30 avril, il formule son programme politique dans un document en treize points qui fixe les objectifs pour lesquels la guerre se poursuivra et sur lesquels un accord de principe pourra être conclu avec les rebelles. Ce programme est largement diffusé en Espagne et à l'étranger. Tant Negrín que son ministre des Affaires étrangères, Álvarez del Vayo, qui revient au ministère en remplacement de Giral, sont convaincus qu'un conflit va éclater en Europe et que, s'ils parviennent à résister, il y a encore un espoir de salut. Les accords de Munich constituent un revers pour tous ceux qui, comme eux, souhaitent une guerre générale en Europe. La crise des Sudètes et les conséquences de l'accord étant d'une importance capitale pour la compréhension des événements qui ont suivi, nous renvoyons le lecteur au chapitre suivant, où elles seront abordées.

Le 15 avril 1938, l'armée franquiste atteint la mer à Vinaroz, divisant le territoire de la République en deux. L'effondrement du front d'Aragon provoque le découragement de la population et une profonde démoralisation des soldats de l'Armée populaire, dont beaucoup commencent à passer de l'autre côté. Le 2 juin 1938, le ministère de la Défense décide d'imposer la peine de désertion aux parents des fugitifs, dans le plus pur style soviétique. Pour gagner du temps et tenter d'empêcher l'armée nationale de marcher sur Valence, le général Rojo planifie à nouveau une offensive. L'objectif est également de montrer à l'Europe et au monde que la République espagnole n'est pas encore vaincue. Dès le mois de juin, on commence à planifier la traversée de l'Èbre, une opération à haut risque qui nécessite de longs préparatifs, puisqu'il faut assembler des bateaux et construire des ponts pour permettre aux troupes de traverser.

Dans la nuit du 24 au 25 juillet, l'opération commence. Les premiers commandos traversent le fleuve en barque et établissent des têtes de pont qui permettent aux sapeurs de travailler en toute sécurité à la mise en place de ponts et de passerelles. La progression est assez rapide : Mora del Ebro et Corbera sont occupées immédiatement et la tête de pont atteint une profondeur de vingt kilomètres et une longueur de trente, couvrant tout le grand méandre que la rivière trace entre Fayón et Gandesa. Bien que les espions aient signalé les concentrations de troupes, le franchissement de l'Èbre surprend les commandants nationalistes. L'envoi immédiat de l'aviation ne suffit pas à empêcher quelque cinquante mille hommes de franchir l'Èbre. Les nationalistes se replient sur Villalba et Gandesa et parviennent à résister. Lorsque les chars T-24 parviennent à franchir le fleuve et à entrer sur le champ de bataille, les secours franquistes sont déjà sur le front. Une bataille d'usure s'engage et dure jusqu'au 15 novembre. Trois jours seulement après le début de l'offensive, Azaña, en cachette de Negrín, tient une réunion secrète à Vic avec le représentant britannique à Barcelone, John Leche, à qui il demande de proposer à son gouvernement un plan de paix comprenant le retrait des combattants étrangers des deux camps et la formation d'un gouvernement de consensus sans les communistes.

C'est au cours de la bataille de l'Èbre qu'est conclu le pacte de Munich, le 29 septembre, qui met fin aux espoirs républicains de guerre en Europe et d'intervention étrangère en Espagne. Franco suit également avec inquiétude la réunion dans la capitale bavaroise, conscient que tout peut s'y jouer. Au cours des mois d'août et de septembre, les nationalistes lancent une attaque après l'autre, mais la férocité de la résistance est à son comble et tout point litigieux peut être pris et repris plusieurs fois. Les pertes en hommes et en matériel sont énormes : entre soixante et soixante-dix mille combattants sont tués ou blessés. Fin octobre, alors que les nationalistes s'apprêtent à envoyer des renforts, les soldats républicains atteignent la limite de leurs forces. Le 1er novembre, une attaque est lancée qui permet de prendre les positions républicaines sur les hauteurs de la Sierra de Cavalls, ce qui signifie que toute la partie sud-est de la zone gagnée après le passage de l'Èbre change à nouveau de mains. Bien que le front soit à nouveau stabilisé le 15 novembre, le 15 décembre 1938, la République a perdu la bataille et la guerre.

L'offensive sur la Catalogne n'est pas retardée et commence le 23 décembre 1938. La République n'a plus de réserves et ne dispose que d'environ quatre-vingt-dix mille hommes pour défendre le territoire catalan. L'effondrement se produit dans les premiers jours de janvier. Le désespoir est tel que le gouvernement de Barcelone décide de mobiliser tous les hommes en âge de combattre, mais il n'en a pas le temps. Lors des bombardements de Barcelone, il va même jusqu'à mobiliser les pompiers, dont le travail est essentiel dans la ville. Fin janvier 1939, le désordre et le chaos règnent dans la ville. Au sud, la perte de Tarragone provoque la fuite de milliers de réfugiés vers le nord, qui convergent vers Barcelone et s'entassent dans les stations de métro, qui servent de refuge et de dortoir. La survie dans la ville, où les partisans du régime franquiste espéraient la fin du cauchemar, était presque impossible, car il n'y avait pas de nourriture dans les magasins, pas de charbon, pas d'électricité. De nombreux républicains, déjà fatigués et sans espoir, préféraient eux aussi que tout s'arrête une fois pour toutes.

Le 23 janvier, le président Negrín et son gouvernement quittent Barcelone. Dans l'impossibilité d'emporter tous les documents, une partie des archives est détruite. Le 6 février, plus de 100 000 personnes sont entrées en France et des centaines de milliers d'entre elles, dont des soldats fuyant avec la population civile, s'entassent près des postes de douane du Perthus et du Boulou. Beaucoup de ces hommes armés ont fait usage de leur force et se sont emparés de véhicules sous la menace de leurs armes, qu'ils ont ensuite abandonnés près de la frontière. Les autorités françaises, débordées, avaient interdit l'entrée des hommes valides à partir du 30 janvier, ne laissant entrer que les femmes et les enfants. Cette décision a semé la panique et de nombreux fugitifs ont choisi de rentrer. Entre le 5 et le 9 février, la frontière est officiellement rouverte aux soldats, dont le matériel de guerre est confisqué. Parmi les dirigeants républicains en fuite, le président de la République, Azaña, passe en France le 5 février. Trois jours plus tard, c'est au tour de Negrín et des derniers ministres du gouvernement. Les membres de l'état-major général, dirigés par le général Rojo, quittent l'Espagne le 9 février, quelques heures avant que les troupes franquistes n'atteignent la frontière au Perthus.

Selon des informations parues en juin 2009 dans la *Revista de Catalunya*, Miquel Serra Pàmies, l'un des fondateurs du PSUC le 23 juillet 1936 et ministre de la Generalitat pendant la guerre, a réussi à empêcher la destruction de Barcelone avant la retraite. Dans un rapport détaillé d'une vingtaine de pages, la publication révèle que l'URSS et l'Internationale communiste avaient un plan pour détruire Barcelone avec des milliers de tonnes de trilite et de grandes quantités de munitions d'artillerie, avec lesquelles ils avaient l'intention de dynamiter les usines et les infrastructures de la ville catalane.

Coup d'État de Casado et nouvelle guerre civile du côté républicain

Avec le gouvernement de Negrín en France, la situation en zone républicaine s'aggrave dangereusement, car personne n'a l'autorité suffisante pour diriger la politique et la guerre. Au consulat d'Espagne à Toulouse, où le gouvernement s'est réfugié, Azaña et Negrín ne parviennent pas à se mettre d'accord. Negrín veut que le président de la République rentre avec lui en Espagne pour reprendre le pouvoir. Il n'y a aucun moyen de le convaincre. Le général Rojo avait également dit au Premier ministre qu'il ne voyait pas ce qu'il était possible de faire pour résister et pourquoi la résistance devait continuer. Negrín, Álvarez del Vayo, Segundo Blanco, syndicaliste de la CNT et ministre de l'Instruction publique et de la Santé, et les communistes imposent leur point de vue et décident de rentrer immédiatement en Espagne, avec ou sans Azaña. Leur idée est de résister jusqu'au bout plutôt que d'accepter la capitulation inconditionnelle exigée par Franco. Ils estiment que les forces armées encore présentes dans la zone Centre-Sud sont suffisantes pour prolonger la lutte pendant plusieurs mois, en attendant ce qui se passera en Europe.

Le 10 février 1939, Negrín débarque à Alicante en compagnie de Julio Álvarez del Vayo, ministre des Affaires étrangères, et de Santiago Garcés Arroyo, chef du SIM (Service d'investigation militaire). M. Negrín s'est immédiatement rendu à Valence. Il y rencontre José Miaja, chef de l'armée, qui est favorable à la cessation des hostilités. Deux jours plus tard, il s'installe à Madrid, dans le bâtiment de la Présidence, où il convoque le colonel Segismundo Casado, chef de l'armée centrale, qui lui dit clairement que ses forces n'ont aucune chance de résister à l'offensive prévisible de Franco sur la capitale. Negrín constate qu'en dehors des officiers du PCE, peu de chefs soutiennent la politique de résistance. Craignant qu'Azaña, qui s'était installé à l'ambassade d'Espagne à Paris, ne démissionne et que la Grande-Bretagne et la France ne reconnaissent immédiatement le général Franco, Negrín envoie, le 12 février, Álvarez del Vayo dans la capitale française pour dire au président de la République que le gouvernement considère sa présence en Espagne comme "indispensable". Azaña refuse de prolonger une "lutte inutile".

Le 16, Negrín convoque les chefs militaires à la base aérienne de Los Llanos (Albacete). Tous, à l'exception de Miaja, lui disent qu'ils partagent l'opinion du colonel Casado, qui rapporte ce qui s'est dit lors de cette réunion dans *Así cayó Madrid*. En réalité, Casado était déjà en contact avec des agents franquistes et savait que Franco ne négocierait pas tant que les communistes seraient au pouvoir. C'est pourquoi il dit à Negrín que le retour d'Azaña et la formation d'un nouveau gouvernement de républicains et de socialistes dans lequel il n'y aurait pas de communistes sont nécessaires. Parmi les anarchistes, Casado bénéficie du soutien de Cipriano Mera, qui commande un corps d'armée, et de José García Pradas, dirigeant de la CNT castillane. Du côté des socialistes, Julián Besteiro et Wenceslao Carrillo connaissent les plans du colonel et les approuvent. Wenceslao Carrillo et d'autres socialistes tentent même d'arracher le contrôle du parti et de l'UGT aux partisans de Negrín. Casado entretient des contacts avec le Foreign Office par l'intermédiaire de Denys Cowan, qui opère depuis le consulat britannique de Madrid.

Le 27 février, la France et le Royaume-Uni reconnaissent "de jure" le gouvernement de Burgos comme gouvernement légitime de l'Espagne, bien que le BOE ait publié, le 13 février 1939, la loi des responsabilités politiques, qui doit servir à "régler les fautes encourues par ceux qui ont contribué par des actes ou des omissions graves à forger la subversion rouge". Cette loi précisait que des représentants de l'armée, de la justice et de la Phalange formeraient les tribunaux chargés d'imposer des sanctions. Selon son premier article, les responsabilités remontaient au 1er octobre 1934. L'abandon de la IIe République étant ainsi consommé, le président Azaña annonce sa démission en France le 28. Bien que les événements prouvent chaque jour l'inutilité de la résistance, Negrín procède le 2 mars à une série de changements et de promotions qui placent les ressources du pouvoir entre les mains de ses amis communistes. Le colonel Casado est promu général, mais en même temps Negrín le remplace à la tête de l'armée centrale par le communiste Modesto, également promu général. Les "unités mobiles de choc" sont créées et les communistes Líster, Galán et Márquez sont nommés colonels. Pour le commandement du port de Carthagène, siège de la flotte, il nomme Francisco Galán. Deux autres communistes, Etelvino Vega et Manuel Tagüeña, sont nommés gouverneurs civils d'Alicante et de Murcie. Le 3 mars 1939, la députation permanente des Cortès se réunit à Paris et désigne comme président intérimaire le grand maître Diego Martínez Barrio, qui se trouve également en France.

Les militaires, les syndicalistes et les cadres des autres partis considèrent ces manœuvres de Negrín comme un coup d'État communiste. L'indignation est générale et, dans la nuit du 4 mars, un soulèvement a lieu à la base de Carthagène, dirigé par le capitaine de marine Fernando Oliva, soutenu par la garnison de la ville, sous le commandement du colonel d'artillerie Gerardo Armentía, qui finit par se suicider après avoir été arrêté. C'est le début d'une nouvelle guerre civile du côté républicain, qui fera des milliers de morts et de blessés en une semaine. Au milieu du chaos et de la confusion, l'amiral Miguel Buiza ordonne le départ de la flotte de Carthagène le 5 mars. Trois croiseurs, huit destroyers et d'autres petites unités mettent le cap sur Bizerte, où ils se rendent aux autorités militaires françaises. Bien que les forces commandées par le communiste Alonso Rodríguez aient ensuite repris le contrôle de la base, la perte de la flotte signifiait la disparition du meilleur moyen d'évacuation dont disposait le gouvernement de Negrín.

Tandis que le politburo du PCE se réunissait à Elda, dans la "position de Dakar", le colonel Casado s'installait le 5 mars à 19 heures au ministère des finances. Une heure plus tard, le reste des conspirateurs arrive et le Conseil de défense nationale est constitué, que Casado accepte de présider provisoirement jusqu'à l'arrivée à Valence du général Miaja, qui, après quelques hésitations, s'est rallié à la rébellion. La personnalité la plus importante et la plus prestigieuse est le socialiste Julián Besteiro, qui est chargé des affaires étrangères. Le socialiste Wenceslao Carrillo s'occupe de l'Intérieur. Le Conseil comprend deux hommes de la CNT, Eduardo Val et José González Marín, un représentant de l'UGT, Antonio Pérez, ainsi que deux autres républicains et un syndicaliste. À 23h30, la 70e brigade, commandée par l'anarcho-syndicaliste Bernabé López, occupe les postes stratégiques de Madrid : les ministères de la Défense, de l'Intérieur et des Communications, Telefónica, la Banque d'Espagne et la Direction générale de la sécurité. C'est ainsi que commence le coup d'État.

Une fois la capitale sous contrôle, le 6 mars au petit matin, un communiqué du Conseil est diffusé à la radio. Julián Besteiro prend la parole et déclare qu'avec la démission d'Azaña, la République est décapitée et que le gouvernement de Negrín est dépourvu de légitimité. L'Armée de la République, a-t-il dit, existe avec une autorité incontestable ; elle prend en main la solution d'un problème très grave, essentiellement militaire". Besteiro demande à Negrín de se retirer et l'accuse de gagner du temps "dans la croyance morbide que la complication croissante des événements internationaux conduira à une catastrophe d'ampleur universelle". Negrín, qui a entendu le discours, appelle Casado et, le traitant comme un général, lui demande ce qui se passe. Casado répond qu'il n'est pas général, mais colonel, car il n'accepte pas la nomination d'un gouvernement qui n'a aucune légitimité. Le matin du 6 mars, toutes les forces du Front populaire font des déclarations publiques de soutien au coup d'État. Seul le PCE reste fidèle à Negrín, qui se trouve à Elda depuis le 27 février, protégé par une garde d'élite dans la "position Yuste".

Alors que les communistes de Madrid se préparent à affronter les putschistes, Negrín, Álvarez del Vayo et les dirigeants du PCE commencent à préparer leur départ d'Espagne dès les premières heures du 6 mars. Negrín se rendit au siège du PCE, dans la "position Dakar", où il constata que Palmiro Togliatti, délégué de l'Internationale en Espagne, organisait le départ des dirigeants communistes. Cinq heures avant la fuite du président du gouvernement, des avions commencent à décoller de la base de Monóvar, près d'Elda. Les premiers à quitter le pays pour Oran sont Dolores Ibárruri, Jesús Monzón, Stefanov, alias "Moreno", et le député communiste français Jean Cattelas. Togliatti a ensuite organisé le départ d'autres communistes, dont Uribe, Líster, Modesto, Hidalgo de Cisneros et d'autres dirigeants politiques et militaires du PCE. Plus tard, à 14h30, le gouvernement de Negrín quitte l'Espagne pour Toulouse.

Les communistes de Madrid, en raison de la rupture des communications, ignorent les décisions prises à Elda par le Bureau politique, ainsi que la fuite du gouvernement de Negrín. Cependant, Togliatti, dont la fiabilité est très faible, écrit plus tard qu'ils ont reçu l'ordre de renverser la Junte par les armes. Avec ou sans ordre, le contre-coup d'État communiste est dirigé par Guillermo Ascanio, à la tête d'une division déployée dans la zone d'El Pardo, qui lance l'attaque contre les troupes casadistes. Le centre de Madrid devient un champ de bataille où s'affrontent les soldats du Front populaire, comme cela s'est produit en Catalogne dans les jours de mai. Les chars et l'artillerie tirent sur les rues Castellana, Recoletos et autres du cœur de la capitale, qui devient le théâtre d'un spectacle délirant. Les deux premiers jours, il semble que la contre-attaque va triompher. Il fallut que les brigades du IVe corps d'armée, commandées par l'anarchiste Cipriano Mera, quittent le front de Guadalajara le 9 pour entrer dans Madrid. Les combats dans la capitale durent jusqu'au 13 mars. À Valence et dans d'autres provinces, les communistes n'ont pas de plan d'action et se battent essentiellement pour se défendre. Les historiens ne s'accordent pas sur le nombre de morts de cette deuxième guerre civile dans la guerre civile. Julián Casanova affirme qu'il y en eut deux mille entre les deux camps ; mais Ángel Bahamonde et Javier Cervera Gil portent le nombre total de victimes des combats à des chiffres scandaleux et affirment que le nombre de morts avoisine les vingt mille, ce qui semble incroyable.

Une fois la guerre intestine terminée, le colonel Casado tente de négocier une paix honorable, mais la base de négociation qu'il présente n'est pas réaliste et, le 15 mars, Franco, qui n'a jamais vraiment songé à faire de grandes concessions, exige une capitulation sans condition. Finalement, le 26 mars, les négociations sont rompues et, le 27 mars en fin de journée, Casado et sa Junte de défense s'installent à Valence, d'où ils quittent l'Espagne dans l'après-midi du 29 à bord d'un croiseur britannique. Seul Julián Besteiro, la plus haute autorité républicaine, reste à Madrid et attend l'arrivée des vainqueurs dans les sous-sols du ministère des Finances, où se trouvait le conseil de défense nationale.

Sur la répression dans l'Espagne nationale

Comme on le sait, la haine engendre la haine et la violence engendre la violence. Ces graines avaient été abondamment semées en Espagne depuis des années. Ce n'est pas pour rien que le marxisme, comme nous l'avons vu, prêche la haine et la lutte entre les classes pour imposer la dictature du prolétariat. La guerre civile a été l'expression ultime de la haine sous-jacente au sein de la société espagnole. Les deux camps ont tenté de justifier leurs propres crimes en réponse à des crimes bien plus graves commis par leurs adversaires. Puisque nous décrivons depuis le début les actes abominables et la barbarie qui se sont déchaînés dans l'Espagne républicaine, il est nécessaire, avant de conclure ce chapitre, de se pencher sur la répression dans l'Espagne franquiste. Une répression qui s'est traduite par des exécutions et des assassinats dont beaucoup auraient pu être évités. En effet, lorsque, le 2 septembre 1936, Manuel Hedilla a pris ses fonctions à la tête de la Junte de commandement provisoire de la Phalange espagnole des JONS, il a rédigé plusieurs indications claires : "Il faut éviter", a-t-il conseillé, "que des outrages soient commis en raison de sentiments personnels, souvent inavouables". Hedilla a déclaré qu'il fallait veiller à ce que le contrôle soit effectué de manière à ce qu'il n'y ait pas de "victimes innocentes à l'arrière de nos lignes....". Personne ne sera puni sans vérification des antécédents et sans ordre de l'autorité compétente". Quelques mois plus tard, la veille de Noël 1936, Hedilla prononce un discours dans lequel il insiste sur la nécessité d'agir avec rectitude :

> "Et je m'adresse aux Falangistes qui sont chargés des enquêtes politiques et judiciaires dans les villes et surtout dans les villages. Votre mission doit être de purger les chefs, les meneurs et les assassins. Mais empêchez de toutes vos forces quiconque de se livrer à des haines personnelles, et que celui qui, par faim ou par désespoir, a voté pour la gauche, soit puni ou humilié. Nous savons tous que dans de nombreux villages, il y a eu - et il y a peut-être - des droitiers qui étaient pires que les rouges. Je veux que les arrestations de ce type cessent et, là où elles ont eu lieu, vous devez devenir une garantie pour les personnes injustement persécutées. Et où que vous soyez, soyez résolument prêts à vous opposer aux poursuites contre les humbles. La Phalange doit se tenir partout la tête haute, afin de pouvoir se défendre contre ses nombreux ennemis. Nous voulons le salut et non la mort de ceux qui, dans leur immense majorité, avaient faim de pain et de justice".

Au printemps 1937, Hedilla exprime encore son désir de réconciliation entre les Espagnols dans des déclarations au journal *Il Regime Fascista*. Bien que mutilées par la censure militaire, on peut lire dans *El Adelanto* du 17 avril 1937 cette idée essentielle : "...Pour nos travailleurs trompés, notre pardon le plus cordial et le plus chrétien ; un pardon qui signifie obligation et amitié...". Pour nous qui regardons les faits d'un point de vue chrétien, ces paroles et celles citées plus haut sont un modèle de comportement qu'auraient dû suivre ceux qui ont fait de la croix le symbole de leur lutte contre le communisme athée. Au lieu d'être animés par la haine et l'intolérance, ils devaient privilégier la tempérance, la compréhension et, bien sûr, la charité et le pardon, ce qu'ils n'ont pas fait la plupart du temps.

D'autre part, il faut considérer que la répression franquiste s'est exercée sur une période beaucoup plus longue, puisque la victoire a été suivie d'années très dures pour les vaincus restés en Espagne. De plus, le fait que jusqu'à la fin de la guerre, Barcelone, Madrid et Valence, les principales villes, aient été aux mains de la République a nécessairement signifié que la persécution des opposants politiques s'est déroulée après la victoire. Comme c'est dans ces villes que les fronts populaires ont commis le plus grand nombre d'assassinats contre des civils, les dénonciations et les détractions de la part de ceux qui aspiraient à la vengeance étaient inévitables.

Une autre circonstance à prendre en compte est que d'importants centres urbains tels que Bilbao, Malaga, Santander, Gijón, San Sebastián... ont également été repris après avoir fait l'objet d'une répression antérieure de la part des forces républicaines. ont été repris après avoir fait l'objet d'une répression antérieure de la part des forces républicaines. Le revanchisme a également entraîné des persécutions et des représailles dans ces villes après l'entrée des nationalistes. À San Sebastián, par exemple, de nombreux détenus ont été abattus sans sommation. José Herrera, colonel de la requeté à Séville, se souvient dans le documentaire *Violence à l'arrière-garde* que lorsqu'ils sont arrivés dans la ville d'Almargen à Malaga, des groupes de femmes ont afflué sur la place à travers les rues en criant : "Tuez-les, tuez-les ! Elles justifiaient leur soif de sang par le fait qu'elles avaient tué un être cher : leur fils, leur mari ou leur frère. Cette anecdote est significative, car elle montre que le sang appelle le sang et que les sentiments de haine et de vengeance sont incontrôlables. Dans la province de Malaga, où les républicains avaient tué plus de 2500 opposants politiques, la répression fut impitoyable et des milliers de personnes furent fusillées.

Pourtant, Émile Témime, historien marxiste, reconnaît ceci : "Une fois passés les premiers moments d'agitation et de pittoresque, les observateurs s'accordent à reconnaître à l'Espagne nationaliste un aspect de calme et même, dans certaines régions, de paix, inimaginable dans la zone républicaine à la même époque". Certes, le spectacle macabre des assassinats et des morts gisant par dizaines dans les rues des villes ne s'est pas produit du côté nationaliste, ou, si l'on veut, il était moins sinistre en raison de la direction des exécutions exercée par les autorités. Le contrôle répressif a été réalisé plus tôt et plus complètement dans la zone nationaliste que dans l'autre zone. Cependant, au cours des premiers mois, il y a également eu un manque de contrôle du côté des rebelles, et c'est alors que des vendettas personnelles ont été exécutées et que des innocents ont été éliminés arbitrairement. Des exécutions par peloton d'exécution ordonnées par quiconque se croyait autorisé à tuer, on assiste à un simulacre de justice par "instruction sommaire" et, à partir du début de 1937, par des cours martiales. Dans les deux camps, c'est au cours des mois de 1936 que les victimes de l'arrière-garde sont les plus nombreuses. Le 13 février 1939, comme nous l'avons vu plus haut, entre en vigueur la loi sur la responsabilité politique qui, dès la fin de la guerre, permet de poursuivre ceux qui ont organisé la subversion depuis octobre 1934. Les peines encourues allaient de l'emprisonnement ou de la confiscation des biens à la peine de mort. La loi a été modifiée en 1942 et abrogée en 1945. Le 1er mars 1940, la loi pour la répression de la franc-maçonnerie et du communisme est entrée en vigueur et l'est restée jusqu'en 1964.

En tout état de cause, des massacres de masse tels que ceux organisés à Paracuellos del Jarama et dans d'autres lieux de sinistre mémoire près de Madrid n'ont pas eu lieu en Espagne. Il n'y a même pas eu de cas similaire à celui du train de Jaén, où deux cents personnes qui étaient transportées à Alcalá de Henares ont été aveuglément mitraillées sur place. Un cas comparable s'est peut-être produit à Cáceres, où l'on a découvert en décembre 1937 la présence du commandant communiste Máximo Calvo. On en conclut qu'un complot était en train de se tramer pour mettre la ville aux mains de l'ennemi. Quelque 200 personnes sont impliquées dans l'affaire et, après des procès sommaires, elles sont toutes fusillées. Il n'y a cependant pas eu d'exécution collective des 200 condamnés. Les exécutions commencent le 25 décembre 1937, avec 35 personnes exécutées. Les condamnations à mort ont continué à être exécutées à des dates successives jusqu'à ce qu'elles prennent fin le 20 janvier 1938.

En tant qu'hispanistes, nous nous devons de terminer ce chapitre en revenant sur le lâche assassinat de Federico García Lorca. Un crime ignoble, comme tous les crimes, qui a discrédité d'emblée l'Espagne nationale et a privé la littérature espagnole d'une figure incomparable, dont l'œuvre, s'il n'avait pas été assassiné, promettait d'être parmi les plus prolifiques de notre littérature, car à l'âge de seulement trente-huit ans, sa production littéraire était déjà immense. La mort de García Lorca eut des répercussions dans le monde entier, car la qualité d'œuvres comme *El romancero gitano* et *Bodas de sangre* l'avait consacré en Europe et en Amérique. L'hispaniste Ian Gibson a écrit sa thèse de doctorat, *Granada, 1936. The Murder of García Lorca*, sur ce qui s'est passé dans la ville de l'Alhambra. Ce travail fournit des données précises sur la répression à Grenade, dans le cimetière de laquelle 2012 personnes ont été fusillées de juillet 1936 à mars 1939. La moitié de ces morts ont eu lieu en deux mois : pour le seul mois d'août 1936, 562 personnes ont été exécutées dans le cimetière, et 499 autres ont été fusillées en septembre. En un seul jour de ce deuxième mois, le 22, soixante-dix personnes ont été tuées. Ces chiffres confirment, comme nous l'avons vu plus haut, que c'est dans les mois qui suivent immédiatement le début de la guerre fratricide que l'on tue le plus.

Federico García Lorca arrive à Grenade le 14 juillet pour passer quelques jours avec ses parents et sa sœur à la Huerta de San Vicente, une propriété familiale. Tout le monde est au courant car *El Defensor de Granada*, dont le directeur est un grand ami du poète, donne la nouvelle en première page le 15. Quelques jours plus tard, la guerre civile commença. Les rebelles prennent le contrôle du centre-ville le 20 juillet, mais la résistance s'organise dans le quartier populaire de l'Albaicín et les fusillades commencent. Le 22, Radio Grenade lance un ultimatum. Les femmes et les enfants descendent les rues étroites en direction des points de ralliement indiqués, mais les hommes refusent de se rendre et les combats reprennent. Des pièces d'artillerie sont utilisées pour canonner l'Albaicin et les ouvriers commencent à hisser des drapeaux blancs. Le 24 juillet, la résistance est écrasée, mais Grenade est d'abord une île dans une région où la rébellion a échoué. Le 29 juillet, l'aviation républicaine effectue le premier d'une série de bombardements sur la ville, qui font des victimes civiles et endommagent l'Alhambra. Le 30, de nombreux miliciens lancent une attaque pour tenter de reprendre le contrôle de la ville. Ils sont repoussés par les rebelles et un siège d'un mois commence.

Après avoir été menacés à la Huerta de San Vicente, les parents de Federico lui conseillent de chercher un endroit plus sûr. Ils ont appelé Luis Rosales, un autre poète de Grenade, ami de la famille. Certains des frères Rosales étaient de "vieilles chemises" de la Phalange. Luis Rosales propose trois solutions à son collègue : le transférer dans la zone rouge, l'emmener dans la maison de l'éminent compositeur Manuel de Falla ou l'héberger dans sa propre maison de la Calle de Angulo. Lorsque les ennemis de Lorca retournent à la Huerta, il est introuvable ; mais la famille, intimidée, n'a d'autre choix que de révéler qu'il vit chez les Rosales.[30] García Lorca est bouleversé d'apprendre qu'au petit matin du 16 août, son beau-frère, Manuel Fernández-Montesinos Lustau, a été abattu. Son angoisse est justifiée, car dans l'après-midi du même jour, il est arrêté.

À la tête d'un dispositif de sécurité disproportionné, Ramón Ruiz Alonso, ancien député de la CEDA à l'origine de la plainte, s'est présenté au domicile des Rosales avec un mandat d'arrêt portant le sceau du gouvernement civil. Aucun des frères n'était à la maison. Ian Gibson écrit : "Mme Rosales, consternée et craignant que Federico ne soit tué sur place, dans la rue, insista sur le fait qu'elle ne laisserait pas García Lorca quitter sa maison sans la présence de son mari ou de l'un de ses fils". Elle appela immédiatement Miguel, son fils aîné qui était de service à la caserne de la Phalange, et en parla également à son mari. Miguel se présenta à la maison et décida d'accompagner le poète au gouvernement civil, mais Valdés Guzmán, le gouverneur civil, inspectait les tranchées sur le front de Jaén et rien ne pouvait être fait avant son arrivée. Lorsque les autres frères Rosales apprirent ce qui s'était passé, ils se rendirent immédiatement au gouvernement civil, accompagnés d'autres falangistes, avec l'intention d'affronter le gouverneur.

Le 17 août, Angelina Cordobilla, la nourrice des Fernández-Montesinos, est envoyée par la mère de Federico au gouvernement civil avec de la nourriture pour son fils, mais Valdés Guzmán lui dit qu'il n'est plus là.

---

[30] Le chef de famille, Miguel Rosales Vallecillos, a risqué sa vie et sa fortune en accueillant chez lui Lorca et d'autres personnes persécutées par José Valdés Guzmán, un commandant de la Phalange qui avait pris la tête du gouvernement civil.

Il a menti, car il est presque certain qu'il est resté sur place de l'après-midi du 16 au soir du 18. Gibson pense que Valdés a hésité sur ce qu'il devait faire de l'écrivain, étant donné qu'il n'ignorait pas son prestige. Il a donc contacté le général Queipo de Llano, chef suprême des rebelles en Andalousie, dont les excès verbaux ont trahi à plusieurs reprises son comportement déplorable et sa bravade. Au cours de ses recherches, Ian Gibson a appris que l'un des compagnons de Valdés Guzmán dans la peña de Bar Jandilla, Germán Fernández Ramos, a cité les paroles exactes de Queipo de Llano en réponse à la demande du gouverneur civil : "Donnez-lui du café, beaucoup de café", ce qui revenait à dire qu'il fallait le tuer.

Avec ces instructions, Lorca est arraché au gouvernement civil dans la nuit du 18 août et emmené à Víznar, un village situé à neuf kilomètres de Grenade. À proximité se trouvait un bâtiment appelé "La Colonia", qui servait de résidence d'été pour des groupes d'écoliers jusqu'à ce qu'il soit transformé en prison. C'est là que García Lorca a vécu ses derniers instants. Il semble, selon Gibson, qu'en plus des gardiens d'assaut qui, peut-être à titre de punition, avaient été contraints de participer aux fusillades, les criminels étaient des volontaires qui "tuaient pour le plaisir de tuer". Le poète a été assassiné le 19 août au petit matin à Fuente Grande, un lieu situé entre les villages d'Alfacar et de Víznar, près du tristement célèbre ravin de Víznar, où ont eu lieu de multiples exécutions. Trois autres personnes sont mortes à ses côtés : Dióscoro Galindo González, un enseignant de Pulianas, et les banderilleros Joaquín Arcollas Cabezas et Francisco Galadí Mercal.

Le premier journal à révéler la mort de Lorca est le *Diario de Albacete* qui, dans son édition du 30 août, annonce en première page la "possible exécution du grand poète Federico García Lorca". Les jours suivants, la nouvelle s'est répandue comme une traînée de poudre dans le monde entier. *Le Times* de Londres a évoqué l'affaire pendant plusieurs jours en septembre. En 1940, Dámaso Alonso, poète et professeur d'hispanisme, dédie à son ami assassiné le poème élégiaque *La Fuente Grande o de las Lágrimas (La grande fontaine ou la fontaine des larmes)*. Rafael Alberti, Miguel Hernández, Emilio Prados, poètes de sa génération, ont composé des poèmes à la mémoire de Lorca. Antonio Machado a également écrit le poème *El crimen fue en Granada : A Federico García Lorca*. Avec le fragment intitulé *El crimen*, nous voudrions clore ce chapitre sur la tragédie de l'Espagne :

"On l'a vu marcher au milieu des fusils,
dans une longue rue,
sortir dans la campagne froide,
même avec les étoiles du petit matin.
Federico a été tué
quand la lumière s'est faite.
L'équipe du bourreau
n'osait pas le regarder en face.
Tout le monde a fermé les yeux ;
ils ont prié : même Dieu ne vous sauve pas !

Le mort est tombé Frédéric
-Le sang sur le front et le plomb dans les tripes.
... Quel était le crime à Grenade ?
Sachez -pauvre Grenade-, dans votre Grenade".

AUTRES LIVRES

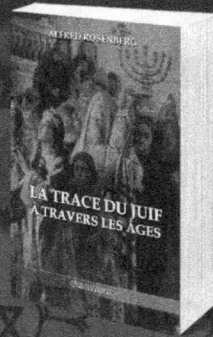

www.ingramcontent.com/pod-product-compliance
Lightning Source LLC
Chambersburg PA
CBHW050551270326
41926CB00012B/2007